戴揚本 注譯

新譯唐才子傳

三民書局 印行

國家圖書館出版品預行編目資料

新譯唐才子傳／戴揚本注譯－－初版一刷.－－臺北市：三民，2005
面；　公分.－－(古籍今注新譯叢書)
ISBN 957-14-4276-3　(平裝)
ISBN 957-14-4275-5　(精裝)
1. 中國文學－唐(618-907)－傳記

782.244　　94009546

網路書店位址　http://www.sanmin.com.tw

© 新譯唐才子傳

注譯者　戴揚本
發行人　劉振強
著作財產權人　三民書局股份有限公司
臺北市復興北路386號
發行所　三民書局股份有限公司
地址／臺北市復興北路386號
電話／(02)25006600
郵撥／0009998-5
印刷所　三民書局股份有限公司
門市部　復北店／臺北市復興北路386號
重南店／臺北市重慶南路一段61號
初版一刷　2005年9月
編　號　S 032670
基本定價　捌元陸角
行政院新聞局登記證局版臺業字第○二○○號

ISBN 957-14-4276-3　(平裝)

刊印古籍今注新譯叢書緣起

劉振強

人類歷史發展，每至偏執一端，往而不返的關頭，總有一股新興的反本運動繼起，要求回顧過往的源頭，從中汲取新生的創造力量。孔子所謂的述而不作，溫故知新，以及西方文藝復興所強調的再生精神，都體現了創造源頭這股日新不竭的力量。古典之所以重要，古籍之所以不可不讀，正在這層尋本與啟示的意義上。處於現代世界而倡言讀古書，並不是迷信傳統，更不是故步自封；而是當我們愈懂得聆聽來自根源的聲音，我們就愈懂得如何向歷史追問，也就愈能夠清醒正對當世的苦厄。要擴大心量，冥契古今心靈，會通宇宙精神，不能不由學會讀古書這一層根本的工夫做起。

基於這樣的想法，本局自草創以來，即懷著注譯傳統重要典籍的理想，由第一部的四書做起，希望藉由文字障礙的掃除，幫助有心的讀者，打開禁錮於古老話語中的豐沛寶藏。我們工作的原則是「兼取諸家，直注明解」。一方面熔鑄眾說，擇善而從；一方面也力求明白可喻，達到學術普及化的要求。叢書自陸續出刊以來，頗受各界的喜愛，使我們得到很大的鼓勵，也有信心繼續推廣這項工作。隨著海峽兩岸的交流，我們注譯的成員，也由臺灣各大學的教授，擴及大陸各有專長的學者。陣容的充實，使我們有更多的資源，整理更多樣化的古籍。兼採經、史、子、集四部的要典，重拾對通才器識的重視，將是我們進一步工作的目標。

古籍的注譯，固然是一件繁難的工作，但其實也只是整個工作的開端而已，最後的完成與意義的賦予，全賴讀者的閱讀與自得自證。我們期望這項工作能有助於為世界文化的未來匯流，注入一股源頭活水；也希望各界博雅君子不吝指正，讓我們的步伐能夠更堅穩地走下去。

新譯唐才子傳 目次

卷二

卷三

卷四

卷五

卷六

卷七

卷八

卷九

卷十

導讀

在中國文學史上，唐代以其詩歌創作的輝煌成就，成為後世無數文學愛好者傾心的時代。唐代詩人輩出，華章璀璨，如夏日夜空的燦爛群星，令後人在仰視蒼穹時，不禁產生無盡的遐想。《唐才子傳》的作者辛文房，就是生活在數百年之後的元代而對唐代詩歌有著無限眷戀的一個文人。

㈠關於辛文房的身世

辛文房，字良史，元代西域人。由於史書中沒有關於辛文房的事跡的記載，我們只能從他的作品以及與他同時代文人的記載中，尋覓一些有限的事跡，略為連綴出有關辛文房生平的簡單情況。

在《唐才子傳》卷一的「引子」裡，辛文房自稱「異方之士」，同為元代詩人的陸友仁在《研北雜誌》卷下亦稱「辛文房良史，西域人……」。元代是歷史上蒙古入主中原的王朝，居於統治地位的是蒙古貴族，其次是以西域少數民族為主的色目人，漢人的社會地位居於底層，辛文房身為西域人，應該屬於社會地位較為優越的色目人之列。元朝是一個等級森嚴，矛盾複雜尖銳的社會，卻又是我國歷史上民族融合的一個重要時期，以漢民族為主體的中原文化對一些遷居內地的少數民族產生了很大的影響。他們吟誦傳統的漢文詩歌散文，進行自己的藝術創作，在他們中間，出現了一批富有才氣而又衷心喜愛傳統藝術文化的文人，並且由熱愛進而收集並潛心研究前人的作品。辛文房正是生活在這樣一個文化交融時期，對於傳統的詩歌藝術，尤其是對唐詩及其作者傾注了自己巨大心血進行研究的典範。

辛文房的名字「文房」，正好為唐代詩人中有著「五言長城」之稱的劉長卿的字，而他的字「良史」，則又與被譽為「珪璋特達」的唐代詩人于良史的名相同，為此，後世的人們常常對他的名字發生興趣，甚至揣測他如此取名，是出於對唐代詩人傾慕之心的緣故。究竟是巧合，抑或是他後來出於崇敬的心理而有意改名，由於對他的家世一無所知，已無從查考。不過這並不十分重要，因為通過《唐才子傳》一書，我們已經能充分感受到辛文房對唐代詩人以及他們的作品所充滿的真摯熱愛之情，以及他本人所具有的浪漫的詩人氣質。

辛文房首先是一位詩人。他有一部題名《披沙集》的詩集，從「披沙」二字來看，似乎是取「披沙揀金，往往見寶」的寓意，意為從自己大量的詩作中揀選出來的較為用心的作品。詩集已經亡佚不可尋，我們今天能夠讀到的只有元代詩人馬祖常在他的《石田文集》卷二中題作〈辛良史「披沙集」詩〉的一首五律詩：「未可披沙揀，黃金抵自多。悠悠今古意，落落短長歌。秋塞鳴霜鎧，春房剪畫羅。吟邊變餘髮，蕭颯是陰何。」寥寥數語，令我們感受到了辛文房筆下追懷古人的襟抱，也多少領略到了他詩歌作品的風格。顯然，詩集中既有「秋塞鳴霜鎧」一類充滿邊塞詩人豪邁氣概的詩句，也有類似「春房剪畫羅」這樣不失柔情蜜意的作品，而最後兩句，則描寫了辛文房苦心吟詩，以致頭髮都變白了。陸友仁在《研北雜誌》中，還將辛文房與當時名列元代文壇的領袖人物，同樣為負有詩名的詩人王執謙、楊載等人列在一起，而名在以研究唐詩著稱的楊載之前，由此我們可以推測，作為一個詩人而言，辛文房的成就在當時無疑是十分突出的。因為《披沙集》的亡佚，而無法看到辛文房在詩歌創作上的成就，未免令人遺憾，所幸元人蘇天爵編撰的《元文類》（即《國朝文類》）中，卷四收有辛文房的一首〈蘇小小歌〉，卷八收有一首〈清明日遊太傅林亭〉，這便是我們今天能讀到的辛文房兩首僅存的作品。此外，元代詩人張雨《勾曲外史貞居先生詩集》卷四有一首〈元日雪霽早朝大明宮和辛良史省郎二十二韻〉，這是一首與詩人辛文房唱和的作品，末尾兩句「憐君守華省，琢句廢春宵」，為我們勾畫了一個身居清貴官署，耽於吟詩而廢寢忘食的詩人形象。

辛文房對唐詩發自內心的熱愛，並沒有停留在自己詩歌方面的創作實踐上，還將興趣延伸到了對內心嚮往的唐代詩人及其作品的研究。根據《唐才子傳・序》的說法，因為自己對唐詩以及唐代詩人的興趣，產生了進一步了解的想法，因而對散見在各種書籍中的資料感到十分不滿足。「余遐想高情，身服斯道，究其梗概行藏，散見錯出，使覽於述作，尚昧音容，洽彼姓名，未辨機軸，嘗切病之。」正值此時，辛文房的人生發生了一個較大的變化，「頃以端居多暇，害事都捐」，顯然是以一種委婉的方式表達了自己當時得以擺脫官場的生活。既然有了較為閒暇的時間，因此，辛文房便開始著手自己嚮往已久的心愛工作，將長期以來從各種書中搜集到的有關唐代詩人的材料加以編排，「遊目簡編，宅心史集，或詳求累帙，因備先傳，撰擬成篇，斑斑有據，以悉全時之盛，用成一家之言。」

從《唐才子傳．序》來看，全書成於元成宗大德甲辰，即大德八年（西元一三〇四年）。〈序〉中自稱「異方之士，弱冠斐然，狃於見聞，豈所能盡」，除了表明西域之人的身分，還顯示了自己嚮慕並耳熟能詳中原文化，既有對於自己才情的充分自信，亦期待著有共同志向的人一起來補充完善這項工作。

關於辛文房生平經歷資料雖然十分有限，卻有兩點值得我們關注的地方，應該說與《唐才子傳》不無關聯。

一是關於辛文房的身分。他曾經入朝為省郎，應該有機會得以博覽宮中所藏的書籍，這對他來說，顯然是一個豐富和擴充自己文學知識的極好機會，也使我們今天在讀《唐才子傳》的時候，得以了解到許多有關唐代詩人生活和創作的豐富而有趣的資料。我們從書中所引的資料來源，便可以得知辛文房涉獵圖書之廣泛。《唐才子傳》的刊行，雖已無法考訂其確切的時間，很有可能是在這段生活之後。因為根據情理來推測，入宮擔任省郎，在這段生活期間能接觸到內府密藏典籍，當然為寫作積累豐富的資料提供了便利，更重要的是，這還意味著辛文房的身分和地位，以及結交的社會關係的範圍，較之往昔可能會發生較大的變化，無疑使《唐才子傳》在撰就後，得以付梓的可能性要大得多。

二是辛文房曾經南下到浙江一帶旅行，飽覽山川靈秀，這還可以理解為他追隨唐代詩人的足跡，緬懷高人風範的一種表現。在《唐才子傳》卷六〈徐凝〉篇後，他寫道：「余昔經桐廬古邑，山水蒼翠，嚴先生釣石，居然無恙。忽自星沉，千載寥邈，後之學者，往往繼踵芳塵，文華偉傑，義逼雲天，產秀毓奇，此時為冠。至今有長吟高蹈之風，古碑石刻題名等，相傳不廢。攬轡徬徨，不忍去之。」思古之幽情，油然而現。辛文房還很有可能遊歷過杭州，前面提到他寫的詩〈蘇小小歌〉，其中就有「東流水底西飛魚，銜得錢塘紋錦書」的詩句。總之，東南之行，使他對於被稱作「唐詩之路」的浙東山水的體驗，對活躍在東南一帶的詩人如吳筠、道人靈一、靈徹、嚴維、陸羽、施肩吾等人作品的理解，無疑是大有裨益的。

(二)《唐才子傳》在中國古代文學史上的價值

《唐才子傳》裡一共記述了將近四百位唐代詩人的事跡，從隋末唐初的王績開始，一直到五代的江為，時間跨度約三百餘年，諸多唐代詩人的風采神韻，得以保留，對後人理解唐代的詩歌，自然有著獨特的貢獻。僅僅吟誦唐詩，我們還不容易對唐代的詩歌繁榮盛況有一個全面的把握，如果對產生盛唐之音的社會有較為深刻的了解，對當時文人的生活和風氣能夠更為熟悉，那麼，我們對唐代詩歌藝術的理解一定會深刻得多。以研究藝術史著稱的法國學者丹納在他的《藝術哲學》中，曾經就藝術家及其作品與時代的關係，有過一段非常精彩的闡述。丹納說，初看莎士比亞，似乎是一個從天上掉下來的奇蹟，是別個星球上飛來的隕石。但是，在他的周圍，我們可以發現還有十來個優秀的劇作家，都用同樣的風格，同樣的思想感情寫作，這樣的一個隸屬關係，彼此影響，相互激發，可以稱作一個藝術宗派，或者說一個藝術家族。而這樣的一個藝術家族，更是包括在一個更加廣大的總體之內，這就是在它周圍而且趣味與之相一致的社會，或者說時代的風氣。所以，任何偉大的藝術家都不是一種孤立現象，作為單個的藝術家，有如百花盛開的花園中的一朵尤為美豔的花，一株茂盛植物的一條最高的枝蔓，在藝術家的背後，必然還有造就其成功的更為廣大的環境和群體。相隔數個世紀之後，我們似乎只聽到偉大藝術家的聲音，但是，只要我們仔細傾聽，傳到我們耳邊來的響亮的聲音之下，還有著群眾的複雜而無窮無盡的歌聲，像一大片低沉的嗡嗡聲一樣，在藝術家的四周齊聲合唱。丹納的這番比喻，使得我們在傾聽古往今來的詩人們歌唱的同時，不由產生了深邃的歷史遐想，會聯想起在王維、李白、杜甫、李賀、李商隱等等以詩名流芳千古的偉大詩人的周圍，與他們生活的時代有著密不可分關係的詩人群體。

辛文房在《唐才子傳》中為我們保留了數百名詩人的事跡及其在文學上的成就，展示的正是唐代詩人們「複雜而無窮無盡的歌聲」。毫無疑問，從這些詩人的事跡裡，我們可以更加深刻的感受到詩歌燦爛時代所特有的諸多風貌。

因此，《唐才子傳》雖然只是一部記述和評介詩人事跡的著作，在今天看來，在文獻和文學批評方面具有特殊的貢獻。

首先，如前面所敘，辛文房在編撰《唐才子傳》的時候，盡其所能，「遊目簡編，宅心史集」，通過大量瀏覽相關資料，補充了記載中的不足。關於唐代詩人的情況，雖然我們在唐代的史籍如新舊《唐書》中，能夠尋找到一些我們熟悉的詩人傳記，人數卻十分有限，《唐才子傳》中可以看到的近四百名人物的事跡，見於史書記載的只有百餘人，連詩壇名家如韋應物、岑參等人，史書中都難以尋覓蹤影，相比之下，《唐才子傳》保留的詩家就要豐富得多。再從記載的內容來看，史書記載多撮其仕宦經歷，措辭簡略，往往不及藝文，有關唐代詩人的事跡，主要是保留在唐宋時期人們的一些筆記小說、詩話、文集一類的記載裡面。這些作品中，有一部分我們今天還能夠看到，比如唐人編撰的《河嶽英靈集》、《朝野僉載》、《唐摭言》等，以及宋人編撰的《詩話總龜》、《宋詩紀事》和兩部著名的目錄著作《郡齋讀書志》、《直齋書錄解題》等。但是，其中相當一部分書籍，南宋時期的目錄著作中還能找到線索，然世事滄桑，時至今日，未免凋零散落，殊難尋覓，以吉光片羽喻之亦不為過。而辛文房在編撰《唐才子傳》時，將這些相關資料加以搜集，並組合為優美典雅的文字，才使得我們在七百年之後的今天，原書已經散失之後，仍得以讀到這些精彩的評論，這是每一位熱愛唐詩的人們應該為之慶幸的事情，因此，對於唐詩研究的文獻資料來說，有著重大的意義。

其次，《唐才子傳》的編撰，開創了一種詩學研究著作的體例。在辛文房之前，已經出現了幾種關於唐詩的專門著作，如唐代殷璠仿鍾嶸《詩品》的《河嶽英靈集》，錄常建等二十四位唐代詩人作品二百餘首，姓名之下各著品題，摘其警句，所發之論多感慨之言。又如唐代高仲武的《中興閒氣集》，錄至德迄大曆末詩人二十六人並其作品，體例亦如《河嶽英靈集》，該書在宋代就已經殘闕。另外，南宋計有功編撰的《唐詩紀事》，篇幅甚大，將唐代三百年間見於文集、雜說、傳記、逸史、碑誌、石刻等文獻中的有關詩歌的材料，都收羅起來，凡是唐代的詩人，做到有名必錄，共收集了一千餘人的資料，包括詩本事、遺聞乃至作者生平紀事等等，兼採品評。在詩學研究上，上述幾種書皆可謂開風氣的著作，對辛文房編撰《唐才子傳》也有很大的影響。比如從辛文房對唐代前期詩人的選擇，包括在詩歌風格的評價上，都能夠感覺到殷璠和高仲武二人著作的明顯痕跡，然殷、高二人的著作畢竟只是就一個時期的詩人及其作品進行評介，顯然無法反映有唐一代的詩人面貌。而《唐詩紀事》的旨趣是以收錄詩人作品為主，兼及詩人的相關材料，相對而言，《唐詩紀事》在文獻學上的貢獻要更大一些。因此，雖然是在前人的直接啟發之下，辛文房卻沒有拘泥於上述幾種著作的固有模式，他著眼於有唐一代詩歌發展流變脈絡，而並不是側重在某幾個代表時期的詩人作品上；在編撰體例上，也並沒有著意資料的彙集，或者收羅詩人的佚詩遺句，辛文房的主旨，是通過詩人行跡的考述，採用《世說新語》的文學風格，以秀潤雋潔的文筆進行品評，因此，《唐才子傳》的編撰，顯然不同於以往的著作。

第三，我們從辛文房的評語中不難發現，他對詩人及其作品的評價，往往還透過其風格的特點，聯繫到時代風氣，並置於詩歌發展的流變過程中加以考察。卷一開篇以〈六帝〉為名，概括自太宗到僖宗「俱以萬機之暇，特駐吟情」，故而「上有好者，下必有甚焉者矣」，促進了唐代詩歌藝術的發展。書中數次引用曹丕在《典論》中「文章經國之大業，不朽之盛事」的話，並認為詩道的盛衰，與社會的發展有密切的關係。又如卷一〈王績〉傳後附論，指出隋末社會動亂，「治日少而亂日多，雖草衣帶索，罕得安居」，士大夫多「遠鈞弋者，不走山而逃海」，皆跡晦名彰，風高塵絕。王績之後，「幽人間出」，「時有不同也，事有不侔也」。再如評論晚唐詩時，他不禁感嘆道：「觀唐詩至此間，弊亦極矣，獨奈何國運將弛，士氣日喪，文不能不如之。嘲雲戲月，刻翠粘紅，不見補於采風，無少裨於化育，徒務巧於一聯，或伐善於隻字，悅心快口，何異秋蟬亂鳴也。」

辛文房對詩歌的評論，視野並沒有側重在唐王朝一代，往往還上涉前人，比如在卷一〈沈佺期〉篇中，「自魏建安迄江左，詩律屢變。至沈約、鮑照、庾信、徐陵以音韻相婉附，屬對精緻。及佺期、之問，又加靡麗。迴忌聲病，約句準篇，著定格律，遂成近體，如錦繡成文，學者宗尚。」令讀者對魏晉以來詩風發展的脈絡得以清晰的了解。因此，讀《唐才子傳》一書，對我們來說，意義不僅限於唐代，還可以看作是對詩歌藝術從發生一直到唐代這樣的高峰時期的總體回瞻。正是這個原因，《唐才子傳》通常被人們視為在中國文學史上有著重要地位和影響的一部著作。

(三)詩歌盛世的詩人風貌

辛文房出於對唐詩的熱愛而產生了編撰《唐才子傳》的想法，全書的宗旨是通過詩人的行事，來展示唐代詩歌的空前盛況。他將自己的著作題名「才子」，意即不拘尋常的德行、功業的標準，以擅美詩壇的詩人為選取的對象，碩學鴻儒如無詩歌方面的突出成就，概不收錄，而方外人士、樂妓女冠，甚至叛臣賊子、險躁譎怪之人，只要擅長詩藝，在詩歌藝術上有過一定影響的人，都得以列名其中。這顯然與儒家傳統的以德取人的標準不同。我們姑不論其取材標準的是非，但我們看到如靈一、皎然、靈徹等「達人雅士」的風貌，「日鍛月煉，志彌厲而道彌精。佳句縱橫，不廢禪定，巖穴相邇，更唱迭酬」；如「神情蕭散，專心翰墨」的女才子李季蘭，被授以校書郎的成都樂妓薛濤，都成了《唐才子傳》中加以重點評述的人物。再如目睹新進士題名，而生「自恨羅衣掩詩句，舉頭空羨榜中名」之憾的女冠魚玄機，辛文房甚至為之發出「其志意激切，使為一男子，必有用之才」的嘆息。按儒家正統觀念的標準，這些歷來不受重視的隱逸、道釋以及包括妓女在內的女性詩人，被一視同仁地按照時間先後的順序入傳，包括本為「往來剽盜」出身，最終未能免得伏誅的蘇渙，名列《唐書》叛臣之列，被磔屍道途的高駢，或以詩才，或其經歷與某一詩讖相合，皆得以入傳，這樣的一部唐代詩人傳記，包羅了社會各個層面的詩人，讓我們對瀰漫整個唐代社會的寫詩、愛詩風氣有一種具體的感受。

如果說辛文房只是以才取人，而不以德行衡量，則顯然是一種誤解。在《唐才子傳》中，我們經常可以感覺到流露在作者筆端下鮮明的好惡感情。唐代以詩取士，固然能促進社會在詩歌寫作風氣的積極變化，也不免出現一些氣格卑下、附庸風雅的人物，甚至還有鑽營利用為謀取富貴之道的投機逢迎的小人。對這些所謂詩人，辛文房常用辛辣的語言，加以諷刺和鞭韃，如借恃才憑傲的楊炯之口，嘲諷那些刻意矯飾的朝士為「麒麟楦」，即把畫有麒麟圖案的外罩覆蓋在驢身上，「宛然異物，及去其皮，還是驢耳！」（見卷一〈楊炯〉篇）又如憑藉地位和權勢，「以位高金多，心寬體胖，而富貴驕人，文稱功業，黯黯則未若腐草之有螢也。」則表露了對一些倚仗權勢徒有虛名的大人先生們的不屑態度。

與通常的傳記寫法不同，辛文房將相當多的筆墨著力刻劃詩人的神采風貌，因此蒐採了許多傳說，加以精心評論。有些傳說雖然帶有傳奇的色彩，卻已經成為流傳已久的有唐一代的詩壇佳話。如恃才傲物的杜審言，身為集判，公然稱同時擅有文名的蘇味道「彼見吾判，當羞死耳」，及至臨終前，對前往探視的宋之問等還說道「甚為造化小兒相苦，尚何言！然吾在，久壓公等。今且死，但恨不見替人也」，狂傲形象，躍然紙上。又如〈崔信明〉篇記鄭世翼驁倨忤物，久聞崔信明詩名，得以江上偶遇，求見其詩卷，未覽及終，覺得「所見不逮所聞」，竟信手投擲江中，引舟而去。這些舉止，在今天看來，非但極不近人情，簡直有些怪異，卻是當時人們樂於傳說的逸事趣聞。

又如傳說徐敬業起兵反武則天，駱賓王為之撰檄文，事敗後不知所之，卻有宋之問途經錢塘，在靈隱寺行吟月下，遇一老僧以「樓觀滄海日，門對浙江潮」之詩句相贈的故事，相傳這個老僧就是駱賓王。同一個宋之問，在劉希夷的傳裡，竟又是一個讓家人用裝了土的口袋將自己的外甥劉希夷「壓殺於別舍」的兇殘之人，引起兇殺的動機，卻是因為自己苦愛劉希夷所寫的「年年歲歲花相似，歲歲年年人不同」詩句，向他索要而未得允。如此若隱若現、是是非非的傳說，竟然都是圍繞著美好的詩句展開，吸引我們的是唐人苦吟詩句的狂熱精神，以及在唐代人們熱衷於流播這類傳說所反映的一種社會心理，至於傳說本身的真實與否，反而顯得不那麼十分重要了。

雖然傳說在流播過程中免不了會被人們賦以較多的浪漫色彩，在許多情況下，我們依舊能夠尋覓到它的真實的生活基礎。讀《唐才子傳》的時候，我們常常可以看到，在以詩賦取士的唐代，流行考生在應試之前，紛紛選取自己的精心之作，呈送給有地位的人，請求代向主試官推薦自己的風氣，被稱作「行卷」。詩人王維經岐王引介，以一曲琵琶新聲〈鬱輪袍〉博得九公主喜愛，乘便呈上了自己的詩卷，被薦為狀元及第，是一則流傳很廣的傳說。類似的還有白居易的故事，據說白居易初到長安，詩名尚未為人知，在向顧況行卷時，顧況還以「長安百物皆貴，居大不易」與之開玩笑，等他覽誦白居易呈上的詩卷，讀到「離離原上草，一歲一枯榮。野火燒不盡，春風吹又生」的詩句，不禁驚嘆其才，說「有句如此，居天下亦不難」。

在《唐才子傳》裡，我們從各種詩人的身分可以看到，唐代詩歌的創作固然與科舉功名的舉子有著密切的關係，詩人卻幾乎遍及社會的各個階層。如沉湎詩酒以避時亂，撰寫《酒經》、《酒譜》而有「酒家南董」雅號的王績。親筆將王灣的佳句「海日生殘夜，江春入舊年」題寫在政事堂上的宰相張說。韓翃擅長作詩，興致繁複，被形容為「如芙蓉出水」，他的著名詩句「春城無處不飛花」，為天下熟知，亦傳入深宮，相傳德宗皇帝在御批授闕時，為了不致與另一同姓名的韓翃相混，特意書上「春城無處不飛花韓翃也」。亦有幼為小吏，晝夜讀書良苦，終於奪譽文苑的汪遵。最為有趣的是李涉，夜過九江皖口，路遇劫道的強盜，沒有想到為首的綠林豪客久聞李涉詩名，得知他就是李涉時，立刻斂眉俯首，只希望求得他的一首贈詩，待李涉欣然命筆後，為之大喜的強盜非但沒有搶奪他的財物，還「以牛酒厚遺，再拜送之」。如此綠林豪客，不但「盜亦有道」，還真可稱作頗有幾分風雅。這不免讓人產生聯想，大概也只有在全社會都迷戀詩歌的氛圍之下，才會出現這樣頗有幾分浪漫色彩的傳說吧。

㈣關於《唐才子傳》的幾點不足之處

當然，《唐才子傳》在編撰上也存在著一些不足。辛文房在史料的引用和排比上，不免有疏於考訂處，有些地方的敘述，甚至還帶有幾分隨意。明人楊士奇在跋文中即以「間雜以臆說」批評之，《四庫提要》在肯定《唐才子傳》「敘述差有條理，文筆亦秀潤可觀」的同時，也提出了「謬誤抵牾，往往雜見」的批評意見。與全書的成就相比，當然可以說是瑕不掩瑜，但揭示出來，有助於我們更好地閱讀和利用本書。我們將後人的批評意見加以總結，可以歸納為這麼幾類：

一是資料取用的訛誤，訛誤的內容具體又可分時間、地理，以及人事等三個方面。時間方面的錯誤，比如卷五〈戴叔倫〉篇稱其「貞元十六年陳權榜進士」，實則據權德輿所撰戴叔倫的墓誌銘，戴叔倫於貞元五年即已去世；地理方面的錯誤，如白居易原籍山西太原，後徙陝西下邽，卷六〈白居易〉篇則將兩處地名混為一地，作「太原下邽」；誤記人事的地方，如卷一〈陳子昂〉篇誤柳宗元為柳公權；又如卷六〈薛濤〉篇誤王建詩為胡曾所作，等等。

二是某些評語的褒貶與史實明顯不符。比如卷一〈李昂〉篇稱其「知貢舉，獎拔寒素甚多」，《新唐書》卷四十四則載李昂「為舉人詆訶」；卷十〈曹松〉篇稱其「尤長啟事，不減山公」，山公是以西晉時山濤為諭，謂曹松擅長作陳述事情的書啟，然《唐摭言》卷八稱曹松「學賈司倉為詩，此外無他能」，且言「時號松啟事為送羊腳狀」，與辛文房所言相去甚遠。

三是所記錄的個別傳說，在今天看來，內容幾近荒誕，卻被當作史事收錄在傳記裡。如卷二〈常建〉篇記常建採藥仙谷中，遇秦時宮女，遍體綠毛，並授其養身祕方。最為匪夷所思的是卷六〈韓湘〉篇，所根據的就是成為「八仙」之一的韓湘子的傳說故事。雖以韓愈姪孫韓湘稱之，其中描繪的聚土覆盆、噀水開花，乃至花片上顯詩聯等等，皆為道家仙術，小說家言的內容，卻被列在詩人傳記中。按辛文房在卷十〈鬼〉中稱鬼神靈怪之詞「理亦荒唐」而不選，卻又在詩人的傳記中收錄了這些神話故事，未免自相抵牾，亦與全書體例未合。這些地方，尤其是前面所提到的史事方面的訛誤，在閱讀的時候，需要我們格外小心。

(五)《唐才子傳》的主要版本及其流傳情況

關於《唐才子傳》的版本及其流傳的情況，頗帶有幾分傳奇的色彩。辛文房在〈序〉中稱書成於元成宗大德甲辰，即大德八年（西元一三〇四年），並未言及刊刻與否，迄今亦未得見元人的相關著錄。但是我們可以肯定《唐才子傳》在元代即得以刊行，因為在日本保存的諸多《唐才子傳》，最早的即為元刊本。此外，明代初期的學者楊士奇曾為《唐才子傳》寫過一篇跋文，稱是書「十卷，總三百九十七人。」據此推測，楊士奇所見的十卷本的《唐才子傳》，也應該就是一部元代刊刻的完帙。明永樂年間編修《永樂大典》時，《唐才子傳》全書被收入了「傳」字韻。

然而，到了清代，由於《永樂大典》中「傳」字韻部的內容已經缺失，亦未有翻刻本傳世，遂使《唐才子傳》的流傳戛然中止。不過，到了乾隆年間編修《四庫全書》時，館臣盡其所能，將散見於《永樂大典》其他韻部裡的《唐才子傳》的內容，隨條摭拾，共得二百四十三人，附傳者四十四人，共二百八十七人，較之原書，減少了約四分之一，重加編次，遂整理為八卷本的《永樂大典》本《唐才子傳》。這是《唐才子傳》自清代流傳至今的第一個系統。

與原書相比，《永樂大典》本只能算作一個殘缺不全的輯佚本，而在編次輯佚所得內容的過程中，又難免帶有清代館臣們觀念的印痕，我們將之與藏於日本的元刻本比對，便不難發現《永樂大典》本在體例方面有不少地方與辛文房編撰時的本意有明顯的出入。不過，館臣在輯佚編次的同時，根據新舊《唐書》的相關內容，對所輯得的傳文作了一些修訂和增補的工作，這使得輯佚本增加了原書所不具備的價值。因此，後人儘管在得到了元刻本《唐才子傳》並對之進行校勘時，仍將四庫館臣的《永樂大典》輯佚本作為一個參校本。

令人感到慶幸的是，元刻十卷本的《唐才子傳》在流入日本後，得以完整地保存下來，這似乎再度應驗了宋代歐陽脩曾經說過古書尚存扶桑之國的話，也是中日兩國自古以來文化交往中，非常有價值的一種特殊的交流。日本人出於對唐代文化的熱愛，在十四世紀後期以元刻本為底本，陸續將《唐才子傳》刻印了好幾次，較早的如「五山本」、「正保本」等。享和二年（西元一八〇二年）天瀑山人根據五山本排印了活字本並收入《佚存叢書》，即後來被稱作的「佚存本」。不久，「佚存本」回流到了中國，成為明代以後第一次以全本的面貌出現在國內的全本《唐才子傳》。遂很快出現了人們據此與「四庫本」對校後翻刻的嘉慶十年（西元一八〇五年）陸芝榮「三間草堂本」，以及道光二十二年（西元一八四二年）錢熙祚的「指海本」。這就是《唐才子傳》自清代以來流傳的第二個系統。

更值得稱幸的是，除了「五山本」等翻刻本之外，元刻本竟然也得以重見天日。清光緒年間，學者楊守敬作為駐日公使的隨行人員，經常利用公務之餘到日本各地書坊訪書，搜羅放佚，尋訪到許多國內已經難得一睹甚至被認為是絕跡了的書籍，元代刊刻的十卷本《唐才子傳》，就是其中頗具價值的發現。後來，黎庶昌任駐日公使，採用當時先進的珂羅版技術將這部元刊足本《唐才子傳》加以影印，這便是後來被稱作黎庶昌影印本的《唐才子傳》。

將元刻本與上述的五山本等加以比對，不僅內容一致，版式亦完全相合，據此推測，極有可能就是五山本翻刻所依據的祖本。這部元刻本刊行時間最早，具有原書的初始面貌，從書的內容來看，錯外的地方也最少。既然是祖本，又是一部足本，價值無疑高於後來翻刻的諸本，當然也在八卷本的《永樂大典》輯佚本之上。據此，視黎庶昌影印本為最具權威性的善本，是完全可以肯定的了。

毫無疑問，《唐才子傳》在中土失傳數百年之後，又得以完整的初刻本面貌重返故里，陸芝榮、楊守敬和黎庶昌都是功不可沒的人物。近二十年來，相繼出版了數種《唐才子傳》的整理校注本，多選用「佚存叢書」本或黎庶昌珂羅版影印本作為底本，本次對《唐才子傳》的整理工作，亦選用珂羅版影印本作為底本。本書進行標點、注釋和譯寫等工作時，還參考了中華書局一九八五年出版的由傅璿琮主編的《唐才子傳校箋》，江蘇古籍出版社一九八七年出版的由周本淳校注的《唐才子傳校正》、貴州人民出版社一九九五年出版的由李立樸校點注譯的《唐才子傳全譯》，謹此表示謝意。受本人學術水準的限制，且古代漢語與現代漢語在對譯上，因為文體上的差異，未必皆能處處對應妥貼，因此，在校點和注釋、翻譯上若有不當之處，尚祈讀者不吝賜教。

戴揚本

序

魏帝❶著論，稱：「文章經國❷之大業，不朽之盛事。年壽❸有時而盡，未若文章之無窮。」詩，文而音者也。唐興尚文，衣冠❹兼化❺，無慮不可勝計。擅美於詩，當復千家。歲月苒苒，遷逝淪落，亦且多矣。況乃浮沉畏途❻，黽勉❼卑官，存沒相半，不亦難乎！崇事奕葉❽，苦思積年，心神遊穹厚❾之倪，耳目及晏曠❿之際，幸成著述，更或凋零，兵火相仍，名逮於此，談何容易哉！

夫詩，所以動天地，感鬼神，厚人倫⓫，移風俗也。發乎其情，止乎禮義，非苟尚辭而已。溯尋其來，〈國風〉、〈雅〉、〈頌〉開其端，〈離騷〉、〈招魂〉放厥辭；蘇、李⓬之高妙，足以定律；建安⓭之遒壯，粲爾成家；爛漫於江左⓮，濫觴於齊、梁。皆自襲祖沿流，坦然明白。鏗鏘愧金石，炳煥卻丹青⑮。理窮必通，因時為變。勿訝於枳⑯、橘，非土所宜；誰別於渭、涇⑰，投膠⑱自定，蓋係乎得失之運也。

唐幾三百年，鼎鐘⑲挾雅道，中間大體三變。故章句⑳有焦心之人，聲律至穿楊㉑之妙，於法而能備，於言無所假。及其逸度㉒高標㉓，餘波遺韻。臨高能賦，閑暇微吟，舊格近體㉔、古風㉕樂府㉖之類。芳沃㉗當代，響起陳人㉘。淡寂無枯悴之嫌，繁藻㉙無淫妖㉚之忌。猶金碧助彩，宮商自協。端㉛足以仰緒㉜先塵，俯謝來世。清廟㉝之瑟，薰風㉞之琴，未或簡㉟其沉鬱㊱，兩晉風流，不相下於秋毫也。

余遐想高情㊲，身服斯道，究其梗概行藏㊳，散見錯出㊴。使㊵覽於述作，尚昧㊶音容，洽㊷彼姓名，未辨機軸㊸，嘗切病之。頃㊹以端居㊺多暇，害事都捐，遊目簡編，宅心㊻史集，或求詳累帙，因備先傳㊼。撰擬成篇，斑斑有據，以悉全時之盛，用成一家之言。各冠以時，定為先後，遠陪公議，誰得而誣也。如方外高格，逃名散人，上漢㊽仙侶，幽閨綺思，雖多微(49)考實，故別總論之。天下英奇，所見略似，人心相去，苦亦不多。至若觸事興懷，隨附篇末。異方之士，弱冠(50)斐然(51)，狃(52)於見聞，豈所能盡。敢倡斯盟(53)，尚賴同志相與廣焉。庶乎作九京(54)於長夢(55)，詠一代之清風。後來奮飛可畏，相激百世之下，猶期賞音也。傳成凡二百七十八篇，因而附錄不泯者又一百二十家，釐為十卷，名以《唐才子傳》云。

有元大德甲辰春引。

【注釋】❶魏帝　三國時期魏文帝曹丕，曹操次子，黃初元年（西元二二〇年）代漢稱帝，國號魏，都洛陽。❷經國　治理國家。❸年壽　壽命；年歲。❹衣冠　搢紳士大夫。❺兼化　普遍受到影響。❻畏途　艱險可怕的道路，代指艱辛的人生。❼黽勉　勉勵。❽奕葉　一代接一代。❾穹厚　指天地。❿曼曠　遼遠。⓫人倫　根據禮教規定的社會中人與人之間的關係。⓬蘇李　指漢代的蘇武和李陵，《昭明文選》中收錄了署有他們名字的作品。⓭建安　東漢末漢獻帝年號，此處代指建安時期文人在詩歌文學方面的創作成果。⓮江左　即江東，因東晉和南朝諸代都建都在江左，此代指南朝時期。⓯丹青　硃砂和石青，為國畫常用的兩種顏料，比喻繪畫色彩。⓰枳　瓤乾味劣的桔子。⓱渭涇　分別為兩條河水名，河水清濁不同。⓲投膠　膠，阿膠。古人認為將阿膠水投入濁水，可使水變清。⓳鼎鐘　鼎與鐘。因上面通常銘刻文字以旌功業，此喻功業。⓴章句　文章詩句。㉑穿楊　百步穿楊的射箭技術，喻高妙的技藝。㉒逸度　飄逸瀟灑的風度。㉓高標　高遠的襟懷。㉔近體　興起於唐代的格律詩。㉕古風　一種較唐代律詩早起的五言和七言詩，格律方面有別於絕句和律詩。㉖樂府　詩體名，指可以入樂的詩歌或模仿樂府古題的作品。㉗沃　澆灌。㉘陳人　古人。㉙繁藻　華美的文辭。㉚淫妖　妖媚，喻過分的豔麗。㉛端　的確；正好。㉜緒　推求；承接。㉝清廟　古代帝王的宗廟。㉞薰風　相傳古代舜所唱的〈南風歌〉，此喻反映民間百姓生活的詩歌。㉟簡　輕慢。㊱沉鬱　沉悶憂鬱。㊲高情　高遠的情懷。㊳行藏　喻出處、行止。㊴錯出　雜亂地出現。㊵使　假使。㊶昧　不清楚。㊷洽　接觸。㊸機軸　關鍵；要害處。㊹頃　最近。㊺端居　閒居。㊻宅心　居心。㊼先傳　早先的傳記。㊽上漢　天上星河。㊾微　非；無。㊿弱冠　古人二十歲行加冠禮，其時體未壯，故稱弱冠。(51)斐然　謙辭。意為狂妄無知。(52)狃　滿足。(53)盟　誓約；結盟。(54)九京　喻墓地。(55)長夢　喻死亡。

【語　譯】魏文帝在文章中論述道：「文章是經國治邦的大事，是萬世不朽的事業。人生有終結的時候，好的文章，卻能夠流傳百世。」詩既富於文采，又講究音律。唐朝立國之初，崇尚文治，搢紳士大夫莫不受到風氣的影響，湧現出的人物真是不計其數，擅長詩歌寫作的名家也在千人以上吧。歲月流逝，因為社會的變遷而被湮沒以致默默無聞的還不知有多少呢。何況宦海浮沉，人生多變，默默而又勤懇做事的小官吏又不知有多少，有一半得以留下自己的痕跡，已是非常不容易了。一代又一代的文人，把作詩當成最神聖的事情，成年累月地苦思冥想，心靈在天地間神遊，耳目感覺到了極遼遠的地方，有幸形諸於文字，難免又有一些被零落失散，加上經常遇到戰亂，讓後人能得知他們的名字，是多麼不容易的事啊！

詩之所以能夠影響到天地，感動了鬼神，敦厚人倫，改變社會的風氣和習俗，是因為它萌生於人的內心情感，同時又不逾越禮法大義的規範，並非只是追求華美的辭藻而已。追溯詩的起源，〈國風〉、〈雅〉、〈頌〉是詩歌的開端，〈離騷〉和〈招魂〉豐富了它的詞彙；蘇武和李陵的作品，以其高超神妙的技巧，為詩歌的創作定下了法則；建安時期作品的遒勁雄壯，形成了自己的風格；南朝時期燦爛的成就，起源可以追溯到齊、梁兩代。都是承襲前人的成就，相沿發展而來，脈絡歷歷不爽。鏗鏘悅耳的聲韻，令鐘磬之類的樂器感到不如；斑爛的色彩，讓繪畫的顏料都要失色。事理到了極致，必定會有新的發展，因時勢不同而異。不必為柑橘與枳的差別感到驚訝，那是土質不一樣的緣故；要區別涇水、渭水的清濁，只要投放阿膠，便能立刻知曉。這些都是由於得失是由冥冥之中的命運決定的吧。

唐朝立國將近三百年時間，輝煌的功業，也促使了詩歌藝術的發展，期間詩風大體上經歷了三次變化。為雕詞琢句有人殫精竭慮；音節和韻律上的精巧，如同百步穿楊般的神妙；表現手法上已到了完美的程度；語言表達的貼切，無須任何假借。高遠的境界無人企及，悠長的餘韻令人回味。登高遠望，賦詩抒懷，閒暇之時，低吟慢唱，詩的風格既有近體律詩，也有古風、樂府。芳香薰陶了當代的士人，也讓那些久逝的古人得到了回應。恬淡幽寂的詩，並不讓人感到枯敗憔悴；華美濃豔的詩，也不使人覺得過分誇張。好比金色和綠色的映襯，使色彩更加豔麗；就像音樂的和聲，如此諧調動聽。上無愧繼承了前人的煌煌業績，下足以為後世的楷模。先人宮廷宗廟裡的高雅樂章，民間流傳的歌謠，都不能無視唐詩的深沉厚鬱，與兩晉時期的名士風流相比，唐代文人也是毫不遜色的啊。

我遙想當年唐人的高遠情懷，自己致力於探究此事，推尋他們在歷史上留下的痕跡，細碎零散而又紛雜。假如僅僅是瀏覽他們的作品，對於他們的形象，我還是一無所知，即便熟悉了他們的姓名，我還是無從把握其中的關鍵，為此，我曾深感煩惱。前不久，日常生活中頗有閒暇之時，把煩心事丟到了一邊，瀏覽群書，潛心於史籍和文集，遇到機會，便在各種書中詳細地進行一番鉤索考證，以此補充前人的記載。編撰成篇，事事都有可靠的證據，用來具體展現有唐一期詩歌的繁榮景象，形成我的一家之言。各篇都標明了時代，據以為先後排列的順序，印證了前人已有的公論，誰能不負責地亂說一氣呢。比如方外的高逸之人，隱名埋姓居住在山野的隱士，天上的星宿神仙，深閨女子的情思，諸如此類的內容，為數很多，因為無從加以詳考，所以，另外歸為一類，一起加以評論。天下英俊奇異的人士，我們所見到的大略相同，人心之間的差別，苦在不多。至於因為聯繫到某人某事而心中產生的一點感想，隨手附記在該篇的末尾。我一個異域之人，年方及二十，便如此穿鑿妄作，滿足於自己一點有限見聞，哪裡能夠將這件事做好呢！斗膽倡議此事，還有賴同道的朋友們一起相助補充啊。如此或許能為那遠逝的前輩修築一座精神的陵墓，歌詠他們一代的高潔品行和人格。後起之秀們展翅奮飛，令人敬畏，互相激發於百世之後，仍期待著能遇到知音者啊。傳文寫畢，一共三百七十八篇，相關附錄的詩人又有一百二十人，編為十卷，以《唐才子傳》作為書名。

元朝大德八年春天作引。

【研析】唐代詩歌的輝煌成就，和唐代詩人的層出不窮，都讓人聯想到了夏日夜空中的滿天繁星，而這條燦爛星河的源頭，可以而且應該遠溯到三千年前的〈風〉、〈雅〉、〈頌〉，以及自楚辭、漢賦問世以來，難計其數的文人們的智慧結晶。正是在這片先民累世積蘊的土壤上，開放出了唐詩這朵令人驚嘆的嬌豔鮮花。文人追求的名山事業，具有超越了物質生命的永恆價值，「年壽有盡，文章無窮」，在經歷了千百年的歷史滄桑之後，咀嚼和回味前賢的這些話語，心頭也許會掠過一絲人生飄忽的傷感，不過，更多的應是騰湧出追求和實現這種價值的奮發精神。

卷一

六帝

夫雲漢❶昭回，仰彌高於宸極❷；洪鐘希扣，發至響於咸池❸。以太宗❹天縱，玄廟❺聰明，憲❻、德❼、文❽、僖❾，睿姿❿繼挺，俱以萬機⓫之暇，特駐⓬吟情，奎壁⓭騰輝，袞龍⓮浮彩，寵延臣下，每錫⓯賡酬。故上有好者，下必有甚焉者矣。

【注釋】❶雲漢　銀河。❷宸極　北極星。❸咸池　古代神話傳說中太陽洗浴的大澤。❹太宗　唐太宗李世民，西元六二七－六四九年在位。❺玄廟　唐玄宗李隆基，西元七一二－七五六年在位。❻憲　唐憲宗李純，西元八〇六－八二〇年在位。❼德　唐德宗李適，西元七八〇－八〇五年在位。❽文　唐文宗李昂，西元八二七－八四〇年在位。❾僖　唐僖宗李儇，西元八七四－八八八年在位。❿睿姿　明通達。⓫萬機　紛繁的政務。

⑫駐 留意。⑬奎璧 奎，二十八星宿中主文運的奎宿。璧，平圓形玉器，中有孔，此喻帝王的文筆。⑭袞龍 帝王穿的龍袍。⑮錫 賜予。

【語譯】銀河光芒四射，運行天空，仰望極高遠的星星是北斗星；洪鐘罕得一扣，巨大的聲響迴蕩在那遙遠的咸池。太宗過人的天賦，玄宗的聰明才智，憲宗、德宗、文宗、僖宗，聖明相繼，他們在日理萬機之暇，留意吟詩詠情。文苑騰起輝光，龍袍閃動著耀眼的光彩，恩寵延及臣下，常常賜予他們一起和詩唱酬的恩遇。所以，居上位的人喜歡什麼，下面的人必定會更加熱衷於此道的啊！

【研析】沒有一個朝代能像唐代那樣，有這麼多的帝王喜歡詩歌。從唐太宗開始，高宗、中宗、玄宗、德宗、文宗、宣宗等等，還包括那位雄心勃勃的女皇武則天，他們不但自己能夠寫詩，愛讀別人的詩，還喜歡和詞臣和詩，科舉取士也可以將詩賦列於題中，這樣一來，寫詩就蔚然成為一種社會風氣了。唐詩的繁榮，可以說就是在這種互動的情況下發展起來的，不然，我們怎麼解釋，在歷史上曾有過好幾次與之相似的社會繁榮時期，卻唯獨唐朝才結出了如此令人驚嘆的碩果呢！

王績

績，字無功，絳州龍門❶人，文中子❷通之弟也。年十五遊長安，謁楊素❸，一坐服其英敏，目為「神仙童子」。隋大業❹末，舉孝廉❺高第❻，除❼祕書正字❽。不樂在朝，辭疾，復授揚州六合❾縣丞❿。以嗜酒妨政，時天下亦亂，遂託病風⓫，輕舟夜遁。嘆曰：「網羅在天，吾將安之？」乃還故鄉。至唐武德⓬中，詔徵以前朝官待詔⓭門下省⓮，績弟靜⓯謂績曰：「待詔可樂否？」曰：「待詔俸薄，況蕭瑟⓰，但良醞三升，差⓱可戀耳。」江國公⓲聞之曰：「三升良醞，未足以絆⓳王先生。」特判日給一斗。時人呼為「斗酒學士」。貞觀⓴初，以疾罷歸。河渚㉑間有仲長子光㉒者，亦隱士也，無妻子。績愛其真，遂相近結廬㉓，日與對酌。君有奴婢數人，多種黍㉔，春秋釀酒，養鳧㉕雁、蒔㉖藥草自給。以《周易》㉗、《莊》㉘、《老》㉙置床頭，無他用心也。自號「東皐子」。雖刺史謁見㉚，皆不答。終於家。性簡傲，好飲酒，能盡五斗，自著〈五斗先生傳〉。彈琴、為詩、著文，高情勝氣㉛，獨步當時。撰《酒經》一卷、《酒譜》一卷。李淳風㉜見之曰：「君酒家南、董㉝也。」及詩賦等傳世。

【注釋】❶絳州龍門　位於今山西河津。❷文中子　王績的哥哥王通，隋末著名學者，著有《元經》、《中說》等，卒後門人私諡文中子。❸楊素　隋功臣，受封越國公，煬帝時官至司徒，改封楚國公。❹大業　隋煬帝時年號（西元六〇五—六一七年）。❺孝廉　即孝悌廉潔科，隋代科舉考試取士名目之一。❻高第　指參加科舉考試時取得很高的成績。❼除　授以官職。❽祕書正字　掌管朝廷圖書收藏的機構裡負責校讎典籍的官員。❾六合　今江蘇六合。❿縣丞　縣級地方行政的副長官。⓫病風　患風痹病。指因風寒侵襲引起的四肢關節疼痛或麻木。⓬武德　唐高祖年號（西元六一八—六二六年）。⓭待詔　此指等候皇帝的任命。詔，詔命。⓮門下省　唐代中央機構之一，與中書省同掌朝廷機要。⓯靜　王績的弟弟王靜。⓰蕭瑟　遭冷落、乏味的意思。⓱差　尚可。⓲江國公　指王通的門生陳叔達，武德四年拜官侍中，次年受封江國公。⓳絆　約束；牽制。此意為挽留。⓴貞觀　唐太宗年號（西元六二七—六四九年）。㉑河渚　河中間的小洲。㉒仲長子光　字不曜，洛陽人，隱居河渚，非其力不食。㉓結廬　建造簡陋的草屋。㉔黍　穀物名，性黏，可食用，古人常用以釀酒。㉕鳧　野鴨。㉖蒔　栽種。㉗周易　古代占卜書，內容含有深刻的哲理，是儒家主要經典之一。㉘莊　書名，相傳〈內篇〉為戰國時人莊周所作，〈外篇〉、〈雜篇〉為其弟子及後世道家撰寫，被後人奉為道教經典。㉙老　書名，即春秋時人老聃所作的《道德經》。㉚謁見　請求會面。㉛高情勝氣　高遠的情懷和超凡的氣概。㉜李淳風　唐人，貞觀年間曾任太史丞。㉝南董　春秋時齊國史官南史和晉國史官董狐的和稱，二人都以秉筆直書著稱，被後人視為史家楷模。

【語譯】王績，字無功，絳州龍門人，文中子王通的弟弟。十五歲時遊歷到長安，拜見楊素時，在場的人無不為他的聰明才智而折服，被視為「神仙童子」。隋朝大業末年，王績以優異的成績考取孝廉科，授官祕書正字。因為不喜歡在朝廷做官，他藉口有病辭去了這個職務，又被任命為揚州六合縣丞。王績因自己非常愛喝酒，以致影響了政務，加上當時社會動亂，於是，他藉口自己罹患風病，夜裡乘了小船遠走他處了。王績感嘆道：「從天上布下了羅網，我還能逃往哪兒去呢？」於是回到了故鄉。直到武德年間，王績應唐高祖的詔命，以隋朝舊臣的身分到京都門下省等待重新任命，才回到了長安。待詔期間，王績的弟弟王靜問王績說：「待詔有什麼值得高興的事？」王績嘆了口氣說道：「待詔的俸祿很少，日子也過得很寂寞，不過，每天發三升好酒，多少還是讓人有點留戀。」江國公聽到了此事，便對人說道：「一天才三升酒，不足以留住王先生呀。」於是特別批准每天發一斗酒給他。人們便因此稱王績為「斗酒學士」。貞觀初年，王績因為生病的緣故，又回到了家鄉。河渚有一位叫仲長子光的人，也是一個隱士，孤身一人，沒有家室，王績非常喜歡他的真率性情，便在他的住所附近蓋了房子，兩人每天在一起喝酒。王績家裡雇用了幾個僕人，田裡種了很多黍，用於春秋兩季釀酒。他還養了一些野鴨、大雁，又種了一點藥草自用。王績在自己的床頭放了《周易》、《莊子》和《老子》三部書，對於其他事情都不感興趣，自號「東皐子」。刺史表示要與他見面，但王績從未應允。他是在自己家裡去世的。王績生性傲慢，酷嗜飲酒，每次能喝五斗。生前，他還為自己寫過一篇〈五斗先生傳〉。他彈琴、賦詩、作文，無不情懷高遠，氣格過人，當時無人能夠與他匹敵。王績曾撰有《酒經》一卷、《酒譜》一卷，李淳風見了這兩部書後，說：「先生真是飲酒人中的南史、董狐啊！」王績還有詩賦等作品傳世。

【研析】王績雖然有「斗酒學士」這麼一個風雅的稱號，其實內心是十分苦悶的。他身處隋唐之際，親身體驗到了亂世的痛苦，這是他產生遁世思想的主要原因。因為面對的是亂世，故而他採取了不以澄清天下為己任的態度，隱居家鄉，直到唐朝興起，依然是一種恬退的態度。所以，後人對他這種人生方式，總覺得有一些過於消極的遺憾。不過，王績的詩的確有值得稱道之處，語言優美，平淺自然，我們在讀到白居易、元稹，甚至更晚一些的杜荀鶴等人的作品時，仍能不時地感覺到這位唐初詩人的影響。

論曰：唐興迨❶季葉❷，治日少而亂日多，雖草衣帶索❸，罕得安居。當其時，遠釣弋❹者，不走山而逃海，斯德而隱者矣。自王君以下，幽人間出❺，皆遠騰長往之士。危行❻言遜，重撥禍機❼，糠覈❽軒冕❾，掛冠引退，往往見之。躍身炎冷❿之途，標華⓫黃、綺⓬之列。雖或累聘丘園⓭，勉加冠佩⓮，適足以速深藏於藪澤⓯耳。然猶有不能逃白刃、死非命焉。夫迹晦⓰名彰，風高塵⓱絕，豈不以有翰墨⓲之妙，〈騷〉、〈雅〉⓳之奇美哉！文章為不朽之盛事也。恥不為堯、舜⓴民，學者之所同志；致君於三、五㉑，懦夫尚知勇為。今則捨聲利㉒而向山棲，鹿冠㉓舄几㉔，便於錦繡之服，柴車㉕茅舍，安於丹雘㉖之廈；藜羹㉗不糝㉘，甘於五鼎㉙之味；素琴㉚濁酒，和於醇飴㉛之奉；樵青山，漁白水，足於佩金魚㉜而紆㉝紫綬㉞也。時有不同也，事有不仵㉟也。向子平㊱曰：「吾故知富不如貧，貴不如賤，第未知死何如生。」此達人之言也。《易》曰：「遯㊲之時，義大矣哉！」

【注釋】❶迨　及，喻正值。❷季葉　王朝末世。❸草衣帶索　用草編的衣服，用繩子代替衣帶，形容極粗陋的衣著，喻避居山莊的隱士。❹釣弋　釣，魚鉤。弋，一種帶繩子的箭。喻災禍。❺間出　不時地出現。❻危行　高潔的行為。❼禍機　禍端。❽糵　穀糠中的粗屑。❾軒冕　車子和帽子，喻官爵。❿炎冷　反覆無常，變幻莫測。⓫標華　崇高；特出。⓬黃綺　漢初著名隱士夏黃公、綺里季之合稱，二人名列商山四皓，漢高祖召之，不應。⓭丘園　山丘和田園，指隱居之所。⓮冠佩　冠冕和佩帶的飾件，喻官爵。⓯藪澤　水草茂盛的沼澤湖泊地帶，喻隱居場所。⓰迹晦　行蹤不顯露。⓱塵　蹤跡。⓲翰墨　筆墨，此喻文章。⓳騷雅　分別指〈離騷〉和〈大雅〉〈小雅〉，喻文學作品。⓴堯舜　帝堯和帝舜，遠古部落聯盟首領，古史相傳的聖明君主。㉑三五　指三皇和五帝，三皇為伏羲、女媧和神農，五帝為黃帝、顓頊、帝嚳、帝堯和帝舜。㉒聲利　名利。㉓鹿冠　鹿皮製成的帽子，常為隱士所戴。㉔舄几　疑為舄鳧之誤，舄鳧相傳為東漢葉喬的一雙神奇鞋子，能化作雙鳧，乘之至京師。㉕柴車　簡陋不加裝飾的車子。㉖丹雘　紅色的塗飾顏料。㉗藜羹　用嫩的野菜煮的湯，喻粗劣的食物。㉘糝　米粒。㉙五鼎　喻貴族官僚的奢侈生活。㉚素琴　未加裝飾的琴。㉛醇飴　醇厚甜美，喻美食。㉜金魚 唐代三品以上官員所佩的金符。㉝紆 繫結。㉞紫綬 紫色絲帶做的印組或飾品，與金印一起為丞相等高官所佩。㉟侔 相等。㊱向子平 即向長，東漢人，字子平，家貧無資食，好《老子》、《周易》，堅辭王莽的辟請。㊲遯 退而隱居。

【語 譯】論曰：唐王朝的興起，正值隋朝衰敗的時候，太平的日子不多，大多都是兵荒馬亂的日子，即便是穿著粗布衣服的隱士，也難得過上安穩的生活。那時候，遠遠逃避災禍的人，不是隱居山間，便是逃身藏匿在湖海，這都是有德行才隱居起來的人啊。自王先生以後，經常出現隱士，都是遠走高飛到江湖上去的人。他們的行為高潔，言語謙遜，看重排除那些潛在的禍機，極為蔑視朝廷賜予的官爵，辭去官位，引身而退，是經常出現的事情。進身在變幻無常的官場，嚮往的卻是黃公、綺里季的隱士一流的人物。雖然也有被數度聘請到丘園，而勉強接受官爵的人，但這使得他們更加快地深藏到隱居地方去。即便這樣，還有未能逃避刀斧斫殺，死於非命的人呢。形跡不明而名聲卓著，風誼高遠而下落不明，難道就不會有高妙的文章，奇特的詩篇嗎！文章是不朽的大事。因為不是生活在堯、舜這樣的時代而覺得羞恥，這是有學問的人共同的看法；如果能夠為三皇、五帝這樣聖明的君主效勞，即便懦夫也知道要勇敢有為。如今，捨棄名利而選擇山間隱居的生活，戴著鹿皮帽，穿著鴨子形狀的鞋子，覺得比錦繡衣服還要便利；乘著簡陋的車子，住在茅舍裡，覺得比紅色油漆裝飾的華麗大廈還舒服；吃著連米粒都看不見的野菜羹，感到要比豐盛的酒宴還可口；彈著素琴，飲著未經過濾的濁酒，精神上覺得比飲著醇厚的美酒，吃著甜美的食物都要快樂；上山砍柴，下河捕魚，要比佩帶那紫綬金魚還叫人滿足啊。時代不同了，事情也不可一概而論。向子平說過：「我已經知道富不如窮，貴不如賤，但還不知道死和生相比是怎麼回事。」這真是通達之人的話啊。《周易》上說：「在適當的時候退而隱居，這裡面有深刻的意義呢。」

【研析】隱遁之所以被視作一種高尚的行為，是因為這是文人面對黑暗的社會現實，不願同流合污的表現。從孔夫子的「富貴而不義，於我如浮雲」開始，就是舊時代士大夫們唯一能夠採取的被迫無奈之下的積極行動了。舊的時代過去了，取捨的價值標準也許有所變化，不過，不願被物質享受奴役，積極進取，追求精神上的自由，這種價值觀念，不依舊是令人肅然起敬的高潔行為嗎？

崔信明

信明，青州❶人。少英敏，及長❷，強記，美文章。高孝基❸語人曰：「崔生才冠一時，但恨❹位不到耳。」隋大業中，為堯城❺令。竇建德僭號❻，信明弟仕賊，勸信明降節❼，當得美官。不肯從，遂踰城❽去，隱太行山中。唐貞觀六年，詔即家拜興勢❾丞，遷秦川❿令，卒。信明恃才蹇亢⓫，嘗⓬自矜其文。時有揚州錄事參軍⓭滎陽鄭世翼，亦驁倨⓮

忤物，遇信明於江中，謂曰：「聞君有『楓落吳江冷』之句，仍願見其餘。」信明欣然多出舊製。鄭覽未終，曰：「所見不逮所聞！」投卷於水中，引舟而去。今其詩傳者數篇而已。

【注　釋】❶青州　地名，在今山東益都。❷及長　長大成人。❸高孝基　即高構，字孝基，隋唐時人，為崔信明的同鄉。❹恨　遺憾。❺堯城　地名，在今河南安陽東。❻僭號　與統治王朝對立而自稱帝號。❼降節　投降變節。❽踰城　翻越城牆，此喻悄悄出走。❾興勢　地名，今陝西洋縣。❿秦川　舊指今陝西、甘肅一帶。⓫蹇亢　高傲。⓬嘗　通「常」。經常。⓭錄事參軍　官名，掌總錄眾官署文簿，舉彈善惡。⓮驁倨　性格傲慢。

【語　譯】崔信明，青州人，小時候就十分聰穎，長大後，記憶超群，文章也寫得十分漂亮。高孝基對別人說：「崔生的才華是當今第一流的，可惜他的地位太低了，真是不相稱啊！」隋朝大業年間，他當了堯城縣令。竇建德僭稱帝號，信明的弟弟在他那兒做官，勸信明也去投靠竇建德，說一定能謀個好差事。崔信明不願意，暗中出走了，在太行山裡隱居了下來。到了唐朝貞觀六年，使臣帶了皇帝的詔書來到他家，任命他為興勢縣丞，後改官秦川令。後來去世了。信明仗著自己有才華，對人態度十分傲慢，常對人誇耀自己的文章。當時，滎陽的鄭世翼在揚州當錄事參軍，他也是個性格桀傲，喜歡冒犯別人的人。有一次坐船，與信明在江上相遇，問他道：「聽說您有像『楓落吳江冷』這樣的好詩，希望還能看一些其他的作品。」崔信明高興地把自己的舊作拿出來請他看。不料，鄭世翼還沒全部看完，就說了一句：「所見的並不像聽到的那樣嘛。」竟然把崔信明的詩卷往江裡一丟，便駕船遠去了。流傳到今天，崔信明的詩只有幾篇而已。

【研析】在今天看來，當對方興致勃勃地把得意之作送給他欣賞的時候，鄭世翼竟然會不屑地扔到河水裡，未免太不近人情。不知這是小說家之言，抑或根本是受過崔信明奚落的人惡意編造的傳說？不過，從中我們多少能感受到唐人對優美詩歌一種奉若至寶的風氣。崔信明的詩確實流傳下來的不多，但是，就這一句「楓落吳江冷」，連同這個小故事一起，也就足以讓他名垂千古了。

王勃

勃，字子安，太原❶人，王通❷之諸孫也。六歲善辭章。麟德❸初，劉祥道❹表❺其材，對策❻高第❼。未及冠❽，授朝散郎❾，沛王❿召署府⓫修撰⓬。時諸王鬥雞，勃戲為文檄⓭英王⓮雞，高宗聞之，怒，斥出府。勃既廢，客劍南⓯，登山曠望，慨然思諸葛⓰之功，賦詩見情。又嘗匿死罪官奴⓱，恐事洩，輒⓲殺之，事覺當誅，會赦除名⓳。父福時⓴坐是左遷交趾㉑令。

勃往省覲，途過南昌[22]，時都督[23]閻公[24]新修滕王閣[25]成，九月九日，大會賓客，將令其婿作記，以誇[26]盛事。勃至入謁，帥知其才，因請為之。勃欣然對客操觚[27]，頃刻而就，文不加點[28]，滿座大驚。酒酣辭別，帥贈百縑[29]，即舉帆去。

至炎方[30]，舟入洋海溺死，時年二十九。勃屬文[31]綺麗，請者甚多，金帛盈積，心織而衣，筆耕而食。然不甚精思[32]，先磨墨數升，則酣飲，引被覆面臥，及寤，援筆成篇，不易一字，人謂之腹稿。

嘗言人子[33]不可不知醫，時長安曹元[34]有祕方，勃盡得其術。又以虢州[35]多藥草，求補參軍[36]。倚才陵藉[37]，僚吏疾之。有集三十卷，及《舟中纂序》五卷，今行於世。

勃嘗遇異人[38]，相之曰：「子神強骨弱[39]，氣清體羸，腦骨虧陷，目睛不全。秀而不實，終無大貴矣。」故其才長而命短者，豈非相乎！

【注　釋】❶太原　今屬山西。❷王通　隋代著名學者（西元五八四—六一七年），著有《元經》、《中說》等，死後門人私諡文中子。❸麟德　唐高宗年號（西元六六四—六六五年）。❹劉祥道　歷任御史中丞，遷吏部黃門侍郎，掌管選拔人才的事務，麟德初，拜官右丞相。❺表　臣子向皇帝稟告事情的一種文體。❻對策　皇帝就經義或社會政治經濟等內容提出問題的一種選拔人才形式。策，策問。❼高第　評價很高的成績。❽冠　古代男子二十歲時實行的一種結髮加冠儀禮，意味著人已成年。❾朝散郎　唐代品級為從七品之上的一種文散官，無固定職事，侍於皇帝之側。❿沛王　高宗第六子李賢，龍朔元年（西元六六一年）封沛王。⓫署府　被任命擔任王府的職事。⓬修撰　祕書一類的職務。⓭檄　檄文，一種用於頒告征戰、巡行等目的而告示天下的文體。⓮英王　高宗第七子李顯，儀鳳二年（西元六七七年）封英王。⓯劍南　唐代行政區域名，轄境大致為今四川省中部地區，涉及範圍包括與雲南、貴州、甘肅等接壤地帶，因以主要地區位於劍閣以南得名。⓰諸葛　諸葛亮（西元一八一—二三四年），字孔明，三國時期著名政治家、軍事家，輔佐劉備治理蜀中，功績顯著。⓱官奴　因罪沒入官府為奴的人。⓲輒　則。⓳除名　赦免罪名。⓴福時　王勃的父親。㉑交趾　地名，位於今越南北部河內附近。㉒南昌　地名，今屬江西。㉓都督　總管地方軍事及行政事務的官員。㉔閻公　洪州刺史閻伯嶼。㉕滕王閣　唐高祖李淵子李元嬰於永徽三年（西元六五二年）任洪州都督時始修建，故址在南昌贛江邊，因元嬰受封滕王得名。㉖誇　誇耀。㉗操觚　觚，古代供寫字用的木板。操觚，喻寫作。㉘加點　指文字的修改潤飾。㉙縑　一種雙絲織成的淺黃色細絹，古代常用來作賞贈酬謝之物。㉚炎方　南方氣候炎熱的地方。㉛屬文　撰寫文章。㉜精思　精心考慮，苦思冥想。㉝人子　人之子女。㉞曹元　唐京兆人，以醫道精深著稱長安，王勃十二歲時曾從其學《周易》、《黃帝素問》和《難經》等。㉟虢州　地名，唐代治所在弘農（今河南靈寶），轄境相當於今河南西部靈寶以及欒氏以西和伏牛山以北地區。㊱參軍　官名，掌參謀軍機事務，此指州刺史的屬官。㊲陵藉　欺侮人。㊳異人　不尋常的人，此指具有某種特異才能的人。㊴神強骨弱　古代相術的一種說法。神，指言談舉止、神態氣質等外觀表現。骨，即骨相，相者據以知曉人的命運的骨骼生理特點，以頭和面部骨略為主。

【語譯】王勃，字子安，太原人，隋代著名學者王通的孫子。六歲時，就能寫一手好文章。高宗麟德初年，劉祥道向皇帝推薦王勃的才能，經過皇帝當面策問的考試，成績果然不凡。王勃雖然還沒有成年，便被授以朝散郎的官職，又被沛王召進王府，擔任修撰。當時，諸王常聚在一起玩鬥雞的遊戲，一次，王勃開玩笑地寫了一篇向英王的雞宣戰的檄文。這件事被高宗知道了以後，大為震怒，下令把王勃趕出了王府。

王勃被廢職了以後，曾到劍南一帶旅遊，登山眺望遠景，遙想起當年諸葛亮在這一帶建立的功業，不勝感慨，賦詩以寄託自己的情懷。他曾將一個犯了死罪的官奴藏匿起來，後來，又怕事情洩漏出去後連累自己，便將這個官奴殺了。案發以後，被判死罪，幸而遇上大赦，才被免除執行。他的父親王福時卻因為受到他的牽連，被貶職到偏遠的交趾去當一個縣令。

王勃前往交趾去拜望父親，途經南昌，正遇上都督閻公重建滕王閣的落成盛典。九月九日那天，閻公邀請了許多賓客，還打算讓自己的女婿撰寫一篇文章，來記述這件值得誇耀的盛事。王勃到場後，謁見了主人，閻公知道王勃是個寫文章的高手，於是，就請他來寫這篇文章。當著眾多客人的面，王勃欣然提筆寫了起來，一揮而就，不多時便寫完了，而且幾乎不用加以修改潤飾。在座的人見了，無不為他的才學感到吃驚。王勃飲酒至酣暢之時，起身告辭，閻公送了一百匹縑作為禮物給他，掛起船帆，他便引舟遠去了。

到了遙遠而炎熱的南方，王勃乘坐的船駛入了海洋，不幸溺水遇難。這一年，他才二十九歲。

王勃撰寫的文章，辭藻非常華麗，因此，請他寫文章的人一向很多，家裡堆積著很多別人送來作為潤筆答謝的錢帛，據此便不愁日常衣食之用，真可以說是「心織而衣，筆耕而食」。而且，他寫文章的時候，也不像有的人那樣冥思苦想，而是先磨好幾升墨汁，再飲酒至酣，扯過被子蒙頭便睡。等他醒過來之後，起身拿起筆，出手便是現成的好文章。往往連一個字都不必改易。人們說，他的文稿在心裡，所以叫「腹稿」。

王勃曾經說：為人子不可不懂醫術。當時，長安有個叫曹元的人藏有一些祕方，王勃把他的醫術都學到了。又因為虢州盛產各種藥草，遂請求到那兒去做一個參軍。因他倚恃自己的才華而瞧不起周圍的人，他的同事下屬都和他相處得不好。有文集三十卷，和《舟中纂序》五卷，現在還流行於世。

王勃曾遇到一位異人，為他相面後對他說道：「你舉止神態俊秀不凡，但骨相卻並不好，神氣清朗而體質羸弱，腦骨凹陷，眼中缺少一種充沛飽滿的神色，就像只會抽穗開花，而最終不會結果的草木，將來恐怕不會有大的富貴。」王勃才氣橫溢，壽命卻那麼短暫，莫非果真是應了相者的話了麼！

【研　析】熟悉古代文學的人，恐怕都不會對「落霞與孤鶩齊飛，秋水共長天一色」這一千秋佳句感到陌生。王勃翩翩少年，才氣橫溢，〈滕王閣序〉是文學史上的名篇，其一揮而就的撰寫過程，也是文苑中頗帶有傳奇色彩的一段佳話。才子薄命，令人嗟嘆，不過，自此以後，滕王閣卻因此成了南昌城的一處歷史名勝了。

楊炯

炯，華陰❶人。顯慶❷六年舉神童❸，授校書郎❹。永隆❺二年，皇太子舍奠❻，表❼豪俊❽，充崇文館❾學士。後為婺州❿盈川⓫令，卒。炯恃才憑傲⓬，每恥朝士⓭矯飾⓮，呼為「麒麟楦⓯」。或⓰問之，曰：「今假弄麒麟戲⓱者，必刻畫其形覆驢上，宛然⓲異物，及去其皮，還是驢耳！」聞者甚不平⓳，故為時⓴所忌。初，張說以箴㉑贈盈川之行，戒㉒其苛刻，至官，果以酷稱。炯博學善文，與王勃、盧照鄰、駱賓王以文辭齊名，海內㉓稱四才子，亦曰「四傑」，效之者風靡㉔焉。炯嘗謂：「吾愧在盧前，恥居王後。」張說曰：「盈川文如懸河㉕，酌之不竭。恥王後，愧盧前，謙也。」有《盈川集》三十卷行於世。

【注釋】❶華陰　位於今陝西華陰。❷顯慶　唐高宗年號（西元六五六—六六一年）。❸神童　唐代科舉考試門類之一，參加者年齡在十歲之下，通一經及誦經若干，便授予官或相應出身。❹校書郎　崇文館所屬官員之一，掌校讎朝廷收藏的圖書典籍。❺永隆　唐高宗年號（西元六八〇—六八一年）。❻舍奠　古時候在學校設置酒食祭奠先師的一種典禮。❼表　表彰。❽豪俊　學問和品行出眾的人才。❾崇文館　官署名，掌經籍圖書及教授課試等事。❿婺州　地名，在今浙江東部婺州一帶。⓫盈川　地名，治所在今浙江衢縣東。⓬憑傲　高傲。⓭朝士　在朝為官的文人。⓮矯飾　做作；掩飾本真。⓯楦　與鞋形相仿的木製填充物，也泛指填塞物體內的模架之類。⓰或　有人。⓱弄麒麟戲　將驢子化裝成麒麟模樣的一種歌舞或遊戲。⓲宛然　仿佛。⓳不平　不滿。⓴時　時人。㉑箴　古人用於規勸的一種文體。㉒戒　勸告。㉓海內　意為天下，即古人認為當時的中國。㉔風靡　風行一時。㉕懸河　岩壁上流下的瀑布。

【語譯】楊炯是華陰人，顯慶六年通過了神童考試，被授予校書郎的官職。永隆二年，皇太子舉行舍奠的典禮，表彰了一批學問和品行出眾的人，他被任命為崇文館學士。後來，又做了婺州盈川縣令，在任上去世了。楊炯覺得自己才華很高，非常自傲，看到朝中文人的言語行為很做作，感到十分可恥，稱他們為「麒麟楦」。有人問他「麒麟楦」是什麼意思，楊炯答道：「如今那些玩麒麟遊戲的人，都按麒麟的樣子畫製了圖案，然後蓋在驢子的身上，仿佛就是一個真的神物了。等到把這層皮去掉，還不是原來的驢子嘛！」聽到這話的人心裡很不舒服。因為這些緣故，楊炯也很為當時的許多人忌恨。起初，張說在楊炯到盈川上任之時，曾寫了一篇箴文給他，勸他到任後行事不要太苛刻，果不其然，楊炯到盈川後，還是以理政嚴酷出名。楊炯學問廣博，文章也寫得好，與王勃、盧照鄰和駱賓王三人一起，都以文章寫得好齊名，被天下的文人譽為「四才子」，也稱作文壇上的「四傑」，文人們紛紛效法他們，簡直成了一時的風氣。楊炯曾對別人說：「名字排在盧照鄰前面，有點兒讓我慚愧，但是，被排到了王勃後面，卻令人感到恥辱。」張說對人說：

「楊炯的文章就像飛瀉的瀑布，舀之不竭。他說自己因排在王勃後面而感到恥辱，說因排在盧照鄰前面而慚愧，那只是謙辭罷了。」楊炯的著作《盈川集》有三十卷，今流行於世。

【研　析】楊炯與王勃、盧照鄰和駱賓王一起，被後人譽作初唐四傑，他們的作品在文學史上的意義，在於開拓了詩歌寫作新的廣闊視野，不再像過去那樣，僅限於描寫宮殿的巍峨，或者歌頌統治者的功德之類內容。楊炯加以嘲諷的「麒麟楦」之輩，因其以婉媚之詞取悅時尚，漸漸被人們視之為一種惡俗，也應該從這個意義上來加以理解。四傑才氣彷彿，命運也相去無幾，都是才高、早慧，卻又都位卑而不得不奔走於江湖，故而懷鄉、別離，以及渴望在邊疆建功立業的題材，不僅經常出現在他們的作品中，甚至對後來的詩人們都產生了深遠的影響。

盧照鄰

照鄰，字昇之，范陽❶人。調鄧王府❷典籤❸，王愛重❹，謂人曰：「此吾之相如❺也。」後遷新都❻尉，嬰病❼去官。居太白山❽草閣，得方士❾玄明膏餌❿之。會父喪，號慟⓫，因嘔，丹輒出，疾愈甚。家貧苦，貴宦⓬時時供衣藥。乃去具茨山⓭下，買園數十畝，疏潁水⓮周舍，復預⓯

為墓，偃臥⑯其中。自以⑰當高宗之時尚吏⑱，己獨儒；武后⑲尚法⑳，己獨黃老㉑；後封嵩山㉒，屢聘㉓賢士，己已廢㉔。著〈五悲文〉以自明㉕。手足攣緩㉖，不起行㉗已十年，每春歸秋至，雲壑㉘烟郊㉙，輒輿㉚出戶庭，悠然一望。遂自傷㉛，作〈釋疾文〉，有云：「覆燾㉜雖廣，嗟㉝不容乎此生；亭育㉞雖繁，恩已絕乎斯代。」與親屬訣㉟，自沉潁水。有詩文二十卷及《幽憂子》三卷行於世。

【注釋】❶范陽　今河北涿州。❷鄧王府　唐高祖李淵第十七子李元裕的府邸，貞觀十一年（西元六三七年），李元裕受封鄧王。❸典籤　王府內掌管文書的官吏。❹愛重　喜歡、器重。❺相如　即司馬相如，字長卿，西漢著名辭賦家，曾以〈子虛賦〉等深得漢武帝賞識。❻新都　今四川新都。❼嬰病　患病。❽太白山　即終南山，位長安西南，唐代士大夫常往之隱居。❾方士　即方術之士，古代求仙、煉丹，以期長生不老的人。❿餌　服用。⓫號慟　哭得極度悲傷。⓬貴宦　地位高的官員。⓭具茨山　在今河南禹縣境內。⓮潁水　河流名，源出於河南登封境內，東向流入淮河。⓯預　事先準備的意思。⓰偃臥　仰面臥倒。⓱自以　自己感到。⓲尚吏　重視吏治，注重官吏的治績。⓳武后　即武則天，名曌，高宗皇后，載初元年廢睿宗後自立為帝，改國號周。⓴尚法　推重法家的理論。武則天在位時，任用酷吏，屢興大獄。㉑黃老　黃老學說，產生於先秦時期，以老莊思想為主，崇尚自然，政治上主張清淨無為，後被道家奉為宗旨。㉒封嵩山　唐垂拱四年（西元六八八年），改嵩山為神樂，封其神為天中王。㉓聘　起用。㉔廢　身體不好。㉕自明　表白內心的思想。㉖攣緩　捲曲而行動遲緩。㉗起行　起床下地活動。㉘雲壑　山間繚繞雲煙。㉙烟郊　田野一片煙景。㉚輿　小車。㉛自傷　內心感到很傷感。㉜覆燾　喻上天給予的一切。燾，覆蓋。㉝嗟　可嘆。㉞亭育　撫育。㉟屬訣　告別。

【語　譯】盧照鄰，字昇之，范陽人。調任鄧王府任典籤，鄧王很器重他的才能，對別人說：「這位是我的司馬相如啊。」後來當了新都縣尉，因為生病不得不離職，居住在太白山的草屋裡，服用一位方士送給他的玄明膏。正好遇到父喪，哭得極為悲傷，因為嘔吐，服用的丹藥都吐了出來，病更加重了。家裡十分貧苦，依靠一些有錢有勢的官員不時接濟他一些衣物和藥品。於是，盧照鄰離開了太白山，移居到具茨山下，購置了數十畝田園，引潁水環繞自己的屋舍，又為自己預先準備好了墳墓，躺在墓裡。他自嘆當高宗重視吏治的時候，自己獨獨喜歡儒家的學說；武后的時候，崇尚法家的思想，自己卻又崇尚黃老的學說；武后封嵩山時，幾次起用有才學的人士，自己的身體卻又不行了。他撰寫了一篇題名〈五悲文〉的文章，來表明自己的內心思想。因為手腳都捲曲變形了，盧照鄰已有十年時間沒有下床行走。每當春秋佳日，山間白雲繚繞，大地一派煙景，他常常讓人用小車推他到戶外，悠然眺望遠處的美好景色，同時，內心也十分傷感。盧照鄰還撰寫了一篇〈釋疾文〉，裡面說道：「上天對人世的恩澤極其廣大，可嘆的是卻容不了我的一生；撫育了人間的萬事萬物，對我的恩德卻就在這一代了。」他與親屬告別，投入潁水自盡了。盧照鄰留下有詩文二十卷，以及《幽憂子》三卷，流行於世。

【研　析】也許是生活上困苦失意的緣故，盧照鄰對社會的黑暗，尤其是達官貴人的驕奢淫逸，有著格外深刻的揭露。無論從詩歌作品的開闊視界，還是就辭采的華美，以及對仗的工整而言，盧照鄰的詩歌都是十分出色的。令人惋惜的是，他最終還是不能忍受諸多苦難，竟然選擇了自沉的方式來結束自己的生命。

駱賓王

賓王，義烏❶人。七歲能賦詩。武后時，數上疏言事❷，得罪貶臨海❸丞，鞅鞅❹不得志，棄官去。文明❺中，徐敬業❻起兵欲反正，往投之，署為府屬❼。為敬業作檄❽傳天下，暴斥武后罪。后見讀之，矍然❾曰：「誰為之？」或以賓王對，后曰：「有如此才不用，宰相過也。」及敗亡命❿，不知所之。

後宋之問貶還⓫，道出錢塘⓬，游靈隱寺⓭，夜月⓮，行吟長廊下，曰：「鷲嶺⓯鬱岧嶢⓰，龍宮隱寂寥⓱。」未得下聯⓲。有老僧燃燈坐禪⓳，問曰：「少年不寐，而吟諷⓴甚苦，何耶？」之問曰：「欲題此寺，而思不屬㉑。」僧笑曰：「何不道『樓觀滄海日，門對浙江潮。』」之問終篇曰：「桂子㉒月中落，天香雲外飄。捫蘿㉓登塔遠，刳㉔木取泉遙。雲薄霜初下，冰輕葉未凋。待入天台㉕寺，看余渡石橋㉖。」僧一聯，篇中警策㉗也。

遲明㉘訪之，已不見。老僧即駱賓王也。傳聞桴海㉙而去矣。後，中宗㉚詔求其文，得百餘篇及詩等十卷，命郗雲卿次序之，及《百道判集》一卷，今傳於世。

【注釋】❶義烏　今浙江義烏。❷言事　對朝廷大事發表自己的見解。❸臨海　今浙江臨海。❹鞅鞅　神情黯然的樣子。❺文明　唐睿宗年號（西元六八四年），武則天亦於是年臨朝。❻徐敬業　原名李敬業，唐開國功臣李勣孫，武則天臨朝後，聯合唐之奇等起兵反對，屯兵淮陰等地，後敗死。❼府屬　府中屬官。❽檄　古代以徵召、曉諭、申討之類為內容的文告。❾矍然　形容臉色陡然變得嚴肅起來的樣子。❿亡命　逃亡隱匿。⓫貶還　從貶謫處回京。⓬錢塘　今浙江杭州。⓭靈隱寺　佛教寺名，位於浙江杭州西湖西北武林山麓飛來峰前，始建於東晉時期。⓮夜月　夜裡在月光下。⓯鷲嶺　位於中印度，相傳為佛說法之地，此代指靈隱寺。⓰岧嶢　山峰高聳。⓱寂寥　靜寂無聲。⓲下聯　古代詩文二句為一聯。⓳坐禪　佛教徒每天修行的功課，靜坐時排除一切雜念，使心神恬靜自在。⓴吟諷　吟誦作詩。㉑屬　相連。㉒桂子　桂花。相傳每到中秋，月中桂子會飄落到人間。㉓捫蘿 用手握著蘿藤。㉔刳 剖開而挖空。㉕天台 天台山，位於今浙江天台北。㉖石橋 又稱石樑，旁有飛瀑，下臨深澗，為天台名勝。㉗警策 精彩的句子。㉘遲明 天剛亮時。㉙桴海 比喻乘船下海。桴，本意為木筏，此借指乘船。㉚中宗 唐中宗李顯，西元七〇五—七一〇年在位。

【語譯】駱賓王，義烏人，七歲時就會賦詩。武則天當政時，幾次上書議論時事，冒犯了權貴，被貶謫到臨海做個縣丞。他情緒低落，感到自己不得志，便辭去了官職。文明年間，徐敬業起兵反對武則天秉執朝政，駱賓王投奔了他，當了他的一個屬官。駱賓王為徐敬業起草檄文，傳佈天下，揭露並斥責武則天的罪惡。武則天讀了他寫的檄文，臉色都變了，問左右的人說：「這是誰寫的？」人們答道是駱賓王寫的，武則天感嘆地說：「有這樣的人才卻沒能用他，這是宰相的過失啊。」徐敬業被擊敗後，駱賓王逃亡在外，不知他最後到什麼地方去了。

後來，宋之問從貶謫地回朝，途經錢塘，到靈隱寺遊玩。夜間，月色溶溶，他在寺廟的長廊下徘徊吟詩，吟道：「鷲嶺鬱岧嶢，龍宮隱寂寥。」卻沒有想出下聯來。有一位上了年紀的僧人正點著燈坐禪，問他道：「年輕人不去睡覺，苦苦吟誦詩文，怎麼回事？」宋之問回答說：「我想以靈隱寺為題寫一首詩，文思卻連貫不起來。」老僧笑道：「為什麼不用『樓觀滄海日，門對浙江潮』呢？」宋之問接下去就把全詩寫完了：「桂子月中落，天香雲外飄。捫蘿登塔遠，刳木取泉遙。雲薄霜初下，冰輕葉未凋。待入天台寺，看余渡石橋。」僧人的一聯，是全詩中最精彩的兩句。

天色剛露出晨曦，宋之問再去造訪老僧，卻找不到他了。老僧就是駱賓王，聽說他乘船下海走了。後來，中宗下詔書命令收集駱賓王的遺文，得到一百餘篇，以及詩等，共十卷。命郗雲卿編次並撰寫了序言。還有《百道判集》一卷，現在還流傳於世。

【研析】在初唐四傑中，駱賓王的結局最為耐人尋味。他有懷才不遇的經歷，作品中也有不少是對統治者驕奢淫逸的批評，也可以說是位卑而多謗吧。與其他人不同的是，他還加入到了反對武則天的武裝抗爭的行列中，這使得他的最終下落成了一個謎，因為還有一種說法，認為他是遇害而身亡了。不過，我們寧願相信這個出家為僧的故事，這使得詩人的身世更帶有一種神祕的浪漫色彩。而武則天的惜才之情，也讓人們再次感到，盛唐時代的詩歌出現，絕非是一個偶然的現象。

杜審言

審言，字必簡，京兆❶人，預❷之遠裔。咸亨元年❸宋守節榜進士❹，為隰城❺尉❻。恃高才，傲世見疾。蘇味道❼為天官侍郎❽，審言集判，出謂人曰：「味道必死。」人驚問何故，曰：「彼見吾判，當羞死耳。」又曰：「吾文章當得屈、宋❾作衙官，吾筆當得王羲之❿北面。」其矜誕類此。坐事貶吉州⓫司戶⓬。

及武后⓭召還，將用之，問曰：「卿喜否？」審言舞蹈⓮謝。后令賦〈歡喜詩〉，稱旨，授著作郎⑮，為修文館⑯直學士。卒。初，審言病，宋之問⑰、武平一⑱往省候，曰：「甚為造化小兒⑲相苦，尚何言！然吾在，久壓公等。今且⑳死，但恨不見替人也。」少與李嶠㉑、崔融㉒、蘇味道為「文章四友」。有集十卷，今不存，但傳詩四十餘篇而已。

【注釋】❶京兆　漢代京畿行政區劃名，今陝西西安以東至華縣一帶。❷預　杜預，西晉時人，以武功封當陽侯。著有《春秋左氏經傳集解》。❸咸亨元年　西元六七〇年。咸亨，唐高宗年號。❹宋守節榜進士　宋守節為榜首的同科進士。唐科舉制度，取士分秀才、明經、進士等五十餘科。❺隰城　今山西汾陽。❻尉　主管地方治安的小官。❼蘇味道　唐趙州欒城人，武則天時官居相位。❽天官侍郎　吏部長官。❾屈宋　屈原和宋玉，二人皆為戰國時期楚國的文學家，以擅長寫辭藻富麗的辭賦著稱。❿王羲之　東晉時期著名書法家，有書聖之稱。⓫吉州　今江西吉安一帶。⓬司戶　主管民戶的屬官。⓭武后　即武則天。⓮舞蹈　舊時臣子拜見帝王的一種禮節。⓯著作郎　主管著作局的官員，掌撰擬文字。⓰修文館　隸屬門下省的機構，職掌校正圖書。⓱宋之問　唐虢州弘農人。⓲武平一　唐太原人，與宋之問皆以文章著稱於世。⓳造化小兒　對傳說中的司命之神的戲稱。⓴且　將要。㉑李嶠　唐趙州（今屬河北）贊皇人。㉒崔融　唐齊州金節（今山東濟南一帶）人，與李嶠當時皆以擅長文辭著稱。

【語譯】杜審言，字必簡，京兆人，西晉杜預的後裔。咸亨元年，考取了宋守節那一榜的進士，被任命為隰城尉。杜審言仗著自己才學過人，很瞧不起自己周圍的人，使得大家對他又嫉又恨。有一次，蘇味道任天官侍郎的時候，審言也在一起批閱公文，完事後，他出來對人說：「蘇味道肯定要死了。」人們驚奇地問他為什麼緣故，審言回答說：「他看到了我的判文，應該羞愧而死啊。」他還對人說：「憑我寫文章的才氣，屈原、宋玉只能給我做個下手；依我的書法，王羲之也要拜我為師啊。」他性情的傲慢和狂誕，竟然到了這樣的程度。後來，因為受到一些事情的牽累，他被貶為吉州司戶。

武則天的時候，杜審言被召回朝廷，武后打算重用他，問他說：「這樣做，你高興麼？」審言恭敬地向武后行了臣子朝拜帝王的禮節，以表示自己的感謝之意。武后要他賦一首〈歡喜詩〉，詩寫成之後，武后讀了十分滿意，於是封他為著作郎、修文館直學士，直至他去世。

在此之前，杜審言生病的時候，宋之問、武一平等人曾前去探視他。審言對他們說道：「我讓這掌天地造化的小東西搞得好苦啊！現在還有什麼可以說的呢！不過，我在世的話，也把你們幾位壓得都沒有出頭日子了。只是，現在快要死了，卻還沒有看到能夠代替我的人，真有點遺憾啊。」

杜審言年輕的時候，與李嶠、崔融、蘇味道一起，被人們稱為「文章四友」。曾經有過一卷文集，現在已經失傳了，只剩下四十多首詩，流傳到了今天。

【研　析】杜審言有一位出名的先祖，即在歷史上以「《左傳》癖」著稱的杜預；同時，他又是那位被譽為「詩聖」的大詩人杜甫的祖父，不過，他倒還是以自己在文學上的才氣贏得名聲的。與他的才氣一樣出名的，是他那狂傲的怪脾氣。據研究古代文學史的學者們考證，杜審言雖然被人們目為一個矜誕的怪人，上述的種種傳說卻未必可以據以為信。既然這樣，我們就不必去認真計較，姑且把它當作反映唐代文人風氣的一個側面寫真吧。

沈佺期

佺期，字雲卿，相州[1]人。上元[2]二年鄭益榜進士。工[3]五言。由協律[4]、考功郎[5]受賕[6]，長流[7]驩州[8]。後召拜起居郎[9]，兼修文館[10]直學士。常侍宮中，既侍宴，帝詔學士等為〈回波〉舞[11]，佺期作弄辭[12]悅帝，詔賜牙、緋[13]。歷中書舍人[14]。佺期嘗以詩贈張燕公[15]，公曰：「沈三兄詩清麗，須讓居第一也。」詩名大振。

自魏建安迄江左，詩律屢變。至沈約[16]、鮑照[17]、庾信[18]、徐陵[19]以音韻相婉附，屬對[20]精緻。及佺期、之問，又加靡麗[21]。迴忌[22]聲病[23]，約句準篇，著定格律，遂成近體[24]，如錦繡[25]成文，學者宗尚[26]。語曰：

「蘇、李居前，沈、宋比肩。」謂唐詩變體，始自二公，猶始自蘇武、李陵也。有集十卷，今傳於此。

【注　釋】❶相州　今河南安陽。❷上元　唐高宗年號（西元六七四－六七五年）。❸工　擅長。❹協律　協律郎，朝廷中掌管音樂的官員。❺考功郎　吏部屬官，掌官吏考核升遷之事。❻賕　賄賂。❼長流　流放到遼遠的邊地。❽驩州　今越南榮市。❾起居郎　中書省屬官，侍從皇帝，掌記錄皇帝言行，以及監修起居注等。❿修文館　門下省下屬機構之一，設學士，掌校正圖書、教授學生以及參議朝廷禮儀制度改革。⓫回波舞　根據唐中宗時創製的樂曲〈回波〉樂而編的一種舞蹈。⓬弄辭　按照樂曲曲調而寫的歌辭。⓭牙緋　指牙笏和緋服，皆為五品以上官員享有的待遇，起居郎為六品，故被視作對沈佺期的寵遇。⓮中書舍人　中書省屬官，掌侍奉進奏，參議表章。⓯張燕公　即張說，傳見本書本卷。⓰沈約　字休文，南朝梁文學家，與周顒等創「四聲八病」說。⓱鮑照　字明遠，擅長寫樂府詩。⓲庾信　字子山，北周文學家，擅長詩賦、駢文寫作。⓳徐陵　字孝穆，南朝陳文學家，擅長作宮體詩。⓴屬對　詩文對仗。㉑靡麗　文辭華麗。㉒迴忌　忌諱。㉓聲病　聲律不協。㉔近體　指唐代興起的格律詩，因相對於古體詩而言。㉕錦繡　織出的彩紋為錦，用針刺出的彩紋為繡，此喻詩文中佳句的精妙。㉖宗尚　推崇；模仿。

【語　譯】沈佺期，字雲卿，相州人。上元二年，與鄭益同榜進士。他擅長寫五言詩，先擔任協律郎，後又被任命為考功郎，因為受賄，被遠途流放到了驩州。後來，被召回朝，授予起居郎官職，兼修文館直學士。沈佺期因為常在宮中侍奉皇帝，一次宴會上，皇帝命令諸學士為〈回波〉舞，他根據樂曲撰寫的歌詞使皇帝感到十分高興，於是下令賜沈佺期牙笏和緋服。後來，沈佺期還擔任過中書舍人的職務。他曾經把自己寫的詩送給張燕公，張燕公對別人說：「沈三兄的詩風格清麗，應該承認是第一流的詩人啊！」沈佺期從此詩名大振。

自從曹魏包括建安時期，一直到南朝，詩的體裁和格律發生了數次變化，到了沈約、鮑照、庾信、徐陵，講究音韻的和順柔美，對仗精緻，到了沈佺期、宋之問時，變得更加華麗。寫詩時，忌諱聲律不協，句法篇章上都制定了一定的法則，於是形成了近體詩。就像錦緞上繡上花紋，學寫詩的人都推崇並模仿他們。有這麼一種說法：「蘇李居前，沈宋比肩」，這說的是，像漢朝的五言詩的法則始定於蘇武、李陵那樣，唐詩的變體，是從沈、宋二位開始的。沈佺期有集十卷，今天還流傳於世。

【研析】唐人稱為「近體詩」的律詩的定型，就是在沈佺期生活的時代，而他本人又是以擅長寫律詩而著稱，故而他在唐代詩人中的地位可以想見了。沈佺期一生連遭流放，他在作品中描寫了驩州的風物，也令我們感受到了遠在南天遠地的荒蕪和旅途跋涉的艱辛，當然，更有失意後的悲愁。到了他回歸中原的時候，我們又可以看到，歸途中所作的詩篇裡面，無論是描摹風景，還是抒發內中愉悅的心情，都不乏精彩之作，稱得上是行旅詩中的佳品。

宋之問

之問，字延清，汾州❶人。上元二年進士。偉貌❷辯給❸。甫❹冠，武后召與楊炯分直習藝館❺，累轉❻尚方監丞❼。后遊龍門❽，詔從臣賦詩，左史❾東方虯詩先成，后賜錦袍。之問俄頃❿獻，后覽之嗟賞，更⓫奪袍以賜。後求北門學士⓬，以有齒疾⓭不許，遂作〈明河⓮篇〉，有「明河可望不可親」之句，以見志。諂事⓯張易之⓰，坐貶瀧州⓱。後逃歸，匿張仲之家。聞仲之謀殺武三思⓲，乃告變，擢鴻臚簿⓳，遷考功郎⓴，復媚太平公主㉑。以知舉㉒賄賂狼藉㉓，下遷越州㉔長史。窮歷剡溪㉕山水，置酒賦詩，日遊宴㉖，賓客雜遝。睿宗立，以無悛悟之心，流欽州，御史劾奏賜死。人言劉希夷之報也。徐堅嘗論其文，如良金美玉，無施不可。有集行世。

【注釋】❶汾州 今山西汾陽。❷偉貌 相貌魁偉，有丈夫氣概。❸辯給 擅長辭令，能言善辯。❹甫 剛剛。❺習藝館 從屬中書省，初名內文學館，掌教習宮人書算眾藝。❻累轉 經過幾次轉官。❼尚方監丞 掌管帝王以及宮廷內所需器物供應的官員。❽龍門 位於洛陽南郊，因龍門山和香山隔伊水夾峙如門而得名，為遊覽勝地。❾左史 即起居郎，掌記帝王之言。❿俄頃 一會兒。⓫更 又；再。⓬北門學士 唐高宗時為分宰相之權，令弘文館直學士劉禕之等於翰林院起草制文，因常從皇宮北門出入，故又被稱作北門學士。⓭齒疾牙齒有病。⑭明河　銀河。⑮諂事　以奉承巴結的形式討好別人。⑯張易之　以相貌深得武則天寵幸，一度與弟昌宗專權，武則天死後被殺。⑰瀧州　今廣東羅定南。⑱武三思　武則天姪，一度官至尚書，封梁王，武則天死後被殺。⑲鴻臚簿　朝廷禮賓機構鴻臚寺的主簿，為下級屬官。⑳考功郎　吏部所屬官名，掌考核官吏陟黜事。㉑太平公主　唐高宗女，武后所生，曾參與李隆基發動的宮廷政變，殺韋后及安樂公主，擁立睿宗，李隆基即位後，因策劃政變被殺。㉒知舉　主持科舉考試。㉓狼藉　散亂不整貌，此喻名聲不振。㉔越州　今浙江紹興。㉕剡溪　位於今浙江嵊縣南曹娥江上游，為風景名勝地。㉖遊宴　遊樂、酒宴。

【語譯】宋之問，字延清，汾州人。上元二年進士。宋之問長得相貌堂堂，身材魁偉，擅長辭令而又十分雄辯。剛滿二十歲，便與楊炯一起，被武后命為直習藝館，經過幾次遷轉，改任尚書監丞。武后到龍門遊玩，命令隨從的大臣賦詩，左史東方虬第一個撰完，武后賜給他錦袍作為獎賞。不一會兒，宋之問也獻上了他的作品，武后讀了，十分讚賞，又把錦袍收了回來，改賜給他。宋之問後來要求得到北門學士的職務，因為牙齒有病的關係，未得到允許，於是，撰寫了一首題名〈明河篇〉的詩，裡面有「明河可望不可親」的句子，表達了他內心的想法。張易之得勢的時候，他奉承巴結他，後來，張易之失寵了，宋之問因此被貶到了瀧州。後來，他逃了回來，藏在張仲之家裡，聽到張仲之在密謀殺武三思的事，於是便告發了此事，被提升做了鴻臚簿，升任考功郎。宋之問又去巴結討好太平公主。因為在主持科舉考試時受賄而弄得聲名狼藉，他被降職為越州長史。任職期間，遍遊越中剡溪一帶的山水，飲酒賦詩，天天擺開宴席，招待的賓客裡什麼人都有。睿宗即位後，宋之問還是不思悔改，被流放到了欽州，遭到御史的彈劾，皇帝命令他自殺。人們說，這是因為劉希夷一事遭到的報應。徐堅曾評論說，宋之問的文章，如同質地純淨而美好的金玉，做什麼東西都可以。他有文集傳世。

【研析】宋之問年輕的時候即負有詩名，結果，卻被傳說為求詩句不成，竟至於殺人的惡名，唐朝是一個將詩歌看得十分重要的時代，那麼，宋之問的惡行，與殺人越貨也相差無幾了。不過，這只能是「以疑傳疑」的故事，理由當然也不是沒有，因為宋之問媚附權貴，被人視為品行不端，惡名便容易歸於他的頭上，後人也頗有對此不以為然的。我們無法斷此懸案，不過，可以感受到的是，一句好詩竟會產生如此重大的魅力，大約也只有在唐朝這個崇奉詩的時代裡才會讓人相信和取得理解吧。

劉希夷

希夷，字廷芝，潁川❶人。上元二年鄭益榜進士，時年二十五，射策❷有文名。苦❸篇詠，特善閨帷❹之作，詞情哀怨，多依古調，體勢❺與時不合，遂不為所重。希夷美姿容❻，好談笑，善彈琵琶，飲酒至數斗不醉，落魄不拘常檢❼。嘗作〈白頭吟〉❽，一聯云：「今年花落顏色改，明年花開復誰在？」既而嘆曰：「此語讖❾也。石崇❿謂『白首同所歸』，復⓫何以異？」乃除之。又吟曰：「年年歲歲花相似，歲歲年年人不同。」復嘆曰：「死生有命，豈由此虛言⓬乎！」遂併存之。舅宋之問苦愛⓭後一聯，知其未傳於人，懇求之，許而竟⓮不與。之問怒其誑⓯己，使奴以土囊壓殺於別舍⓰，時未及三十，人悉憐之。有集十卷及詩集四卷，今傳。

希夷天賦俊爽⓱，才情如此，想其事業勳名，何所不至。孰謂奇蹇⓲之運，遭逢惡人，寸祿不霑，長懷頓挫⓳，斯⓴才高而見忌者也。賈生㉑悼長沙之屈，禰衡㉒痛江夏之來，倏㉓焉折首，夫何㉔殞命。以隋侯之珠㉕，彈千仞㉖之雀，所較㉗者輕，所失者重，玉迸松摧，良可惜也。況於骨肉㉘相殘者乎！

【注釋】❶潁川　即許州，今河南許昌。❷射策　漢代取士時，由主考者將題目寫在簡束上，讓應試者自行抽選的一種考試形式，此泛指科舉考試。❸苦　苦心，喻刻苦用心。❹閨帷　閨，女子的居室。帷，床帷，此喻反映閨中女子生活以及思情的作品。❺體勢　文體風格。❻美姿容　容貌和舉止風度十分俊美。❼常檢　日常規範。❽白頭吟　樂府楚調名，南朝鮑照等皆有題為〈白頭吟〉的作品。❾語讖　古人認為預示將來某種可能的言語。❿石崇　字季倫，西晉人，官至侍中，後在八王之亂中被司馬倫所殺。⓫復　再次。⓬虛言　沒有邊際的空話。⓭苦愛　極其喜歡。⓮竟　最後。⓯誑　欺騙。⓰別舍　自己家之外的房子。⓱俊爽　才華出眾，性情豪爽。⓲奇蹇　異乎尋常地不順利。⓳頓挫　困頓和挫折。⓴斯　這是因為。㉑賈生　賈誼，西漢政論家、文學家，二十歲時即以文學才能被漢文帝召為博士，後遭讒被貶為長沙王太傅，渡湘水時，作賦以弔屈原，亦以自己的遭遇而感慨之。㉒禰衡　東漢末年名士，擅長作辭賦，性格桀驁，曾當眾羞辱曹操，後被轉送至江夏黃祖處，為黃祖所害。㉓倏　時間很短。㉔夫何　夫，那人。何，怎麼。㉕隋侯之珠　傳說中的寶珠，相傳隋侯曾因救治了大蛇，大蛇銜江中寶珠以報之，此喻價值珍貴的東西。㉖仞　古代長度單位，一仞約合八尺。㉗較　同「角」。爭取。㉘骨肉　喻親屬之間。

【語　譯】劉希夷，字廷芝，穎川人。上元二年與鄭益同榜進士，當時他只有二十五歲，因為射策考試時的文章寫得好，頗有文名。劉希夷在撰寫詩文的時候非常用心思，尤其擅長寫一些反映女子情感的閨情詩，文辭中透著一種哀怨之情，多半按照古調，風格與流行的作品不一樣，所以不太被當時的人們看重。劉希夷容貌和風度都很好，說話詼諧有趣，琵琶彈得不錯，酒量也很大，飲上幾斗酒都不會醉。因為不得意，在生活小節上便不加檢束。曾經寫過一首〈白頭吟〉，裡面有一聯是「今年花落顏色改，明年花開復誰在？」寫完之後，嘆息道：「這兩句可是不祥的語讖啊。石崇說過『白首同所歸』，和這有什麼不同呢？」於是，把這兩句詩去掉了。又吟誦道：「年年歲歲花相似，歲歲年年人不同。」再次感嘆道：「人的生死都是命中注定的，哪裡會由幾句沒有邊際的空話就會改變了呢！」結果，又把這幾句詩保存了下來。

劉希夷的舅舅宋之問極喜歡後面那一聯詩，知道他還沒有將這些詩句公之於他人，便懇求希夷把它讓給自己。劉希夷起初是答應的，後來卻還是沒有給他。宋之問覺得劉希夷是在欺騙自己，非常惱怒，就讓自己的僕人用裝了土的袋子，把他活活壓死在一處房舍裡。劉希夷死的時候還不到三十歲，大家都很同情他。劉希夷有文集十卷和詩集四卷，流傳到今天。

劉希夷天賦超群，才學和情懷也是如此，想來他若是要建功立業的話，有什麼不能實現的啊。誰能想到他的命運如此出奇的不好，又遇到了壞人，與功祿根本不沾邊，胸中總是懷著困頓壓抑的心情，這就是因為才學高而遭人妒忌的緣故啊。賈誼在長沙悼念屈原，禰衡為自己被送到江夏來而傷心，過不多久，禰衡便丟了腦袋，賈誼怎麼也鬱鬱而死。用隋侯之珠這樣珍貴的東西，來彈射千仞之外的小小黃雀，追求的目的是那麼微不足道，失去的卻是極其珍貴的東西，玉石迸碎，青松摧折，太讓人覺得可惜了。況且，這還是骨肉之間的殘殺啊！

【研　析】劉希夷富有才情，精通音樂，風度翩翩，飲酒又具有文人名士的海量，真可謂是一代才俊了。不幸的是，命運不濟，竟然過早地離開了人世，千載之下，令人惋惜。同樣值得玩味的是他的那兩句名詩：「年年歲歲花相似，歲歲年年人不同。」他將我們引入了一種哲學的沉思之中，那便是永恆的自然宇宙，和短暫的人生之間的關係。

陳子昂

子昂，字伯玉，梓州❶人。開耀❷二年許旦榜進士。初，年十八時，未知書，以富家子，任俠❸尚氣❹弋博❺。後入鄉校❻感悔，即於州東南金華山觀❼讀書，痛自修飭❽，精窮墳典❾，耽❿愛黃、老、《易》象⓫。光宅⓬元年，詣闕⓭上書，諫靈駕⓮入京。武后召見，奇⓯其才，遂拜麟臺⓰正字⓱，令⓲云：「地籍⓳英華⓴，文稱暐曄㉑。」累遷拾遺㉒。

聖曆㉓初，解官歸。會㉔父喪，盧㉕冢次㉖。縣令段簡貪殘，聞其富，造詐㉗誣子昂，脅取賂二十萬緡㉘，猶薄㉙之，遂送獄。子昂自筮卦㉚，驚曰：「天命不祐，吾殆㉛窮乎？」果死獄中，年四十三。

子昂貌柔雅，為性褊躁㉜，輕財好施，篤㉝朋友之義。與游英俊，多秉權衡㉞。唐興，文章承徐、庾餘風，天下祖尚㉟，子昂始變雅正㊱。初，為〈感遇〉詩三十章，王適見而驚曰：「此子必為海內文宗㊲。」由是知名，凡所著論，世以為法，詩調尤工。嘗勸后興明堂㊳、太學㊴，以調元氣㊵。柳公權評曰：「能極著述㊶，克㊷備比興㊸，唐興以來，子昂而已。」有集十卷，今傳。嗚呼！古來材大，或難為用。象以有齒，卒焚其身。信哉，子昂之謂歟！

【注釋】❶梓州　今四川三臺、中江、鹽亭、射洪等地。❷開耀　唐高宗年號（西元六八一—六八二年）。❸任俠　負氣仗義，抱不平。❹尚氣　意氣用事。❺弋博　射獵博戲。❻鄉校　古代地方學校。❼觀　道觀。❽修飭　整理修改，此喻改變舊習。❾墳典　三墳五典的省稱，為傳說中遠古時代三皇五帝所作，後泛指古代典籍。❿耽　沉溺；偏重。⓫易象　根據卦象和爻數解釋並闡發《易經》的哲理。⓬光宅　西元六八四年武則天親政後所改用之年號。⓭闕　宮闕，指皇帝住的地方。⓮靈駕　高宗皇帝去世後，停留在東都洛陽的靈柩。⓯奇　認為難得。⓰麟臺　即祕書省，武后時一度改用此稱。⓱正字　祕書省屬官，掌校讎典籍，刊正文章。⓲令　詔令。⓳籍　通「藉」。進貢的意思。⓴英華　美好的東西。㉑暐曄　形容文采繽紛。㉒拾遺　諫官名，掌供奉諷諫，分別從屬門下省和中書省。㉓聖曆　武則天時年號，西元六九八—七〇〇年。㉔會　正值。㉕廬　形式簡陋的草屋。古禮，遇君父、尊長去世，在墓邊築小屋居住一定的時間，表示孝敬之意。㉖次　邊上。㉗造詐　捏造罪名。㉘緡　古代錢幣計算單位，大致上一千文錢為一緡。㉙薄　認為太少。㉚筮卦　卜卦。㉛殆　大概。㉜褊躁　急躁。㉝篤　篤厚；真誠。㉞權衡　權力。㉟祖尚　模仿、推崇。㊱雅正　典雅、純正。㊲宗　領袖人物。㊳明堂　古代帝王宣明政教的場所，朝會、祭祀、慶賞、講學等活動，皆於此舉行。㊴太學　古代最高學府。㊵元氣　本指生命力的本原，此喻國家的根本。㊶著述　文章。㊷克　能夠。㊸比興　指創作詩歌。

【語譯】陳子昂，字伯玉，梓州人。開耀二年許旦一榜中的進士。起初，當陳子昂十八歲的時候，還沒有領悟到書中的道理，又因為是富家子弟，家境優越，負氣仗義，喜歡遊獵賭博一類的事。後來，入鄉校以後，對自己過去荒廢光陰而無所事事的行為十分後悔，便到州東南金華山的道觀讀書，下決心改變自己的生活方式，精心研讀古代文化典籍，尤其對黃老思想的東西以及《易經》的象數有濃厚的興趣。光宅元年，陳子昂來到京城，上書勸請皇帝不要將停留在洛陽的高宗靈柩運回長安來安葬，得到召見，武后認為他人才難得，授予他麟臺正字的官職，任命的詔書上還寫著：「地方上獻上了美好的貢品，文采稱得上是絢爛奪目。」幾次遷轉，做到了拾遺一級的官。聖曆初，陳子昂卸任回家，正遇到父親去世，於是，他在父親的墓地邊建了一間小屋，居住在裡面。縣令段簡生性貪婪而又殘暴，得知陳子昂家裡很富有，就捏造罪名誣告他，脅迫他交給自己二十萬緡的賄賂錢，還不滿足，又把陳子昂關進了監獄。陳子昂給自己卜了一卦，大驚失色，說：「上天不保佑我的性命，莫非我已走到盡頭了？」果然死在獄中，時年四十三歲。

陳子昂相貌文雅溫柔，心胸不開闊，容易急躁。他把財物看得很輕，喜歡接濟別人，很真誠地對待朋友之間的情誼。與他交往的英俊之士，不少人都掌握了很大的權勢。唐王朝建立之初，文風繼承了南朝徐陵、庾信的傳統，天下的文人莫不推崇和模仿他們，從陳子昂開始，文風才變得典雅純正起來。陳子昂早年寫過〈感遇〉詩三十章，王適讀了，驚嘆地說：「這位先生將來必定是天下文章的宗師。」他的名聲由此而為世人所知。凡是陳子昂寫的文章，大家都奉為典範。陳子昂尤其善於寫詩。他還曾勸武后再興明堂、太學的古禮，以此重振王朝的活力。柳公權曾評論說：「能夠做到窮盡撰寫文章之術，完全掌握了作詩技巧的人，唐王朝立國以來，也就是陳子昂一個人罷了。」陳子昂有文集十卷，流傳至今。

嗚呼！自古以來，因為才大，反而不容易得到發揮利用。大象因為牠珍貴的牙齒，最後招來了殺身之禍，確實是這樣的啊！也許，陳子昂就是屬於這樣的一個例子吧！

【研析】當初唐還在沿襲前代萎靡文風的時候，陳子昂的詩歌如同一股清風，以他剛健高亢的風格，一掃詩壇陳腐之氣，開啟了盛唐的極盛時期，這並不是誇張的說法。陳子昂的詩，抒情中帶著浪漫主義的色彩，慷慨而忘懷，讓我們聯想到了他年輕時任俠尚氣的精神。古樸的風格中，蘊含著一種蒼莽的氣勢，又令人感受到詩人強烈的報國之心。

李百藥

百藥，字重規，定州❶人。幼多病，祖母以「百藥」名之。七歲能文。襲❷父德林爵。會高祖❸招杜伏威❹，百藥勸朝京師，中道而悔，怒，飲以石灰酒，因大利❺幾死，既而宿病❻皆愈。貞觀中，拜中書舍人，遷太子庶子❼。嘗侍帝，同賦〈帝京篇〉，手詔❽褒❾美，曰：「卿❿何身老而才之壯，齒宿⓫而意之新乎！」百藥才行⓬，天下推服。好獎薦後進⓭。翰藻⓮沉鬱，詩尤所長。有集傳世。

【注　釋】❶定州　今河北定縣。❷襲　承襲前輩的封爵。❸高祖　唐高祖李淵。❹杜伏威　隋末農民起義軍首領，一度佔有江淮間地區，武德二年降唐，封吳王，任淮南安撫大使。後被毒殺。❺大利　嚴重腹瀉。利，通「痢」。❻宿病　原來的舊病。❼庶子　東宮屬官名。❽手詔　皇帝親手寫的詔書。❾褒　誇獎。❿卿　帝王對臣子的稱呼。⓫齒宿　上了年紀。⓬才行　才能和德行。⓭後進　地位低微但有才華的年輕人。⓮翰藻　辭藻，此喻文章的風格。

【語　譯】李百藥，字重規，定州人。他從小體弱多病，所以，祖母給他起了個「百藥」的名字。七歲時就會寫文章。後來，他承襲了父親李德林的爵位。高祖招安杜伏威的時候，李百藥勸杜伏威到京城去朝拜高祖，杜伏威走到半途反悔了，一怒之下，把石灰摻在酒裡，要李百藥喝下去，李百藥喝了，肚子拉得非常厲害，幾乎丟掉了性命，沒想到過後卻連原來的老毛病都一起痊癒了。貞觀年間，官拜中書舍人，後又改官太子庶子。李百藥曾陪侍太宗皇帝，以〈帝京篇〉為名，一起賦詩唱和，太宗親手寫詔書讚揚他，說：「你怎麼身體雖老，文才還是那麼旺盛；年紀雖大，文思還是如此新穎呢！」李百藥的才能和德行，為天下人推重和敬服，他還喜歡鼓勵和提拔年輕有才的人。李百藥的文章蘊意深沉含蓄，作詩尤其是他的特長。今有詩文集流傳在世。

【研　析】詩人李百藥其實在歷史上更以史學方面的成就著名，他在父親舊著的基礎上編修的《北齊書》，後來被列入了有正史之譽的二十四史之中，他也真正做到名垂青史了。人們說他的詩意蘊深遠，又稱他學問淹博，與此不無關係吧。

李嶠

嶠，字巨山，趙州❶人。十五通五經❷，二十擢❸進士，累遷為監察御史❹。武后時，同鳳閣鸞臺❺平章事❻。後因罪貶廬州❼別駕❽，卒。

嶠富才思，有所屬綴❾，人輒傳諷❿。明皇⓫將幸蜀⓬，登花萼樓⓭，使樓前善《水調》⓮者奏歌，歌曰：「山川滿目淚霑衣，富貴榮華能幾時？不見只今汾水上，惟有年年秋雁飛。」帝慘愴⓯，移時⓰，顧⓱侍者曰：「誰為此？」對曰：「故宰相李嶠之詞也。」帝曰：「真才子！」不待曲終而去。

嶠前與王勃、楊炯接，中與崔融、蘇味道齊名，晚諸人沒，為文章宿老⓲，學者取法⓳焉。今集五十卷，《雜詠詩》十二卷，單題詩一百二十首，張方為注，傳於世。

【注　釋】❶趙州　今河北趙縣。❷五經　指《周易》、《尚書》、《毛詩》、《禮記》、《左傳》等五部儒家經典。❸擢　選拔，指科考登第。❹監察御史　隸屬於御史臺下屬之察院，負責監察百官以及地方獄訟等事務。❺鳳閣鸞臺　即中書、門下省，武則天時改稱，後恢復原名。❻平章事　唐代尚書、中書、門下三省長官即宰相，如以他官代行職務，則稱同中書門下平章事。❼廬州　今安徽合肥。❽別駕　州刺史的佐吏。❾屬綴　撰寫。❿傳諷　傳閱誦讀。⓫明皇　即唐玄宗。⓬幸蜀　古代帝王出行稱幸，此指天寶十四年（西元七五五年）安史之亂後，唐玄宗逃往蜀地避亂。⓭花萼樓　唐玄宗於長安興慶宮西南修建的樓宇。⓮水調　商調曲，一種聲調怨切的曲調。⓯慘愴　神情悵然淒慘。⓰移時　一段時間；好一會兒。⓱顧　對著。⓲宿老　老前輩。⓳取法　模仿、效法。

【語　譯】李嶠，字巨山，趙州人。十五歲時，他通曉了儒家的五部主要經典，二十歲就考取了進士，經過幾次遷轉，被任命為監察御史。武后秉政的時候，擔任了鳳閣鸞臺平章事。後來，因為獲罪，被貶到廬州當了個別駕的小官，此後便去世了。

李嶠很有才華，文思極佳，寫的作品，常常被人拿去在社會上傳誦。唐明皇往四川避亂前，登上了花萼樓，讓樓前善於唱〈水調〉的伶人演唱。歌中唱到：「山川滿目淚沾衣，富貴榮華能幾時？不見只今汾水上，惟有年年秋雁飛。」唐明皇聽了，神情悵然淒慘了好一會兒，向侍者問道：「誰寫的詞？」侍者回答說：「這是已故宰相李嶠的作品。」明皇感嘆地說：「真是才子啊！」沒有等曲子唱完，他就離去了。

李嶠前與初唐的王勃、楊炯相接，中又與崔融、蘇味道等人齊名，到了後來，諸人都去世了，他便成為文壇上的老前輩，人們都從他的作品裡揣摩如何做文章寫詩的祕訣。現有詩文集五十卷，

《雜詠詩》十二卷，單題詩一百二十首，張方為他的作品作了注解，在社會上流傳。

【研析】李嶠的詩流傳到今天的並不多，但是，一曲〈水調〉，竟然使得帝王的龍顏為之愴然變色，足見其動人心處。在唐代前期的詩人中間，李嶠是繼四傑之後的詩人群中一顆熠熠生輝的明星，又以詩壇前輩的身分，影響了一代的後起之秀。

張說

說，字道濟，洛陽❶人。垂拱❷四年，舉學綜古今❸科，中第三等，考策❹日封進，授太子校書❺。令曰：「張說文思清新，藝能❻優洽❼。金門❽對策，已居高科之首；銀榜❾效官❿，宜申一命⓫之秩。」後累遷鳳閣舍人⓬。睿宗時，兵部⓭侍郎⓮、同平章事。開元⓯十八年，終左丞相⓰、燕國公。

說敦⓱氣節，重⓲然諾。為文精壯⓳，長於⓴碑誌㉑。朝廷大述作，多出其手。詩法特妙，晚謫㉒岳陽㉓，詩益悽婉，人謂得江山之助。今有集三十卷，行於世。子均，開元四年進士，亦以詩鳴。

【注釋】❶洛陽 今河南洛陽。❷垂拱 武則天年號（西元六八五—六八八年）。❸學綜古今 唐科舉制科名目之一，又稱「賢良方正」、「詞標文苑」等。❹考策 以策問的形式進行考試。❺太子校書 太子東宮屬官，職務與祕書省校書相似。❻藝能 才藝。❼優洽 優秀、博洽。❽金門 金馬門，古代宦者署門，後泛指官署。❾銀榜 宮殿門端所懸之輝煌華麗的門匾，此代指宮殿。❿效官 授予官職。⓫一命 最低一級的官職。⓬鳳閣舍人 即中書舍人。⓭兵部 尚書省六部之一，主管軍事的機構。⓮侍郎 副長官。⓯開元 唐玄宗年號（西元七一三—七四一年）。⓰左丞相 唐制，尚書省設左右丞相各一人，共掌六部。⓱敦 崇高。⓲重 看重。⓳精壯 ⓴長於 擅長；善於。㉑碑誌 碑銘一類的文章。㉒謫 貶職。㉓岳陽 今湖南岳陽。

【語譯】張說，字道濟，洛陽人。垂拱四年，參加學綜古今科考試，中了第三等，回答策問的考卷當日封好呈上，被授予太子校書。頒發職務的詔令上寫著：「張說文思清新，才藝突出，金馬門對策考試，已取得了優異的成績；銀榜除授官銜，應該給予一個合適的職位。」後來，幾經遷轉，升任鳳閣舍人。睿宗時，又當了兵部侍郎、同平章事。開元十八年去世的時候，為左丞相，封燕國公。

張說很重視一個人的氣節，也很看重自已許下的承諾。他寫的文章精美而氣勢雄壯，善於寫碑傳墓誌一類的文字，朝廷的一些重要文章，很多都出自他的手筆。作詩的技法尤其高超，晚年被貶到岳陽做官，作品中增加了幾分悽婉的風格，人們說，這是得了當地江山風景的幫助吧。現在他有文集三十卷流行於世。張說的兒子張均，開元四年考取進士，也以善於寫詩而得名。

【研析】張說早年以不願附和朝中小人而屢受挫折，故而以人品剛直著稱，到了晚年，地位十分顯赫，亦以文章的大手筆而名著一時。他的詩寫得十分質樸而自然，在巡邊和送別一類題材中表現出他的剛直愛國的高尚品格。人們說，盛唐時期的詩歌，自從陳子昂開始倡導起，到了張說這一輩，開始綻放出絢爛多彩的花朵了。

王翰

翰，字子羽，并州❶人。景雲❷元年盧逸下❸進士及第。又舉直言極諫❹，又舉超拔群類❺科。少豪蕩，恃才不羈❻，喜縱酒❼，櫪❽多名馬，家蓄妓樂❾。翰發言立意，自比王侯。日聚英傑，縱禽擊鼓為歡。張嘉貞❿為本州長史⓫，厚遇⓬之。翰酒間自歌，以舞屬⓭嘉貞，神氣軒舉⓮。張說尤加禮異⓯，及輔政⓰，召為正字，擢駕部⓱員外郎⓲。說罷，翰出為仙州別駕⓳。以窮樂⓴畋飲㉑，貶嶺表㉒，道卒㉓。

翰工詩，多壯麗之詞。文士祖詠、杜華㉔等，嘗與從遊㉕。華母崔氏云：「吾聞孟母三遷㉖，吾今欲卜居㉗，使汝與王翰為鄰，足矣。」其才名如此。燕公論其文，如瓊杯玉斝㉘，雖爛然可珍，而多玷缺㉙云。有集今傳。太史公㉚恨㉛古布衣㉜之俠，湮沒無聞，以其義出存亡死生之間，而不伐㉝其德，千金駟馬㉞，纔啻㉟草芥㊱。信哉，名不虛立也。觀王翰之氣，其若人之儔㊲乎！

【注釋】❶并州　今山西太原。❷景雲　唐睿宗年號（西元七一〇—七一一年）。❸下　主持該次科舉考試。❹直言極諫　唐科舉考試制科名目之一。❺超拔群類　唐科舉制科名目之一。❻不羈　不拘小節。❼縱酒　暢懷痛飲。❽櫪　馬廄。❾妓樂　歌女、舞女和樂工。❿張嘉貞　武則天時曾任秦州都督、并州長史等職，玄宗時任中書令。⓫長史　唐代州刺史的副職。⓬厚遇　很高的禮遇。⓭屬　同「囑」。請託的意思，此意為請。⓮軒舉　高揚，形容神采得意的樣子。⓯禮異　特殊的禮遇。⓰輔政　擔任宰相。⓱駕部　尚書省兵部下屬機構，掌管車輛、馬匹和郵驛等事。⓲員外郎　副長官。⓳別駕　唐代州一級長官之副職。⓴窮樂　縱情享受。㉑畋飲　打獵和飲酒。㉒嶺表　指五嶺以南的地區，大致為今廣東、廣西以及越南北部地區。㉓道卒　死於路途中。㉔杜華　濮陽人，曾與岑參為友。㉕從遊　交往。㉖孟母三遷　相傳孟子幼時，其母因家居周圍環境不好，曾三度搬家，使他有個較好的學習環境。㉗卜居　選擇居所。㉘玉斝　玉做的酒杯。㉙玷缺　污點、斑點和缺損。㉚太史公　即司馬遷，西漢時人，著名史學家，著有《史記》。㉛恨　覺得遺憾。㉜布衣　古代稱沒有官爵身分的平民。㉝伐　誇耀。㉞駟馬　四匹馬拉的車子，此喻豪華的車輛。㉟啻　才；僅僅。㊱草芥　形容極其微小的事物。㊲儔　伴侶；同輩。此喻同一類型的人。

【語譯】王翰，字子羽，并州人。景雲元年，盧逸主持科舉考試，王翰中進士及第，又分別通過了制科的直言極諫科和超拔群類科。少年時，性格豪邁放蕩，仗著自己有才華，行事不拘小節。又喜歡暢懷飲酒，馬廄中養著好多名馬，家裡還養有樂妓、樂工。王翰言談中的意思，總把自己比作王侯，每天約集了一些豪傑名流，放飛禽或擊鼓奏樂來取樂。張嘉貞做州長史的時候，給王翰很高的禮遇。王翰在酒宴上自己唱起了歌，又請張嘉貞為之伴舞，神采飛揚。張說對他的禮遇尤其特殊，當他自己擔任宰輔時，召王翰為正字，後又升任為駕部員外郎。張說罷任宰相，王翰外出擔任仙州別駕。在任期間，他極盡飲酒打獵和遊樂之類的事，被貶謫到嶺南，半路上，王翰就去世了。

王翰十分善於寫詩，作品中有很多氣勢壯大而又辭藻華麗的句子。文士祖詠、杜華等曾與他有交往。杜華的母親崔氏說：「我聽說過孟母三遷的故事，我今天打算找一處定居的地方，假如你能和王翰做鄰居，我就心滿意足了。」王翰在當時的才名到了如此的程度。燕公張說在評論王翰的文章時說道：就像用美玉製成的酒杯，光彩奪目，十分珍貴，不過，缺點也不少。他身後有文集流傳至今。太史公感嘆古代布衣俠客的事跡往往被湮沒而不為人知，因為他們的信義顯示在生死存亡之間，卻又不向人誇示自己的功德。價值千金的財物，豪華的馬車，在他們看來，都像草芥一樣微不足道。確實如此啊，果然是名不虛傳。我們看王翰的豪邁氣概，大概就是這一類人物吧。

【研析】王翰天生恃才不羈的豪放意氣，又躬逢盛唐時期整個社會都充溢了奮發向上的氣象，因此，他的才華得到了充分的施展。在王翰描寫邊塞生活的詩中，他的豪氣可謂淋漓盡致。一曲「葡萄美酒夜光杯，欲飲琵琶馬上催」，至今讀來，依舊能夠體會到當年那股鏗鏘人心的感覺。

吳筠

筠，字貞節，華陰❶人。通經義❷，美文辭。舉進士不中，隱居南陽❸倚帝山為道士。天寶中，玄宗遣使召至京師❹，與語甚悅❺，敕待詔翰林❻。獻〈玄綱〉三篇。帝問道❼，對曰：「深於道者，惟《老子》五千言，其餘徒費紙札❽耳。」復問神仙治煉❾之術，曰：「此野人❿之事，積歲月求之，非人主⓫所宜留意。」筠每陳設名教⓬世務⓭，帝重⓮之。

初，筠愛會稽⓯山水，往來天台、剡中⓰，與李白、孔巢父⓱相遇酬唱⓲。至是因薦於朝，帝即遣使召之。筠性高鯁⓳，其待詔翰林時，特承恩顧⑳。高力士㉑素奉佛㉒，嘗短㉓筠於上前。筠故多著賦文，深詆㉔釋氏，頗為通人㉕所譏云。

後知天下將亂，苦求還嵩山㉖，詔為立道觀。大曆㉗間卒。弟子諡㉘為宗元先生。善為詩。有集十卷，權德輿㉙序之。

【注釋】❶華陰　今陝西華陰。❷經義　指儒家經典的理論。❸南陽　今河南南陽。❹京師　京城。❺悅　高興的樣子。❻待詔翰林　官名，又稱翰林待詔，負責批答四方表疏以及應和文章等。❼道　道家學說。❽札　古代寫字用的小木板，此為紙的代稱。❾冶煉　道家認為具有延年益壽功能甚至可以幫助成仙的諸如服丹、攝氣之類養生方法。❿野人　山野之人，即不拘世俗事物的隱士。⓫人主　君王。⓬名教　以正名分為主要內容的禮教。⓭世務　與現實生活相關的世俗事情。⓮重　看重。⓯會稽　今浙江紹興。⓰剡中　指剡縣，位於今浙江嵊縣西南。⓱孔巢父　早年與韓準、裴政、李白等隱居於徂徠山，有「竹溪六逸」之稱，德宗時官至御史大夫。⓲酬唱　又叫酬和，古人以詩歌相贈答的一種形式。⓳高鯁　高傲、鯁直。⓴恩顧　恩寵、眷顧。㉑高力士　唐代宦官，玄宗時以誅蕭岑有功，極得寵，一時權勢炙人。㉒奉佛　崇奉佛教。㉓短　說不利的話。㉔詆　譭謗、污蔑。㉕通人　學識通達的人。㉖嵩山　又稱中嶽，五嶽之一，位今河南登封北。㉗大曆　唐代宗年號（西元七六六—七七九年）。㉘諡　古代帝王、貴族死後，據其生前事跡所贈與的稱號，門生弟子為師長立諡為私諡。㉙權德輿　傳見卷五。

【語譯】吳筠，字貞節，華陰人。吳筠通曉儒家經典，文辭華美。參加進士考試未被錄取，便隱居到南陽倚帝山，做了道士。天寶年間，玄宗派使臣把他召到了京城，和他談話之後，非常高興，就任命他為待詔翰林。吳筠獻上了自己寫的〈玄綱〉三篇，玄宗問了他有關道教的問題，吳筠回答道：「真正深入道家學說精髓的，只有《老子》的五千字，其他的書都是在浪費紙張。」玄宗又問了他如何修煉成神仙的方法，吳筠說：「這些是山野之人的事情，需要耗費成年累月的時間才能得到，不是皇帝應該留意的。」他總是對玄宗說一些有關名教和與社會相關的事情，很受玄宗的重視。

早先，吳筠很喜歡會稽一帶的山水風景，經常往來於天台山和剡縣等地，與李白、孔巢父等人交往酬唱。此時，他便向玄宗舉薦了他們。玄宗馬上派人把李白召到京城。吳筠的性格高傲鯁直，他在做待詔翰林的時候，頗有點依恃皇帝對自己的恩寵和照顧。高力士一向崇奉佛教，因他在玄宗面前說過自己的壞話，吳筠便故意寫了不少詩文，把佛教說得一無是處，他的這種做法，據說很被一些學識通達的人嘲笑。

吳筠後來看出社會將要大亂，就向皇帝苦苦請求要回到嵩山去。玄宗下令為他建了一所道觀。吳筠去世於大曆年間，他的弟子私謚他為宗元先生。吳筠擅長寫詩，有文集十卷，由權德輿作序。

【研　析】吳筠是將李白推薦給朝廷的詩人，既然是好朋友，舉止行為便與李白多有相仿佛的地方。兩人都為越中的山水美景而著迷，都崇奉道家的學說，也都十分認真地相信，通過修煉，便能一朝羽化而登仙，就連他們的性格，也都是那麼鯁直和高傲。不過，吳筠在對待佛教的態度上似乎有點趨於極端，以致招致了人們的譏諷。

張子容

子容，襄陽❶人。開元元年常無名榜進士。仕為樂城❷令。初與孟浩然❸同隱鹿門山❹，為死生交❺，詩篇唱答頗多。後值亂離❻，流寓江表❼，嘗送內兄❽李錄事❾歸故里云：「十年多難與君同，幾處移家逐轉蓬❿。白首相逢征戰後，青春已過亂離中。行人杳杳⓫看西日，歸馬蕭蕭向北風。漢水楚雲千萬里，天涯此別恨無窮。」後竟⓬棄官歸舊業⓭。有詩集，興趣高遠，略⓮去凡近。當時哲匠⓯，咸⓰稱道焉。

【注釋】❶襄陽　今湖北襄樊。❷樂城　今浙江樂清。❸孟浩然　傳見本書卷二。❹鹿門山　位於湖北襄樊，東漢時襄陽侯習郁建神廟於山上，並刻二石鹿夾神道口，人稱鹿門廟，山亦因此得名。❺死生交　形容極其深厚的交情。❻亂離　因戰爭等社會動亂引起的失散分離。❼江表　江南地區。❽內兄　妻子的兄長。❾錄事　即錄事參軍。❿轉蓬　隨風飄轉的蓬草，比喻遷徙不定的生活。⓫杳杳　深遠幽暗貌。⓬竟　最終；終究。⓭舊業　指未出仕任官的隱居生活。⓮略　大略。⓯哲匠　高明有才學的人。⓰咸　都。

【語譯】張子容，襄陽人。開元元年，與狀元常無名同榜進士，被命為樂城縣令。張子容早年曾和孟浩然一起隱居在鹿門山，兩人結下了深厚的交情，互相唱酬的詩作很多。後來，因為戰亂而失散了，張子容流亡到江南地區，棲居下來。他曾在贈內兄李錄事回故鄉的詩裡寫道：「十年多難與君同，幾處移家逐轉蓬。白首相逢征戰後，青春已過亂離中。行人杳杳看西日，歸馬蕭蕭向北風。漢水楚雲千萬里，天涯此別恨無窮。」後來，張子容還是辭去了官位，回家過起了隱居的生活。張子容著有詩集，意興和趣味都很高遠，凡俗淺近的內容基本上是看不到的。當時一些才學高明的人，對他的作品評價很高。

【研析】唐代詩人中有一些遭逢戰亂，或者仕途失意的文人，他們嚮往隱居的生活，在刻劃精細的作品中，往往表現一種意趣高遠的動人之處。究其原因，正是因為他們找到了真正屬於自己的精神園地。

李昂

昂，開元二年王丘❶下狀元及第。天寶間仕為禮部❷侍郎，知貢舉，獎拔寒素❸甚多。工詩，有〈戚夫人楚舞歌〉一篇，播傳❹人口，真佳作也。

【注釋】❶王丘　開元初曾以考功員外郎主持貢舉，後官至禮部尚書。❷禮部　尚書省六部之一，掌禮樂、祭祀、宴樂以及學校貢舉等事。❸寒素　出身低微的讀書人。❹播傳　為人們傳誦。

【語譯】李昂，開元二年，考中了王丘主持貢舉考試的那一榜狀元。天寶年間，擔任了禮部侍郎，主持貢舉考試的事務，獎勵提拔了不少出身低微的讀書人。李昂擅長作詩，寫過一首題為〈戚夫人楚舞歌〉的作品，被人們廣為流傳，真是一首好詩啊。

孫逖

逖，博州❶人。幼而有文❷，屬思❸警敏❹，援筆成篇。開元二年，舉手筆俊拔❺、哲人奇士隱淪屠釣❻及文藻宏麗❼等科，第一人及第。玄宗引見❽，擢❾左拾遺，集賢殿❿修撰。改考功員外郎，遷中書舍人⓫。與顏真卿⓬、李華⓭、蕭穎士⓮皆同時，稱海內名士。仕終刑部⓯侍郎。善詩，古調⓰今格，悉其所長。集二十卷，今傳。

【注　釋】❶博州　今山東聊城。❷文　文才。❸屬思　寫作時的文思。❹警敏　敏捷。❺手筆俊拔　唐代科舉制科名。❻哲人奇士隱淪屠釣　同上。❼文藻宏麗　同上。❽引見　皇帝接見臣下。❾擢　選拔。❿集賢殿　唐宮殿名，內設書院，以宰相為知院事，置學士、直學士、修撰等，負責刊輯經籍等事。⓫中書舍人　官名，中書省屬官，掌管詔令、侍從、宣旨以及接納文書奏表等。⑫顏真卿　開元進士，安史之亂時，與兄杲卿共同抗敵，後官至吏部尚書，並以書法精到著稱。⑬李華　開元進士，累任檢校吏部員外郎，當時與蕭穎士等皆以擅長寫文章著稱。⑭蕭穎士　開元進士，累任揚州功曹參軍等職。⑮刑部　尚書省六部之一，主管法律刑罰的政令等。⑯古調　古體詩。

【語譯】孫逖，博州人。他很小的時候，就顯露出了不尋常的文才，寫文章時，文思十分敏捷，提起筆來，就能出手成篇。開元二年，分別通過了制科的手筆俊拔、哲人奇士隱淪屠釣，和文藻宏麗等考試，而且以第一名的優秀成績及第。玄宗接見了他，提拔他為左拾遺，集賢殿修撰。後又改考功員外郎，再遷中書舍人。孫逖與顏真卿、李華、蕭穎士等生活在同一時期，被稱為海內名士。孫逖最後做到了刑部侍郎，他善於寫詩，古體詩和今體詩都很見長，有文集二十卷，今天還在流傳。

盧鴻

鴻，字浩然，隱居嵩山。博學❶，善八分書❷，工詩，兼畫山水樹石。開元初，玄宗備禮❸徵❹再三，不至。詔曰：「鴻有泰一❺之道，中庸❻之德，鉤深❼詣微❽，確乎自高。詔書屢下，每輒辭託❾，使朕虛心引領❿，於今有年。雖得素履⓫幽人⓬之介，而失考父⓭滋⓮恭之誼⓯。禮有大倫⓰，君臣之義，不可廢也。有司⓱其賁⓲束帛之具，重宣⓳茲旨，想其翻然⓴易節㉑，副㉒朕意焉。」鴻遂至東都㉓，謁見不拜㉔，宰相問狀㉕，答曰：「禮者，忠信㉖所薄㉗。臣敢㉘以忠信見帝。」召升內殿㉙，置酒。拜諫議大夫，固辭㉚，復下詔許還山。將行，賜隱居服，官營草堂。鴻到山中，廣㉛精舍㉜，從學者五百人。及卒，詔賜萬錢營葬。後皮日休為〈七愛詩〉謂：「傲大君㉝者，必有真隱，盧徵君㉞是也。」工詩，今傳甚多。

【注釋】❶博學　學識廣博。❷八分書　漢字的一種字體，類似漢隸，體勢多波磔。❸備禮　禮儀周備。❹徵　徵召。❺泰一　形成天地萬物的元氣。❻中庸　不偏、不變的意思，儒家認為最高的道德標準。❼鉤深　探取深藏的東西。❽詣微　進入細微之處。❾辭託　找藉口推辭。❿引領　伸著脖頸遠望的樣子。⓫素履　指布衣之士。⓬幽人　隱士。⓭考父　即正考父，孔子的祖先。⓮滋　益發；更加。⓯誼　通「義」。⓰大倫　維繫社會等級秩序的倫常大道。⓱有司　執行使命的官員。⓲賁　賜予。⓳重宣　再次宣讀。⓴翻然　完全改變的樣子。㉑易節　改變做法。㉒副　符合；滿足。㉓東都　洛陽。㉔拜　古代臣子見君王時行的拜見禮。㉕問狀詢問原因。㉖忠信 忠誠信實。㉗薄 看輕。㉘敢 自稱冒昧之詞。㉙內殿 皇帝召見大臣、處理國事的場所。㉚固辭 堅決地辭謝不受。㉛廣 擴建。㉜精舍 學舍,亦指道士僧人修煉的居所。㉝大君 天子。㉞徵君 徵士的敬稱,即受到朝廷徵聘而不肯出來做官的人。

【語譯】盧鴻,字浩然,隱居在嵩山。他學識廣博,八分書寫得很好,擅長作詩,又會畫山水畫。開元初年,玄宗幾次派人以十分周到的禮儀召他進京,盧鴻沒有前往。玄宗於是在詔書裡說:「盧鴻已經體悟到了泰一之道,具備了中庸的美德,在這方面都已探究到了極其精微的深度,的確值得他自傲。我幾度下詔書徵召他,一直被他託辭謝絕,使我虛心引頸盼望,到如今已有幾年時間了。雖然有布衣隱士在中間介紹,卻違背了像正考父恭敬輔佐君王的大義。禮法有著自己的倫常道理,君臣之間的關係,是不可以違背的。前往處理此事的官吏隆重地備好禮品,把我的意思再向他講一遍,想來他一定會改變原來的態度,滿足我的願望的。」盧鴻於是來到了東都。在朝見玄宗的時候,盧鴻沒有像其他人那樣行拜見君王的大禮。宰相問他這是什麼原因,盧鴻回答說:「禮這種東西,忠誠信實的人並不把它看得很重,我正是冒昧地以忠信來朝見皇上。」玄宗請他到內殿,又設酒招待,還要封他為諫議大夫,盧鴻堅決辭謝了。於是,便下詔書允許他回嵩山去。在他動身之前,玄宗賜給他隱士服,還讓地方官員為他營建草堂。盧鴻回到嵩山後,擴建了原來的學舍,跟從他學習的有五百人。到了盧鴻去世以後,又賜萬錢為他料理下葬的事情。後來,皮日休在〈七愛詩〉裡說:「在君王面前還保持傲氣的人,必定是真的隱士,盧鴻就是這樣的人啊。」盧鴻善於寫詩,流傳到今天的也很多。

【研　析】真正敢於傲睨天子至尊的文人，古往今來並不多見。除了能夠堅守自己的這一片精神園地之外，恐怕也還需要像唐玄宗這樣有著寬容和開放心態的君主。盧鴻隱居山中，擅長作詩，又精通書畫，學識淵博，吸引了眾多的學生，有著諸多精神上的享受，似乎沒有理由再來懷疑他隱居終南的動機了吧！

王泠然

泠然，山東❶人。開元五年，裴耀卿❷下進士，授將仕郎❸，守❹太子校書郎。工文賦詩。氣質豪爽，當言無所回忌❺，乃卓犖❻奇才，濟世❼之器。惜其不大顯❽而終。有集今傳。

【注　釋】❶山東　指崤山以東的黃河流域地區。❷裴耀卿　開元初為長安令，曾擔任同中書門下平章事等職。❸將仕郎　文散官名，從九品下。❹守　以較低官階的身分擔任較高的職事官。❺回忌　迴避、忌諱。❻卓犖　卓越出眾。❼濟世　拯救社會。❽顯　顯露才能。

【語　譯】王泠然，山東地區人，開元五年，裴耀卿主持貢舉考試時登進士第。授以將仕郎，擔任太子校書郎職。王泠然善於寫文章、辭賦和詩，性格豪爽，他認為該說的話從來不加顧忌，真是一個卓越出眾的難得之才，一個能夠匡救時世的人物。可惜的是，還未得以在社會上施展自己的才能，便不幸去世了。他的文集流傳到了今天。

【研析】王泠然生性豪放敢言，無所顧忌，志向高遠，因此，在他的詩裡，常常有不得時用的感慨，最終還是以人生失意而告終。他曾在一首詩中描寫一株古木，「不逢星漢使，誰辨是靈槎。」其實，這就是他對自己人生遭際的感嘆呀。

劉眘虛

眘虛，嵩山人。姿容❶秀拔❷。九歲屬文，上書，召見，拜童子郎❸。開元十一年，徐徵榜進士，調洛陽尉❹，遷夏縣❺令。性高古❻，脫略❼勢利，嘯傲❽風塵❾。後欲卜❿隱廬阜⓫，不果。交遊多山僧道侶。為詩情幽興遠，思雅⓬詞奇，忽有所得，便驚眾聽。當時東南高唱者⓭數十人，聲律婉態⓮，無出其右，惟氣骨⓯不逮⓰諸公。永明⓱已還，端可⓲傑立⓳江表。善為方外⓴之言。夫何不永㉑？天碎國寶，有志不就，惜哉！集今傳世。

【注 釋】❶姿容 儀表和容貌。❷秀拔 清秀出眾。❸童子郎 唐代對年齡幼小卻能通經學的兒童授予的一種資銜。❹尉 即縣尉，維持治安的地方官員，職位低於縣令。❺夏縣 今河南夏縣。❻高古 高傲不俗。❼脫略 輕慢；不重視。❽嘯傲 歌詠自得，形容不受拘束的放曠樣子。❾風塵 指俗世的紛擾。❿卜 卜居，尋覓合意的居所。⓫廬阜 廬山。⓬思雅 文思美好。⓭高唱者 聲望較高的詩人。⓮婉態 柔婉美好的音律。⓯氣骨 文章的氣勢和風骨。⓰逮 及。⓱永明 南朝齊武帝年號，其間盛行講究聲韻格律的新體詩，故在文學史上引人注目，代表的詩人有沈約、謝朓等。⓲端可 真正。⓳傑立 突出；引人注目的。⓴方外 世俗之外。㉑永 長久。

【語 譯】劉昚虛，嵩山人，他的容貌和儀表都十分清秀出眾。九歲時就會寫文章，呈獻給皇帝，受到了皇帝的召見，授予他童子郎。開元十一年，與狀元徐徵同一榜舉進士。調任洛陽縣尉，後又遷夏縣縣令。劉昚虛性格高傲不俗，對有錢財和有權勢的人一向很不以為然，也從來不把俗世的是非議論放在眼裡。後來，他打算到廬山找一處房子隱居，未能實現。和他交往的朋友，大多是山寺裡的僧人，或者是一些信奉道教的人。劉昚虛寫的詩感情深沉，興致高遠，文思美好，用的字詞又十分奇妙，看似隨意間脫口吟誦的詩句，卻使得聽者驚嘆不已。當時，在江南一帶享有盛譽的詩人有數十人，從聲韻格律的精巧華美來說，沒有人能超過劉昚虛，只是在詩的氣勢和風骨上，劉昚虛不及他們。自從永明年間以來，劉昚虛真可說是江南地區傑出的詩人了。他的詩善於表現一些世俗題材之外的內容。為什麼劉昚虛的生命那麼短暫？上天毀壞的是國寶啊！他的志向未能實現，真是令人可惜啊！劉昚虛的詩集流傳到了今天。

【研 析】與方外之人交結為友，是唐代詩人群中十分常見的現象。究其原因，恐怕多與個人的興趣，以及價值取向不合於時俗有關。也許，正是得益於這種塵世之外清新空氣的緣故，他們留下來的作品往往別具一種幽遠雅致的氣息。

王灣

灣，開元元年常無名榜進士。與學士❶綦毋潛❷契切❸。詞翰❹早著❺，為天下所稱。往來吳、楚❻間，多有著述。如〈江南意〉一聯云：「海日生殘夜，江春入舊年。」詩人以來，罕有此作。張燕公手題於政事堂❼，每示能文❽，令為楷式❾。曾奉使登終南山，有賦。志趣高遠，識者❿不能棄焉。

【注釋】❶學士　唐代開元年間設學士院，內有翰林學士以及承旨、侍讀、侍講等不同品秩的官員多種。❷綦毋潛　傳見本書卷二。❸契切　交往密切，意氣相合。❹詞翰　文章；詩篇。❺著　為人熟知。❻吳楚　指長江中下游地區，因其地在戰國時期主要為吳國和楚國屬地。❼政事堂　宰相辦公的地方。❽能文　善於寫文章的人。❾楷式　模仿的對象。❿識者　能夠理解的人。

【語譯】王灣，開元元年，與狀元常無名同一榜舉進士。他和學士綦毋潛情投意合，關係十分密切。王灣的詩詞文章早就為人熟知，並為時人稱道。他來往於吳、楚一帶地區，寫了不少的作品。比如，〈江南意〉中有兩句詩是：「海日生殘夜，江春入舊年。」自從有人寫詩以來，都難得見到這樣的佳句啊。張燕公親筆題寫在政事堂上，常常展示給善於寫詩文的人看，要他們當作模仿的樣句。王灣曾經奉朝命登終南山，並撰寫了一篇賦。他的志趣高遠而不俗，真正理解他的人，是不會不注意到他的作品的。

【研析】盛唐時期的詩人中，有好些詩人是以一兩首詩而著名天下，進而流芳百世的。王灣雖說詞翰早著，卻以一聯「海日生殘夜，江春入舊年」的詩句，博得了張說這樣的名公巨卿的激賞，並且，親手書寫，示為學詩者的範式。唐人對優美動人詩句的鍾愛，竟然到了如此感人的程度，亦惟其如此，才會在詩壇上出現詩人群體如同繁星般燦爛的壯觀場面。

崔顥

顥，汴州❶人。開元十一年源少良❷下及進士第。天寶中，為尚書司勳❸員外郎。少年為詩，意浮豔❹，多陷輕薄❺，晚節❻忽變常體❼，風骨❽凜然❾。一窺塞垣❿，狀極戎旅⓫，奇造⓬往往並驅江⓭、鮑⓮。後遊武昌⓯，登黃鶴樓⓰，感慨賦詩。及李白來，曰：「眼前有景道不得，崔顥題詩在上頭。」無作⓱而去。為⓲哲匠⓳斂手云。然行履⓴稍㉑劣，好蒱博㉒，嗜酒。娶妻擇美者，稍不愜㉓，即棄之，凡㉔易三四。初，李邕㉕聞其才名，虛㉖舍邀之。顥至獻詩，首章云：「十五嫁王昌㉗。」邕叱曰：「小兒無禮！」不與接㉘而入。顥苦㉙吟詠，當病起清虛㉚，友人戲之曰：「非子病如此，乃苦吟詩瘦耳。」遂為口實㉛。天寶十三年卒。有詩一卷，今行。

【注釋】❶汴州　今河南開封。❷源少良　唐人，曾官司勳員外郎。❸司勳　尚書省吏部屬官之一，掌功賞等事務。❹浮豔　過於追求辭藻的華麗，缺少深意。❺輕薄　放蕩。❻晚節　晚年。❼常體　指自己以往的一貫風格。❽風骨　透過文字體現出來的作者意境、氣勢等藝術感染力。❾凜然　豪邁、雄渾的風格。❿塞垣　邊境地帶的城牆。⓫戎旅　指軍隊的生活。⓬奇造　出神入化的手法。⓭江　江淹，南朝梁文學家，以文章辭賦著名。⓮鮑　鮑照，見本卷〈沈佺期〉篇。⓯武昌　今湖北武昌。⓰黃鶴樓　位於武漢蛇山黃鶴磯，相傳曾有仙人子安騎鶴過此，故建此樓。⓱無作　沒有題撰詩文。⓲為　使得。⓳哲匠　指在某一學術方面造詣極深的人。⓴行履　平時的行為。㉑稍　比較。㉒蒱博　賭博。㉓愜　合自己的心意。㉔凡　一共。㉕李邕　開元初曾官殿中侍御史，後任北海太守，有文名，書法亦佳。㉖虛　騰空。㉗王昌　常見於唐代描寫男女情愛詩歌中的泛指男性的名字。㉘與接　接待。㉙苦　刻苦。㉚清虛　清瘦虛弱。㉛口實　談話的資料。

【語譯】崔顥，汴州人，開元十一年，源少良主持科舉考試時為進士及第。天寶年間，被任命為尚書省的司勳員外郎。崔顥年輕時寫的詩，內容浮淺而豔麗，不少作品顯得十分輕薄。到了晚年，卻一改往昔，風格變得雄渾而豪邁。令人覺得彷彿看到了邊塞的城牆，非常貼切地描寫了軍旅的生活，出神入化的手法，常讓人感到他和江淹、鮑照屬於並駕齊驅的一類人物。後來，崔顥到武昌遊玩，登上了黃鶴樓，感慨而賦詩。等李白再到黃鶴樓來的時候，說了句：「眼前有美好的景色卻無法表達出來，因為已經有崔顥的題詩在這之前了。」什麼也沒有留下，就離開了。人們說，居然使寫詩的大家都為之罷手，了不起啊。但是，崔顥平時的行為不大檢點，喜歡賭博，又愛喝酒，總是挑選漂亮的女子來做自己的妻子，稍不如意，便把她休棄了，前後共換了三四次。

當初，李邕聽說崔顥的才名，騰出了房子，邀請他前來作客。崔顥來了之後，獻詩給李邕，第一篇就是什麼「十五嫁王昌」。李邕生氣地責備道：「這小子真是無禮！」沒再把他接進來。崔顥作詩非常刻苦，一次，正好病癒之後，人顯得很清瘦，朋友們開他的玩笑，說：「不是生病的緣故，而是刻苦吟詩的關係吧。」一傳來傳去，於是就成了大家談笑的資料了。崔顥於天寶十三年去世，留下一卷詩，今天還在流傳。

【研析】崔顥年輕的時候，行為頗不自檢，故而所寫的詩多為輕薄浮豔之作，似乎也是意料之中的事。未曾想到的是，到了晚年，風格卻忽然為之一變而高古，一曲黃鶴樓詩，令謫仙人李白斂手而嘆為觀止。似乎是偶然得來的詩句，氣勢雄渾，了無痕跡，遂成為千古絕唱，的確稱得上是大手筆之作。黃鶴樓的名聲也因之而大振，至今還有好事者斥重資加以重新修建，並引為武昌的一大景觀。

祖詠

詠，洛陽人。開元十二年杜綰榜進士。有文名，殷璠❶評其詩：「翦刻❷省靜❸，用思尤苦，氣雖不高，調頗凌❹俗，足稱為才子也。」少與王維為吟侶❺，維在濟州❻，寓官舍，贈祖三詩，有云：「結交二十載，不得一日展。貧病子既深，契闊❼余不淺。」蓋亦流落不偶❽，極可傷也。後移家歸汝墳❾間別業❿，以漁樵自終。有詩一卷，傳於世。

【注釋】❶殷璠　唐人，撰有《河嶽英靈集》三卷，收錄開元至天寶年間詩人常建、李白等二十四位詩人作品共二百餘首，各加評語，是現存最早的帶有評點的唐詩選本。❷翦刻　剪裁、刻鏤，喻文字上的雕琢和修飾。❸省靜　乾淨、簡練。❹淩　超越。❺吟侶　一起作詩的朋友。❻濟州　位於今山東茌平南，後併入鄆州。❼契闊　分別；離散。❽不偶　孤獨。❾汝墳　汝水上的堤防，此借指今河南汝水流域汝陽、臨汝一帶。❿別業　居宅外另外修置的別墅等休憩場所。

【語譯】祖詠，洛陽人，開元十二年，與狀元杜綰同榜為進士。他的詩文在當時很有名，殷璠評價他的詩：「文字剪裁乾淨簡練，苦心構思，氣格雖然不算太高，才調遠在世人之上，完全可以稱得上是個才子。」祖詠年輕時與王維是詩友，王維在濟州，寄居在官府的宅院裡，送給祖詠三首詩，有一首裡面是這麼說的：「結交二十載，不得一日展。貧病子既深，契闊余不淺。」大概他也是孤獨流落在外，境遇非常讓人傷感的。後來把家安置到建在汝墳一帶的別墅，以捕魚砍柴了此一生。有詩一卷，流傳於世。

【研析】所謂試帖詩是指參加科舉考試時寫的應試詩，如果根據文學創作的原理來說，當然不能期望出現太多的佳作，但是，也有例外的情況，祖詠就有一首試帖詩，才短短的二十個字，在唐詩中可以稱得上是上品的佳作，全詩如次：「終南陰嶺秀，積雪浮雲端。林表明霽色，城中增暮寒。」據說祖詠只寫了四句，說已經「意盡」，不再去湊為律詩。讀了這首詩，我們便不難理解為什麼說祖詠寫詩「翦刻省靜」，以及足以為才子的評價了。

儲光羲

光羲，兗州❶人。開元十四年嚴迪榜進士。有詔中書❷試文章。嘗為監察御史。值安祿山❸陷長安，輒❹受偽署❺。賊❻平後，自歸，貶死嶺南。工詩，格高調逸❼，趣遠情深，削盡常言❽，挾〈風〉〈雅〉❾之道，養浩然❿之氣。覽者猶聆〈韶〉、〈濩〉⓫音，先洗桑濮⓬耳，庶幾⓭乎賞音也。有集七十卷，《正論》十五卷，《九經分義疏》二十卷，並傳。

【注　釋】❶兗州　今山東兗州。❷中書　中書省，唐代中央機關名稱，總掌國家政事。❸安祿山　唐人，玄宗時曾任平盧、范陽、河東三鎮節度使，後與史思明起兵叛亂，一度攻克京城長安、東都洛陽，歷時九年，叛亂方定。❹輒　則。❺偽署　指安祿山封的官職。❻賊　指謀反起兵的安祿山等叛賊。❼逸　遠逸不俗。❽常言　尋常的世俗話語。❾風雅　《詩經》裡〈國風〉、〈大雅〉、〈小雅〉的簡稱，此喻文章教化。❿浩然　正大剛直之氣。⓫韶濩　商湯時期的樂曲名，一說為舜樂和湯樂，此喻美好的音樂。⓬桑濮　即桑間濮上小調，喻男女之間的情歌小調或靡靡之音等。⓭庶幾　差不多。

【語　譯】儲光義，兗州人。開元十四年，與狀元嚴迪同榜舉進士，應詔書之命到中書省考試文章。曾擔任過監察御史的職務，當安祿山一度佔據長安的時候，則接受過他封給的官職。叛亂平定之後，自動歸附了朝廷，遭貶謫後死在嶺南。儲光義善於作詩，格調高遠不俗，情趣悠深，沒有常見的世俗內容，卻隱含著文章教化之道，蓄養著浩然正氣。讀他的詩作，仿佛是在聆聽〈韶〉、〈濩〉這樣美妙高尚的音樂，聽過庸俗小調的耳朵，需要洗乾淨了，才談得上欣賞音樂啊。儲光義有詩文集七十卷，《正論》十五卷，《九經分義疏》二十卷，都流傳了下來。

【研　析】儲光義寫詩的風格與孟浩然、王維最為接近，無論描寫景物，還是吟詠史事，意趣深遠，都稱得上是格高調逸，我們在讀他作品的時候，便能體會到一種細膩的筆觸和新奇的立意。可惜的是，當安史之亂的叛軍攻陷長安後，詩人竟然接受了偽職，以致後半段的人生在艱辛跋涉的旅途之中度過，最終貶死在萬里之外的南國蠻荒之地，令人嘆息。

卷二

包融

融，延陵❶人。開元間仕歷大理❷司直❸，與參軍❹殷遙❺、孟浩然交厚。工為詩，二子何、佶，縱聲雅道❻，齊名當時，號「三包」。有詩一卷，行世。

夫人之於學，苦心難；既苦心，成業難；成業者獲名不朽；兼父子、兄弟間尤難。歷觀唐人，父子如三包，六竇❼，張碧❽、張瀛，顧況❾、非熊，章孝標❿、章碣，溫庭筠⓫、溫憲；公⓬孫如杜審言⓭、杜甫，錢起⓮、錢珝；兄弟如皇甫冉⓯、皇甫曾，李宣古⓰、李宣遠，姚係⓱、姚倫等，皆聯玉⑱無瑕，清塵⑲遠播。芝蘭⑳繼芳，重㉑難改於父道㉒；〈騷〉〈雅〉㉓接響㉔，庶不慊㉕於祖風。四難之間，揮麈㉖之際，亦可以為美談矣。

【注釋】❶延陵　位於今江蘇丹陽西南。❷大理　即大理寺，唐代中央司法機構。❸司直　官名，中央機構之屬官。❹參軍　即參謀軍務，官職名。❺殷遙　事跡見本書卷三。❻雅道　風雅之道，喻詩歌的撰寫。❼六竇　指竇叔向和他的五個兒子竇常、竇牟、竇群、竇庠、竇鞏，父子六人皆以工於寫詩名稱一時，事跡見本書卷四。❽張碧　詩人，與其子張瀛事跡分別見本書卷五和卷十。❾顧況　詩人，與其子顧非熊事跡分別見於本書卷三和卷七。❿章孝標　詩人，與其子章碣事跡分別見於本書卷六和卷九。⓫溫庭筠　詩人，與其子溫憲的事跡分別見於本書卷八和卷九。⓬公　祖父。⓭杜審言　詩人，與其孫杜甫事跡分別見於本書卷一和卷二。⓮錢起　詩人，與其孫錢珝的事跡分別見於本書卷四和卷九。⓯皇甫冉　詩人，與其弟皇甫曾事跡見於本書卷三。⓰李宣古　詩人，與其弟李宣遠事跡見於本書卷七。⓱姚係　詩人，與其弟姚倫事跡見於本書卷五。⓲聯玉　並列的美玉，比喻成雙的美好事物。⓳清塵　本意指車後揚起的塵埃，比喻人的美好名聲。⓴芝蘭　香草名，喻優秀的子弟。㉑重　注重。㉒父道　父輩取得的成就和事業。㉓騷雅　〈離騷〉、〈大雅〉和〈小雅〉的簡稱，代指詩歌寫作。㉔接響　相續的聲音。㉕慊　遺憾；不滿足。㉖揮麈　相傳晉朝人清談時喜歡揮舞麈尾以相助談興，此借喻清談。

【語譯】包融，延陵人。開元年間做過大理寺的司直，與參軍殷遙和孟浩然的交情非常深厚。包融善於寫詩，兩個兒子包何與包佶，在詩壇上也聲名遠播，父子三人齊名當時，被人們稱為「三包」。包融有詩集一卷，流行於世。

對於學業，人們能夠刻苦努力去探究，已是很不容易的事了；下了一番刻苦努力的功夫後，能取得成功的業績，更是一件難事；建樹起自己的業績，還博得了不朽的名聲；再加上父子、兄弟都能取得這樣的成功，實在更不是容易的事情啊。把唐代的詩人按順序看過來，父子的例子如三包、六竇、張碧和張瀛、顧況和顧非熊、章孝標和章碣、溫庭筠和溫憲；祖孫的例子如杜審言和杜甫、錢起和錢珝；兄弟的例子如皇甫冉和皇甫曾、李宣古和李宣遠、姚係和姚倫等，都像那純淨無瑕的一對對玉璧，聲名傳播到了很遠的地方。俊秀的子弟使前輩的美譽得以延展，可貴的地方，就在於繼承了父祖的志業。優秀的詩歌創作相繼在社會上傳佈，這才是沒有辱沒前人的家風啊。這樣看來，剛才談到的所謂「四難」，揮麈清談的時候，也可以當作一個有趣的話題了。

【研析】包融是被稱作「吳中四子」的詩人之一，他寫詩融景入情，渾然無痕跡，讓讀者流連於一個山水幽靜的境界，其細緻入微的觀察，和出色的描述能力，在其他人的作品中是不多見的。唐代詩人中，兄弟、父子，乃至祖孫在詩歌寫作上取得不俗成就的情況，雖說比較稀罕，卻也並非僅見，說到底，還是一個詩人輩出的雄厚基礎的表現吧。

崔國輔

國輔，山陰❶人。開元十四年嚴迪榜進士，與儲光羲❷、綦毋潛❸同時。舉縣令，累遷集賢直學士、禮部郎中。天寶間，坐是王鉷❹近親，貶竟陵❺司馬❻。有文及詩，婉孌❼清楚，深❽宜諷詠。樂府短章，古人有不能過也。初至竟陵，與處士❾陸鴻漸❿遊，三歲，交情至厚，謔笑⓫永日⓬。又相與較定茶水之品。臨別謂羽曰：「予有襄陽太守李憕⓭所遺白驢、烏犎牛⓮各一頭，及盧黃門所遺文槐⓯書函一枚，此物皆己之所惜者，宜野人⓰乘蓄，故特以相贈。」雅意⓱高情，一時所尚。有酬酢⓲之歌詩，并集傳焉。

【注釋】❶山陰　今浙江紹興。❷儲光羲　見本書卷一。❸綦毋潛　見本卷。❹王鉷　天寶年間權臣，曾任戶部侍郎、御史中丞、京兆尹，搜刮大量錢財入內庫，天寶十一載因罪被賜自盡。❺竟陵　今湖北天門。❻司馬　唐代州郡佐吏名。❼婉孌　感情纏綿深摯。❽深　非常。❾處士　隱居而不接受爵祿的人。❿陸鴻漸　即陸羽，字鴻漸，傳見本書卷三。⓫謔笑　說笑；開玩笑。⓬永日　終日。⓭李憕　官至京兆尹、東都留守，後在安史之亂中遇害。⓮犎牛　一種頸肉隆起的野牛。⓯文槐　刻有花紋的槐木。⓰野人　不受爵祿之封的處士。⓱雅意　風雅的情趣。⓲酬酢　互相之間的贈送和回敬。

【語譯】崔國輔，山陰人。開元十四年，與狀元嚴迪一榜登進士第，同時中進士的還有儲光羲、綦毋潛。他被任命為縣令，幾次升遷，一直做到集賢殿直學士、禮部郎中。天寶年間，因為是王鉷的近親而受到牽累，被貶為竟陵郡司馬。崔國輔作有文章和詩賦，婉轉纏綿，清晰響亮，非常適宜於吟誦。他作的短篇樂府詩，有些就連古人也是無法超越他的。崔國輔到竟陵不久，就與處士陸羽來往，三年間，兩人的交情非常深厚了，成天在一起談笑風生，還一起比較鑒別茶葉和沏茶用水的上下品之分。臨分別的時候，崔國輔對陸羽說：「我有襄陽太守李憕送我的白驢和烏犎牛各一頭，和黃門侍郎盧先生送的一個刻花槐木書匣。這都是我十分珍惜的心愛之物，應當由你這樣不受爵祿之封的人乘坐和收藏，所以，特意把它們贈送給你。」風雅的情趣和高逸的情致，為當時的人們所推重。兩人互相贈酬的詩歌，和崔國輔的詩集一起流傳下來。

【研析】崔國輔寫詩語言奇特，意境新奇，文字上的功夫極深，不愧為盛唐時期的著名詩人之一。即使在描寫從軍一類的生活題材，寥寥數言，刀光寒月，已經躍然紙上。他與陸鴻漸的友情，顯示出一種超脫世俗的情誼。可嘆的是，偏偏受到親屬中惡濁之事的牽累而仕途失意，不能不讓後人為他的命運不濟而嘆惋。

盧象

象，字緯卿，汶水❶人，鴻❷之姪也。攜家來居江東最久。仕為校書郎、左拾遺、膳部❸員外郎。受安祿山偽官，貶永州❹司戶參軍。後為主客❺員外郎。有詩名，譽充祕閣，雅而不素❻，有大體❼，得國士❽之風。集二十卷，今傳。

同仕有韋述❾，為桑泉❿尉。時詔求逸書，命述等編校於朝元殿。後為翰林學士⓫，有詩名，今亦傳焉。

【注　釋】❶汶水　河流名，正流為大汶河，源於山東萊蕪東北，經東平後，至梁山東南流入濟水。❷鴻　即盧鴻，傳見本書卷一。❸膳部　官署名，屬禮部，掌飲食、祭器、牲豆、酒膳及藏冰等事。❹永州　今湖南零陵。❺主客　官署名，屬禮部，掌各藩國朝聘、接待及給賜等事。❻素　單調空泛。❼大體　深刻的道理。❽國士　得到全社會認可的優秀人物。❾韋述　唐京兆萬年（今陝西西安）人，中宗景龍二年（西元七〇八年）舉進士，後受命參與編次圖書，累遷集賢院直學士、起居舍人，累官工部侍郎，因安史之亂時陷賊受偽官，後遭流放渝州而卒。❿桑泉　今山西臨猗。⓫翰林學士　宮廷內起草詔書等文字的官員，後專掌內制。

【語　譯】盧象，字緯卿，汶水人，盧鴻的姪子。他帶家屬來到江南居住的時間很長。擔任過校書郎、左拾遺、膳部員外郎等職。因曾接受了安祿山偽朝的官職，被貶為永州司戶參軍。後來，又做過主客員外郎。盧象因為擅長寫詩聞名，在全祕書省都有很高的聲譽。他的詩典雅而不空泛單調，蘊有深意，具有國士的氣度。盧象的詩文集有二十卷，流傳至今。

和盧象一起做官的有韋述，他做過桑泉縣尉。當時朝廷下令徵求散佚的書籍，命令韋述等人在朝元殿校勘編撰。後來，韋述做了翰林學士。他因善於作詩得名，作品也流傳到了今天。

綦毋潛

潛，字孝通，荊南❶人。開元十四年嚴迪榜進士及第，授宜壽❷尉，遷右拾遺，入集賢院待制❸，復授校書，終著作郎❹。與李端❺同時。詩調屹崒❻峭蒨❼，足佳句，善寫方外之情，歷代未有。荊南分野❽，數百年來，獨秀❾斯人。後見兵亂，官況❿日惡，掛冠⓫歸隱江東別業。王維有詩送之，曰：「明⓬時久不達，棄置與君同。天命無怨色，人生有素風⓭。」一時文士咸賦詩祖餞⓮，甚榮⓯。有集一卷，行世。

【注釋】❶荊南　今湖北江陵一帶。❷宜壽　今陝西周至，舊作盩厔，天寶年間一度改作宜壽。❸待制　唐代京官五品以上，須輪值中書、門下省，以備訪問。❹著作郎　祕書省屬官，主管著作局，掌撰擬文字。❺李端　傳見本書卷四。❻屹崒　高聳險峻的樣子。❼峭蒨　鮮明貌。❽分野　古人以天空中十二星辰的位置對應地上的郡國，並認為天象的變化會兆示相應分野的禍福吉凶。❾秀　出類拔萃。❿宦況　政治環境。⓫掛冠　辭去官職。⓬明　政治清明。⓭素風　純樸清白的風尚。⓮祖餞　餞行送別。⓯榮　榮耀。

【語譯】綦毋潛，字孝通，荊南人。開元十四年，與狀元嚴迪同一榜舉進士，授官宜壽縣尉，後升任右拾遺，入集賢院任待制，又被授校書郎，最後做到了著作郎。綦毋潛與李端同時。他寫的詩風格如山峰般險峻而富有色彩，作品裡有許多佳句，善於表達超凡脫俗的感情，可以說到了前無古人的地步。荊南地方，幾百年來，最出色的人物就數他了。後來，看到出現了戰亂，政治情況也變得日益險惡，綦毋潛便辭去官職，到江南的別墅過起隱居生活了。王維曾送他一首詩，詩中說道：「明時久不達，棄置與君同。天命無怨色，人生有素風。」當時的文人紛紛賦詩並為他餞行送別，場面很熱鬧。綦毋潛有詩集一卷流傳在世。

王昌齡

昌齡，字少伯，太原❶人。開元十五年李嶷榜進士，授汜水❷尉。又中宏詞❸，遷校書郎。後以不護❹細行❺，貶龍標❻尉。以刀火❼之際，歸鄉里，為刺史閭丘曉❽所忌而殺。後張鎬❾按軍❿河南，曉愆期⓫，將戮之，辭⓬以親老，乞恕，鎬曰：「王昌齡之親，欲與誰養乎？」曉大⓭慚沮。

昌齡工詩，縝密而思清⓮，時稱「詩家夫子⓯王江寧⓰」，蓋嘗為江寧令。與文士王之渙⑰、辛漸交友至深，皆出⑱模範⑲，其名重如此。有詩集五卷，又述作詩格律、境思、體例，共十四篇，為《詩格》一卷，又《詩中密旨》一卷，及《古樂府解題》一卷，今并傳。

自元嘉⑳以還，四百年之內，曹㉑、劉㉒、陸㉓、謝㉔，風骨頓盡。逮儲光羲、王昌齡，頗從厥㉕跡㉖，兩賢氣同而體別也。王稍聲峻，奇句㉗俊格㉘，驚耳駭目。奈何晚途㉙不矜㉚小節，謗議㉛騰沸㉜，兩竄㉝遐荒㉞，使知音者喟然長嘆，至歸全㉟之道，不亦痛㊱哉！

【注釋】❶太原　今山西太原。❷汜水　在今河南滎陽。❸宏詞　即博學宏詞科，唐制舉科目之一。❹不護　不加以注意。❺細行　生活細節。❻龍標　今湖南黔陽西南。❼刀火　喻兵荒馬亂。❽閭丘曉　肅宗時曾任濠州刺史，後因執行軍令誤期，被處死。❾張鎬　字從周，肅宗時官至同中書門下平章事，兼河南節度使。❿按軍　屯兵；聚集軍隊。⓫愆期　延誤時機。⓬辭　言辭。⓭大　極為。⓮思清　文思清新。⓯夫子　古代對男子的美稱。⓰江寧　今江蘇南京。⓱王之渙　傳見本書卷三。⓲出　出於。⓳模範　模仿的對象。⓴元嘉　南朝宋元帝年號（西元四二四—四五三年）。㉑曹　曹植（西元一九二—二三二年），字子思，三國時期著名文學家，擅長在文學作品中使用比興手法，對後來的五言詩發展影響較大。㉒劉　劉楨（西元？—二一七年），東漢末期文學家，以善於寫五言詩著名。㉓陸　陸機（西元二六一—三〇三年），西晉著名文學家，所撰辭賦文辭華美，鋪陳宏麗。㉔謝 謝靈運（西元三八五—四三三年），南朝宋詩人，作品以描寫山水勝景見長，開創文學作品之山水詩之先。㉕厥 其。㉖跡 路徑。㉗奇句 句法奇特。㉘俊格 清新別致的格調。㉙晚途 晚年的人生經歷。㉚矜 持重。㉛謗議 批評指責。㉜騰沸 紛亂的樣子，形容數量很多。㉝竄 遭放逐。㉞遐荒 邊遠荒蕪之地。㉟歸全 善終；得以終其天年。㊱痛 痛心，極其遺憾。

【語譯】王昌齡，字少伯，太原人。開元十五年，與狀元李嶷同一榜舉進士，授官汜水縣尉。又考中了制舉的博學宏詞科，升任校書郎。後來，因為在行為舉止上不夠檢點莊重，被貶職為龍標縣尉。因為遭逢兵荒馬亂而回到了故鄉，被刺史閭丘曉出於嫉妒而殺害了。後來張鎬受命在河南屯集軍隊，閭丘曉因延誤了軍期，將受到斬首的處罰，閭丘曉以父母親上了年紀需自己奉養為理由，乞求得到寬恕。張鎬對他說：「那麼，王昌齡的父母由誰來奉養呢？」閭丘曉非常羞慚和沮喪。

王昌齡非常善於寫詩，內容細緻精密，文思清朗，被當時人稱作「詩家夫子王江寧」，因他曾做過江寧縣令。王昌齡和文士王之渙、辛漸的交往很深，後者都出於在寫詩方面模仿他的緣故，可見其名聲是多麼大了。他有詩集五卷，又有關於作詩的格律、意境、體例等內容的文章十四篇，題為《詩格》一卷，又有《詩中密旨》一卷，以及《古樂府解題》一卷，現在還都流傳在世。

自從元嘉以來，四百年間，類似曹植、劉楨、陸機、謝靈運等人作品的風格和精神再也看不到了。一直到儲光羲、王昌齡的作品，才又能看到他們的一些影響。兩位大家氣質上相似，在表現上又有所區別。比較起來，王昌齡的詩在聲韻方面更險峻一些，句法奇特，格調清新，給人以耳目一新的強烈感覺。讓人感嘆的是他晚年因為在小節上不夠持重，對他批評指責的聲音不絕於耳，兩度被放逐到偏遠荒涼的地方，他的知音者為之喟然嘆息不已。乃至他最後死於非命，真是讓人感到痛惜啊！

【研析】王昌齡以邊塞詩人而著稱，他的〈出塞〉詩「秦時明月漢時關，萬里長征人未還」，直到今天，差不多還是家喻戶曉的名篇。不過，切莫以為王昌齡只是一個叱咤風雲的勇武軍旅詩人，他為我們留下的詩作中還有「閨中少婦不知愁，春日凝妝上翠樓」這類情義綿綿的閨中詩，甚至還有宮怨詩。至於像「洛陽親友如相問，一片冰心在玉壺」這樣的送別詩，細緻入微，語言優美，也同樣都是流傳千古而又膾炙人口的佳作。

常建

建，長安❶人。開元十五年與王昌齡同榜登科。大曆中，授盱眙❷尉。仕頗不如意，遂放浪❸琴酒❹，往來太白❺、紫閣❻諸峰，有肥遯❼之志。嘗采藥仙谷中，遇女子，遍體毛綠，自言是秦時宮人，亡❽入山來食松葉，遂不饑寒。因授建微旨❾，所養❿非常⓫。後寓鄂渚⓬，招王昌齡、張僨同隱，獲大名⓭當時。集一卷，今傳。

古稱高才而無貴仕⑭，誠哉是言。曩劉楨死於文學⑮，鮑照卒於參軍⑯，今建亦淪於一尉，悲夫！建屬思既精，詞亦警絕⑰，似初發通莊⑱，卻尋野徑⑲，百里之外，方歸大道。旨遠⑳興㉑僻㉒，能論意表，可謂一唱而三嘆矣。

【注釋】❶長安　今陝西西安。❷盱眙　今江蘇盱眙。❸放浪　縱情而不加約束。❹琴酒　泛指音樂酒宴。❺太白　太白山，即終南山，位於長安西，冬夏積雪，望之皓然，故得名。❻紫閣　終南山山峰名。❼肥遯　隱居避世。❽亡　逃入。❾微旨　祕訣。❿所養　養氣修煉之術。⓫非常　非同一般的效果。⓬鄂渚　代指湖北武昌。⓭大名　很大的名聲。⓮貴仕　顯赫的官爵。⓯文學　官職名，漢魏時郡及王府所設，品級不高，類似教官之類。⓰參軍　即參謀軍務，東漢時地位頗重，晉以後軍府和王國皆設。⓱警絕　文辭凝鍊。⓲通莊　通莊大道。⓳野徑　田間小路。⓴遠　悠遠。㉑興　詩歌中即景生情的表現手法。㉒僻　偏，喻新奇。

【語譯】常建，長安人。開元十五年與王昌齡同一榜舉進士。大曆年間，授官盱眙縣尉。常建在仕途上很不得意，便縱情於音樂飲酒之類的享受中。常常到太白、紫閣等名山中遊玩，萌生了隱居的念頭。常建曾到仙谷中去採藥，遇見一個女子，全身長滿綠毛，自稱是秦朝時候的宮女，逃到山裡來，以松葉為食物，遂不再有饑寒的感覺。於是教授常建祕訣。她的養氣修煉之術確實非同尋常。常建後來在武昌住了下來，邀集王昌齡、張僨來和他隱居在一起，在當時獲得了很大的名聲。有集一卷，流傳到了今天。

古人有「高才而無貴仕」的說法，這話確實有道理啊。昔日劉楨死的時候是個文學，鮑照去世時是個參軍，今天常建也不過是個縣尉罷了，真讓人覺得可悲啊！常建作詩，不但構思精妙，文辭也十分凝鍊。他的作品，好像最初沿著大道上走出來，忽而又折到田間小徑，走出百里之外，又回歸到大道。意旨幽遠，興意奇特，能透過文辭表面，讓人感受到豐富的內涵，可以說讓人一唱三嘆啊。

【研析】常建在仕途上不得意，於是便將興趣專注於飲酒聽琴上，往來名山大川之間，還產生了遁世的想法。從常建的詩作中對琴音的描寫來看，詩人對音樂的感受十分敏銳，並常常有著自己的獨到理解。我們又在他寫的詩中讀到像「山光悅鳥性，潭影空人心」這樣的句子，幾分空靈中，體會到了心中禪的意境，真是令人玩味無窮。

賀蘭進明

進明，開元十六年虞咸榜進士及第。仕為御史大夫❶，肅宗時，出為河南節度使❷。時祿山群黨❸未平，嘗帥師屯臨淮❹備賊，竟❺亦無功。進明好古博雅❻，經籍❼滿腹，其所著述一百餘篇，頗究天人之際。又有古詩樂府等數十篇，大體符❽於阮公❾，皆今所傳者云。

【注釋】❶御史大夫　職官名，中央監察機構御史臺的負責長官。❷節度使　職官名，統管一道或數州軍事及民政，用人理財皆得自主。❸群黨　指隨安祿山一起作亂的各路叛軍。❹臨淮　地名，今江蘇盱眙北。❺竟　最終。❻博雅　淵博、典雅。❼經籍　儒家經書，此泛指古代的圖書。❽符　符合。❾阮公　阮籍（西元二一○—二六三年），三國時期魏文學家，博覽群書，喜好老莊學說，為「竹林七賢」之一。

【語譯】賀蘭進明，開元十六年，與狀元虞咸同一榜舉進士。他擔任過御史大夫的職務，唐肅宗的時候，出任河南節度使。當時，安祿山的叛軍尚未被剿滅，賀蘭進明統帥軍隊駐紮在臨淮，準備迎擊進犯的敵軍，但始終沒有建立什麼功勳。賀蘭進明喜好古代的文化，淵博典雅，讀過許多古代的書籍，他撰寫的著述有一百多篇，不少都是探究天道與人事之間關係的文章。還有古樂府等數十篇，與阮籍的風格大致相當，據說就是今天流傳的這些作品。

崔署

署，宋州❶人。少孤❷貧，不應薦辟❸。志況❹疏爽❺，擇交於方外，苦讀書，高棲❻少室山❼中。與薛據❽友善。工詩，言詞款要❾，情興悲涼，送別、登樓，俱堪淚下。集傳於今也。

【注釋】❶宋州　今河南商丘。❷孤　父親去世。❸薦辟　向朝廷推舉任官的人才。❹志況　志向。❺疏爽豁達豪爽。❻高棲　悠閒地隱居。❼少室山　嵩山西為少室山，因山上有石室得名。❽薛據　傳見本卷。❾款要　形容言語真切。

【語譯】崔署，宋州人。少年時便失去了父親，家境貧寒，卻不肯接受別人舉薦自己為官的機會。崔署的志趣十分豪放豁達，交了許多僧人道士為朋友，讀書刻苦，悠然自得地隱居在少室山中。崔署與薛據友情篤厚。他擅長作詩，言辭真切，作品裡常常流露出一種悲涼的情緒，送別、登高抒懷一類的題材，讀了足以讓人流下眼淚。崔署的集子今天還在流傳。

陶翰

翰，潤州❶人。開元十八年崔明允❷下進士及第，次年中博學宏詞，與鄭昉❸同時，官至禮部員外郎。為詩詞筆❹雙美，既多興象❺，復備風骨。三百年以前❻，方可論其裁製❼。大為當時所稱❽。今有集相傳。

【注釋】❶潤州　今江蘇鎮江。❷崔明允　曾擔任左拾遺、禮部員外郎等職。❸鄭昉　開元十五年武足安邊科以及開元十九年博學宏詞科及第，曾任吏部和戶部郎中。❹筆　散文。❺象　詩歌的意境。❻三百年以前　指上溯到三百年前的魏晉時期。❼裁製　體裁、規製。❽稱　稱道。

【語譯】陶翰，潤州人。開元十八年崔明允主持貢舉考試時舉進士，次年，又考中了博學宏詞科，與鄭昉同一榜，擔任過禮部員外郎的職務。陶翰作詩寫文章十分出色，文辭中展現的很多意境都非常美，風格也十分完備，他的作品，足以與三百年前魏晉時期的大家相比。他的作品極受當時人們的稱道，今天，他的文集仍在相傳。

王維

維，字摩詰，太原❶人。九歲知屬辭，工草隸❷，閑❸音律，岐王❹重之。維將應舉❺，岐王謂曰：「子詩清越❻者，可錄數篇，琵琶新聲❼，能度❽一曲，同詣❾九公主第❿。」維如其言。是日，諸伶⓫擁維獨奏，主問何名，曰〈鬱輪袍〉。因⓬出詩卷。主曰：「皆我習⓭諷，謂⓮是古作，乃子之佳製⓯乎！」延於上座曰：「京兆⓰得此生為解頭⓱，榮哉！」力薦之。開元十九年狀元及第。擢右拾遺，遷給事中⓲。

賊陷兩京⓳，駕⓴出幸㉑，維扈從㉒不及，為所擒。服藥稱喑㉓病，祿山愛其才，逼至洛陽供舊職㉔，拘於普施寺。賊宴凝碧池，悉召梨園㉕

諸工合樂，維痛悼[26]，賦詩曰：「萬戶傷心生野烟，百官何日再朝天[27]？秋槐花落空宮裡，凝碧池頭奏管絃。」時聞行在所[28]。賊平後，授偽官者皆定罪，獨維得免。仕至尚書右丞[29]。

維詩入妙品[30]上上，畫思亦然。至山水平遠，雲勢[31]石色，皆天機[32]所到，非學而能。自為詩云：「當代謬[33]詞客，前身應畫師。」後人評維「詩中有畫，畫中有詩」，信哉！

客有以〈按[34]樂圖〉示維者，曰：「此〈霓裳〉[35]第三疊[36]最初拍也。」對曲果然。篤志[37]奉佛，蔬食素[38]衣。喪妻不再娶，孤居三十年。別墅在藍田[39]縣南輞川，亭館相望。嘗自寫其景物奇勝，日與文士丘為、裴迪[40]、崔興宗[41]遊覽賦詩，琴樽[42]自樂。後表[43]請舍宅以為寺。臨終，作書辭親友，停筆而化[44]。代宗訪[45]維文章，弟縉[46]集賦詩等十卷上之，今傳於世。

【注　釋】❶太原　今山西太原。❷草隸　草書和隸書。❸閑　通「嫻」，熟練。❹岐王　李範，唐睿宗第四子，雅好藝文。❺應舉　參加科舉考試。❻清越　高超；出眾。❼新聲　新作的曲子。❽度　按照譜子演奏。❾詣　到。❿第　府邸。⓫伶　樂工。⓬因　於是。⓭習　熟悉。⓮謂　言；說。引申作以為。⓯佳製　佳作。⓰京兆　首都的代稱。⓱解頭　科舉考試鄉試成績第一。⓲給事中　官職名，門下省屬官，掌駁正詔書及奏章違失等。⓳兩京　指西京長安和東都洛陽。⓴駕　御駕，指皇帝。㉑幸　古代稱帝王出巡。㉒扈從　隨從，此指隨從帝王出巡。㉓瘖　啞疾。㉔舊職　原來擔任的職務。㉕梨園　唐玄宗時曾選樂工三百人，並宮女數百，在梨園教習音樂歌舞。㉖痛悼　極其傷感。㉗朝天　朝見天子。㉘行在所　帝王出巡在外時的住所。㉙尚書右丞　職官名，尚書省屬官，掌辨六官之議，及劾正御史舉不當者。㉚妙品　令人稱奇的傑作。㉛雲勢　雲彩的形狀。㉜天機　與生具有的悟性。㉝謬　不當的；荒唐的。㉞按　按照樂譜打拍子。㉟霓裳　樂曲名，唐玄宗李隆基所作。㊱疊　樂曲的分段。㊲篤志　內心極為虔誠。㊳素　白色。㊴藍田　今陝西藍田。㊵裴迪　早年隱居在終南山，後出任蜀州刺史。㊶崔興宗　王維內弟。㊷樽　酒杯，此指飲酒。㊸表　上書表達自己的願望。㊹化　去世。㊺訪　訪求。㊻縉　王維弟，亦以文章著於世，曾任黃門侍郎同平章事。

【語　譯】王維，字摩詰，太原人。九歲時就會寫文章，擅長草書和隸書，精通音樂，岐王很看重他的才能。王維準備參加科舉考試，岐王對他說：「把您那些非同凡響的佳作選錄上幾篇，新譜的琵琶曲子，也準備上一首，隨我一起到九公主的府邸去拜訪她。」王維按照岐王的話作好了準備。那一天，眾多藝人圍坐在王維邊上，只聽他一個人彈奏。公主問他彈的什麼曲子，王維回答說叫〈鬱輪袍〉，趁便把自己的詩卷拿出來請公主看。公主看了，說：「這些詩我已經讀得很熟悉了，還以為是古人的作品呢，原來是您的佳作啊！」遂邀請王維坐到主賓的席位上，公主說道：「京兆地區若有這樣的年輕人為榜上頭一名，是一件值得誇耀的事情啊！」於是，積極地向考官推薦他。開元十九年，王維以狀元的身分進士及第，被任命為右拾遺，後又升任給事中。

安祿山的叛軍攻佔了西京長安和東京洛陽，唐太宗倉皇出逃時，王維沒有來得及跟隨皇上一起逃離，被叛軍抓住了。他服藥後假裝自己得了喑疾，安祿山看重王維的才能，脅迫他到洛陽的偽朝廷裡擔任原來的官職，拘禁在普施寺裡。叛軍在凝碧池舉辦宴會，把昔日梨園的樂工全都召集來演奏音樂，王維內心極其傷感，在一首詩中寫道：「萬戶傷心生野烟，百官何日再朝天？秋槐花落空宮裡，凝碧池頭奏管絃。」這首詩流傳到了皇帝避難在外的住所。安史之亂平息之後，曾經接受過偽職的人都被定罪，惟有王維得以免除，後來，他的官做到了尚書右丞。

王維的詩可以列為妙品中的上上等，繪畫的意境也是如此。作品中表現出來的平展而遠的山水，雲彩的各種姿態，山石的顏色，都顯露了一種天然的悟性，不是通過學習就能夠做到的。王維自己在詩裡寫道：「當代謬詞客，前身應畫師。」後人評論王維，說他「詩中有畫，畫中有詩」，確實如此啊！

有一位客人將一幅題名〈按樂圖〉的畫給王維看，王維說：「這是〈霓裳〉曲第三疊第一拍的情景啊。」對照曲譜，果然如此。王維非常虔誠地信奉佛教，平時吃素食，穿的衣服，都是用未經染色的布做的。妻子去世後，他獨自生活了三十年，沒再續娶。他的別墅建在藍田南部的輞川，亭臺和樓館相望，王維曾自己把這些美好的景色畫了下來。他每天和文士丘為、裴迪、崔興宗等在一起遊覽賦詩，彈琴飲酒消遣。後來，王維上表朝廷，表示願意在身後將自己的住宅捐為寺廟。臨終前，他給親友寫信告別，寫完後就去世了。代宗命人收集王維的文章，他的弟弟王縉整理了王維的詩賦等共十卷，呈獻給朝廷，一直流傳到了今天。

【研析】王維生活在盛唐時期的開元、天寶年間，又是當時享有盛名的詩人，因此，他的作品內容豐富，帶有鮮明的時代色彩。在他寫的詩中，我們既能領略到氣勢雄偉的邊塞風光，也可以感受到許多精緻可愛而又情義綿綿的小詩，如那首題寫紅豆的著名五言絕句〈相思〉。安史之亂中，一首菩提寺詩，寫家國淪亡的悲涼心情，感人至深，也使他後來僥幸未受到懲處。在他的作品中，還有一些極為出色的離別詩，寫朋友之間的感情，含蓄深刻，意味雋永。因為他是一個多才多藝的藝術家，在王維的詩中，他非常善於以自己特有的敏銳性來描摹景物，「詩中有畫，畫中有詩」，可謂是最藝術的，也是最貼切的評語。王維還是一位篤信佛教的居士，尤其在他晚年的詩中，他的禪性融進了他的作品裡，令人感到一種透出的淡淡佛光。

薛據

據，荊南人。開元十九年王維榜進士。天寶六年，又中風雅古調❶科第一人。於吏部參選❷，據自恃才名，請受萬年❸錄事。流外官❹訴宰執，以為赤縣❺是某等清要，據無媒❻，改涉縣❼令。後仕歷司議郎❽，終水部❾郎中。

據為人骨鯁❿，有氣魄，文章亦然。嘗自傷⓫不得早達⓬，造句往往追凌⑬鮑、謝。初好棲遁⑭，居高山煉藥。晚歲置別業終南山下老⑮焉。有集今傳。

【注釋】❶風雅古調　唐科舉制科名。❷參選　等待分配官職和任命。❸萬年　地名，與長安縣同在當時京都城內。❹流外官　九品以下未能入流的低級官員。❺赤縣　治所在京城內的縣。❻媒　從中說情推薦的人。❼涉縣　今河北涉縣。❽司議郎　即太子司議郎，東宮屬官。❾水部　尚書省工部下屬機構，掌管水利工程及水運等事務。❿骨鯁　氣稟梗直。⓫傷　傷感。⓬達　顯要。⓭凌　及得上。⓮棲遁　隱居山林間。⓯老　終年。

【語譯】薛據，荊南人。開元十九年與狀元王維同一榜進士。天寶六年，又考取風雅古調科第一名。在吏部等待任命的時候，薛據仗著自己的才名，要求授給自己萬年錄事的官職。流外官們向宰相申訴說：「赤縣可是清高要緊的職位啊。」薛據缺少可以從中替他說話的人，於是，被改授為涉縣令。後來，他還做過司議郎，最後當了水部郎中。

薛據為人氣稟梗直，氣勢不凡，寫文章的風格，也同他的為人一樣。他經常為自己未能早早取得顯要的地位而傷感，撰寫的句子，氣勢往往直追前朝的鮑照、謝靈運。薛據當初曾經喜歡隱士的生活，住在深山裡煉丹藥，到了晚年，他在終南山下購置了別墅，住在那裡，直到去世。他的集子到今天還在流傳。

【研析】因為傷感自己在仕途上未能顯達，便嚮往起隱居煉藥的生活；倚恃自己的才名而求官，足見才子的心氣之高。這幾乎成了許多唐代才子們的共同選擇。

劉長卿

長卿，字文房，河間❶人。少居嵩山讀書，後移家來鄱陽❷最久。開元二十一年徐徵榜及第。至德中，歷監察御史，以檢校❸祠部❹員外郎出為轉運使❺判官，知淮西❻岳❼鄂❽轉運留後❾。觀察使❿吳仲孺誣奏，非罪⓫繫⓬姑蘇⓭獄。久之，貶潘州⓮南巴⓯尉。會⓰有為辯之者，量移⓱睦州⓲司馬。終隨州⓳刺史。

長卿清才⓴冠世，頗凌㉑浮俗，性剛，多忤㉒權門，故兩逢遷㉓斥，人悉冤之。詩調雅暢，甚能煉飾。其自賦，傷而不怨，足以發揮〈風〉〈雅〉。權德輿㉔稱為「五言長城」。長卿嘗謂：「今人稱前有沈、宋、王、杜，後有錢、郎、劉、李。李嘉祐、郎士元何得與余並驅！」每題詩不言姓，但書「長卿」，以天下無不知其名者云。灞陵㉕碧澗有別業。

今集詩賦文等傳世。淮南㉖李穆，有清才，公之婿也。

【注釋】❶河間　今河北河間。❷鄱陽　今江西鄱陽。❸檢校　有職銜名而無正式職務的加官。❹祠部　禮部從屬機構之一，掌祠祀、享祭、天文、漏刻以及僧尼等事務。❺轉運使　官職名，掌糧食、財賦轉運事務。❻淮西　唐方鎮名，即淮南西道，領申、光、蔡三州，大致為今河南郾城、上蔡地區以南，及信陽以東地區。❼岳　州名，轄洞庭湖東、南、北沿岸各縣城，州治為今湖南岳陽。❽鄂　州名，轄境為今武昌長江以南部分及黃石、咸寧地區，州治為今湖北武昌。❾留後　官職名，此指代攝政務之官。❿觀察使　官職名，設置於諸道，位僅次於節度使，亦有管轄數州政務，兼任刺史者。⓫非罪　不實之罪名。⓬繫　被拘押。⓭姑蘇　地名，今江蘇蘇州。⓮潘州　州名，州治為今廣東高縣。⓯南巴　今廣東電白東。⓰會　恰逢。⓱量移　官員被貶斥到邊遠地區後，因遇到赦免，酌情安排較近的地方安置。移，改官。⓲睦州　州名，州治為今浙江建德。⓳隨州　州名，州治為湖北隨州。⓴清才　才氣清俊。㉑淩　犯；冒犯。㉒忤　得罪。㉓遷　降職處分。㉔權德輿　傳見本書卷五。㉕灞陵　地名，位於陝西西安東。㉖淮南　即淮南道，治所在揚州。

【語譯】劉長卿，字文房，河間人。他少年時代住在嵩山讀書，後來搬家來到鄱陽，住了很長時間。開元二十一年，與狀元徐徵同一榜舉進士。至德中，擔任了監察御史的官職，又以檢校祠部員外郎的官銜出任轉運使判官，在知淮西岳鄂轉運留後任上，遭到觀察使吳仲孺的誣告，背著不實之罪名，被關押在姑蘇的監獄裡。過了好久，被貶到潘州做南巴縣尉。正好因為有人為他辯白冤屈，於是又酌情改為睦州司馬。他最後擔任的官職是隨州刺史。

劉長卿才氣清俊，冠蓋一時，十分鄙薄浮華卑俗的東西，性格剛烈，常常得罪權貴之家，所以，兩度遭逢貶斥，人們都知道他是被冤枉的。他的詩作高雅流暢，很講究語詞的雕琢。他賦的詩雖然有些傷感，卻並沒有怨怒的情緒，完全體現了《詩經》的傳統，權德輿稱他的作品為「五言長城」。劉長卿曾經對人說：「現在，人們總是說前有沈、宋、王、杜，後有錢、郎、劉、李，李嘉祐、郎士元有什麼資格和我相提並論呢！」他題詩時向來不寫自己的姓，就寫「長卿」二字，因為他覺得天下沒人不知道自己名字的。他在灞陵一處叫碧澗的地方構築了別墅。劉長卿文集的詩賦文等作品都傳到了今天。淮南的李穆，也是一位才氣清俊的人，是長卿的女婿。

【研析】劉長卿在唐代詩人中是一位有影響的人物，大約可算作是盛唐之後，中唐早期的詩人。雖說與盛唐相比，中唐詩人在氣勢、格調以及題材內容上都較之盛唐有所不足，不過，這也只是從整體上而言之。劉長卿有「五言長城」之譽，寫的詩每個字都像是精細鑄就，幾近完美無瑕。劉長卿寫詩，字面樸素，感情真摯，尤其以五言和七言詩見長，很值得細細玩味。看來，詩人在自己作品後面但署名而不稱姓，這種充滿自信心的表現，說明他心裡也是有底氣的。

李季蘭

季蘭，名治，以字行，峽中❶人，女道士也。美姿容，神情蕭散❷，專心翰墨❸，善彈琴，尤工格律❹。當時才子頗誇纖麗，殊少荒❺豔❻之態。始年六歲時，作〈薔薇〉詩云：「經時⑦不架卻，心緒亂縱橫。」其父見曰：「此女聰黠⑧非常，恐為失行⑨婦人。」後以交遊文士，微洩風聲，皆出乎輕薄⑩之口。夫士有百行⑪，女唯四德⑫。季蘭則不然，形氣⑬既雄，詩意亦蕩⑭。自鮑昭⑮以下，罕有其倫⑯。時往來剡中⑰，與山人⑱陸羽、上人⑲皎然⑳意甚相得㉑。皎然嘗有詩云：「天女來相試，將花欲染衣。禪心竟㉒不起，還捧舊花歸。」其謔浪㉓至此。又嘗會諸賢於烏程㉔開元寺，知河間劉長卿有陰重㉕之疾，誚曰：「山氣日夕佳㉖。」劉應聲曰：「眾鳥欣有託㉗。」舉坐㉘大笑，論者兩美之。天寶間，玄宗聞其詩才，詔赴闕，留宮中月餘，優賜甚厚，遣歸故山。評者謂上比班姬㉙則不足，下比韓英㉚則有餘，不以遲暮㉛，亦一俊媼㉜。有集，今傳於世。

【注釋】❶峽中 今長江三峽一帶。❷蕭散 瀟灑悠閒。❸翰墨 筆墨，此指詩文書畫之類。❹格律 詩詞寫作須遵守的有關對仗、押韻、平仄等格式和規律，此代指詩歌創作。❺荒 過度、不合情理的。❻豔 文詞華美。❼經時　長時間。❽黠　聰慧。❾失行　行為舉止違背倫理規範。❿輕薄　輕浮之人。⓫百行　多方面的品行。⓬四德　舊時對女性品德、言語、儀容和女功等四方面的要求。⓭形氣　外觀、舉止。⓮蕩　放縱。⓯鮑昭　即鮑照，此疑當作鮑照之妹鮑令暉，亦以才名。⓰倫　朋輩；同類。⓱剡中　即今浙江剡縣。⓲山人隱士。⓳上人　僧人。⓴皎然　傳見本書卷四。㉑相得　相投。㉒竟　終。㉓謔浪　放蕩的玩笑語。㉔烏程今浙江吳興。㉕陰重　又稱疝氣，表現為小腹墜痛、牽及睾丸等症狀。㉖山氣日夕佳　東晉陶淵明〈飲酒〉詩中句。㉗眾鳥欣有託　陶淵明〈讀山海經〉詩中句。㉘舉坐　所有在座的人。㉙班姬　漢班況女，有文才，善於作詩賦，成帝時被選入宮，封倢伃。㉚韓英　南朝齊韓蘭英，劉宋孝武帝時因獻賦被賞入宮，齊武帝時為博士。㉛遲暮　年紀較大。㉜媪　婦人。

【語譯】李季蘭，名冶，人們通常以她的字來稱呼她，她是峽中一帶的人，是個女道士。李季蘭容貌美麗，舉止大方，神情瀟灑悠閒，對文字書畫極有興趣，善於彈琴，特別擅長寫詩。當時文壇上的才子，都讚美她寫的詩纖巧清麗，極少有過分追求文詞華美的現象。當初，她還只六歲的時候，作了一首〈薔薇〉詩，裡面寫道：「經時不架卻，心意亂縱橫。」她的父親看到了這首詩，說道：「這孩子聰慧異常，只恐怕將來會是個失行女子啊。」後來，在與文人的交往中，這事漸漸洩露了出來，多半也是那些輕浮之輩傳出來的。士人可以用多重標準來衡量，對於女性則只要求四德。但李季蘭卻並非如此，她的外觀和舉止頗帶幾分豪氣，寫的詩也十分放縱，自鮑照以來，極少有人能與她相提並論的。當時，李季蘭往來剡中，與隱士陸羽、僧人皎然意氣十分相投，皎然曾寫過一首詩，詩中說道：「天女來相試，將花欲染衣。禪心竟不起，還捧舊花歸。」彼此之間的玩笑語居然肆意到如此地步。李季蘭又曾和當時一些十分出眾的文士相會於烏程開元寺，李季蘭知道河間劉長卿患有疝氣，於是打趣道：「山氣日夕佳。」劉長卿應聲回答了一句：「眾鳥欣有託。」在座的人無不大笑起來，大家議論此事，覺得兩人都夠得上諳熟古詩而且機敏過人。天寶年間，玄宗聽人說起李季蘭的詩才，便詔她到京都，留在宮裡住了一個來月後，給予十分優厚的賞賜，送她回到了原來住的山居。人們在議論李季蘭時，認為她的才能上比班姬雖然不足，下比韓英則有餘，不是因為年紀大了一點的話，也可算是一位才貌雙絕的女性了。李季蘭留有詩集，今天還流傳於世。

【研析】李季蘭是唐代最為出色的幾位女詩人之一。據說她有一首題名〈八至〉的六言詩，讀來極富哲理，不妨在此抄錄一次：「至近至遠東西，至深至淺清溪。至高至明日月，至親至疏夫妻。」尤其以「至親至疏」來揭示夫妻關係，特別處在講究封建綱常的時代，豈止詼諧幽默，而且還是極為大膽開放的語言了。我們再來看看關於李季蘭的種種故事，包括她和方外之人的交往，和一些驚世駭俗的舉止，也可以感覺到，較之後世來說，唐代的確是一個比較開放的社會。

論曰：《詩》❶云：「〈關雎〉❷，樂得淑女，以配君子，憂在進賢❸，不淫❹其色。哀窈窕❺，思賢才，而無傷苦之心焉。」故古詩之道，各存六義❻，然終歸於正❼，不離乎雅❽。是以昔賢婦人，散情❾文墨，班班❿簡牘。概而論之，後來班姬⓫傷秋扇以暫恩⓬，謝娥⓭詠絮雪而同素；

大家[14]〈七誡〉[15]，執者修省[16]；蔡琰[17]〈胡笳〉[18]，聞而心折[19]。率以明白[20]之操，徽[21]美之誡，欲見於悠遠。寓文以宣情，含毫[22]而見志，豈泛濫之故。使人擊節[23]霑灑[24]，彈指[25]追念，良有謂焉。噫！筆墨固非女子之事，亦在用之如何耳。苟天[26]之可逃，禮不必備，則詞為自獻[27]之具，詩有妒情[28]之作。衣服飲食，無閑淨之容，鉛華[29]膏澤[30]，多鮮[31]飾之態，故不相宜矣。是播[32]惡於眾，何〈關雎〉之義哉！

歷觀唐以雅道獎士類，而閨閣英秀[33]，亦能熏染。錦心[34]繡口[35]，蕙情蘭性，足可尚矣。中間如李季蘭、魚玄機[36]，皆躍出方外，修清淨之教，陶寫[37]幽懷，留連光景[38]，逍遙閑暇之功[39]，無非雲水[40]之念。與名儒比[41]隆，珠往瓊復。然浮豔委託[42]之心，終不能盡，白璧微瑕，惟在此耳。薛濤[43]流落歌舞，以靈慧獲名當時，此亦難矣。

三者既不可略，如劉媛[44]、劉雲、鮑君徽、崔仲容、道士元淳、薛縕、崔公達、張窈窕、程長文、梁瓊、廉氏、姚月華、裴羽先、劉瑤、常浩、葛鴉兒、崔鶯鶯、譚意哥、戶部侍郎吉中孚妻張夫人、鮑參軍妻文姬、杜羔妻趙氏、張建封妾盼盼、南楚材妻薛媛等，皆能華藻㊺，才色雙美者也。或望幸離宮㊻，傷寵後掖㊼；或以從軍萬里，斷絕音耗㊽；或祗役㊾連年，迢遙風水㊿；或為宕子(51)妻，或為商人婦。花雨春夜，月露秋天，玄鳥(52)將謝，賓鴻(53)來屆；搗錦石(54)之流黃(55)，織迴文(56)於緗綺(57)，魂夢飛遠，關山到難。當此時也，濡毫命素(58)，寫怨書懷，一語一聯，俱堪墮淚。至若間以豐麗，雜以纖(59)穠(60)，導淫奔(61)之約，敘久曠之情，不假綠琴(62)，但飛紅紙(63)，中間不能免焉。尺有短而寸有長，故未欲椎埋(64)之云爾。

【注釋】❶詩　指《詩經》，但從下面引文看，當為〈毛詩序〉的內容。❷關雎　《詩經．國風．周南》篇名。❸進賢　推薦有才能的人。❹淫　惑亂；沉溺。❺窈窕　形容女子美好的樣子。❻六義　〈毛詩序〉稱詩有風、雅、頌、賦、比、興六義，前三者指詩的體制，後三者則為詩的藝術表現手法。❼正　正聲，和平中正的詩篇。❽雅　雅音。❾散情　抒發情感。❿班班　繁密，形容很多。⓫班姬　漢雁門郡樓煩班況女，成帝時入選為倢伃，後因趙飛燕譖，退處東宮，作賦自傷。⓬暫恩　帝王一時的恩寵。⓭謝娥　東晉謝道韞，謝安姪女，文思敏捷，曾以柳絮比喻紛紛白雪而得謝安讚賞。⑭大家　即班昭，東漢班彪女，博學多才，續修班固未完成的《漢書》，大家姓曹，人稱曹大家。⑮七誡　班昭曾撰有〈女誡〉七篇。⑯修省　修身養性。⑰蔡琰　字文姬，蔡邕女，博學多才，東漢末年，匈奴入侵，被擄陷南匈奴十二年，後被曹操用金玉贖回。⑱胡笳　古樂府琴曲歌辭，相傳蔡琰回到中原後，曾撰寫〈胡笳十八拍〉，抒發內心的悲戚。⑲心折　內心受到感動。⑳明白　清楚。㉑徽　美好。㉒含毫　以口潤筆，代指寫作。㉓擊節　用手打拍子，形容對詩文激賞的樣子。㉔霑灑　灑淚沾襟。㉕彈指　表示讚美感嘆。㉖天　天命。㉗自獻　自我欣賞。㉘妒情　嫉妒之心。㉙鉛華　用於搽臉的粉。㉚膏澤　滋潤，指妝飾用品。㉛鮮　鮮明亮麗。㉜播　散佈。㉝英秀　才能出眾的人。㉞錦心　內涵豐富美好。㉟繡口　言辭動人。㊱魚玄機　見本書卷八。㊲陶寫　陶冶性情。㊳光景　風光、景物。㊴功造　造詣；修養。㊵雲水　漫遊。㊶比　同等。㊷委託　藉以實現某種願望。㊸薛濤　見本書卷六。㊹劉媛　身世不詳，有作品傳世，以下劉雲等皆同。㊺華藻　華美的辭藻，喻富有文才。㊻離宮　帝王在正式宮殿以外別築宮室，以便隨時遊處。㊼後掖　宮中旁舍，指給嬪妃居住的地方。㊽音耗　音訊。㊾祗役　為官府衙門服差役。㊿風水　形容路途遙遠，音訊不通。(51)宕子　即蕩子，遊蕩在外的人。(52)玄鳥　燕子。(53)賓鴻　鴻雁。(54)錦石　花紋美觀的石頭。(55)流黃　黃紫相間的織物。(56)迴文　可以迴旋循環閱讀的詩，相傳前秦竇滔徙流沙，妻蘇氏以織錦為之，詞甚悽婉。(57)緗綺　淡黃色的絲織品。(58)素　素縞，代指紙。(59)纖　細小妍美。(60)穠　花草繁盛。(61)淫奔　指男女違反舊禮教，為謀結合而私奔。(62)綠琴　綠綺琴，相傳漢代司馬相如彈之以與卓文君傳情。(63)紅紙　製作精美的紅箋，作名刺或題詩，唐代長安風流少年亦以此題寫贈與相好。(64)椎埋　殺人而埋之，喻捨棄埋沒。

【語譯】 論曰：〈詩經毛序〉中說：「〈關雎〉因得到淑女而喜悅，以與君子相配，卻又憂慮推舉的賢才，不要沉溺於美色。哀憐姣好的女子，思慕德才兼備的人，並不是傷感的心情。」所以，古詩之道，分別保留在被稱作六義的風、雅、頌、賦、比、興裡，終究歸結到了正聲，沒有背離雅音。因此，昔日有才能的女子，在詩文中抒發自己的情感，留下了很多作品。舉其主要的來說吧，後來有班姬因自己的失寵而有傷感秋扇之作，謝娥將雪花喻為柳絮的吟詠；曹大家的〈七誡〉，讀了讓人慎於自己的修身養性；蔡琰的〈胡笳十八拍〉，聽到的人心裡都傷感不已。她們都以自己清高潔白的節操，美好真誠的內心情感，希望能夠流傳到久遠的將來。用詩文來宣洩自己的感情，以寫作來表達自己的內心，豈是隨隨便便寫出來的。所以讓人讚賞再三，甚至淚灑衣襟，追念而感嘆，的確可以這樣講啊。噫！寫詩作文固然不是女子做的事，也要看是如何用了。假如天命能夠逃避，禮法不必全都要遵行的話，那麼，文詞是為自己娛情用的，詩也就有了因感情未能平衡而寫的作品。衣服飲食，缺少了嫻靜的儀態舉止，梳妝打扮，多為鮮亮而惹人注目的樣子，那就不太相宜了。這樣的話，是向大家散佈不好的東西，哪還談得上〈關雎〉的本義呢。

我們按順序看一下唐代作為雅道來獎掖的文人吧，那麼，閨閣中那些才能突出的才女，也有受到風氣影響的。美好豐富的內涵，巧言善辯的談吐，蕙草蘭花般的性情，完全值得我們推崇的了。其中，像李季蘭、魚玄機都躍身到世俗圈外，出家修煉自己的清淨教義，陶冶自己的幽遠情懷，徘徊流連於美好的風光景物中間，逍遙自在地增加自己的修養，無非是關涉漫遊天下美景的欲望。她們和名儒同樣聲名隆起，彼此間互相贈酬美好的作品。然而，追求浮華，藉以獲取名利的心理，終究還是不能夠徹底去除，就像潔白的玉璧有那麼一點點微瑕，如此而已罷了。薛濤流落於歌舞樓館，以她的靈氣和聰慧在當時獲得了名聲，這也已是很不容易的了。

以上提到的三人既然是不可忽略的，其他的還有像劉媛、劉雲、鮑君徽、崔仲容、道士元淳、薛縕、崔公達、張窈窕、程長文、梁瓊、廉氏、姚月華、裴羽先、劉瑤、常浩、葛鴉兒、崔鶯鶯、譚意哥、戶部侍郎吉中孚妻張夫人、鮑參軍妻文姬、杜羔妻趙氏、張建封妾盼盼、南楚材妻薛媛等，都是文采出眾，所謂容貌和才華雙全的。她們或是身在離宮，期盼君王的到來；或是在宮廷的後院，為自己失去了寵愛而傷感；有的人是由於丈夫從軍在萬里之外，音訊杳無；有的人是丈夫在外服役當差，相逢無期；還有的是嫁了不見蹤影的蕩子，或者做了飄泊不定的商人妻子。每逢雨後花瓣零落的春夜，或者是月下露珠泛著銀光的秋天，燕子將要南飛，鴻雁又將歸來，在錦石上擣布裁衣，在黃絲綢上編織迴文詩，魂魄飛得再遙遠，還是難到邊地關山啊。每逢這種時刻，鋪展潔白的紙，濡濕了筆，書寫內心的哀怨和情懷，哪怕只是一句話，一聯詩，都能叫人落下淚來。至於有那麼一些豐美華麗的作品，夾著妍美濃烈的感情，能夠鼓動情人去私奔，敘述著久遠的離別之情，以致不必借助綠綺琴的含蓄聲音，只需那傳遞衷情的紅箋紙，免不了也有一些的。只有所短，寸有所長，所以也不去刪除其中的一些作品了。

【研　析】有唐一代，雖說社會風氣較之後世要開放一些，可是，對女性詩人來說，仍然免不了要受到種種束縛，社會並沒有向她們敞開諸如應試中舉之類的大門，她們始終屬於被排除在主流社會之外的人群。因此，女性詩人的詩作，很多局限於閨閣之中的有限生活範圍，就不難理解了。儘管這樣，仍有數百首女詩人的作品流傳了下來，成為盛唐之音中的一個亮麗的音符。

閻防

防，河中❶人。開元二十二年李琚榜及第。顏真卿甚敬愛之，欲薦於朝，不屈❷。為人好古博雅，詩語真素❸，魂清魄爽，放曠❹山水，高情獨詣。於終南山豐德寺結茅茨❺讀書，百丈溪是其隱處，題詩云：「浪迹❻棄人世，還山自幽獨。始傍巢由❼蹤，吾其獲心曲❽。」又云：「養閑度人事，達命知止足。不學魯國儒❾，俟時❿勞伐輻⓫。」後信命，不務進取，以此自終。有詩集行世。

【注釋】❶河中　府名，治所在河東，今山西永濟。❷屈　順從。❸真素　自然真率。❹放曠　放任，縱情。❺茅茨　茅草房。❻浪迹　到處流浪。❼巢由　巢父、許由，傳說為堯時的隱士。❽心曲　內心難以吐露的情懷。❾魯國儒　即儒生，因儒家學說的代表人物孔子是魯國人，故有是稱。❿俟時　等待時機。⓫伐輻　伐輻為《詩經．魏風．伐檀》之一節，〈毛詩序〉認為〈伐檀〉的主旨是刺貪，後人遂以之代指官吏居位貪鄙之意。

【語譯】閻防，河中人。開元二十二年，與狀元李琚同榜舉進士。顏真卿十分敬重閻防，打算向朝廷推薦他去做官，他卻不肯接受。閻防喜歡讀古書，興趣廣博而高雅，詩中的語言自然真率，讓人感覺到一種清爽的氣息。他縱情於山水風景裡，有一種獨到的高尚情趣。閻防在終南山豐德寺建了茅草房，在裡面讀書，隱居的地方在百丈溪。他在詩中寫道：「浪迹棄人世，還山自幽獨。始傍巢由蹤，吾其獲心曲。」在另一首詩裡則云：「養閑度人事，達命知止足。不學魯國儒，俟時勞伐輻。」後來，他相信凡事都是命中注定的，事業上不作任何進取，就這樣度過了一生。閻防有詩集流傳下來。

李頎

頎，東川人。開元二十三年賈季鄰榜進士及第。調新鄉❶縣尉。性疏簡❷，厭薄❸世務。慕神仙，服餌❹丹砂❺，期輕舉❻之道，結好塵喧❼之外。一時名輩，莫不重之。工詩，發調❽既清，修辭❾亦秀，雜歌咸善，玄理❿最長，多為放浪⓫之語，足可震蕩心神。惜其偉材，只到黃綬⓬，故其論家⓭，往往高於眾作⓮。有集今傳。

【注釋】❶新鄉　今河南新鄉。❷疏簡　散漫、隨便。❸厭薄　厭惡、鄙視。❹服餌　道家為實現修煉的目的而服用某些藥物。❺丹砂　礦物名，古代道家認為服食後可長生不老。❻輕舉　輕身飛天。❼塵喧　喻世俗人群。❽發調　表現的情調。❾修辭　文字修飾。❿玄理　幽深微妙的義理，一般指老莊道家的理論。⓫放浪　放蕩不羈。⓬黃綬　喻縣尉之職。⓭論家　發表評論。⓮眾作　諸多作品。

【語譯】李頎，東川人。開元二十三年，與狀元賈季鄰同榜進士及第。被任命為新鄉縣尉。李頎生性疏放，對世俗的事物沒多少興趣，卻很羨慕神仙的生活，服食丹砂，希望能得到輕身飛天之術，結交的朋友多為出家之人。當時的一些社會名流，都很看重他。李頎精於寫詩，表現出來的格調十分清新，經過精心修琢的文辭也十分秀美，各種體制的詩都寫得很好，最擅長的則是玄理詩。李頎的詩有很多放蕩不羈的語言，讀了令人心神震盪。讓人覺得可惜的是，像李頎這樣有大才幹的人，結果只做到縣尉這類小官。所以，他發表的一些議論，往往要比其他一般的作品出色。李頎的作品集，一直流傳到了今天。

【研析】李頎熱衷於神仙之說，又服食丹砂，似乎關心的只是塵世之外的事情，其實，從他留下來的作品來看，也是以風格高亢的邊塞詩著名。從他寫的詩來看，既有對勇武壯士的讚美，對埋葬在荒野的戰士遺骨的悲嘆，也描寫刻劃了一些性格豪放耿直的人物，比如，像素有書壇「草聖」之譽張旭「興來灑素壁，揮筆如流星」，真使人產生讀其詩如見其人的感覺。他對音樂非常敏銳，所以，還留下了不少記述音樂的詩作。

張諲

諲，永嘉❶人。初隱少室下，閉門修肄❷，志甚勤苦，不及聲利❸。後應舉，官到刑部❹員外郎。明《易》象，善草隸，兼畫山水，詩格高古。與李頎友善，事王維為兄，皆為詩酒丹青之契❺。維贈詩云：「屏風誤點惑孫郎❻，團扇草書驚內史❼。」李頎贈曰：「小王❽破體❾閑❿支策⓫，落月梨花照空壁。詩堪記室⓬妒風流，畫與將軍⓭作勍敵⓮。」天寶中謝官，歸故山偃仰⓯，不復來人間矣。有詩傳世。

【注釋】❶永嘉　今浙江溫州。❷修肄　鑽研學問。❸聲利　名利。❹刑部　尚書省六部之一，掌法律刑罰的政令。❺契　投合，喻朋友。❻孫郎　孫權，據說畫家曹不興誤點屏風，遂就畫為蠅，孫權見了，誤以為是真蠅，用手指彈之。❼內史　指晉中書令王珉，中書令又稱內史，王珉擅長行書和草書，曾撰有〈團扇歌〉。❽小王　晉代書法家王獻之。❾破體　書法風格變化，行草並用。❿閑　同「嫻」。意為熟練。⓫支策　形容技藝登峰造極。⓬記室　指南朝梁詩歌評論家鍾嶸，曾任衡陽王、晉安王記室，撰有《詩品》一書，品評漢以降詩人百餘人。⓭將軍　指唐代著名山水畫家李思訓，其畫自成一家，玄宗時官至武衛大將軍。⓮勍敵　勁敵。⓯偃仰　形容悠閒自得的生活。

【語譯】張諲，永嘉人。早年隱居在嵩山少室山下，閉門一心鑽研學問，心志十分勤苦，不追求名利。後來通過了科舉考試，做官一直做到刑部員外郎。張諲精通《周易》的象數之學，擅長草書和隸書，山水畫也十分在行。詩風意境高遠，格調古雅。張諲和李頎的關係非常好，對王維就像對自己的兄長一樣，他們都是一起吟詩飲酒、濡毫作畫的朋友。王維在送他的詩中寫道：「屏風誤點惑孫郎，團扇草書驚內史。」李頎送他的詩中是這樣寫的：「小王破體閑支策，落月梨花照空壁。詩堪記室妒風流，畫與將軍作勍敵。」天寶中，張諲辭官回到故鄉，過著悠閒自得的生活，不再和外面的社會發生聯繫。張諲有詩作流傳在世。

【研析】張諲與李頎、王維是好朋友，精通書法，又擅長山水畫，寫的詩格調古雅。看來，藝術的門類雖然不同，內中卻常常還是有著相通的關係，張諲的詩與畫就再次證明了這個道理。

孟浩然

浩然，襄陽人。少好節義❶，詩工五言。隱鹿門山，即漢龐公❷棲隱處也。四十遊京師，諸名士間嘗集祕省聯句❸，浩然曰：「微雲淡河漢❹，疏雨滴梧桐。」眾欽服❺。張九齡❻、王維極稱道之。維待詔金鑾❼，一日❽，私邀入，商較❾〈風〉〈雅〉❿，俄⓫報玄宗臨幸⓬，浩然錯愕⓭，伏匿床下，維不敢隱，因⓮奏聞。帝喜曰：「朕素⓯聞其人，而未見也。」詔出，再拜。帝問曰：「卿將⓰詩來耶？」對曰：「偶不齎⓱。」即命吟近作，誦至「不才⓲明主⓳棄，多病故人疏」之句，帝慨然曰：「卿不求仕，朕何嘗棄卿，奈何⑳誣我！」因命放還南山。後張九齡署㉑為從事㉒。開元末，王昌齡遊襄陽，時新病起，相見甚歡，浪情宴謔㉓，食鮮㉔疾動㉕而終。

古稱禰衡㉖不遇㉗，趙壹㉘無祿。觀浩然罄折㉙謙退，才名日高，竟淪明代㉚，終身白衣㉛，良可悲夫！其詩文采豐茸㉜，經緯綿密，半遵雅調，全削凡近㉝。所著三卷，今傳。王維畫浩然像於郢州，為浩然亭。咸通中，鄭誠謂賢者名不可斥㉞，更名曰「孟亭」，今存焉。

【注釋】❶節義　節操和義行。❷龐公　龐德公，漢末時人，攜妻子入鹿門山採藥不返，隱居山中。❸聯句　數人一起賦詩，每人各賦一聯或數句，連綴成篇。❹河漢　天上的銀河。❺欽服　欽佩、嘆服。❻張九齡　字子壽，一字博物，曾於開元二十一年擔任宰相，工詩能文，名重一時。❼金鑾　即金鑾殿，唐代宮殿名，因與翰林院相連，故皇帝常在此召見學士。❽一旦　一天。❾商較　討論；探討。❿風雅　喻詩歌。⓫俄　一會兒。⓬臨幸　對皇帝抵達的敬稱。⓭錯謬　因驚懼而手足無措的樣子。⓮因　遂；於是。⓯素　向來。⓰將　帶。⓱賚　帶來。⓲不才　古人對自己的一種謙稱。⓳明主　英明的君主。⓴奈何　怎麼。㉑署　安排。㉒從事　唐代州郡以上的官員可以自行任命的僚屬，被稱為從事。㉓宴謔　飲酒作樂。㉔鮮　新鮮的魚類食品。㉕疾動　疾病發作。㉖禰衡　見本書卷一〈劉希夷〉篇。㉗遇　得到君王的信任。㉘趙壹　字元叔，東漢辭賦家，屢因恃才傲物獲罪。㉙磬折 身體彎曲如磬之折背，形容謙恭的樣子。㉚明代 聖明的朝代。㉛白衣 平民。㉜豐茸 茂盛的樣子。㉝凡近 凡俗淺近。㉞斥 指出，意為直接稱呼。

【語譯】孟浩然，襄陽人。年輕的時候很注重節操和義行，擅長寫五言詩，隱居在鹿門山，就是漢代龐公曾經隱居過的地方。四十歲的時候，他來到了京城，與當時的諸多名士交遊，有一次在祕書省和大家聯句，孟浩然寫的句子是「微雲淡河漢，疏雨滴梧桐。」眾人看了，對他極為欽佩嘆服，張九齡、王維對他的評價也非常高。王維在金鑾殿待詔時，有一天，私下邀了孟浩然進來，兩人一起探討詩歌。不一會兒工夫，有人報告說玄宗皇帝即將駕到，孟浩然一聽，倉促不知所措，竟然趴到床底下藏了起來。王維不敢隱瞞此事，遂向玄宗報告了。玄宗高興地說：「早就聽說此人了，卻一直沒有機會相見。」下令讓他出來。孟浩然向皇帝行了兩次跪拜禮，玄宗問道：「你今天帶詩卷來了嗎？」孟浩然回答說：「恰好沒有帶。」於是玄宗就要他把近來的新作朗誦給自己聽。當孟浩然吟誦到「不才明主棄，多病故人疏」這兩句詩的時候，玄宗感慨地說道：「是你不願做官，朕何嘗不願用你，怎麼誣賴我呢。」便下令放孟浩然回終南山。後來，張九齡安排他當自己的從事。開元末，王昌齡到了襄陽，當時孟浩然生病剛剛痊癒，兩人見了面非常高興，十分放情地飲酒作樂。吃了鮮魚做的食物之後，孟浩然的病再度發作，結果就去世了。

古人說，禰衡未得到君主的信任和重用，趙壹也沒有機會得到官祿。我們看孟浩然如此謙恭退讓，才氣名聲又日益高漲，竟然在這樣一個聖明的朝代，沉淪在社會的底層，做了一輩子的平民百姓，真是一件可悲的事情啊。他的詩，文采極其豐茂，內容細密飽滿，一半作品都能遵循雅正的格調，凡俗淺近的東西全被去除掉了。他的三卷作品，今天還在社會上流傳。王維在郢州為孟浩然畫了肖像，還造了座「浩然亭」。咸通中，鄭誠說賢者的名字不能直接稱呼，於是，這座亭子就改稱為「孟亭」，今天還在那兒。

【研析】孟浩然以隱逸詩人知名，其實，這種選擇很大程度上是因為仕途上失意的緣故，這種矛盾的現象，在唐代很多詩人的身上都可以看到。所以，如果僅僅從李白在贈給孟浩然的詩中所寫的那樣，「紅顏棄軒冕，白首臥松雲。」顯然就不那麼全面和真實了。孟浩然寫的詩中，有「故人具雞黍，邀我至田家」這類透著一種親切真情的詩，也有像「春眠不覺曉，處處聞啼鳥」這樣文字優美生動，令人有如身臨其境的作品，至今幾乎人人都能脫口誦讀，清麗的詩句，給人留下了難以磨滅的印象。

丘為

為，嘉興❶人。初累舉不第，歸山❷讀書數年。天寶初劉單榜進士。王維甚稱許之，嘗與唱和❸。初，事繼母孝，有靈芝生堂下。累官太子右庶子，時年八十餘，母猶無恙，給俸祿之半。及居憂，觀察使韓滉❹以為致仕官給祿，所以惠養老臣，不可在喪❺為異，唯罷春秋羊酒❻。

初還鄉，縣令謁之，為候門磬折，令坐，乃拜；里胥❼立庭下，既出，乃敢坐。經縣署❽，降馬而過，舉動有禮。卒年九十六。有集行世。

【注釋】❶嘉興　今浙江嘉興。❷歸山　退隱。❸唱和　文人間以詩詞相酬答。❹韓滉　德宗時曾任浙江東西都團練觀察使、江淮轉運使等職。按韓滉下面所言，據《新唐書》等記載，是在丘為繼母去世之後。❺在喪　在世和去世。❻羊酒　此作祭品費用的代稱。❼里胥　鄉吏。❽縣署　縣令辦公所在地。

【語譯】丘為，嘉興人。開始時，曾幾次參加科舉考試而未能成功，就歸隱起來讀了幾年書。天寶初，與狀元劉單同榜舉進士。王維很稱許他的才學，曾和他有過詩歌唱和。當初，丘為侍奉繼母十分孝順，有靈芝從堂階下生了出來。丘為屢次遷官，一直做到太子右庶子，那時他已是八十多歲的人了，母親的身體還是很健康，政府發給他一半的俸祿。後來，母親去世，他服喪期間，觀察使韓滉認為給退休的官員發俸祿，是用來贍養這些上了年紀的老臣的，不能因為他們的親老是否在世而有區別。只是免去了他在春秋兩季祭祀的費用。丘為剛退休回到家鄉時，縣令前來拜訪他，丘為十分謙恭地在門口迎候，等縣令來到之後，坐下身來，丘為還行拜見禮。如有前來辦事的鄉吏站在堂下，非等他們人走了，丘為自己才敢坐下。平時經過縣衙門，他都下馬步行而過，舉止行為十分有禮。丘為九十六歲時去世。有文集流傳在世。

李白

白，字太白，山東❶人。母夢長庚星❷而誕，因以命之。十歲通五經❸，自夢筆頭生花，後天才贍❹逸❺，名聞天下。喜縱橫❻，擊劍為任俠❼。輕財好施。更❽客任城❾，與孔巢父❿、韓準⓫、裴政⓬、張叔明、陶沔居徂徠山⓭中，日沉⓮飲，號「竹溪六逸⓯」。天寶初，自蜀至長安，道⓰未振，以所業⓱投⓲賀知章⓳，讀至〈蜀道難〉，嘆曰：「子謫⓴仙人也。」乃解金龜㉑換酒，終日相樂。遂薦於玄宗，召見金鑾殿，論時事，因奏頌一篇，帝喜，賜食，親為調羹㉒，詔供奉㉓翰林。嘗大醉上前，草詔㉔，使高力士㉕脫靴，力士恥之，摘其〈清平調〉㉖中飛燕事，以激怒貴妃㉗，帝每欲與官，妃輒沮㉘之。白益傲放㉙，與賀知章、李適之㉚、汝陽王璡㉛、崔宗之㉜、蘇晉㉝、張旭㉞、焦遂為「飲酒八仙人」。懇求還山㉟，賜黃金，詔放歸。白浮遊四方，欲登華山，乘醉跨驢經縣治㊱，宰不知，怒，引至庭下曰：「汝何人，敢無禮！」白供狀不書姓名，曰：「曾令㊲龍巾㊳拭吐，御手調羹，貴妃捧硯，力士脫靴。

天子門前，尚容走馬；華陰縣裡，不得騎驢。」宰驚愧，拜謝曰：「不知翰林至此。」白長笑而去。

嘗乘舟，與崔宗之自采石㊴至金陵㊵，著宮㊶錦袍坐，傍若無人。祿山反，明皇在蜀，永王璘㊷節度東南，白時臥廬山，辟為僚佐。璘起兵反，白逃還彭澤。璘敗，累㊸繫潯陽㊹獄。初，白遊并州㊺，見郭子儀㊻，奇之，曾救其死罪。至是，郭子儀請官㊼以贖，詔長流夜郎㊽。

白晚節㊾好黃、老，度牛渚磯㊿，乘酒捉月，沉水中。初，悅謝家青山(51)，今墓在焉。有文集二十卷，行世。或云：白，涼武昭王暠(52)九世孫也。

【注釋】❶山東　唐代以函谷關、崤山以東地區為山東，大致為黃河流域地區。❷長庚星　金星的別名，又稱作太白星。❸五經　指《尚書》、《周易》、《詩經》、《周禮》、《春秋》等五部儒家經典。❹贍　充足；豐富。❺逸　超絕。❻縱橫　縱橫家之術，原為戰國時九流之一，因當時蘇秦、張儀各自以合縱、連橫之說遊說人主而得名，後世遂以遊說國君經營天下之術稱之。❼任俠　好抱不平，負氣仗義。❽更　改。❾任城　今山東濟寧。❿孔巢父　字弱翁，冀州人，曾隱居徂徠山。⓫韓準　曾任洛陽縣令。⓬裴政　曾任行軍司馬。⓭徂徠山位於今山東泰安東南。⑭沉　沉湎。⑮逸　隱逸之人。⑯道　事業。⑰業　從事的事情，指撰寫的詩文。⑱投　呈交；寄贈。⑲賀知章　傳見本書卷三。⑳謫　因犯過失而遭到貶職。㉑金龜　用黃金製作的龜形飾物。㉒調羹　調和羹湯，以示優寵。㉓供奉　官職名，為在皇帝身邊供職的人，如翰林供奉、侍御史內供奉等。㉔草詔　代皇帝起草詔命等文書。㉕高力士　宦官，極得玄宗寵愛，太子對他如待兄長，安史之亂後被流放黔南，後病死。㉖清平調　李白在玄宗前所作詞曲三首，其中一首有「借問漢宮誰得似，可憐飛燕倚新妝」句，「飛燕」為漢成帝時寵姬趙飛燕，平帝時被廢為庶人，後自殺。㉗貴妃　楊玉環，極得玄宗寵愛。㉘沮　阻止。㉙傲放　傲慢、放任。㉚李適之　開元年間累官河南尹、御史大夫，天寶初為左丞相，以善飲酒著稱。㉛汝陽王璡　李璡，唐睿宗李旦孫。㉜崔宗之　吏部尚書崔日用之子，官侍御史。㉝蘇晉　開元中曾任戶部、吏部侍郎。㉞張旭　字伯高，善草書，尤以醉酒後揮灑成書最為傳神，有「草聖」之稱。㉟還山　回到隱居的山林，此指離開宮廷。㊱縣治　縣衙所在地。㊲令　使用。㊳龍巾　皇帝用的手巾。㊴采石　采石磯，在今安徽馬鞍山長江東岸，為牛渚山突出長江部分，形勢險要。㊵金陵　今江蘇南京。㊶宮　皇宮裡特製的。㊷璘　玄宗第十六子，肅宗異母弟，安史之亂時受命為山南東、嶺南、黔中和江南西四道節度史，後引兵下金陵，肅宗以圖謀割據叛亂罪鎮壓之。㊸累　受到連累。㊹潯陽　郡、縣名，治所在今江西九江。㊺并州　地名，轄境大致相當於今山西陽曲以南、文水以北的汾水流域。㊻郭子儀　以武舉累官至天德軍使，安史之亂時任朔方節度使，擊敗史思明，肅宗即位後，領兵收復長安、洛陽，功勳卓著，受封汾陽郡王。㊼請官　請求以自己的官職作為代價。㊽夜郎　郡名，在今貴州正安及道真等縣。㊾晚節　晚年。㊿牛渚磯　牛渚山之突出長江部分，亦稱采石磯。(51)謝家青山　即南朝齊詩人謝朓遊憩處，位於今安徽當塗。(52)涼武昭王暠　李暠，隴西成紀人，晉安帝隆安四年（西元四〇〇年）據敦煌、酒泉自立，史稱西涼，稱王十七年卒。

【語譯】李白，字太白，山東人。母親因為夢見了長庚星而生下了李白，所以，就給他起了這麼個名字。李白十歲就通五經，自從夢見筆頭上長出花來之後，便顯得聰穎過人，才華橫溢，名聲傳遍天下。他喜歡縱橫家的學說，練習擊劍，為的是遇到不平的事情自己能夠拔劍幫助弱者。李白一向把財物看得很輕，喜歡施捨幫助別人。改客居任城之後，與孔巢父、韓準、裴政、張叔明、陶沔等住在徂徠山中，每天都陶醉在飲酒作樂中，號稱「竹溪六逸」。天寶初年，他從四川來到長安，由於在事業尚未嶄露頭角，便把自己撰寫的詩文呈交給賀知章，賀知章讀到〈蜀道難〉時，感嘆地說：「你簡直是個被貶謫到凡世來的仙人啊。」於是，解下了自己佩帶的金龜，換酒共飲，成天相伴為樂。後來還把他推薦給玄宗。玄宗在金鑾殿召見了李白，和他討論天下的事情，李白於是奏上了自己寫的一篇頌詞，玄宗讀了非常高興，特意留他在宮中吃飯，還親手為他調羹，並命他擔任供奉翰林一職。有一次，李白在玄宗面前醉得很厲害，起草詔書的時候，吩咐高力士為他脫靴子。高力士感到很恥辱，便摘取了李白寫的〈清平調〉中關於漢代著名美人趙飛燕的故事，以此激怒了楊貴妃，每當玄宗要加封李白官位時，楊貴妃就加以阻撓。李白卻變得更加高傲和放縱，和賀知章、李適之、汝陽王李璡、崔宗之、蘇晉、張旭、焦遂一起，被稱為「飲酒八仙人」。

李白向玄宗提出了離開宮廷，隱居山林的請求，玄宗賞賜給他一些黃金後，下令放他回家。李白到處漫遊，他打算登華山，於是，帶著醉意，騎著驢子，從縣衙門前走過。縣令不知道他是李白，非常生氣，讓人把他帶到堂前，問道：「你是什麼人，竟敢如此無禮！」李白在供狀上不寫自己的姓名，只是寫道：「曾經用皇上的手巾擦拭酒後嘔吐的穢物，皇上親手為我調和羹湯，楊貴妃為我捧硯臺，高力士為我脫靴子。天子居住的皇宮前還允許我騎馬，華陰縣城裡，怎麼就騎不得驢了呢！」縣令看了，又驚又愧，向他行禮說：「不知道是翰林駕臨此地。」李白大笑而去。

李白曾坐著船，和崔宗之從采石到金陵，他穿著宮中製作的錦袍坐在那兒，旁若無人的樣子。安祿山造反後，玄宗到四川避亂，永王璘為東南一帶的節度使，李白正在廬山隱居，永王便請李白擔任自己的幕僚。永王起兵反叛中央，李白逃回到彭澤。永王兵敗，李白也受到了牽累，被關進了潯陽的監獄中。早些年，李白在并州遊歷時，見到過郭子儀，覺得他是個很奇特的人才，曾將他從死罪中解救出來。這時候，郭子儀上書皇帝，願意以免除自己的官位作代價，來替李白贖罪，皇上遂下旨將李白流放到夜郎。

李白晚年喜歡黃老之說。在乘船經過牛渚磯時，帶著幾分醉意，要去捕撈月亮，卻沉溺到水裡去了。當初，李白曾表示過很喜歡謝家青山，現在，他的墓就在那裡。他有文集二十卷，流行於世。有一種說法，說李白是西涼武昭王暠的九世孫。

【研　析】唐代是古代詩歌發展的高峰時期，李白則可以說居於這個高峰之顛，是古代最偉大的詩人之一。他的作品處處顯露出豪邁狂放的性格，給人一種奔放向上的感覺，一種衝破壓抑和束縛的力量。正是這個緣故，賀知章稱他的作品裡有一股泣鬼神的神奇效果。飲酒、漫遊山水，這些在其他詩人作品中也經常出現的題材，在李白的詩裡，用誇張的手法，顯示出豐富的想像力，和豪放的意氣，兼以真摯的感情，優美的語言，以及詩人傲睨權貴的性格，令後人在談到盛唐詩歌的時候，首先聯想到的就是李白。如果說李白的詩歌對後世的影響，那麼，用光焰萬丈來形容，也不算過分。

杜甫

甫，字子美，京兆人。審言生閑❶，閑生甫。少貧不自振❷，客吳越、齊趙❸間。李邕❹奇其材，先往見❺之。舉進士不中第，困❻長安。天寶十載，玄宗朝獻❼太清❽宮、饗廟❾及郊❿，甫奏賦三篇，帝奇之，使待詔集賢院⓫，命宰相試文章。擢河西⓬尉，不拜⓭，改右衛率府⓮冑曹參軍⓯。數上賦頌，高⓰自稱道，且言：「先臣⓱恕⓲、預⓳以來，承儒守官十一世，迨審言以文章顯。臣賴緒業⓴，自七歲屬辭，且四十年，然衣不蓋體，常寄食於人，竊恐轉死㉑溝壑，伏惟天子哀憐之。若令執先臣故事㉒，拔泥塗㉓久辱㉔，則臣之述作，雖不足鼓吹六經㉕，先鳴㉖數子，至沉鬱頓挫，隨時㉗敏給㉘，揚雄㉙、枚皋㉚，可企及也。有臣如此，陛下其忍棄之？」

會祿山亂，天子入蜀，甫避走三川(31)。肅宗(32)立，自鄜州(33)羸服(34)欲奔行在，為賊所得。至德二年，亡走鳳翔(35)，上謁，拜左拾遺。與房琯(36)為布衣(37)交，琯時敗兵，又以琴客董廷蘭(38)之故罷相，甫上疏言：「罪細，不宜免大臣。」帝怒，詔三司(39)雜(40)問。宰相張鎬曰：「甫若抵罪，絕言者路。」帝解(41)，不復問。

時所在寇(42)奪，甫家寓鄜，彌年艱窶(43)，孺弱至餓死，因許甫自往省視。從(44)還京師，出為華州(45)司功參軍(46)。關輔(47)饑，輒棄官去。客秦州(48)，負薪拾橡栗(49)自給。流落劍南，營草堂成都西郭(50)浣花溪。召補京兆功曹參軍(51)，不至。會嚴武(52)節度劍南西川，往依焉。

武再帥劍南，表為參謀，檢校工部(53)員外郎。武以世舊(54)，待甫甚善，親詣其家。甫見之，或時不巾(55)，而性褊躁(56)傲誕，常(57)醉登武床，瞪視曰：「嚴挺之(58)乃有此兒！」武中銜(59)之。一日，欲殺甫，集吏於門，武將出，冠鉤於簾者三，左右走報其母，力救得止。

崔旰⑥⓪等亂，甫往來梓、夔⑥①間。大曆中，出瞿塘⑥②，泝⑥③沅、湘⑥④以登衡山。因客耒陽⑥⑤，遊嶽祠⑥⑥，大水暴至，涉旬不得食，縣令具舟迎之，乃得還，為設牛炙⑥⑦白酒，大醉，一昔卒，年五十九。

甫放曠不自檢，好論天下大事，高而不切也。與李白齊名，時號「李杜」。數嘗寇亂，挺節⑥⑧無所污。為歌詩，傷⑥⑨時撓弱⑦⓪，情不忘君，人皆憐之。墳在岳陽。有集六十卷，及潤州刺史樊晃纂《小集》，今傳。

【注釋】❶閑　杜閑，杜甫的父親，曾做過縣尉、縣令一類的小官。❷自振　自給，意為養活家人。❸吳越齊趙　泛指江浙以及山東、河北一帶地區。❹李邕　曾任北海太守，參見本書卷一〈崔顥〉篇注文。❺見　被接見。❻困　艱難；窘迫。❼朝獻　一種祭祀的形式，代表受祭者的活人稱尸，在入室吃掉祭品後，主人便拿酒給他喝。❽太清　道教認為元始天尊化身道德天尊所居地，亦仙人所居地。❾饗廟　帝王祭祀祖廟。❿郊　祭祀天地。⓫集賢院　唐文學三館之一，掌理圖書祕籍等事。⓬河西　今陝西合陽東。⓭不拜　未及就職。⓮右衛率府　太子衛戍以及儀仗部隊之一。⓯胄曹參軍　右衛率府有倉、兵、胄三曹，此為管理胄曹的官員，官秩從八品下。⓰高　高揚；誇張。⓱先臣　臣下在帝王面前稱呼自己已經去世的前輩。⓲恕　三國時人杜恕，曾任幽州刺史。⓳預　即杜預。見本書卷一〈杜審言〉篇。⓴緒業　事業；遺業。㉑轉死　死後無葬身之地。㉒故事　舊業。㉓泥塗　困窘的境遇。㉔久辱　一直感到受辱。㉕六經　指《尚書》、《詩經》、《禮記》、《樂經》、

《周易》、《春秋》等六部儒家經典。㉖先鳴　超越。㉗隨時　根據時代的風氣。㉘敏給　機智敏捷的對答。㉙揚雄　西漢時人，漢成帝時為給事黃門郎，以擅長寫辭賦著稱，作品有〈甘泉賦〉、〈河東賦〉等。㉚枚皐　西漢文學家，文思敏捷，擅長辭賦。㉛三川　今陝西富縣南。㉜肅宗　玄宗長子，名亨，天寶十四年（西元七五五年）安史之亂後，玄宗入蜀避亂，次年，李亨在靈武宣佈即位，改元至德，升玄宗為太上皇。㉝鄜州　今陝西富縣。㉞羸服　穿著破舊的衣服。㉟鳳翔　今陝西鳳翔。㊱房琯　天寶間累官憲部侍郎，後奉使冊立肅宗。至德中領兵討安祿山，敗還，貶邠州刺史。㊲布衣　平民。㊳董廷蘭　原為朝廷琴師，獲罪後被房琯藏匿，事發，肅宗震怒，罷房琯相職。㊴三司　指御史大夫、中書和門下，唐時兼受理刑獄之事。㊵雜　參與。㊶解　消釋。㊷寇　叛亂的軍隊。㊸艱窶　艱辛貧寒的生活。㊹從　跟隨著。㊺華州　今陝西華縣。㊻司功參軍　州府主管祭祀、禮樂、學校、選舉考課等事務的官員。㊼關輔　關中和長安一帶。㊽秦州　今甘肅天水。㊾橡栗　橡樹的果實，可以食用。㊿郭　外城。(51)功曹參軍　唐代地方行政機構府行政長官的佐吏，掌管查考記錄功勞等。(52)嚴武　上元二年（西元七六一年）曾任成都尹，兼劍南節度使，後於代宗廣德二年（西元七六四年）再度出任劍南節度使。(53)工部　尚書六部之一，掌營造工程等事項。(54)世舊　世交。(55)不巾　不帶頭巾，喻衣飾不整。(56)褊躁　急躁易怒。(57)常　同「嘗」。曾經。(58)嚴挺之　即嚴浚，字挺之，累官尚書右丞，嚴武的父親。(59)銜　懷恨；不滿。(60)崔旰　唐肅宗寶應元年（西元七六二年）任漢州刺史，後代宗永泰元年發兵攻四川節度使郭英乂時，邛州牙將楊子琳等乘機起兵攻打崔旰，蜀中大亂。次年，崔旰被任命為劍南西川節度使。(61)夔　今四川奉節。(62)瞿塘　瞿塘峽，長江三峽之一。(63)泝　逆水而上。(64)沅湘　沅水和湘江。(65)耒陽　今湖南耒陽。(66)嶽祠　南嶽廟。(67)牛炙　烤熟的牛肉。(68)挺節　保持節操。(69)傷　傷感；鳴不平。(70)撓弱　懦弱無能。

【語　譯】杜甫，字子美，京兆人。杜審言生杜閑，杜閑生杜甫。年輕的時候，因為貧困，養不活家裡人的緣故，杜甫在古稱吳越和齊趙等一帶飄泊。李邕認為他是個難得的人才，杜甫先去求見李邕。後來，考進士又沒有成功，杜甫便困居在長安。天寶十年，玄宗朝獻太清廟、饗廟和祭祀天地，杜甫獻上了自己撰寫的三篇賦。玄宗覺得杜甫是個難得的人才，就命令他在集賢院待詔，讓宰相考他的文章，提拔他做河西縣尉。還沒有上任，改命右衛率府冑曹參軍。杜甫幾次呈獻上自己寫的賦頌，略有點誇張地稱揚自己，並說：「從我的先人杜恕、杜預以來，承受儒學，世守官職，已經有十一代了。到了審言，因為文章寫得好而顯名一時。我依靠祖先的遺業，七歲起就寫文章，差不多有四十年了，可是，穿的衣服不足蔽體，連吃飯還經常靠別人施捨，我怕自己死後連葬身之處都沒有，就被隨隨便便丟棄在路邊水溝裡啊，希望陛下能夠哀憐我。如果讓我繼承祖先的事業，將我從困窘的境遇中解救出來，那麼，我的述事之作，也許不足以鼓吹儒家的經典，超越諸子，然深沉蘊積，抑揚頓挫，根據時勢的需要，作出敏捷的對答，像揚雄、枚皋這樣的人物，我有希望做到的。我這樣的臣子，陛下忍心丟棄掉嗎？」

正值安祿山叛亂，玄宗到了四川，杜甫到三川避難。肅宗繼承皇位，杜甫從鄜州穿著一身破舊的衣服，打算投奔天子所在地，卻被叛軍抓住了。至德二年，杜甫逃到鳳翔，拜見皇帝，被任命為左拾遺。杜甫和房琯在還沒有做官的時候，兩人就是朋友，當時房琯正好帶兵打了敗仗，又因為琴師董廷蘭的緣故，被罷免了宰相的職務，杜甫給皇帝上疏說：「大臣犯了小過失，不宜免職」。肅宗發怒了，命令三司一起參與審查杜甫。宰相張鎬說：「如果說杜甫也觸犯了律令，恐怕就沒有人再敢說話了。」肅宗的怒氣平息了下來，沒有再追究下去。

當時到處都出現了叛軍搶掠的情況，杜甫的家在鄜州，那兒的生活終年都極為艱辛，有些小孩和老弱者都餓死了。所以，朝廷允許杜甫自行回去探望家屬。後來，杜甫跟隨朝廷回到了京城長安，又離開長安到華州擔任司功參軍。關輔地區鬧饑荒，杜甫棄官而去，流落到了秦州，自己上山背柴禾，撿拾橡實度日。他後來流落到劍南，在成都城外西郊浣花溪建了一座草堂居住。朝廷召杜甫回去擔任京兆功曹參軍，他沒有去。當時，嚴武在劍南西川當節度使，杜甫便投靠了嚴武。

嚴武第二次來劍南做節度使時，上表朝廷為杜甫求得參謀、檢校工部員外郎的職務。嚴武因為和杜甫是世交，待杜甫很好，親自到他家來看望他。杜甫去見嚴武時，卻有時連頭巾也不帶，且生性急躁易怒，又有幾分傲慢狂放，曾有一次喝醉酒後，站到了嚴武的床上，瞪著眼睛說：「嚴陵之竟然有這麼一個兒子！」嚴武心裡非常不滿，有一天，準備把杜甫殺了，讓手下的人集合在門口。正當嚴武打算出門時，門簾把他的帽子鉤住了三次，手下的人趕忙去報告他的母親，這才把嚴武勸住了。

發生崔旰作亂的事件時，杜甫往來於梓州和夔州之間。大曆中，他從瞿塘峽出川，沿著沅水和湘江，逆流而上，以便登上衡山。他在耒陽小住，遊玩了衡嶽廟，突然發了大水，幾乎有十天的時間沒有吃到東西。縣令準備了船隻去接他，才得以脫困。縣令為他準備了烤牛肉和白酒，杜甫大醉，當晚便去世了，享年五十九歲。

杜甫的性格放肆而不加任何約束，喜歡議論天下大事，言論高遠而不切實際。他和李白齊名，當時被人們一起稱作「李杜」。經歷了幾次社會動亂，他都保持著高尚的節操，沒有做任何玷污人格的事情。他寫的詩歌，為當時社會上的弱者鳴不平，感情上又時刻未曾忘卻君王，人們都很同情他。杜甫的墳墓在岳陽。杜甫有文集六十卷，以及潤州刺史樊晃編纂的《小集》，流傳到了今天。

【研析】杜甫因為他出色的文學才能被譽為詩聖，他的作品被人們稱作詩史，因為讀了他的詩，就能深刻地感受到中唐時期，尤其是安史之亂給人民帶來的痛苦。杜甫的一生中以顛沛流離的生活居多，所以，他的詩裡充滿了對國家今昔盛衰對比的感慨，對百姓流離失所的痛苦生活的同情。當然，這一切都是與杜甫在詩歌藝術上所取得的成就分不開的。杜甫在藝術上吸取了前人的長處，逐漸形成了自己凝鍊沉鬱的風格，老成雄渾，體現出了唐詩發展到了頂峰階段的成就。後人說，在他的一些作品裡，幾乎每個字都經過了仔細的雕琢，在這些字的後面，往往蘊含著一種隱喻，一些暗示。所以，人們將杜甫的詩視為唐代詩歌的集大成之作，確實是恰如其分的評價。

能言者未必能行，能行者未必能言。觀李、杜二公，踦踽❶版蕩❷之際，語語王❸霸❹，褒貶得失，忠孝之心，驚動千古，〈騷〉〈雅〉❺之妙，雙振當時。兼眾善於無今❻，集大成於往作，歷世之下，想見風塵❼。惜乎長轡❽未騁，奇才並屈，竹帛❾少色，徒列空言，嗚呼哀哉！昔謂杜之典重❿，李之飄逸，神聖之際，二公造⓫焉。觀於海者難為水，遊⓬李、杜之門者難為詩，斯言信哉！

【注 釋】❶踦嶇 即崎嶇，險阻不平。❷版蕩 即板蕩，喻社會動盪不安。❸王 主張以德治來統治天下的理念。❹霸 主張以力來統治天下的理念。❺騷雅 詩歌作品。❻無今 今日所無。❼風塵 艱辛不易。❽轡 韁繩。❾竹帛 書寫用品，喻記載歷史的典冊。❿典重 典雅莊重。⓫造 達到。⓬遊 交往。

【語 譯】會說的人不一定就能做到，能做到的人也未必就會說。我們看李、杜二位先生，處在世路險阻，社會動盪不安之時，所談到的都是關於王道、霸道，讚美或者批評政事的得失，他們的忠孝之心，千年之後，仍會讓人深深感到震撼，他們美妙的詩篇，同時名震一世。他們兼有今人所無的眾多長處，集中了過去作品的大成，相距了數代之後，更讓人想見他們的艱辛不易。可惜未有得以施展抱負的機會，兩人的奇才都被埋沒了，歷史因此缺少了豐富的色彩而變得平淡，只是徒然記下了他們的豪言壯語。嗚呼，多麼可惜啊！過去人們說，杜甫的作品典雅莊重，李白的詩歌神思飄逸，神邈不可及的境界，二位先生都達到了。看到了大海的人，不易被一般的水景感動；與李白、杜甫交往過了，就難以再寫詩了。這話確實不假啊。

鄭虔

虔，鄭州❶人，高士也。蘇許公❷為宰相，申❸以忘年之契❹，薦為著作郎。嘗以當世事著書八十餘篇。有告❺虔私撰國史者，虔蒼惶焚之，坐謫十年。玄宗愛其才，開元二十五年，為更置❻廣文館❼，虔為博士。廣文博士自虔始。杜甫為交，有贈詩曰：「才名四十年，坐客寒無氈❽。惟有蘇司業❾，時時與酒錢。」

其窮饑轗軻❿，淡如⓫也。好琴酒篇詠，善圖⓬山水。能書，苦無紙，於慈恩寺⓭貯柿葉數屋，遂日就書殆⓮遍。嘗自寫其詩並畫，表⓯獻之，玄宗大署其尾曰：「鄭虔三絕」。與李、杜為密友，多稱鄭廣文。祿山反，偽授水部員外郎，託以疾，不奪⓰。賊平，張通、王維並囚繫，三人皆善畫，崔圓⓱使繪齋⓲壁，因為祈⓳解，得貶台州⓴司戶，卒。有集行世。

【注釋】❶鄭州　治所在今河南鄭州，轄境包括今滎陽、新鄭、中牟等。❷蘇許公　蘇頲，襲父爵為許國公，開元四年官至參知政事。❸申　向上呈報。❹契　投合，喻交情。❺告　告發。❻更置　另外設置。❼廣文館　唐天寶九年置，領國子監學生修進士業者，設博士、助教各一人。❽氈　唐人冬天置於座下之氈墊。❾蘇司業　蘇源明，天寶中舉進士，後入朝為國子司業。國子司業，國子監教授生徒的官員。❿轗軻　同「坎坷」。⓫淡如　形容毫不放在心上。⓬圖　畫。⓭慈恩寺　唐高宗為太子時為母后長孫氏建，位於長安東南，今尚存大雁塔。

⑭殆　幾乎；差不多。⑮表　臣下問皇帝奏事的文字。⑯奪　奪志，改變本來的心志。⑰崔圓　字有裕，肅宗即位後曾任中書令。⑱齋　屋舍，尤指書房、學舍或官舍邊的房屋。⑲祈　請求。⑳台州　治所在今浙江臨海，轄境包括臨海、黃岩、溫嶺、天台等。

【語　譯】鄭虔，鄭州人，他是一個志行高潔的人。許國公蘇頲當宰相的時候，向皇帝呈報說他與自己是忘年之交，推薦他擔任了著作郎。鄭虔曾把當世的事情編寫成書，共寫了八十多篇，有人告發說他私撰國史，鄭虔慌忙把書稿全燒了，為此他被貶官十年。玄宗欣賞他的才能，開元二十五年，另外設置了廣文館，安排鄭虔為博士。廣文博士一職就從鄭虔開始的。杜甫和他結為朋友，有一首送他的詩是這樣寫的：「才名四十年，坐客寒無氈。惟有蘇司業，時時與酒錢。」

鄭虔的生活雖然饑寒困苦，卻絲毫不在乎。他喜歡彈琴、飲酒和賦詠詩篇，擅長畫山水畫。他也擅長書法，卻苦於買不起紙，就在慈恩寺裡貯藏了幾屋子的柿樹葉，每天在樹葉上寫字，幾屋子的樹葉差不多都寫遍了。鄭虔曾書寫了自己撰的詩，連同自己的畫，附上奏表呈獻給玄宗，玄宗在卷尾大書道：「鄭虔三絕」。鄭虔與李白、杜甫是關係很密切的朋友，人們多半稱他「鄭廣文」。安祿山叛亂時，偽政權授與他水部員外郎的職務，鄭虔託辭自己的身體有病，不願改變自己的心志。叛亂平定之後，他和張通、王維被拘押了起來，三人都擅長作畫，崔圓讓他們為齋舍的牆壁繪畫，於是就為他們請求解脫，鄭虔得以遭貶官為台州司戶。後來就去世了。他有文集流傳於世。

【研　析】「廣文先生官獨冷」、「廣文先生飯不足」，杜甫兩句詼諧的小詩，活現了鄭虔前半段人生的窘迫情景。其實，鄭虔是一個極富才氣的藝術家，詩書畫皆精絕。在古代文人的逸事中，鄭虔貯存柿葉以書字的傳說，是流傳既廣，而且十分感人的故事。

高適

適，字達夫，一字仲武，滄州❶人。少性拓落❷，不拘小節，恥預❸常科，隱迹博徒❹，才名便❺遠。後舉有道❻，授封丘❼尉。未幾，哥舒翰❽表掌書記❾。後擢諫議大夫。負氣敢言，權近❿側目⓫。李輔國⓬忌其才。蜀⓭亂，出為蜀、彭⓮二州刺史，遷西川節度使。還，為左散騎常侍⓯。永泰⓰初卒。適尚氣節，語王霸，袞袞⓱不厭。遭⓲時多難，以功名自許⓳。年五十，始學為詩，即工⓴，以氣質自高，多胸臆㉑間語。每一篇已，好事者㉒輒傳播吟玩。嘗過汴州㉓，與李白、杜甫會，酒酣登吹臺㉔，慷慨悲歌，臨風懷古，人莫測也。中間唱和頗多。今有詩文等二十卷，及所選至德迄大曆述作者二十六人詩，為《中興間氣集》二卷，並傳。

【注釋】❶滄州 今河北滄州。❷拓落 胸懷寬廣。❸預 參加。❹博徒 賭博的人。❺便 卻。❻有道 唐選舉科目之一。❼封丘 今河南封丘。❽哥舒翰 唐突厥突施騎哥舒部落人，世居安西，以軍功官至隴右節度使兼河西節度使，安史之亂時，奉命守潼關，兵敗被俘，受偽職為司空，後被殺。❾掌書記 從屬節度使、觀察使的文職幕僚，掌表奏書檄。❿權近 權貴和近臣。⓫側目 斜著眼睛看，形容討厭、憎惡的表情。⓬李輔國 玄宗和肅宗朝太監，安史之亂時，因勸肅宗在靈武即位而得寵，任兵部尚書，專權跋扈。⓭蜀 蜀州，州治晉原，在今四川大邑東。⓮彭 彭州，州治九隴，今四川彭縣。⓯左散騎常侍 門下省諫官，品級較高。⓰永泰 唐代宗年號，西元七六五—七六六年。⓱袞袞 連續不斷。⓲遭 遇。⓳自許 讚許；期望。⓴工 精到。㉑臆 胸腔。㉒好事者 喜歡的人。㉓汴州 今河南開封。㉔吹臺 位於開封東南的名勝古蹟，為漢梁孝王所建的平臺。

【語譯】高適，字達夫，另一字仲武，滄州人。年輕的時候性格十分豪放寬廣，不拘尋常小節，不屑參加通常例行的科舉考試，混跡在一夥賭博之徒裡面，才名卻傳播得更加遠了。後來，被薦舉為有道科，授他為封丘尉。未過多久，哥舒翰上表給皇帝，任命他為掌書記，後來，又升任諫議大夫。高適憑藉自己的意氣，敢於對朝政發表自己的意見，權貴近臣對他既怕又恨。李輔國妒忌高適的才幹。蜀地發生了動亂，高適被委任蜀州和彭州刺史，後來又升遷西川節度使，他回到京城後，被授予左散騎常侍的高位。永泰初去世。高適崇尚氣節，談論起治理天下的事情，滔滔不絕，毫無倦態。他正好遇到了國家多難的時候，覺得自己在博取功名事業上必定能有所作為。

高適到了五十歲的時候開始學習作詩，很快就寫得十分精到。因為氣質很高，抒發的多是發自肺腑的語言。每寫成一篇，喜歡他作品的人便會傳抄吟賞。高適曾到過汴州，和李白、杜甫相會，酣暢地飲酒之後，登上吹臺，唱起了悲涼慷慨的歌，迎風吟誦起懷古的作品，人們無從真正理解他們的心情。在此期間，他們彼此間有不少唱和之作。現在，高適留下的詩文有二十卷，還有他所選的從至德到大曆年間作者二十六人的詩，題為《中興間氣集》二卷，都流傳在世。

【研析】高適是唐代邊塞詩人中比較突出的代表人物，他的形跡遍及大江南北。早年求官應試都不順，到了薊北，寫下了大量的邊塞詩。後來，得到舉薦，又曾為名將哥舒翰的幕僚，拜官為節度使，入朝為侍郎，在詩人中可以算作顯達的了。高適寫了大量的邊塞詩，一首〈燕歌行〉奠定了他的地位，我們從詩中可以看到，他不僅善於描寫邊塞的景物，而且富有感情色彩，豪邁而奔放，真有一種酣暢淋漓的感覺。

沈千運

千運，吳興❶人。工舊體詩，氣格高古。當時士流❷，皆敬慕之，號為「沈四山人」。天寶中，數應舉不第，時年齒已邁❸，遨遊襄❹、鄧❺間，干謁❻名公。來濮上❼，感懷❽賦詩曰：「聖朝優賢良，草澤❾無遺族❿。人生各有命，在余胡⓫不淑⓬。一生但區區⓭，五十無寸祿。衰落當捐棄⓮，貧賤招謗讟⓯。」其時多艱，自知屯蹇⓰，遂浩然⓱有歸歟之志。賦詩云：「棲隱無別事，所願離風塵⓲，不來城邑遊，禮樂拘束人。」又曰：「如何巢與由，天子不得臣。」遂釋⓳志，還山中別業。嘗曰：「衡門⓴之下，可以棲遲㉑。有薄㉒田園，兒稼女織，偃仰㉓今古，自足此生。誰能作小吏，走風塵下乎？」高適賦〈還山吟〉贈行曰：「還山吟，天高日暮寒山深。送君還山識君心，人生老大㉔須恣意㉕。看君解作㉖一生事，山間偃仰無不至。石泉㉗淙淙若風雨，桂花松子常滿地。賣藥囊中應有錢，還山服藥㉘又長年㉙。白雲勸盡杯中物，明月相隨何處眠。眠時憶同醒時意，夢魂可以相周旋㉚。」肅宗議備禮㉛徵致㉜，會㉝卒而罷。有詩傳世。

【注釋】❶吳興　今浙江吳興。❷士流　士大夫。❸邁　老邁。❹襄　今湖北襄陽。❺鄧　今河南鄧縣。❻干謁　有所請託而拜訪地位較高者。❼濮上　濮水北面，今河南濮陽西南。❽感懷　抒發內心的感情。❾草澤指在野未仕的人。⑩遺族　名門望族的後代。⑪胡　為何。⑫淑　好。⑬區區　愚拙；凡庸。⑭捐棄　丟棄。⑮謗讟　誹謗；怨言。⑯屯蹇　命運不好，遭受艱難困苦。⑰浩然　感慨深長地嘆息。⑱風塵　艱辛的行旅，喻人生不順。⑲釋　放棄。⑳衡門　橫木為門，喻粗陋的房屋。㉑棲遲　遊息居住。㉒薄　土地貧瘠。㉓偃仰　俯仰，形容悠然自得的樣子。㉔老大　上了年紀。㉕恣意　隨心所欲。㉖解作　解脫，不放在心上。㉗石泉　山泉。㉘服藥　服食藥物，此指隱士服丹藥修煉。㉙長年　延長壽命。㉚周旋　運轉。㉛備禮　禮儀周備。㉜徵致　徵聘隱居不仕者入朝。㉝會　正值；逢。

【語譯】沈千運，吳興人。他擅長寫古體詩，氣韻和格調高遠而古樸。當時的士大夫對他都十分敬慕，稱他為「沈四山人」。天寶年間，幾次參加科舉考試，都沒能成功。當時他已經年邁，在襄州、鄧州一帶遊歷，拜訪一些有名望的公卿。他又來到濮上，將自己內心的感情寫在了詩裡，詩中寫道：「聖朝優賢良，草澤無遺族。人生各有命，在余胡不淑。一生但區區，五十無寸祿。衰落當捐棄，貧賤招謗讟。」當時社會比較混亂，沈千運知道自己命運不好，於是十分感慨地產生了歸隱的想法。他在詩中寫道：「棲隱無別事，所願離風塵，不來城邑遊，禮樂拘束人。」又寫道：「如何巢與由，天子不得臣。」於是，放棄了做官的志向，回到山間的別墅。他曾經說：「粗陋的房屋，還是可以安居的。有這麼個貧瘠的田園，依舊能男耕女織地生活。悠然自得地懷古思今，這輩子可以滿足了。莫非還要去當個小吏，風塵僕僕地辛勞奔走嗎？」高適寫了首〈還山吟〉為沈千運送行，詩中說：「還山吟，天高日暮寒山深。送君還山識君心，人生老大須恣意。看君解作一生事，山間偃仰無不至。石泉淙淙若風雨，桂花松子常滿地。賣藥囊中應有錢，還山服藥又長年。白雲勸盡杯中物，明月相隨何處眠。眠時憶同醒時意，夢魂可以相周旋。」肅宗與臣下商議，打算禮儀周備地徵聘沈千運入朝，正趕上他去世，便也就作罷了。沈千運有詩集流傳在世。

【研　析】在中唐詩人中，沈千運以古樸高雅的風格著稱。他雖然上了年紀，還不得不為微薄的俸祿而奔走，人們卻送了他一個山人的尊號。不知道是受了他作品的感染，還是以這種對居山賣藥的隱居生活的嚮往，來撫慰他因四處奔波的生活所帶來的困苦呢？

孟雲卿

雲卿，關西❶人。天寶間不第，氣頗難平。志亦高尚，懷嘉遯❷之節，與薛據相友善。嘗流寓荊州❸，杜工部多有與雲卿贈答之作，甚愛重之。工詩，其體祖述❹沈千運，漁獵❺陳拾遺❻，詞氣❼傷怨，雖然模效纔得升堂❽，猶未入室❾，然當時古調，無出其右❿，一時之英也。如「虎豹不相食，哀哉人食人。」又「朝亦常苦饑，暮亦常苦饑。飄飄萬里餘，貧賤多是非。少年莫遠遊，遠遊多不歸。」皆為當代推服。韋應物⓫〈過廣陵⓬遇孟九⓭贈詩〉云：「高文激頹⓮波，四海靡不傳。西施且⑮一笑，眾女安⑯得妍。」其才名於此可見矣。仕終校書郎。集今傳。雲卿稟⑰通濟⑱之才，淪⑲吞噬⑳之俗，棲棲㉑南北，苦無所遇，何生之不辰㉒也。身處江湖，心存魏闕㉓，猶杞國之人憂天墜㉔，相率而逃者，匹夫㉕之志，亦可念矣。

【注釋】❶關西　指陝西函谷關或潼關以西的地區。❷嘉遯　合乎正道的退隱。❸荊州　今湖北江陵。❹祖述　對前人風格的師法。❺漁獵　喻採納其特點和長處。❻陳拾遺　指陳子昂，參見本書卷一〈陳子昂〉篇。❼詞氣　詩的風格。❽升堂　喻學問漸漸接近老師的風格。❾入室　喻造詣精深，得老師學問的精髓。❿右上。⓫韋應物　傳見本書卷四。⓬廣陵　今江蘇揚州。⓭孟九　唐人常以行第稱呼，即孟雲卿。⓮頹　萎靡不振，形容當時詩風不振。⓯且　姑且。⓰安　如何。⓱稟　稟受；具備。⓲通濟　經邦濟世，喻治理國家。⓳淪　埋沒。⓴吞噬　吞食，形容勢力極大。㉑棲棲　奔波忙碌的樣子。㉒不辰　不是時候。㉓魏闕　高大的宮闕，指朝廷。㉔憂天墜　擔心天塌下來，此取「杞人憂天」的成語典故而用之。㉕匹夫　平民中的男子，亦指尋常人。

【語譯】孟雲卿，關西人。天寶年間參加科舉考試落第，心裡很不服氣。孟雲卿志向高遠，心懷歸隱山林的願望，他和薛據關係很好。孟雲卿曾客居荊州，杜甫有不少與他贈答的詩作，對他很愛重。孟雲卿擅長寫詩，他的風格師法沈千運，又採納了陳子昂的長處，詩風哀怨，雖說模仿和效法了他人，才算得上升堂，還沒有達到入室的程度，不過，在當時用古風寫詩的人裡，還沒有人能夠超過他，可算是那個時候的英才了。比如：「虎豹不相食，哀哉人食人。」又如：「朝亦常苦饑，暮亦常苦饑。飄飄萬里餘，貧賤多是非。少年莫遠遊，遠遊多不歸。」都是被當時的人們推崇而敬服的。韋應物在〈過廣陵遇孟九贈詩〉中寫道：「高文激頹波，四海靡不傳。西施且一笑，眾女安得妍。」由此可以想見他當時的才名了。孟雲卿官終校書郎，他的詩集今天還在流傳。

孟雲卿具有經邦濟世的才能，卻被埋沒在不可抵禦的世俗中。他忙忙碌碌地奔走南北，苦於沒有遇到真正賞識他的人，真是太生不逢時了。身處在江湖，心裡惦記的是朝廷，就像那位擔心天就要塌下來，打算相隨逃走的杞國人，雖說只是一介匹夫的心志，還是令人感慨的。

卷三

岑參

參，南陽❶人，文本❷之後。天寶三年趙岳榜第二人及第。累官左補闕❸、起居郎，出為嘉州❹刺史。杜鴻漸❺表置安西❻幕府，拜職方❼郎中，兼侍御史，辭罷。別業在杜陵❽山中。後終於蜀。

參累佐戎幕❾，往來鞍馬❿烽塵⓫間十餘載，極征行⓬離別之情。城障塞堡，無不經行。博覽史籍，尤工綴文⓭，屬詞清尚⓮，用心良苦。詩調尤高，唐興⓯罕見此作。放情⓰山水，故常懷逸念⓱，奇造⓲幽致，所得往往超拔⓳孤秀，度越常情⓴。與高適風骨頗同，讀之令人慷慨懷感。每篇絕筆㉑，人輒傳詠。至德中，裴休㉒、杜甫等嘗薦其識度清遠㉓，議論雅正㉔，佳名早立，時輩所仰，可以備獻替㉕之官。未及大用而謝世，豈不傷哉！有集十卷行於世。杜確為之序云。

【注釋】❶南陽　今河南南陽。❷文本　岑文本，岑參曾祖父，博通經史，曾任隋中書侍郎，入唐後，官至中書令，與令狐德棻同撰《北周書》。❸左補闕　門下省諫官，地位在拾遺之上而低於諫議大夫。❹嘉州　今四川樂山。❺杜鴻漸　肅宗朝歷河西、荊南節度使，入朝為尚書右丞；代宗朝以兵部侍郎同中書門下平章事，曾入蜀平蜀亂，大曆三年兼東都留守。❻安西　唐方鎮名，即安西都護府，治所在龜茲，位於今新疆庫車，轄安西都護府境內龜茲、焉耆、于闐、疏勒等四鎮。❼職方　兵部四司之一，掌輿圖、軍制、鎮戍、簡練、征討等事。❽杜陵　本名杜原，又名樂遊原，因漢宣帝在此築陵，易名杜陵。在今陝西西安東南。❾戎幕　在軍府擔任幕僚。❿鞍馬　喻軍旅生活。⓫烽塵　戰情；戰事。⓬征行　出征、遠行。⓭綴文　撰寫文章。⓮清尚　清新、高尚。⓯興　立國。⓰放情　盡情地抒發感情。⓱逸念　脫離俗世的想法。⓲奇造　獨特的意境。⓳超拔　特立；突出。⓴常情　常人之情。㉑絕筆　完成寫作。㉒裴休　按裴休為唐宣宗時人，與岑參不同時代，宋人《郡齋讀書志》作「裴薦」，疑是。㉓清遠　清明廣遠。㉔雅正　典雅清正。㉕獻替　諍言進諫之官。

【語譯】岑參，南陽人，他是岑文本的後裔。天寶三年，岑參以狀元趙樂同榜第二名的身分舉進士。歷任左補闕、起居郎等，又出任嘉州刺史。杜鴻漸上書皇帝，請求安排岑參為安西都護府中的幕府，授官職方郎中，兼侍御史。後來，岑參辭去了官職。他在杜陵山裡為自己修建了別墅。

岑參是在蜀中去世的。

岑參數度在軍府當幕僚，出入於軍旅生活和戰爭之中長達十多年時間，最能理解遠征出行時人們生離死別的感情。邊地的城堡要塞，他的足跡都踏遍了。岑參博覽經史，尤其擅長寫文章，用詞清新高尚，看得出他是費了許多心思的。他的詩格調尤其高遠，唐朝立國以來，這樣的作品並不多見。岑參對山水風景感覺上極為親近，所以常常懷著脫離俗世的想法，獨特的意境幽遠別致，筆下的作品往往有一種特立獨秀的美感，超越了尋常的感情。岑參的詩與高適的風骨頗為相同，讀了使人感到一種慷慨激昂的襟懷。岑參每寫完一首詩，就會在人們中間傳誦開來。至德中，裴薦、杜甫等人曾向皇帝推薦岑參，認為他看問題清明光遠，議論又典雅清正，早就具有良好的聲譽，為同輩人所敬仰，可以作為諫議大臣的後備人選。沒有來得及加以重用，他卻不幸去世了，豈不讓人傷心嗎！岑參有集子十卷流傳在世，據說是杜確為他作的序。

【研析】岑參在四十歲之前，曾先後到過位於今天新疆的庫車、北庭等地任職，後來升任度支副使，都是遠離中土的邊遠地區。他志向高遠，赴邊參軍，充滿了期待為國家建功立業的理想。所以，在他的詩中，顯露著一種頌揚軍功的精神，對戰爭壯烈場面的刻劃，尤其對邊地風光以及軍營生活的描寫，具有一種唐代詩人中不多見的慷慨激昂的風格。

王之渙

之渙，薊門❶人。少有俠氣，所從遊皆五陵❷少年。擊劍悲歌，從禽❸縱酒。中折節工文，十年名譽自振。恥困場屋❹，遂交❺謁名公。為詩情致雅暢❻，得齊、梁之風。每有作，樂工輒取以被❼聲律。與王昌齡、高適、暢當❽忘形爾汝❾。嘗共詣旗亭❿，有梨園名部⓫繼至，昌齡等曰：「我輩擅詩名，未定甲乙⓬。可觀諸伶謳⓭詩，以多者為優。」一伶唱昌齡二絕句，一唱適一絕句。之渙曰：「樂人所唱皆下俚⓮之詞。」須臾，一佳妓唱曰：「黃河遠上白雲間，一片孤城萬仞山。羌笛何須怨楊柳，春風不度玉門關。」復唱二絕，皆之渙詞。三子大笑曰：「田舍奴⓯，吾豈妄⓰哉！」諸伶竟不諭其故，拜曰：「肉眼不識神仙。」三子從之酣醉終日。其狂放如此云。有詩傳於今。

【注釋】❶薊門　今北京。❷五陵　漢代帝陵以長陵、安陵、陽陵、茂陵、平陵等五陵最為著名，根據漢代的傳統做法，每立皇陵，便要遷徙四方富豪之族和外戚到附近定居，後世遂以五陵喻豪門權貴之家聚居處。❸從禽　放鷹撲鳥，喻打獵。❹場屋　科舉考試的地方。❺交　交往的意思。❻雅暢　典雅、流暢。❼被　譜曲。

❽暢當 傳見本書卷四，按暢當大曆七年進士及第，與王之渙時代不合，疑誤記。❾忘形爾汝 忘記了彼此之間的差別，形容關係極為親密。❿旗亭 酒樓。⓫名部 著名的藝人。⓬甲乙 天干順序，喻名次順序。⓭謳唱。⓮下俚 社會下層的，俚俗的。⓯田舍奴 種田的，猶言鄉巴佬。⓰妄 狂妄；妄誕。

【語譯】王之渙，薊門人。年輕的時候，很有點俠義之氣，他交往的人多為那些被稱作五陵少年的豪門權貴子弟。大家在一起練習劍法，慷慨悲歌，打獵飲酒。後來，王之渙一改往日的行為，努力學習寫詩，十年的功夫，聲譽不斷高漲。王之渙恥於在科舉考場上久不獲勝，於是就結交和拜訪了一些名公巨卿。他的詩感情典雅流暢，具有齊、梁兩朝詩人的風格。每當他的作品寫成，就會被樂工拿去，譜上曲子誦唱。王之渙與王昌齡、高適、暢當是形影不離的朋友，他們曾經一起到酒樓，正好有梨園名伶們相繼來臨。王昌齡等人說：「我們幾個都算得上有詩名的，但還沒有定下先後名次，看這幾位歌女唱詩，誰的作品被唱得多，就算誰優勝吧！」一個歌女唱了王昌齡的兩首絕句，又有一個歌女唱了高適的一首絕句。王之渙說道：「樂人唱的都是些通俗的東西。」不一會兒，只見一位漂亮的歌女唱道：「黃沙遠上白雲間，一片孤城萬仞山。羌笛何須怨楊柳，春風不度玉門關。」又唱了兩首絕句，都是王之渙的作品，三人大笑了起來，說道：「田舍奴，我難道是胡亂說的嗎！」這些歌女到最後也沒弄明白是怎麼回事，見此情狀，對他們行禮道：「我們的凡眼不識神仙。」三人就和這些歌女們一起，舉杯開懷，酣飲了一天。他的狂放竟然到了這種程度。王之渙的詩至今天還在流傳。

【研析】一曲「羌笛何須怨楊柳，春風不度玉門關」，在描寫邊塞風光的作品中，這完全稱得上是千古絕唱。王之渙在酒樓上以伶人唱其詩作而獨擅大名的故事，同樣也流傳千古而不衰。從這些情景的描寫，我們不但感受到了詩人們的豪放氣概，也由此多少領略到唐代文人們擊劍悲歌、縱情飲酒的一個生活側面。

賀知章

知章，字季真，會稽人。少以文詞知名，性曠夷❶，善談論笑謔❷。證聖❸初，擢進士、超拔群類科。陸象先❹在中書，引為太常❺博士。象先與知章最親善，常曰：「季真清談風韻，吾一日不見，則鄙吝❻生矣。」當時賢達，皆傾慕之。為太子賓客❼。開元十三年，遷禮部侍郎兼集賢院學士。晚年尤加縱誕❽，無復❾禮度，自號「四明狂客」，又稱「祕書外監」，遨遊里巷❿。又善草隸，每醉輒屬辭⓫，筆不停輟，咸⓬有可觀，每紙不過數十字，好事者共傳寶之。天寶三年，因病，夢遊帝⓭居，及寤⓮，表請為道士，求還鄉里，即舍住宅為千秋觀，上許之。詔賜鏡湖⓯

剡溪一曲⑯，以給漁樵⑰。帝賦詩及太子、百官祖餞⑱。壽八十六。集今傳。

【注釋】❶曠夷 豁達平易。❷笑謔 說笑話。❸證聖 武則天時年號，同年（西元六九五年）又改元天冊萬歲元年。❹陸象先 字崇賢，累仕中書侍郎。景雲二年進同中書門下平章事。❺太常 太常寺，禮部下屬機構，掌禮樂、郊廟、社稷之事，設太常博士四人。❻鄙吝 遇事斤斤計較的淺俗行為。❼太子賓客 太子東宮官屬，掌調護、侍從、規諫等。❽縱誕 放縱曠達，不加約束。❾無復 不再。❿里巷 街巷，喻歌館酒樓等場所。⓫屬辭 撰寫文辭。⓬咸 都。⓭帝 指上帝或天神。⓮寤 睡覺醒來。⓯鏡湖 位於會稽，東漢時太守馬臻主持修築，因水平如鏡，風景絕佳而著稱。⓰曲 局部；部分。⓱漁樵 打漁砍柴，借指隱居生活。⓲祖餞 設宴餞別出行之人。

【語譯】賀知章，字季真，會稽人。年輕的時候就以文筆優美著名，性格開朗豁達，善於談論說笑。證聖初，賀知章舉進士及第，又考中了制舉超拔群類科。陸象先在中書省的時候，引薦他為太常博士。陸象先和賀知章的關係最親密，他經常說：「季真清談時的風姿神韻，我哪怕只一天沒有見到，就會產生卑劣凡俗的斤斤計較之心。」當時的社會賢達，對賀知章都十分傾心愛慕。

賀知章被命為太子賓客，開元十三年，升禮部侍郎兼集賢院學士。到了晚年，賀知章變得更加放縱曠達，不再拘於禮法，自號「四明狂客」，又稱「祕書外監」。他出入於街巷的歌館酒樓。賀知章很善於寫草書和隸書，每當他飲醉酒後，就要撰寫文辭，下筆不停，都是很可以看的東西。每張紙不過幾十個字，喜歡的人都傳閱並把它看得很珍貴。天寶三年，賀知章因為自己在生病時，做夢遊覽了天帝的宮闕，醒來之後，他上表請皇帝允許他為道士，還請求回到故鄉，將自己住的屋宅改作道觀，名千秋觀。皇帝准許了他的請求，下令把鏡湖剡溪的一部分賜給賀知章，以供他隱居之用。皇帝為他寫了送行的詩，太子和朝中百官都為他設宴餞行。賀知章一共活了八十六歲。他的文集流傳到了今天。

【研析】既有四明狂客之稱，喜歡飲酒、賦詩、寫字，乃至好講笑話、發議論，凡此種種，便都在其中了。與李白初次見面，便兩人攜手同上酒樓，解下腰間的金龜換酒買醉，未知其事確否，但卻是最符合詩人性格的舉止。其實，賀知章的性格中還有親切而極富有人情味的一面。君不見，一首〈回鄉偶書〉的絕句，「笑問客從何處來」，寥寥數筆，寫出了兒童的天真可愛，更讓人體味到了作者出門多年之後，剛剛回到家鄉的喜悅心情。

包何

何，字幼嗣，潤州延陵人，包融之子也。與弟佶，俱以詩鳴，時稱「二包」。天寶七年楊譽榜及第。曾師事孟浩然，授格法❶。與李嘉祐相友善。大曆中，仕終起居舍人。詩傳者可數，蓋流離❷世故，率多素辭❸。大播芳名❹，亦當時望族也。

【注釋】❶格法　成法；法度。❷流離　流轉、離散。❸素辭　平實而未加修飾的文字。❹芳名　美好的名譽。

【語譯】包何，字幼嗣，潤州延陵人，他是包融的兒子。包何與弟包佶都以善於作詩而出名，被當時的人們稱為「二包」。天寶七年，他與狀元楊譽同榜進士及第。包何曾經以孟浩然為師，孟浩然向他傳授了作詩的法度。他與李嘉祐相處十分友好。大曆中，包何最後的官位是起居舍人。他的詩作得以流傳的不多，大概是生活在流離的社會的緣故，包何的詩大多用的是平實無華的文辭，良好的聲譽傳得很遠，也是當時有聲望的家族。

包佶

佶，字幼正。天寶六年楊護榜進士。累遷祕書監❶。劉晏❷治財，奏為汴東兩稅使❸。及晏罷，以佶為諸道鹽鐵等使。未幾，遷刑部侍郎、太常少卿❹，拜諫議大夫、御史中丞❺。居官謹確❻，所在有聲❼。佶天才贍逸❽，氣宇清深，神❾和〈大雅〉，詩家老斲輪❿也。與劉長卿、竇叔向諸公皆莫逆⓫之愛。晚歲沾風痹⓬之疾，辭寵⓭樂高⓮，不及⓯榮利。

卒封丹陽郡公。有詩集行於世。

【注釋】❶祕書監　祕書省長官。❷劉晏　字士安，唐代著名理財家，肅宗、代宗朝時為戶部尚書、充度支使等，代宗廣德元年任吏部尚書、同平章事，兼江浙常平使。安史之亂後，人口流失，朝廷府庫耗竭，財政狀況特其力得以好轉，德宗時遭楊炎構陷而死。❸兩稅使　唐代掌管徵收夏秋兩季稅收事務的長官，多以鹽鐵轉運使兼任。❹少卿　官名，唐代諸寺副長官。❺御史中丞　御史臺副長官。❻謹確　謹慎恭謹。❼聲譽　好的聲譽。❽贍逸　詩文詞彩富麗，感情奔放。❾神　精神氣魄。❿老斲輪　典出《莊子．天道》，本指一技藝精湛的製車工匠扁斫，後人藉以喻技藝精湛、經驗豐富的人。⓫莫逆　彼此同心相契，無所忤逆。⓬風痹　中風後手足部分或完全失去活動能力。⓭辭寵　辭別官場的婉轉說法。⓮樂高　樂於賦閒高臥。⓯不及　不沾邊。

【語　譯】包佶，字幼正。天寶六年，與狀元楊護同榜舉進士。屢經遷官後，擔任了祕書監的官職。劉晏治理朝廷財政的時候，奏請皇帝任命包佶為汴東兩稅使。劉晏罷職後，包佶還擔任過諸道鹽鐵使等職務。不久，包佶升任刑部侍郎、太常少卿，又擔任了諫議大夫、御史中丞。包佶為官謹慎恭謹，在任過職的地方都留下了很好的聲譽。包佶為文詞彩富麗而感情奔放，氣勢清雅深沉，陶醉於古代的經典，精神氣概與《詩經》中的〈大雅〉篇相和，稱得上是詩人中的老斫。他與劉長卿、竇叔向等人都可說是莫逆之交的好朋友，晚年，得了風痹的毛病，遂辭掉官職，安然過起了賦閒生活，不再追求聲名利祿。去世後，包佶被封為丹陽郡公。他留下的詩集，流行在世。

【研　析】包佶是一個勤懇務實的官員，尤其長於國家財政事務的管理。可是，這並不妨礙包佶同時又是一個天才橫溢的詩人。他的詩，具有清新的氣格，深厚的學養。如果將唐詩比喻為一部多聲部的大合唱，那麼，正是許許多多像包佶這樣的文人們擔任了其中各個聲部的表演，在他們的共同努力之下，共同創造出了一個繁榮的場面。

張彪

彪，潁上❶人。初赴舉，無所遇❷，適遭喪亂❸，奉老母避地隱居嵩山，供養至謹。與孟雲卿為中表❹，俱工古調詩❺。雲卿有贈云：「善道居貧賤，潔服蒙塵埃。行行無定心，坎壈❻難歸來。」性高簡，善草書。志在輕舉，〈詠神仙〉云：「五穀非長年，四氣❼乃靈藥。列子❽何必待，吾心滿寥廓❾。」時❿與杜甫往還，嘗〈寄張十二⓫山人⓬〉詩云：「靜者⓭心多妙，先生藝絕倫⓮。草書何太古，詩興不無神。曹植休⓯前輩，張芝⓰更⓱後身。數篇吟可老，一字買堪⓲貧。」觀工部⓳之作，可知其人矣。

【注釋】❶潁上　指潁水流域。❷遇　指科舉考試中試。❸喪亂　社會動亂。❹中表　即表親，古時姑母子女為外表，舅母、姨母子女為內表，彼此間則皆以中表稱。❺古調詩　古風體詩。❻坎壈　失意不得志的樣子。❼四氣　四時陰陽變化之氣。❽列子　列禦寇，戰國時期道家人物，傳說能夠御風而行。❾寥廓　廣闊、曠遠。❿時　經常。⓫張十二　即指張彪，唐人詩文中，朋友之間常以家族排行次第相稱。⓬山人　隱者的別稱。⓭靜者　道家倡精神貫注專一的修養之術，所以有「靜者」之稱。⓮絕倫　無以倫比。⓯休　不、莫。⓰張芝　東漢書法家，擅長草書，有「草聖」之譽。⓱更　更為；更屬。⓲堪　忍受。⓳工部　即杜甫，杜甫曾任檢校工部員外郎。

【語　譯】張彪，潁上人。他早年參加科舉考試，未能取得成功。當時，正值社會動亂不寧，張彪侍奉老母躲避戰亂，隱居在嵩山，對母親奉養極為恭謹。張彪與孟雲卿為中表親，他們都擅長寫古體詩，雲卿在送給張彪的一首詩中寫道：「善道居貧賤，潔服蒙塵埃。行行無定心，坎壈難歸來。」張彪的性格高傲簡放，善於寫草書。他很嚮往道家的飛天之術，〈詠神仙〉詩裡說：「五穀非長年，四氣乃靈藥。列子何必待，吾心滿寥廓。」張彪經常和杜甫有來往，杜甫曾寫過〈寄張十二山人〉的詩，詩中說：「靜者心多妙，先生藝絕倫。草書何太古，詩興不無神。曹植休前輩，張芝更後身。數篇吟可老，一字買堪貧。」看了杜甫的詩，我們可以了解張彪是怎樣的一個人了。

【研　析】唐代的詩人常常同時又兼有隱者的身分，他們往往有著諸多藝術的秉賦，張彪「草書何太古」就是一個生動的例子。可惜他的作品未能流傳到今天，據說，就連他的詩，雖然曾經給杜甫很多影響，今存也不過寥寥幾首，不免令後人徒興嘆惋之意。

李嘉祐

嘉祐，字從一，趙州人。天寶七年楊譽榜進士，為祕書正字。以罪謫南荒❶，未幾何❷，有詔量移為鄱陽宰❸，又為江陰❹令。後遷台❺、袁❻二州刺史。善為詩，綺麗婉靡，與錢❼、郎❽別為一體，往往涉於齊、梁時風，人擬為吳均❾、何遜❿之敵⓫。自振藻⓬天朝⓭，大收芳譽⓮，中興⓯風流也。有集今傳。

【注釋】❶南荒　南方蠻荒之地。❷未幾何　沒過多久。❸宰　縣令。❹江陰　今江蘇江陰。❺台　台州，治所在今浙江臨海。❻袁　袁州，治所在今江西宜春。❼錢　錢起，唐代詩人，傳見本書卷四。❽郎　郎士元，唐代詩人，傳見本卷。❾吳均　南朝梁文學家，字叔庠，以文辭清麗著稱，詩亦清新。❿何遜　南朝梁詩人，字仲言，其詩長於表現景色，注重煉字。⓫敵　對手，指文才相匹敵的人物。⓬振藻　顯揚文采。⓭天朝　朝廷。⓮芳譽　美好的名聲。⓯中興　指王朝的衰而復興，此前因安史之亂長達七年之久，社會的政治經濟和文化等諸多方面都受到了重創，故平亂之後，社會的恢復時期又被後人稱作中興時期。

【語譯】李嘉祐，字從一，趙州人。天寶七年，他與狀元楊譽同榜舉進士。被任命為祕書正字。因為犯了過失，被貶謫到了南方偏遠的蠻荒之地。沒過多久，皇帝下了詔書，酌情安排他當了鄱陽縣令，又改任江陰令。後來，升任為台州和袁州的刺史。李嘉祐很善於寫詩，風格綺麗，柔婉華美，和錢起、郎士元的作品相比，別具一格，往往帶有南朝齊、梁時期文學作品的風韻，人們將他喻為堪與吳均、何遜比美的人物。自從他的文采在朝廷得到了彰顯，天下廣傳他的美好聲譽，確是中興時期的風流人物啊。他留下的集子，直到今天還在流傳。

賈至

至，字幼幾，洛陽人，曾❶之子也。曾開元間與蘇晉❷同掌制誥。至天寶十年明經擢第，累官起居舍人，知制誥❸。從幸❹西川，當撰傳位肅宗冊文❺，既進稿，玄宗曰：「先天❻誥命，乃父所為。今茲大冊，爾又為之。兩朝盛典，出卿❼家父子，可謂繼美矣。」大曆初，遷京兆尹❽，以散騎常侍卒。

初，嘗以事謫守巴陵❾，與李白相遇，日酣杯酒，追憶京華舊遊，多見酬唱。白贈詩有云：「聖主恩深漢文帝❿，憐君不遣到長沙。」至特工詩，俊逸之氣，不減鮑昭、庾信，調亦清暢，且多素辭，蓋厭於漂流淪落者也。有集三十餘卷，今傳。

【注　釋】❶曾　賈曾，玄宗開元初年任中書舍人，與蘇晉同掌知制誥，兩人皆以文辭知名。❷蘇晉　玄宗先天年間遷中書舍人兼崇文館學士。❸知制誥　官名，負責為皇帝起草詔書誥命的官員。❹幸　皇帝出行。❺冊文　皇帝用於冊立、封贈的詔書。❻先天　唐玄宗年號，西元七一二—七一三年。❼卿　皇帝對大臣的稱謂。❽京兆尹　京都所在地區的地方行政長官。❾巴陵　今湖南岳陽。❿漢文帝　即劉恆，西漢皇帝，在位時削弱地方諸侯勢力，鞏固中央王權，著名政論家賈誼一度因遭人讒言出為長沙王太傅，後被漢文帝召回長安，命為梁懷王太傅。

【語　譯】賈至，字幼幾，洛陽人，是賈曾的兒子。賈曾在開元年間和蘇晉一起掌管制書誥命的起草工作。天寶十年，賈至通過了明經科考試，後來一直做到起居舍人和知制誥的職務。賈至隨玄宗入西川，承命撰寫傳位肅宗冊命。賈至擬好文稿進呈給玄宗，玄宗對他說道：「先天年的誥命，是你的父親寫的，今天這份重要的冊文，又由你來執筆，兩朝的重要文件，都出自你父子之手，可以說是前後相繼的兩件美事啊。」大曆初年，賈至升任京兆尹，去世時的官職是散騎常侍。

早先，賈至曾因為犯了過失被貶謫到巴陵做知州，在那兒遇到了李白，兩人每天在一起痛快地飲酒，回憶昔日在京都長安遊覽的情景，多見於兩人相互間的酬唱之作裡。李白在送給賈至的詩中說：「聖主恩深漢文帝，憐君不遣到長沙。」賈至尤其擅長寫詩，氣韻俊逸，不在鮑照、庾信之下，格調也十分清新流暢，而且文字大多為不加修琢的平實之詞，大概是因為厭倦了飄泊淪落的生活的緣故吧。賈至有詩文集三十卷，今天仍在流傳。

【研　析】賈至以文章而知名天下，曾跟隨唐玄宗入蜀避難，而且，父子二人都是善於撰寫誥命的大手筆，可謂榮耀一時。相傳他的詩寫得十分清麗流暢，其實，他在政治上的才幹也是十分出色的，識大體，有才幹，曾在皇帝面前堅持主張要誅殺那些草菅人命的赳赳武夫，在當時軍閥跋扈的情勢下是頗需要一番勇氣的。這樣看起來，詩人同時又是一個政治家了。

鮑防

防，字子慎，天寶十二年楊儇榜進士，襄陽人也。善辭章❶，篤志❷於學。累官至太原尹❸、河東節度使❹。人樂其治，不減龔、黃❺，詔圖形❻別殿❼。又歷福建❽、江西❾觀察使。丁❿亂⓫，從幸奉天⓬，除禮部侍郎，封東海公。又遷御史大夫。貞元⓭元年，策⓮賢良方正，得穆質⓯、柳公綽⓰等，皆位至臺鼎⓱，世美⓲其知人。時比歲⓳旱，質對⓴：「漢故事㉑，免三公，烹弘羊㉒。」權近獨孤愐㉓欲下按治㉔，防曰：「使上聞所未聞，不亦善乎？」置質高第㉕，帝見策嘉㉖之。授工部㉗尚書，卒。

防工於詩，興思㉘優足㉙，風調㉚嚴整，凡有感發，以譏㉛切世弊，正國音㉜之宗派㉝也。與謝良弼為詩友，時亦稱「鮑謝㉞」云。有集今傳。

【注　釋】❶辭章　詩文的總稱。❷篤志　專心致志。❸太原尹　太原府的長官，唐代以太原為北都，故行政長官稱尹。❹河東節度使　唐方鎮名，開元十八年（西元七三〇年），改太原府以北諸軍州節度為河東節度使，領有太原府以及石、嵐、汾、沁、忻、代等州，轄境大致為今山西內長城以南中陽、靈石、沁源、榆社、左權以北地區。❺龔黃　分別指龔遂和黃霸，兩人在西漢時期皆任職太守，任職期間政績顯著，深得民心，《漢書》列其事跡入〈循吏傳〉，後世亦以之為良吏代稱。❻圖形　將人像描繪下來。❼別殿　皇宮內有別於正殿的主要建築。❽福建　唐代方鎮名，治所在福州，即今福建福州。❾江西　唐代方鎮名，治所在洪州，即今江西南昌。❿丁　遭逢。⓫亂　指朱泚發動的叛亂。朱泚原任盧龍節度使，建中三年（西元七八二年），因其弟朱滔叛唐而被免官，以太尉銜留京師。後涇原節度使姚令言在長安發動叛亂，德宗奔奉天，朱泚被擁立為皇帝，國號大秦，又改為漢，興元元年（西元七八四年）唐將朱晟收復長安，朱泚在外逃途中被部屬所殺。⓬奉天　今陝西乾縣。⓭貞元　唐德宗年號（西元七八五—八〇五年）。⓮策　即策問，以政事和經義等內容設問考試。⓯穆質　字相明，貞元元年應制舉考試入第三等，後累官至宣歙觀察使，以孝謹強直著稱。⓰柳公綽　字寬，貞元元年應制舉登科，累官至京兆尹、兵部尚書，史稱其人耿介有大臣氣節。⓱臺鼎　舊稱司徒、司馬和司空為三公，又有臺鼎之喻，此指高位。⓲美　稱道。⓳比歲　連續幾年。⓴對　對策。㉑故事　曾經採用過的辦法。㉒弘羊　桑弘羊，漢武帝時任搜粟都尉，主張重農抑商，實行鹽鐵酒類的專賣，後遭反對派的誣告，以謀廢昭帝的罪名被殺。㉓獨孤愐　獨孤及之堂弟，時任右司郎中。㉔按治　查問懲辦。㉕高第　科舉考試的優等成績。㉖嘉　讚美；表揚。㉗工部　尚書省六部之一，掌管營造工程等事務。㉘興思　引發的聯想。㉙優足　豐富。㉚風調　詩的格調。㉛譏　批評。㉜國音　唐代詩歌創作的主流。㉝宗派　眾人所宗的一派。㉞鮑謝　指南朝著名的詩人鮑照和謝朓，二人詩歌皆以俊逸清麗著稱，在詩壇有「鮑謝」之美譽。

【語　譯】鮑防，字子慎，天寶十二年，與狀元楊儇同榜進士，襄陽人。鮑防擅長寫文章，專心致志於學問，他歷官至太原尹、河東節度使，老百姓很樂於受他的治理，政績不在漢代名臣龔遂、黃霸之下。皇上下詔命為他畫像並掛在宮內別殿裡。鮑防還曾擔任過福建、江西兩地的觀察使。朱泚發動叛亂的時候，他曾隨德宗到奉天避亂，被授禮部侍郎，封東海公，後又升任御史大夫。貞元元年，主持制舉賢良方正科的考試，錄取了穆質、柳公綽等人，後來他們都升任高官，當時的人們都稱讚說鮑防善於識別人才。當時連年旱災，穆質在對策中引用了西漢免除三公、處死桑弘羊的先例。權貴近臣獨孤愐建議懲辦說這種話的人，鮑防說：「讓皇上聽到他從來沒有聽到過的話，不也是一件好事麼？」就把穆質的成績判得很高。德宗見了穆質的對策，果然十分讚許。鮑防被授予工部尚書，後來便去世了。

鮑防精於寫詩，詩句常能引起人們豐富的聯想，格調也十分嚴整。他凡是有感而發的內容，所批評的現象都能切中社會的弊端，確實是一代詩歌的主流啊。鮑防與謝良弼是一起作詩的朋友，聽說當時的人們也有把他倆稱作「鮑謝」的。鮑防的集子今天仍在流傳。

【研　析】鮑防也是一個在政治上頗有成就的人物。在眾多唐代的詩人中，像他這樣曾經有過身居高位的經歷是不多的。鮑防又曾經主持過策試，他在當時以善於發現和選拔人才著稱。也許，正是因為他對社會政治頗多關注的緣故，他的詩作也常常能夠切中當時的一些社會弊端，在眾多詩人中顯得十分獨特。

殷遙

遙，丹陽❶人。天寶間，嘗仕為忠王❷府倉曹參軍❸。與王維結交，同慕❹禪寂❺，志趣高疏，多雲岫❻之想。而苦家貧，死不能葬，一女纔十歲，日哀號於親❼，愛憐之者賙❽贈，埋骨石樓山中。工詩，詞采不群❾，而多警句，杜甫嘗稱許之。有詩傳於今。

【注釋】❶丹陽　今江蘇丹陽。❷忠王　李亨，玄宗子，開元十五年封忠王，後立為太子，至德元載即位，即肅宗。❸倉曹參軍　唐代左右各衛、諸王府、府尹都督府等機構所設屬官，掌屬內文官勳考、俸祿、公廨、田園等事務。❹慕　嚮往。❺禪寂　本意指佛教僧侶坐禪寂定的生活，此喻佛教。❻雲岫　雲霧繚繞的峰巒，此代指超脫塵世的隱居生活。❼親　親朋好友，關係親密的人。❽賙　幫助辦喪事用的車馬束帛等財物。❾不群　非同尋常。

【語譯】殷遙，丹陽人，天寶年間，曾經做過忠王府的倉曹參軍。殷遙與王維結為朋友，兩人都十分嚮往佛家境界，志趣高遠疏放，總是希望能夠避開喧囂人世，隱居到白雲繚繞的山間去生活。殷遙家裡貧窮困苦，死了之後，連下葬的錢都沒有，一個女兒才十歲，天天向父親的親朋好友們哀哭求助，同情她的人們捐助了一些財物，才把殷遙安葬在石樓山中。殷遙善於作詩，文采非同尋常，詩中有不少意境深遠的句子，杜甫曾經稱許過他的作品。殷遙的詩有的流傳到了今天。

【研析】我們在讀唐人詩作的時候，難免常常會遙想唐代士大夫追慕禪家風範，好為隱居山林的雅致。不過，我們從殷遙的遭際來看，若以今人的眼光來加以衡量的話，這種生活，有時候以「困苦」二字來加以形容，也並不為過。由此我們更可以想像到，處於這種物質上十分困苦的情況中，卻仍懷著如此高雅的情懷，真讓人打心眼裡肅然起敬了。

張繼

繼，字懿孫，襄州人。天寶十二年禮部侍郎楊浚下及第。與皇甫冉有髫[1]年之故[2]，契[3]逾昆玉[4]。早振詞名。初來長安，頗矜[5]氣節，有〈感懷〉詩云：「調與時人[6]背，心將靜者[7]論。終年帝城[8]裡，不識五侯[9]門。」

嘗佐鎮戎軍[10]幕府，又為鹽鐵判官[11]。大曆間，入內侍[12]，仕終檢校祠部郎中[13]。繼博覽有識，好談論，知治體[14]，亦嘗領郡[15]，輒[16]有政聲。詩情爽激[17]，多金玉音[18]。蓋其累代詞伯[19]，積襲弓裘[20]，其於為文，不雕自飾，丰姿[21]清迥[22]，有道者風。集一卷，今傳。

【注　釋】❶髫　兒童下垂的頭髮。❷故　舊誼。❸契　交情。❹昆玉　兄弟的美稱。❺矜　崇尚。❻時人　當時的人。❼靜者　恬靜的人，指隱士僧侶之類。❽帝城　京城。❾五侯　權貴之家的代稱。❿鎮戎軍　方鎮名。⓫鹽鐵判官　主管鹽鐵專賣事務的僚屬官。⓬內侍　管理宮內事務的官員。⓭郎中　諸部長官。⓮治體　治國的大體和綱要。⓯領郡　擔任州郡長官。⓰輒　總是。⓱爽激　豪爽激昂。⓲金玉音　形容詩句優美動人。⓳伯　指文章出眾或擅長某一技藝的人。⓴弓裘　喻父子世傳的事業。㉑丰姿　美好的容貌姿態。㉒清迥　清遠；挺拔。

【語　譯】張繼，字懿孫，襄州人。天寶十二年，禮部侍郎楊浚主持貢舉時進士及第。張繼與皇甫冉童年時就建立起了友誼，兩人之間的感情就像兄弟一樣。張繼很早就有擅長文辭的名聲了，當他剛來到長安的時候，十分崇尚氣節，在一首題名〈感懷〉的詩裡寫道：「調與時人背，心將靜者論。終年帝城裡，不識五侯門。」

張繼曾經在方鎮擔任過幕僚，又當過管理鹽鐵事務的判官。大曆年間，他擔任了內侍官，他最終擔任的官職是檢校祠部員外郎中。張繼讀書廣博，有識見，喜歡議論事理，知曉治國的大綱體要，有時也出任州郡的長官，常常能聽到對他執政的讚美之詞。張繼的詩感情豪爽激昂，有許多優美動人的詩句，大概因為連續幾代都是詩壇著名的詩人，繼承了前輩事業的緣故吧。張繼的文章不加雕琢而自然華美，美好的容姿高遠挺拔，有道家的風範。張繼的詩文集一卷，今天仍在流傳。

【研　析】在唐代的詩人中，張繼算不上是名家，如今卻可說是名滿天下，原因十分簡單，因為他寫的〈楓橋夜泊〉，已經成了無人不曉的作品。這首小詩，寥寥數言，讓人感受到了遠遠傳來的疏落鐘聲，歷來的選家，都喜歡選這首詩，寒山寺由此也就成了天下的一處名勝。從宋代起，就有人不斷修葺寺院，刻寫詩碑，文徵明、俞樾等名人都曾題寫過碑。最有趣的是二十世紀三十年代，人們請了一位同樣也叫張繼的詩人來題寫唐代張繼的詩。今天的寒山寺，早已從一個荒村小寺而變成一處千秋名勝，張繼也就成了一位播芳千古的詩人了。

元結

結，字次山，武昌[1]人，魯山[2]令元紫芝[3]族弟也。少不羈[4]，弱冠[5]始折節讀書。天寶十二年進士。禮部侍郎楊浚見其文曰：「一第慁[6]子耳。」遂擢高品[7]。後舉制科。會天下亂，沉浮人間，蘇源明薦於肅宗，授右金吾[8]兵曹[9]。累遷御史，參山南[10]來瑱[11]府，除容管經略使[12]。始隱商於山[13]中，稱「元子」。逃難入猗玗洞，稱「猗玗子」。或稱「浪士」，漁者或稱「聱叟」，酒徒呼「漫[14]叟」。及為官，呼「漫郎」。皆以命[15]所著。性梗僻，深憎薄[16]俗，有憂道閔世之心。〈中興頌〉[17]一文，燦爛金石，清奪湘流。作詩著辭，尚聱牙⓲。天下皆知敬仰。復嗜酒，有句云：「有時逢惡客。」自注：「非酒徒，即惡客也。」有《文編》十卷，及所集當時人詩為《篋中集》一卷，並傳。

【注釋】❶武昌 今湖北鄂城。❷魯山 今河南魯山。❸元紫芝 即元德秀，字紫芝，元結族兄，曾任魯山令，以行為高潔為世人稱。❹不羈 不受約束，行為放任。❺弱冠 古代男子在二十歲時行加冠的儀式，意味著成年，然體質尚未完全發育成熟，故稱弱冠。❻慁 侮辱。❼高品 優異的品第。❽右金吾 唐代十六衛之一，掌宮中、京城及巡警等事。❾兵曹 即兵曹參軍，掌管軍防的烽火、驛馬傳送、門禁、田獵、儀仗等事。❿山南 山南東道節度使。⓫來瑱 安史之亂時以潁川太守守城，因功加防禦使，乾元三年被封為山南東道十州節度使。⓬容管經略使 唐代嶺南五府經略使之一，治所在容州北流，轄十四州。⓭商於山 又作商餘山，在今河南魯山。⓮漫 不受拘束。⓯命 署名。⓰薄 澆薄。⓱中興頌 元結曾撰有〈大唐中興頌〉一文，後由著名書法家顏真卿書寫，於大曆六年刻於永州摩崖。⓲聱牙 語言晦澀難懂。

【語譯】元結，字次山，武昌人，魯山縣令元紫芝的族弟。元結少年時的行為十分放任，二十歲行加冠禮以後，改絃易轍，立志讀書。天寶十三年舉進士，禮部侍郎楊浚看了他的文章後說：「僅授一個及格的進士資格給他的話，是侮辱此人了。」於是把他選拔為成績優異的一類。元結後來又通過了制舉考試。當時社會秩序比較亂，元結淪落在社會上，蘇源明向肅宗推薦了他，被授以右金吾兵曹。幾次遷官，升任監察御史，做了山南節度使來瑱的幕府，被授予容管經略使的職位。

當初，元結隱居在商於山的時候，被人稱為「元子」，後來逃難到猗玕洞，人稱「猗玕子」，或者稱「浪士」；漁夫中有的人稱他為「聱叟」，好喝酒的人則稱他「漫叟」。等元結做了官，又稱他為「漫郎」，元結在自己的作品上都署過這些稱謂。元結性格梗直孤僻，十分厭惡澆薄的世俗風氣，內中懷著憂國憂民的心。〈中興頌〉這篇文章，如同金石般燦爛奪目，比湘江的流水還要清朗。他作詩撰文，喜歡用晦澀難解的字，天下的人都十分敬仰他。元結還喜歡飲酒，他有一句詩：「有時逢惡客。」自注：「非酒徒，即惡客也。」元結有《文編》十卷，以及他收集當時人詩的《篋中集》一卷，都流傳了下來。

【研析】元結是一位詩人，卻更以他的文學主張出名，他在唐詩發展的歷史上，以改革詩風和文風自任。為了提倡淳古淡泊的詩風，他編選了題名《篋中集》的一部詩集，針對時下詩歌創作流行的工於形式的毛病，提出了自己的改革主張。這些主張在當時似乎只產生了很有限的影響，但是，在數十年後，當韓愈、柳宗元提出文風改革的時候，可以看到，他們之間有著直接的一脈相承的關係。

郎士元

士元，字君冑，中山❶人也。天寶十五載盧庚榜進士。寶應❷初，選京畿❸縣官。詔試政事中書，補渭南❹尉，歷左拾遺，出為郢州❺刺史。

與員外郎錢起❻齊名。時朝廷自丞相以下，出牧❼奉使❽，無兩君詩文祖餞，人以為愧，其珍重如此。二公體調❾，大抵欲同，就中郎君稍更閑雅，逼近康樂❿。珠聯玉映⓫，不覺成編，掩映時流，名不虛矣。有別業在半日吳村⓬，王季友⓭、錢起等皆見題詠，每誇勝絕。詩集今傳於世。

【注釋】❶中山　指古中山國，唐代為定州安喜縣，即今河北定縣。❷寶應　唐代宗年號（西元七六二—七六三年）。❸京畿　京都所在地及其行政官署所管轄地區，其所轄縣的縣官品秩高於其他地區。❹渭南　今陝西渭南，唐代屬關內道京兆府，為畿縣。❺郢州　州治長壽，轄境包括今湖北鍾祥、京山。❻錢起　傳見本書卷四。❼牧　治理地方行政，此指擔任地方官員。❽使　奉朝廷的命令特派到地方去負責某種政務的官員。❾體調　作品的風格。❿康樂　謝康樂，即謝靈運。⓫玉映　玉石彼此輝映。⓬半日吳村　位於華州渭南，村落位於山際，因受山影遮蔽，日照常只及其半而得名。⓭王季友　傳見本書卷四。

【語譯】郎士元，字君冑，中山人。天寶十五年，與狀元盧庚同榜進士。寶應初年，朝廷遴選京畿官員，詔命中書省以政事為題，測試候選官員，郎士元獲得了渭南縣尉的職務，歷任左拾遺等職，出任郢州刺史。郎士元與員外郎錢起齊名，當時，朝廷自丞相以下，凡是出任地方官員或奉命到地方去的使節，如果送行的酒宴上缺少了由他們兩人執筆的送別詩文，人們會覺得是非常沒有面子的事情，當時對他倆的珍重竟到如此的程度。兩位先生的作品風格，大體相仿，其中，郎先生的風度略更加優雅一些，十分接近南朝的謝靈運，詩句像連綴在一起的珠子，又像相互輝映的美玉，不知不覺中就組合成篇，令當時的名流們都要相形失色，真是名不虛傳啊。郎士元有別墅在半日吳村，王季友、錢起等人都有題詠的作品，誇讚它的風景無與倫比。郎士元的作品今天還流傳在世。

【研析】大曆時期的詩人，他們生活的時代，原本繁華的迷夢已被安史之亂擊碎了，婉麗的風格代替了初唐時期的「建安風骨」，所以，平庸之作相對多一點。不過，郎士元的詩也許可算作例外，例如，在他的一首送別詩中，我們可以讀到，「暮蟬不可聽，落葉豈堪聞。共是悲秋客，那知此路分。」這一類詩句，有著引人入勝的意境，是頗堪玩味的佳句。

道人靈一

一公，剡中❶人。童子出家，缾鉢❷之外，餘無有。天性超穎❸，追蹤謝客❹，隱麻源第三谷中，結茆❺讀書。後白業❻精進❼，居若耶溪❽雲門寺❾，從學者四方而至矣。尤工詩，氣質淳和，格律清暢。兩浙❿名山，暨衡⓫、廬⓬諸甲⓭剎⓮，悉所經行⓯。與皇甫昆季⓰、嚴少府⓱、朱山人⑱、徹上人⑲等為詩友，酬贈甚多。刻意聲調⑳，苦心不倦，騁譽叢林㉑。後順寂㉒於岑山。集今傳世。

【注釋】❶剡中 今浙江剡縣。靈一的籍貫，一說為廣陵，即今江蘇揚州。❷缾鉢 僧人的食具，以瓶盛水，以缽盛飯。❸超穎 超越常人的悟性。❹謝客 即謝靈運，謝靈運幼時曾被寄養在外，族人故喚其為「客兒」，世人遂有「謝客」之稱。❺結茆 意為蓋造簡陋的房屋。茆，同「茅」。❻白業 佛家語，意為善業。❼精進 佛家語，指能夠持善樂道而不自放逸的行為，為修煉成佛的基本功之一。❽若耶溪 溪水名，在今浙江紹興南，相傳戰國時西施曾浣紗於此，又名浣紗溪。❾雲門寺 位於今浙江紹興南雲門山。❿兩浙 指浙東和浙西，大致為今天浙江以及江蘇南部地區。⓫衡 衡山，古稱南嶽，在湖南衡陽西，山有七十二峰，祝融、天祝等峰為著。⓬廬 廬山，在江西九江南，北靠長江，山有九十餘峰，以大漢陽峰最高，五老峰、香爐峰等為著。⓭甲 居於首位。⓮剎 廟宇。⓯經行 佛教徒為養身及散除鬱悶而旋回往返於一定之地，稱為經行。⓰皇甫昆季 皇甫冉、皇甫曾兄弟，傳見本卷。⓱嚴少府 嚴維，傳見本卷。⓲朱山人 朱放，傳見本書卷五。⓳徹上人 靈徹上人，傳見本卷。⓴聲調 詩文的音律節奏。㉑叢林 眾僧侶聚集念誦佛經和修道的地方，寺院的代稱。㉒順寂 順化圓寂，指僧侶的去世。

【語譯】靈一法師，剡中人。他在孩童時就出家為僧，除了瓶缽之外，別無他物。靈一天分極其聰穎，他效法謝靈運，隱居在麻源第三谷中，蓋起了簡陋的茅屋，居住在裡面讀書。靈一後來在修煉善業上持之以恆而不自放逸，居住在若耶溪雲門寺，隨他學道修行的人紛紛從四面八方趕來。靈一尤其擅長寫詩，氣質淳厚溫和，格律清明暢快。兩浙的名山，以及衡山、廬山上的諸多名剎，他都遊歷遍了。靈一與皇甫兄弟、嚴少府、朱山人、徹上人等為詩友，互相酬贈的詩作很多。他寫詩時在音律節奏上非常注意，孜孜不倦地用心推敲文字，在佛教寺院享有很高的聲譽。靈一後來在岑山圓寂，他的集子流傳到了今天。

【研析】僧人成為寫詩隊伍中的一員，始於東晉時期。雖說寫詩是吟風弄月的事情，與青燈黃卷不甚相干，可是，《全唐詩》還為我們保留了他們撰寫的將近三千首詩作。靈一的詩，語言典雅，格律精嚴，形成了自己獨特的清幽淡遠的風格，意境上追求一種含蓄空靈的美，讓人聯想到了萬籟俱寂的月明之夜，隱隱傳來的音調悠遠的鐘鼓聲，靈境禪心，融為一種澄靜空明的境界。此後，僧人寫詩，在詩壇上便沿襲相承為一種傳統，成為風格獨特的一支力量。

論曰：自齊、梁以來，方外工文者，如支遁❶、道遒❷、惠休❸、寶月❹之儔❺，馳驟❻文苑，沉淫❼藻思❽，奇章偉什❾，綺錯❿星陳，不為寡矣。厥後喪亂⓫，兵革⓬相尋⓭，緇素⓮亦已狼藉⓯，罕有復入其流者。至唐累⓰朝，雅道大振，古風再作，率皆崇衷像教⓱，駐念津梁⓲，龍象⓳相望，金碧交映。雖寂寥之山河⓴，實威儀㉑之淵藪㉒。寵光優渥㉓，無逾此時。故有顛頓㉔文場之人，憔悴江海之客，往往裂冠裳㉕，撥矰繳㉖，杳然[27]高邁[28]，雲集蕭齋[29]。一食[30]自甘，方袍[31]便足，靈臺[32]澄皎，無事相干，三餘[33]有簡牘之期，六時[34]分吟諷之隙。青峰瞰[35]門，綠水周舍，長廊步屧[36]，幽徑尋真。景變序遷，蕩入冥思。凡此數者，皆達人雅士，夙所欽懷，雖則心侔[37]迹殊，所趣[38]無間。會稽傳孫、許[39]之玄談，廬阜[40]接謝、陶[41]於白社[42]，宜其日鍛月煉，志彌[43]厲而道彌精。佳句縱橫，不廢禪定[44]，巖穴[45]相邇[46]，更唱迭酬，苦於三峽猿[47]，清同九皋鶴[48]，不其偉歟？與夫迷津[49]畏途[50]，埋玉[51]世慮[52]，蓄憤於心，發在篇詠者，未可同年而論矣。然道或淺深，價有輕重，未能悉采。其喬松於灌莽，野鶴於雞群者，有靈一、靈徹、皎然、清塞、無可、虛中、齊己、貫休八人，皆東南產秀，共出一時，已為錄實。其或雖以多而寡稱，或著少而增價者，如惟審、護國、文益、可止、清江、法照、廣宣、無本、修睦、無悶、太易、景雲、法振、棲白、隱巒、處默、卿雲、棲一、淡交、良乂、若虛、雲表、曇域、子蘭、僧鸞、懷楚、惠標、可朋、懷浦、慕幽、善生、亞齊、尚顏、棲蟾、理瑩、歸仁、玄寶、惠侃、法宣、文秀、僧泚、清尚、智暹、滄浩、不特等四十五人，名既隱僻，事且微冥，今不復喋喋云爾。

【注釋】❶支遁　東晉高僧，字道林。❷道遒　南朝齊僧人，善作詩。❸惠休　南朝齊僧人，善作文。❹寶月　南朝齊僧人，善作詩。❺儔　伴侶；同類的人。❻馳驟　疾奔。❼沉淫　沉浸；沉湎。❽藻思　華美的文采。❾什　篇什，喻詩篇。❿綺錯　錯落有致的花紋。⓫喪亂　死喪禍亂，喻社會動亂。⓬兵革　喻戰亂。⓭相尋　連續不斷。⓮緇素　僧人和俗眾。⓯狼藉　散落不整。⓰累　連續。⓱像教　即佛教。⓲津梁　佛家用以比喻引渡眾生的佛法。⓳龍象　本指勇猛大力羅漢，喻高僧。⓴山河　喻風景。㉑威儀　儀禮細節。佛教以行、住、坐、臥為四威儀。㉒淵藪　事物彙集之處。㉓優渥　充足；優厚。㉔顛頓　顛沛、困頓。㉕冠裳　喻仕宦的服飾。㉖矰繳　繫有絲繩的短箭，喻暗害人的手段。㉗杳然　深遠貌。㉘高邁　高超不凡。㉙蕭齋　僧人的齋舍。㉚一食　喻簡單的食物。㉛方袍　僧衣。㉜靈臺　喻內心。㉝三餘　喻閒暇之時。㉞六時　佛家將一天分作六個時序。㉟瞰　俯視。㊱步屧　散步。㊲侔　相等。㊳趣　同「趨」。㊴孫許　東晉時期的玄言詩人孫綽和許詢。㊵廬阜　廬山。㊶謝陶　東晉時期的詩人謝安和陶淵明。㊷白社　東晉高僧慧遠與慧永等十八人結社於廬山東林寺，稱白蓮社，與詩人謝安和陶淵明都有來往。㊸彌　更加。㊹禪定　佛家稱坐禪時住心於一境，冥想妙理的功夫。㊺巖穴　山洞，喻隱居山洞的隱士。㊻邇　近。㊼三峽猿　古人認為三峽猿鳴聲哀切動人。㊽九皋鶴　皋，湖沼，《詩經》中〈小雅．鶴鳴〉詩曾形容在九皋上飛翔的鶴鳴聲傳得很遠。㊾迷津　佛家形容陷入迷妄的境界。㊿畏途　艱險可怕的路途，喻社會人生。(51)埋玉　形容富有才華而遭社會埋沒。(52)世慮　俗念。

【語譯】論曰：自從齊、梁兩朝以來，生活在世俗社會之外而又擅長詩文寫作的人，例如支遁、道遒、惠休、寶月這些僧侶，在文壇上快意地馳騁，沉湎在華美的文思中，奇特美好的文章和詩篇，像錯落有致的花紋，如陳布在天上的星星，數量也不少啊。在這之後，社會發生動亂，戰事連綿不斷，僧人和俗眾都散亂不整，很少有人能做到像他們那樣的了。到了唐代，連續幾朝振興提倡作詩的風雅之道，前代的風氣再度出現，人們都虔誠地信奉佛教，留意於引渡眾生的佛家之說，出現了許多高風亮節的僧人，修築了輝煌燦爛的寺院。雖然景色看起來有幾分寂寞冷清，卻是佛家行住坐臥威儀的彙集之處。恩寵榮耀，無以復加。因此，一些失意困頓的文人，落魄江湖的遊士，往往放棄了自己在仕途上的追求，避開了那些或許無從預測的禍端，以一種超凡脫俗的氣質，雲集到了佛門之中。一點簡單的食物就能覺得十分甘美，一襲僧人的袍子便可滿足需要，內心澄透潔淨，沒有俗事相擾，閒暇之時得以讀書，空餘時分能夠吟詩誦文。青翠的山峰俯瞰山門，碧綠的流水環繞僧舍。沿著長廊漫步，循著幽徑玩味禪家真義。景物的變幻，時序的更遷，都足以引起人的沉思。像上述的幾種人物，都是通達之人，文雅之士，向來都是令人尊敬和懷念的，雖然內心相通，形跡或有不同，追求卻完全是一致的。會稽流傳著與孫綽、許詢的玄談相關的傳說，廬山上有與謝安、陶淵明往來的白蓮社，大概積日累月的修煉，志向更加堅定，道義也愈加精粹了吧。佳句時時出現，沒有荒廢修禪入定。與一些隱居之士相往來，彼此唱和酬答，悲苦之情甚於三峽的猿聲，清亮之音高於九皋之上的鶴鳴，不都是極為出色的嗎？與那些因人生社會的困苦而迷失方向，或者因為受俗慮的牽累埋沒了自己的才華，將憤懣之情埋在心裡，只能藉詩篇加以表露的人相比，是不可放在一起來加以評論的。然而各人修道有深淺不同，價值也有輕重之別，不可能將所有人的作品都收集起來。有幾位像灌木叢中顯露著的高大松樹，又如同立於雞群中的野鶴的僧家詩人，有靈一、靈徹、皎然、清塞、無可、虛中、齊己、貫休等八人，都是出在東南地區的俊秀，生活在同一個時期，已經分別據實記錄了下來。其他有些人，或者作品很多但影響不大，或者作品數量少卻有一些名氣的，如惟審、護國、文益、可止、清江、法照、廣宣、無本、修睦、無悶、太易、景雲、法振、栖白、隱巒、處默、卿雲、棲一、淡交、良乂、若虛、雲表、曇域、子蘭、僧鸞、懷楚、惠標、可朋、懷浦、慕幽、善生、亞齊、尚顏、栖蟾、理瑩、歸仁、玄寶、惠侃、法宣、文秀、僧泚、清尚、智暹、滄浩、不特等四十五人，名聲不是十分顯著，事跡也不很清楚了，今天就不再一一具述了。

皇甫冉

冉，字茂政，安定❶人。避地來寓丹陽❷，耕山釣湖，放❸適❹閑淡。或云祕書少監❺彬之侄也。十歲能屬文，張九齡一見，嘆以清才❻。天寶十五年盧庚榜進士。調無錫❼尉，營別墅陽羨❽山中。大曆初，王縉❾

為河南節度，辟掌書記⑩，後入⑪為左金吾衛兵曹參軍，仕終拾遺、左補闕⑫。公自擢桂⑬禮闈⑭，便稱高格。往以世道艱虞⑮，遂心江外⑯，故多飄薄⑰之嘆。每文章一到朝廷，而作者⑱變色，當年才子，悉願締交⑲，推為宗伯。至其造語玄微，端⑳可平揖㉑沈、謝㉒，雄視㉓潘、張㉔。惜乎長轡㉕未騁㉖，芳蘭早凋，良可痛哉！有詩集三卷，獨孤及為序，今傳。

【注釋】①安定　今甘肅涇川。②丹陽　今江蘇丹陽。③放　放逸；放任。④適　閒適。⑤祕書少監　祕書省屬官，掌起草文書、掌管圖書等職。⑥清才　優秀的才能。⑦無錫　今江蘇無錫。⑧陽羨　位今江蘇宜興。⑨王縉　字夏卿，王維弟，安史之亂後，曾任持節都統河南、淮西、山南東道諸節度行營事。⑩掌書記　唐代諸道觀察使、節度使的文職幕僚，掌表奏書檄等。⑪入　入朝。⑫左補闕　官職名，屬門下省，職務為侍從諷諫。⑬擢桂　同「折桂」。喻科舉登第。⑭禮闈　禮部或禮部試進士之所。⑮艱虞　艱難憂患。⑯江外　又稱江東，指江南地區。⑰飄薄　飄泊。⑱作者　指當時擅長寫文章的人。⑲締交　建立往來關係。⑳端　準定。㉑平揖　地位高下對等的禮儀。㉒沈謝　南朝的著名詩人沈約和謝靈運。㉓雄視　稱雄；壓倒。㉔潘張　晉代著名詩人潘岳和張協。㉕長轡　喻卓越的才能。㉖騁　馳騁，喻施展。

【語譯】皇甫冉，字茂政，安定人。他因躲避戰禍寓居到丹陽，耕耘山野，垂釣湖邊，過著放逸悠閒的淡泊生活。有人說皇甫冉是祕書少監皇甫彬的姪子。皇甫冉十歲的時候就能寫文章，張九齡一看到他的文章，就為他的出眾才華而驚嘆。天寶十五年，皇甫冉與狀元盧庾同榜進士，調任無錫縣尉。皇甫冉在陽羨山間建了別墅。大曆初，王縉擔任河南節度使，聘請皇甫冉為掌書記，後入朝任左金吾衛兵曹參軍，他最後擔任的職務是拾遺、左補闕。皇甫冉自參加科舉考試及第，便以高尚的人格為人稱道。早年因為世道艱辛莫測，嚮往著到江南避禍，所以，作品裡充斥了對漂泊生活的感慨。每當他的詩文傳到朝廷，那些寫文章的高手們都不禁為之色變。當時的才子們，都希望能和他交上朋友，公認他為文壇的領袖人物。至於他遣詞造句，玄妙精微，確實可與沈約、謝靈運相當，而雄視潘岳、張協之輩。可惜他的出眾才智還未得以發揮，就像芬芳的蘭花，過早地凋謝了，實在讓人惋惜啊。皇甫冉有詩集八卷，獨孤及為他撰寫了序言，至今還流傳在世。

【研　析】中唐時期的詩人，感嘆世道艱虞，多流落飄零之感，詩風也轉向了精妙婉麗，唐前期那種慷慨的豪氣，和熱烈蓬勃的激情，似乎都是較遠的過去事情了。人們的社會責任心和參與意識的淡化，凡此種種，恐怕只能到社會的變遷中去尋找，到他們顛沛流離的生活經歷中發掘，才可能真正理解。

皇甫曾

曾，字孝常，冉之弟也。天寶十二年楊儇榜進士。善詩，出王維之門。與兄名望相亞❶，當時以比張氏景陽❷、孟陽❸，協居上品，載處下流❹，侍御❺、補闕❻，文詞亦然。體製清緊❼，華不勝文，為士林所尚。仕歷侍御史。後坐事貶舒州❽司馬❾，量移陽翟❿令。有詩一卷，傳於世。

【注釋】❶亞　僅次一等。❷景陽　西晉著名詩人張載的字，張載以博學而擅長詩文稱。❸孟陽　張協的字，張協為張載弟，亦以文章著稱。❹下流　地位較低。❺侍御　侍御史的簡稱，此代指皇甫曾。❻補闕　左補闕的簡稱，此代指皇甫冉。❼緊　嚴密。❽舒州　治所在休寧，今安徽潛山。❾司馬　府州佐吏，地位在別駕、長史之下。❿陽翟　今河南禹縣。

【語譯】皇甫曾，字孝常，皇甫冉的弟弟。天寶十二年，他和狀元楊儇同榜進士。皇甫曾擅長寫詩，他的詩受王維影響很深。皇甫曾與其兄皇甫冉的名望相差不大，當時的人把他們倆比作張載、張協兄弟，張協的詩為上品，而張載要略遜一些，皇甫冉、皇甫曾兩兄弟的作品也是這樣。皇甫曾的詩文作品體格清麗嚴密，文辭華美，文章的內容也並未因此而失去光彩，為文士們所推崇。皇甫曾曾擔任過侍御史，因受到一些事情的牽累，被貶職為舒州司馬，後酌情改任陽翟縣令。他有詩一卷，流傳到了後世。

獨孤及

及，字至之，河南❶人。丱角❷時，誦《孝經》❸，父試之曰：「爾志何語？」曰：「立身❹行道❺，揚名於後世。」天寶末，以道舉❻高第，代宗召為左拾遺。遷禮部員外郎，歷濠❼、舒❽、常❾三州刺史。及性孝友，喜鑒拔❿，為文必彰明⓫善惡，長於議論。工詩，格調高古，風塵⓬迥絕，得大名當時。有集傳世。

嘗讀《選》⓭中沈、謝⓮諸公詩，有題〈新安江水至清淺深見底貽京邑遊好〉及〈石門新營所住四面高山迴溪石瀨茂林修竹〉及〈田南樹園激流植援〉、〈齋中讀書〉、〈南樓中望所遲客〉、〈晚登三山還望京邑〉等數端⓯，皆奇崛⓰精當⓱，冠絕古今，無曾發其韞奧者。逮盛唐，沈、宋、獨孤及、李嘉祐、韋應物⓲等諸才子集中，往往各有數題，片言不苟，皆不減其風度，此則無傳⓳之妙。逮元和⓴以下，佳題尚罕，況於詩乎！立題乃詩家切要，貴在卓絕清新，言簡而意足，句之所到，題必盡㉑之，中無失節㉒，外無餘語，此可與智者㉓商榷云，因舉而論之。

【注釋】❶河南　即河南洛陽，漢代洛陽稱河南縣，屬河南郡。❷丱角　兒童束髮成兩角，此代指孩童。❸孝經　儒家經典之一，有鄭玄注今文本和孔安國注古文本，唐開元年間玄宗命諸儒集韋昭等六家說為注，故多稱玄宗御注。❹立身　用自己的行為建樹人生。❺道　聖賢之道。❻道舉　唐代取士科目之一。❼濠　濠州，治所鍾離，今安徽鳳陽。❽舒　原作「館」，據《新唐書》本傳改。❾常　治所晉陵，今江蘇常州。❿鑒拔　鑒識，拔擢人才。⓫彰明　表明；揭示。⓬風塵　世俗的擾攘。⓭選　指《昭明文選》，南朝梁昭明太子蕭統編，選錄先秦至梁的詩文辭賦約七百餘篇。⓮沈謝　沈約、謝靈運。⓯端　本為布帛的長度單位，此代指篇。⓰奇崛　高峻陡峭貌，形容風格獨特。⓱精當　精確的當。⓲韋應物　傳見本書卷四。⓳無傳　未經過師傳。⓴元和　唐憲宗年號（西元八〇六－八二〇年）。㉑盡　包括。㉒失節　失去調節。㉓智者　有識之士。

【語譯】獨孤及，字至之，河南人。他還是孩童的時候，有一次誦讀《孝經》，父親試探他說：「你的志向是哪一句話呢？」獨孤及回答道：「立身行道，揚名於後世。」天寶末年，參加道舉科考試，成績優異，代宗召他入朝，擔任左拾遺，升任禮部員外郎，先後當過濠、舒、常三州的刺史。獨孤及生性孝敬長輩，友愛親朋，喜歡鑒識和拔擢人才，寫的文章必定有態度鮮明的揚善棄惡的觀點，以議論見長。他善於作詩，格調高邁古雅，不帶半點世俗氣，在當時便享有大名。有集子傳世。

我曾讀過《照明文選》中沈、謝諸公的詩，有題作〈新安江水至清淺深見底貽京邑遊好〉及〈石門新營所住四面高山回溪石瀨茂林修竹〉及〈田南樹園激流植援〉、〈齋中讀書〉、〈南樓中望所遲客〉、〈晚登三山還望京邑〉等數篇，都是風格奇特，內容精當，無論在古代，還是到了今天，都稱得上是第一流的作品，卻未曾有人闡發其中蘊涵的深奧含義。到了盛唐時期，沈佺期、宋之問、獨孤及、李嘉祐、韋應物等諸位才子的文集中，常常各自有幾首詩的篇題，一字一句也不馬虎，毫不遜於沈、謝等前人的風度，這真是雖未經老師直接傳授，卻能得其真傳的高妙之處啊。到了元和年間以後，好的篇題尚且罕見，何況詩作呢。立題是作詩的人最重要的事，最可貴是在於超脫和清新，語言精鍊而內涵豐富。詩句中表達的意思，題中一定都要包括到了，篇題與內容沒有缺少對應之處，內容中也沒有游離篇題之外的語句。這些是可以和有見地的人一起切磋商討的內容，故而舉上述的例子來議論一番。

劉方平

方平，河南人。白晳美容儀❶。二十工詞賦，與元魯山❷交善。隱居潁陽❸大谷，尚❹高不仕。皇甫冉、李頎等相與贈答，有云：「籬邊潁陽道，竹外少姨峰。」神意淡泊。善畫山水，墨妙❺無前。汧國公李勉❻延至齋中，甚敬愛之。欲薦於朝，不忍屈，辭還舊隱。工詩，多悠遠之思，陶寫性靈❼，默會❽〈風〉〈雅〉，故能脫略❾世故，超然物外。區區斗筲❿，何足以繫⓫劉先生哉！有集今傳。

【注 釋】❶容儀 容貌和儀態舉止。❷元魯山 即元德秀，見本卷〈元結〉篇注。❸潁陽 位於河南登封西南。❹尚 志向。❺墨妙 運用墨色的技法。❻李勉 唐宗室，代宗時歷任京兆尹、廣州都督等職，封汧國公，德宗朝時任宰相。❼性靈 性情等精神生活。❽默會 暗中相合。❾脫略 忽略；不重視。❿斗筲 斗、筲皆為容量較小的容器，比喻低微的官職。⓫繫 拴；羈絆。比喻受吸引而改變初衷。

【語 譯】劉方平，河南人。他的面容白皙，儀態俊美，二十歲時，就精於吟詩作文，和元魯山的關係非常好。劉方平隱居在潁陽的大谷中，志向很高，不願出來做官。皇甫冉、李頎等人與劉方平有相互贈答的詩篇，有一首說道：「籬邊潁陽道，竹外少姨峰。」神情意態十分淡泊。劉方平善於畫山水風景，用墨技法之妙，可以說已到了前無古人的程度。汧國公李勉將劉方平請到家中，對他非常恭敬且愛重，打算向朝廷推薦他，劉方平卻不願改變自己的意向，告別了李勉，回到舊日隱居的地方。劉方平善於寫詩，詩中充滿了悠遠的意境。他陶冶自己的性情，與《詩經》中〈風〉、〈雅〉等篇的精神相通，所以，能夠盡棄世俗的觀念，超越了常人的價值取向。區區斗筲小官，哪裡會使劉先生改變自己的志向呢！劉方平的詩集今天仍流傳在世。

【研 析】劉方平的小詩寫得極為精緻可愛，他在作品中試圖尋覓一種超然物外的意趣。他的一首描寫月夜的詩是這樣寫的，「今夜偏知春意暖，蟲聲新透綠窗紗」，讀來彷佛是在欣賞一幅山水寫意小品。後來有人認為，劉方平的藝術風格，對北宋詩人的一些創作不無影響。

秦系

系，字公緒，會稽人。天寶末，避亂剡溪，自稱「東海釣客」。北都❶留守薛兼訓❷奏為倉曹❸參軍，不就。客泉州❹，南安❺九日山❻中有大松百餘章❼。俗傳東晉時所植，系結廬其上，穴❽石為研，注《老子》，彌❾年不出。時姜公輔❿以直言罷為泉州別駕，見系輒窮日⓫不能去，築室與相近，遂忘流落之苦。公輔卒，妻子在遠，系為營葬山下，每⓬好義如此。張建封⓭聞系不可致⓮，請就加校書郎。

與劉長卿、韋應物善，多以詩相贈答。權德輿⓯曰：「長卿自以為『五言長城』，系用偏師⓰攻之矣，雖老益壯。」年八十餘卒。南安人思之，號其山為「高士峰」，今有「麗句亭」在焉。集一卷，今傳。

【注釋】❶北都　今山西太原，唐天授元年（西元六九〇年），武則天改并州都督府為北都。❷薛兼訓　按秦系有詩作〈獻薛僕射〉，所獻者疑即此人。❸倉曹　主管倉穀事務的官，唐代各衛、王府官屬、都督府、州刺史等都設倉曹參軍事等官職。❹泉州　今福建泉州。❺南安　今福建南安東。❻九日山　山名，在今泉州境內。❼章　大的樹木稱章。❽穴　磨出微凹的石坑。❾彌　終；極盡。❿姜公輔　曾任翰林學士，德宗時頗受重用，官至諫議大夫、同中書門下平章事，後貶泉州別駕。⓫窮日　整天。⓬每　常常。⓭張建封　唐德宗時曾任壽州刺史、徐泗濠節度使等。⑭致　招致；羅致。⑮權德輿　傳見本書卷五。⑯偏師　全軍的一部分，喻未用主力。

【語譯】秦系，字公緒，會稽人。天寶末年，他到剡溪躲避戰亂，自稱「東海釣客」。北都留守薛兼訓推薦他當倉曹參軍，他推辭不就。秦系客居在福建泉州，南安的九日山上有巨松百餘株，據民間傳說，還是在東晉時種植的。秦系在山上搭建了草屋，磨石頭做硯臺，圈注《老子》，終年沒有出山。當時，姜公輔因為直言諫事，遭罷黜為泉州別駕，見了秦系後，常常終日不能離去，就在附近蓋了房子，以致把自己遭遇的流落之苦都忘了。姜公輔去世時，妻子和兒子都在遠方，秦系為他安排入葬等後事，就葬在山下，他一直都是這樣看重情義的。張建封聽說秦系不可羅致，就請求加封他校書郎的頭銜。

秦系和劉長卿、韋應物的關係很好，經常以詩互相贈答。權德輿說：「劉長卿自詡為『五言長城』，秦系用偏師來攻他，雖然上了年紀，卻更加有力量了。」秦系活了八十餘歲。南安人思念他，將他隱居的山稱為「高士峰」，至今那裡還有紀念他的「麗句亭」。秦系留下詩集一卷，今天還在流傳。

【研析】避亂而居於山間，研讀《老子》，屢屢辭謝徵辟，在時人看來，不失為高士之舉，故而得享大名。其實，若深入唐代天寶以後的社會來看，詩人的這種選擇，或者也可以說是不得已之下的明智之舉吧。

張眾甫

眾甫，京口❶人。隱居不務❷進取❸，與皇甫御史友善，精廬❹接近。後各遊四方，曾寄處士詩云：「伏臘❺同雞黍❻，柴門閉雪天。」時宦亦有徵辟❼者，守死善道❽，卒不就。眾甫詩婉媚❾綺錯❿，巧用文字，工於興喻，文流中佳士也。

同在一時者，有趙微明、于逖、蔣渙、元季川，俱山顛⓫水涯⓬，苦學貞士⓭，名同蘭茝⓮之芳，志非銀黃⓯之慕。吟詠性靈⓰，陶陳⓱衷素⓲，皆有佳篇，不能湮落。惜其行藏之大概，不見於記錄，故缺其考詳焉。

【注釋】❶京口　今江蘇鎮江的古稱。❷務　從事。❸進取　事業上的成就，此指通過科舉等方式在仕途上獲取進展。❹精廬　讀書講學處。❺伏臘　夏季的伏日和冬季臘日的合稱，皆為古代的節日。❻黍　黏黃米，古人常以雞黍喻美食。❼徵辟　朝廷徵召和聘請未仕的人做官。❽守死善道　到去世時仍遵行聖賢之道。❾婉

媚　柔順可愛。⑩綺錯　縱橫交錯，形容文思綿密精巧。⑪顛　頂端。⑫水涯　水邊。山顛、水涯，皆意為遠遁人跡處。⑬貞士　言行一致，守志不移的人。⑭茝　香草名。⑮銀黃　銀印與金印或銀印與黃綬帶的簡稱，皆代指官職。⑯性靈　性情等精神生活。⑰陶陳　抒發陳說。⑱衷素　內心的真情。

【語譯】張眾甫，京口人。他不在仕途上努力謀求進展，過著隱居山林的生活。張眾甫與皇甫御史非常要好，兩人的書齋十分接近。後來，他們各自到四方遊歷，皇甫御史曾在寄給他的詩中說：「伏臘同雞黍，柴門閉雪天。」當時，一些做官的人也有舉薦張眾甫為官的，他仍然堅持他一貫的聖賢之道，最終也沒有出來做官。張眾甫的詩風格婉轉可愛，構思巧妙，文字精美，善於在詩中用一些恰如其分的比喻，屬於當時文壇上的佼佼者。

和張眾甫同時的人，有趙微明、于逖、蔣渙、元季川等，都是居住在山顛水涯，刻苦學習作詩的堅貞之士。他們的名字有如蘭、茝一樣的芬芳，他們的志向不是謀求官場上的發展。吟詠性靈，闡述自己內心的情感，都留下了很好的作品，不能任其湮沒無聞。可惜有關他們生平的大概情況，沒有什麼文字記錄，所以無法詳細地敘述了。

嚴維

維，字正文，越州人。初，隱居桐廬❶，慕子陵❷之高風。至德二年，江淮選補使❸侍郎崔渙下以詞藻宏麗❹進士及第。以家貧親老，不能遠離，授諸暨❺尉，時已四十餘。後歷祕書郎。嚴中丞節度河南，辟❻佐幕府。遷餘姚❼令，仕終右補闕❽。維少無宦情，懷家山❾之樂。以業素❿從升斗之祿，聊代耕耳。詩情雅重⓫，挹⓬魏晉之風，鍛鍊鏗鏘，庶⓭少遺恨。一時名輩，孰匪金蘭⓮。詩集一卷，今傳。

【注釋】❶桐廬　今浙江桐廬。❷子陵　東漢人嚴光，字子陵，少時曾與漢光武帝劉秀同學，劉秀稱帝後，召其入京，擬授以高官，嚴光推辭不就，退隱於富春江邊。❸選補使　唐官職名，以郎官、侍御史任之，奉皇帝之命，到地方選拔人才。❹詞藻宏麗　唐制舉科名。❺諸暨　今浙江諸暨。❻辟　徵召。❼餘姚　今浙江餘姚。❽右補闕　官職名，屬中書省。職務為侍從諷諫。❾家山　家鄉。❿業素　業，學業。素，本始。⓫重　深沉。⓬挹　取得。⓭庶　頗；很。⓮金蘭　志同道合，同心同德的友人。

【語譯】嚴維，字正文，越州人。早年，嚴維追慕東漢嚴子陵的高尚情懷，隱居在桐廬。至德二年，在江淮選補使侍郎崔渙的主持下，嚴維通過制舉詞藻宏麗科考試，獲得了進士及第的資格。因為家境貧窮，雙親年邁，不便離家遠行，被授諸暨縣尉，這時，他已經四十來歲了。後來，嚴維又擔任過祕書郎的職務。嚴中丞做河南節度使時，徵召他為自己的幕僚。又升任為餘姚縣令，最後擔任的官職是右補闕。嚴維年輕的時候就沒有做官的願望，留戀的是家鄉山水之樂。後來，憑藉自己積累的學問，來換取一點低微的俸祿，不過是用以替代耕田，養家餬口罷了。嚴維的詩情雅正深沉，繼承了魏晉詩人的風格，琢字鍊句，聲調鏗鏘有力，很少有讓人感到遺憾的地方。

當時寫詩的名流，幾乎都是和他志同道合的朋友。嚴維有詩集一卷，流傳到了今天。

【研　析】人們雖然未把嚴維置於大曆十才子之列，其實，他的詩作風格，與他們是屬於同一種類型的。他做官的時間比較遲，與大曆年間一些影響較大的詩人都是朋友，雖然留下的作品不多，卻留給後人較深的印象。比如，他在一首還寄劉長卿的詩中寫道：「柳塘春水漫，花塢夕陽遲。」讀到這類詩句的時候，會讓人產生一種瞬息之間，似乎就把握住了山光水色的會意感覺。

于良史

良史，至德中仕為侍御史。詩體清雅，工於形似，又多警句。蓋其珪璋❶特達❷，早步清朝❸，興致不群❹，詞苑增價。雖平生似昧❺，而篇什多傳。

【注　釋】❶珪璋　美玉，喻美好的德行。❷特達　出眾；顯著。❸清朝　政治清明的朝代。❹不群　不同凡響。❺昧　模糊不清。

【語　譯】于良史，至德中曾當過侍御史。于良史寫的詩風格清新雅致，十分擅長在形象上的描寫，很多句子意味深長。大概由於他美好的德行十分出眾，很早就在朝中任官，寫詩的興致卓而不凡，在詩人中地位很高。有關于良史的生平事跡似乎難以考索了，但他的詩篇有不少得以流傳了下來。

靈徹上人

靈徹，姓湯氏，字澄源，會稽人。自童子❶辭父兄入淨❷，戒行❸果❹潔。方便❺讀書，便覺勤苦。授詩法於嚴維，遂藉藉❻有聲。及維卒，乃抵吳興❼，與皎然❽居何山❾游講❿。因以書薦於包侍郎佶，佶得之大喜；又以書致於李侍郎紓⓫。時二公以文章風韻為世宗⓬。貞元中，西遊京師，名振輦下⓭。緇⓮流疾之，遂造飛語激動⓯中貴⓰，因誣奏得罪，徙汀州⓱。會赦，歸東越。時吳、楚間諸侯⓲，各賓禮招延⓳之。元和十一年，終於宣州⓴開元寺，年七十有一。門人遷歸，建塔㉑於山陰㉒天柱峰下。

上人詩多警句，能備眾體。如〈芙蓉寺〉云：「經來白馬寺㉓，僧到赤烏㉔年。」〈謫汀州〉云：「青蠅為弔客㉕，黃耳㉖寄家書。」性巧逸㉗，居沃洲寺㉘，嘗取桐葉剪刻製器為蓮花漏㉙，置盆水之上，穿細孔漏水，半之則沉，每晝夜十二沉，為行道㉚之節。

初居嵩陽蘭若㉛，後來住匡廬㉜東林寺，如天目㉝、四明㉞、棲霞㉟及衡、湘諸名山，行錫㊱幾遍。嘗與靈一上人約老㊲天台，未得遂志。雖結念雲壑，而才名拘牽，磬㊳息經微，吟諷無已，所謂拔乎其萃，遊方之外者也。有集十卷，及錄大曆至元和中名人《酬唱集》十卷，今傳。

【注釋】❶童子　尚未成年的人。❷淨　佛教。❸戒行　恪守佛教戒律的操行。❹果　成果；實現。❺方便　佛教語，意為以靈活的方式，因人施教，使之頓悟佛教的教義。❻籍籍　聲名隆盛。❼吳興　今浙江湖州。❽皎然　見本書卷四。❾何山　位於浙江湖州境內，原名金蓋山，因晉朝何楷曾居此而易名。❿遊講　僧人因修行、問道或講經而雲遊四方。⓫李侍郎紓　李紓，德宗朝曾任禮部侍郎、兵部侍郎。⓬世宗　世人公認居於宗主的地位。⓭輦下　指京城。⓮緇　黑色，指黑色僧服，此喻僧人。⓯激動　煽動。⓰中貴　地位顯赫的侍從、宦官等。⓱汀州　今福建長汀。⓲諸侯　先秦時期分封各國的國君，喻地方長官。⓳招延　邀請；接待。⓴宣州　今安徽宣城。㉑塔　用以保留佛徒遺骨的一種建築。㉒山陰　今浙江紹興。㉓白馬寺　東漢時，明帝遣使赴天竺求佛法及佛經，後偕天竺僧人攝摩騰等以白馬馱經而來，遂在洛陽建白馬寺，此為佛教傳入中國以後，最早建造的寺院。㉔赤烏　三國時期吳國孫權稱帝時的年號，其間，佛教居士支謙因翻譯了大量經卷受拜為博士。

㉕弔客　前來弔唁死者的人，此為三國時虞翻的典故，虞翻被貶斥到交州後，曾哀嘆自己身處海隅，一旦死了之後，只有青蠅為弔客。㉖黃耳　犬名，晉陸機在洛陽做官，久無江南家信，曾以一名黃耳的犬傳遞書信。㉗巧逸　聰明靈巧。㉘沃洲寺　唐代名寺，位於今浙江新昌東沃洲山中，相傳晉代高僧支遁曾居於此寺。㉙漏水　以漏原理製作的計時器。㉚行道　僧人修道。㉛嵩陽蘭若　即嵩陽寺，位於今河南登封太室山。㉜匡廬　即廬山，位於今江西九江。㉝天目　山名，位於今浙江臨安北。㉞四明　位於今浙江寧波西南。㉟棲霞　山峰名，在今浙江杭州葛嶺西，上有棲霞洞。㊱行錫　僧人持錫杖雲遊四方。㊲老　終老。㊳磬　佛寺中敲擊用以集合眾僧的鳴器，或缽形的銅樂器。

【語　譯】靈徹，俗姓湯，字澄源，會稽人。靈徹未成年時就辭別了父兄，皈依佛門，恪守佛教的清規戒律。開始學習讀經的時候，很自覺地勤苦努力。他向嚴維學習作詩的方法，漸漸有了名聲。嚴維去世後，靈徹到了吳興，和皎然一起住在何山雲遊講經。因此，得以通過書信推薦給包侍郎佶，包佶見了極為高興，又寫信轉薦給李侍郎紓。當時，兩位先生以他們的文章風韻被推為文壇領袖。貞元中，靈徹西遊到了京都，在京城裡取得了很大的名聲。一些僧人很嫉恨靈徹，就散播了對他不利的流言蜚語，煽動那些地位尊貴的侍從、宦官，於是遭人誣告，被判定有罪，流放到了汀州。正好遇到了赦免，回到了東越。當時，吳、楚一帶的地方長官，都以賓客的禮遇接待靈徹。元和十一年，靈徹在宣州開元寺去世，享年七十一歲。門人把他的遺骨遷了回來，安葬在山陰天柱峰下。

靈徹上人的詩中有很多意境深遠的句子，兼備眾家之長。比如〈芙蓉寺〉裡：「經來白馬寺，僧到赤烏年。」又如〈謫汀州〉裡：「青蠅為弔客，黃耳寄家書。」靈徹天性十分機敏靈巧，住在沃洲寺的時候，曾經用桐樹葉剪刻製作了一個「蓮花漏」，放在一盆水上，又在上面穿了一個漏水的細孔，水漏過半就沉了下去，每個晝夜沉十二次，作為寺裡的僧人修道行法事的時間單位。靈徹最初住在嵩陽寺，後來住在廬山東林寺，像天目、四明、棲霞，以及衡山、湘中的諸多名山，他幾乎都走遍了。靈徹曾經與靈一相約終老在天台山，未能實現這個願望。他雖然留戀終日與青山白雲相伴的生活，卻為才學和名聲所牽累，不能以全副精力在寺院裡修道誦經，諷詠詩篇一直沒有停止，在出家人裡，真是一個出類拔萃的人啊。靈徹有文集十卷，以及編撰了大曆到元和年間名人間相互酬唱的詩集十卷，流傳至今。

【研析】相傳民間有過「越之澈（徹），洞冰雪」的謠諺，由此可以想見靈徹上人冰清玉潔的風度。唐代的士大夫追求的往往是一種精神上的解脫，一種清幽、冷靜、自然、平淡，乃至閒適悠遠的審美趣味，這與禪家崇尚空靈是不謀而合的。不過，令人慨嘆的是，靈徹上人雖身居佛門之內，卻為才名所累，依舊未能避開類似世俗的名利之爭。可見，真正做到徹悟和清淨，是多麼不容易啊。

陸羽

羽，字鴻漸，不知所生。初，竟陵❶禪師智積得嬰兒於水濱，育為弟子。及長，恥從削髮，以《易》自筮❷，得〈蹇〉之〈漸〉曰：「鴻漸於陸，其羽可用為儀。」始為姓名。

有學，愧一事不盡其妙。性詼諧，少年匿優人❸中，撰談笑❹萬言。天寶間，署❺羽伶師，後遁去。古人謂「潔其行而穢❻其迹」者也。

上元初，結廬苕溪❼上，閉門讀書。名僧高士，談宴❽終日。貌寢❾，口吃而辯。聞人善，若在己。與人期❿，雖阻虎狼不避也。自稱「桑苧翁」，又號「東崗子」。

工古調歌詩，興極閑雅，著書甚多。扁舟往來山寺，唯紗巾藤鞋，短褐犢鼻⓫，擊林木，弄流水。或行曠野中，誦古詩，裴回⓬至月黑⓭，興盡慟哭而返。當時以比接輿⓮也。與皎然上人為忘言⓯之交。有詔拜太子文學⓰。

羽嗜茶，造⓱妙理⓲，著《茶經》三卷，言茶之原、之法、之具，時號「茶仙」，天下益知飲茶矣。鬻茶家以瓷陶⓳羽形，祀為神，買十茶器，得一鴻漸。初，御史大夫李季卿⓴宣慰㉑江南，喜茶，知羽，召之。

羽野服㉒挈具而入，李曰：「陸君善茶，天下所知；揚子中泠㉓水，又殊絕。今二妙千載一遇，山人㉔不可輕失也。」茶畢，命奴子與錢。羽愧之，更著《毀茶論》。

與皇甫補闕善。時鮑尚書防在越，羽往依焉，冉送以序曰：「君子究孔、釋之名理㉕，窮歌詩之麗則㉖。遠野孤島，通舟必行；魚梁㉗釣磯㉘，隨意而往。夫越地稱山水之鄉，轅門㉙當節鉞㉚之重。鮑侯知子愛子者，將解衣推食㉛，豈徒嘗鏡水之魚，宿耶溪㉜之月而已。」集并《茶經》今傳。

【注釋】❶竟陵　今湖北天門。❷筮　通過占卜以問疑難。❸優人　藝人。❹談笑　詼諧說笑的文字。❺署　擔任或代理某種官職。❻穢　不正經。❼苕溪　水名，分別源自浙江天目山南北兩側，皆匯入太湖。❽談宴　邊宴飲邊敘談。❾寢　容貌醜陋。❿期　相約好時間。⓫犢鼻　即犢鼻褌，一種形如犢鼻的短圍裙。⓬裴回　同「徘徊」。⓭月黑　不見月色的黑夜，此喻天色昏黑。⓮接輿　春秋時期楚國狂士。⓯忘言　心領神會，無須言語交談。⓰太子文學　官名，為太子文學侍從之官。⓱造　臻；達到。⓲妙理　精深的道理。⓳陶　用窯燒製。⓴李季卿　唐代宗時任吏部侍郎，兼御史大夫，曾奉詔宣慰江南。㉑宣慰　代表皇帝視察安撫地方百姓。

㉒野服　鄉野平民的服裝。㉓中泠　泉水名，在進江蘇鎮江西北石山箪東，唐人認為用以沏茶當屬天下第一，今沒。㉔山人　隱居之人，指陸羽。㉕名理　事物的是非道理。㉖麗則　文辭華麗而又不失其正。㉗魚梁　一種安放在流水中的捕魚設置。㉘釣磯　臨水釣魚時所坐的石頭。㉙轅門　軍營的營門。㉚節鉞　分別指符節和斧鉞，喻統帥軍旅。㉛解衣推食　以自己的衣食相贈，喻關心愛護之情。㉜耶溪　又叫若耶溪，位會稽東，相傳為戰國時西施浣紗處。

【語　譯】陸羽，字鴻漸，不知他的父母是誰。起初，竟陵禪師智積在河邊撿到了一個嬰兒，養育他作自己的弟子。等他長大以後，不願意削髮為僧，根據《周易》來為自己卜卦，得到的是〈蹇〉卦和〈漸〉卦，〈漸〉卦的爻辭為：「鴻漸於陸，其羽可用為儀。」於是就用爻辭的內容為自己取了姓名。

陸羽有學問，凡事未能探究明白它的奧妙，他都會感到羞愧不安。陸羽生性詼諧幽默，年輕時總和藝人混在一起，寫過上萬字的詼諧說笑文字。天寶年間，官府讓他擔任伶人的老師，後來他卻自行出走了。這就是古人說的「德行高潔而行為乖戾反常」的那類人吧。

上元初，陸羽在苕溪旁建了房舍，關起門來讀書，還常和一些著名的僧人和高士一起，整天宴飲談笑。他相貌醜陋，說話有點口吃，卻十分雄辯。聽到別人有什麼美德，就像自己具有這樣的美德一樣高興。與別人定好的約會，哪怕路上有虎豹阻擋，也毫不在意地前往踐約。他自稱「桑苧翁」，又號「東崗子」。

陸羽擅長用古調寫詩。他的興致極為悠閒雅致，著述有不少。他駕著小船到山間寺廟去，總是戴著紗巾，腳登藤鞋，身穿粗布短衣，繫著圍裙，在林間拍擊樹木，或撥弄船邊流水，有時候在曠野裡行走，念誦古人寫的詩歌，一直徘徊到天色全黑了才罷休，盡了興致，就大哭一場而歸。當時的人都把他比作古代狂士接輿。陸羽與皎然上人是極好的朋友。皇帝曾有詔命讓陸羽擔任太子文學的職務。

陸羽嗜好飲茶，而且，他對飲茶已到了能夠感悟其中精深道理的地步，著有《茶經》三卷，闡述了茶的來源、飲茶的方法和飲茶的各種用具，被當時的人們稱為「茶仙」，人們也因此而更加懂得飲茶了。賣茶的商人燒製了很多陸羽的瓷像，將他當成神來祭祀，買十件茶具，就送一個陸羽的瓷像。早些時候，御史大夫李季卿受命宣撫江南，他也非常喜歡飲茶，知道陸羽的名聲，就邀他來見面，陸羽穿著鄉野平民的衣服，帶著茶具來了。李季卿說：「陸先生精於品茶，天下人所共知；揚子江的中泠泉水，又是絕佳上品。今天同時得到了這兩種妙品，可謂千載一遇的難得機會，先生不要輕易錯過了。」飲完茶，吩咐僕人給陸羽茶錢。陸羽覺得很羞愧，另又撰寫了一篇〈毀茶論〉。

陸羽和皇甫補闕的關係很好，當時，鮑尚書防在越中，陸羽要前往投靠他，皇甫冉寫了一篇序為他送行，序中說：「您先生探尋儒、佛學說的是非道理，窮究詩歌文辭華美而又不失其正的原因。偏遠的別館，孤獨的島嶼，若舟楫能至便一定成行；魚梁、釣磯之類隱士出沒的場所，隨心所欲而往。越中之地有山水之鄉的美稱，轅門所在，承當著統帥軍旅的重任。鮑侯是了解先生且愛護先生的人，他將會解衣推食地接待你，豈止只是為了品嚐鏡湖裡的魚，留戀耶溪的月色而已啊。」陸羽的文集和他寫的《茶經》，一直流傳到了今天。

【研析】其實，陸羽在茶文化史上的影響，要大於他作為一個詩人在唐代文學史上的地位。人們尊奉他為茶仙或茶聖，固然是因為他撰寫過一部《茶經》，恐怕也有商人們追求利益的目的在起推動作用。除了日常生活中的飲茶之外，今天海內外弘揚的茶道，也仍然與陸羽聯繫在一起，可是，我們細想一下，不修邊幅，率性為之的高士性格，如何與講究一整套繁文縟節的茶道拉扯得上呢！

顧況

況，字逋翁，蘇州人。至德二年，天子幸蜀，江東❶侍郎李希言❷下進士。善為歌詩，性詼諧，不修檢操❸，工畫山水。初為韓晉❹公江南判官❺。德宗時，柳渾❻輔政，薦為祕書郎。況素善於李泌❼，遂師事之，得其服氣❽之法，能終日不食。及泌相，自謂當得達官，久之，遷著作郎。及泌卒，作〈海鷗詠〉嘲誚❾權貴，大為所嫉，被憲❿劾貶饒州⓫司戶。

作詩曰：「萬里飛來為客鳥，曾蒙丹鳳借枝柯。一朝鳳去梧桐死，滿目鵰鳶⑫奈爾何！」遂全家去，隱茅山⑬，煉金⑭拜斗⑮，身輕如羽。況暮年一子即亡，追悼哀切，吟曰：「老人喪愛子，日暮泣成血。老人年七十，不作多時別。」其年又生一子，名非熊，三歲始言，在冥漠⑯中聞父吟苦，不忍，乃來復生。非熊後及第，自長安歸慶，已不知況所在。或云，得長生訣仙去矣。今有集二十卷傳世，皇甫湜為之序。

【注釋】❶江東　江南東道的簡稱。❷李希言　至德年間曾任禮部侍郎，乾元二年（西元七五九年）擔任江南東道節度使。❸檢操　操守。❹韓晉　即韓晉公韓滉，德宗建中二年（西元七八一年）以浙江東西觀察使、蘇州刺史轉潤州刺史、浙江東西節度使。❺判官　地方長官的僚屬。❻柳渾　德宗貞元二年（西元七八六年）任兵部侍郎，次年加同平章事。❼李泌　歷任玄宗、肅宗、代宗、德宗四朝，位至宰相，好神仙道術。❽服氣　道家養性修身的一種方法。❾誚　譏諷。❿憲　御史。⓫饒州　今江西鄱陽。⓬鵰鳶　一種兇猛的飛禽。⓭茅山　位於今江蘇句容，晉代至五代時期為道教中心之一。⓮煉金　道家認為用丹砂加其他礦物質能煉成黃金，服食後可長生不老。⓯拜斗　道家禮拜北斗星的一種儀式。⓰冥漠　陰間。

【語譯】顧況，字逋翁，蘇州人。至德二年，玄宗皇帝到四川避難，顧況在江南東道李希言侍郎主持的考試下取得了進士的資格。顧況善於寫詩，生性詼諧風趣，平時說話舉止不太注意，擅長畫山水畫。起初，韓滉在江南任職，召他在自己底下做一個判官之類的僚屬。到了德宗在位時，柳渾當了宰相，推薦顧況為祕書郎。李泌對顧況十分友善，顧況便以李泌為師，從他那兒學得了服氣之法，能夠整天不吃東西。等李泌做了宰相，顧況認為自己也將會當上大官，過了很久，才改任著作郎。李泌去世後，顧況寫了首〈海鷗詠〉，嘲笑和諷刺朝中權貴，非常遭人嫉恨，被御史彈劾，貶為饒州司戶。

顧況作了一首詩，詩中寫道：「萬里飛來為客鳥，曾蒙丹鳳借枝柯。一朝鳳去梧桐死，滿目鴟鳶奈爾何！」於是，攜全家離去，隱居在茅山，煉金拜斗，身體變得像羽毛一般輕盈。顧況晚年的時候，一個兒子死了，追念之時，傷感不已，吟詩道：「老人喪愛子，日暮泣成血。老人年七十，不作多時別。」這一年，他又生了一個兒子，取名叫非熊。兒子在三歲才說話，說在陰間聽到了父親哀痛吟詩，心中實在不忍，所以就來投生了。非熊後來進士及第，從長安回家慶賀，已不知顧況到何處去了。有人說，他得了長生不老的祕訣成仙了。如今他的二十卷文集還在流傳，皇甫湜為他作的序。

【研　析】顧況善作山水畫，作畫時必有鼓樂相伴，才能將自己的情緒充分調動起來，這已是文壇上的一則趣談。唐代詩人中頗有一些沉湎於煉丹養氣的人物，據說得氣後能夠辟穀不食，甚至還飛天成仙，這種人往往是非常有才華而且多才多藝的，出名的人物至少還有張志和。由此可見當時嚮往神仙的風氣是多麼流行了。

張南史

南史，字季直，幽州❶人。工弈棋，神算無敵，遊心❷太極❸。嘗幅巾❹藜杖❺，出入王侯之宅十年，高談闊視，慷慨奇士也。中歲❻感激❼，始苦節❽學文，無希世❾苟合之意。數年間，稍入詩境，調體超閒，情致兼美，如并、燕老將，氣韻沉雄❿，時少及之者。肅宗時，廟堂⓫獎拔，仕為左衛倉曹參軍。後避亂寓居揚州揚子⓬。難平再召，未及赴而卒。有詩一卷，今傳。

【注釋】❶幽州　今北京。❷遊心　留心；有興趣。❸太極　古代以氣分陰陽二極，推衍四時和天地風雷等八種自然現象乃至宇宙萬物的一種學說，代表著作為《周易》。❹幅巾　古人用全幅細絹裹頭的頭巾。❺藜杖　用藜的粗莖製成的手杖。❻中歲　中年。❼感激　感奮、激發。❽苦節　刻苦努力，堅定不渝。❾希世　迎合世俗。❿沉雄　深沉雄渾。⓫廟堂　指朝廷。⓬揚子　地名，在今江蘇邗江。

【語譯】張南史，字季直，幽州人。張南史擅長下棋，神機妙算，沒人能超過他，對陰陽太極之說也很有興趣。他曾經頭紮幅巾，手持藜杖，出入王公貴族之家達十年之久，侃侃而談，見解高超，議論範圍又十分廣泛，真是一個慷慨奇特的人物。到了中年，張南史感奮激勵，下功夫苦學詩文，一點也不苟且迎合世俗風氣。就在幾年時間裡，他的詩漸漸進入了境界，格調和體式清雅悠閒，情趣和風格都十分出色，如同并、燕之地的老將，氣韻深沉而雄渾，當時的詩人中能及上他的極少。肅宗時，朝廷獎勵提拔優秀人才，張南史被任命為左衛倉曹參軍。後來，因為躲避戰亂，他寓居在揚州揚子。安史之亂平定後，朝廷又召他，還沒有來得及動身前往，他就去世了。張南史留有詩一卷，流傳到了今天。

戎昱

昱，荊南❶人。美風度，能談。少舉進士不上，乃放❷遊名都。雖貧士而軒昂，氣不消沮。愛湖湘❸山水，來客。時李夔廉察❹桂林，寓官舍，月夜聞鄰居行吟之音清麗，遲明❺訪之，乃昱也。即延❻為幕賓，待之甚厚。崔中丞❼亦在湖南，愛之，有女國色❽，欲以妻昱，而不喜其姓戎，能改則訂議。昱聞之，以詩謝云：「千金未必能移姓，一諾從來許殺身。」

自謂李大夫恩私至深，無任❾感激。初事顏平原，嘗佐其征南幕，亦累薦之。衛伯玉❿鎮荊南，辟為從事⓫。歷虔州⓬刺史。至德中，以罪謫為辰州⑬刺史。後客劍南⑭，寄家隴西⑮數載。

憲宗時，邊烽累急，大臣議和親。上曰：「比⑯聞一詩人姓名稍僻者為誰？」宰相對以冷朝陽、包子虛，皆非。帝舉其詩，對曰：「戎昱也。」上曰：「嘗記其〈詠史〉云：『漢家青史上，拙計是和親。社稷依明主，安危託婦人。豈能將玉貌，便擬淨沙塵。地下千年骨，誰為輔佐臣！』」因笑曰：「魏絳⑰何其懦也。此人如在，可與武陵⑱桃花源⑲足稱其清詠⑳。」士林榮之。昱詩在盛唐，格氣稍劣，中間有絕似晚作。然風流㉑綺麗，不虧政化，當時賞音，喧㉒傳翰苑，固不誣矣。有集今傳。

【注釋】❶荊南　荊州南郡，治所為江陵，位於今湖北江陵。❷放　放任；縱情。❸湖湘　洞庭湖和湘江地區。❹廉察　視察。❺遲明　黎明。❻延　邀請。❼崔中丞　即崔瓘，代宗大曆四年（西元七六九年）任潭州刺史兼御史中丞。❽國色　非常出眾的容貌。❾無任　不勝。❿衛伯玉　代宗廣德元年（西元七六三年）至大曆十一年（西元七七六年）曾任荊南節度使。⓫從事　州或州以上地方官自行任免的屬官。⓬虔州　治所在今江西贛州。⓭辰州　治所在今湖南沅陵。⓮劍南　唐十道之一，治所在今四川成都。⓯隴西　郡名，唐代隴西即渭州，轄境相當於今甘肅隴西、定西、渭原等地。⑯比　近來。⑰魏絳　春秋時期晉國大夫，主張與戎狄講和以維持和平。⑱武陵　今湖南常德。⑲桃花源　東晉陶潛在〈桃花源記〉裡描寫的一個與世隔絕、人民生活豐足而怡然自得的理想地方。⑳清詠　優美的詩篇。㉑風流　才華橫溢。㉒喧　繁鬧；顯赫。

【語譯】 戎昱，荊南人。戎昱風度美好，善於言談，年輕的時候考進士未成功，就縱情遊覽天下名城。他雖然只是個貧寒士人，卻氣宇軒昂，一點也沒有消沉沮喪的樣子。因為喜歡湖湘一帶的山水，他就寓居在這裡。當時，李夔往桂林視察而路過，住在官府的客舍裡，月明之夜，聽到相鄰不遠處有人踱步吟詩聲，十分悅耳動聽，天剛剛亮，就趕過去拜訪，原來是戎昱。李夔當即邀請戎昱做自己的幕僚，待他非常優厚。崔瓘也在湖南，十分看重戎昱，他有一個女兒，容貌非常美麗，想把女兒嫁給戎昱，卻又不喜歡戎昱的戎姓，表示戎昱若能改姓的話，就可定下婚約。戎昱聽了此事後，就寫了一首詩表示了拒絕之意，詩中說：「千金未必能移姓，一諾從來許殺身。」

戎昱自己說，李大夫對他個人的恩情極深，無從表達自己的感激之情。最初，他跟隨顏真卿，曾在顏真卿南征任浙西節度使的時候，當過他的幕僚，顏真卿也數次向上推薦他。衛伯玉擔任荊南節度使，召戎昱為從事。他還當過虔州刺史。至德年間，因為犯了過失，被謫為辰州刺史。後來，戎昱又到過劍南，還在隴西客居了幾年時間。

憲宗皇帝在位的時候，邊境上幾度出現危急的情況，大臣商議與戎狄和親。憲宗說：「近來聽說有一位詩人，姓名不太常見的，是誰呀？」宰相舉出了冷朝陽、包子虛，憲宗說都不是。憲宗列舉了這位詩人的詩，宰相說：「這是戎昱啊。」憲宗說：「我曾記得他的〈詠史〉詩中說：『漢家青史上，拙計是和親。社稷依明主，安危託婦人。豈能將玉貌，便擬淨沙塵。地下千年骨，誰為輔佐臣！』」憲宗隨即又笑著說道：「魏絳是多麼怯懦啊。這位詩人如果在的話，可以把武陵桃花源送給他，這才與他優美的詩篇相當啊。」文人都覺得這是很榮耀的事情。戎昱的詩放在盛唐時期來看，格調和氣勢略嫌不足，其中有的詩與晚唐時期的作品極為相似。不過，他的詩才華橫溢，風格綺麗，也無損於當時的政治教化，當時欣賞他的人，把他在文壇上抬高到十分顯赫的地位，也算不上錯吧。戎昱留下的文集流傳到了今天。

【研析】戎昱幼年的時候，便十分喜歡岑參的詩，大約後來也曾有機會拜會過岑參，因此，他的詩在風格上受岑參影響較大，並寫過一系列邊塞詩，詩風雄健豪邁。戎昱曾做過名臣顏真卿的屬下，當顏真卿以身殉國後，他在悼念的詩裡還為自己未得相從而深為遺憾，英豪之氣十分感人。

古之奇

之奇，寶應二年禮部侍郎洪源❶下及第，與耿湋同時。嘗為安西幕府書記。與李司馬端❷有金蘭之好。工古調，足❸幽閑淡泊之思，婉而成章，得名藝圃，不泛然矣。詩集傳於世。

【注釋】❶洪源　按本書卷四〈耿湋〉篇，洪源為寶應二年進士考試狀元；又據《唐語林》等記載，寶應二年知貢舉者為蕭昕。❷李司馬端　傳見本書卷四。❸足　充滿。

【語譯】古之奇，寶應二年，禮部侍郎洪源主持貢舉，獲進士及第，與耿湋同時。古之奇曾在安西都護府的幕府做過書記，和李端司馬是意氣相投的好朋友。古之奇擅長寫古體詩，詩中充滿了悠閒澹泊的情趣，婉然形成篇章，在文苑享有名聲，不是泛泛得來的啊。古之奇留下了詩集，流傳到了今天。

蘇渙

渙，廣德二年楊栖梧榜進士。本不平❶者，往來剽盜，善用白弩❷，巴賨❸商人苦之，稱曰「白跖❹」。後自知非，折節從學，遂成名。累遷侍御史。湖南崔中丞瓘辟為從事。瓘遇害，繼走交❺、廣❻，扇動哥舒晃❼跋扈，如蛟龍見血，本質彰矣。居無何❽，伏誅。

初嘗為〈變律詩〉十九首，上廣州節度李勉，其文意長於諷刺，亦有陳拾遺❾一鱗半甲，故加待之。或曰：「此子羽翼嬖臣❿，侵敗王略⓫，今尚其文，可歟？」勉曰：「漢策載蒯通⓬說辭，皇史錄祖君⓭檄草，此大容細者。善惡必書，《春秋》⑭至訓；明言不廢，孔子格談⑮。渙其庶⑯乎？豈但存雕蟲小技，亦以深懲賊子也。」時以為名言。杜甫有與贈答之詩，今悉傳。

【注釋】❶不平　憤慨不滿。❷弩　強勁的大弓。❸巴賨　今四川東部地區。❹跖　生活在春秋後期的著名強盜首領。❺交　交州，治所宋平，今越南河內。❻廣　廣州，治所南海，今廣東廣州。❼哥舒晃　原為廣州刺史呂崇賁部下，大曆八年（西元七七三年）發動叛亂，割據嶺南，擁兵自立，以蘇渙為軍師。後遭鎮壓，與蘇渙一起被殺。❽居無何　沒過多少時間。❾陳拾遺　即陳子昂。❿嬖臣　受寵信的大臣，喻恃寵謀反的奸臣。⓫王略　王法。⓬蒯通　漢初人，以善辯著稱，曾遊說韓信背叛劉邦自立。⓭祖君　祖君彥，隋唐時人，唐立國後，李密起兵反叛，祖君彥為他起草檄文。⓮春秋　編年體史書，亦為儒家經典之一，其文字在表述上多寓有褒貶之意。⓯格談　含有教育意義可以作為行為準則的話。⓰庶　這樣。

【語譯】蘇渙，廣德二年，與狀元楊栖梧同榜的進士。蘇渙本來是個對現實極為不滿的人，到處搶掠別人財物，他擅長用一種白色的弓弩，巴賨的商人深受其害，就稱他為「白跖」。後來，蘇渙自己也覺得不對，就一改過去的行為，讀書學習，於是就成了名。後來，他幾經升遷，當了侍御史，湖南崔中丞瓘徵召他為從事。崔瓘遇害後，蘇渙又跑到交州、廣州，煽動哥舒晃驕橫不法，像蛟龍見了血之後，本性全顯露出來了。沒過多久，伏法被殺。

早些時候，蘇渙曾寫過〈變律詩〉十九首，呈獻給廣州節度使李勉，這些詩的內容以諷刺見長，也有一點兒陳子昂的風格，所以，李勉看得比較重。有人說：「這個人輔助奸臣，破壞王法，現在推崇他的文字，合適嗎？」李勉回答說：「漢代的史書上記載了蒯通的言辭，本朝皇家史籍記錄了祖君的檄文，這是寬宏大度能夠容下細小瑣碎的例子。善和惡的言行都必須記載，是《春秋》給我們的至明的訓誨；明智的話不要埋沒了，是孔子富有教益的話語。蘇渙也差不多吧？豈只是保留一點雕蟲小技的作品，也可以用來深深懲戒那些亂臣賊子啊。」這番話在當時被當作名言傳誦。杜甫有與蘇渙相互贈答的詩，今天都還在流傳。

朱灣

灣，字巨川，大曆時隱君也，號滄洲子。率履❶貞素❷，潛輝不曜，逍遙雲山琴酒之間，放浪形骸❸繩檢❹之外。郡國❺交徵，不應。工詩，格體❻幽遠，興用❼弘深，寫意❽因詞，窮理盡性，尤精詠物，必含比興❾，多敏捷之奇。及李勉鎮永平❿，嘉其風操，厚幣邀來，署為府中從事，日相談宴，分逾骨肉。久之，嘗謁湖州⓫崔使君⓬，不得志，臨發以書別之曰：「灣聞蓬萊山⓭藏杳冥間，行可到，貴人門無媒通不可到；驪龍珠⑭潛滉⑮瀇⑯之淵，或可識，貴人顏無因而前不可識。自假道路，問津主人，一身孤雲，兩度圓月，載請執事⑰，三趨戟門⑱。信知庭之與堂，不啻⑲千里。況寄食漂母⑳，夜眠漁舟，門如龍而難登，食如玉而難得。食如玉之粟，登如龍之門，實無機心㉑，翻成機事，漢陰丈人㉒聞之，豈不大笑？屬㉓溪上風便，囊中金貧，望甘棠㉔而嘆，自引分㉕而退。灣白。」遂歸會稽山陰別墅，其耿介類如此也。有集四卷，今傳世。

【注釋】❶率履　躬行禮法。❷貞素　節操正直清白。❸形骸　人的形體、軀殼。❹繩檢　約束，多指世俗禮法。❺郡國　喻地方官。❻格體　風格；體裁。❼興用　產生的效果。❽寫意　意態的描寫。❾比興　傳統的詩歌描寫手法，一物為喻，以引起所詠之辭。❿永平　永平軍，大曆七年（西元七七二年），滑亳節度使改稱永平軍節度使。⓫湖州　今浙江湖州。⓬使君　州郡長官。⓭蓬萊山　古代傳說的三神山之一，為神仙所居之地。⓮驪龍珠　傳說居住在九重之淵的驪龍頷下的寶珠。⓯滉　深廣貌。⓰瀇　水深的樣子。⓱執事　供役使的人，古人在書信中避免直稱對方，亦用為對方的尊稱。⓲戟門　顯貴之家。⓳不啻　無異。⓴漂母　漢韓信年輕時生活窮困，曾受在河邊漂洗衣物老婦給與的食物。㉑機心　智巧變詐的心機。㉒漢陰丈人　漢陰，漢水南岸。丈人，老人。相傳孔子弟子子貢在漢水南岸見一老人抱甕灌園，建議他改用桔槔以節省力氣，老人則以用機械者必生機心而拒之。㉓屬　同「矚」。㉔甘棠　周武王時召伯出巡，曾在甘棠樹下休息，《詩經．召南．

甘棠》即為記頌其人而作，後人遂以喻官吏政績之辭。㉕引分　自責。

【語　譯】朱灣，字巨川，大曆年間的隱士，號滄洲子。朱灣躬行禮法，節操清白高尚，光芒隱而不顯，在白雲繚繞的青山間，伴著瑤琴美酒，逍遙自在地生活，從不受世俗禮法的約束。地方官員們爭相聘請他，都被他謝絕了。朱灣擅長寫詩，詩的風格和體裁深沉含蓄，意境深遠，描寫遣詞精當，窮究事物性理，尤其精於詠物詩，詩中必定用比興手法，富於敏捷奇特的聯想。李勉為永平節度使的時候，非常讚賞朱灣的風操，以重金相聘，委任朱灣為自己幕下的從事，天天在一起飲酒歡談，兩人的情分，簡直超過了兄弟間的手足之情。過了很久以後，朱灣曾去謁見湖州崔使君，未能滿足自己的意向，臨走之前，他給崔使君寫了一封信，信中寫道：「我聽人說蓬萊山隱藏在飄渺遙遠的地方，行進的話還是能夠到達的；貴人的門若無人為之引薦，永遠無法到達；驪龍藏在深水之淵，也許還有機會看到，貴人的顏面若沒有機會接近，則不可相識。我尋徑而前來，欲求主人指點，飄零一身如同孤獨的雲彩，兩次經歷了月圓，再度打擾您手下的辦事人員，三回造訪府上。我真正感到，從門庭到廳堂，有時真像是有千里之遙啊。何況我今天還是寄食他人，晚上棲息於飄無定所的魚舟。登貴人的門如同登龍，難以登上；貴人之食如玉一般美，然難以得食。食貴如玉般的飯食，登如龍一樣的門，我們其實並無機心，卻反而弄成了投機取巧之事，漢陰老人聽說的話，豈不要大笑了麼？眼看著溪上清風宜人，囊中卻已經空空如也，望著甘棠樹而徒然興嘆，責怪自己而辭別了。朱灣啟。」於是，回到了自己在會稽山陰的別墅。朱灣就是這樣直率的性格。朱灣有文集四卷，流傳到了今天。

【研析】所謂隱君子，是指放浪形骸，不為世俗名利所拘的人。朱灣似乎做到了這一點，卻又因為謁見崔使君而未能遂志，於是不免牢騷滿腹，看來還不是真正做到能夠事事超脫的隱士。不過，洋洋灑灑的一番告別之言，既諧且趣，不失為一段奇文字。

張志和

志和，字子同，婺州❶人。初名龜齡，詔改之。十六擢明經，嘗以策干❷肅宗，特見賞重，命待詔翰林。以親喪辭去，不復仕。居江湖，性邁不束，自稱「烟波釣徒」。撰《玄真子》二卷，又為號焉。兄鶴齡恐其遁世❸，為築室越州東郭❹，茅茨❺數椽❻，花竹掩映。嘗豹席棕屩❼，沿溪垂釣，每不投餌，志不在魚也。觀察使陳少游頻往問候。帝嘗賜奴、婢各一人，志和配為夫婦，號漁童、樵青。

與陸羽嘗為顏平原食客。平原初來刺湖州，志和造謁，顏請以舟敝，欲為更之，曰：「願為浮家泛宅，往來苕、霅間足矣。」

善畫山水，酒酣或擊鼓吹笛，舐⑧筆輒就，曲⑨盡天真。自撰〈漁歌〉，便復畫之。興趣高遠，人不能及。憲宗聞之，詔寫真⑩求訪，并其歌詩，不能致。後傳一日忽乘雲鶴而去。

李德裕⑪稱以為：「漁父⑫賢而名隱，鴟夷⑬智而功高。未若玄真隱而名彰，方⑭而無事，不窮而達，其嚴光之比歟。」

【注釋】❶婺州　治所為金華，今浙江金華。❷干　干謁，此喻以策書進獻。❸遁世　避世隱居。❹郭　外城，此指城郭。❺茅茨　茅草屋頂，指茅屋。❻椽　指房屋數。❼棕屩　用棕編的草鞋。❽舐　以舌舔物，喻以筆濡墨。❾曲　竭盡；詳盡。❿寫真　畫像。⓫李德裕　唐憲宗時著名宰相李吉甫子，武宗時自淮南節度使入相，宣宗時貶為崖州司戶參軍而死。⓬漁父　指《楚辭．漁父》描寫的佯狂避世的隱者。⓭鴟夷　即范蠡，春秋時越國大夫，佐越王句踐滅吳國，功成後身退，隱居江湖，改名鴟夷子皮。⓮方　正直。

【語譯】張志和，字子同，婺州人。他原先的名字叫龜齡，後來，遵奉皇帝的旨意改稱志和。張志和十六歲的時候明經及第，曾經撰寫了策文直接呈給肅宗，格外受到賞識，命他待命翰林。因為親人去世的緣故，辭職而去，不再做官。張志和生活在江湖村野，性情高遠，不拘小節，自稱「烟波釣徒」。他撰寫了《玄真子》二卷後，又以「玄真子」自號。

張志和的兄長鶴齡，擔心他會避世隱居，就在越州東郊為他建了房舍，幾間茅舍，掩映在花竹叢中。張志和常常以豹皮為席，足穿棕屩，在溪水邊垂釣，往往不投魚餌，因為他的興趣不是在魚上。觀察使陳少游常常來看望他。皇上曾賜他男女奴婢各一人，張志和將他們配成了夫妻，還給他倆取名叫漁童和樵青。

張志和與陸羽曾做過顏真卿的食客，顏真卿剛來湖州擔任刺史的時候，張志和去拜望他，顏真卿見他坐的小船很舊，打算為他換個新的，張志和說：「我的願望是有個飄浮遊蕩的家，能往來於苕溪和霅溪之間就足夠了。」

張志和擅長畫山水畫，飲酒至酣暢的時候，或者邊上有鼓樂聲相伴，援筆濡墨，一會兒就畫好了，將山水的天然真趣表現得淋漓盡致。張志和曾經自己寫了首〈漁歌〉，又按照詩意作了一幅畫。他的興致情趣非常高遠，常人無法相比。憲宗聽說了有關他的傳聞，下令將他的像畫了出來，派人四處尋訪他，同時也收集他撰寫的詩歌，始終沒能如願。後來傳說張志和乘著天上的仙鶴飛去了。

李德裕曾評價張志和說：「漁父雖賢卻名聲無人知曉，范蠡足智多謀但功勞太顯赫。不如玄真子隱居山水之中而聲名遠播，為人正直卻沒有種種麻煩，並非窮困落魄，天下人人仰重，差不多就是嚴光一類的人物吧。」

【研析】與顧況相似，張志和善畫山水，亦需要鼓樂相伴，方能曲盡天然之趣。張志和以烟波釣徒自號，情趣十分高遠，無怪他寫的小詩，描寫斜風細雨、桃花流水的垂釣野趣時，讀起來就像是在感受一幅水墨的寫意山水，寥寥數筆，詩人的意境，已經盡在不言之中了。

卷四

盧綸

綸，字允言，河中❶人。避天寶亂，來客鄱陽。大曆初，數舉進士不入第。元載❷素賞重，取其文進之，補閿鄉❸尉。累遷檢校戶部郎中，監察御史。稱疾去。渾瑊❹鎮河中，就家禮起為元帥判官。初，舅常渠牟❺得幸德宗，因表❻其才，召見禁中，帝有所作，輒賡和❼。至是，帝忽問渠牟：「盧綸、李益何在？」對曰：「綸從渾瑊在河中。」詔令驛召❽之，會卒。

綸與吉中孚❾、韓翃、耿湋、錢起、司空曙、苗發、崔峒、夏侯審、李端，聯藻⑩文林，銀黃相望，且同臭味⑪，契分俱深，時號「大曆十才子」。唐之文體，至此一變矣。綸所作特勝，不減盛時，如三河⑫少年，風流自賞。文宗雅愛其詩，問宰相：「綸沒後，文章幾何？亦有子否？」李德裕對：「綸四子皆擢進士，仕在臺閣⑬。」帝遣中使⑭悉索其巾笥⑮，得詩五百首進之。

有別業在終南山中。集十卷，今傳。

【注釋】❶河中　府名，治所在河東（今山西永濟蒲州鎮），以位在黃河中游而得名，轄山西西南部及陝西大荔東南部地區。❷元載　唐肅宗、代宗時任同中書門下平章事，後因與宦官李輔國相勾結，獲罪遭殺。❸闅鄉　唐代縣名，在今河南靈寶。❹渾瑊　德宗時參與平定朱泚叛亂，收復長安，任河中尹、晉絳節度使、河中同陝虢等州及管內行營兵馬副元帥。❺常渠牟　「常」據《舊唐書》、《新唐書》當作「韋」，韋渠牟在德宗朝曾任諫議大夫、太常卿等職。❻表　臣下向皇帝上書言事。❼賡和　根據原詩的詩意或韻而作和詩。❽驛召　以驛馬傳召。❾吉中孚　吉中孚以下九人傳皆見本卷。❿聯藻　聯綴詞句，意為一起作詩。⓫臭味　氣味。⓬三河　指河內、河東、河西三郡，自秦漢以來，多為王者所居，此喻繁華都市。⓭臺閣　尚書臺，此泛指中央機構。⓮中使　帝王宮廷中派出的使者。⓯巾笥　古人用來放置頭巾或文稿、書卷的箱匣。

【語譯】盧綸，字允言，河中人。天寶年間，因為躲避社會動亂，盧綸來到鄱陽，暫時居住下來。

大曆初，幾次參加科舉考試，都未能考取。元載一向賞識並器重盧綸，就將他的詩文推薦了上去，被補授閿鄉縣尉。盧綸經過幾次升遷，一直做到檢校戶部郎中、監察御史。後來，盧綸以自己身體不好為理由，辭去了官職。渾瑊做河中節度使時，以親自到盧綸家相邀的禮節，請他擔任元帥府判官。早些年，盧綸的舅舅韋渠牟很得德宗的寵信，便趁機向德宗上書稱讚盧綸的文才，盧綸被召見到宮裡，皇上作了詩，常常命他來相和。這時候，皇上忽然問起渠牟說：「盧綸、李益現在哪裡？」韋渠牟回答道：「盧綸現在隨渾瑊在河中。」皇上下令用驛馬急召盧綸前來，正好這時候盧綸去世了。

盧綸和吉中孚、韓翃、耿湋、錢起、司空曙、苗發、崔峒、夏侯審、李端在文壇一起作詩，所受的官職品級也相似，而且在趣味上十分相投，交情都很深，當時被人們稱作「大曆十才子」。唐代的文風體格，在這個時候呈現出明顯的變化。盧綸的作品尤其出色，不遜於他自己的全盛時期，就像三河少年，風雅瀟灑，十分自得。文宗非常喜歡盧綸的詩，問宰相道：「盧綸去世後，作品留下來多少？他有兒子沒有？」李德裕回答說：「盧綸的四個兒子都考取了進士，在朝內做官。」文宗派中使將盧綸的文稿箱徹底檢查了一回，找到了五百首詩，呈獻了上來。

盧綸在終南山建有別墅。他的文集十卷，流傳到了今天。

【研析】唐代以詩賦取士，然盧綸卻連進士的資格都未能獲得；雖然名居於大曆十才子之列，大曆年間之後他的詩名卻更加顯揚。這些都足以說明盧綸在詩壇上的實力，而且是經得起時間考驗的實力。盧綸寫詩的題材十分廣闊，無論是贈別還是寫景，都十分出色。與同時代的其他幾位詩人相仿，他給人留下的另外一個印象便是時時發出的對自己衰老的感嘆。這也難怪，因為戰亂和流離的生活，使他們無法再像唐前期詩人那樣對未來充滿青春的蓬勃朝氣了。

吉中孚

中孚，楚州❶人。居鄱陽最久。初為道士，山阿❷寂寥。後還俗。李端贈詩云：「舊山連藥賣，孤鶴帶雲歸。」盧綸送詩云：「舊籙❸藏雲穴，新詩滿帝鄉。」

來長安，謁宰相，有薦於天子，日與王侯高會❹，名動京師。無幾何，第進士，授萬年❺尉，除校書郎。又登宏詞科，為翰林學士，歷諫議大夫，戶部侍郎判❻度支❼事。貞元初卒。

初，拜官後，以親垂白在堂，歸養至孝，終喪復仕。中孚神骨❽清虛，吟詠高雅，若神仙中人也。集一卷，今傳。

【注釋】❶楚州　治所為山陽，今江蘇淮安。❷山阿　山溝。❸籙　道教的祕文。❹高會　興致很高地會晤歡談。❺萬年 古縣名，唐代時與長安同治都城。❻判 以高官兼低職稱。❼度支 官名，掌管全國財賦的統計和支調。❽神骨 神氣和骨相。

【語譯】吉中孚，楚州人，在鄱陽居住了很久。起初，吉中孚當了道士，山溝的生活寂寞冷清，後來，他就還俗了。李端贈他的詩裡說：「舊山連藥賣，孤鶴帶雲歸。」盧綸在給他的詩裡說：「舊籙藏雲穴，新詩滿帝鄉。」

來到長安後，晉謁了宰相，宰相在皇帝面前推薦了他。吉中孚天天與達官貴族們聚會暢論，名聲傳遍了京城。

沒過多久，吉中孚考取了進士，被授萬年縣尉，除官校書郎。後來，他又考取了博學宏詞科，任命為翰林學士，擔任過諫議大夫、戶部侍郎判度支事。貞元初年去世。

早些年，吉中孚做了官之後，因為父母年事已高，便又回家侍奉雙親，直到為老人家送終以後，才出來重新就職。吉中孚神氣和骨相看起來皆十分清朗，吟詠的詩又十分高雅，真像得了道的神仙人物啊。他有文集一卷，流傳至今。

【研析】以作詩取得聲望，並步入上層社會，然後再是進士及第，開始仕宦生涯，由此可以看到當時社會對優秀詩人的熱情和優容。可惜的是，吉中孚的作品保留到今天的實在太少，以致我們只能從李端和盧綸給他的詩句中，稍稍領略到這位詩人的道骨仙風。

韓翃

翃，字君平，南陽人。天寶十三載楊紘榜進士。侯希逸❶素重其才，至是表佐淄青❷幕府。罷，閑居十年。及李勉在宣武，復辟之。

德宗時，制誥❸闕人，中書兩進除目❹，御筆不點，再請之，批曰：「與韓翃。」時有同姓名者為江淮刺史，宰相請孰與。上復批曰：「春城無處不飛花韓翃也。」俄以駕部❺郎中知制誥。終中書舍人。

翃工詩，興致繁富，如芙蓉出水，一篇一詠，朝士珍之。比諷❻深於文房，筋節成❼於茂政，當時盛稱焉。

有詩集五卷，行於世。

【注釋】❶侯希逸　肅宗時曾任平盧、淄青節度使，參與平定史朝義叛亂，以功高自傲，後被部將所逐。❷淄青　唐方鎮名，治所在青州，今山東益都。❸制誥　代皇帝起草制書、誥命等重要文件，例由中書舍人以及兵部、吏部、左右司郎中加知制誥銜者擔任。❹除目　擬議人選的名單。❺駕部　官職名，尚書省屬官，掌輿輦、傳乘、郵驛、廄牧等事。❻比諷　比興、諷喻。❼成　成熟；茂盛。

【語譯】韓翃，字君平，南陽人。天寶十三載與狀元楊紘同榜進士。侯希逸一向器重韓翃的才能，這時候，他就推薦韓翃到淄青軍幕中任職。罷職之後，韓翃賦閒了十年，直到李勉出任宣武節度使時，再聘請他入幕任職。

德宗時，缺少起草制誥的官員，中書省兩次將擬議的人選名單呈送上去，德宗都沒有批准。再作請示時，德宗批覆說：「授予韓翃。」當時，還有一個和韓翃同名同姓的人，是江淮地區的一個刺史，宰相請示是哪一個韓翃，德宗又批示道：「就是那個『春城無處不飛花』的韓翃呀！」不久，韓翃就入朝以駕部郎中職位任知制誥，最終，韓翃擔任了中書舍人。

韓翃擅長作詩，他寫的詩情趣十分豐富，就像露出水面的荷花，每一篇都值得曼聲吟唱，朝廷的士大夫們極為看重。韓翃的作品，在比興和諷諭上較劉長卿更為深沉，筋骨和風節上比皇甫冉更為成熟，在當時有很高的聲譽。

韓翃有詩集五卷，流傳於世。

【研析】韓翃在大曆詩人中間大概是唯一不甚鼓吹隱逸，不感嘆歸隱的詩人。他寫詩的時候，措詞十分講究，努力要在形式上表現出自己的新意來，因而文字非常優美。一聯「春城無處不飛花，寒食東風御柳斜」詩句，因為德宗的賞識而名滿天下，至今讀來，猶能使人感到清新可愛，恐怕這就是藝術的魅力吧。

耿湋

湋，河東❶人也。寶應二年洪源榜進士。與古之奇為莫逆之交。初為大理❷司法❸，充括圖書使❹來江淮，窮山水之勝。仕終左拾遺。詩才俊爽，意思❺不群。似湋等輩，不可多得。詩集二卷，今傳。

【注釋】❶河東　唐代道名，治所河東，今山西永濟蒲州。❷大理　大理寺，掌握刑獄的官署。❸司法　唐代地方機構中掌管刑獄的官員。❹括圖書使　官名，奉中央之命到地方搜求逸書的官員。❺意思　文意和思緒。

【語譯】耿湋，河東人。寶應二年，與狀元洪源同榜進士，他和古之奇是非常要好的朋友。耿湋起初為大理司法，擔任括圖書使後，來到江淮一帶，遍遊山水名勝。他最終擔任的官職是左拾遺。耿湋的詩才華出眾，文意和思緒卓犖不凡。像耿湋這樣的詩人，實在是不可多遇的。耿湋有詩集二卷，流傳至今。

錢起

起，字仲文，吳興人。天寶十年李巨卿榜及第。少聰敏，承鄉曲❶之譽。初從計吏❷至京口客舍，月夜閑步，聞戶外有行吟聲，哦曰：「曲終人不見，江上數峰青。」凡再三往來，起遽從之，無所見矣。嘗怪之。

及就試粉闈❸，詩題乃〈湘靈鼓瑟〉，起輟就，即以鬼謠❹十字為落句❺，主文李暐深嘉美，擊節❻吟味久之，曰：「是必有神助之耳。」遂擢置高第。釋褐❼授校書郎。嘗采箭竹❽，奉使入蜀。除考功郎中。大曆中為太清宮❾使、翰林學士。

起詩體製新奇，理致❿清贍⓫，芟宋、齊之浮遊⓬，削梁、陳之嫚靡⓭，迥然獨立也。王右丞許以高格，與郎士元齊名，士林語曰：「前有沈、宋，後有錢、郎。」

集十卷，今傳。子徽⓮能詩，外甥懷素⓯善書，一門之中，藝名森出，可尚矣。

凡唐人燕集祖送，必探題⓰分韻賦詩，於眾中推一人擅場⓱者。劉相⓲巡察江淮，詩人滿座，而起擅場。郭曖⓳尚⓴主㉑盛會，李端擅場。緬懷盛時，往往文會，群賢畢集，觥㉒籌㉓亂飛，遇江山之佳麗，繼歡好於疇昔㉔，良辰美景，賞心樂事，於此能并矣。況賓無絕纓㉕之嫌，主無投轄㉖之困，歌闌舞作，微聞香澤，冗長之禮，豁略㉗去之，王公不覺其大，韋布㉘不覺其小，忘形爾汝，促席談諧，吟詠繼來，揮毫驚座，樂哉！古人有秉燭夜遊㉙，所謂非淺，同宴一室，無及於亂，豈不盛也？至若殘杯冷炙，一獻百拜，察喜怒於眉睫之間者，可以休矣。

【注釋】❶鄉曲　鄉里。❷從計吏　又稱隨計，指赴京應試的舉子。❸粉闈　尚書省的別稱，因漢代尚書省皆以胡粉塗壁，畫古代聖賢像而得稱。❹鬼謠　神鬼念的詩歌，指住在京口旅舍時，月夜下聽到的兩句詩。❺落句　詩文收尾的句子。❻擊節　用手拍著節奏，形容非常讚賞的表情。❼釋褐　脫去粗布衣服，意為取得做官的身分。❽箭竹　竹子的一種，節間三尺，質地堅勁，可用以製箭。❾太清宮　道教觀名，唐代遵奉道教，西京玄元皇帝廟被封為太清宮。❿理致　思想情趣。⓫清贍　清新豐富。⓬浮遊　浮誇；虛飾。⓭嫚靡　輕浮虛華。⓮徽　錢徽，字蔚章，德宗貞元初進士，歷任翰林學士、中書舍人，文宗時官至吏部尚書。⓯懷素　唐高僧玄奘弟子，書法成就極高，尤以草書著稱。⓰探題　以抽籤的方式分題賦詩。⓱擅場　技藝高超出眾。⓲劉相　劉晏，肅宗、代宗二朝任戶部侍郎、吏部尚書同中書門下平章事等職，以善於理財著稱。⓳郭曖　郭子儀子，曾娶代宗女升平公主為妻。⓴尚　娶帝王之女。㉑主　公主。㉒醆　酒杯。㉓籌　飲酒時計數或行酒令的籌子。㉔疇昔　舊日；過去。㉕絕纓　戰國時楚莊王賜群臣宴飲，燭火忽滅，有臣下乘機戲弄楚莊王寵姬，被扯斷帽纓，後世遂以絕纓喻客人非禮。㉖投轄　轄為車軸末端用以防止車輪脫落的擋鐵，漢代陳遵嗜飲好客，每次宴請賓客，待客人入座後，便關上大門，並取下賓客車上的車轄，投入井中，客人有急，亦不得離去，後世遂以投轄喻主人強留客。㉗豁略　免除。㉘韋布　韋帶布衣，貧賤之人所服，指平民。㉙秉燭夜遊　喻及時行樂。

【語譯】錢起，字仲文，吳興人。天寶十年，與狀元李巨卿同榜進士。錢起少年時代就十分聰明，在家鄉聲譽很高。早些年，他赴京參加考試，途中住在京口的旅舍裡，在月光下散步時，聽到門外有人邊走邊吟詩，吟道：「曲終人不見，江上數峰青。」一共來回了好幾次。錢起趕緊跟了上去，卻沒能看到人，心裡覺得有點奇怪。等他在尚書省參加考試的時候，詩題是〈湘靈鼓瑟〉，快要寫完的時候，便將上次聽到的兩句詩寫了上去，作為落筆之句。主考官李暐非常讚賞錢起的詩，吟誦玩味了很長時間，說：「這樣的句子，一定是得到了神的幫助，才寫得出來啊。」於是就把錢起置於優等名次。取得做官的資格後，他被授以校書郎。錢起曾奉命採辦箭竹，奉使到四川。又被授官考功郎中。大曆年間，錢起擔任了太清宮使、翰林學士。

錢起的詩體裁十分新奇，思想和情趣清新豐富，去除了南朝宋、齊兩代詩歌的浮誇和虛飾，也削去了梁、陳兩代詩歌的輕浮和虛華，完全不同於它們而獨自成為一體。王維因為他的詩格調高雅而稱許之。錢起與郎士元齊名，當時，在文人中有一句話說：「前有沈、宋，後有錢、郎。」錢起有文集十卷，流傳至今。錢起的兒子錢徽很會作詩，他的外甥懷素擅長書法，一門之中，多才多藝之人的名聲連續出現，的確值得敬仰啊。

唐朝人凡是宴會或送別餞行時，必定要以抽籤的方式分韻賦詩，然後在眾人中選出一個才藝出眾者。劉宰相巡查江淮時，酒宴上詩人滿座，最出色的是錢起。郭曖迎娶公主的盛會上，最為出色的詩人是李端。追懷那全盛時期，經常舉行這種文酒之會，眾多俊彥聚集在一起，酒杯和酒籌交錯，遇到了傾國之色的美人，重續舊日綿綿情誼，如此美好的時光，動人的景色，和令人心花怒放的事情，此時此刻都合在一起了。何況賓客沒有舉止非禮的嫌疑，主人也不致因苦心挽留客人而窘，清歌將息，曼舞繼起，微微聞到了拂面而來的一陣幽香。繁縟的禮節一概免去，王公貴族不覺得自己有多少高貴，布衣平民也不覺得自己有什麼低賤，忘記了彼此的身分，坐席靠在一起，談得融洽自在，吟詠之聲此起彼落，揮毫疾書引起一片驚嘆，真是快樂啊！古人有「秉燭夜遊」之說，的確很有道理啊。同在一室歡樂宴飲，卻毫不涉及淫亂，這還不算盛事麼？至於像擺著一些殘酒剩菜，不勝繁縟的虛文禮節，還要在主人的眉眼表情之間察看他的喜怒神色，那真是可以算了吧。

【研析】錢起是中唐時期最著名的詩人之一。古時候，作詩時，因為得到鬼神相助而得佳句的傳說由來已久。相傳南朝的詩人謝靈運恍惚中見到族弟惠連，也作出了出色的詩句來。我們不妨想像一下，青山綠水之間，仙女幽幽地放下了雲和瑟，悠然離去在輕霧之間，整個過程都是在恍惚之中感覺到的，充滿了一種空靈的美。體味這種感覺的時候，人們難道還去懷疑神鬼相助的傳說嗎？

司空曙

曙，字文明，廣平❶人也。磊落❷有奇才。韋皋❸節度劍南❹，辟致幕府。授洛陽主簿❺，未幾遷長林❻縣丞。累官左拾遺，終水部❼郎中。與李約❽員外至交。

性耿介，不干❾權要。家無甔石❿，晏如⓫也。嘗病中不給，遣其愛姬，亦自流寓長沙。遷謫江右⓬，多結契雙林⓭，暗傷流景⓮。〈寄暕上人⓯〉詩云：「欲就東林⓰寄一身，尚憐兒女未成人。柴門⓱客去殘陽在，藥圃蟲喧秋雨頻。近水方同梅市⓲隱，曝衣⓳多笑阮家⓴貧。深山蘭若㉑何時到，羨與閒雲作四鄰。」閑園即事㉒，高興可知。

屬調幽閑，終篇調暢，如新花笑日，不容㉓熏染。鏘鏘美譽，不亦宜哉！有詩集二卷，今傳。

【注釋】❶廣平　河北道廣平郡，治所在今河北雞澤。❷磊落　灑脫不羈。❸韋皋　字城武，累官檢校太尉，貞元元年（西元七八五年）出任劍南西川節度觀察使，治蜀達二十餘年。❹劍南　道名，後改為方鎮，升劍南支度營田處置兵馬經略使置，為玄宗時十節度使之一，治所在益州（今四川成都）。❺主簿　負責文書簿籍、掌管印璽的官員。❻長林　縣名，治所在今湖北荊門北。❼水部　尚書省工部四司之一，掌有關水道的政令。❽李約　傳見本書卷六。❾干　有所求而請託。❿甔石　形容數量不多的米。甔，一種口小腹大，用以盛米的瓦器。

⑪晏如 平靜安逸的樣子。⑫江右 江西的別稱。⑬雙林 僧人的代稱。⑭流景 如流的光陰。⑮上人 對出家人的尊稱。⑯東林 廬山東林寺，晉代釋慧遠所建。⑰柴門 簡陋的門，喻貧寒之家。⑱梅市 東漢梅福棄官歸隱，在會稽做吳市的守門人，後人遂以梅市喻隱居處。⑲曝衣 在太陽下曬衣服。⑳阮家 晉阮咸家貧，居住在道南，見道北的富人夏天曬衣時，好以綾羅錦綺相炫耀，阮咸便以竹竿挑粗布短褲晾曬中庭，稱「未能免俗，聊復爾而。」㉑蘭若 寺院。㉒即事 眼前的事物，常作為詩歌的一種題材。㉓不容 不能。

【語譯】司空曙，字文明，廣平人。他性格灑脫不羈，才能非凡。韋皐做劍南節度使的時候，邀請他為自己的幕僚。後來，司空曙被授以洛陽主簿的官職，沒過多久，做了長林縣丞，歷任左拾遺，最後，擔任了水部郎中。司空曙和李約員外是非常要好的朋友。

司空曙生性耿直，從不為自己的事去請託權貴幫忙，即使家中到了快要沒糧食吃的地步，仍然神色安逸自如。曾經因為生病而無法維持生活，將自己非常喜歡的一個妾送走了，自己也流落到長沙。司空曙遭貶到江西時，經常和僧人來往，暗自為流失的光陰年華而傷感。他在一首題為〈寄暕上人〉的詩中寫道：「欲就東林寄一身，尚憐兒女未成人。柴門客去殘陽在，藥圃蟲喧秋雨頻。近水方同梅市隱，曝衣多笑阮家貧。深山蘭若何時到，羨與閑雲作四鄰。」描寫悠閒田園生活的景致，可見他的雅致高懷。

司空曙的詩情調深幽嫻雅，全篇格調清暢，就像太陽下剛剛綻放的花兒，嬌嫩清純，沾染不得半點煙塵。如此響亮的美好聲譽，不正是他該有的嗎！他有詩集兩卷，流傳到了今天。

【研析】司空曙的詩帶有大曆時期許多詩人共有的特點，如嘆白髮、哀衰老，說起抱負來，也是徒興壯懷的頹然表情。我們讀他的詩時，可以感到詩人對秋天、送別甚至黃昏等等，都十分敏感，如「雁惜楚山晚，蟬知秦樹秋」等等，這些大概就是所謂「暗傷流景」吧。這些高遠的情致，同時也讓人感覺到了詩人非凡的情懷。

苗發

發，潞州❶人也。晉卿❷長子。初為樂平❸令，授兵部❹員外，遷駕部員外郎，仕終都官郎中❺。雖名齒❻才子，少見詩篇。當時名士，咸與贈答云。

【注釋】❶潞州　州名，治所上黨，今為山西長治。❷晉卿　苗晉卿，肅宗朝官至左相。❸樂平　縣名，今江西樂平東。❹兵部　尚書省六部之一，主管中央及地方武官的選用、考查以及兵籍、軍械等事務。❺都官郎中　尚書省刑部所屬有都官司，郎中即該司長官。❻齒　次列。

【語譯】苗發，潞州人，苗晉卿的長子。起初，他做過樂平縣令，後來，被授以兵部員外郎，調任駕部員外郎，最後擔任的職務是都官郎中。苗發雖然名字列在大曆才子之中，他寫的詩很少見，據說當時的名士都曾和他以詩歌相互贈答。

崔峒

峒，博陵❶人。工文有價❷。初辟潞府❸功曹❹，後歷左拾遺，終右補闕。詞采炳然，意思方雅，時人稱其句為披沙揀金，往往見寶。詩集一卷，今行於世。

【注釋】❶博陵 郡名，治所在安喜，今河北定縣。❷價 聲價；名聲。❸潞府 即潞州，因潞州兼大都督府所在。❹功曹 官名，府州佐吏，府稱功曹參軍，州稱司功參軍。

【語譯】崔峒，博陵人，擅長詩文，有名聲。起初，他在潞州任功曹參軍，後來，做過左拾遺，最終擔任的官職為右補闕。崔峒的作品文采煥然，詩意端莊雅正。當時的人讚美他的詩句是披沙揀金，往往見寶。有詩集一卷，現在還流行於世。

夏侯審

審，建中❶元年禮部侍郎令狐峘❷下試軍謀越眾❸科第一。釋褐校書郎，又為參軍，仕終侍御史❹。初於華山下多買田園為別墅，水木幽閟❺，雲烟浩渺，晚歲退居其下，諷吟頗多。今稍零落，時見一二，皆錦製❻

也。

【注釋】❶建中　德宗年號（西元七八〇—七八三年）。❷令狐峘　唐高宗朝名臣令狐德棻玄孫，歷仕代宗、德宗兩朝。❸軍謀越眾　唐代制舉科名之一。❹侍御史　官名，御史臺成員之一，位於御史中丞之下。❺幽閟　幽深。❻錦製　錦緞製品，喻文采燦爛的作品。

【語譯】夏侯審，建中元年，禮部侍郎令狐峘主持貢舉時，參加軍謀越眾科考試，取得了第一名的成績。取得做官的資格後，授官校書郎，又做過參軍，最終擔任的官職是侍御史。早些時候，夏侯審在華山購置了不少田園，作為自己的別墅，既有潺潺溪水，又有鬱鬱蔥蔥的樹林，雲煙環繞其上。夏侯審晚年就住在這裡，寫下了不少詩作。如今，這些詩漸漸散失了，有時能見到一首兩首，都是文采燦爛的好作品。

李端

端，趙州❶人，嘉祐❷之姪也。少時居廬山，依皎然❸讀書，意況❹清虛，酷慕禪侶❺。大曆五年李摶榜進士及第，授祕書省校書郎。以清羸多病，辭官，居終南山草堂寺。未幾，起為杭州司馬❻，牒訴❼敲撲❽，心甚厭之。買田園在虎丘⑨下，為耽⑩深僻⑪，泉石少幽，移家來隱衡山⑫，自號衡嶽幽人。彈琴讀《易》，登高望遠，神意泊然。

初无宦情⑬，懷箕、潁⑭之志。嘗曰：「余少尚神仙，且⑮未能去。友人暢當⑯以禪門見導，余心知必是，未得其門。」詩更高雅，於才子中名響錚錚。與處士京兆柳中庸⑰、大理評事江東張芬⑱友善唱酬。

初來長安，詩名大振。時令公⑲子郭曖尚升平公主，賢明有才，延納俊士，端等皆在館⑳中。曖嘗進官，大宴酒酣，主屬端賦詩，頃刻而就，曰：「青春都尉最風流，二十功成便拜侯。金距㉑鬥雞過上苑㉒，玉鞭騎馬出長楸㉓。熏香荀令㉔偏憐小，傅粉何郎㉕不解愁。日暮吹簫楊柳陌，路人遙指鳳凰樓㉖。」主甚喜，一座賞嘆。

錢起曰：「此必端宿㉗制，請以起姓為韻。」端立獻一章曰：「方塘似鏡草芊芊㉘，初月如鉤未上弦㉙。新開金埒㉚看調馬，舊賜銅山㉛許鑄錢。楊柳入樓吹玉笛，芙蓉出水妒花鈿㉜。今朝都尉如相顧，願脫長裾㉝逐少年。」作者㉞驚伏。主厚賜金帛，終身以榮。

其工捷類此。集三卷，今傳於世。

【注釋】❶趙州 治所在平棘，今河北趙縣。❷嘉祐 李嘉祐，字從一，天寶間舉進士，大曆中官至袁州刺史，與嚴維、冷朝陽等友善，有詩名。❸皎然 傳見本卷。❹意況 情態；情趣。❺禪侶 來往的僧人。❻司馬 州府佐吏，位在別駕、長史之下。❼牒訴 訟詞。❽敲撲 鞭打用的刑具，短曰敲，長曰撲。❾虎丘 位今江蘇蘇州近郊，今為姑蘇名勝。❿耽 沉溺；特別愛好。⓫癖 積習成久的嗜好。⓬衡山 山名，在今湖南衡山西。⓭宦情 做官的願望。⓮箕潁 箕山、潁水，相傳古代高士許由隱居在潁水之陽、箕山之下，後人遂用以喻隱居生活。⓯且 暫且。⓰暢當 傳見本卷。⓱柳中庸 名淡，以字行，工詩文。⓲張芬 字茂宗，曾任大理評事，後在西川節度使韋臯幕府。⓳令公 即郭子儀，位至中書令，故有令公之稱。⓴館 接待賓客住宿之所。㉑金距 一種套在鬥雞腳上的帶刺銅環。㉒上苑 帝王和王室貴族玩賞或打獵的園林。㉓楸 古代常種植在行道邊的一種樹木，到秋季時垂條如線。㉔荀令 指東漢荀彧，官守尚書令，相傳他衣帶熏香，所到之處經時不散，後人以喻大臣的風度神采。㉕何郎 三國時魏人何晏，相傳他風姿秀美，注重修飾，粉白不離手，後世遂以喻喜歡修飾的美男子。㉖鳳凰樓 相傳春秋時蕭史善吹簫，秦穆公以女弄玉妻之，築鳳凰臺供其居住，後吹簫引來鳳凰，兩人升天而去。㉗宿 事先。㉘芊芊 濃郁的綠色。㉙上弦 農曆初七、初八日時看到的月亮，大約為滿月時的一半，形如弓張弦直。㉚金埒 以錢鋪成的界溝，形容極其豪華奢侈。㉛銅山 漢文帝時寵臣鄧通受賜蜀地銅山，並允其自鑄銅錢。㉜花鈿 婦女首飾，亦作豔妝女子的代稱。㉝裾 衣襟；衣袖。此喻衣服。㉞作者 寫詩的人，指在場的其他詩人。

【語譯】李端，趙州人，李嘉祐的姪子。少年時，李端住在廬山，跟隨皎然讀書，情趣清淨虛無，極喜歡和僧人來往。大曆五年，和狀元李摶同榜進士，被授以祕書省校書郎的職務。因為體弱多病，李端辭去了官職，住在終南山草堂寺。沒過多久，他又被起用，任命為杭州司馬。成天面對的是訟詞和拷打犯人的用具，李端心裡實在感到厭煩，就在虎丘下買了田園。又因為沉溺舊日的嗜好，覺得虎丘的山水不夠僻靜幽遠，又搬家到衡山隱居起來，自號「衡嶽幽人」。李端彈琴讀《周易》，登上高山眺望遠方，神情和意態都十分淡泊。

李端原本就沒有什麼做官的願望，心裡只嚮往著古代高士隱居遁世的生活。他曾經說：「我小時候就崇尚神仙的生活，一時還未能得道。友人暢當用佛家的學說開導我，我心裡十分認可，但還沒有找到入門的地方。」李端的詩非常高雅，在才子中名聲十分響亮。他和處士京兆柳中庸、大理評事江東張芬友情很好，常有詩作唱酬往還。

李端到長安不久，詩名就很大。當時，郭令公的兒子郭曖娶了升平公主為妻，他賢明而有才華，接納了當時很多才能傑出的文人，李端等人都是他的賓客。一次，郭曖升了官，大宴客人，飲酒至酣暢之時，公主要李端賦詩，李端一會兒功夫就寫好了。詩中說：「青春都尉最風流，二十功成便拜侯。金距鬥雞過上苑，玉鞭騎馬出長楸。熏香荀令偏憐小，傅粉何郎不解愁。日暮吹簫楊柳陌，路人遙指鳳凰樓。」公主非常高興，在場的人也都是一片讚嘆聲。

錢起說：「這首詩一定是李端事先已經做好的，請按照我姓的韻，再做一首。」李端馬上又獻上了一首詩：「方塘似鏡草芊芊，初月如鉤未上弦。新開金埒看調馬，舊賜銅山許鑄錢。楊柳入樓吹玉笛，芙蓉出水妒花鈿。今朝都尉如相顧，願脫長裾逐少年。」在場的文人都驚奇而佩服不已。公主賞賜給李端許多金帛，李端也終身以這件事為榮耀。

李端寫詩，就是這樣既好又快。他有文集三卷，今天仍在流傳。

【研析】李端與錢起在詩人雲集的酒宴上爭鋒，終以出口成章且辭采華美而令四座驚服。雖然只是帶有傳說性質的故事，卻極生動地刻劃了一個文思敏捷、才華橫溢的詩人形象，這則唐代詩壇上的小小花絮，後來成為文壇上流傳的一段美好佳話。

竇叔向

叔向，字遺直，扶風❶平陵❷人也。有卓絕之行，登第於大曆初，遠振嘉名，為文物❸冠冕。詩法謹嚴，又非常格，一流才子，多仰飆塵❹。少與常袞同燈火❺，及袞相，引擢左拾遺、內供奉❻。及坐❼貶，亦出為溧水❽令。卒，贈❾工部尚書。

五子：常、牟、群、庠、鞏，俱能詩，咄咄❿有跨灶⓫之譽，當時羨之。〈藝文志〉載《叔向集》七卷，今存詩甚寡，蓋零落之矣。

【注釋】❶扶風 古郡名，唐天寶間改岐州為扶風，位乾縣、咸陽西。❷平陵 縣名，治所在今咸陽西北。❸文物 文人。❹飆塵 狂風捲起的塵埃。❺同燈火 同就一盞燈讀書，喻有同學之誼。❻內供奉 官名，掌殿中供奉之儀。❼坐 獲罪。❽溧水 今江蘇溧水。❾贈 去世後追封的官爵和職位。❿咄咄 感嘆聲。⓫跨灶 良馬在奔跑時，後蹄跨在前蹄的印痕前面，此喻後人勝於前輩。

【語譯】竇叔向，字遺直，扶風平陵人。竇叔向德行極為高尚，大曆初年舉進士第，美好的名聲傳播到了很遠的地方，是文人中間出類拔萃的人物。竇叔向作詩法度嚴謹，又不拘於尋常格式，第一流的才子也都仰慕他的才華。

竇叔向少年時期與常袞同學，常袞做宰相後，提拔他為左拾遺、內供奉。後來常袞獲罪遭貶，竇叔向也離開朝廷，到溧水去做縣令。他去世後，朝廷追贈他為工部尚書。

竇叔向有五個兒子，名字分別是常、牟、群、庠、鞏，都會作詩，有超過他們父親的趨勢，人們都羨慕他們。〈藝文志〉上記載有《叔向集》七卷，今天保留下來的詩卻很少，大概是一點一點地散失掉了。

康洽

洽，酒泉❶人，黃鬚美丈夫也。盛時❷攜琴劍來長安，謁當道❸，氣度豪爽。工樂府詩篇，宮女梨園，皆寫於聲律。玄宗亦知名，嘗嘆美之。

所出入皆王侯貴主❹之宅，從遊與宴，雖駿馬蒼頭❺，如其己有。觀服玩❻之光，令人歸欲燒物，憐才乃能如是也。

後遭天寶亂離，飄蓬江表。至大曆間，年已七十餘，龍鍾衰老，談及開元繁盛，流涕無從❼。故侯館穀空，咸陽一布衣耳❽。

於時文士願與論交。李端逢之，贈詩云：「聲名常壓鮑參軍，班位不過揚執戟❾。」又云：「同時獻賦人皆盡，共壁題詩君獨在。」後卒杜陵山中。文章不得見矣。

【注釋】❶酒泉　今甘肅酒泉。❷盛時　青壯年之時。❸當道　有權勢的人。❹貴主　公主。❺蒼頭　奴僕。❻服玩　服用玩賞的東西。❼無從　未能完全表達內衷。❽故侯館穀空二句　此二句文字不可解，疑為誤。❾揚執戟　指西漢辭賦大家揚雄。西漢時郎官皆執戟值更，成帝時揚雄為給事黃門侍郎，故有是稱。

【語譯】康洽，酒泉人，他是一個有著黃鬍子的美男子。壯年時，康洽帶著琴和劍來到長安，拜訪當政的權貴人物，氣度十分豪爽。康洽擅長寫可以入樂的詩，宮女和梨園藝人都把他的作品譜上曲調。玄宗也聽說過康洽的名字，曾經感嘆地讚美過他。康洽進出的都是王侯公主的府第，隨同主人一起出遊赴宴，雖然享用的是主人家的駿馬、家奴，他感到就像是自己的一樣隨意自得。

看到康洽的穿著以及他使用的器物都是那麼漂亮精緻，讓人回家後真恨不得把自己的東西一把火給燒掉，都是那些王公貴族格外愛惜康洽才能，才對他這樣的啊。

後來，經歷了天寶年間的戰亂，康洽輾轉流落到了江南。到了大曆年間，他已經七十餘歲，一副老態龍鍾的衰老樣子，談到開元年間的繁華盛景，內心哀痛之深，即使是淚流滿面也不足以表達的。康洽往來於長安、洛陽兩地。此時的文人們願意和他交往，李端遇到他，在贈給他的詩中寫道：「聲名常壓鮑參軍，班位不過揚執戟。」又寫道：「同時獻賦人皆盡，共壁題詩君獨在。」後來，康洽去世在杜陵山中，他寫的詩也見不到了。

【研析】黃鬚美丈夫，又是居住在通向西域的絲綢之路上的酒泉，不免令人聯想到了西域的少數民族。在康洽的性格裡，確實也反映出了與士大夫有所不同的豪放風格。出入王侯貴族之家時的瀟灑自得神情，和後來遭受戰亂而流落江表，憶及當年繁榮，涕下不能自己的情景，真是讓人對命運不常而感慨不盡啊。

李益

益，字君虞，隴西姑臧❶人。大曆四年齊映榜進士，調鄭縣❷尉。同輩行❸稍進達❹，益久不升，鬱鬱去遊燕、趙❺間，幽州節度劉濟❻辟為從事，未幾，又佐邠寧⑦幕府。風流⑧有辭藻，與宗人賀相埒⑨。每一篇就，樂工賂⑩求之，被⑪於雅樂⑫，供奉天子。如〈征人〉、〈早行〉篇，天下皆施繪畫。二十三受策秩⑬，從軍十年，運籌決勝，尤其所長。往往鞍馬間為文，橫槊⑭賦詩，故多抑揚激厲悲離之作，高適、岑參之流也。

憲宗雅⑮聞其名，召為祕書少監、集賢殿學士。自負其才，凌轢⑯士眾，有不能堪，諫官因暴⑰其詩「不上望京樓」等句，以涉⑱怨望，詔降職。俄復舊，除侍御史，遷禮部尚書致仕。太和初卒。

益少有僻疾⑲，多猜忌，防閑⑳妻妾，過為苛酷，有散灰㉑扃戶㉒之談，時稱為「妒痴尚書李十郎」。有同姓名者，為太子庶子㉓，皆在朝，人恐莫辨，謂君虞為「文章李益」，庶子為「門戶李益」云。有集，今傳。

【注　釋】❶姑臧　今甘肅武威。❷鄭縣　今陝西華縣。❸輩行　輩分、同輩的人。❹進達　地位變得顯要。❺燕趙　戰國時期的國名，大致相當於今河北一帶地區。❻劉濟　德宗貞元元年代父為幽州節度使，居其位達二十餘年。❼邠寧　唐方鎮名，治所在邠州，今陝西邠縣。❽風流　英俊傑出。❾相埒　相等，意為名聲皆很大。❿賂　贈送財物。⓫被　譜曲。⓬雅樂　古代祭祀天地、祖先以及朝賀、宴享時所用的舞樂，樂曲中正和平，歌詞典雅純正。⓭策秩　策官封秩。⓮橫槊　喻行軍中在馬上賦詩。槊，長矛。⓯雅　很、極、頗的意思。⓰淩轢　欺淩。⓱暴　揭露。⓲涉　牽涉。⓳僻疾　怪戾；偏執。⓴防閑　防備；阻攔。㉑散灰　在地上撒灰，以察別是否有人來過。㉒扃戶　從外面將門鎖住。㉓庶子　妾所生的兒子。

【語　譯】李益，字君虞，隴西姑臧人。大曆四年，與狀元齊映同榜舉進士。授官鄭縣尉。與李益同輩的人漸漸都在仕途上得到提拔重用，李益卻很久沒有升官的機遇，心裡很壓抑地離職而去，到河北一帶漫遊。幽州節度使劉濟邀請他在自己手下擔任從事的職務，沒過多久，又到邠寧節度使幕下任職。

李益英俊傑出，擅長寫詩作文，名聲與他的宗人李賀不相上下。他每寫完一首詩，朝廷的樂工們就紛紛以財物來換取他的作品，譜上雅樂的旋律，演唱給皇上聽。再如他的詩〈征人〉、〈早行〉篇，人們紛紛用來當作繪畫的題材。二十年間，三次任職加秩，從軍達十年，謀劃戰事，決戰取勝，尤其是他擅長的事。李益常常在行軍途中構思文章，騎在馬上橫矛賦詩，所以，寫了很多充滿抑揚起伏的氣概、表現出激勵人心或悲歌別離的作品，屬於高適、岑參一類的風格。

憲宗頗知道李益的名聲，召他為祕書少監、集賢殿學士。李益自恃有才華，欺壓淩辱眾人，大家覺得不能忍受，於是，諫官就揭露他曾寫過「不上望京樓」之類的詩句，內容牽涉到對朝廷的埋怨和不滿，皇帝下令給他降職處分，不久，又恢復原職，任為侍御史，升禮部尚書後退休。大和初年，李益去世。

李益年輕時性格就有點怪戾，好猜疑妒忌，對自己的妻妾嚴加防範，幾乎到了苛虐的程度，社會上流傳著關於他「散灰扃戶」的傳聞，人們稱他為「妒痴尚書李十郎」。據說，當時，有一位和他同姓同名的人，是太子的庶子，兩人同在朝廷，人們怕搞混了，就稱君虞為「文章李益」，庶子則稱為「門戶李益」。李益有文集，流傳至今。

【研析】李益寫的詩頗具有中唐詩人的一些優點，格律工整細緻，字句十分精美。他寫閨情，如「早知潮有信，嫁與弄潮兒。」似含有一種失落後的寓意。寫宮怨，如「似將海水添宮漏，共滴長門一夜長。」將寂寞無奈的心情刻劃得淋漓盡致。李益也寫邊塞詩，不失豪放的氣概，但是，即使這些邊塞詩句，亦十分注重細膩的描寫，如「不知何處吹蘆管，一夜征人盡望鄉。」傳說樂工賂求其詩，畫匠爭相繪其詩意，恐怕不算太誇張。

冷朝陽

朝陽，金陵❶人。大曆四年齊映榜進士及第。不待調官❷，言歸省覲❸。自狀元以下，一時名士大夫及詩人李嘉祐、李端、韓翃、錢起等，大會賦詩攀餞❹。以一布衣，才名如此，人皆羨之。朝陽工詩，在大曆諸才子，法度稍弱，字韻清越不減也。有集傳世。

【注釋】❶金陵 今江蘇南京。❷調官 授以官職。❸省覲 探望父母或其他親長。❹攀餞 餞行。

【語譯】冷朝陽，金陵人，大曆四年，與狀元齊映同榜進士。冷朝陽未等授官，就表示打算回家省親。自狀元以下的進士，當時有名聲的士大夫，以及像詩人李嘉祐、李端、韓翃、錢起等聚會在一起，賦詩為冷朝陽餞行。冷朝陽還只是一個布衣，憑藉自己的才名，得到這麼高的禮遇，人們都非常羨慕他。冷朝陽善於寫詩，在大曆諸才子中，雖然寫詩的法度稍稍弱了一點，然在遣詞用韻方面之高超出眾，是不輸他人的。冷朝陽有文集流傳至今。

章八元

八元，睦州桐廬人。少喜為詩，嘗於郵亭❶偶題數語，蓋激楚❷之音也。宗匠嚴維到驛，見而異之，問八元曰：「爾能從我授格❸乎？」曰：「素所願也。」少頃❹遂發，八元已辭親矣。

維大器之，親為指諭❺，數歲間，詩賦精絕。大曆六年王淑榜第三人進士。居京既久，床頭金盡，歸江南，訪韋蘇州❻，待贈甚厚。復來都應制科。貞元中調句容主簿，況❼薄辭歸。

時有清江上人善詩，與八元為兄弟之好。初長安慈恩寺浮圖❽，前後名流詩版❾甚多，八元亦題，有云：「卻怪鳥飛平地上，自驚人語半天中。」後元微之❿、白樂天⓫至塔下遍覽，因悉除去，惟存八元版在，吟詠久之，曰：「名下無虛士也。」其警策稱是。有詩集傳於世，一卷。

【注釋】❶郵亭　即驛館，供使者或傳送公文的人居住的旅舍。❷激楚　高亢；激切。❸授格　學習作詩的方法。❹少頃　沒過多久。❺指諭　指點講解。❻韋蘇州　即韋應物，傳見本卷。❼況　官俸。❽浮圖　塔。❾詩版　題寫了詩的木板。❿元微之　元稹，傳見本書卷六。⓫白樂天　白居易，傳見本書卷六。

【語譯】章八元，睦州桐廬人也。章八元年少時就喜歡寫詩，有一次，在郵亭隨手題寫了自己的幾句詩，內容和聲韻大約是屬於高亢激切一類的。詩壇著名的大師嚴維來到這個郵亭，見了這幾句詩後，感到很驚奇，就問章八元說：「你願意跟我學作詩嗎？」章八元說：「這正是我一直嚮往的呀！」不多會兒就要上路，只見章八元已經和自己的親長告別辭行過了。

嚴維非常器重章八元，親自為他指點講解，幾年之間，章八元的詩賦都寫得極為出色。大曆六年，章八元在狀元王淑那一榜的進士中取得了第三名的成績。在京都住的時間久了，他的錢也用完了，就回到了江南地區。章八元去拜訪韋應物，韋應物待他非常好，還送了很多禮物給他。章八元又再次來到京都，參加制科考試。貞元中，章八元調任句容主簿，因為俸祿太少而辭職回家了。

當時，有一位清江上人，擅長寫詩，與章八元有著兄弟般的友情。早些年，在長安慈恩寺的塔上，有不少不同時期名家題寫的詩版，章八元也題了詩，有兩句為：「卻怪鳥飛平地上，自驚人語半天中。」後來，元稹和白居易來到塔下，將眾家題詩都去掉了，只留下了章八元的詩，兩人反覆吟詠了好久，說：「盛名之下，果然真是個才子啊。」稱讚他的精彩詩句。章八元有詩集傳於世，共一卷。

【研　析】章八元的運氣頗佳，小時候學寫詩，能得到名家嚴維的親自指導，後來雖然進士及第，可是經濟上仍有感到窘迫的時候，又是大詩人韋應物支持他度過了困難時期。當他的作品還不太為人們熟知的時候，又是元稹和白居易兩人吟誦並對他題寫的詩版大加稱許，以致很快為天下人知曉。正是在這些人的幫助之下，章八元的作品才不致被埋沒。

暢當

當，河東人。大曆七年張式榜及第。當少諳❶武事，生亂離間，盤馬彎弓，摶❷沙寫陣❸，人曾伏之。時山東有寇，以子弟被召參軍。貞元初，為太常博士，仕終果州❹刺史。

與李司馬❺、司空郎中❻有膠漆❼之契。多往來嵩、華間，結念方外，頗參禪道，故多松桂❽之興，深存不死之志。詞名藉甚❾，表表❿凌雲。有詩二卷，傳於世。同時有鄭常⓫，亦鳴詩，集一卷，今行。

嘗觀建安初，陳琳⓬、阮瑀⓭數子，從戎管書記之任，所得經⓮奇，英氣逼人也。承平⓯則文墨議論，警急則櫜鞬⓰矢石，金羈⓱角逐，珠符⓲相照，草檄於盾鼻⓳，勒銘⓴於山頭，此磊磊落落，通方㉑之士，皆古書生也。容㉒有鬱志窗下，抱膝呻吟，而曰時不我與，人不我知耶？大道無窒㉓，徒自為老夫耳。唐間如此特達㉔甚多，光烈垂遠，慨然不能不以之興懷也。

【注釋】❶諳 熟悉。❷搏 用手捏。❸陳 同「陣」。❹果州 治所南充，今四川南充。❺李司馬 即李端，曾任杭州司馬。❻司空郎中 即司空曙，曾官水部郎中。❼膠漆 如膠似漆，形容關係極其密切。❽松桂 盧綸在給暢當的一首詩中有「山中松桂花齊發」句，喻山中隱居生活。❾藉甚 很大。❿表表 卓立；特出。⓫鄭常 德宗時曾任淮西節度使幕下判官，後被淮西留後吳少誠殺。⓬陳琳 東漢末至三國時期的著名文學家，為建安七子之一。⓭阮瑀 與陳琳同時的著名文學家，亦為建安七子之一。⓮經 經歷。⓯承平 太平無事。⓰櫜鞬 櫜為盛箭之器，鞬為盛弓之器，皆泛指武將裝束。⓱金羈 金飾馬絡頭，此喻戰馬。⓲珠符 珠衿，指兵書。⓳盾鼻 盾牌的把手。⓴勒銘 刻石立碑。㉑通方 通曉為政之道。㉒容 豈。㉓窒 障礙。㉔特達 特立獨行的豁達之士。

【語譯】暢當，河東人，大曆七年與狀元張式同榜進士及第。暢當年輕時很熱衷於軍事，生活在社會動亂的年代，學習騎馬射箭，用手撮把沙子就著地面畫軍陣圖，人們十分佩服他。當時山東有匪作亂，暢當因為是官家子弟被招募到軍隊。貞元初，暢當被任命為太常博士，他最後擔任的職務是果州刺史。

暢當與李司馬、司空郎中有著非常深厚的友情。他常常往來於嵩山和華山之間，嚮往世俗之外的生活，很喜歡探究佛家的教義，所以對隱居生活的興趣十分濃厚，一直抱有長生不老的願望。暢當的文名很大，卓越突出，引人注目。暢當有詩集二卷，流傳於世。與暢當同時的還有鄭常，也以善於寫詩著稱，有文集一卷，現在仍在流傳。

我曾經留意建安初期陳琳、阮瑀等幾位人物，參加軍旅執掌文書事務，有著非凡的經歷，英武之氣炯炯逼人。太平無事的時候，在文章中發表自己的見解議論，遇到狼煙四起，軍情緊急，則像將軍一樣披掛戎裝，騎著戰馬馳騁往來；兵書接連不斷，就著盾牌起草檄文，在山頭上刻石紀功，這些瀟脫豪邁，通曉為政之道的人，都是古時候的書生啊。豈是那種愁眉不展地枯坐於窗下，抱著膝蓋痛苦呻吟，而感嘆什麼「時不我與」、「人不知我」的人呢？其實，並沒有什麼東西在大路上阻礙著，只是自己把自己看作上了年紀的老人罷了。唐朝期間，這種特立豁達的人有不少，他們光輝的事業功垂久遠，想到他們，就不由得讓人胸中慨然興起追念之情。

王季友

季友，河南❶人。暗誦書萬卷，論必引經。家貧賣屐❷，好事者多攜酒就之。其妻柳氏，疾❸季友窮醜，遣去。來客酆城❹，洪州刺史李公❺，一見傾敬，即引佐幕府。工詩，性磊浪❻不羈，愛奇務險，遠出常性之外。白首短褐❼，崎嶇士林，傷哉貧也！

嘗有詩云：「山中誰余密？白髮日相親。雀鼠晝夜無，知我廚廩❽貧。」又：「自耕自刈❾食為天，如鹿如麋飲野泉。亦知世上公卿貴，且養丘中草木年。」觀其篤志山水，可謂遠性風疏，逸情雲上矣。有集，傳於世。

【注釋】❶河南　唐代府名，治所洛陽，今河南洛陽。❷屐　木屐，亦指鞋履。❸疾　恨；討厭。❹酆城　今江西豐城。❺李公　李勉，代宗廣德年間曾任江西觀察使兼洪州刺史。❻磊浪　灑脫。❼短褐　短的粗布衣服，喻沒有取得做官的身分。❽廚廩　廚，同「櫥」。廩，糧倉。❾刈　收割。

【語譯】王季友，河南人。王季友暗自記誦詩書達上萬卷之多，言論必定引經據典。因為家裡很窮，只得以賣鞋為生，喜歡多事的人常常帶著酒去他那兒。王季友的妻子嫌棄他又窮又醜，就把他趕出了家。王季友來到酆城暫住，洪州刺史李公一見了他，就極為傾慕敬重，立刻安排他為自己的幕僚。王季友擅長作詩，他性格灑脫不羈，喜歡追求奇險的風格，與常人迥然不同。他上了年紀，還是一個普通的老百姓，仕途坎坷，這種貧寒的狀況真叫人傷感啊。

王季友曾在一首詩裡說道：「山中誰余密？白髮日相親。雀鼠晝夜無，知我廚廩貧。」又有一首詩說道：「自耕自刈食為天，如鹿如麋飲野泉。亦知世上公卿貴，且養丘中草木年。」看他專情於山水，可以稱作是性情高遠，風格疏放，遠逸的性情直上雲天了。王季友有文集，流傳於世。

張謂

謂，字正言，河內❶人也。少讀書嵩山，清才❷拔萃，泛覽流觀❸，不屈於權勢。自矜奇骨❹，必談笑封侯。二十四受辟，從戎營❺、朔十載，亭障❻間稍立功勳。以將軍❼得罪，流滯薊門。有以非辜❽雪之者。累官為禮部侍郎，無幾何，出為潭州❾刺史。性嗜酒簡淡，樂意湖山。工詩，格度嚴密，語致❿精深⓫，多擊節之音。今有集傳於世。

【注釋】❶河內　今河南沁陽。❷清才　優秀才能。❸流觀　泛泛地閱覽。❹奇骨　相貌和體形奇特。❺營州，唐代時為平盧節度使治所，位於今遼寧朝陽。❻亭障　古代邊塞的堡壘。❼將軍　指負責的軍事長官。❽非辜　無辜。❾潭州　治所在長沙，今湖南長沙。❿語致　語言表達的內容。⓫精深　精鍊含蓄。

【語譯】張謂，字正言，河內人。張謂少年時讀書於嵩山，天資聰穎，遠在同輩人之上，遍覽群書，從不屈於權貴之家，認為自己骨相奇特，必定有朝一日談笑間就得以封侯得官。二十四歲時得以授官，投筆從軍，來到了位於北方的營州和朔州，前後達十年時間，漸漸地在邊塞建立了功勳。後來，因為負責的長官犯了罪，他也受到了牽累，滯留在薊門，一直到有人見他無辜，為他洗除了罪名為止。張謂後來官一直做到禮部侍郎，沒多久，離開京城擔任了潭州刺史。張謂非常愛飲酒，性格十分簡放淡泊，鍾情於自然山水。他擅長寫詩，格式法度都十分嚴謹，措辭表達的含義精鍊含蓄，有不少句子讀來不禁讓人擊節讚嘆。張謂有文集流傳於世。

于鵠

鵠，初買山❶於漢陽❷高隱，三十猶未成名。大曆中，嘗應薦歷諸府從事，出塞入塞，馳逐風沙❸。有詩甚工，長短間作，時出度外，縱橫放逸，而不陷於疏遠❹，且多警策云。集一卷，今傳。

【注　釋】❶買山　購置山林田產，喻歸隱山林。❷漢陽　縣名，為漢陽郡治所，今屬湖北武漢。❸風沙　大風飛沙，喻邊地戰事。❹疏遠　空疏無物。

【語　譯】于鵠，早年隱居在漢陽山中，三十歲時仍沒有什麼名聲。大曆年間，經人推薦，曾在好幾個節度使下做過從事之類的事。于鵠出入邊塞，馳騁於疆場，寫了一些很不錯的詩。他的作品裡長詩和短詩都有，常常超越通常的規範，縱橫放逸，但又不是內容空洞無物，而且有不少精彩的詩句。于鵠有文集一卷，流傳到了今天。

王建

建，字仲初，潁川❶人。大曆十年丁澤榜第二人及第。釋褐授渭南尉，調昭應❷縣丞。諸司歷薦，遷太府寺❸丞❹、祕書丞❺、侍御史。大和❻中，出為陝州❼司馬。從軍塞上，弓劍不離身。數年後歸，卜居❽咸陽原上。初遊韓吏部❾門牆❿，為忘年之友。與張籍⓫契厚，唱答尤多。工為樂府歌行⓬，格幽思遠。二公之體，同變時流⓭。

建性耽酒，放浪無拘。宮詞特妙前古。建初與樞密使王守澄⓮有宗人⓯之分，守澄以弟呼之。談間故多知禁掖⓰事，作〈宮詞〉百篇。後因過燕⓱飲，以相譏謔⓲，守澄深銜⓳之，忽曰：「吾弟所作〈宮詞〉，內庭深邃，何由知之？明當奏上。」建作詩以謝⓴，末句云：「不是姓同親說向，九重爭㉑得外人知？」守澄恐累己，事遂寢。

建才贍㉒，有作皆工。蓋嘗跋涉畏途，甘分㉓窮苦。其〈自傷〉詩云：「衰門㉔海內幾多人，滿眼公卿總不親。四授官資元七品，再經婚娶尚單身。圖書亦為頻移盡，兄弟還因數散貧。獨自在家常似客，黃昏哭向野田春。」又於征戍遷謫、行旅離別、幽居宦況之作，俱能感動神思，道人所不能道也。集十卷，今傳於世。

【注釋】❶潁川　郡名，唐代又曾名為許州，治所在長社，今河南許昌。❷昭應　今陝西臨潼。❸太府寺　唐代掌邦國財貨政令及會計的機構，長官為太府卿。❹丞　太府寺長官的屬官。❺祕書丞　祕書省屬官。❻大和　唐文宗年號（西元八二七—八三五年）。❼陝州　治所為陝縣，今河南陝縣。❽卜居　用占卜的方式選擇居所，後泛指選擇居所。❾韓吏部　韓愈，傳見本書卷五。❿門牆　師門的代稱。⓫張籍　傳見本書卷五。⓬歌行　詩的體裁之一。⓭時流　當時流行的風氣。⓮王守澄　憲宗朝宦官，參與冊立穆宗事，穆宗朝曾任樞密院事。⓯宗人　同族之人。⓰禁掖　皇宮。⓱燕　同「宴」。⓲譏誚　譏笑、諷刺。⓳銜　懷恨。⓴謝　道歉。㉑爭　怎。㉒贍　充裕。㉓甘分　甘心、安分。㉔衰門　衰落的門戶。

【語譯】王建，字仲初，潁川人。大曆十年，王建與狀元丁澤同榜以第二名的成績進士及第。取得做官的資格後，授以渭南縣縣尉，後調任昭應縣縣丞。經過各司曹官員的推薦，王建升任太府寺丞、祕書丞、侍御史。大和年間，王建出任陝州司馬。他跟隨軍隊到了邊界地帶，成天弓劍不離身。過了幾年這樣的生活後，王建回到了內地，在咸陽原上安家定居下來。早些時候，王建曾遊學於韓愈的門下，年紀雖然相差很多，兩人卻成了好朋友。王建和張籍之間的友情非常深厚，互相酬答的詩很多。王建善於以樂府歌行的體裁作詩，格調幽深而思緒高遠。王建和張籍寫詩的風格，對同時代人寫詩的風氣都產生了很大的影響。

王建非常喜歡飲酒，行為放浪而不拘小節，他描寫宮廷生活的宮詞是前人無法相比的。王建當初與樞密使王守澄敘過宗人的名分，王守澄稱他為弟，兩人談話聊天時，王建知道不少宮內的事情，寫出了上百篇的〈宮詞〉。後來，王建在一次宴會上酒喝多了，對王守澄以諷刺嘲笑相加，王守澄非常不高興，忽然開口說道：「你寫〈宮詞〉，皇宮裡面屋宇深廣，裡面的事情，外人根本無從知曉，你是從什麼地方得知的？明天我要向上面報告這件事。」王建寫了一首詩表示自己的歉意，詩的末句說道，「不是姓同親說向，九重爭得外人知？」王守澄怕事情連累到自己，方才作罷。

王建富有才華，他寫的詩都非常出色。大概是因為經歷過了仕途上艱辛的緣故，對自己窮苦生活的境況很能夠平心靜氣地接受。他的一首〈自傷〉詩中說道：「衰門海內幾多人，滿眼公卿總不親。四授官資元七品，再經婚娶尚單身。圖書亦為頻移盡，兄弟還因數散貧。獨自在家常似客，黃昏哭向野田春。」他又就征戍、遷謫、行旅、離別、幽居、官況等題材寫了很多的作品，都能夠深深打動人們的神情思緒，表達出了常人覺得很難表現出來的感覺。王建有文集十卷，流傳到了今天。

【研析】宮詞並非王建所創，因為在南朝的時候，詩人們便開始以宮女妃子的生活情感作為寫詩的素材了。然而王建撰寫的一百首〈宮詞〉卻有所不同，因為在他寫的詩裡，包括了宮廷內的種種生活場景，從宴飲娛樂到調情說愛都有。這樣豐富的創作題材，卻是自王建第一個開始的。今天看起來，這種題材的突破，也可以說是王建的一個貢獻了。

韋應物

應物，京兆人也。尚俠，初以三衛郎[1]事玄宗。及崩，始悔，折節讀書。為性高潔，鮮食寡欲，所居必焚香掃地而坐，冥心[2]象外[3]。天寶時，扈從[4]遊幸。永泰[5]中，任洛陽丞，遷京兆府功曹。大曆十四年，自鄠縣[6]令制除櫟陽[7]令，以疾辭歸，寓善福寺精舍。建中[8]二年，由前資除比部[9]員外郎，出為滁州[10]刺史。居頃之，改江州[11]刺史。追[12]赴闕，改左司郎中[13]。或媢[14]其進，媒孽[15]之。貞元初，又出為蘇州刺史。大和中，以太僕[16]少卿[17]兼御史中丞，為諸道鹽鐵轉運[18]、江淮留後[19]。罷居永定[20]，齋心[21]屏除人事。

初，公豪縱不羈，晚歲逢楊開府[22]，贈詩言事曰：「少事武皇帝[23]，無賴[24]恃恩私。身作里[25]中橫，家藏亡命兒[26]。朝持樗蒱[27]局，暮竊[28]東鄰姬。司隸㉙不敢捕，立在白玉墀㉚。驪山㉛風雪夜，長楊㉜羽獵時。一字都不識，飲酒肆㉝頑痴。武皇升仙去，憔悴被人欺。讀書事已晚，把筆學題詩。兩府㉞始收迹㉟，南宮㊱謬㊲見推。非才㊳果不容，出守撫惸嫠㊴。忽逢楊開府，論舊涕俱垂。坐客何由識，唯有故人知。」足見古人真率之妙也。

論云：詩律自沈、宋之下，日益靡嫚㊵。鎪㊶章刻句，揣合浮切㊷，音韻婉諧，屬對藻密，而閑雅平淡之氣不存矣。獨應物馳驟建安以還，各有風韻，自成一家之體，清新雅麗，雖詩人之盛，亦罕其倫，甚為時論所右㊸。而風情不能自已，如贈米嘉榮、杜韋娘等作，皆杯酒之間，見少年故態，無足怪矣。

有集十卷，今傳於世。

【注釋】❶三衛郎　指負責宮廷警衛的親衛、勳衛、翊衛三衛的軍官，各衛都設中郎將和郎將，多由高官門蔭子弟擔任。❷冥心　沉潛心思。❸象外　物象之外。❹扈從　隨同帝王出行。❺永泰　唐代宗年號（西元七六五—七六六年)。❻鄠縣　今陝西戶縣。❼櫟陽　今陝西臨潼。❽建中　唐德宗年號(西元七八○—七八三年)。❾比部　刑部所屬四司之一,掌內外諸司公廨及公私債負、徒役工程、贓物帳等。❿滁州　治所清流,今安徽滁縣。⓫江州　治所潯陽,今江西九江。⓬追　緊急;趕緊。⓭左司郎中　尚書都省屬官之一,與右司郎中一起,掌付六部二十四個司的事務。⓮媢　嫉妒。⓯媒孽　構陷誣害。⓰太僕　太僕寺,掌管輿馬及牧畜之事。⓱少卿　太僕寺副長官。⓲鹽鐵轉運　鹽鐵轉運使,唐中期開始設立的財政機構,掌食鹽專賣,兼管銅鐵礦冶。⓳留後　留後院,為轉運使在全國各地設置的代理機構。⓴永定　永定寺,位於蘇州城外。㉑齋心　清心寡欲。㉒開府　開府儀同三司,官職名,為文散官第一階。㉓武皇帝　漢武帝,唐人在詩文中常以漢朝皇帝指本朝皇帝。㉔無賴　無所事事,一無所長。㉕里　唐代民戶居處。㉖亡命兒　犯罪後為逃避制裁而隱匿起來的人。㉗樗蒲　一種賭博遊戲。㉘竊　非其所據而有之,喻調情或發生不正當的關係。㉙司隸　負責治安以及捕捉犯人的差役。㉚白玉墀　漢白玉砌的臺階,喻衛士所站的地方。㉛驪山　位於陝西臨潼東南,有溫泉,唐玄宗常駐駕在驪山。㉜長楊　長楊宮,漢代行宮,此借喻唐代宮苑。㉝肆　放肆。㉞兩府　指韋應物曾就職的洛陽府和京兆府。㉟收迹　收斂行為。㊱南宮　尚書省的代稱。㊲謬　錯誤;不當。此為謙辭。㊳非才　並非真的有才。㊴嫠　無依無靠的人。㊵靡嫚　華麗;華而不實。㊶鎪　雕刻。㊷浮切　浮聲切響,指音韻之輕聲和重聲。㊸右　古人以右為尊。

【語譯】韋應物,京兆人。他崇尚俠義,早些年,以三衛郎的身分侍奉玄宗皇帝。等玄宗去世後,他才感到懊悔,一改往日作為,潛心讀書。韋應物生性高潔,少食寡欲,他居住的地方,一定要點燃香,掃淨地面,這才坐下來,沉潛心思,神遊於天道玄機之中。天寶年間,他曾隨玄宗外出巡遊,永泰中,他被任命為洛陽縣丞,後升任京兆府功曹。大曆十四年,韋應物在鄠縣任上接到櫟陽縣令的詔命,因為身體不好,辭職回家,住在善福寺的僧舍裡。建中二年,根據韋應物原來的資歷，任命他做比部員外郎，出京擔任滁州刺史。沒過多久，改任江州刺史，又有詔命趕緊要他回京，改官左司郎中。有人妒忌他在仕途上的進展，便想辦法構陷誣害他。貞元初，韋應物又出任蘇州刺史。大和年間，他以太僕少卿兼御史中丞之銜，擔任了諸道鹽鐵轉運、江淮留後的職務。罷職後，韋應物住在永定寺，清心寡欲，毫不關涉俗世的一切事務。

韋應物早年縱情豪放，不拘小節，晚年遇到楊開府時，曾在送他的一首詩中描述道：「少事武皇帝，無賴恃恩私。身作裡中橫，家藏亡命兒。朝持樗蒲局，暮竊東鄰姬。司隸不敢捕，立在白玉墀。驪山風雪夜，長楊羽獵時。一字都不識，飲酒肆頑痴。武皇升仙去，憔悴被人欺。讀書事已晚，把筆學題詩。兩府始收迹，南宮謬見推。非才果不容，出守撫惸嫠。忽逢楊開府，論舊涕俱垂。坐客何由識，唯有故人知。」完全表現了古人純真直率的妙趣啊。

論云：詩歌自從沈佺期、宋之問以後，日益華麗。詩人們雕琢詞句，力求在音韻上完美，寫出來的詩音節婉轉和諧，字面對仗工整嚴密，而優閒典雅和淡泊自然的氣質不復存在了。唯有韋應物馳騁在建安以來的詩壇上，有著自己的風韻，自成一體，清新深沉，雅致瑰麗，雖然在詩人輩出的時代，也很少見到和他相似的，所以極為當時人們議論時所推崇。然而，韋應物也有因陷入男女歡情之中不能控制自己的時候，比如像贈米嘉榮、杜韋娘等詩，都是在酒宴上表現出來他少年時代的本色，沒什麼可大驚小怪的。

韋應物有文集十卷，今天仍在流傳。

【研析】 關於韋應物的生平，比如生卒的年歲以及主要的仕宦經歷等等，至今仍是個弄不清楚的謎。此外，韋應物的詩向以清淡閒適著稱，這與他十分推崇陶淵明的詩，以及晚年鮮食寡欲，成天過著焚香冥坐的生活顯然有著重要的關係。其實，他的前半生因為做過玄宗的三衛郎之類的侍從官，行為驕橫放縱，桀傲不馴，前後人生的色彩竟然有這麼強烈的反差，幾乎判若二人。有意思的是，當他在暮年追憶起在太平年歲驕奢生活的時候，依然滿心喜歡，不免令人產生幾分困惑。

皎然上人

皎然，字清晝，吳興人。俗姓謝，宋靈運之十世孫也。初入道，肄業杼山❶，與靈徹、陸羽同居妙喜寺。羽於寺旁創亭，以癸丑歲癸卯朔❷癸亥日落成，湖州刺史顏真卿名以「三癸」，皎然賦詩，時稱「三絕」。真卿嘗於郡齋❸集❹文士撰《韻海鏡源》，預❺其論著，至是聲價藉甚。貞元中，集賢御書院取高僧集上人文十卷，藏之，刺史于頔❻為之序。李端在匡❼嶽，依止❽稱門生。一時名公，俱相友善，題云「晝上人」是也。

時韋應物以古淡矯俗，以嘗擬其格，得數解[9]為贄[10]，韋心疑之。明日，又錄舊製以見，始被領略，曰：「人各有長，蓋自天分。子而為我，失故步矣。但以所詣[11]，自名可也。」公心服之。往時住西林寺[12]，定[13]餘多暇，因撰序作詩體式，兼評古今人詩，為《晝公詩式》五卷，及撰《詩評》三卷，皆議論精當，取捨從公，整頓狂瀾，出色[14]《騷》《雅》。

公性放逸，不縛於常律。初，房太尉琯早歲隱終南峻壁之下，往往聞湫[15]中龍吟，聲清而靜，滌[16]人邪想。時有僧潛[17]覓[18]三金以寫[19]之，惟銅酷似。房公往來，他日至山寺，聞林嶺間有聲，因命僧出其器，嘆曰：「此真龍吟也。」大曆間，有秦[20]僧傳至桐江[21]，皎然覓銅椀[22]效之，以警深寂。緇人有獻譏者，公曰：「此達僧之事，可以嬉禪。爾曹胡[23]凝滯於物，而以瑣行[24]自拘耶？」時人高之。

公外學[25]超然，詩興閑適，居第一流、第二流不過也。詩集十卷。

【注 釋】❶杼山 位於唐代烏程縣(今浙江吳興)西南,山上有妙喜寺,始建於南朝梁武帝時。❷癸卯朔 該月第一日為癸卯。❸郡齋 州郡長官的府第。❹集 邀集。❺預 參預。❻于頔 唐德宗貞元七年曾擔任湖州刺史,後官至山南東道節度使。❼匡 匡廬,即廬山。❽依止 依附;依託。❾解 詩歌、樂曲或文章的章節。❿贄 見面時的禮物。⓫詣 達到;成就。⓬西林寺 唐代時位於廬山東林寺西。⓭定 佛教用語,指僧人排除雜念,靜坐斂心,使心思定於一處,稱為入定,簡稱作定。⓮出色 超出一般。⓯湫 水潭。⓰滌 洗滌,引義去除。⓱潛 暗中。⓲戛 敲擊。⓳寫 模擬。⓴秦 古秦國地,指陝西一帶。㉑桐江 桐廬江,錢塘江中游嚴州至桐廬一段的別稱。㉒椀 同「碗」。㉓胡 為什麼。㉔瑣行 細微瑣碎的事情。㉕外學 佛教徒稱佛學以外的學問。

【語 譯】皎然,字清晝,吳興人。皎然在出家之前本姓謝,是南朝宋謝靈運的十世孫。開始皈依佛教時,他在杼山研修佛經,與靈徹、陸羽等一起居住在妙喜寺。陸羽在寺旁建了座亭子,因為是在癸丑年癸卯朔月癸亥日建成,湖州刺史顏真卿給亭子取名為「三癸」,皎然又為此賦了詩,這三件事情當時被人譽作「三絕」。顏真卿曾邀請文士在自己的府第編撰《韻海鏡源》,皎然參加了編撰的工作,這時候,他的聲望越加高了。貞元年間,集賢殿御書院收集高僧們的文集,得到皎然的文章十卷,收藏了起來,刺史于頔還為文集作序。李端在廬山隱居,皎然以門生的身分依附於他,當時的一些名人,都和他關係很好,在給他的詩篇中稱皎然為「晝上人」。

當時,韋應物以古樸淡雅的風格矯正流行的詩風,皎然曾模仿韋應物的風格,寫了幾首詩作為初次拜見時的禮物,韋應物讀了覺得有點疑惑,第二天,皎然又抄了幾首自己的舊作請韋應物看,韋應物這才體會到了皎然作品的特點,他對皎然說:「人各有長處,這是自己的天分決定的,明明是你在寫詩，卻模仿我的風格，這就失去了自己的故態，只需照自個兒達到的境界，自由地進行表達就可以了。」皎然心裡非常服膺韋應物講的話。過去有一個時期，皎然住在西林寺，參禪入定之餘的時間不少，皎然於是撰寫介紹詩的體式的文章，同時也評價古今詩人的作品，寫有《晝公詩式》五卷，以及《詩評》三卷。皎然寫的評論都十分準確精要，取捨標準公允，整飭了各類流行的風氣，凸顯了那些弘揚了〈離騷〉、〈大雅〉等傳統的作品。

皎然生性放縱曠達，不受尋常規範的束縛。當初，太尉房琯早些時候曾在終南山隱居，在陡峭的山壁下，常常能聽到從水潭中傳出來的龍嘯聲，聲音聽起來清亮寂靜，能去除人們心中的邪念。當時有一位僧人暗中通過敲擊三種不同的金屬來比較模擬的效果，唯有銅的聲音最為相似。房琯來往於山中，有一次來到這座山寺，聽到山林裡傳來了這種聲音，於是就要僧人取出了這件銅器，感嘆道：「這真的是龍在吟唱啊。」大曆年間，一個來自陝西的僧人將這種銅器的製法傳到了桐江。皎然用敲擊銅碗的方法來加以仿效，以達到深沉和沉寂的警示效果。僧人中有表示譏諷之意的，皎然答道：「這是真正通達的僧人做的事啊，可以讓僧人玩樂一番，你們為什麼拘泥於事物表面，因為一些細節而束縛自己呢？」當時的人們都覺得皎然見解很高明。

皎然佛教以外的學問非常淵博，寫的詩興致嫻雅放逸，放在第一流、第二流詩作中也不過分。皎然留下了詩集十卷。

【研析】雖說是個出家人，皎然與詩人韋應物等相酬還的詩作數量還真不少。令人感興趣的是，皎然的作品中，詠史和邊塞詩一類的題材佔了相當的比例。當然，方外之人涉足這類作品，並非是表現一種簡單的入世精神，通過皎然的詠史詩，在他描繪的蒼茫雄偉的歷史圖景中，我們可以感受到一種理性的思辨，甚至是一種對過往歷史的哲學沉思。

武元衡

元衡，字伯蒼，河南人。建中四年薛展榜進士。元和三年，以門下侍郎平章事，出為劍南節度使。後秉政❶，明年早朝，遇盜從暗中射殺之。元衡工詩，雖時見雕鐫❷，不動機構❸，要非高斵❹之所深忌。每好事者傳之，被❺於絲竹。嘗夏夜作詩曰：「夜久喧暫息，池臺惟月明。無因駐清景，日出事還生。」翌日遇害，詩蓋其讖❻也。議者謂工詩而宦達者惟高適，達宦而詩工者惟元衡。今有《臨淮集》十卷傳於世。

【注釋】❶秉政　主持國家大政，即擔任宰相。❷雕鐫　雕刻，喻詞藻的過分修飾。❸機構　大體。❹斵　本義指砍，此據《莊子》所述斵輪的典故，喻經驗豐富、技藝高超的人。❺被　譜曲。❻讖　古人認為預示吉凶得失的語言或圖記。

【語譯】武元衡，字伯蒼，河南人。建中四年，與狀元薛展同榜進士。元和三年，武元衡以門下侍郎平章事的身分出任劍南節度使。後來，他入朝為相，第二年，一次上早朝的時候，遇到壞人躲在暗處用箭射殺了他。武元衡擅長寫詩，雖然在他的作品裡常有一些刻意雕琢修飾過的痕跡，卻並不影響整體的結構，通常寫詩的高手都不很在意這些，常常有喜歡他詩的人們來加以傳佈，還被譜了曲子。

一個夏天的夜晚，武元衡寫了首詩，詩中說道：「夜久喧暫息，池臺惟月明。無因駐清景，日出事還生。」第二天他就遇害了，詩句似乎是一個預見到了事情將要發生的讖言啊。人們議論說，擅長寫詩而官位顯赫的人只有高適，而官位顯赫又善於作詩的只有武元衡。今天有武元衡的《臨淮集》十卷流傳於世。

【研析】擅長寫詩而又身居宰輔一類的高位，本來就屬於鳳毛麟角的人物。武元衡寫詩，既能做到字句上的精雕細鏤，在整體上又不失原本的氣勢，確也是難能可貴的了。而命運不濟，偏偏遇上小人的暗算，竟至於失去了生命，無怪人們要產生疑問而不得解，還要從他留下的詩句中來尋覓某種帶有預兆的暗示了。

竇常

常，字中行，叔向之子也。京兆人。大曆十四年王儲榜及第。初歷從事，累官水部員外郎，連除朗❶、夔❷、江、撫❸四州刺史。後入為國子祭酒❹而終。

常兄弟五人，聯芳比藻，詞價靄❺然。法度❻風流，相距不遠。且俱陳力❼王事，膺❽寵清流❾，豈懷玉❿迷津區區之比哉。後人集所著詩通一百首為五卷，名《竇氏聯珠集》，謂若五星然。常集十八卷，及撰韓翃至皎然三十人詩，合三百五十篇為《南薰集》，各系以贊，為三卷，今並傳焉。

【注釋】❶朗　原作「閬」，誤；《新唐書》、《舊唐書》竇常傳記皆作「朗」，即朗州，今湖南常德。❷夔　夔州，今四川奉節。❸撫　撫州，今江西撫州。❹國子祭酒　國子監祭酒，唐代官名，國子監長官，負責邦國儒學訓導之政令。❺靄　雲氣。❻法度　規範；規矩。❼陳力　效力。❽膺　受；當。❾清流　負有聲望的士大夫。❿懷玉　懷才。

【語譯】竇常，字中行，竇叔向的兒子，京兆人。大曆十四年，他與狀元王儲同榜進士及第。早些時候他擔任過從事一類的職務，後來做到了水部員外郎，連續做了朗州、夔州、江州、撫州四州的刺史後，入朝擔任了國子監祭酒後就去世了。

竇常兄弟五人，美譽相連，文才相當，詩名就像天上的雲彩般繁盛。他們舉止得體，風流倜儻，彼此相去不遠。而且，他們都效力朝廷，得到了有聲譽的士大夫們的寵愛，豈是那些懷才不遇，局於一隅的人能夠相比的。後人收集了他們寫的詩共一百首，分作五卷，題名為《竇氏聯珠集》，人們說就像天上的五顆星星一樣。竇常有文集十八卷，以及他編撰的從韓翃到皎然等三十位詩人的詩，共三百五十篇，題名為《南薰集》，他為每個詩人都寫了贊語，編為三卷，都流傳到了今天。

竇牟

牟，字貽周，貞元二年張正甫榜進士。初，學問❶於江東❷，家居孝謹，善事繼母，奇文❸異行，聞於京師。舅給事中❹袁高❺，當時專❻重名，甄拔❼甚多，而牟未嘗干謁，竟捷❽文場。始佐六府❾五公❿，八遷至檢校虞部⓫。元和五年，拜尚書虞部郎中，轉洛陽令、都官郎中，出為澤州⓬刺史。仕終國子司業⓭。

牟晚從昭義⑭盧從史⑮，從史寖⑯驕，牟度不可諫，即移疾⑰歸，居東都別業。長慶⑱二年卒。昌黎韓先生為之墓誌云。

【注釋】❶學問　求學問道。❷江東　指江南地區。❸奇文　新奇的詩文。❹給事中　官名，門下省屬官，掌分判省事，駁正百官奏章違事等。❺袁高　代宗朝官至給事中、御史中丞，德宗時一度遭貶韶州長史，復入朝任給事中。❻專　單獨；獨斷。❼甄拔　選拔人才。❽捷　成功；勝利。❾六府　竇牟曾一度入河陽節度府，兩度入昭義節度府，三度入東都留守府，故有六府之說。❿五公　五位長官，竇牟六次出入節度府，其中河陽節度使例元淳又曾擔任過昭義節度使，故為五人。⓫虞部　尚書省工部所屬機構，掌京城街巷種植、山澤苑囿、草木薪炭以及供頓田獵等事。⓬澤州　治所在晉城，今山西晉城。⓭國子司業　國子監副長官。⓮昭義　唐方鎮名，又稱澤潞，先後領有澤、潞、沁三州和相、衛等六州。⓯盧從史　德宗貞元年間任昭義節度使，驕橫不法，憲宗元和五年被賜死。⓰寖　逐漸。⓱移疾　作書稱病而求退。⓲長慶　唐穆宗年號（西元八二一—八二四年）。

【語譯】竇牟，字貽周，貞元二年與狀元張正甫同榜進士。早些年，竇牟曾在江南一帶求學問道，居住在家時恪遵孝道，對繼母十分恭敬有禮，並以他新奇的詩文和不同凡俗的舉止行為，在京城裡為人熟知。竇牟的舅舅給事中袁高，是當時為數極少的享有很高聲望的人物，經他發現而得到提拔的人很多，竇牟卻沒有走他的門徑，最終是在考場上取得了成功。一開始，竇牟以幕僚的身分六次輔佐節度府，先後共五個主持的長官，經歷了八次升遷，做到檢校虞部郎中。元和五年，被授以尚書省虞部郎中，後又轉官洛陽縣令、都官郎中，離開京師，做過澤州刺史，最後擔任的官職是國子司業。

竇牟晚年跟隨昭義節度使盧從史。盧從史漸漸變得驕橫不法起來，竇牟考慮到他不是一個能接受別人規勸的人，就寫了一封信，以身體有病為理由，辭職回家，住在自己東都洛陽的別墅裡。長慶二年，竇牟去世，韓昌黎先生為他撰寫了墓碑。

竇群

群，字丹列，初隱毗陵❶，稱處士。性至孝，定省❷無少怠。及母卒，哀踊❸不已，齧一指置棺中，結廬墓次。終喪，蘇州刺史韋夏卿❹薦之，舉孝廉❺，德宗擢為左拾遺。憲宗立，轉吏部❻郎中，出為唐州❼刺史。節度使于頔奇之，表以自副。武元衡輔政，薦為御史中丞。群引❽呂溫❾、羊士諤❿為御史，宰相李吉甫⓫不可。群等怨，遂捃摭⓬吉甫陰事⓭告之。帝面覆多詐，大怒，欲殺群等，吉甫又為力救得解。出為黔南⓮觀察使，遷容管經略使，卒官所。家無餘財，惟圖書萬軸⓯耳。

【注釋】❶毗陵　郡名，治所為常州，今江蘇常州。❷定省　子女或晚輩每天早晚向親長問候請安。❸踊往上跳。❹韋夏卿　德宗貞元年間曾任常州、蘇州刺史，後官至京兆尹、東都留守。❺孝廉　漢代以下選舉官吏的兩種科目，孝為孝子，廉為廉潔之士。❻吏部　尚書省六部之一，掌考官吏的選任銓敘勳階等事。❼唐州治所為泌陽，今河南泌陽。❽引　推薦。❾呂溫　傳見本書卷五。❿羊士諤　傳見本書卷五。⓫李吉甫　憲宗元和二年任宰相，後出任淮南節度使，再度入朝為相。⓬捃摭　拾取；收集。⓭陰事　隱祕的事情。⓮黔南當為黔中，見《舊唐書・憲宗紀》，唐代無黔南觀察使。⓯軸　卷。

【語譯】竇群，字丹列，早年隱居在毗陵，自稱處士。竇群對父母親極其孝順，每天早晚的請安問候，一點兒也不馬虎。母親去世的時候，他哀痛得不停地頓腳，還咬下自己的一節手指放在棺材裡，守喪期間，他就住在墓邊搭建的小茅草房裡。服喪結束後，蘇州刺史韋夏卿向朝廷推薦了他，選他為本州孝廉。德宗提拔竇群為左拾遺。憲宗即位後，竇群又改任吏部郎中，出朝做唐州刺史。節度使于頔覺得竇群是個難得的人才，便給朝廷上書，請求允許他把竇群作為自己的副手。武元衡當宰相的時候，推薦竇群為御史中丞。竇群引薦呂溫、羊士諤擔任御史一職，宰相李吉甫不同意，竇群等人對李吉甫很不滿，就收集了一些涉及李吉甫的隱私報告上去。憲宗召來李吉甫當面核實，發現全是一些捏造的假話，非常憤怒，打算要處死竇群等人，李吉甫竭力為之說情，竇群等才得以解救，出朝任黔南觀察使，又改任容管經略使，就在任所上去世了。竇群死後，沒給家裡留下什麼財產，只有上萬卷的圖書而已。

竇庠

庠，字冑卿，嘗應辟三佐大府❶，調奉先❷令，遷東都留守❸判官，拜戶部員外郎。貞元中，出為婺、登❹二州刺史。平生工文甚苦，著述亦多，今並傳之。

【注釋】❶大府　經濟和軍事實力以及地理位置都比較重要的重鎮。❷奉先　唐開元四年改蒲城縣置，以奉睿宗陵墓得名，今為陝西蒲城。❸留守　唐代在行都和陪都的常設機構，多由地方官兼任。❹登　登州，唐代治所為東牟，今山東蓬萊。

【語譯】竇庠，字冑卿。竇庠曾經應朝廷徵召，三度輔佐地方重鎮，後調任奉先縣令，改任東都留守判官，又被授官戶部員外郎。貞元中，竇庠出任過婺州和登州的刺史。竇庠平生撰寫詩文非常肯下功夫，著述也很多，都流傳到了今天。

竇鞏

鞏，字友封，狀貌瑰偉❶，少博覽，無不通。性宏放，好談古今，所居多長者❷車轍。時諸兄已達，鞏尚來場屋❸間，頗抑初志。作〈放魚〉詩云：「黃金贖得免刀痕，聞道禽魚亦感恩。好去長江千萬里，不須辛苦上龍門。」人知其述懷也。元和二年王源中榜進士。佐緇青幕府，累遷祕書少監，拜御史中丞，仕終武昌❹觀察副使。

鞏平居與人言不出口，時號為「囁嚅❺翁」云。

【注釋】❶瑰偉　魁梧美好。❷長者　地位尊貴或聲望卓著的人。❸場屋　舉行科舉考試的地方。❹武昌　武昌軍節度使，治所在鄂州，今湖北武昌。❺囁嚅　說話時吞吞吐吐的樣子。

【語譯】竇鞏，字友封。竇鞏相貌魁梧美好，年輕的時候就博覽群書，通曉各種門類的知識。他生性豁達豪放，喜歡議古論今，他的家門口，常有顯貴人物前來訪談而留下的車輪印痕。當時，竇鞏的幾位兄長都已在社會各有所成，而他還未能博得功名，深感自己早年的抱負未得施展，作了一首題名〈放魚〉的詩，詩中說：「黃金贖得免刀痕，聞道禽魚亦感恩。好去長江千萬里，不須辛苦上龍門。」人們都理解這是他在抒發自己的情懷。元和二年，竇鞏與狀元王源中同榜中進士，後來在淄青節度使的幕府中任職，經過幾次升遷，擔任了祕書少監的職務，又被授以御史中丞，他最後的官職是武昌觀察副使。

竇鞏平時與人說話時表達不太順暢，據說他當時有個外號叫「囁嚅翁」。

劉言史

言史，趙州❶人也。少尚氣節，不舉進士。工詩，美麗恢贍❷，世少其倫。與李賀、孟郊同時為友。冀鎮❸節度使王武俊❹頗好詞藝，言史造❺之，特加敬異。武俊嘗獵，有雙鴨起蒲稗❻間，一矢聯之，遂於馬上草〈射鴨歌〉以獻。因表薦請官，詔授棗強❼令，辭疾不就，當時重之。

故相國隴西公李夷簡❽為漢南節度❾，與言史少同遊習❿，因遣以襄陽髹器⓫千事，賂⓬武俊請之。由是為漢南幕賓，日與談宴，歌詩唱答，大播⓭清才。問言史所欲為，曰：「司功掾⓮甚閑，或可承闕⓯。」遂署⓰。雖居官曹，敬待埒諸從事。歲餘奏升秩，詔下之日，不恙而終。

公初以言史相薄，不欲貴，以惜其壽。至是慟哭之曰：「果然，微祿殺吾愛客也！」厚葬於襄城。

皮日休⓱稱其賦「雕金篆⓲玉，牢⓳奇籠怪，百鍛為字，千煉成句」，真佳作也。有《歌詩》六卷，今傳。

【注釋】❶趙州 唐代治所平棘，今河北趙縣。❷恢贍 廣闊、完備。❸冀鎮 即成德節度使，河北三鎮之一。❹王武俊 契丹人，原為成德節度使部將，反覆叛順數次，德宗興元元年歸順後，授成德節度使。❺造詣 造訪。❻稗 稗草，狀類似稻禾。❼棗強 縣名，屬冀州，位於今河北棗強。❽李夷簡 字易之，唐宗室，憲宗元和年間為御史中丞、戶部侍郎，出為山南東道節度使，元和十三年進為宰相。❾漢南節度 即山南東道節度使，治所在襄州，今湖北襄樊。❿遊習 交往親密。⓫髹器 漆器。⓬賂 為達到自己目的而送禮。⓭播展 展示。⓮司功掾 即司功參軍，府州屬吏，掌官吏考課以及祭祀、文書應答等事務。⓯承闕 願意接受任命的委婉表示方式。⓰署 簽發命令。⓱皮日休 傳見本書卷八。⓲篆 鏤刻。⓳牢 牢籠；包羅。

【語譯】劉言史，趙州人。劉言史年輕的時候崇尚氣節，不參加科舉考試。他擅長作詩，寫的詩文辭華美，氣勢開闊，內容也非常充實，當時很少有人能夠和他相匹敵。劉言史與李賀、孟郊生活在同一時期，彼此也是朋友。成德節度使王武俊很喜歡詩詞，劉言史登門拜訪，王武俊以非同尋常的禮遇接待他。一次，王武俊在打獵的時候，有兩隻野鴨從蒲草叢裡飛了起來，一箭射去，將兩隻鴨子貫穿了起來，劉言史就在馬上賦成了一首〈射鴨歌〉獻給他。於是，王武俊上表給皇帝為他請官，詔書下來了，授他為棗強縣令。可是，劉言史以自己身體有病為理由，沒有前去就任，很為當時的人們所重。

曾做過宰相的隴西公李夷簡擔任了山南東道節度使，他與劉言史年輕時往來很密切，於是，派人用上千件的漆器作為禮物送給王武俊，請他允許劉言史到自己這裡來。這樣一來，劉言史便成了漢南節度使的幕賓。他每天和李夷簡一起飲酒暢談，彼此撰詩酬答，大大地展示了自己的才華。李夷簡問劉言史願意做什麼，劉言史答道：「司功掾的差事十分清閒，也許能試試看吧。」

於是，李夷簡便簽署了任命文書。劉言史雖然只擔任了低微的官職，李夷簡在待遇上對他的恭敬程度卻與從事相當。一年多後，李夷簡上報朝廷，請求晉升劉言史的官位，批覆的詔命下來的那天，他沒有生什麼病，卻忽然去世了。

李夷簡當初因為劉言史是薄命之相，不想讓他顯貴，以為這樣可以保全他長壽，這時候，李夷簡慟哭了起來，說道：「果然是這麼一點小小的官位害死了我鍾愛的上客啊。」他以非常隆重的喪儀將劉言史安葬在襄城。

皮日休讚美劉言史的賦是「雕金篆玉，牢奇籠怪，百鍛為字，千煉成句」，真是佳作啊。劉言史有《歌詩》六卷，流傳到了今天。

劉商

商，字子夏，徐州❶彭城人。擢進士第。貞元中，累官比部員外郎，改虞部員外郎。數年，遷檢校兵部郎中。後出為汴州❷觀察判官，辭疾掛印❸，歸舊業❹。商性好酒，苦家貧。嘗對花臨月，悠然獨酌，亢音長謠，放適自遂❺。賦詩曰：「春草秋風老此身，一瓢長醉任家貧。醒來還愛浮萍草，漂寄官河不屬人。」樂府歌詩，高雅殊絕。擬蔡琰❻〈胡笳曲〉❼，鱠炙❽當時。

仍工畫山水樹石，初師吳郡張璪❾，後自造真❿。張貶衡州司馬，有惆悵之詩。好神仙，煉金骨⓫，後隱義興⓬胡父渚，結侶幽人⓭，世傳沖虛⓮而去，可謂江海冥滅，山林長往者矣。

有集十卷，今傳，武元衡序之云。

【注釋】❶徐州　唐州名，轄境大致相當於江蘇北部和山東東南地區，治所為彭城，今江蘇徐州。❷汴州　唐州名，治所在開封，同時又為宣武軍節度使治所，領有汴、宋、亳、潁四州。❸掛印　辭去官職。❹舊業　故居。❺自遂　抒發內心的感情。❻蔡琰　漢蔡邕女，博學能文，精音律，東漢末戰亂中被擄至匈奴部，居留十二年後，被曹操以重金贖回。❼胡笳曲　相傳蔡琰回到中原後，曾據西域樂器胡笳聲寫琴曲十八章，每章為一拍。❽鱠炙　形容極其受人喜愛。❾張璪　唐代著名畫家，其作品被後人視為神品。❿造真　寫真和摹畫人物肖像。⓫煉金骨　即煉金丹，道家認為服用可以長生不老。⓬義興　唐代潤州的屬縣，今江蘇宜興。⓭幽人　隱士。⓮沖虛　羽化登仙。

【語譯】劉商，字子夏，徐州彭城人。進士及第。貞元中，任官一直做到比部員外郎，又改虞部員外郎。幾年後，升遷檢校兵部郎中，後來，又出任汴州觀察判官，以身體不好為理由，辭去官職，回到了故居。劉商生性喜歡飲酒，為家境貧寒所苦。他經常在月光下對著花，一個人悠然自得地飲酒，一邊唱著高亢悠長的歌曲，自在地抒發自己內中的情感。他曾賦詩道：「春草秋風老此生，一瓢長醉任家貧。醒來還愛浮萍草，漂寄官河不屬人。」他寫的樂府體詩，格調高雅，無與倫比。劉商曾模仿蔡琰的〈胡笳曲〉，一時間人人讀了都讚不絕口。

劉商還擅長畫山水樹石，起初師從吳郡張璪，後來形成了自己的風格。張璪貶官衡州司馬，他還寫詩表達了自己的惆悵之心。劉商對神仙之術很有興趣，還煉過金丹，後來到義興胡父渚隱居，和一些隱士結為伴侶，人們傳說他最後羽化登仙了。真可以說是消失在江河湖海之中，永遠駐留在山林裡了。

劉商有文集十卷，流傳到了今天，據說是武元衡為他文集的作序。

卷五

盧仝

仝，范陽❶人。初隱少室山，號玉川子。家甚貧，惟圖書堆積。後卜居洛城，破屋數間而已。「一奴長鬚不裹頭，一婢赤腳老無齒。❷」終日苦哦❸，鄰僧送米。朝廷知其清介❹之節，凡兩備禮徵為諫議大夫，不起❺。時韓愈為河南令，愛❻其操，敬待之。

嘗為惡少所恐，訴於愈，方為申理，仝復慮盜❼憎主人❽，願罷之，愈益服其度量。元和間，月蝕，仝賦詩，意譏切❾當時逆黨❿，愈極稱工，餘人⓫稍恨之。時王涯秉政，胥⓬怨於人。及禍起，仝偶與諸客會食涯書館中，因留宿，吏卒掩⑬捕，仝曰：「我盧山人⑭也，於眾無怨，何罪之有？」吏曰：「既云山人，來宰相宅，容非罪乎？」蒼忙⑮不能自理，竟同甘露之禍⑯。仝老無髮，奄人⑰於腦後加釘。先是，生子名「添丁」，人以為讖云。

仝性高古⑱介僻，所見不凡近。唐詩體無遺，而仝之所作特異，自成一家，語尚奇譎⑲，讀者難解，識者易知。後來仿效比擬，遂為一格宗師。有集一卷，今傳。

古詩云：「枯魚過河泣，何時悔復及。作書與魴鱮，相戒慎出入。⑳」斯所以防前之覆轍也。仝志懷霜雪，操擬松柏，深造括囊㉑之高，夫何戶庭㉒之失。噫，一蹈非地，旋踵㉓逮殃，玉石俱爛，可不痛哉！

【注釋】❶范陽　唐縣名，今河北涿州。❷一奴長鬚不裹頭二句　此係摘自韓愈〈寄盧仝〉詩句。❸哦　吟哦。❹清介　清高耿直。❺起　應徵。❻愛　看重。❼盜　即前指惡少。❽主人　代指縣令。❾切　指責。❿逆黨　結夥作惡的人。⓫餘人　其餘的人，指與他觀點不同的人。⓬胥　普遍。⓭掩　盡；都。⓮山人　山居之人，指隱士。⑮蒼忙　倉皇不安。⑯甘露之禍　唐文宗大和九年，宰相李訓等以左金吾衛後院石榴樹有甘露，企圖誘宦官仇士良等前往而謀誅殺之，後事敗，與宰相王涯等皆被宦官所殺，受牽連而被殺者上千人。⑰奄人　宦官。⑱高古　高雅古樸。⑲奇譎　奇特怪誕。⑳枯魚過河泣四句　此為漢代樂府詩。㉑括囊　束緊袋口，喻緘默不言。㉒戶庭　戶外庭院，喻極為熟悉的地方。㉓旋踵　一會兒功夫。

【語譯】盧仝，范陽人。他早先隱居在少室山中，號玉川子。盧仝家裡很貧窮，只是堆積了一些圖書。後來，他定居在洛陽，只有幾間破舊的屋子而已。「一奴長鬚不裹頭，一婢赤腳老無齒。」成天勤苦吟頌詩篇，靠相鄰的僧人送他一點米維持生活。朝廷了解到他的清高耿直的品格，兩次以非常周備的禮儀來徵召他去擔任御史大夫，盧仝都沒有接受。當時，韓愈正擔任河南令，很看重他的節操，待他十分敬重。

盧仝曾受到一夥無賴的騷擾，他把事情告訴了韓愈，當韓愈準備著手處理的時候，盧仝又擔心這夥人因此會對韓愈懷恨在心，希望不必再追究下去了。通過這件事情，韓愈越加佩服盧仝的度量。元和年間，有一次出現月蝕，盧仝作了一首詩，用意是指責當時政壇上一些結夥作惡的小人，韓愈對他寫的詩極為讚賞，有些人卻對他漸漸有些不滿。當時王涯主持政務，與許多人結了怨，等到甘露之變發生的時候，盧仝碰巧和一些賓客在王涯的書館裡吃飯，為此留下來住了一宿，官兵一來，便將他們全都捕獲了。盧仝說：「我是盧山人啊，與大家並無怨仇，犯了什麼罪呢？」執行的官吏說：「你既然自稱是隱士，卻又跑到宰相的家裡來，能說沒罪麼？」慌忙之中，盧仝自己也辯解不清，最後，他同一些捲入到「甘露之變」中去的人一起被殺害了。盧仝上了年紀，頭髮已禿了，於是，宦官們在他腦後的木枷上還加了釘子。早些年，盧仝生了兒子，取名叫作「添丁」，據說有人覺得這是兆示不祥的讖言。

盧仝的性格高雅古樸，耿介孤僻，識見不同凡俗。唐代的詩歌體裁豐富多樣，而盧仝的作品非常特別，自成一家風格。他在語言上追求奇特怪誕，一般的讀者不易讀懂，而能夠讀懂的人又覺得十分容易理解。在盧仝之後，有人仿效他的創作手法寫詩，於是，盧仝便成了這類風格的宗師。盧仝有文集一卷，流傳到今天。

古詩說：「枯魚過河泣，何時悔復及。作書與魴鱮，相戒慎出入。」這是要人們防止重蹈前車的覆轍啊。盧仝心志像霜雪一樣高潔，節操如松柏一樣崇高，已經修煉到了不輕易發表言辭的高深境地了，竟然還會出現類似在自家庭院裡遭到意外的離奇事情呢！唉，一旦踏入是非之地，轉眼間就會遭遇禍害，美玉和石頭一起被砸得粉碎，難道還不令人痛惜嗎！

【研析】家徒四壁而能夠依舊苦吟不止，真可謂是奇士，而朝廷以禮徵聘為官而不起，也完全稱得上具有高尚的節操，盧仝真是一位厚德之人了。出乎人們意料的是，他最後竟然喪生於官場的事變之中。人們事後以「添丁」之名附會，其實，正如作者所云，一旦踏入是非之地，旋即遭殃，還是不小心誤入了是非之地的緣故呀。

馬異

異，睦州人也。興元元年禮部侍郎鮑防下進士第二人。少與皇甫湜同硯席❶，賦性高疏❷，詞調怪澀，雖風骨棱棱❸，不免枯瘠。盧仝聞之，頗合己志，願與結交，遂立同異之論，以詩贈答，有云：「昨日仝不同，異自異，是謂大同而小異。今日仝自同，異不異，是謂仝不往而異不至。」斯亦怪之甚也。後不知所終。集今傳世。

【注釋】❶硯席　硯臺和座席。❷高疏　清高簡要。❸棱棱　威風凜凜的樣子。

【語譯】馬異，睦州人。興元元年，禮部侍郎鮑防主持考試時，他通過考試，取得了進士第二名的成績。馬異小時候和皇甫湜是在一起學習的同學，他天賦清高簡要，詩詞的風格怪誕晦澀，雖然風骨十分鮮明，卻不免失於乾枯薄瘠。盧仝得知有關馬異的傳聞，認為十分投合自己的志趣，希望能和他結識，於是，創立了同異之論。馬異用一首詩來答覆他，詩中寫道：「昨日仝不同，異自異，是謂大同而小異。今日仝自同，異不異，是謂仝不往而異不至。」這也真可說是怪誕至極的了。有關馬異的最終情況後來也不太清楚了。他的文集流傳到了今天。

劉叉

叉，河朔❶間人，一節士❷也。少尚義行俠，傍觀❸切齒。因被酒❹

殺人亡命，會赦乃出。更改志從學，能博覽，工為歌詩，酷好盧仝、孟郊之體，造語幽蹇❺，議論多出於正。〈冰柱〉、〈雪車〉二篇，含蓄風刺，出二公之右❻矣。時樊宗師❼文亦尚怪，見而獨拜之。恃故時所負，自顧俯仰❽不能與世合，常破屣穿結❾，築環堵❿而居休焉。聞韓吏部⓫接⓬天下貧士，步而歸⓭之，出入門館無間。時韓碑銘獨唱⓮，潤筆⓯之貨盈缶⓰，因持案上金數斤而去，曰：「此諛墓中人所得耳，不若與劉君為壽。」愈不能止。其曠達⓱至此。

初，玉川子履道守正，反關⓲著述，《春秋》之學，尤所精心。時人不得見其書，惟又愜意，曾授之以奧旨，後無所傳。又剛直，能面白⓳人短長，其服義⓴，則又彌縫㉑若親屬然。後以爭語不能下客㉒，去㉓遊齊魯，不知所終。

詩二十七篇，今傳。

【注　釋】❶河朔　泛指黃河以北地區。❷節士　節義之人。❸傍觀　在旁邊看到。❹被酒　喝醉了酒。❺幽蹇　僻冷；奇險。❻右　上。❼樊宗師　憲宗元和年間曾任太子舍人，後擔任過左司郎中、絳州刺史等，文章風格怪異。❽俯仰　周旋；應付。❾穿結　破洞謂穿，補綴謂結。❿環堵　四圍土牆。⓫韓吏部　韓愈。⓬接接待。⓭歸　歸附。⓮唱　同「倡」。流行的意思。⓯潤筆　為酬謝別人撰寫詩文或題寫字畫而付的錢物。⓰缶瓦製的罐子。⓱曠達　舉止不加檢束。⓲反關　反鎖。⓳面白　當面指出。⓴服義　服膺正義，此指接受自己的看法。㉑彌縫　消除隔閡。㉒下客　說服對方。㉓去　離開所居住的地方。

【語　譯】劉叉，河朔一帶人，他是一個重氣節、講義氣的人。年輕的時候崇尚節義，效法俠客的行為，每當他看到身邊的不平事情，就忍不住會切齒痛恨。一次因為喝醉了酒，失手殺死了人，不得不為了躲避追捕而隱匿了起來，正好遇上實施赦免，才得以露面。劉叉一改過去的志趣，從事學業，博覽群書，擅長寫詩，非常喜歡盧仝、孟郊的寫詩風格。劉叉的作品語言冷僻而奇險，議論大多不出於正道，他作的〈冰柱〉、〈雪車〉兩篇，語言含蓄，意在諷刺，則要高於上述兩位先生了。當時，樊宗師寫文章風格也非常獨特，前來拜見劉叉，恭敬地向他行禮。劉叉依仗自己的過去經歷，頗為自負，自念無從與世人周旋，索性經常穿得破破爛爛，居處的地方四圍築起土牆。聽別人說韓愈十分熱情地接待天下的貧寒士人，於是便徒步前往投附，平時出入於韓愈的府第時毫不在意。當時，韓愈撰寫的碑銘很為時人推崇，送來的潤筆錢裝滿了錢罐子，於是劉叉將桌上的幾斤黃金取了就走，口中還說道：「這是奉承墓中死人得來的錢，不如給劉先生祝壽呢。」韓愈也沒能夠制止他，他舉止不羈居然到了這種程度。

早些時候，玉川子盧仝遵行聖賢之道，據守正經，將自己反鎖在屋裡，一心著述，有關《春秋》的學問，是他特別用心思的。當時的人無法看到他寫的書，只有劉乂能夠合他的心意，曾將書中深奧的大義傳授給他，後來就沒人再得到傳授了。劉乂性格剛直，能當面指出別人的缺點，如果對方能接受他的看法，劉乂又能與之毫無芥蒂，如同自己的親屬般。後來，因為與人爭論不能說服對方，於是離去而到齊魯一帶遊歷，不知道他最後結局是怎樣的了。

劉乂有詩歌二十七篇，流傳到了今天。

【研析】獨特的經歷，賦與劉乂別具一格的文風，而更令人稱奇的是他那不與世合的處世之道，看似有悖人之常情，卻正是他性情中讓人感到直率可愛的一面。

李賀

賀，字長吉，鄭王❶之孫❷也。七歲能辭章，名動京邑。韓愈、皇甫湜覽其作，奇之而未信，曰：「若是古人，吾曹或不知，是今人，豈有不識之理。」遂相❸過❹其家，使賦詩。賀總角❺荷衣而出，欣然承命，旁若無人，援筆題曰〈高軒❻過〉。二公大驚，以所乘馬命聯鑣❼而還，親為束髮❽。

賀父名晉肅，不得舉進士，公為著〈諱⑨辯〉一篇。後官至太常寺⑩奉禮郎⑪。賀為人纖瘦，通眉，長指爪，能疾書。旦日⑫出，騎弱馬，從平頭⑬小奴子，背古錦囊，遇有所得，書置囊裡。凡詩不先命題，及暮歸，太夫人使婢探囊中，見書多，即怒曰：「是兒要嘔出心乃已耳！」上燈，與食，即從婢取書，研墨疊紙足成之。非大醉弔喪，率如此。賀詩稍⑭尚奇詭⑮，組織⑯花草，片片成文，所得比驚邁⑰，絕去翰墨畦徑⑱，時無能效者。樂府諸詩，雲韶⑲眾工，諧於律呂。嘗嘆曰：「我年二十不得意，一生愁心，謝如梧葉矣。」

忽疾篤，恍惚晝見人緋衣駕赤虯⑳騰下，持一版書，若太古雷文㉑，曰：「上帝㉒新作白玉樓成，立召君作記也。」賀叩頭辭，謂母老病，其人曰：「無上比人間差㉓樂，不苦也。」居頃，窗中勃勃烟氣，聞車聲甚速，遂絕。死時才二十七，莫不憐之。

李藩㉔綴集其歌詩，因托賀表兄訪所遺失，並加點竄㉕，付以成本。

彌年㉖絕迹。乃詰之，曰：「每恨其傲忽，其文已焚之矣。」今存十之四五。杜牧為序者五卷，今傳。

孟子㉗曰：「其進銳㉘者其退速。」信然。賀天才俊拔，弱冠而有極名。天奪之速，豈吝也耶？若少假㉙行年㉚，涵養盛德㉛，觀其才，不在古人下矣。今茲惜哉！

【注釋】❶鄭王　唐高祖李淵的叔伯長輩李亮。❷孫　泛指子孫後裔。❸相　一起。❹過　拜訪。❺總角　古時未成年的兒童束髮為兩結，其狀如角。❻軒　古代卿大夫乘坐的一種車。❼聯鑣　馬銜相連，指並騎而進。❽束髮　古時男孩就學前將頭髮束成一髻，意味著成童。❾諱　對尊長之名避免直接寫出或說出。❿太常寺　官署名，掌禮樂郊廟社稷等事。⓫奉禮郎　太常寺屬官，掌設君臣之版位執儀行事等。⓬旦日　一大早。⓭平頭　不戴冠巾。⓮稍　甚；很。⓯奇詭　奇特，詭異。⓰組織　詩文的結構、佈局等。⓱驚邁　令人驚嘆的超脫世俗。⓲畦徑　田間小路，喻常規舊矩。⓳雲韶　宮廷宴樂。⓴虬　龍。㉑雷文　如雷電之形的花紋，上古時期鐘鼎彝器上多以此為裝飾。㉒上帝　天帝，傳說中天上的君王。㉓差　略微。㉔李藩　唐憲宗時任宰相，後出任華州刺史兼御史大夫。㉕點竄　修改字句，喻加以整理。㉖彌年　整整一年。㉗孟子　見於《孟子．盡心上》。㉘銳　迅猛；急速。㉙假　寬限。㉚行年　經歷的年歲。㉛盛德　完備的美德。

【語譯】李賀，字長吉，鄭王的後裔。李賀七歲時便能撰寫詩文，名聲震動了京都。韓愈、皇甫湜看到了他的作品之後，非常驚奇，但有點不相信，他們說：「如果是古人的話，我們也許不知道，李賀是今人，豈有我們不去見識的道理！」於是兩人一起前往拜訪，讓李賀賦詩。李賀梳著兩個髮髻，穿著荷葉綠的衣服跑了出來，高興地答應了他們的要求，旁若無人的樣子，提起筆，寫了一首詩，題目叫〈高軒過〉。韓愈和皇甫湜見了，非常吃驚，讓他與自己並肩騎馬而還，親自動手把他的頭髮束了起來。

李賀的父親名字叫晉肅，因為避諱的關係，李賀不能參加進士考試，為此，他寫了一篇題名〈諱辯〉的文章。後來，李賀任官至太常寺奉禮郎。李賀人長得十分瘦弱，兩道眉毛幾乎連了起來，手指細長，寫字十分迅速。他一大早出門，騎著一匹瘦馬，一個不帶頭巾帽子的家僮跟著，背著一個舊的錦囊。當李賀突然想出好的詩句時，便寫下來放進錦囊裏。李賀作詩不是事先想好題目的，黃昏時回到家中，他的母親讓婢女伸手到錦囊中探取，如果見李賀寫的紙條很多，就很生氣地埋怨道：「這孩子作詩，是要把自己的心都吐出來才罷休啊。」點上燈，一起吃了飯，李賀就從婢女那裡將詩句取過來，研墨鋪紙，將零散詩句再寫成完整的詩歌。除非是飲酒醉得很厲害，或者是在服喪期間，幾乎每天經常都是這樣的。李賀作詩非常崇尚奇特的風格，詩文的內容多與花和草相關，每一句詩都成了一篇完整的詩歌，結果都是令人驚奇地不同凡響，毫無通常見到的那些套路，當時沒有誰能夠效法他的。李賀寫的每一首樂府詩，宮廷樂工們都要拿去譜上曲子。李賀曾經傷感地說：「我到了二十歲人生仍然不能遂心如願，一輩子不得開懷，卻像梧桐樹葉就要凋落了。」

李賀忽然病得很重，大白天裡，恍恍惚惚地看見穿著紅衣的人駕著紅色的龍車從天而降，手上拿著寫著文字的書板，那上面的字形就像上古時代彝器上刻的雷文。來客說：「上帝新修成了白玉樓，召你立即前去寫一篇記呢。」李賀叩頭推辭，說自己母親上了年紀，身體又不好。來人說：「天上比人間還要快樂一點，不會覺得苦的。」過了一會兒，只見窗戶裡騰出一股股煙氣，傳來車輪疾馳而去的聲音，李賀就嚥氣了。李賀去世的時候才二十七歲，沒有人不為之感到可惜的。

李藩打算收集李賀的詩歌，為此委託李賀的表兄代他搜尋遺漏的作品，並加以整理，給予一個完整的本子。過了一年，卻人都見不到了。等找到了李賀的表兄，質問他收集詩歌的事，他回答說：「我向來討厭他為人傲慢無禮，他寫的詩歌都被我燒掉了。」保存至今的只是他作品的十分之四、五，杜牧作序的有五卷，流傳到今天。

孟子說：「其進銳者其退速。」看來確實如此啊。李賀天賦其才能，俊秀超群，二十歲的時候就名聲極高。上天又這麼快地奪去了他的生命，莫非是捨不得賜予他太豐厚了？假如能稍微延長一點他的年歲，使他在各方面都變得更加完美，我們看他的才能，不會低於古代的那些優秀人物的。如今這樣，真讓人覺得可惜啊。

【研 析】李賀幼年便顯露出了賦詩的才能，如此神童，本身就是一奇。而整天沉溺在撰寫詩歌的世界裡，嘔心瀝血地搜尋奇句，又是一奇。才華橫溢，卻因為莫名其妙的原因未得參加進士考試，命運稱得上奇蹇，因而作品中常常不免有悲涼傷感的詩句，讀之傷人心肺，當然也有豪放的作品。在唐代詩人中，李賀的詩以充滿了奇特的浪漫聯想而著稱，不僅語言奇特，意境更能臻人所未能想像處，對讀者產生了一種強烈的吸引力。可惜的是，李賀在最富有才華的二十七歲之年便去世了，這在今天差不多還是一個青年的年齡呀。無怪人們要造出一個上帝召他上天的傳說，實在是不願看到這樣美好的天才早早夭折的一種心理表現吧。

李涉

涉，洛陽人，渤❶之仲兄也，自號清溪子。早歲客梁園❷，數逢亂兵，避地南來。樂佳山水，卜隱匡廬香爐峰下石洞間。嘗養一白鹿，甚馴狎❸，因名所居曰白鹿洞。與弟渤、崔膺❹昆季❺茅舍相接。後徙居終南，偶從陳許❻辟命❼，從事❽行軍❾。未幾，以罪謫夷陵❿宰，十年蹭蹬⓫峽中⓬，病瘧成痼⓭，自傷⓮羈⓯逐，頭顱⓰又復如許。後遇赦得還。賦詩云：「荷蓑⓱不是人間事，歸去滄江⓲有釣舟。」遂放船重來訪吳、楚舊遊⓳，登天台石橋，望海。得風水之便，掛席⓴浮瀟、湘、岳陽，逢張祜話故，因盤桓㉑。歸洛下，營草堂，隱少室。身自耕耘，妾能織紝㉒，稚子供漁樵，拓落㉓生計。伶俜㉔酒鄉，罕交人事。大和中，宰相累薦，徵起為太學博士㉕，卒致仕㉖。妻亦入道㉗。

涉工為詩，詞意卓犖，不群世俗。長篇敘事，如行雲流水，無可牽制，才名一時欽動㉘。初，嘗過九江皖口㉙，遇夜客㉚，方跧伏㉛，問何人，曰：「李山人。」豪首曰：「若是，勿用剽奪。久聞詩名，願題一篇足矣。」涉欣然書曰：「暮雨瀟瀟江上村，綠林㉜豪客夜知聞。他時不用藏名姓，世上如今半是君。」大喜，因以牛酒厚遺㉝，再拜送之。夫以跖、蹻㉞之輩，猶曰憐才，而至寶橫道，君子不顧，忍哉。

詩集一卷，今傳。

【注釋】❶渤　李渤，德宗貞元年間與李涉一起隱居廬山白鹿洞，後出任給事中、桂管觀察使等職。❷梁園　園囿名，又稱梁苑，位今河南開封東南，西漢時為著名遊賞宴客的場所，此代指開封。❸狎　熟悉。❹崔鷹　李涉的朋友，德宗年間曾為徐泗節度使張建封的門客。❺昆季　兄弟。❻陳許　節度使所名，治所在許州（今河南許昌）。❼辟命　徵召；任命。❽從事　唐代方鎮自行任命的佐吏。❾行軍　指文職幕僚中行軍司馬一職。❿夷陵　縣名，今湖北宜昌。⓫蹭蹬　困頓失意。⓬峽中　泛指夷陵一帶地區，因在三峽口得名。⓭痼　積久難治的病。⓮傷　傷感。⓯羈　受拘束。⓰頭顱　指頭髮斑白。⓱荷蓑　披著蓑衣。⓲滄江　水色蒼茫的江水。

⓳舊遊 往昔的朋友。⓴席 船帆。㉑盤桓 逗留。㉒織紝 紡織布帛。㉓拓落 不得意。㉔伶俜 孤單。㉕太學博士 國子監屬官，掌教入學的官員子弟。㉖卒致仕 退休以後去了。卒，去世。㉗入道 出家為僧尼或道士。㉘欽動 轟動。㉙皖口 皖水入長江處。㉚夜客 強盜。㉛跧伏 蜷伏。㉜綠林 結夥聚集山林與官府對抗或以劫奪財物為生的有組織的集團。㉝遺 同「饋」。贈送。㉞跖蹻 盜跖和莊蹻，先秦時期兩個著名的強盜，此代指強盜。

【語譯】李涉，洛陽人，他是李渤的二哥，自號為清溪子。早些年，他客居在開封，幾次遭遇兵亂，就避難到南方來了。他非常喜歡南方優美的山水風景，就在廬山香爐峰下石洞間找地方隱居了起來。李涉曾經餵養了一頭白鹿，與人十分馴服親近，於是，就把自己住的地方稱作白鹿洞。李涉和弟弟李渤，還有崔膺兄弟居住的茅舍連在一起。

後來，李涉遷居到了終南山，一個偶然的機會，他接受了陳許節度使的任命，擔任了從事行軍的職務。沒過多久，因為犯了罪被貶為夷陵縣宰。十年間，李涉一直困頓在峽中地區，瘧疾反覆發作，成了難以治癒的老毛病，他為自己遭逢放逐的不幸經歷和滿頭的白髮而傷感。後來，遇到了赦免，得以放還。李涉在一首詩中這樣寫道：「荷蓑不是人間事，歸去滄江有釣舟。」於是，李涉乘船再度到吳、楚一帶，訪問舊日朋友。他登上天台山的石橋，遙望大海。又趁著水路航行的風向之便，掛起船帆，順著瀟水和湘江，到了岳陽，遇到了張祜，兩人暢敘久別之情，因而逗留了幾天。然後回到了洛陽，建起了茅草屋，隱居在少室山。

李涉親自耕耘種植，他的妾會紡織布帛，兒子砍柴捕魚，生活勉強可以維持。他因為孤獨而經常沉湎酒鄉，很少和別人交往。大和年間，經宰相數次推薦，任命他為太學博士，退休以後去世了。李涉的妻子也出家皈依釋道。

李涉擅長寫詩，詩的意境極為出色，遠在時人之上。他的長篇敘事詩，如同行雲流水，奔放自由，不受牽制，才名在當時十分轟動。早些年，他曾在九江附近路經皖口，正遇上一夥強盜，蜷伏在草叢裡。強盜問道：「你是什麼人？」李涉回話說：「我是李山人呀。」強盜的首領說：「如果您真是李山人的話，我們不會搶您財物的。早就聽到您的詩名，希望能題寫一首詩給我們，我們就心滿意足了。」李涉很高興地寫道：「暮雨瀟瀟江上村，綠林豪客夜知聞。他時不用藏姓名，世上如今半是君。」強盜們非常高興，於是送了他很多牛肉、美酒作為禮物，再三揖拜，送他上路。

像盜跖和莊蹻一類的人，尚且知道愛惜人才，當天下最寶貴的東西橫棄在路上時，反倒是一些君子大人們視若未見，怎麼能忍心這樣呢！

李涉有詩集一卷，至今還在流傳。

【研　析】莊子說「盜亦有道」，意謂即使是盜賊，也有著他們自己的道義，有一套平日行為的準則。唐人諷詠詩歌蔚然成風，看來夜客也有未能例外的，他們以得到詩人的作品為滿足，是真正有雅興豪傑，由此也足見當時風氣之一斑了。反觀今日社會中一味追求物質生活享受，欲念橫流，詩人們大概要生出幾分感嘆了吧！

朱晝

晝，廣陵人。貞元間，慕孟郊❶之名，為詩格範❷相似，曾不遠千里而訪之，不厭勤苦，體尚奇澀。與李涉友善，相酬唱。晝〈古鏡〉詩云：「我有古時鏡，初自壞陵❸得。蛟龍猶泥蟠❹，魑魅❺幸月蝕。磨久見菱蕊，青於藍水色。贈君將照心，無使心受惑。」凡如此警策者稍多，今傳於世。

【注釋】❶孟郊　傳見本卷。❷格範　格調；氣韻。❸壞陵　破敗了的帝王墓。❹泥蟠　屈於泥塗中的蟠龍。❺魑魅　傳說中的山精鬼怪。

【語譯】朱晝，廣陵人。貞元年間，他仰慕孟郊的名聲，寫詩的格調和氣韻和孟郊十分相似，還曾不遠千里去拜訪過他。朱晝作詩不怕辛苦，風格追求奇險晦澀。他和李涉關係很好，兩人互相作詩酬答。朱晝有一首〈古鏡〉詩，詩中說道：「我有古時鏡，初自壞陵得。蛟龍猶泥蟠，魑魅幸月蝕。磨久見菱蕊，青於藍水色。贈君將照心，無使心受惑。」像這樣語義深沉精妙的句子甚多，都流傳到了今天。

賈島

島，字閬仙，范陽人也。初，連敗文場❶，囊篋❷空甚，遂為浮屠❸，名無本。來東都，旋往京，居青龍寺。時禁僧午後不得出，為詩自傷❹。元和中，元、白變尚輕淺❺，島獨按格入僻❻，以矯浮豔❼。

當冥搜❽之際，前有王公貴人皆不覺，遊心萬仞❾，慮入無窮。自稱碣石山人。嘗嘆曰：「知余素心❿者，惟終南紫閣、白閣諸峰隱者耳。」嵩丘有草廬，欲歸未得，逗留長安。

雖行坐寢食，苦吟不輟。嘗跨蹇⓫驢張蓋⓬，橫截⓭天衢⓮，時秋風正厲，黃葉可掃，遂吟曰：「落葉滿長安。」方思屬聯⓯，杳不可得，忽以「秋風吹渭水」為對，喜不自勝。因唐突大京兆⓰劉棲楚⓱，被繫一夕，旦釋之。

後復乘閒策⓲蹇訪李餘幽居⓳，得句云：「鳥宿池中樹，僧推月下門。」又欲作「僧敲」，煉之未定，吟哦引手作推敲之勢，傍觀亦訝。時韓退之尹京兆，車騎⓴方出，不覺衝至第三節，左右擁列馬前，島具實對，未定推敲，神遊象㉑外，不知迴避。韓駐㉒久之曰：「敲字佳。」遂並轡㉓歸，共論詩道，結為布衣交㉔，遂授以文法。去浮屠，舉進士。愈贈詩云：「孟郊死葬北邙山㉕，日月風雲頓覺閑。天恐文章渾㉖斷絕，再生賈島在人間。」自此名著。

時新及第，寓居法乾無可㉗精舍㉘，姚合㉙、王建、張籍㉚、雍陶㉛，皆琴樽㉜之好。一日，宣宗微行㉝至寺，聞鐘樓上有吟聲，遂登，於島案上取卷覽之。島不識，因作色攘臂㉞，睨㉟而奪取之曰：「郎君㊱鮮醲㊲自足，何會此耶？」帝下樓去。既而覺之，大恐，伏闕待罪，上訝㊳之。他日，有中旨㊴，令與㊵一清官㊶謫去者，乃授遂州㊷長江㊸主簿。後稍遷普州㊹司倉。

臨死之日，家無一錢，惟病驢、古琴而已。當時誰不愛其才，而惜其命薄。

島貌清意雅，談玄抱佛，所交悉塵外之人。況味㊺蕭條，生計岨峿㊻。

自題曰：「二句三年得，一吟雙淚流。知音如不賞，歸臥故山秋。」每至除夕，必取一歲所作置几上，焚香再拜，酹酒㊼祝曰：「此吾終年苦心也。」痛飲長謠㊽而罷。今集十卷，並《詩格》一卷，傳於世。

【注釋】❶文場　科舉考試的場所。❷囊篋　裝東西的口袋和小箱子。❸浮屠　僧人。❹傷　傷感。❺輕淺　輕浮、淺白。❻僻　冷僻。❼浮豔　浮華、豔麗。❽冥搜　冥思苦想詩句。❾仞　古代長度單位，長度有七尺、八尺等多種說法。❿素心　本心；素願。⓫蹇　跛腳或行動遲緩。⓬張蓋　打著傘或戴著草帽。⓭橫截　橫穿。⓮天衢　京都城中的大街。⓯屬聯　撰寫對應的下句。⓰大京兆　即京兆尹，京兆府長官。⓱劉棲楚　敬宗寶曆元年（西元八二五年）刑部侍郎調京兆尹，為官誅罰嚴厲。⓲策　趕著。⓳幽居　深幽的居所，指隱居的地方。⓴車騎　排成隊的車馬。㉑象　物象。㉒駐　車馬停住。㉓轡　馭馬用的轡繩。㉔布衣交　不拘身分地位高低的朋友。㉕北邙山　山名，位於洛陽東北，漢魏以降王公貴族公卿的墓葬多選在此。㉖渾　幾乎；簡直。㉗無可　僧人法號，傳見本書卷六。㉘精舍　僧人、道人修煉居住之所。㉙姚合　傳見本書卷六。㉚張籍　傳見本卷。㉛雍陶　傳見本書卷七。㉜琴樽　琴和酒樽，借喻文士宴集。㉝微行　古時帝王不穿皇袍而改著普通衣服出宮私訪。㉞攘臂　挽袖，形容情緒激動的樣子。㉟睨　斜著眼睛看。㊱郎君　對貴家子弟的通稱。㊲醲　醇厚美味的酒。㊳訝　迎接；接待。此喻寬恕。㊴中旨　不經中書、門下，直接由宮廷發出的帝王詔諭。㊵與　給予。㊶清官　政事清簡的官。㊷遂州　即遂寧郡，郡治遂州，今四川遂寧北。㊸長江　縣名，今四川蓬溪。㊹普州　州名，治所在今四川安岳。㊺況味　境況和情味。㊻岨峿　同「齟齬」。本意指相抵觸，借指不順。㊼酹酒　以酒灑地而祭。㊽長謠　放聲歌唱。

【語譯】賈島，字閬仙，范陽人。早些年，賈島在科舉考試中連連失利，身邊一點錢財都沒有了，於是，就出家當了僧人，法號叫無本。賈島先來到東都洛陽，不久又往京都長安，住在青龍寺。當時有禁令不許僧人在午後外出，賈島就此寫詩抒發了自己內心的傷感。元和年間，在元稹、白居易的影響下，當時的詩風變得輕浮、淺白，只有賈島還是嚴格按照格律，用典深奧冷僻，以此來矯正時尚的追求浮華豔麗的風氣。

當賈島冥思苦想詩句的時候，哪怕面前是王公貴族，他都會視而不見似地毫不在意，心思遊弋於高遠之處，思慮陷入了無窮之中。賈島自稱碣石山人，他曾感嘆地說：「理解我內心世界的，只有隱居在終南山紫閣峰、白閣峰的那幾位隱士罷。」他在嵩山建有茅草居舍，打算去隱居而不得，逗留在長安。

賈島無論是出行還是坐在家裡，不管是睡在床上還是在吃飯的時候，勤苦吟誦詩句，從來沒有間斷過。他曾騎著一頭行動遲緩的驢子，戴著帽子，橫穿京都的大街。正值秋風大作，地上積起了厚厚的落葉，賈島於是脫口吟誦道：「落葉滿長安。」正琢磨著對應的詩句，費了半天神還是沒有找到合意的，忽然想到一句「秋風吹渭水」可以相對，歡喜得不能自已。為此，他無意中還冒犯了京兆尹劉棲楚，被拘押了一宿，到天亮了才被放出來。

後來，又有一回，賈島乘著空閒的時候騎著驢子訪問了李餘隱居的地方，吟得了兩句詩：「鳥宿池中樹，僧推月下門。」又想把其中「僧推」改作「僧敲」，琢磨了好久都沒能定下來，賈島吟哦的時候，還伸出手，分別比劃著推門和敲門的動作，旁邊的人都帶著驚訝的神色望著他。當時韓愈是京兆尹，他的車馬隊伍剛出來，賈島不知不覺竟衝入了隊伍的第三節。韓愈手下的人把賈島架到了他的面前，賈島對韓愈坦率地講了實話，說自己因為不能斷定用「推」字還是用「敲」字，神思早就飛到了眼前的事物之外，所以沒能及時迴避長官。韓愈勒住馬，考慮了好半天，說道：「敲字更好一點。」於是，兩人並肩騎著馬而歸。他們在一起討論寫詩的心得，結成了布衣之交。韓愈還教授賈島寫文章的方法。賈島還了俗，考取了進士。韓愈送了一首詩給他，詩中說：「孟郊死葬北邙山，日月風雲頓覺閑。天恐文章渾斷絕，再生賈島在人間。」從此，賈島的名聲大振。

當時，賈島及第不久，就借住在法乾寺無可的住所，姚合、王建、張籍、雍陶等人，都是與他在一起吟唱飲酒的好朋友。有一天，宣宗微服出行到法乾寺，聽見鐘樓上有吟詩的聲音，便登上了樓，從賈島的書桌上拿起詩卷看了起來。賈島不認識宣宗，臉色因此變得很難看，伸出手臂，斜看著宣宗，把詩卷奪了過來，口中還說：「先生你吃飽喝足，居然也看這些東西嗎？」宣宗下樓走了。後來賈島知道自己闖大禍了，非常驚恐，跪伏在皇宮的臺階下等候對自己的處分，宣宗寬恕了他。後來，有旨令依照受處分的清要官給他一個安排，於是，被任命遂州長江縣主簿，後來，又漸漸升任普州司倉。

賈島臨終的時候，家裡沒有一文錢，只有一頭羸弱的毛驢和古琴而已。當時，有誰不因為欣賞他的才華而為他命運不濟而惋惜啊！

賈島相貌清瘦，意態儒雅，談玄理、誦佛經，和他交往的多是塵外之人。他的境況蕭條，生計很窘迫。他曾自題詩云：「二句三年得，一吟雙淚流。知音如不賞，歸臥故山秋。」每到年終除夕的那天，他必定把一年來所作的詩供放在几案上，點燃香後，幾度行禮，又酹酒祝詞說：「這是我整整一年的苦心所得啊。」舉杯痛飲，又放聲高唱一番才作罷。今天有他的文集十卷，另有《詩格》一卷，流傳於世。

【研析】人們說賈詩瘦硬，當是指他的詩中，有一種因為生活中的寒苦而賦以的逼人寒氣。以苦吟著稱的一個著名例子就是關於「推敲」的故事，今天，這不僅早已成為文學史上的一個典故，就連日常生活中，人們也常常以之比喻反覆斟酌和考慮。賈島這種反覆吟哦的作詩方法，恐怕與他的一段入禪的經歷不無關係，因為詩人經過反覆推敲，得到的瞬間靈感，與主張虛空寂滅的佛教徒在參悟禪機時，忽然感受到的禪光的閃現，確實是有幾分相似的。

莊南傑

南傑，與賈島同時，曾從受學。工樂府雜歌，詩體似長吉，氣雖遒❶壯，語過鐫鑿，蓋其天資本劣，未免按抑，不出自然，亦一好奇尚僻❷之士耳。集二卷，今行。

【注釋】❶遒　強勁有力。❷僻　怪僻。

【語譯】莊南傑，與賈島同時代人，曾隨從賈島進修學業。莊南傑擅長寫樂府雜歌體裁的詩，詩風與李賀相似。他的詩氣勢雖然強勁有力，語言卻過於雕琢，大概因為他的天資本來不太高，寫詩的時候免不了故作一番按抑功夫，缺少一種渾然天成的感覺，也是一個喜歡追求奇特怪誕風格的人。有文集二卷，今天還流行於世。

張碧

碧，字太碧。貞元間舉進士，累不第，便覺三山❶跬步❷，雲漢咫尺❸。初慕李翰林之高躅❹，一杯一詠，必見清風，故其名字皆亦逼❺似，如司馬長卿❻希❼藺相如為人也。天才卓絕，氣韻不凡，委❽與山水，投閑❾吟酌，言多野意❿，俱狀難摹之景焉。有《歌行集》二卷傳世。子瀛。

【注釋】❶三山　古代神話傳說中蓬萊、方丈和瀛洲等三座仙山。❷跬步　半步。❸咫尺　比喻距離很近。❹躅　足跡。❺逼　迫近。❻司馬長卿　司馬相如，字長卿，西漢時人，因為追慕戰國時藺相如之為人，遂將自己的名字改為相如。❼希　仰慕。❽委　寄託。❾投閑　乘隙。❿野意　田園山野的趣味。

【語譯】張碧，字太碧，貞元年間參加進士考試，幾次都落榜了，於是，他便產生一種感覺，覺得神話傳說中三山離自己很近，天上的銀河也就在咫尺之遙罷了。早些時候，張碧非常仰慕李白的處世風格，飲酒作詩，必定表現出一種清高雅致的風采來，所以，連他的名字都和李白非常相似，就像司馬相如追慕藺相如為人的做法一樣。張碧天賦遠在常人之上，氣韻也不同凡響。他寄興山水之間，閒暇時吟詩飲酒，談話的內容充滿了山野田園的趣味，都是難以用語言來加以描繪的。張碧有《歌行集》二卷，流傳到今天。他的兒子名叫張瀛。

朱放

放，字長通，南陽人也。初，居臨漢水，遭歲歉，南來卜隱剡溪、鏡湖間。排青紫❶之念，結廬雲臥，釣水樵山。嘗著白接離❷，鹿裘❸筍屩❹，盤桓酒家。時江浙名士如林，風流儒雅，俱從高義❺。如皇甫兄弟，皎、徹上人，皆山人良友也。大曆中，嗣❻曹王❼皋❽鎮江西，辟為節度參謀❾。有〈別同志〉曰：「潺湲❿寒溪上，自此成離別。回首望歸人，移舟逢暮雪。頻行識草樹，漸老傷年髮。唯有白雲心，為向東山月。」

未幾，不樂鞅掌⓫，扁舟告還。貞元二年，詔舉韜晦奇才⓬，特下聘禮，拜左拾遺，不就，表謝之。忘懷得失，以此自終。放工詩，風度清越⓭，神情蕭散⓮，非尋常之比。集一卷，今行於世。

【注釋】❶青紫　漢代丞相、太尉佩紫色綬帶，御史大夫佩青色綬帶，故後人以青紫比喻貴官之服。❷接離　古人佩帶的一種頭巾。❸鹿裘　粗陋的裘衣。❹筍屩　用筍殼做的單底鞋。❺高義　高尚的情操。❻嗣　繼承。❼曹王　唐太宗子李明受封曹王，為後世所繼。❽皋　李皋，曹王李明的玄孫，天寶十一年（西元七五二年）嗣封曹王。❾參謀　節度使幕府之屬員，參與軍中機密。❿潺湲　水流聲。⓫鞅掌　喻公事忙碌。⓬韜晦奇才　唐代制舉科名。⓭清越　高超出眾。⓮蕭散　閒散淡泊。

【語譯】朱放，字長通，南陽人。早些時候，朱放居住在漢水邊上，因為遇到災荒之年，就來到南方，在剡溪、鏡湖一帶找了個地方隱居起來。他擯除了在仕途上發展的念頭，在白雲繚繞的山間蓋了茅草房，坐在溪水邊釣魚，上山去砍柴。朱放曾披戴著白色的接頭巾，穿著鹿裘和筍屩，逗留在酒家。當時，江浙一帶聚集著許多名士，個個風流儒雅，他們十分服膺朱放的高尚情懷，比如皇甫兄弟、皎然上人、靈徹上人等，都是朱放的好朋友。大曆年間，嗣曹王李皋做了江西節度使，徵召朱放為節度參謀。朱放寫了一首題為〈別同志〉的詩，詩中說道：「潺湲寒溪上，自此成離別。回首望歸人，移舟逢暮雪。頻行識草樹，漸老傷年髮。唯有白雲心，為向東山月。」一

沒過多久，因為不喜歡繁忙的公事，搖著小船辭官回家了。貞元二年，皇帝下令各地推舉韜

光養晦的奇特人才，朝廷對朱放按照規定的禮儀發出了聘請，授以左拾遺的官職，朱放沒有就職，上書辭謝了任命。從不計較名利上的得失，就這樣度過了一生。朱放擅長寫詩，舉止風度高超出眾，神情閒散淡泊，絕非尋常之輩可以相比的。朱放的文集有二卷，今天還流行於世。

【研析】唐中期以後，隨著江南地區社會經濟的發展，越來越多的詩人，大概是厭倦了世俗官場生活的緣故，卜居江浙一帶，過起了臥雲垂釣的隱居生活，這種生活在他們的作品中也得到了反映。如今，這漸漸成為江南地區的一種資源，因為沿著詩人當年的蹤跡，依據一部唐詩，人們往往可在山水風景中覓得新的樂趣，想見詩人們當年的風采，這便是近年來興起的浙東唐詩之旅。

羊士諤

士諤，貞元元年禮部侍郎鮑防下進士。順宗時，累至宣歙❶巡官❷，為王叔文所惡，貶汀州❸寧化❹尉。元和初，宰相李吉甫知獎，擢為監察御史，掌制誥❺。後以與竇群、呂溫等誣論宰執，出為資州❻刺史。

士諤工詩，妙造梁《選》❼，作皆典重。早歲嘗遊女几山❽，有卜隱之志，動名相迫，不遂初心。

有詩集行於世。

【注　釋】❶宣歙　宣歙觀察使，治所在宣州，今安徽宣城。❷巡官　唐代節度使和觀察使府的文職幕僚。❸汀州　州名，轄今三明、永昌、漳平等，治所在長汀，今福建長汀。❹寧化　今福建寧化。❺制誥　替皇帝起草文告。❻資州　州名，治所在盤石，今四川資中。❼梁選　梁朝昭明太子蕭統所編的文選，即《昭明文選》。❽女几山　位於今河南洛寧境內。

【語　譯】羊士諤，貞元元年禮部侍郎鮑防主持貢舉考試時中進士。順宗時，羊士諤的官一直做到宣歙觀察使下屬的巡官，因為王叔文很不喜歡他，貶到汀州當了寧化縣尉。元和初年，得到宰相李吉甫的賞識，提拔為監察御史，掌制誥。後來，與竇群、呂溫等人捏造事實誣陷宰相執政，被放出去做了資州的刺史。

羊士諤擅長寫詩，達到了梁朝《文選》的精妙意境，作品都很典雅莊重。早些年，他曾到女几山遊玩，打算在這兒建房舍住下來，可是，由於追求功名的願望十分強烈，沒有能夠實現最初的心願。

羊士諤有詩文集流傳在社會上。

姚係

係，河中人。貞元元年進士，與韋應物同時。有詩名，工古調，善彈琴，好遊名山，希蹤❶謝、郭❷。終身不言祿❸，祿亦不及之也。與林棲谷隱之士往還酬酢，興趣超然。弟倫，詩亦清麗，有集，並傳。

【注釋】❶蹤　追隨。❷謝郭　指南朝宋代的謝靈運和東晉的郭文，兩人皆以性愛山水之遊著稱。❸祿　官員的俸祿，此代指官位。

【語譯】姚係，河中人，貞元元年進士，與韋應物同時。姚係的詩當時有名聲，他擅長寫古風一類的詩歌，彈琴也十分出色，喜歡遊覽名山大川，羨慕並追隨謝靈運、郭文的處世和生活方式。終其一生，姚係從不談及做官的事情，他也沒有享用過半點做官的俸祿。他和生活在山間林下的隱士們來往並有詩文應對，興味高雅脫俗。姚係的弟弟姚倫，寫的詩也十分清麗，兩人都有文集，而且得以流傳後世。

麴信陵

信陵，貞元元年鄭全濟榜及第。仕為舒州望江❶縣令，卒。工詩，有集一卷，今傳。

【注釋】❶望江　今安徽望江。

【語譯】麴信陵，貞元元年，與狀元鄭全濟同榜進士及第。他曾做過舒州望江縣縣令，後來去世了。麴信陵擅長寫詩，有文集一卷，流傳到今天。

張登

登，初隱居。性剛潔，幅巾短褐❶，交友名公。後就辟，歷衛府❷參謀❸，遷廷尉平❹。久之，拜監察御史。貞元中，改河南士曹❺掾❻，遷殿中侍御史、漳州❼刺史，退居告老。嘗晚春乘輕車出南薰門❽，抵暮詣宜春門入，關吏捧牌請書官位，登醉題曰：「閑遊靈沼❾送春回，關吏何須苦見猜。八十老翁無品秩，三曾身到鳳池❿來。」其狷迫⓫如此。數年，坐公累⓬被劾，吏議捃摭⓭不堪，感疾而卒。有集六卷，權德輿為序云。

【注釋】❶短褐　貧民所穿的一種粗布衣服。❷衛府　即都督府，唐代在重要地區設置的地方機構，兼掌行政、軍事事務、並糾察所轄州郡官員。❸參謀　唐代天下兵馬元帥屬下的官名，掌參議軍事。❹廷尉平　漢代官職名，為負責決獄事務的廷尉的屬官，此代指大理評事。❺士曹　即士曹司，河南府下屬機構之一，掌津樑、舟車、舍宅等事務。❻掾　屬官的通稱。❼漳州　唐代州名，治所在龍溪，今福建漳州。❽南薰門　北宋汴京新城南三門之中門，有關於「嘗晚輕車出南薰門」的傳說，又據以為北宋仁宗朝宰相張士遜事，疑作者此處引用為誤。❾靈沼　帝王恩澤所及之處，此指皇城宮苑。❿鳳池　中書省，即宰相辦公的地方。⓫狷迫　性急不能受屈。⓬公累　公事上的失誤。⓭捃摭　採集，此指羅織罪名。

【語　譯】張登，早年避世隱居，性格剛直高潔，頭戴幅巾，身著粗布衣服，與有名望的公卿人士交往。後來，接受邀請，歷任衛府參謀，升任廷衛平。又過了很久，授官監察御史。貞元年間，改任河南府士曹司佐官，後來，又升任殿中侍御史、漳州刺史，此後，方告老退休。張登曾有一次在暮春時節，乘著輕便的小車，從南薰門出城，一直到傍晚的時候，從宜春門返回城裡。管理城門的官吏捧著木牌請張登寫下自己的官位，張登帶著幾分醉意，信手題了一首詩：「閑遊靈沼送春回，關吏何須苦見猜。八十老翁無品秩，三曾身到鳳池來。」他就是這樣性子急躁而不能受一點兒屈。幾年後，因為公事上的失誤受到牽連，遭人彈劾，官吏們羅織了很多罪名，張登受不了，得了病就去世了。張登有文集六卷，是權德輿為他寫的序。

【研　析】張登醉題城門，既有幾分隨心所欲的放任，又帶了詩人特有的浪漫情趣。或許，正是這個緣故吧，這則故事就成了文學史上的一則佳話，流傳下來了。

令狐楚

楚，字殼士，燉煌❶人也。五歲能文章，貞元七年尹樞榜進士及第。時李說❷、嚴綬❸、鄭儋❹繼領太原❺，高其才行，引在幕府，由掌書記至判官。德宗喜文，每省❻太原奏疏，必能辨楚所為，數稱美之。憲宗時，累擢知制誥。皇甫鎛❼薦為翰林學士，遷中書舍人，拜中書侍郎、同平章事❽。楚工詩，當時與白居易、元稹、劉禹錫唱和甚多。有《漆奩集》一百三十卷，行於世。自稱曰：「白雲孺子」。

【注釋】❶燉煌　今甘肅敦煌。❷李說　唐淮南王李神通的後裔，貞元年間任河東節度使。❸嚴綬　貞元十七年任河東節度使，在鎮七年。❹鄭儋　貞元年間曾於李說後任河東節度使。❺太原　河東節度使所在地。❻省　閱讀。❼皇甫鎛　與令狐楚同舉進士，憲宗時官至宰相。❽同平章事　即擔任宰相。

【語譯】令狐楚，字殼士，敦煌人。他五歲時就會寫文章，貞元七年，與狀元尹樞同榜舉進士。那段時間裡，李說、嚴綬、鄭儋相繼任河東節度使，十分看重令狐楚的才能和品性，請他入幕府，從擔任掌書記的職務起，一直做到判官。德宗喜歡讀好文章，每次讀到太原方面送來的奏疏，肯定能辨別出哪些文章是出自令狐楚的手筆，好幾次誇獎和讚美他的文章。憲宗時，經過幾次升遷，官至知制誥，經皇甫鎛的推薦，當上了翰林學士，又升遷中書舍人，被任命為中書侍郎、同平章事。令狐楚擅長寫詩，他與同時代的白居易、元稹、劉禹錫互相唱和的詩作很多。令狐楚有《漆奩集》一百三十卷流行於世。他自稱為「白雲孺子」。

【研　析】令狐楚歷仕憲、穆、敬、文四朝，當過尚書僕射，出任過節度使，可謂出將入相，榮極一時的人物。他的文章似乎更加出色，曾數次得到德宗的稱讚，確屬才氣橫溢。我們從他文章多得保留，而詩作卻不怎麼流傳的情況推想，也許有詩不若文的緣故吧？

楊巨源

巨源，字景山，蒲中❶人。貞元五年劉太真❷下第二人及第。初為張弘靖❸從事，拜虞部員外郎，後遷太常博士、國子祭酒。大和❹中，為河中少尹❺，入拜禮部郎中。

巨源才雄學富，用意聲律，細挹❻得無窮之源，綴雋❼有愈永之味。長篇刻琢，絕句清泠❽，蓋得於此而失於彼者矣。有詩一卷，行於世。

【注　釋】❶蒲中　即蒲州，開元及乾元年間又曾改稱河中府，今山西永濟。❷劉太真　唐代宗時任起居郎，歷任中書舍人和刑部、禮部侍郎，貞元四年、五年兩度知貢舉。❸張弘靖　憲宗時領陝虢、河中、宣武等鎮，後入朝為相。❹大和　唐文宗年號（西元八二七—八三五年）。❺少尹　府州的副職。❻挹　舀。❼雋　深長的意味。❽清泠　風神俊秀。

【語　譯】楊巨源，字景山，蒲中人。貞元五年，劉太真知貢舉時，以第二名的成績進士及第。開始時，他在張弘靖幕府任從事，又擔任過虞部員外郎，後升任太常博士、國子祭酒。大和年間，楊巨源擔任了河中府少尹，入朝為禮部郎中。

楊巨源才能高超，學識淵博，在詩歌聲律方面十分用心，仔細把玩，感到其淵源深邃無盡；慢慢品味，又能涵泳其深長含蓄的意味。長篇詩作也許難免雕琢的痕跡，絕句則風格神態都十分俊秀，也許是有所得而有所失吧。楊巨源有詩一卷，流行於世。

馬逢

逢，關中❶人。貞元五年盧頊榜進士。佐鎮戎❷幕府，嘗從軍出塞。得詩名，篇篇警策。有集今傳。

【注　釋】❶關中　泛指函谷關至隴關一帶，大致相當於今陝西地區。❷鎮戎　鎮守邊地的節度使。

【語　譯】馬逢，關中人，貞元五年與狀元盧頊同榜進士及第。馬逢到駐守邊地的方鎮幕府中為佐吏，曾隨著軍隊出征塞外。馬逢在詩壇上有一定的名聲，每篇詩中都有精彩的句子。他的文集今天仍在流傳。

王涯

涯，字廣津，貞元八年賈棱榜及第。博學工文，尤多雅思。梁肅❶異其才，薦於陸贄❷。又舉宏詞。憲宗時，知制誥、翰林學士，俄拜中書侍郎平章事。長慶中，節度劍南，召為御史大夫，遷戶部尚書，監鹽鐵使❸。進僕射❹。涯權鹽苛急，百姓怨之。及甘露❺禍起，就誅，悉詬罵❻，投以瓦礫，須臾❼成堆。

性嗇，不蓄妓妾，家財累鉅萬，嘗布衣蔬食。酷好前古名書名畫，充積左右，有不可得，必百計傾陷以取之。及家破，往來人得卷軸，皆剔取奩盒❽金玉牙錦，餘棄道途，車馬踐踏，悉損污矣。惜哉！

善為詩，風韻遒然，殊超意表。集十卷，今傳。

否泰❾姤復❿，盈虛消息⓫，乃理之常。夫物盛者，衰之漸也；散者，積之極也。有能終滿而不覆者乎？況圖書人變化之際，神物所深忌者焉。前修⑫耽玩⑬成癖，往往殺身，猶非剽剝⑭而至也。王涯掊克⑮聚斂，以邀穹⑯爵；逼孤凌弱，以積珍奇，知己之利，忘人之害，至於天奪其魄，鬼瞰⑰其家，一旦飄零，殊可長嘆。孟子曰：「死矣，盆成括⑱。」《傳》曰：「貨悖⑲而入者，亦悖而出。」不亦宜哉。庶⑳來者之少戒云。

【注釋】❶梁肅　擅長古文，德宗朝任監察御史，後轉右補闕、翰林學士。❷陸贄　德宗朝為翰林學士，隨德宗出征平定朱泚叛亂，參決機謀，貞元八年（西元七九二年）起任宰相。❸鹽鐵使　即諸道鹽鐵轉運使，唐代中期以後特置，掌管食鹽專賣，兼掌金屬採冶，握有財政重權。❹僕射　尚書省長官，為宰相之職。❺甘露　即甘露之禍，見本卷〈盧仝〉篇。❻詬罵　辱罵。❼須與　一會兒。❽奩盒　盛裝書畫的盒子。❾否泰　《周易》中寓義相反的一組卦名，下「姤復」亦然。否，閉塞不通之象。泰，上下交通之象。❿姤復　姤，柔遇剛。復，亨。剛反。⑪消息　消長。⑫修　修士，德行高潔的人。⑬耽玩　沉溺玩好。⑭剽剝　搶奪。⑮掊克　搜刮民財。⑯穹　高。⑰瞰　俯視。⑱盆成括　人名，戰國時人，孟子見他在齊國做官而恃才妄作，預言其人將自取殺身之禍。⑲悖　違背正理。⑳庶　使。

【語譯】王涯，字廣津，貞元八年與狀元賈稜同榜進士及第。王涯學識廣博，擅長詩文，文思十分雅致豐富。梁肅認為他人才難得，就推薦給了陸贄。後來，王涯考取了制舉的博學宏詞科。憲宗時，王涯擔任了知制誥、翰林學士，很快就被授以中書侍郎平章事。長慶年間，他擔任了劍南節度使，後被召回朝做御史大夫，升戶部尚書，主管鹽鐵使事務，又升任僕射。王涯實行榷鹽的政策十分苛刻，老百姓非常怨恨他。當王涯受甘露之禍的牽連被殺之時，大家都辱罵他，向他投擲瓦礫石塊，一會兒功夫，這些瓦礫石塊就積成了一大堆。

王涯生性十分吝嗇，家裡不養歌女侍妾，財富之多，數以萬計，可是他卻常常穿著布衣服，吃的也只是一些簡單的粗食。王涯非常喜歡古代的名書畫，家裡有很多收藏品，如果他看中了別人的收藏而一時不能得手的話，一定還想方設法，不惜以陷害別人的手法來實現自己的目的。等到他被抄家的時候，湧到他家來的人得到了他的書畫藏品，都將鑲嵌在書畫盒子上的金玉象牙飾品和包裝的錦緞拆下來，剩下來的字畫卻被丟棄在路上，來往的車馬碾軋後，全都弄得污穢不堪，真讓人痛惜啊。

王涯擅長寫詩，風格強勁，很能超出人們的想像。有文集十卷，流傳至今。

否泰、姤復，這些卦象顯示了事物盈虛、消長，正是永不變易的事理啊。事物到了極盛，就是走向衰敗的開始；財富的散落，也正是聚積走到了極點的結果。你見過始終保持充盈而不顛覆的例子麼？況且字畫顯露天地人生變化的精微，是神靈所忌憚的。往昔一些德行高潔之士玩賞字畫一旦成了癖好，往往就會引來殺身之禍，而他們的收藏還不是搶奪來的。王涯搜刮聚斂民間的錢財，是為了自己的高官厚祿；逼迫欺凌弱者，是因為了滿足自己搜集珍奇的願望。他只知道滿足自己的利益，從未想到過給別人帶來的痛苦，以致上天奪去了他的魂魄，鬼神俯視他的家園，一旦四散飄零到這樣的淒慘境地，實在是讓人長嘆不已啊！孟子說：「盆成括就要死了！」《傳》

上說：「違背正理獲得的財富，也將違背正理地失去。」說的不正是這個道理嗎！讓後人多少能引以為戒吧。

【研析】有人稱政治為一架絞肉機，意喻一旦捲入其中，便兇險莫測，王涯的下場頗有代表性。王涯在治理政務上也許是個幹材，卻積怨甚多，加上假以權勢，不擇手段來謀求一己之利，一旦遭遇報復，下場竟然如此，殊為可悲可嘆。連同他一起遭殃的還有他收藏的那些名家書畫。自古到今，名家書畫著錄者多，流傳者少，兵火之劫外，這恐怕也是一個重要的原因啊。

韓愈

愈，字退之，南陽人。早孤依嫂，讀書日記數千言，通百家❶。貞元八年擢第。凡三詣光範❷上書，始得調❸。董晉❹表署宣武節度推官❺。汴軍亂❻，去依張建封❼，辟府推官。遷監察御史。上疏論宮市❽，德宗怒，貶陽山❾令。有善政，改江陵❿法曹參軍⓫。元和中，為國子博士、河南令⓬。

愈以才高難容，累下遷，乃作〈進學解〉以自諭。執政⓭奇其才，轉考功⑭、知制誥，進中書舍人。裴度⑮宣慰淮西⑯，奏為行軍司馬⑰。賊平⑱，遷刑部侍郎。憲宗遣使迎佛骨⑲入禁中，因上表極諫，帝大怒，欲殺，裴度、崔群⑳力救，乃貶潮州㉑刺史。

任後上表，陳詞哀切，詔量移袁州刺史。召拜國子祭酒，轉兵部侍郎、京兆尹兼御史大夫。長慶四年卒。

公英偉㉒間㉓生，才名冠世，繼道德之統，明列聖之心。獨濟㉔狂瀾，詞彩燦爛，齊、梁綺豔，毫髮都捐㉕。有冠冕㉖珮玉㉗之氣，宮商金石㉘之音，為一代文宗，使頹綱復振，豈易言也哉？固無辭足以贊述云。至若歌詩累百篇，而驅駕氣勢，若掀雷走電，撐決於天地之垠，詞鋒學浪，先有定價㉙也。

時功曹張署㉚亦工詩，與公同為御史，又同遷謫，唱答見於集中。

有詩賦雜文等四十卷，今行於世。

【注　釋】❶百家　百家之書，指先秦諸子學說。❷光範　光範門，唐代京都內城城門，由此門可進入中書省。❸調　進士及第後被授予官職。❹董晉　貞元五年（西元七八九年）為門下侍郎、同中書門下平章事，後出任宣武軍節度使。❺推官　唐代節度使、觀察使、團練使等使府下屬的文職幕僚。❻汴軍亂　貞元十五年（西元七九九年），宣武軍節度使董晉去世後，部下將士乘機在汴梁作亂。❼張建封　貞元年間任徐泗濠節度使。❽宮市　宦官以宮廷需要為由，到市場上強行以低價購買物品，形同掠奪。❾陽山　今廣東陽山。❿江陵　今湖北江陵。⓫法曹參軍　府衙屬官，掌刑獄、治安等事。⓬河南令　河南道河南府河南縣縣令。⓭執政　主持政務的人。⓮考功　考功郎，吏部屬官，掌文武官吏考課之事。⓯裴度　憲宗時任宰相，力主削除藩鎮。⓰淮西　肅宗時所置藩鎮，治所為蔡州（今河南汝南）。⓱行軍司馬　節度使下屬參謀軍事事務的官員。⓲賊平　淮西方鎮長期為李希烈、吳元濟等割據，擁兵自重，不從朝命，經裴度督師淮西，命李愬雪夜襲蔡州，生擒吳元濟，方被平定。⓳佛骨　即佛舍利，相傳為釋迦牟尼遺體火化後結成的珠狀物，被佛教徒奉為至寶，憲宗元和十四年（西元八一九年），曾令中使專程迎佛骨到長安，韓愈上書，極力反對此事。⓴崔群　憲宗元和十二年（西元八一七年）曾任宰相。㉑潮州　治所在今廣東潮陽。㉒英偉　氣格雄偉，才智超群。㉓間　更迭。㉔濟　渡過。㉕捐　棄。㉖冠冕　仕宦。㉗珮玉　貴族所佩的玉飾。㉘金石　金屬和石製的鐘磬類敲擊樂器。㉙定價　固定的價值。㉚張署　曾與韓愈同為監察御史，後又與韓愈同調江陵，任功曹參軍。

【語　譯】韓愈，字退之，南陽人。韓愈很小的時候，父母親就去世了，他依靠嫂嫂撫養，每天讀書記誦數千字的文章，通曉百家之說。貞元八年，韓愈進士及第。他三次到中書省上書表露自己的心跡，才得到授以官職的機會。董晉奏表請封韓愈為宣武節度推官。駐守汴梁的軍隊發生了叛亂，韓愈離開汴梁，去投靠張建封，被安排為節度使府的推官。後來，韓愈升任監察御史，上疏議論宮市的弊害，德宗非常生氣，把他貶為陽山縣令。韓愈治理地方很有成績，於是，改官江陵法曹參軍。元和年間，韓愈做了國子博士、河南縣令。

韓愈才能傑出，不易為人所容，幾次遭到降職的處分，於是，撰寫了一篇題為〈進學解〉的文章，表白自己的心志。執政覺得韓愈人才難得，讓他轉官考功郎，任知制誥，又升任中書舍人。裴度到淮西任宣慰使，奏請任命韓愈為行軍司馬。淮西叛亂被平定後，韓愈又升任刑部侍郎。憲宗派遣使臣十分隆重地迎接佛骨到皇宮裡來，韓愈對此上書極力加以勸阻，憲宗因此而大怒，想殺了韓愈，經裴度、崔群等人大力營救，才得以貶為潮州刺史。

韓愈到任以後，在給憲宗的奏疏中陳述自己的情況時，語氣哀婉懇切，憲宗下令允許酌情從寬處理，改為袁州刺史。又被召回朝任國子祭酒，轉官兵部侍郎、京兆尹兼御史大夫。長慶四年，韓愈去世。

先生氣格雄偉兼有卓越的智能，才名在當時社會上首屈一指。他繼承了前賢的道德傳統，闡明了古代聖人的思想。獨自橫跨了洶湧波濤，他的文章詞采燦爛豐富，卻絲毫不見南朝齊、梁文人綺麗文風的習氣。先生在仕宦之族中獨具高貴之氣，如同音樂中清越激昂的金石之聲，作為一代文章的宗師，使得頹喪的綱紀重新振興起來，難道可以輕易講講的嗎？簡直找不到合適的詞語來表述啊！至於先生的詩作數百篇，駕車驅馳的奔放氣勢，如同滾滾的雷聲，劈空而現的電光，充塞在遙遠的天地之際，詞鋒和學風，人們都已經有評價了。

與韓愈同時的功曹張署也擅長寫詩，他和先生同時為御史，又一起遭貶謫，他們互相唱酬的作品在文集中可以看到。文集有詩賦雜文等共四十卷，流行於世。

【研析】韓愈在文學史上是以倡導古文運動出名的人物，當然這並不妨礙他同時又是一個重要的詩人。韓愈鼓吹文章要言之有物，排除陳詞濫調，這也影響到了詩歌的寫作，因為散文的詞藻也進入到了他的詩裡。固然有人就此批評他的詩不大像詩，我們今天卻不得不承認，韓愈的詩在唐後期的詩壇上開啟了一個新的流派，人們稱道他寫人寫景的詩十分清新可愛。他曾因諫佛骨的事情險遭殺身之禍，為民請命，以及反對佛道的思想同樣在詩中得到反映。用今人的話來說，韓愈是一個體現了人文關懷的文學家。

柳宗元

宗元，字子厚，河東人。貞元九年苑論榜第進士，又試博學宏詞，授校書郎，調藍田❶縣尉，累遷監察御史裡行❷。與王叔文、韋執誼❸善，二人引之謀事，擢禮部員外郎，欲大用。值叔文敗，貶邵州❹刺史，半道，有詔貶永州司馬。遍貽朝士書言情，眾忌其才，無為用心者。元和十年，徙柳州❺刺史。時劉禹錫同謫，得播州❻，宗元以播非人所居，且禹錫母老，具奏以柳州讓禹錫，而自往播，會大臣亦有為請者，遂改連州❼。

宗元在柳多惠政，及卒，百姓追慕，立祠享祀，血食❽至今。

公天才絕倫，文章卓偉，一時輩行，咸推仰之。工詩，語意深切，發纖穠❾於簡古，寄至味於淡泊，非餘子所及也。司空圖❿論之曰：「梅止於酸，鹽止於鹹，飲食不可無，而其美常在酸鹹之外，可以一唱而三嘆也。子厚詩在陶淵明下，韋應物上，退之豪放奇險則過之，而溫厲⓫靖深⓬不及也。」

今詩賦雜文等三十卷，傳於世。

【注　釋】❶藍田　今陝西藍田。❷裡行　官職相當而非正式任命者。❸韋執誼　順宗朝得王叔文之力為相，係王叔文集團中主要人物之一。❹邵州　治所邵陽，今湖南邵陽。❺柳州　治所馬平，今廣西柳州。❻播州　治所遵義，今貴州遵義。❼連州　治所桂陽，今廣東連縣。❽血食　古時候殺牲取血，用以祭祀。❾纖穠　富麗優美。❿司空圖　傳見本書卷八。⓫溫厲　溫和而嚴正。⓬靖深　寧靜深沉。

【語　譯】柳宗元，字子厚，河東人。貞元九年與狀元苑論同榜進士及第，又考中了制舉博學宏詞科，被授官校書郎。調任藍田縣尉，幾次升遷後，任監察御史裡行。柳宗元和王叔文、韋執誼關係很好，他們兩人引薦他一起商議事情，升任禮部員外郎，打算委以重任。當王叔文在政治上失敗以後，柳宗元被貶為邵州刺史，在他赴任的途中，又接到詔命，再貶為永州司馬。柳宗元給朝中官員們一一寫信求情，大家都嫉妒他的才能，沒有真心幫他忙的。元和十年，柳宗元改任柳州刺史。當時，劉禹錫也一起遭到貶謫，被發落到播州，柳宗元覺得播州不是常人能居住生活的地方，況且劉禹錫的母親上了年紀，就上奏疏將柳州讓給劉禹錫，而自己到播州上任去。正好還有別的大臣為劉禹錫說情，於是，劉禹錫就改到了連州。

柳宗元在柳州的時候，為百姓做了很多好事，他去世後，老百姓還非常懷念他，為他建起祠堂，享受人們對他的祭祀，年年殺牲祭祀，直到現今。

柳宗元天才卓絕，文章高超，和他同時代的人都非常推崇他。柳宗元也擅長寫詩，語意深刻貼切，富麗優美的內容隱含在簡單古樸之中，無窮的意味寄託在自然淡泊裡，不是其他人能夠做得到的。司空圖評論說：「梅子只有酸味，鹽只有鹹味，可是，日常飲食缺其不可，它們使食品變得美味可口，常常超越了酸味和鹹味本身。真是值得我們反覆玩味的啊。子厚的詩在陶淵明之下，在韋應物之上。韓愈的詩以豪放奇險而言超過了他，若就溫和而嚴正、寧靜而深沉來說，則不及柳宗元啊。」

柳宗元的詩賦雜文等三十卷現在仍流傳在世。

【研　析】柳宗元在政治上因勇於革新而遭貶，在文學史上以散文而與韓愈齊名，寫詩卻與韋應物相並稱，只是相比而言，他的作品中詩味比較淡泊一點吧。即便遠謫邊州，他描寫南方的景色和風土人情，較之前人要深入細緻得多。柳宗元的小詩精細可愛，佳句迭出，他仍然一如既往地關心人民的疾苦，因此，他的許多詩千百年來一直傳誦不衰。

陳羽

羽，江東人。貞元八年，禮部侍郎陸贄下第二人登科，與韓愈、王涯等共為龍虎榜❶。後仕歷東宮衛佐❷。

羽工吟，與靈一上人交遊唱答。寫難狀之景，了了目前；含不盡之意，皎皎❸言外。如〈自遣〉詩云：「稚子新能編筍笠，山妻舊解補荷衣。秋山隔岸清猿叫，湖水當門白鳥飛。」此景何處無之？前後誰能道者？二十八字？一片畫圖，非造次❹之謂也。警句甚多。有集傳於世。

【注釋】❶龍虎榜　形容數個才學傑出的人士同登一榜。❷衛佐　泛指太子東宮的高級屬官。❸皎皎　形容明白無瑕。❹造次　倉促；輕易。

【語譯】陳羽，江東人。貞元八年，禮部侍郎陸贄主持貢舉時以第二名的成績進士及第，與韓愈、王涯等一起登在龍虎榜上。後來，陳羽做過太子東宮衛佐之類的官。

陳羽擅長吟寫詩歌，與靈一上人交遊並以詩歌互相酬答。他寫難以描摹的景物，令人感到就像展現在眼前一樣地清楚了然；他的詩包含了無窮的意味，透過語言，明白無誤地能讓你感受到。比如，在一首題名〈自遣〉的詩中是這樣寫的：「稚子新能編筍笠，山妻舊解補荷衣。秋山隔岸清猿叫，湖水當門白鳥飛。」這樣的景色哪裡看不到呢？可是，自古以來，又有誰像他這樣表達出來的呢？二十八個字，展開了一幅畫，決不是隨意寫得出來的。陳羽的詩中，精鍊警策的句子很多。陳羽有文集流傳在世。

劉禹錫

禹錫，字夢得，中山❶人。貞元九年進士，又中博學宏詞科。工文章，時王叔文得幸❷，禹錫與之交，嘗稱其有宰相器。朝廷大議，多引禹錫及柳宗元與議禁中。判度支鹽鐵案❸，憑藉其勢，多中傷人。御史竇群劾云：「挾邪亂政。」即日罷。憲宗立，叔文敗，斥朗州❹司馬。州接夜郎❺，俗信巫鬼，每祠，歌〈竹枝〉，鼓吹❻俄延❼，其聲傖儜❽。

禹錫謂屈原居沅、湘間，作〈九歌〉❾，使楚人以迎送神，乃倚聲作〈竹枝辭〉十篇，武陵人悉歌之。

始，坐叔文貶者，雖赦不原。宰相哀其才且困，將澡用❿之，乃悉詔補遠州⓫刺史，諫官奏罷之。時久落魄⓬，鬱鬱不自抑，其吐辭多諷託遠意⓭，感權臣而憾不釋。久之，召還，欲任南省⓮郎，而作〈玄都觀看花君子〉詩，語譏忿，當路⓯不喜，又謫守播州。中丞裴度言：「播，猿狖⓰所宅，且其母年八十餘，與子死決⓱，恐傷陛下孝治，請稍內遷。」乃易連州，又徙夔州。後由和州⓲刺史入為主客郎中。至京後，遊玄都詠詩，且言：「始謫十年，還輦下，道士種桃，其盛若霞。又十四年而來，無復一存，唯兔葵⓳燕麥⓴動搖春風耳。」權近㉑聞者，益薄㉒其行。

裴度薦為翰林學士，俄分司㉓東都，遷太子賓客㉔。會昌㉕時，加檢校禮部尚書，卒。公恃才而放，心不能平，行年益晏㉖，偃蹇㉗寡合，乃以文章自適㉘。善詩，精絕，與白居易酬唱頗多，嘗推為「詩豪」，曰：

「劉君詩在處，有神物護持。」有集四十卷，今傳。

【注　釋】❶中山　古代中山國之舊地，中心地大致為唐代定州安喜，今河北定縣。❷幸　帝王的寵愛和信任。❸案　事務。❹朗州　治所為武陵，今湖南常德。❺夜郎　唐代縣名，治所在今湖南芷江西南。❻鼓吹　鼓鉦簫笳等樂曲聲。❼俄延　延緩；遲緩。❽傖儜　雜亂。❾九歌　《楚辭》篇名，戰國時楚國大夫屈原據湘、沅地方祀神的樂曲所作。❿澡用　洗刷過錯後加以任用。⓫遠州　邊遠地區的州府。⓬落魄　窮困失意。⓭遠意　曲折隱晦的含義。⓮南省　尚書省的別稱。⓯當路　執掌政權的人。⓰狖　長尾猴。⓱死決　生離死別。⓲和州　治所在歷陽，今安徽和縣。⓳兔葵　草名。⓴燕麥　植物名。㉑權近　有權勢並得寵的人。㉒薄　鄙視。㉓分司　分設在東都洛陽的中央官員。㉔太子賓客　太子東宮屬官，掌侍從規諫等事務。㉕會昌　唐武宗年號（西元八四一－八四六年）。㉖晏　遲；晚。㉗偃蹇　困頓。㉘自適　自得其樂。

【語　譯】劉禹錫，字夢得，中山人。貞元九年進士及第，又考中制舉博學宏詞科。劉禹錫文章寫得很好，當時，王叔文受到皇帝的寵信，劉禹錫與他有來往，王叔文曾稱讚劉禹錫有做宰相的才能。朝廷裡商議重大事情時，王叔文經常邀請劉禹錫和柳宗元到宮裡來參與謀劃。劉禹錫主持度支和鹽鐵專營方面的事務，憑藉自己的權勢，誣陷過不少人，御史竇群上書批評他「挾邪亂政。」當天就被罷免了。憲宗即位後，王叔文在政治上也不再得勢，劉禹錫被貶為朗州司馬。朗州與夜郎相連，民間風俗相信巫師鬼神，每當祭祀鬼神的時候，都唱〈竹枝〉詞，樂聲悠長，歌調雜亂。劉禹錫認為屈原當年在沅、湘一帶時撰寫的〈九歌〉，讓楚人在迎神送鬼的時候歌唱，於是，他便根據樂曲聲撰寫了〈竹枝辭〉十篇，一時間，武陵人都唱開了〈竹枝辭〉。

當初，凡是受王叔文牽連而遭貶謫的官員，即便遇到朝廷赦免的機會，也一律不在許可範圍之內。宰相憐惜這些有才華卻又都處境艱辛的人，打算洗刷掉罪名後再啟用他們，便請皇帝下令讓他們補任邊遠地區的刺史，因為遭到諫官的反對而作罷。劉禹錫當時窮困失意已經有很長時間了，心情一直感到非常壓抑，寫下的作品大部分都未以直言地含有隱晦的意思，感嘆權臣得勢，內心的不滿未得釋懷。又過了很久，被召還京都，準備安排他在尚書省當郎官，可是，劉禹錫寫了一首〈玄都觀看花君子〉的詩，文字帶有譏諷不滿的意思，執掌政要的人很不高興，再貶他為播州刺史。御史中丞裴度說：「播州是猿猴住的蠻荒之地，而且劉禹錫的母親已經八十多歲了，這一去，母子之間就是生離死別啊，對陛下提倡以孝道治理天下恐怕也不利，請遷到比較靠近中原的地方吧。」於是，改為連州，後又遷到夔州。後來，劉禹錫從和州刺史的任上回到朝廷，做了主客郎中。回京都後，他到玄都觀遊玩賦詩，並且說道：「當初貶謫十年後回到京城，道士種下的桃樹，灼灼盛開，如同彩霞般燦爛。再過了十四年重遊此地，卻已經蕩然無存，只有兔葵和燕麥在春風中輕輕擺動了。」掌權勢的人聽到了，越加鄙薄他的舉止。

裴度推薦劉禹錫為翰林學士，不久，分司東都，又升遷太子賓客。會昌年間，加銜檢校禮部尚書，後來去世了。先生依仗自己的才華，性格十分放任，心緒未能平靜，年歲漸漸老了，困頓而落落寡和，就在寫文章中尋求自已的快樂。他擅長寫詩，精美絕倫，和白居易之間的互相酬唱不少，曾被白居易推為「詩豪」，說：「劉先生的詩啊，到處都有神靈保佑著。」

劉禹錫有文集四十卷，流傳至今。

【研析】劉禹錫在政治上的遭遇與柳宗元相同，文學上的聲譽也頗為相似，卻因為壽命長的緣故，在詩歌寫作上的成就超越了柳宗元，與後來的白居易一起，成為當時詩壇上的領袖人物。劉禹錫的作品中，有一種〈竹枝辭〉的形式頗引人注目，這是直接吸收了民歌的體裁而作，對後人有很大的影響。他寫的行旅、懷古、詠史詩也十分精彩，寄慷慨之情於往事的回顧之中，論才論情，他都要高於同時代的詩人們。

孟郊

郊，字東野，洛陽人。初隱嵩少，稱處士。性介，不諧合，韓愈一見為忘形交❶，與唱和於詩酒間。貞元十二年李程榜進士，時年五十矣。調溧陽❷尉。縣有投金瀨❸、平陵城❹，林薄❺蓊❻蘙❼，下有積水。郊間往坐水傍，命酒❽揮❾琴，裴回賦詩終日，而曹務❿多廢。縣令白⓫府，以假尉⓬代之，分其半俸，辭官家居。李翱⓭分司洛中⓮，日與談宴，薦於興元⓯節度使鄭餘慶⓰。遂奏為參謀，試大理評事，卒。餘慶給錢數萬營⓱葬，仍贍其妻子者累年。張籍謚為貞曜先生，門人遠赴心喪⑱。

郊拙於生事⑲，一貧徹骨，裘褐⑳懸結，未嘗俯眉為可憐之色，然好義㉑者更㉒遺之。工詩，大有理致㉓，韓吏部極稱之。多傷不遇，年邁家空，思苦奇澀，讀之每令人不歡，如「借車載家具，家具少於車。」如〈謝炭〉云「吹霞弄日光不定，暖得曲身成直身。」如「愁人獨有夜燭見，一紙鄉書淚滴穿。」如〈下第〉云「棄置復棄置，情如刀劍傷。」之類，皆哀怨清切，窮入冥搜。

其初登第，吟曰：「昔日齷齪不足嗟，今朝曠蕩恩無涯。春風得意馬蹄疾，一日看盡長安花。」當時議者，亦見其氣度窘促，卒㉔漂淪薄宦，詩讖信有之矣。天㉕實為之，謂之何哉！

李觀㉖論其詩，曰「高處在古無上，平處下顧二謝」云。時陸長源㉗工詩，相與來往，篇什稍多，亦佳作也。

有《咸池集》十卷，行於世。

【注釋】❶忘形交 相處不拘形跡的知心朋友。❷溧陽 唐代治所在今江蘇溧陽西北。❸瀨 水流石間形成的湍急處。❹平陵城 東晉所置縣城舊址。❺林薄 草木叢雜處。❻蓊 植物繁盛狀。❼翳 遮蔽。❽命酒 命人置酒，亦指飲酒。❾揮 彈奏古琴。❿曹務 官署事務。⓫白 稟報。⓬假尉 代行縣尉職事的人。⓭李翺 憲宗元和年間曾任國子博士、史館修撰等職，官終山南東道節度使。⓮洛中 洛陽。⓯興元 唐代府名，治所在南鄭，今陝西漢中東，亦為山南西道治所。⓰鄭餘慶 先後在德宗和憲宗兩朝任相，歷任河南尹、興元節度使等職。⓱營 辦理。⓲心喪 古代弟子為老師服喪不必穿喪服，稱心喪。⓳生事 生計。⓴裘褐 衣服。㉑好義 善良而富有同情心。㉒更 連續；交替。㉓理致 思想情趣。㉔卒 最終。㉕天 命運。㉖李觀 貞元八年（西元七九二年）進士，授校書郎，文章名重一時。㉗陸長源 貞元十二年（西元七九六年）任宣武軍行軍司馬。

【語譯】孟郊，字東野，洛陽人。早些年，他隱居在嵩山少室峰，自稱處士。孟郊生性耿介，不容易與人親和，韓愈與他一見面，兩人卻成了忘形交，飲酒作詩，互相唱和。貞元十二年，與狀元李程同榜進士及第，那年他已經五十歲了。

孟郊被授官溧陽縣尉，縣裡有投金瀨、平陵城等名勝，草木繁盛，林蔭蔽日，下面有水潭，孟郊時常上那兒去，坐在水邊，飲酒彈琴，終日徘徊賦詩，官署的許多事務都被耽誤了。縣令稟告府州長官，派了個人來代理他的職務，分去了他一半的俸祿，孟郊於是辭職回到了家裡。李翺分司東都洛陽，每天邀請孟郊一起飲酒聊天，孟郊被推薦給興元節度使鄭餘慶。

於是，經表奏朝廷他擔任了參謀的職務，又試大理評事，後來便去世了。鄭餘慶給了數萬錢來辦理孟郊的後事，還繼續贍養孟郊的妻子兒女達數年之久。張籍諡孟郊為貞曜先生，孟郊的門生還從遠處趕來為他服喪。

孟郊不善於料理生計，經濟上一貧如洗，衣服襤褸，但他從不低三下四作出可憐的樣子，然而，善良有同情心的人相繼饋贈錢物給他。孟郊擅長寫詩，詩中富有意趣，韓愈極為稱道他的作品。他的詩多半為自己的不遇而感傷，上了年紀，家室空空，思緒苦澀晦暗，讀了之後，常使人覺得很不舒暢，比如，「借車載家具，家具少於車。」又如〈謝炭〉詩中說的「吹霞弄日光不定，暖得曲身成正身。」如「愁人獨有夜燭見，一紙鄉書淚滴穿。」如〈下第〉詩中說的「棄置復棄置，情如刀劍傷。」之類，都是哀怨清切，搜字索句，極盡其能。

孟郊當初進士及第的時候，在詩中吟詠道：「昔日齷齪不足嗟，今朝曠蕩恩無涯。春風得意馬蹄疾，一日看盡長安花。」當時議論他的人認為由此可見孟郊氣度太狹小，最後孟郊飄泊流落於卑微的官職，所謂詩讖的說法，大概真是有的吧。天實為之，謂之何哉！

李觀評論他的詩說：「高雅的地方超過了古人，平實之處亦可俯視二謝。」與孟郊同時的陸長源擅長作詩，彼此間有來往，作品較多，也是出色的詩篇。

孟郊著有《咸池集》十卷，流行於世。

【研析】蘇軾評論唐詩有「郊寒島瘦」之說，我們由「借車載家具，家具少於車」的詩句來看，詩人的貧寒境況大概確實如此。由於這個緣故，他的作品中關心民間疾苦的內容很多，而且寫得非常好，因為這是通過自身體會，而且發自內心的感情流露，沒有造作的痕跡。孟郊的〈遊子吟〉，雖非他的代表作，卻由於我們民族歷來強調忠孝的思想，以致千百年來流傳得家喻戶曉。

戴叔倫

叔倫，字幼公，潤州❶金壇❷人。師事蕭穎士❸為門生。賦性溫雅，善舉止，能清談。無賢不肖，相接盡心。工詩，貞元十六年陳權榜進士。嘗在租庸❹幕下數年，夕惕❺匪怠。吏部尚書劉公與祠部員外郎張繼書，博訪選材，日揖賓客，叔倫投刺❻，一見稱心，遂就薦。累遷撫州刺史。政擬龔、黃❼，民樂其治，圜扉❽寂然，鞫❾為茂草，詔書褒美，封譙郡❿男⓫，加金紫⓬。後遷容管經略使，威名益振，治亦清明，仁恕多方，所至稱最。德宗賦〈中和節⓭詩〉，遣使者寵賜，世以為榮。還，上表請為道士，未幾卒。

叔倫初以淮、汴寇亂，魚肉⓮江上，攜親族避地來鄱陽。肄業⓯勤苦，志樂清虛，閉門卻掃⓰，與處士張眾甫、朱放素厚，范、張⓱之期，曾不虛月。詩興悠遠，每⓲作驚人。有《述稿》十卷，今傳於世。

【注釋】❶潤州　州名，治所為丹徒，今江蘇鎮江。❷金壇　潤州屬縣，今江蘇金壇。❸蕭穎士　安史之亂時任山南節度使掌書記，詩文名重一時。❹租庸　租庸使，常以宰相主管其事。❺夕惕　夜間戒懼反省，形容供職小心盡責。❻刺　名片。❼龔黃　漢代循吏龔遂、黃霸。❽圜扉　監獄。❾鞫　審問定罪，代指審訊犯人的場所。❿譙郡　亳州治所，今安徽亳縣。⓫男　五等爵位中的第五等級。⓬金紫　金魚袋和紫衣，皆為官員在達到一定品級後方可享用的服飾待遇。⓭中和節　德宗貞元年間規定以每年二月一日為中和節。⓮魚肉　肆虐。⓯肄業　修習學業。⓰卻掃　閉門灑掃，意為謝客。⓱范張　東漢范式和張劭，兩人關係友善，重義守信。⓲每　常。

【語譯】戴叔倫，字幼公，潤州金壇人。他拜蕭穎士為老師，入其門下學習。戴叔倫性格溫和文雅，舉止大方得體，言談議論十分清雅。無論賢才與否，他在交往中都能真心相待。戴叔倫擅長作詩，貞元十六年，他與狀元陳權同榜進士及第。

戴叔倫曾在租庸使手下做了好幾年的事，盡責盡心，不敢有半點懈怠。吏部尚書劉公在寫給祠部員外郎張繼的信中說，他廣泛地選擇人才，每天都有客人來拜訪他，戴叔倫遞上自己的名片來求見，見了面後，覺得非常合自己的心意，於是，就向朝廷推薦了他。戴叔倫經過幾次升遷，後來當了撫州刺史，他的政績可以和歷史上著名的良吏龔遂、黃霸二人相比，百姓非常滿意他的治理，監獄裡靜悄悄的沒關什麼犯人，審訊犯人的地方還長起了高高的野草。皇帝下令褒獎戴叔倫的政績，賜予他譙郡男爵的封號，又特別允許他穿戴金魚袋和紫衣。後來，戴叔倫升遷容管經略使，威名更高，地方上的治理也更加清明了，在很多方面都體現出了他的仁愛和忠恕之心，每到一地，聽到民眾對他的評價都是最高的。德宗賦了一首〈中和節詩〉，派使者專程賜詩給戴叔倫，以顯示對他的寵愛，天下人都將此看作非常榮耀的事情。戴叔倫還朝以後，上表請求允許他出家為道士，沒過多久，他就去世了。

戴叔倫早先因為淮南、汴京一帶叛軍和土匪作亂，在長江下游一帶肆虐橫行，就帶領親族來到鄱陽避亂。他刻苦修習學業，志在追求清靜淡泊的生活，閉門謝客，和處士張眾甫、朱放關係一直十分密切，類似東漢范式、張劭一樣的高尚而親密的約會，他們之間每個月都有。戴叔倫的詩興味悠遠，常有令人驚嘆的優秀之作。他有《述稿》十卷，今天還流傳在世。

【研　析】戴叔倫寫的詩十分清麗，感情尤其真摯動人。說到這裡，文學史上還有關於他的一聯「一聲將盡夜，萬里未歸人」詩句的公案。這首描寫旅人之苦的五言詩，因這十個字而將除夕之夜滯留不歸的愁苦表現得淋漓盡致，遂成為唐詩中的名篇。然而，有人卻說他是移用了梁武帝「一年漏將盡，萬里人未歸」而不以為然。那麼，這究竟算不算得上「竊詩」呢？

張仲素

仲素，字繪之。貞元十四年李隨榜進士，與李翺、呂溫同年。以中朝❶無援不調，潛耀久之。復中博學宏詞，始任武康軍從事。貞元二十年，遷司勳員外郎，除翰林學士。時憲宗求盧綸詩文遺草❷，敕仲素編集進之。後拜中書舍人。

仲素能屬文，法度嚴確❸。魏文帝有云：「文以意為主，以氣為輔，以詞為衛。」此言得之矣。其每詞未達而意先備也。善詩，多警句。尤精樂府，往往和在宮商，古人有未能慮及者。

集一卷，及《賦樞》三卷，今傳。

【注釋】❶中朝　朝中。❷遺草　遺留的文稿。❸嚴確　嚴整確切。

【語譯】張仲素，字繪之。貞元十四年與狀元李隨同榜進士及第，和李翺、呂溫同一年。因為朝中沒人幫忙，未得授官，以致他的才能一直沒有機會顯露出來。後又考中制舉博學宏詞科，才首次謀到了一個武康軍幕府下文職佐吏的差事。貞元二十年，升任司勳員外郎，被任命翰林學士。當時，憲宗要搜集盧綸留下的詩文遺稿，命令張仲素將它們編成文集進呈上去。後來，他又被授以中書舍人。

張仲素善於寫文章，法度嚴整確切。魏文帝說過：「文章以意為主，以氣為輔，以詞為衛。」這話講到根本的道理上了。張仲素的文章往往文詞還沒有完全鋪陳開，意向就已經具備了。張仲素擅長寫詩，有很多精鍊扼要又含義深刻的句子。他的樂府詩寫得尤其精美，往往在音樂上有一種十分和諧的效果，古人也未必有他考慮得那麼周密。

張仲素有文集一卷，和《賦樞》一卷，今天還在流傳。

呂溫

溫，字和叔，河中人。初從陸贄❶治《春秋》，梁肅為文章。貞元十四年李隨榜及第，中宏詞。與王叔文厚善，驟遷左拾遺，除侍御史。使吐蕃❷，留不得遣彌年。溫在絕域❸，常自悲惋。元和元年還，進戶部員外郎。與竇群、羊士諤相愛。群為中丞，薦溫為御史，宰相李吉甫持❹久不報❺。會吉甫病，夜召術士❻，群等因奏之，事見〈群〉傳。上怒，貶筠州❼，再貶道州❽刺史，詔徙衡州❾，卒官所。

溫藻翰精贍，一時流輩咸推尚。性險躁❿，譎怪⓫而好利。今有集十卷，行於世。

【注 釋】❶陸贄 疑係陸質之誤，按陸質字伯沖，師事趙匡、啖助，以傳二人《春秋》之學名家。❷吐蕃 唐代藏族所建立的地方政權。❸絕域 極遠的地域。❹持 擱置。❺報 回答；批覆。❻術士 從事巫祝占卜的人。❼筠州 治所在高安，今江西高安。一說「筠」係「均」之誤。❽道州 治所在弘道，今湖南道縣。❾衡州 治所在衡陽，今湖南衡陽。❿險躁 輕薄浮躁。⓫譎怪 詭詐。

【語 譯】呂溫，字和叔，河中人。早些年，他曾跟著陸贄研習《春秋》，隨梁肅學習寫文章。貞元十四年，呂溫與狀元李隨同榜進士及第，又考中了制舉博學宏詞科。他與王叔文關係交情深厚，一下子就升遷為左拾遺，授官侍御史。呂溫代表朝廷出使吐蕃，被困在那兒未得及時返歸長達一年之久。在遼遠的地方，呂溫常因此而悲傷惋恨。元和元年，他回到了朝廷，升任戶部員外郎，與竇群、羊士諤相處親密，竇群擔任御史中丞時，推薦呂溫為御史，宰相李吉甫將報告擱置起來，很長時間都沒給批覆。當時正好李吉甫得了病，夜裡召來術士卜問吉凶，竇群等人便將此事奏稟皇帝，有關此事的經過見於〈竇群〉傳。皇帝為此大怒，將呂溫貶謫到筠州，再貶為道州刺史。後來，下令遷徙到衡州，去世於衡州任職之所。

呂溫文詞精美富贍，與他同時的文人都很推崇他。他生性輕薄浮躁，詭詐而又貪戀。現在，他的文集十卷還流行於世。

張籍

籍，字文昌，和州❶烏江❷人也。貞元十五年封孟紳榜及第。授祕書郎，歷太祝❸，除水部員外郎。初至長安，謁韓愈，一會如平生歡❹。才名相許❺，論心結契❻。愈力薦為國子博士。然性狷直❼，多所責諷於愈，愈亦不忌之。時朝野名士皆與遊，如王建、賈島、于鵠、孟郊諸公集中，多所贈答，情愛深厚。皆別家千里，遊宦四方，瘦馬羸童，青衫烏帽，故每邂逅於風塵❽，必多殷勤之思，銜杯❾命素❿，又況於同志者乎。聲調相似，況味頗同。公於樂府古風，與王司馬⓫自成機軸⓬，絕世獨立。自李、杜之後，〈風〉、〈雅〉⓭道喪，至元和中，暨元、白歌詩，為海內宗匠，謂之「元和體」，病格稍振，無愧洪⓮河砥柱也。樂天贈詩曰：「張公何為者？業文三十春。尤工樂府詞，舉代少其倫⓯。」仕終國子司業⓰。有集七卷，傳於世。

【注釋】❶和州　治所在歷陽，今安徽和縣。❷烏江　今和縣烏江鎮。❸太祝　太常寺屬官，掌禮樂郊廟社稷等事務。❹平生歡　素來交好。❺相許　讚許。❻結契　結交。❼狷直　耿直；固執。❽風塵　旅途艱辛。

⑨銜杯 飲酒。⑩命素 展紙寫字作詩。⑪王司馬 王建。⑫機軸 樞要之位。⑬風雅 詩歌。⑭洪 大。⑮倫 相並。⑯國子司業 國子監屬官。

【語　譯】張籍，字文昌，和州烏江人。貞元十五年，與狀元封孟紳同榜進士及第。授官祕書郎，又做過太祝、水部員外郎。張籍初到長安時，前去拜訪韓愈，雖是初次會面，見了面卻像交往很久的老朋友。韓愈讚許張籍的才名，推心置腹地交談以後，便結下了交情。韓愈極力推薦張籍為國子博士，可是張籍生性耿直，對韓愈常有責備諷刺，韓愈也不在意這些。當時在朝任職或者不做官的一些名士都與張籍有來往，如王建、賈島、于鵠、孟郊等人的文集中，有不少與張籍贈答相酬的詩，從中可以看到他們之間的感情非常深厚。彼此都是離別千里之外的故鄉，四處遊宦，騎著瘦馬，後面跟著羸弱的僮僕，穿著青衫，戴著黑帽子，所以，每當在旅途奔波中不期而遇的時候，必定充滿了親切的情意，舉杯飲酒，展紙寫詩，何況又是志同道合的朋友呢。詩的格調情趣相似，各自的境況和情味也差不多。先生的樂府和古風詩，與王建司馬在構思、風格上自成一體，冠蓋一世。自從李白、杜甫之後，詩歌之道漸漸頹喪，到了元和年間，張籍與元稹、白居易的詩，成了天下詩人追隨的大師，稱為「元和體」，詩壇的風氣，也慢慢地有了點振興的氣象，不愧是洶湧大河中挺立的中流砥柱啊。白樂天在送給張籍的一首詩中說道：「張公何為者？業文三十春。尤工樂府詞，舉代少其倫。」

張籍最後擔任的官職為國子司業。他有文集七卷，流傳於世。

【研　析】張籍得韓愈的賞識而大力引薦，步入詩壇後，得享大名，尤其以樂府詩見長，一些小詩也寫得十分美麗動人。一首〈節婦吟〉，以「恨不相逢未嫁時」為人熟知，是詩人用以委婉推卻淄青節度使李師道之邀，並非情人間的纏綿之意。令人啼笑皆非的是，這樣一種借喻，卻引起了後世道學先生幾百年間的一番爭論不休，今天看來，真有點令人費解。

雍裕之

裕之，蜀❶人。有詩名。貞元後數舉進士不第，飄蓬四方。為樂府，極有情致❷。集一卷，今傳。

【注釋】❶蜀 四川地區的別稱。❷情致 意趣風致。

【語譯】雍裕之，蜀人。有詩名。貞元年後，幾次參加貢舉考試，未能及第，後來，就過著行止無定所的生活。雍裕之寫的樂府詩，非常有意趣風致。他有文集一卷，流傳到了今天。

權德輿

德輿，字載之，秦州❶人。未冠，以文章稱諸儒間。韓洄❷黜陟❸河南，辟置幕府。復從江西觀察使李兼府為判官。德宗聞其材，召為太常博士，改左補闕，中間累上書直言，遷起居舍人。貞元十五年知制誥，進中書舍人。憲宗初，歷兵部侍郎、太子賓客。以陳說謀略多中，元和五年自太常卿拜禮部尚書、同中書門下平章事。

德輿善辯論，開陳❹古今，覺悟❺人主。為輔相，尚寬，不甚察察❻。封扶風郡公。德輿能賦詩，工古調樂府，極多情致。積思❼經術❽，無不貫綜❾，手不釋卷。雖動止無外飾，其醞藉❿風流，自然⓫可慕。貞元、元和間，為薦紳⓬羽儀⓭。

有文集，今傳，楊嗣復⓮為序。

【注釋】❶秦州 治所在成紀，今秦安北。❷韓洄 代宗時官至知制誥，遭貶，後德宗時起為淮南黜陟使。❸黜陟 黜陟使，掌管觀民俗、問疾苦之事。❹開陳 陳述。❺覺悟 啟發。❻察察 苛察細節。❼積思 深入研究。❽經術 經學，即研究儒家經典的學說。❾貫綜 融會貫通。❿醞藉 寬和有涵容。⓫自然 毫不矯柔造作。⓬薦紳 縉紳。⓭羽儀 羽飾，喻表率。⓮楊嗣復 權德輿主持貢舉時的貢舉門生，唐文宗時拜相。

【語譯】權德輿，字載之，秦州人。權德輿還未到二十歲時，便以擅長寫文章而在讀書人中間著稱。韓洄在河南擔任黜陟使時，邀請他入自己的幕府，後又應邀入江西觀察使李兼的幕府，擔任判官。德宗聽說了他的才名，召他入朝，為太常博士，改官左補闕。權德輿任職期間，幾度上書直陳對政事的看法，升遷起居舍人。貞元十五年，他任知制誥，升中書舍人。憲宗即位不久，相繼擔任了兵部侍郎、太子賓客。因為權德輿奏上的計謀和方略大多比較合理，元和五年，他從太常卿被授以禮部尚書、同中書門下平章事。

權德輿言談十分雄辯，陳述古往今來歷史，啟迪皇上。他擔任宰輔要職，主張政治上寬鬆治理，沒有必要在細小的地方上管得太緊。受封扶風郡公。權德輿善於賦詩，尤其擅長古調樂府詩，情趣豐富。他對儒家經學有深入的研究，經義皆能融會貫通，手不釋卷。權德輿雖然不對自己的舉止加以修飾，但因為他寬和而有涵容，風流瀟灑，自然大方而令人仰慕。貞元、元和年間，他的風範成為縉紳們的表率。

權德輿有文集流傳至今，由楊嗣復為他作的序。

長孫佐輔

佐輔，朔方❶人。舉進士下第，放懷不羈。弟公輔，貞元間為吉州刺史，遂往依焉。後卒不宦，隱居以求志。然風流醞藉，一代名儒。

詩格詞情，繁縟❷不雜，卓然有英邁之氣。每見其擬古、樂府數篇，極怨慕傷感之心，如水中月，如鏡中相，言可盡而理無窮也。集今傳。

【注釋】❶朔方 唐方鎮名，治所在靈州，今寧夏靈武。❷繁縟 繁富。

【語譯】長孫佐輔，朔方人。參加進士考試落第後，放任襟懷，不受約束。他的弟弟長孫公輔，貞元年間任吉州刺史，於是，便前往依靠他。長孫佐輔最終也沒有做官，而是過著隱居生活，以實現自己對生活的追求。但是，他風流瀟灑，且寬和而有涵容，不失為一代名儒。

長孫佐輔的詩作，就格調和情趣來說，繁複多彩卻並不雜亂，挺露著一種見識和才智十分出眾的氣質。常見他摹擬古樂府的幾首詩中，極盡怨恨和傷感的心情，就像水中之月，譬如鏡中之相，言語似乎可盡，而其間蘊含的理趣則咀嚼無窮也。長孫佐輔的文集今天仍在流傳。

楊衡

衡，字中師，雲❶人。天寶間避地西來，與符載❷、李群、李渤❸同隱廬山，結草堂於五老峰下，號「山中四友」，日以琴酒寓意，雲月遣懷。衡詩工，苦於聲韻奇拔，非常格❹敢窺其涯涘。嘗吟罷，自賞其作，抵掌❺大笑，長謠曰：「一一鶴聲飛上天！」謂其響徹如此，人亦嘆服。試大理評事。往來多山僧道士，為方外之期。詩一卷，今傳於世。

【注　釋】❶霅　霅溪，吳興的別稱，因境內霅溪得名，唐代吳興郡治所為烏程，今浙江吳興。❷符載　蜀人，初隱廬山，後入朝任協律郎、監察御史。❸李渤　李涉之弟，號白鹿先生，傳見本卷〈李涉〉篇。❹常格　尋常的格律，喻一般的詩人。❺抵掌　拍著手掌。

【語　譯】楊衡，字中師，霅人。天寶年間為了躲避戰亂而西遷，與符載、李群、李渤一起隱居在廬山，在五老峰下建起了草堂，號稱「山中四友」。他們每天飲酒彈琴，寄託自己的心意，觀賞雲月，排遣情懷。楊衡擅長作詩，為了求得聲韻上奇特超群的效果，勤苦努力，一般的詩人連他的邊際都不敢窺視。常常在吟詩成篇後，自我欣賞一番新作，拍著手掌大笑，拖長調子唱道：「一一鶴聲飛上天！」意思是說自己的作品就像鶴鳴般響亮，旁人也由衷地佩服他。他曾試官大理評事。和楊衡來往的多半是山裡的僧人和道士，他們有著種種方外的約會。楊衡有詩一卷，至今流傳於世。

【研　析】關於這句「一一鶴聲飛上天」，還有一個笑話。據說常有人暗中竊楊衡的一些佳句為己有，移入自己的作品中加以炫耀，說起來，也是一種雅賊的行為吧。有一次，楊衡正好遇到一位經常竊他詩句的仁兄，心中十分氣憤，不禁上前論理，核實下來，並非誤傳，正待追究，忽然想到這句「一一鶴聲飛上天」，厲聲問道：「這句詩偷了沒有？」對方連連作揖道：「我知道先生鍾愛此句，不敢偷，不敢偷。」楊衡一聽，心中不禁有了幾分得意，揮手說道：「那還差不多。」竟然也就不再追究下去了。

卷六

白居易

居易，字樂天，太原❶下邽❷人。弱冠名未振，觀光上國❸，謁顧況。況，吳人，恃才少所推可，因謔之曰：「長安百物皆貴，居大不易！」及覽詩卷，至「離離原上草，一歲一枯榮，野火燒不盡，春風吹又生。」乃嘆曰：「有句如此，居天下亦不難。老夫前言戲之爾。」

貞元十六年，中書舍人高郢❹下進士、拔萃皆中，補校書郎。元和元年，作樂府及詩百餘篇，規諷❺時事，流聞禁中，上悅之，召拜翰林學士，歷左拾遺。時盜❻殺宰相，京師洶洶❼，居易首上疏，請亟捕賊。

權臣有嫌其出位⑧，怒，俄有言居易母墮井死，而賦〈新井篇〉，言既浮華，行不可用，貶江州⑨司馬。初以勳庸⑩暴露不宜，實無他腸⑪，怫怒⑫奸黨，遂失志。亦能順所遇，託浮屠死生說，忘形骸⑬者。久之，轉中書舍人、知制誥。河朔亂，兵出無功，又言事不見聽，乞外，除為杭州刺史。文宗立，召遷刑部侍郎。會昌初，致仕，卒。

居易累以忠鯁⑭遭擯，乃放縱詩酒。既復用，又皆幼君，仕情頓爾⑮索寞⑯。卜居履道里⑰，與香山僧如滿等結淨社，疏沼種樹，構石樓，鑿八節灘⑱，為遊賞之樂，茶鐺⑲酒杓不相離。嘗科頭⑳箕踞㉑，談禪詠古，晏如㉒也。自號「醉吟先生」，作傳。酷好佛，亦經月不葷，稱「香山居士」。與胡杲、吉皎、鄭據、劉真、盧貞、張渾、如滿、李元爽燕集，皆高年不仕，日相招致，時人慕之，繪〈九老圖〉。

公詩以六義㉓為主，不尚艱難。每成篇，必令其家老嫗讀之，問解則錄。後人評白詩如山東父老課㉔農桑，言言皆實者也。雞林國㉕行賈㉖

售於其國相，率篇百金，偽者即能辨之。與元稹極善膠漆，音韻㉗亦同，天下曰「元白」。元卒，與劉賓客㉘齊名，曰「劉白」云。公好神仙，自製飛雲履，焚香振足，如撥烟霧，冉冉生雲。初來九江，居廬阜㉙峰下，作草堂燒丹，今尚存。有《白氏長慶集》七十五卷，及所撰古今事實為《六帖》，及述作詩格法，欲自除其病，名《白氏金針集》三卷，並行於世。

【注釋】❶太原　府名，治所在太原，今山西太原。❷下邽　唐代縣名，治所在今陝西渭南東北。❸上國　京都。❹高郢　德宗朝任中書舍人、禮部侍郎，貞元十九年（西元八〇三年）拜相，曾三次知貢舉。❺諷　用委婉的語言勸告、指責。❻盜　指元和十年（西元八一五年）李師道派遣暗殺宰相武元衡的刺客。❼洶洶　情勢危急。❽出位　越職。❾江州　治所在潯陽，今江西九江。❿勳庸　功勞；功勳。⓫腸　心地。⓬怫怒　忿怒。⓭形骸　人的形體、軀殼。⓮忠鯁　忠貞；耿直。⓯頓爾　頓時。⓰索寞　沮喪。⓱履道里　位於洛陽長夏門之東。⓲八節灘　位於洛陽龍門南伊水邊。⓳茶鐺　溫茶的鍋。⓴科頭　頭髮挽結而不戴冠冕。㉑箕踞　伸直大腿，以手據膝坐在席子上。㉒晏如　晏然；安逸。㉓六義　《詩經》學名稱，即〈風〉、〈雅〉、〈頌〉、賦、比、興。㉔課　督責；考察。㉕雞林國　新羅，朝鮮古國名。㉖行賈　販運貨物的商人。㉗音韻　詩文的音節和韻律。㉘劉賓客　劉禹錫。㉙廬阜　廬山。

【語　譯】白居易，字樂天，太原下邽人。白居易二十歲時尚未成名，到京都觀光遊歷，前去拜謁顧況。顧況是江南人，仗著自己有才華，極少對別人表示讚許，因此對白居易開玩笑說：「長安什麼東西都貴，居住在這裡，是非常不易的呀。」等他展讀白居易呈上的詩卷，到「離離原上草，一歲一枯榮，野火燒不盡，春風吹又生。」時，不禁嘆息地說：「有這樣精彩的詩句，居住在天下任何地方都不會難，老夫前面說的不過是玩笑話罷了。」

貞元十六年，中書舍人高郢主持貢舉，白居易進士、拔萃兩門皆中，授官校書郎。元和元年，他寫了樂府和其他體裁的詩共一百多篇，規勸諷諭時事，流傳到了宮裡，皇帝看了十分高興，召他為翰林學士，後又任左拾遺。當時發生了一件刺客謀殺了宰相武元衡的非常事件，京師裡情勢緊急，白居易首先上書，請皇帝下令趕快捕捉兇手。秉政的大臣覺得白居易是在越職行事，非常不快，不久，就有人說白居易的母親是墮井而死的，而他卻還賦了一首題名〈新井篇〉的詩；他的言詞浮華，行為也不可取，於是，白居易被貶謫為江州司馬。早先，白居易是因為在皇上頒發功勳時，公開表示過自己認為某些人不宜的看法，確實沒有其他的考慮，卻觸怒了奸黨，於是，在仕途上不再得意。不過，他也能夠順應命運的安排，佛家的生死之說成了他的精神寄託，連自己的軀體也不那麼放在心上了。過了很久，白居易轉官中書舍人、知制誥。河朔一帶的方鎮發生叛亂，朝廷派出軍隊前往又未能奏效，白居易上書發表自己的見解也沒人重視，於是，他請求離開朝廷到杭州做刺史。文宗即位，召白居易回朝任刑部侍郎。會昌初年，白居易退休，後來就去世了。

白居易幾次因為忠貞直言而遭到冷落摒棄，於是，便將精力都放在飲酒賦詩這些事情上來了。

後來他雖然重新得到起用，遇到的卻又都是年齡幼小的皇帝，本來希望在仕途上能夠進取發展，頓時變得沮喪了。白居易定居在洛陽履道里，和香山的和尚如滿等人組織了一個淨社，疏通池沼，種植樹木，構築石樓，還開鑿了伊水河灘，作為大家一起遊玩觀賞的樂趣所在，成天與茶鐺酒杓為伴。白居易時常隨意挽著頭髮，不戴冠冕，叉著雙腿，非常放鬆地坐在席子上，談論禪道，吟詠古詩，十分安詳愜意的樣子。他自號為「醉吟先生」，還撰寫了一篇〈醉吟先生傳〉。白居易酷嗜佛家學說，亦曾經整月不吃葷腥，自稱「香山居士」。他與胡杲、吉皎、鄭據、劉真、盧貞、張渾、如滿、李文爽等相聚在一起宴飲，都是一些上了年紀而又沒有擔任官職的人，彼此間天天相約會面，使得當時的人都十分羨慕他們，還為此繪製了一幅〈九老圖〉。

先生的詩以《詩經》學的「六義」為主，不追求晦澀艱深，每當一篇詩寫罷，必定要家裡的老婦人把詩讀一遍，問她確實能夠理解了以後，才正式抄錄成篇。後人評論白居易的詩就像山東父老督責農桑事務，每一句都是要實實在在的。雞林國的商人把白居易的詩帶回去賣給他們的宰相，每一篇都能賣到一百金，如果其中有假冒的詩，他們的宰相也立即能夠辨識出來。

白居易與元稹的關係極其密切，兩人如膠似漆，連寫詩的音節、韻律都十分相像，天下人稱他倆為「元白」。元稹去世後，人們又將白居易和劉禹錫相提並論，稱作「劉白」。白居易對神仙之說很有興趣，自製了一種飛雲履，點燃香，踩著腳，彷彿人就在撥動煙霧，一點一點升起來了。他初到九江的時候，居住在廬山下，建起草堂，煉製仙丹，遺址今天還保留在那兒。

白居易有《白氏長慶集》七十五卷，以及他編撰的古今典故，名為《六帖》；他還有敘述作詩的格律法度，希望能去除自己詩歌中的毛病，題名為《白氏金針集》三卷，都流傳於世。

【研析】白居易是倡導新樂府詩的代表詩人，作品尤其以諷諭見長，寫詩力求通俗易懂，語句明白淺顯，用今天的話來說，不但要求能反映現實的社會生活，還要走大眾化的道路。所以，當時的士大夫們批評他的詩太俗，今天看來，則有著十分積極的意義，像〈賣炭翁〉等作品，顯然是繼承了杜甫的現實主義傳統。其實，白居易流傳後世的作品是〈長恨歌〉、〈琵琶行〉等感傷詩，這些詩感情真摯，充分顯示了他的文學才能，元人改編的雜劇《梧桐淚》、《青衫淚》，和清代著名劇作家洪昇的《長生殿》，都是取這首詩的內容改編而成的。

元稹

稹，字微之，河南人。九歲工屬文，十五擢明經❶，書判❷入等，補校書郎。元和初，對策❸第一，拜左拾遺。數上書言利害，當路❹惡之，出為河南尉。後拜監察御史，按獄東川❺。還次敷水驛❻，中人仇士良❼夜至，稹不讓邸❽，仇怒，擊稹敗面。宰相以稹年少輕威，失憲臣❾體，貶江陵士曹參軍，李絳❿等論其枉。元和末，召拜膳部⓫員外郎。

稹詩變體，往往宮中樂色⓬皆誦之，呼為才子。然綴屬⓭雖廣，樂府專其警策⑭也。初在江陵，與監軍崔潭峻善。長慶中，崔進其歌詩數十百篇，帝大悅，問今安在，曰：「為南宮⑮散郎。」擢祠部郎中、知制誥，俄遷中書舍人、翰林承旨⑯，後拜同中書門下平章事。初以瑕釁⑰，舉動浮薄，朝野雜笑，未幾罷。然素無檢，望輕，不為公議所右⑱，除武昌節度使，卒。

在越時，辟竇鞏。鞏工詩，日酬和，故鏡湖、秦望⑲之奇益傳，時號「蘭亭⑳絕唱」。微之與白樂天最密，雖骨肉未至，愛慕之情，可欺㉑金石，千里神交，若合符契，唱和之多，無逾二公者。有《元氏長慶集》一百卷及《小集》十卷，今傳。

夫松柏飽風霜，而後勝梁棟之任；人必勞餓空乏，而後無充詘㉒之態。譽早必氣銳㉓，氣銳則志驕，志驕則斂怨㉔。先達者未足喜，晚成者或可賀，況慶弔㉕相望於門閭㉖，不可測哉。人評元詩如李龜年㉗說天寶遺事，貌悴而神不傷。況尤物㉘移人，移㉙俗遷性，足見其舉止斐㉚薄豐茸㉛，仍且不容勝己，至登庸㉜成忝㉝，貽笑於多士，其來尚㉞矣。不矜細行，終累大德。豈不聞言行君子之樞機㉟，榮辱之主耶。古人不恥能治而無位，恥有位而不能治也。

【注釋】❶明經　通過經義考試取得與進士相類的一種科名。❷書判　唐代以書法和文理為標準的一種選人方法。❸對策　制舉考試時，以政事和經義內容設問讓應考者對答的一種考試形式。❹當路　秉持政要的人。❺東川　唐代方鎮名，治所在梓州，今四川三臺。❻敷水驛　位於今陝西華陰西。❼仇士良　中唐時期宦官，在朝二十餘年，權勢灼人，前後共除殺二王、一妃、四宰相。❽邸　居屋。❾憲臣　御史的別稱。❿李絳　憲宗時歷翰林學士、知制誥，後來還擔任了同中書門下平章事。⓫膳部　尚書省禮部四司之一，掌牲豆、酒膳、祭祀供品等。⓬樂色　樂工。⓭綴屬　寫作；撰述。⓮警策　精妙而含義深切動人的句子。⓯南宮　尚書省別稱。⓰承旨　翰林院屬官，位在大學士上，凡重要誥命、重大決策皆由其與皇帝商討決定。⓱瑕釁　過失。⓲右　幫助；袒護。⓳秦望　秦望山，在今浙江杭州南。⓴蘭亭　故址位於今浙江紹興，因東晉著名書法家王羲之與朋友在此集會，曲水流觴，臨水賦詩，並撰有〈蘭亭集序〉而名稱天下。㉑欺　超過。㉒充詘　自滿而失去節制。㉓銳　心氣旺盛。㉔斂怨　招致怨恨。㉕弔　對喪事或災禍表示慰問。㉖門閭　家門。㉗李龜年　唐代著名樂師，開元年間供職於梨園，安史之亂後流落江南，不知所終。㉘尤物　珍貴難得的東西。㉙移　改變。㉚斐　狂放。㉛茸　猥瑣。㉜登庸　舉用；被選用。㉝忝　羞辱；有愧於。㉞尚　久。㉟樞機　事物的關鍵。

【語譯】元稹，字微之，河南人。元稹九歲的時候就寫得一手很好的文章，十五歲明經及第，又考取書判拔萃資格，被授官校書郎。元和初年，參加制舉考試，獲得對策第一名的優異成績，授官左拾遺。元稹幾次上書，議論政治上的利弊得失，執政者對此非常反感，讓他出朝擔任河南尉。後來，元稹回朝做了監察御史，有一次，他到東川處理案件，返回的途中，住在敷水驛。晚上，大宦官仇士良也來到這個驛站，因為元稹不肯把自己的住房讓出來，激怒了仇士良，他動手把元稹的臉都打壞了。宰相認為元稹年紀太輕，遇事過於逞顯自己的威風，有失御史的體面，將他貶謫為江陵士曹參軍。當時，李絳等人上書，認為元稹是冤枉的。元和末年，元稹又被召回朝，任膳部員外郎。

元稹的詩一改唐代詩歌傳統的體裁，宮中的樂工往往都唱誦他的作品，稱他為才子。元稹寫的詩範圍雖然很廣，最精緻巧妙而且深切動人的作品還屬樂府詩。當初在江陵的時候，他與監軍崔潭峻關係很好。長慶年間，崔潭峻將元稹的詩歌進呈給皇上，穆宗看了大為高興，問道：「此人現在在哪兒？」崔潭峻回答說：「元稹現在是尚書省的一個閒郎官。」於是，就提拔他為祠部郎中、知制誥。不久，升任中書舍人、翰林承旨，後來，又拜官同中書門下平章事。開始時，因為一些過失，舉動又輕浮淺薄，元稹就遭到了朝廷和民間一些人的嘲笑，所以，沒過多久，便罷免了他的宰相職務。因為元稹一向行為不加檢點，聲望不高，公眾的議論也沒怎麼幫他的忙，就被任命為武昌節度使，後來便去世了。

元稹在江南浙江一帶的時候，徵召竇鞏入幕。竇鞏擅長寫詩，兩人每天作詩唱和，因此，有關浙東鏡湖、秦望一帶的奇異山水風景益發為人所知，他們的有關詩作被稱作「蘭亭絕唱」。元稹與白居易的關係最為密切，即使是親生同胞兄弟的感情也比不上他們。彼此之間的敬愛傾慕之情，超過了黃金美玉這些有形的價值，哪怕遠在千里之外，都能神情相通，像符契一樣分毫不差。他們兩人之間的唱和詩作之多，是誰都比不上的。元稹有《元氏長慶集》一百卷和《小集》十卷，流傳至今。

松柏飽經風霜之後，才能勝任棟樑的重任；人必定在經受了辛勞飢餓等磨難之後，才不會有那種自滿得意的神色。獲得別人的稱譽太早了，必定心氣旺盛，心氣旺盛就會志得意滿，志得意滿就容易招致別人的怨恨。早年顯達的人未必值得高興，大器晚成的人也許更值得祝賀，何況歡慶賀喜抑或弔喪慰問的人出現在家門口，誰都無法預料的呢。人們評論元稹的詩就像李龜年說天寶年間的舊事，相貌憔悴但神色不憂傷，況且珍奇的寶物能使人發生變化，奢侈的生活習俗會改變原有的秉性。由此完全可以想見元稹舉止行為狂放浮薄，猥瑣不振，卻容不得別人超過自己，以致他位居宰輔卻愧對相位，受到來自朝廷內外人士的恥笑，是由來已久的事啊。不拘細小處的品行，最後影響到了大節，難道沒有聽說過言語和舉止行為對一個君子而言是最為關鍵的事情，是取得榮耀抑或恥辱的主要因素啊。古人對於具有治理的才幹而未有機會獲得治理的地位是不以為恥的，羞恥的是佔據了治理天下的地位，而自己卻不具備治理的才能啊！

【研　析】元稹與白居易同為新樂府詩的倡導人，兩人在寫詩的風格、內容上也多有互相影響。元稹寫過一組描寫愛情的豔詩，他的名作〈會真詩〉寫的是自己與鶯鶯的一段相愛故事，這便是傳奇〈鶯鶯傳〉，亦即後來《西廂記》的藍本。在正統文人看來，難免要說他舉止輕浮了。

李紳

紳，字公垂，亳州人。元和元年武翊黃榜進士，與皇甫湜同年❶。補國子助教❷。穆宗召為翰林學士，累遷中書舍人。武宗即位，拜中書侍郎平章事。紳為人短小精悍，於詩特有名，號「短李」。與李德裕、元稹同時，稱「三俊」。集名《追昔遊》，多紀行❸之作。又《批答》一卷，皆傳。初為壽州❹刺史，有秀才郁渾，年甫弱冠，應百篇科❺，紳命題試之，未昏❻而就，警句佳意甚多，亦有集，今傳。

【注釋】❶同年　參加科舉考試同榜錄取者。❷國子助教　國子監屬官，位於博士之下。❸紀行　記述旅行見聞。❹壽州　治所壽春，今安徽壽縣。❺百篇科　唐代取士時所設科目，要求終場完成百篇詩作，以表現其才思敏捷。❻昏　黃昏。

【語譯】李紳，字公垂，亳州人。元和元年，與狀元武翊黃同榜進士及第，與皇甫湜為同年。授官國子助教。穆宗時召為翰林學士，幾次升遷，後來擔任了中書舍人。武宗即位後，命李紳為中書侍郎平章事。李紳的形貌長得短小精悍，在作詩上很有名聲，人稱「短李」。他和李德裕、元稹同時被稱作「三俊」。李紳的文集叫《追昔遊》，大多是記述自己旅行見聞的作品。另外還有《批答》一卷，都流傳於世。李紳早先在壽州做刺史時，有一位叫郁渾的秀才，年紀剛滿二十歲，參加百篇科考試，由李紳來出題考他。未到黃昏，郁渾就將一百篇詩寫出來了。其中，有很多言語精鍊，含義深刻的詩句，也不乏有一些好的詩境。郁渾也有自己的文集，流傳至今。

【研析】李紳不僅詩寫得好，為人亦足稱道，雖有「短李」之雅號，氣度卻十分寬宏。李紳與同時代的另一位詩人張又新既能盡釋舊隙，還能歡然如舊交，在廣陵時，更為張又新續起了與二十年前一位歌姬的舊緣，在當時的士人中間傳為美談。

鮑溶

溶，字德源，元和四年韋瓘榜第進士，在楊汝士❶一時。與李端公❷益❸少同袍❹，為爾汝交❺。初隱江南山中避地，家苦貧，勁氣不撓❻。羈旅四方，登臨懷昔，皆古今絕唱。過隴頭❼古天山❽大阪❾，泉水嗚咽，分流四下，賦詩曰：「隴頭水，千古不堪聞。生歸蘇屬國❿，死別李將軍⓫。細響風凋草，清哀雁入雲。」其警絕⓬大概如此。古詩樂府，可稱獨步。蓋其氣力宏贍，博識清度⓭，雅正高古，眾才無不備具云。卒飄蓬薄宦⓮，客死三川⓯。

有集五卷，今傳。

【注釋】❶楊汝士　唐文宗開成年間任東川節度使，後又出鎮西川，名重一時。❷端公　御史的別稱。❸益　李益，傳見本書卷四。❹同袍　關係友愛。❺爾汝交　友情深厚，彼此不拘形跡。❻擾　影響。❼隴頭　又稱隴首、隴山，位於今陝西隴縣，山脈延綿至四周數縣，為關中重鎮。❽天山　唐人泛稱伊州、西州，即今新疆吐魯番東南的大山。❾阪　山坡。❿蘇屬國　西漢蘇武，武帝時出使匈奴，被拘留十九年，回朝後拜官典屬國。⓫李將軍　西漢時著名武將李陵，武帝時出擊匈奴，戰敗後降敵。⓬警絕　警策絕倫。⓭清度　有識見。⓮薄宦　地位低下的官職。⓯三川　唐代對西南地區劍南東、劍南西和山南西三道的統稱，大致相當於今四川一帶。

【語　譯】鮑溶，字德源，元和四年與狀元韋瓘同榜進士及第，和楊汝士也是同一年。鮑溶與御史李益少年時關係就非常友愛，兩人稱得上是莫逆之交。早先，鮑溶為了避亂，隱居在江南一帶的山中，家境貧苦，剛強的性格卻一點都沒有受到影響。鮑溶曾到各地漫遊，每當登高望遠，追懷古人的時候，寫出的作品都可稱作千古絕唱。他經過隴頭古天山的大阪時，聽到泉水嗚咽流淌，奔瀉四下，賦詩說：「隴頭水，千古不堪聞。生歸蘇屬國，死別李將軍。細響風凋草，清哀雁入雲。」他的詩精鍊動人，極少有人可以匹敵，大致都是這樣的。鮑溶寫古風、樂府詩，可以說獨步天下。因為他氣勢宏大，經歷豐富，學識廣博，見解過人，所以，寫出來的詩雅正高古，正是眾多才能無所不備的緣故吧。最後鮑溶還是只擔任一些低微的官職，四處飄泊，後來去世在遠離故鄉的三川。

鮑溶有文集五卷，流傳至今。

張又新

又新，字孔昭，深州❶人也。初應宏詞第一，又為京兆解頭❷。元和九年禮部侍郎韋貫之下狀元及第，時號為「張三頭」。應辟為廣陵從事，歷補闕。

為性傾邪❸，諂事宰相李逢吉❹，為之鷹犬，名在「八關十六子❺」之目。逢吉領山南節度，表為司馬，坐田伾❻事貶官。李訓❼專政，又新復見用。後竟坐事謫遠州❽刺史。仕終左司郎中。

善為詩，恃才多轥藉❾。其淫蕩之行，率見於篇。嘗曰：「我少年擅美名，意不欲仕宦，惟得美妻，平生足矣。」娶楊虔州女，有德無色，殊怏怏。後過淮南，李紳筵上得一歌姬，與之偕老，其狂婓❿類此。喜嗜茶，恨在陸羽後，自著《煎茶水記》一卷，及詩文等行於世。

【注　釋】❶深州　治所陸澤，今河北深縣。❷解頭　鄉試第一名。❸傾邪　奸邪；心術不正。❹李逢吉　唐憲宗、穆宗、敬宗三朝皆任宰相之職，交結宦官，把持朝政。❺八關十六子　敬宗朝時李逢吉有黨羽八人，皆佔據朝中要職，人又各有追隨者八人，故當時有「八關十六子」之稱。❻田伾　李逢吉黨人，犯事後受李逢吉庇護，後因裴度揭發其事，張又新亦受牽連，貶汀州刺史。❼李訓　李逢吉從子，「八關十六子」之一，文宗朝以禮部侍郎同平章事。❽遠州　邊遠荒蕪之地。❾轥藉　踐踏他人。❿狂斐　張狂；輕薄。

【語　譯】張又新，字孔昭，深州人。當初，張又新參加博學宏詞科考試，取得了頭名；後來，他又在鄉試中取得了京兆府解頭的優異成績。元和九年，張又新在禮部侍郎韋貫之主持的貢舉考試中，再度以狀元的優異成績取得了進士及第的資格，因此，他在當時被人們稱為「張三頭」。他應徵召做了廣陵府從事，歷任補闕之職。

張又新生性奸佞，討好迎合宰相李逢吉，充當他的鷹犬，名列所謂「八關十六子」之一。李逢吉擔任山南節度使，上表奏請任命張又新為司馬。後來因受到田伾一案的牽連，張又新遭到貶謫的處分。李訓執掌朝政後，張又新又得到了起用。後來，他終因受到事情的牽累，被貶謫到了一個邊遠地區任州刺史，最後的職務為左司郎中。

張又新善於作詩，依仗自己的才能，經常欺凌別人。他淫蕩的行為，最後都表現在他寫的詩裡。他曾經說：「我年紀輕時就博得了美名，又不打算在仕途上有多大的發展，只要能娶得漂亮嬌媚的妻子，這輩子也就滿足了。」他先娶了楊虔州的女兒，品行雖好，相貌卻很一般，張又新為之一直悶悶不樂。後來，他經過淮南，在李紳的宴席上，遇到了一名歌妓，兩人後來生活在一起，相伴到老。他在生活中就是這樣狂放。張又新非常喜歡飲茶，因為自己沒能和陸羽生活在同一時代，始終令他覺得遺憾。他自已撰寫了《煎茶水記》一卷，以及一些詩文等流行於世。

【研析】張又新因為連中三元，便有點恃才而狂放，所謂名士風流。然而，公然放言對美色的追求，似乎又過於放肆了一點。說到路過廣陵時，在李紳的酒宴上得一歌姬的事情，一說是二十年前的舊相識，如此看來，張又新是一個很看重舊情的人了。

殷堯藩

堯藩，秀州❶人。為性簡靜，眉目如畫。工詩文，躭❷丘壑❸之趣。嘗曰：「吾一日不見山水，與俗人談，便覺胸次❹塵土堆積，急呼濁醪❺澆之，聊解穢耳。」元和九年韋貫之放榜，堯藩落第，楊尚書❻大為稱屈料理❼，因擢進士。數年，為永樂❽縣令。一舸之官，彈琴不下堂❾，而人不忍欺。雍陶寄詩曰：「古縣蕭條秋景晚，昔時陶令❿亦如君。頭巾漉⓫酒臨黃菊，手板⓬支頤⓭向白雲。百里豈能容驥⓮足，九霄⓯終自別雞群。相思不恨書來少，佳句多從闕下⓰聞。」及與沈亞之⓱、馬戴⓲

為詩友，贈答甚多。後仕終侍御史。

堯藩初遊韋應物門牆⑲，分契⑳莫逆。及來長沙，尚書李翺席上有舞〈柘枝〉者，容語淒惻，因感而賦詩以贈曰：「姑蘇太守青娥㉑女，流落長沙舞〈柘枝〉。滿座繡衣㉒皆不識，可憐紅粉㉓淚雙垂。」眾客驚問之，果韋公愛姬所生女也，相於吁嘆。翺即命削丹書㉔，於賓館㉕中擢士嫁之。

今有集一卷傳世，皆鏗鏘蘊藉之作也。

【注釋】❶秀州　治所在嘉興，今浙江嘉興。按秀州係五代時吳越國所置。❷耽　沉溺。❸丘壑　深山幽谷，常指隱者所居的地方。❹次　所在。❺濁醪　濁酒。❻楊尚書　楊漢公，時為工部尚書。❼料理　照顧安排。❽永樂　治所在今山西芮城西。❾堂　官府治事處所。❿陶令　東晉人陶潛，字淵明。⓫漉　濾。⓬手板　官員朝謁時手執備記事用的笏板。⓭頤　下巴。⓮驥　千里馬。⓯九霄　九天雲霄，喻極高遠處。⓰闕下　朝廷。⓱沈亞之　傳見本卷。⓲馬戴　傳見本書卷七。⓳門牆　師門。⓴分契　情分投合。㉑青娥　少女。㉒繡衣　貴者所服的彩繡絲質衣服，喻有身分的客人。㉓紅粉　婦人化妝用品，喻美女。㉔丹書　古代定罪之書。削丹書即意味恢復平民身分。㉕賓館　府邸中賓客所居的館舍。

【語譯】殷堯藩，秀州人。他性格簡約文靜，眉清目秀。殷堯藩擅長詩文，十分嚮往隱士居住的幽靜山水環境，常說：「我一天不見山水，和俗人談過話後，就會覺得胸間堆積起了塵土，得趕快讓人拿酒來澆灌一番，姑且除去些不乾淨的東西吧。」元和九年，韋貫之主持公佈考試錄取的名單，殷堯藩進士考試落第，楊尚書很為他抱不平，一番奔走安排之後，方才獲得及第資格。幾年後，任命他為永樂縣令。殷堯藩乘著一艘小船去上任，他就在治理公事的衙門廳堂上彈琴，而人們也不忍心耍弄他。雍陶在寄給他的詩中說：「古縣蕭條秋景晚，昔時陶令亦如君。頭巾漉酒臨黃菊，手板支頤向白雲。百里豈能容驥足，九霄終自別雞群。相思不恨書來少，佳句多從闕下聞。」他與沈亞之、馬戴為詩友，互相贈答的詩作有不少。殷堯藩後來任職終於侍御史。

殷堯藩早先曾在韋應物門下學習，兩人情分投合，結為莫逆之交。後來，他到了長沙，尚書李翱請客的酒宴上有一位表演〈柘枝〉舞的女子，表情和說話十分淒婉哀怨，殷堯藩於是有感而賦了一首詩送給她：「姑蘇太守青娥女，流落長沙舞〈柘枝〉。滿座繡衣皆不識，可憐紅粉淚雙垂。」眾多賓客十分驚奇地問這位女子，果然是當年韋應物的愛妾所生的女兒。大家為之感慨吁嘆起來。李翱立即命令恢復她的身分，在自己的賓客中選了一位讀書人娶她為妻。

殷堯藩有文集一卷流傳在世，都是些聲調激昂有力，內涵豐富的作品。

【研　析】在唐代詩人的事跡中，有不少才子與佳人的故事，像以「春城無處不飛花」著稱的韓翃和柳氏，便演繹了一通纏綿而又曲折的愛情風波。這類故事大多都免不了一個淒婉的結局，而殷堯藩與歌姬雖非舊日情人，卻多少讓人感到一點寬慰。

清塞

清塞，字南卿，居廬嶽為浮屠，客南徐❶亦久，後來少室、終南間。俗姓周，名賀。工為近體詩，格調清雅，與賈島、無可❷齊名。寶曆❸中，姚合❹守錢塘❺，因攜書投刺以丐❻品第❼，合延待❽甚異，見其〈哭僧〉詩云：「凍鬚亡夜剃，遺偈❾病中書。」大愛之，因加以冠巾❿，使復姓字。時夏臘⓫已高，榮望落落⓬，竟往依名山諸尊宿⓭自終。詩一卷，今存。

【注釋】❶南徐　指南徐州，京口的別稱，今江蘇鎮江。❷無可　傳見本卷。❸寶曆　唐敬宗年號（西元八二五－八二七年）。❹姚合　傳見本卷。❺錢塘　杭州及餘杭郡治所，今浙江杭州。❻丐　請求。❼品第　評論並分列等次。❽延待　接待。❾偈　佛經中的頌詞，四句一偈，有三言、四言、五言、六言和七言等多種。❿冠巾　冠冕和頭巾，皆世俗人所佩帶。⓫夏臘　出家人自出家之年起所計的年歲。⓬落落　冷淡。⓭尊宿　有德望的前輩長者。

【語譯】清塞，字南卿，住在廬山做僧人，他曾客居在南徐也有很長時間，後往來於少室和終南山兩地之間。清塞未出家前本姓周，名賀。他擅長寫近體詩，詩的格調十分清雅，與賈島、無可齊名。寶曆年間，姚合擔任錢塘刺史，清塞帶上自己的詩稿前往拜訪，他遞進了自己的名片，請求姚合對自己的詩作給以評價。姚合接待清塞時感到有點意外，看到他在一首〈哭僧〉詩中寫有「凍鬚亡夜剃，遺偈病中書。」這樣的詩句後，極為喜歡，於是贈送他冠巾，讓他恢復出家前的名字。當時，清塞出家的年歲已經很久，出仕求榮的願望也很淡薄了，最後，他前往名山依附高僧尊宿，直至去世。清塞有詩一卷，留存至今。

【研析】像清塞這樣的出家人，竟然也忍不住要帶上自己的作品，請姚合這樣的權威人物來加以品評次第，可見姚合在當時詩壇上的影響，更可以想見唐代詩風之盛了。

無可

無可，長安人，高僧也。工詩，多為五言。初，賈島棄俗時，同居青龍寺，呼島為從兄❶。與馬戴、姚合、厲玄多有酬唱。

律調謹嚴，屬興❷清越，比物以意，謂之「象外句」。如曰：「聽雨寒更盡，開門落葉深。」又曰：「微陽下喬木，遠燒入秋山。」凡此等新奇，當時翕❸然稱尚，妙在言用而不失其名耳。今集一卷相傳。

【注釋】❶從兄　堂兄。❷屬興　寓意。❸翕　一致。

【語譯】無可，長安人，是一位具有高行的僧人。無可擅長寫詩，所作多為五言詩。早些年，賈島出家時他倆一起住在青龍寺，他稱賈島為堂兄。無可和馬戴、姚合、厲玄等人有不少互相贈答酬唱的詩。

無可寫詩格律很嚴謹，詩句的寓意高超出眾，通過連綴同類的事物來表達某種意向，稱為「象外句」。比如：「聽雨寒更盡，開門落葉深。」又如：「微陽下喬木，遠燒入秋山。」這類新奇的句法，當時為大家一致推崇，高妙之處在於，詩句既表達了一種意向，而文字本身又未失去字面原來的含義。至今流傳有無可的一卷詩集。

【研析】打開唐詩，不少篇章都流露出詩人濃重的禪家氣味，這與唐代佛道大盛是分不開的。還有一些作品，作者本來就來自佛國禪院，像無可的詩中追求心閒意淡的意境，自有一種深幽杳遠的象外之意，妙趣無窮。

熊孺登

孺登，鍾陵❶人，有詩名。元和中為西川從事，與白舍人、劉賓客善，多贈答。亦祗役❷湘中❸數年。凡下筆，言語妙天下。如：「江流如箭月如弓，行盡三湘數夜中。無奈子規❹知向蜀，一聲聲似怨春風。」又〈經古墓〉云：「碑折松枯山火燒，夜臺❺從閉不曾朝。那將逝者比流水，流水東流逢上潮。」類此極多。

有集今傳。

【注釋】❶鍾陵　縣名，今江西南昌。❷祗役　奉命任職。❸湘中　今湖南地區。❹子規　杜鵑。❺夜臺　墳墓。

【語譯】熊孺登，鍾陵人，寫詩很有名。元和中，他在西川節度使幕府擔任從事，和白居易、劉禹錫關係很好，有不少互相贈答的詩作。後來，他還在湘中奉命任職數年。熊孺登下筆作詩，常有不少堪稱天下稱奇的精彩句子，比如「江流如箭月如弓，行盡三湘數夜中。無奈子規知向蜀，一聲聲似怨春風。」又如〈經古墓〉詩：「碑折松枯山火燒，夜臺從閉不曾朝。那將逝者比流水，流水東流逢上潮。」類似的佳句他寫得非常多。

熊孺登有文集流傳至今。

李約

約，字存博，汧公李勉之子也。元和中，仕為兵部員外郎。與主客員外張諗❶極相知，每單枕靜言，達旦不寐。嘗贈韋況❷曰：「我有心中事，不向韋郎說。秋夜洛陽城，明月照張八❸。」性清潔寡欲，一生不近粉黛❹，博❺古探奇。初，汧公海內名臣，多蓄古今玩器，約愈好之，所居軒屏几案，必置古銅怪石，法書❻名畫，皆歷代所寶。坐間悉雅士，清談終日，彈琴煮茗，心略不及塵事也。

嘗使江南，於海門山得雙峰石及綠石❼琴薦❽，並為好事者❾傳閱❿。然亦寓意，未嘗戛然⓫寡情，豪奪吝與。復嗜茶，與陸羽、張又新論水品特詳。曾授客煎茶法，曰：「茶須緩火炙，活火煎，當使湯無妄沸。始則魚目散布，微微有聲；中則四畔泉湧，累累然；終則騰波鼓浪，水氣全消。此老湯之法，固須活火，香味俱真矣。」時知音者賞之。

有詩集。後棄官終隱。又著《東杓引譜》一卷，今傳。

【注　釋】❶張諗　德宗時宰相張延賞子。❷韋況　元和初任諫議大夫，風操為時人所重。❸張八　即張諗。❹粉黛　古時女子用的化妝品，喻女性。❺博　博通。❻法書　名家墨跡。❼綠石　一種名貴的硯石。❽琴薦　琴枕。❾好事者　有共同興趣的人。❿閟　神祕；隱祕。⓫戛然　止住。

【語　譯】李約，字存博，汧國公李勉的兒子。元和年間，他擔任的職務為兵部員外郎。李約與主客員外郎張諗是非常知心的朋友，兩人時常共著一個枕頭，討論感興趣的事情，到天快亮了還未入睡。李約曾在送給韋況的一首詩裡這麼說道：「我有心中事，不向韋郎說。秋夜洛陽城，明月照張八。」他生性清心寡欲，畢生不喜歡和女性接近，博通古代歷史掌故，喜歡探尋新奇的玩物。早些時候，汧國公身為海內名臣，收藏了很多古董和珍奇玩物，李約對此興趣更大，他的居室裡，窗臺屏風和案几書桌上，必定擺設著古代的銅器或形狀奇特的石頭，還有名家的書畫作品，都是歷代公認的寶物。造訪李約的客人全是一些高雅之士，成天一起清談，彈琴烹茶，從不關心世俗的事務。

李約曾經代表朝廷到江南處理事情，在海門山得到一塊雙峰石和一個綠石製成的琴薦，都為喜歡收藏的人傳開了。但是，李約對收藏確實有著自己的意趣和追求的境界，並未因此變得沒有人情味，或不擇手段地豪奪吝與。李約還嗜好品茶，他與陸羽、張又新有過關於水品的詳細討論。他曾對客人傳授煎茶的方法，說：「茶必須用微火烘炙，用活火來烹煎，不要讓開水一下子沸騰。剛開始時，釜底漸漸出現像魚目大小的水泡，伴有輕微的響聲；再後來，四邊就像泉水湧出似的，呈串串水泡狀；最後，釜底騰起波紋，漸漸鼓起浪來，此時水氣才全部消失了。這就是老湯之法。非用活火不可，只有這樣，聞到的香氣和舌尖品嚐到的味道才是真正的茶味了。」當時，與他有同好的人無不欣賞他的這番妙論。

李約留有詩集。後來，他辭去了官職，終身隱居。他又著有《東杓引譜》一卷，流傳至今。

【研析】從李約生活習性來看，清心寡欲，喜歡文物，講究飲茶之道，幾乎就是俗事之外的人了。貴家子弟，不溺於犬馬聲色，也算得上真是一位風雅之士了吧。

沈亞之

亞之，字下賢，吳興人。初至長安，與李賀結交。舉進士不第，為歌以送歸。元和十年侍郎崔群下進士。涇原❶李彙❷辟為掌書記。為祕書省正字。長慶中，補櫟陽令。四年，遷福建團練副使，事徐晦❸。後累遷殿中丞御史、內供奉。大和三年，柏耆❹宣慰德州❺，取為判官。耆罷，亞之貶南康❻尉，後終郢州❼掾。

亞之以文辭得名，然狂躁貪冒，輔耆為惡，頗憑陵❽晚達❾，故及於謫。嘗遊韓吏部門。杜牧、李商隱俱有擬沈下賢詩，蓋甚為當時名輩器重云。有集九卷，傳世。

【注釋】❶涇原　唐代方鎮名，治所在涇州，今甘肅涇縣北。❷李彙　時任涇原節度使。❸徐晦　時任福建觀察使。❹柏耆　文宗時為諫議大夫，成德方鎮叛亂，受命以德州行營諸軍計會使與判官沈亞之前往諭旨。❺德州　治所安德，今山東陵縣。❻南康　唐代縣名，治所位於今江西南康。❼郢州　今湖北京山。❽憑陵　欺凌。❾晚達　後進；晚輩。

【語譯】沈亞之，字下賢，吳興人。他初到長安的時候，和李賀結為朋友，參加進士考試落榜後，李賀曾寫過一首詩送他回家鄉。元和十年，侍郎崔群主持貢舉時他考進士及第。涇原李彙徵召他為掌書記，後來，又升遷祕書省正字。長慶年間，調任櫟陽縣令。長慶四年，遷官福建團練副使，任職於徐晦手下，後來，幾次調任，任殿中丞御史、內供奉。大和三年，柏耆到德州撫慰地方，沈亞之以判官的資格同行。柏耆後來被罷職，沈亞之也被貶謫為南康縣尉。他最後擔任的官職為郢州佐吏。

沈亞之以他擅長文辭得名，可是，他的性格狂躁，貪圖財利，幫柏耆一起做壞事，很喜歡欺凌比他地位和資歷淺的人，所以連帶一起被貶謫了。他曾經遊學韓愈的門下。杜牧、李商隱都有模擬他詩風的作品，大概當時的名流十分器重沈亞之吧。沈亞之有文集九卷流傳於世。

徐凝

凝，睦州人。元和間有詩名。方干❶師事之。與施肩吾❷同里閈❸，日親聲調❹，無進取之意，交眷❺悉激勉，始遊長安，不忍自衒鬻❻，竟不成名。將歸，以詩辭韓吏部云：「一生所遇惟元白，天下無人重布衣。欲別朱門淚先盡，白頭遊子白身歸。」知者憐之。遂歸舊隱，潛心詩酒。人間榮耀，徐山人不復貯齒頰中也。老病且貧，意泊無惱，優悠自終。集一卷，今傳。

余昔經桐廬古邑，山水蒼翠，嚴先生❼釣石，居然❽無恙。忽自星沉，千載寥邈，後之學者，往往繼踵芳塵，文華偉傑，義逼雲天，產秀毓❾奇，此時為冠。至今有長吟高蹈之風，古碑石刻題名❿等，相傳不廢。攬轡彷徨，不忍去之。勝地以一人興，先賢為來者重，固當相勉而無倦也。

【注釋】❶方干　傳見本書卷七。❷施肩吾　傳見本卷。❸里閈　里門；鄉里。❹聲調　音樂的曲調或詩文的節奏。❺交眷　朋友親戚。❻鬻　出賣。❼嚴先生　東漢嚴子陵。❽居然　安然。❾毓　育；生養。❿題名古人題記姓名於牆壁、木板上作為紀念的一種風氣。

【語譯】徐凝，睦州人。元和年間有詩名，方干曾拜他為師，學習作詩。徐凝與施肩吾為鄉鄰，兩人天天喜歡在一起討論詩歌的韻律，卻沒有在仕途上進取發展的意向。親戚朋友們都來鼓勵勸勉他，徐凝這才去長安遊歷。在長安的時候，徐凝不願自我炫耀賣弄詩才，最後並未能獲得名聲。快要回家鄉時，寫了一首詩向韓愈辭行，詩中說：「一生所遇惟元白，天下無人重布衣。欲別朱門淚先盡，白頭遊子白身歸。」了解他的人都十分同情他。於是，徐凝回到了舊日隱居的地方，將心思都放在作詩飲酒上。人世間的富貴榮耀，未曾再見他口中提及過。上了年紀，身體有病而又經濟窘迫，可是他心意淡泊，悠然自得地生活著，一直到他去世。他的一卷文集，流傳到了今天。

我往昔曾經過桐廬古地，山水一片蒼綠，嚴先生垂釣的石頭安然無恙。自從先生如星辰隕落，忽忽千載已逝，一切變得那麼遼遠。後世的學者，往往追隨他的蹤跡，文化昌盛之地俊傑輩出，高義直聳雲天，誕生育養的俊彥，以這段時間為最盛。至今，這裡還保留有高聲吟誦詩文，遁世歸隱的風氣，古碑、石刻、題名等等，代代相沿，未嘗廢止。手挽韁繩，彷徨於此地，久久不忍離去。名勝之地往往是因為出現了一個著名的人物而興起，前代的賢者受到後人的禮重，的確應當以此來加以鼓勵自己，而不要倦怠啊！

【研析】徐凝雖然一度試叩科舉之門，卻不願炫耀自己的才華，終究不得成名，遂根絕仕進之意，過上了悠哉遊哉的隱士生活。唐代在自己作品中表現歸隱願望的詩人不少，與那些隱居終南的人們相比，徐凝真像是繚繞在山間的白雲啊。

裴夷直

夷直，字禮卿，吳❶人。元和十年禮部侍郎崔群下進士，仕為中書舍人。武宗立，以罪貶驩州司戶。宣宗初，為江、華二州刺史。終尚書左司員外郎、散騎常侍❷。工詩，有盛名。集一卷，今傳於世。

【注釋】❶吳　泛指今江南地區。❷散騎常侍　分屬門下、中書兩省，侍從皇帝左右，掌諷諫。

【語譯】裴夷直，字禮卿，吳人。元和十年，禮部侍郎崔群主持貢舉考試時獲進士及第。裴夷直的官職一直做到中書舍人。武宗即位後，因罪被貶謫為驩州司戶。宣宗即位初，他擔任過江州和華州的刺史，最後的職位是尚書左司員外郎、散騎常侍。裴夷直擅長寫詩，當時的詩名很大。他有詩集一卷，至今仍流傳在世。

薛濤

濤，字洪度，成都樂妓❶也。性辨慧❷，調❸翰墨❹。居浣花里❺，種菖蒲滿門。傍即東北走長安道也。往來車馬留連❻。元和中，元微之使蜀，密意求訪，府公嚴司空知之，遣濤往侍。微之登翰林，以詩寄之曰：「錦江滑膩峨嵋秀，幻❼出文君❽與薛濤。言語巧偷鸚鵡舌，文章分得鳳凰毛。紛紛詞客皆停筆，個個公侯欲夢刀❾。別後相思隔烟水，菖蒲花發五雲高。」及武元衡入相，奏授校書郎。蜀人呼妓為校書，自濤始也。後胡曾❿贈詩曰：「萬里橋邊女校書，枇杷樹下閉門居。掃眉⓫才子知多少，管領春風總不如。」

濤工為小詩，惜成都箋幅大，遂皆製狹之，人以為便，名曰「薛濤箋」。

且機警閑捷，座間談笑風生。高駢⓬鎮蜀門日，命之佐酒，改一字愜音⓭令，且得形象，曰：「口似沒梁斗。」答曰：「川似三條椽。」公曰：「奈一條曲何？」曰：「相公為西川節度，尚用一破斗，況窮酒佐雜一曲籌，何足怪哉？」其敏捷類此特多，座客賞嘆。其所作詩，稍欺良匠⑭，詞意不苟，情盡筆墨。翰苑崇高，輒⑮能攀附⑯，殊不意裙裾⑰之下出此異物，豈得匪其人而棄其學哉？

大和中，卒。有《錦江集》五卷，今傳，中多名公贈答云。

【注釋】❶樂妓　表演歌舞的女藝人。❷辨慧　聰明善辨。❸調　調試；調弄。❹翰墨　書畫；文章。❺浣花里　地名，位於今四川成都郊外浣花溪畔。❻留連　滯留而捨不得離開。❼幻　演化。❽文君　西漢時人卓文君，通曉音樂，富於文才，後嫁與辭賦大家司馬相如。❾夢刀　晉朝王濬夢見三刀，後遷益州刺史，此喻希望到成都來做官。❿胡曾　傳見本書卷八。⓫掃眉　描畫眉毛，喻女性。⓬高駢　傳見本書卷九。⓭愜音　協韻。⓮良匠　詩才較好者。⓯輒　總是。⓰攀附　援引而上。⓱裙裾　喻婦女。

【語譯】薛濤，字洪度，她是成都的一名樂妓。薛濤天生聰明善辯，又擅長書畫，她居住在浣花里，院門內種滿了菖蒲，旁邊就是往東北一直通向長安的大路，經常有往來的車馬在此流連不前。元和年間，元稹代表朝廷到蜀中辦理事務，內心很想探訪薛濤，節度使嚴司空知道了，就派薛濤前往侍候元稹。後來，元稹當了翰林學士，就寫了首詩寄給薛濤，詩中說：「錦江滑膩峨嵋秀，幻出文君與薛濤。言語巧偷鸚鵡舌，文章分得鳳凰毛。紛紛詞客皆停筆，個個公侯欲夢刀。別後相思隔烟水，菖蒲花發五雲高。」等到武元衡做宰相的時候，奏請皇帝授給薛濤校書郎的職位。蜀人稱妓女為「校書」，就是從薛濤開始的。後來，胡曾在贈給薛濤的詩中寫道：「萬里橋邊女校書，枇杷樹下閉門居。掃眉才子知多少，管領春風總不知。」

薛濤善於寫短詩，可是成都的紙箋尺幅較大，她就把自己用的紙製成小幅的，大家都覺得這種紙用起來很方便，於是就稱之為「薛濤箋」。

薛濤生性機智敏捷，在酒宴上總是談笑風生。高駢做西川節度使的時候，請她陪酒，席間行一種改動一字且又要求押韻的酒令，還要具有字形的特點。高駢先說了一句：「口似沒梁斗。」薛濤答道：「川似三條椽。」高駢說：「怎麼一條椽子有點彎呀？」薛濤答道：「相公身為西川節度使，尚且還用一個破斗，我一個窮陪酒的，裡面夾帶一條有點彎的椽子，這有什麼奇怪呢？」像這類機敏的對答薛濤特別擅長，令在座的客人讚嘆不已。

薛濤作的詩，較之一般有點天分的人要稍微高一些，用詞不隨意苟且，感情通過文字得以充分的抒發。文苑詩壇那麼高不可攀，她卻總能夠援引而上，實在想不到女流之輩中間，竟然出現了這麼一位特別的人物。豈能因為她不是一個傳統的士大夫，就擯棄她的成就了呢？

薛濤卒於大和年間。她有《錦江集》五卷，今天仍得以流傳，裡面有不少名人與她互相贈答酬唱的作品。

【研　析】人們在讀到為數不多的唐代女詩人的作品時，忍不住要為這些天才的命運感嘆和惋惜。儘管如此，與後世相比，唐代的女才子們多少還有了一些顯露自己才華的機會。正如那首王建所寫，卻一直被誤作胡曾的詩中所說：「掃眉才子知多少，管領春風總不如」。直到今天，在成都望江樓畔，還保存著一口相傳曾為薛濤所汲水的「薛濤井」，遊人都不禁要駐足觀賞一番，可見人們還在懷念著這位生活在一千多年前的天才女詩人啊。

姚合

合，陝州人，宰相崇❶之曾孫也。以詩聞。元和十一年，李逢吉知貢舉，有夙好❷，因拔泥塗❸，鄭解榜及第。歷武功❹主簿，富平❺、萬年尉。寶應❻中，除監察御史，遷戶部員外郎，出為金❼、杭二州刺史。後召入，拜刑、戶二部郎中、諫議大夫、給事中。開成間，李商隱尉弘農❽，以活囚忤❾觀察使孫簡，將罷去。會合來代簡，一見大喜，以〈風〉〈雅〉❿之契⓫，即諭使還官，人雅服其義。後仕終祕書監。

與賈島同時，號「姚賈」，自成一法。島難吟⓬，有清洌⓭之風；合易作，皆平澹之氣。興趣俱到，格調少殊。所謂方拙之奧⓮，至巧存焉。蓋多歷下邑，官況蕭條，山縣荒涼，風景凋弊之間，最工模寫也。性嗜酒愛花，頹然自放⓯，人事生理⓰，略不介意，有達人之大觀⓱。

所為詩十卷，及選集王維、祖詠等一十八人詩為《極玄集》一卷，序稱維等「皆詩家射雕手也」。又摭⑱古人詩聯，敘其措意⑲，各有體要，撰《詩例》一卷，今並傳焉。

【注釋】❶崇 姚崇，唐玄宗時著名宰相。❷夙好 舊誼；老交情。❸泥塗 卑下的地位。❹武功 唐代京畿府屬縣，今陝西武功。❺富平 唐代縣名，今陝西富平。❻寶應 唐肅宗年號，疑為敬宗年號寶曆之誤。❼金 金州，治所西城，今陝西安康。❽弘農 唐代縣名，今河南靈寶。❾忤 違背。❿風雅 本指《詩經》中的〈風〉、〈雅〉，此喻詩歌寫作。⑪契 投合。⑫吟 吟誦，喻體味。⑬清冽 清澄寒冷。⑭奧 深處。⑮自放 不拘禮法。⑯生理 謀生之道。⑰大觀 通達透闢的看法。⑱摭 拾取。⑲措意 詩文的立意。

【語譯】姚合，陝州人，宰相姚崇的曾孫。姚合以善於寫詩而聞名。元和十一年，李逢吉主持貢舉考試，他與姚合有舊日之誼，於是把他提拔了起來，與狀元鄭解同榜進士及第。姚合先後擔任過武功縣主簿，富平和萬年縣縣尉。寶應中，授官監察御史，升任戶部員外郎，出朝擔任金州、杭州刺史。後來，姚合又被召入朝，先後擔任了刑部和戶部郎中、諫議大夫、給事中。文宗開成年間，李商隱任弘農縣縣尉，因為自行赦免了囚犯的死罪而違背了觀察使孫簡的意旨，孫簡打算罷免李商隱的職位。正好姚合來取代孫簡，他見了李商隱大為高興，因兩人在詩歌方面非常投合的緣故，姚合立即下令恢復李商隱的官職，人們十分敬服姚合的義氣。姚合最後擔任的官職是祕書監。

姚合與賈島同一時代，人稱「姚賈」，他們兩人的詩風自具一格。賈島的詩不太容易吟詠，有一種清澄寒冷的風格；而姚合寫詩似乎很容易，皆為平實淡泊的緣故吧。然而，他們兩人的詩興致趣味都具備了，總體的格調上也沒有什麼明顯區別，正所謂方正笨拙的深處，隱藏著最靈巧的內涵啊。也許是多半時間都經歷在地方小縣，姚合居官的境況蕭條冷落，山區縣城荒涼，風景凋敝，最適合描寫了。姚合嗜好飲酒，喜愛賞花，舉止疏慢而不拘禮法，人事上的交往，平時生計安排，他都從來不加留意，很有通達之人那種因透闢而大徹大悟的豁達態度。

姚合所寫的詩有十卷，還有他編選王維、祖詠等十八人的詩選《極玄集》一卷，在序中他稱王維等人「皆詩家射雕手也」。姚合又編集了古人撰寫的詩句，敘述作者的立意，各有大體與綱要，撰寫了《詩例》一卷，都流傳到了今天。

【研析】姚合在當時與賈島相當，詩風平淡，負一時之盛名。他在官場上又能博得好名聲，當時，不少人都爭著拿自己的作品來請他品評優劣，可以想見他在當時詩壇上的影響了。到了晚唐以至宋代，還有不少詩人喜歡模仿他的風格來寫詩，看來這又是一種潛在的影響。不管人們的評價如何，具有這樣的影響的詩人是不多見的。

李廓

廓，宰相程❶之子也。少有志勳業❷，攬轡❸慨然，而未肯屑❹就，遂困場屋中。作〈下第〉詩曰：「榜前潛制❺淚，眾裡獨嫌身。氣味如中酒❻，情懷似別❼人。」時流❽皆稱賞，且憐之，因共推挽❾。元和十三年獨孤樟榜進士，調司經局❿正字⓫，出為鄠縣⓬令。累歷顯官，仕終武寧⓭節度使，政有奇績。

工詩，極綺致⓮。與賈島相友善。集今傳世。

【注釋】❶程　李程，敬宗朝宰相。❷勳業　功績事業。❸攬轡　挽起馬韁，此用東漢范滂「攬轡慨然有澄清天下之志」的典故。❹屑　瑣碎。❺制　制止。❻中酒　醉酒。❼別　辭別。❽時流　時人。❾推挽　推薦扶助。❿司經局　太子屬官，主管四庫圖書刊輯。⓫正字　掌校理刊正書籍之事。⓬鄠縣　唐代縣名，今陝西戶縣。⓭武寧　唐代方鎮名，治所在徐州，今江蘇徐州。⓮致　情趣。

【語譯】李廓，宰相李程的兒子。李廓少年立志建功立業，有古人攬轡澄清天下的慷慨氣魄，卻不願做一些瑣碎的事情，這樣在科舉考試上就不很順利。李廓寫了一首〈下第〉詩，詩中說道：「榜前潛制淚，眾裡獨嫌身。氣味如中酒，情懷似別人。」當時人們看了都很讚賞，於是大家紛紛推薦扶助他。元和十三年與狀元獨孤樟同榜進士及第。任官司經局正字，後出朝任鄠縣縣令，數度擔任要職，最後擔任的職位是武寧節度使，政績上成就顯著。

李廓善於寫詩，有著非常華美的情致。他與賈島的友情很深。李廓的文集流傳至今。

章孝標

孝標，字道正，錢塘人。李紳鎮淮東❶時，春雪，孝標參座席❷，有詩名，紳命札❸請賦，唯然，索筆一揮云：「六出❹花飛處處飄，粘窗拂砌❺上寒條❻。朱門到晚難盈尺，盡是三軍喜氣消。」李大稱賞，薦於主文❼。元和十四年禮部侍郎庾承宣下進士及第，授校書郎。於長安將歸家慶，先寄友人曰：「及第全勝十政官，金湯鍍了出長安。馬頭漸入揚州郭，為報時人洗眼看。」紳適見，亟以一絕箴❽之曰：「假金方用真金鍍，若是真金不鍍金。十載長安方一第，何須空腹用高心。」孝標慚謝❾。傷❿其氣宇⓫窘急，終不大用。大和中，嘗為山南道從事，試⓬大理評事。仕終祕書正字。

有集一卷，傳世。

【注　釋】❶淮東　唐代無淮東方鎮，疑為淮南之誤。❷座席　座上賓客。❸札　古人寫字用的木簡，喻紙。❹六出　雪花所呈的六角圖案。❺砌　臺階。❻寒條　苞芽尚未出來的樹枝條。❼主文　主考官。❽箴　規諫。❾謝　認錯。❿傷　憂傷。⓫氣宇　氣概。⓬試　官階未到而攝其職。

【語　譯】章孝標，字道正，錢塘人。李紳任淮東節度使時，有一次正逢春雪，章孝標坐在賓客席上。因為他當時寫詩已有了一些名聲，李紳便讓人送上紙來請他賦詩。章孝標一口應諾，接過筆來一揮而就，詩中寫道：「六出花飛處處飄，粘窗拂砌上寒條。朱門到晚難盈尺，盡是三軍喜氣消。」李紳大為欣賞，就把他推薦給了主考官。元和十四年，參加禮部侍郎庾承宣主持貢舉考試，進士及第，授官校書郎。章孝標在長安準備回家鄉慶賀時，先給友人寄去了一首詩，裡面寫道：「及第全勝十政官，金湯鍍了出長安。馬頭漸入揚州郭，為報時人洗眼看。」李紳正好看到了這首詩，便很快寫了一首絕句告誡他：「假金方用真金鍍，若是真金不鍍金。十載長安方一第，何須空腹用高心。」章孝標羞愧地承認了自己的錯誤。令人可惜的是他氣概既褊狹又急躁，最終也沒能受到重用。大和年間曾任山南道從事，試大理評事，最後擔任的職位是祕書省正字。

章孝標有文集一卷流傳後世。

【研　析】章孝標中舉之後，得意而至於忘形，以致需要李紳以詩來加以規勸。人們說他氣局狹小固然沒有錯，不過，在唐代詩人中，有名有姓的就有好幾位，不都是在得了功名之後，「春風得意馬蹄疾」，甚至覺得自己像服下一帖還魂丹一樣，忽然之間返老還童了嗎！與那些畢生潦倒場屋，一無所成的人相比，終究是幸運的啊。

施肩吾

肩吾，字希聖，睦州人。元和十五年盧儲榜進士第後，謝禮部陳侍郎云：「九重城❶裡無親識，八百人中獨姓施。」不待除授，即東歸，張籍群公吟餞。人皆知有仙風道骨，寧❷戀人間升斗❸耶！而少存箕、潁之情，拍浮❹詩酒，搴❺擘烟霞。

初讀書五行❻俱下，至是授真詮❼於仙長❽，遂知逆順顛倒之法，與上中下精氣神❾三田❿反覆之義。以洪州⓫西山⓬，十二真君⓭羽化⓮之地，慕其真風⓯，高蹈⓰於此。題詩曰：「重重道氣結成神，玉闕金堂⓱逐日新。若數西山得道者，兼余即是十三人。」

早嘗賦〈閑居遣興詩〉一百韻⓲，頗述初心，大行於世。著《辨疑論》一卷，《西山傳道》、《會真》等記各一卷。述「氣住則神住⓳，神住則形住」，為《三住銘》一卷，及所為詩十卷，自為之序，今傳。

【注釋】❶九重城　京城。❷寧　難道。❸升斗　量器的基本單位，喻微量。❹拍浮　游水。❺搴　拔取；提。❻五行　古人認為構成世界的五種元素，即金、木、水、火、土。❼真詮　對所信奉的經典的正確解釋。❽仙長　對信奉道教之人的尊稱。❾精氣神　人的精神元氣、陰陽精靈之氣等。❿三田　即三丹田，道家謂人體兩肩之中為上丹田，心為中丹田，臍下為下丹田。⓫洪州　治所南昌，今江西南昌。⓬西山　又稱南昌山，位於今江西新建西。⓭真君　道家謂修仙得道之人。⓮羽化　飛升成仙。⓯真風　神仙風範。⓰高蹈　遠避；隱居。⓱玉闕金堂　仙人宮闕、華麗殿堂，皆神仙居所。⓲韻　一聯詩句。⓳住　停留。

【語譯】施肩吾，字希聖，睦州人。元和十五年，與狀元盧儲同榜進士及第後，在寫給禮部陳侍郎致謝的詩中說：「九重城裡無親識，八百人中獨姓施。」沒等除授官職，他就告辭東歸了，張籍等諸位先生為他賦詩餞行。人們都知道施肩吾有著仙風道骨，難道還會留戀世俗社會的一點點俸祿麼！他少年時代就有了隱居的高懷，盡情沉湎於詩酒之中，攬輯天空的煙霞。

當初，施肩吾讀書時，金木水火土五行之說都已經了然心中。此時，他在仙長處又得受道家學說的真諦，於是便了解了逆順顛倒之法，以及上中下精氣神三田反覆之說的原理。因為洪州西山是道家十二位修仙之人羽化登仙的地方，施肩吾仰慕他們的神仙風範，隱居在此。他題詩道：「重重道氣結成神，玉闕金堂逐日新。若數西山得道者，兼余即是十三人。」

施肩吾早些年曾賦〈閑居遣興詩〉一百韻，具體地敘述了自己最初的想法，在世間流傳很廣。他著有《辨疑論》一卷，《西山傳道》、《會真》等記各一卷。他闡述「氣住則神住，神住則形住」

的理論，為《三住銘》一卷，以及他寫的詩十卷，並由他自己撰寫序，這些書都得以流傳到了今天。

【研析】施肩吾既是詩人，又是一名道士，而且不是一般的追求神仙生活，而是對道家學說有著研究和發展的人。所以，他的作品中，既有人情詩，又有仙情詩，人情詩含蓄委婉，仙情詩則充滿了靈動之氣，顯示了他在文化上有著極深的修養。到了南宋末年，熱衷道家學說的人將他列為鍾離權、呂洞賓一系的道家傳人，其實是把時間順序弄顛倒了。

袁不約

不約，字還樸，長慶三年鄭冠榜進士。大和中，以平判入等❶調官。有詩傳世。

【注釋】❶平判入等　唐代考核官吏時，凡試判時文理優長者，得以錄取，即曰入等。

【語譯】袁不約，字還樸，長慶三年與狀元鄭冠同榜進士及第。大和年間，因為試判成績優秀得以轉官。他有詩作流傳後世。

韓湘

湘，字清夫，愈之姪孫也。長慶三年禮部侍郎王起❶下進士。落魄❷不羈，見趣高遠，尤耽苦吟。公勉以經學，曰：「湘所學，公不知耶？」因賦詩以述志云：「青山雲水窟，此地是吾家。後夜❸流瓊液❹，凌晨咀❺絳霞。琴彈碧玉調，爐煉白朱沙❻。寶鼎存金虎，元田養白鴉。一瓢藏世界，三尺斬妖邪。解造逡巡酒❼，能開頃刻花。有人能學我，同去看仙葩❽。」公笑曰：「子能奪❾造化❿乎？」湘曰：「此事甚易。」公為開樽⓫，湘聚土，以盆覆之，噀⓬水，良久⓭，開碧花二朵，花片上有詩一聯云：「雲橫秦嶺家何在，雪擁藍關馬不前。」公甚異怪，未諭其意。曰：「他日驗之。」告違⓮去。

未幾，公以諫佛骨事謫潮州刺史。一日，途中見有人冒風雪從林間來，視乃湘也，再拜馬前曰：「公憶花上之句乎？」因詢其地，即藍關⓯，嗟嘆久之，解鞍酒壚⓰命酌，足成詩曰：「一封朝奏⓱九重天，夕貶潮陽路八千。本為聖朝除弊事，豈期衰朽送殘年。雲橫秦嶺家何在，雪擁藍關馬不前。知汝遠來應有意，好收吾骨瘴江邊。」又贈詩曰：「人才為世古來多，如子雄文孰可過。好待功名成就日，卻抽身去上烟蘿⓲。」湘笑而不答，獻詩別公曰：「舉世都為名利醉，惟吾來向道中醒。他時定是飛升去，衝破秋空一點青。」遂別，竟不知所終。

【注釋】❶王起　穆宗時以禮部侍郎數度主持貢舉，後出任山南西道節度使。❷落魄　窮困失意。❸後夜　後半夜。❹瓊液　甘美的汁液。❺咀　咀嚼；品味。❻朱沙　即朱砂，道家煉丹主要原料之一。❼逡巡酒　頃刻間便釀造成的酒。❽葩　花。❾奪　改變。❿造化　自然界的創造化育。⓫開樽　舉杯飲酒。⓬噀　噴。⓭良久　很久。⓮違　離別。⓯藍關　藍田關，位於今陝西藍田東。⓰酒壚　酒店裡置放酒罎子的土臺，代指酒店。⓱朝奏　呈給朝廷的奏疏。⓲烟蘿　道家隱居修真處。

【語譯】韓湘，字清夫，韓愈的姪孫。長慶三年，禮部侍郎王起主持貢舉時進士及第。韓湘在生活上窮困失意，行為不拘禮法，識見和情趣十分高遠，非常喜歡吟誦詩句。韓愈鼓勵他在經學上多下功夫，韓湘回答說：「我學的東西，也許您老人家不知道吧？」於是，他賦詩一首，闡述自己的志向，詩中說：「青山雲水窟，此地是吾家。後夜流瓊液，凌晨咀絳霞。琴彈碧玉調，爐煉白朱沙。寶鼎存金虎，元田養白鴉。一瓢藏世界，三尺斬妖邪。解造逡巡酒，能開頃刻花。有人能學我，同去看仙葩。」韓愈笑著說道：「那你能夠改變天地間的造化之功嗎？」韓湘回答說：「這非常簡單。」韓愈請他飲酒，韓湘聚起一小堆土，用一個盆子覆蓋在上面，又往上噴了一口水，過了好一會兒，只見裡面開出兩朵綠色的花來，花瓣上有一聯詩：「雲橫秦嶺家何在，雪擁藍關馬不前。」韓愈覺得很奇怪，也沒能理解這兩句的含義。韓湘說：「將來會有一天應驗的。」遂告辭而去。

沒過多久，韓愈因為上書批評迎佛骨一事，被貶謫為潮州刺史。一天，旅途中見有人冒著風雪從山間樹林中走來，一看，原來是韓湘。韓湘在馬前行再拜之禮，問道：「您老人家還記得花瓣上的詩句嗎？」韓愈於是問他這是什麼地方，原來正是藍關。韓愈感慨嘆息了好久，下馬進了一家酒店，讓人送上酒來。韓愈把花瓣上的那聯詩補足成了一首詩：「一封朝奏九重天，夕貶潮陽路八千。本為聖朝除弊事，豈期衰朽送殘年。雲橫秦嶺家何在，雪擁藍關馬不前。知汝遠來應有意，好收吾骨瘴江邊。」韓愈同時又送了韓湘一首詩：「人才為世古來多，如子雄文孰可過。好卻功名成就日，卻抽身去上烟蘿。」韓湘笑而未答，獻上一首詩來向韓愈告別，詩中說道：「舉世都為名利醉，惟吾來向道中醒。他時定是飛升去，衝破秋空一點青。」於是離別而去，也不知他最後上哪兒去了。

【研　析】韓湘確乎有其人，然這裡所說的卻只是後人杜撰的一個神仙故事，我們從中可以了解到的只是道家熱衷的一些法術。有關韓愈的故事，則是用「夕貶潮陽路八千」的經歷穿插起來的。與韓愈積極有為的儒家思想相比，道家鼓吹的遁世思想便顯得有些消極而不足取了。

韓琮

琮，字成封，長慶四年李群榜進士及第。大中中，仕至湖南❶觀察使。有詩名，多清新之製，錦不如也。〈滻水❷送別〉云：「綠暗紅稀出鳳城❸，暮雲樓閣古今情。行人莫聽宮前水，流盡年光❹是此聲。」〈駱谷晚望〉云：「秦川如畫渭如絲，去國❺還家一望時。公子王孫莫來好，嶺花多是斷腸枝。」如此等皆喧❻滿人口，餘極多，皆稱是。集一卷，今傳。

【注釋】❶湖南　唐代方鎮名，治所為潭州，今湖南長沙。❷滻水　關中八川之一，源於藍田，經西安流入渭水。❸鳳城　京都。❹年光　年華光陰。❺國　國都。❻喧　聲音繁鬧。

【語譯】韓琮，字成封，長慶四年與狀元李群同榜進士及第。大中年間，擔任的職位為湖南觀察使。韓琮在當時作詩有名聲，作品中多為清新的作品，華美的錦緞也不如他的詩作可愛。〈滻水送別〉中寫道：「綠暗紅稀出鳳城，暮雲樓閣古今情。行人莫聽宮前水，流盡年光是此聲。」〈駱谷晚望〉中說：「秦川如畫渭如絲，去國還家一望時。公子王孫莫來好，嶺花多是斷腸枝。」這樣的作品都被人們廣為傳誦，其餘還有很多這樣的佳作，都受到了大家的讚許。韓琮有文集一卷，流傳至今。

韋楚老

楚老，長慶四年中書舍人李宗閔❶下進士，仕終國子祭酒。工詩，氣既沉雄❷，語亦豪健。眾作古樂府居多。〈祖龍❸行〉曰：

「黑雲兵氣射天裂，壯士朝眠夢寃結。祖龍一夜死沙丘❹，胡亥❺空隨鮑魚❻轍。腐肉偷生二千里，偽書先賜扶蘇❼死。墓接驪山❽土未乾，瑞光已向芒碭❾起。陳勝❿城中鼓三下，秦家天地如崩瓦。龍蛇⓫撩亂入咸陽，少帝⓬空隨漢家馬。」傑製⓭頗多，俱當刮目。今並傳。

【注　釋】❶李宗閔　穆宗朝任中書舍人，文宗時官至宰相。❷沉雄　深沉雄渾。❸祖龍　秦始皇。❹沙丘　位於今河北廣宗西北，秦始皇晚年出巡，病卒於沙丘平臺。❺胡亥　秦始皇次子。❻鮑魚　秦始皇死後，丞相李斯密不發喪，置屍車中運回咸陽，途中隨載一石鮑魚，以亂屍臭。❼扶蘇　秦始皇長子，秦始皇死後，被宦官趙高、宰相李斯偽造遺詔賜死。❽驪山　位於陝西臨潼東，秦始皇陵即在山北。❾芒碭　芒山、碭山，位於安徽碭山東南，劉邦起義前曾隱於此。❿陳勝　秦末農民起義領袖，與吳廣一起發動反秦起義。⓫龍蛇　分別喻推翻秦王朝的起義軍首領劉邦、項羽。⓬少帝　即子嬰，秦始皇孫，胡亥兄子。趙高殺胡亥後，立為秦王，不久即降劉邦，旋被項羽殺。⑬傑製：出色的作品。

【語譯】韋楚老，長慶四年，中書舍人李宗閔主持貢舉考試，獲進士及第。他最後擔任的官職是國子祭酒。

韋楚老擅長寫詩，氣勢深沉雄渾，語言也十分豪邁剛健。他的大部分作品中，以古樂府詩為多。〈祖龍行〉中寫道：「黑雲兵氣射天裂，壯士朝眠夢冤結。祖龍一夜死沙丘，胡亥空隨鮑魚轍。腐肉偷生二千里，偽書先賜扶蘇死。墓接驪山土未乾，瑞光已向芒碭起。陳勝城中鼓三下，秦家天地如崩瓦。龍蛇撩亂入咸陽，少帝空隨漢家馬。」他的出色之作有不少，都應當刮目相看啊。這些詩都流傳到了今天。

張祜

祜，字承吉，南陽人，來寓姑蘇❶。樂高尚❷，稱處士。騷情雅思，凡知己者悉當時英傑。然不業程文❸。元和、長慶間，深為令狐文公❹器許，鎮天平❺日，自草表薦，以詩三百首獻於朝，辭略曰：「凡製五言❻，苞含六義。近多放誕❼，靡有宗師。祜久在江湖，早工❽篇什❾，研幾⑩甚苦，搜象⑪頗深。輩流所推，風格罕及。謹令繕錄，詣光順門⑫進獻，望宣付中書門下。」

祜至京師，屬⑬元稹號有城府⑭，偃仰⑮內庭⑯，上因召問祜之詞藻上下，稹曰：「張祜雕蟲小巧，壯夫不為，若獎激大過，恐變陛下風教⑰。」上頷之。由是寂寞而歸，為詩自悼⑱云：「賀知章口徒勞說，孟浩然身更不疑。」遂客淮南。杜牧時為度支使⑲，極相善待，有贈云：「何人得似張公子，千首詩輕萬戶侯⑳。」

祜苦吟，妻孥㉑每喚之皆不應，曰：「吾方口吻生花，豈恤汝輩乎！」性愛山水，多遊名寺，如杭之靈隱、天竺，蘇之靈巖、楞伽，常之惠山、善權，潤之甘露、招隱，往往題詠唱絕。

同時崔涯亦工詩，與祜齊名，頗自放行樂。或乖興北里㉒，每題詩倡㉓肆，譽之則聲價頓增，毀之則車馬掃迹。涯尚義，有〈俠士〉詩云：「太行嶺上三尺雪，崔涯袖中三尺鐵。一朝若遇有心人，出門便與妻兒別。」嘗共謁淮南李相，祜稱「釣鰲客」，李怪之曰：「釣鰲以何為竿？」曰：「以虹。」「以何為鉤？」曰：「新月。」「以何為餌？」曰：「以『短李』相也。」紳壯之，厚贈而去。

晚與白樂天日相聚宴謔，樂天譏以「足下新作〈憶柘枝〉云：『鴛鴦鈿帶抛何處，孔雀羅衫付阿誰。』乃一問頭㉔耳。」祜曰：「鄙薄㉕之誚㉖是也。明公〈長恨歌〉曰：『上窮碧落下黃泉，兩處茫茫都不見。』又非目連㉗尋母耶？」一座大笑。

初過廣陵曰：「十里長街市井連，月明橋上看神仙。人生只合揚州死，禪智山光好墓田。」大中中，果卒於丹陽隱居，人以為讖云。詩一卷，今傳。

衛蘧伯玉㉘恥獨為君子，令狐公其庶幾㉙，元稹則不然矣。十譽不足，一毀有餘。其事業淺深，於此可以觀人也。爾所不知，人其舍㉚諸？稹謂祜雕蟲瑣瑣，而稹所為，有不若是耶？忌賢嫉能，迎戶而噬㉛，略㉜

己而過人者，穿窬㉝之行也。祜能以處士自終其身，聲華不借鐘鼎㉞，而高視當代，至今稱之。不遇者天也，不泯者亦天也，豈若彼取容阿附，遺臭之不已者哉。

【注釋】❶姑蘇 蘇州。❷高尚 高潔的節操。❸程文 科舉考試格式的文章。❹令狐文公 令狐楚，諡文。❺天平 唐代方鎮名，治所在鄆州，今山東東平西北。❻五言 五言詩，喻詩歌。❼放誕 散漫；不受拘束。❽工 攻。❾篇什 詩篇。❿研幾 窮究精微之理。⓫象 意象。⓬光順門 位於京都長安大明宮集賢殿書院之西，為百官上書處。⓭屬 恰好。⓮城府 心機深隱難測。⓯偃仰 悠然自得。⓰內庭 宮禁以內。⓱風教 風俗教化。⓲悼 傷感。⓳度支使 掌管國家財政收支的官員。⓴萬戶侯 食邑萬戶之侯，形容爵位很高。㉑妻孥 妻子兒女。㉒北里 又叫平康里，唐長安妓院集中處。㉓倡 同「娼」。㉔問頭 對罪犯的起訴文書。㉕鄙薄 卑陋，對自己作品的謙稱。㉖誚 責備。㉗目連 釋迦牟尼十大弟子之一，母死後墮入餓鬼道中，他以十方威神之力，救母於餓鬼中。㉘蘧伯玉 春秋時期衛人，以賢能著稱，曾屢被薦於衛靈公而不用。㉙庶幾 差不多。㉚舍 捨棄不用。按此二句為《論語》裡孔子的話。㉛噬 吞食。㉜略 簡略。㉝穿窬 穿牆，喻偷盜之類的醜行。㉞鐘鼎 銘刻在銅器上的文字，喻官府的表彰。

【語譯】張祜，字承吉，南陽人，寓居在姑蘇。他喜歡保持高潔的節操，自稱處士。富有詩才，與張祜知心的朋友幾乎都是當時的一些傑出人物。然而，他不在應付科舉考試的文章上下工夫。元和、長慶年間，他很得到令狐楚的賞識，令狐楚便在任天平節度使期間，親自擬寫了一封奏疏舉薦張祜，連同他的三百首詩一起，呈獻給朝廷。奏疏中說：「凡是撰寫詩篇，須包含詩家的六義。近來寫詩的人散漫而不受規矩約束，根本沒有效法的宗師。張祜長期流落在社會上，他早年致力探研寫詩之道，窮究其中精微之理，搜尋意象的表現手法。他的成就為同輩推重，他的風格幾乎無人能追及得上。我讓人將他的詩作謄錄出來，送到光順門呈獻給皇上，交付給中書、門下省的官員處理。」

張祜來到京師，正是元稹被稱作心機難測，在宮廷內頗為自得的時候。皇上為此召來元稹，問他張祜的詩怎麼樣，元稹答道：「張祜的這類雕蟲小技，志向高遠的人是不屑做的。如果朝廷對他的獎勵過分了的話，恐怕對陛下提倡的風俗教化不利。」皇上點頭表示同意。因為這個緣故，張祜在京城受到了冷落，便回家了。他為之十分傷感地在詩中寫道：「賀知章口徒勞說，孟浩然身更不疑。」於是，就客居在淮南。當時，杜牧正擔任度支使，待他非常好，杜牧在送給張祜的一首詩中這麼說道：「何人得似張公子，千首詩輕萬戶侯。」

張祜寫詩時苦苦吟誦，以致連妻子兒女叫他時都常常不應聲，他說：「我剛好口唇邊生花的時候，哪還會顧及到你們呢！」他生性愛好山水，遊歷了很多著名的寺院，像杭州的靈隱、天竺寺，蘇州的靈巖、楞伽寺，常州的惠山、善權寺，潤州的甘露、招隱寺，所到之處，常常題詠賦詩。

與張祜同時的崔涯也擅長作詩，詩名和張祜相當，很能不拘形跡地放縱行樂。偶爾乘著興致來到北里，常為娼家題詩，被他稱譽的娼家聲價頓時就會高起來，遭他貶損的娼家很快便門庭冷落。崔涯崇尚義氣，他在一首題名〈俠士〉的詩中寫道：「太行嶺上三尺雪，崔涯袖中三尺鐵。

一朝若遇有心人，出門便與妻兒別。」他倆曾一起去拜謁淮南節度使李紳，張祜自稱「釣鰲客」，李紳覺得有點怪，就問他：「你用什麼做魚竿呢？」張祜回答說：「用彩虹啊。」李紳又問：「那用什麼做魚鉤呀？」張祜說：「用新月。」李紳再問道：「用什麼來做魚餌呢？」張祜說：「用『短李』相公呀！」李紳覺得他氣勢很大，贈送給他一筆厚禮，然後才讓他辭別而去。

張祜晚年的時候，和白居易天天在一起飲酒開玩笑，白居易譏諷他說：「足下在新寫的詩〈憶柘枝〉裡說『鴛鴦鈿帶拋何處，孔雀羅衫付阿誰。』這不是審問犯人的話嗎？」張祜說：「對拙詩的批評的確有理，不過，先生〈長恨歌〉中說：『上窮碧落下黃泉，兩處茫茫都不見。』難道不是在說目連尋母的故事嗎？」在座的客人都大笑起來。

張祜早些年，經過廣陵的時候，曾寫過一首詩：「十里長街市井連，月明橋上看神仙。人生只合揚州死，禪智山光好墓田。」大中年間，他果然去世在丹陽的隱居之所，人們認為這首詩預言了這麼個結局，就是所謂的詩讖吧。張祜有詩集一卷，流傳至今。

春秋時衛國的蘧伯玉以獨為君子而恥，令狐先生也差不多是這樣的，元稹則不是這樣的了。十次讚譽也許不足以成事，一次毀辱卻常常能夠壞事有餘。一個人的事業究竟是深是淺，從這裡也可看出來了。古人說，你也許不了解他，但別人也一定會像你那樣捨棄他麼？元稹說張祜的詩不過是瑣細的雕蟲小技罷了，元稹寫詩，難道不也是這樣的嗎？忌賢嫉能，迎客人進了門，就一口吞吃了他，對自己的不足隻字不提，對別人卻苛刻無比，這些都是和偷盜一類的醜行差不多的呀。張祜能保持處士的身分終其一生，美好的名聲不用借助官府的表彰，在當時就被人仰視，至今仍為人稱頌。張祜沒能得到帝王的賞識，是天意所定，可是，他的名聲最終沒有被泯沒，也是天意啊。豈是那些靠取悅攀附的手段榮耀一時，卻只是在歷史上留下自己穢臭名聲的傢伙可以比擬的呢！

【研 析】張祜才華蓋世，行止浪漫，好遊佳山水，足跡遍佈江南名山大川。然而，他的地位卻不顯達，據說去世之後，家境也十分蕭條，讓人惋嘆。他寫的許多詩都是極富神韻，不可不謂唐詩中的上品之作，題詠音樂的絕句，表現出他極深的音樂修養，描寫宮中遺事的宮體豔詩，則為我們生動地描繪出了開元、天寶盛世的宮廷生活。至於「一聲河滿子，雙淚落君前」，得到了三千宮女的熱愛，因為他將宮女內心的怨情細緻入微地刻劃出來了。

劉得仁

得仁，公主之子也。長慶間以詩名。五言清瑩❶，獨步文場。自開成後至大中三朝，昆弟❷以貴戚皆擢顯仕，得仁獨苦工文。嘗立志，必❸不獲科第，不願儋❹人之爵也。出入舉場二十年，竟無所成，投迹❺幽隱，未嘗耿耿。有寄所知詩云：「外族帝王是，中朝親故稀。翻令浮議❻者，不許九霄蜚❼。」憂而不困❽，怨而不怒，哀而不傷，鏗鏘金玉，難合同流❾，而不厭於磨淬❿。端⓫能確守格律，揣治聲病⓬，甘心窮苦，不汲汲⓭於富貴。王孫公子中，千載求一人不可得也。

及卒，僧棲白弔之曰：「思苦為詩身到此，冰魂雪魄已難招。直教桂子⓮落墳上，生得一枝冤始銷。」有詩一卷行於世。

【注釋】❶清瑩　潔淨透明，喻清純可愛。❷昆弟　兄弟。❸必　非得；一定要。❹儋　同「擔」。受任。❺投迹　止步不前。❻浮議　無根據的議論或傳說。❼蜚　飛。❽困　疲乏。❾同流　同類。❿磨淬　磨礪；鍛鍊。⓫端　確實。⓬聲病　文詞不合詩的聲律。⓭汲汲　急切的樣子。⓮桂子　唐人稱科舉考試及第為折桂，以科考為桂科。

【語譯】劉得仁，公主生的兒子。長慶年間因擅長作詩出名。他寫的五言詩清純可愛，在當時的文人中間獨步一時。從開成到大中三朝，兄弟都憑藉貴戚的身分被提拔擔任要職，劉得仁一人獨自苦苦攻讀詩文。劉得仁曾經立下志向，非要獲取科舉功名不可，不顧因他人的關係而受爵。他出入考場二十年來，最終卻無所成就，於是不再參加考試，隱居起來，心中也不再耿耿於此事。劉得仁在寄給知己朋友的一首詩中寫道：「外族帝王是，中朝親故稀。翻令浮議者，不許九霄蜚。」他憂愁卻並非萎靡不振，怨恨而不生怒，哀痛而不傷感。他的詩文，帶有如金玉一般鏗鏘有力的聲響，與同輩不容易相合，仍孜孜不倦地加以磨礪。他確實能夠恪守詩詞格律，揣摩改進詩文中不合聲律的地方，甘心過著窮苦的生活，不急切追求富貴榮華。在王孫公子中間，千年之間也未必能遇上這麼一個人啊。

劉得仁去世後，僧人棲白在一首弔唁他的詩中寫道：「思苦為詩身到此，冰魂雪魄已難招。直教桂子落墳上，生得一枝冤始銷。」劉得仁有詩集一卷，流行於世。

朱慶餘

慶餘，名可久，以字行，閩中人。寶曆二年裴俅榜進士及第，授祕省校書。得張水部❶詩旨❷，氣平意絕，社❸中哲匠也。有名當時。集一卷，今傳。

【注釋】❶張水部　張籍，曾任水部郎中，傳見本書卷五。❷旨　意思；主張。❸社　志同道合者所結合而成的團體。

【語譯】朱慶餘，名可久，人們通常以字來稱呼他，閩中人。寶曆二年，與狀元裴俅同榜進士及第，授官祕書省郎中。朱慶餘領會了張水部對詩的主張，氣度平和，意境深遠，是詩壇上才藝出眾的人物，當時很有名。朱慶餘有詩集一卷，流傳至今。

【研析】朱慶餘的詩流傳到今天的並不多，雖說他只是在當時很有名，然而因為他的那首〈近試上張水部〉在後世的廣泛流傳，他的詩名就留芳千古了。

杜牧

牧，字牧之，京兆人也。善屬文。大和二年韋籌榜進士，與厲玄❶同年。初未第，來東都，時主司❷侍郎為崔郾❸，太學博士吳武陵❹策蹇❺進謁曰：「侍郎以峻德偉望，為明君選才，僕敢不薄施塵露❻。向偶見文士十數輩，揚眉抵掌❼，共讀一卷文書，覽之，乃進士杜牧〈阿房宮賦〉。其人，王佐才也。」因出卷，搢笏❽朗誦之。郾大加賞。曰：「請公與狀頭！」郾曰：「已得人矣。」曰：「不得，即請第五人。更否，則請以賦見還！」辭容激厲。郾曰：「諸生多言牧疏曠，不拘細行，然敬依所教，不敢易也。」後又舉賢良方正科。沈傳師❾表為江西團練府巡官❿。又為牛僧孺⓫淮南節度府掌書記。

拜侍御史，累遷左補闕，歷黃⑫、池⑬、睦三州刺史，以考功郎中知制誥，遷中書舍人。牧剛直有奇節⑭，不為齪齪⑮小謹，敢論列大事，指陳利病尤切。兵法戎機，平昔⑯盡意。嘗以從兄悰⑰更歷將相，而已困躓⑱不振，怏怏⑲難平。卒年五十，臨死自寫墓誌，多焚所為文章。詩情豪邁，語率驚人。識者以擬杜甫，故稱「大杜」、「小杜」以別之。後人評牧詩，如「銅丸走坂⑳，駿馬注㉑坡」，謂圓快奮急也。

牧美容姿，好歌舞，風情㉒頗張，不能自遏。時淮南稱繁盛，不減京華，且多名妓絕色。牧恣心賞，牛相收街吏㉓報杜書記平安帖子至盈篋。後以御史分司洛陽，時李司徒㉔閑居，家妓為當時第一，宴朝士，以牧風憲㉕，不敢邀。牧因遣諷李使召己，既至，曰：「聞有紫雲者，妙歌舞，孰是？」即贈詩曰：「華堂今日綺筵㉖開，誰喚分司御史來。忽發狂言驚四座，兩行紅袖一時回。」意氣閑逸，傍若無人，座客莫不稱異。大和末，往湖州，目成㉗一女子，方十餘歲，約以十年後吾來典㉘

郡，當納之，結以金幣。洎周墀㉙入相，牧上箋乞守湖州，比至，已十四年，前女子從人，兩抱雛矣。賦詩曰：「自恨尋芳去較遲，不須惆悵怨芳時。如今風擺花狼藉，綠葉成陰子滿枝。」此其大概一二。凡所牽繫，情見於辭。別業樊川，有《樊川集》二十卷，及注《孫子》，並傳。

同時有嚴惲，字子重，工詩，與牧友善，以〈問春〉詩得名。昔聞有集，今無之矣。

【注釋】❶厲玄　文宗大和二年（西元八二八年）進士及第，後任監察御史等職，與詩人馬戴等常有詩歌酬唱。❷主司　指主持考試事務的人。❸崔郾　文宗時任禮部侍郎，曾知貢舉。❹吳武陵　敬宗、文宗時翰林學士，後出為韶州刺史，因常薦舉賢才聞名。❺蹇　羸弱的坐騎。❻塵露　風塵雨露，喻微不足道。❼抵掌　擊掌叫好。❽搢笏　將笏板插在腰間。❾沈傳師　文宗大和二年曾任江西觀察使。❿巡官　團練使下設屬官，位居判官之次。⓫牛僧孺　穆宗、文宗朝曾任宰相，文宗大和六年（西元八三二年）出為淮南節度副大使知節度使。⓬黃　黃州，治所為黃岡，今湖北黃岡。⓭池　池州，治所在秋浦，今安徽貴池。⓮奇節　奇特的節操。⓯齪齪　拘謹的樣子。⓰平昔　往昔。⓱悰　杜悰，歷任京兆尹、節度使等職，曾兼任宰執。⓲躓　困頓；挫折。⓳怏怏　不服氣。⓴坡　斜坡。㉑注　水流急下，喻急走。㉒風情　男女相愛之情。㉓街吏　在街道上巡視維護治安的官吏。㉔李司徒　李願，曾數度出任節度使，卒贈司徒。㉕風憲　御史臺。㉖綺筵　華美的宴席。

㉗目成　男女鍾情，以眼神傳情。㉘典　治理。㉙周墀　宣宗朝任兵部郎中兼同中書門下平章事。

【語譯】杜牧，字牧之，京兆人。他非常善於寫文章。大和二年，與狀元韋籌同榜進士及第，同年取得進士及第資格的還有厲玄。當初，還未登第的時候，杜牧來到東都洛陽，那一年主持貢舉的考官是侍郎崔郾，只見太學博士吳武陵趕著自己那匹老馬跑去謁見他，對他說：「侍郎以人人敬服的大德和崇高的聲望，承擔為聖明天子選材的重任，對此我豈有不效自己棉薄之力的道理。前不久，我偶然看見十來個文士，神采飛動，擊掌感嘆，正在讀一卷文字，取過來一看，原來是進士杜牧的〈阿房宮賦〉。這個人哪，真可算得上是一個輔佐君王的人才了。」說著，掏出了這篇賦，把笏板往腰上一插，朗讀了起來。崔郾聽了，大加讚賞。吳武陵說：「請你把他錄為第一名吧。」崔郾說：「第一名已經有人了。」吳武陵說：「不能第一，就請放在第五名。再不成的話，就請你把那篇賦還給我。」吳武陵說這番話時，表情和語氣都十分激動。崔郾說：「考生們都說杜牧這個人性格狂放，不拘小節，不過，我依照你的意思處理，不去變動了。」杜牧進士及第後，又考取了制舉的賢良方正科。沈傳師上表奏請讓杜牧擔任江西團練府巡官，後來，杜牧又在牛僧孺的淮南節度府任掌書記。

杜牧曾拜官侍御史，幾次升遷後為左補闕，又歷任黃州、池州和睦州的刺史，以考功郎中知制誥，遷中書舍人。杜牧性格剛直，節操奇特，從不在一些細節上顯出唯唯諾諾的謹慎樣子，敢於議論國家大事，對社會的弊端發出的批評指責尤其尖銳。用兵之法，軍機大事，平時都十分留意。杜牧曾因自己的堂兄杜悰在朝廷中出將入相，相比之下，自己顯得困頓不振，心中不服而覺得有些不平。杜牧去世那年為五十歲，臨終前，他為自己撰寫了墓誌，又將自己許多詩文都燒毀了。杜牧寫詩感情豪放雄邁，所用的詞語多有驚人之筆，理解他的人將他比做杜甫，所以有「大杜」、「小杜」之稱來區別他倆。後人評論杜牧，說他的詩「如同銅球從斜坡上往下滾動，像駿馬從山坡上飛奔下來」，用以形容他的詩所具有的圓潤疾速而奮發有力的風格。

杜牧容貌英俊，風度翩翩，喜歡欣賞歌舞，對因為男女之間相愛而產生的熾烈感情毫不掩飾，也從不加以克制。當時淮南節度府所在的揚州以繁盛著稱，其程度不減京都，而且有很多容貌絕佳的著名女藝人。杜牧縱情玩樂，節度使牛僧孺接到巡街官吏呈送上來報杜書記平安無事的帖子裝滿了一大箱。後來，杜牧以御史的身分分司東都洛陽，正值李司徒賦閒在家的時候。李司徒家的歌女在當時是第一流的，他宴請朝廷的官員和社會名流時，因為杜牧擔任的是掌管彈劾風紀的御史，不敢加以邀請。於是，杜牧派人前去打招呼，要李司徒邀請自己前往。到了酒宴上，杜牧問道：「聽說府上有一位名叫紫雲的歌女歌舞都十分出色，哪一位是她呀？」見了之後，杜牧立即賦了首詩：「華堂今日綺筵開，誰喚分司御史來。忽發狂言驚四座，兩行紅袖一時回。」只見杜牧神態安逸，氣度瀟灑，旁若無人，在座的客人無不稱奇。大和末年，杜牧有一次到湖州，看上了一個女孩子，兩人以眼神傳情。不過，女孩才十來歲的樣子，杜牧便與她相約，說十年之後，他來湖州任地方長官時娶她，還送上金幣為定金。然而，一直到周墀入朝為相，杜牧才上書請求允許他出任湖州刺史，等他前去上任，已經過去了十四年，以前約好的那個女子嫁了人，已經有了兩個孩子了。杜牧賦詩道：「自恨尋芳去較遲，不須惆悵怨芳時。如今風擺花狼藉，綠葉成陰子滿枝。」這些就是與杜牧有關的一點故事。凡是與杜牧有關係的人，他的感情都會流露在詩文中。杜牧的別墅在樊川，他有《樊川集》二十卷，以及他注的《孫子》，都流傳了下來。

與杜牧同時的有一位嚴惲，字子重，擅長寫詩，與杜牧關係很好，嚴惲因寫過一首〈問春〉詩而得名，以前聽說他有文集，今天已經見不到了。

【研析】杜牧大概是唐代浪漫故事最多的一位詩人。他才華橫溢，行為風流放誕，又喜歡遊玩，在當時江南最繁華的都會揚州留下了許多故事，正如同他自己詩中寫的那樣，「十年一覺揚州夢，贏得青樓薄倖名。」其實，在杜牧身上，還有完全不同的一面，他對詩歌的理解、政治上的觀點，都是十分正統的。他敢於在朝廷議論國家大事，他的詠史詩、懷古詩也都是第一流的，詩中充滿了愛國的豪情，在晚唐詩人中可以說是最為突出的一個。

卷七

楊發

發，大和四年禮部侍郎鄭澣下第二人及第。工詩，亦當時聲韻❶之偉者。略舉一篇，〈宿黃花館〉云：「孤館蕭條槐葉稀，暮蟬聲隔水聲微。年年為客路長在，日日送人身未歸。何處離鴻迷浦月，誰家愁婦搗寒衣。夜深不臥簾猶捲，數點殘螢入戶飛。」俱瀏亮❷清新，頗驚凡聽。恨其出處事迹不得而知也。有詩傳世尚多。

【注釋】❶聲韻　喻詩歌。❷瀏亮　清楚明朗。

【語譯】楊發，大和四年，禮部侍郎鄭澣主持貢舉考試時以第二名的成績進士及第。他擅長作詩，在當時寫詩的人中間也稱得上是一個佼佼者。這裡隨便舉一首，在詩題叫〈宿黃花館〉中寫道：「孤館蕭條槐葉稀，暮蟬聲隔水聲微。年年為客路長在，日日送人身未歸。何處離鴻迷浦月，誰家愁婦擣寒衣。夜深不臥簾猶捲，數點殘螢入戶飛。」他寫的詩都明朗清新，頗能出人意表。遺憾的是有關楊發的經歷和相關事跡都已不得而知了。楊發流傳在世的詩有不少。

李遠

遠，字求古，大和五年杜陟榜進士及第，蜀人也。少有大志，夸邁❶流俗，為詩多逸氣❷，五彩成文。早歷下邑，詞名卓然。宣宗時，宰相令狐綯❸進奏擬遠杭州刺史，上曰：「朕聞遠詩有『青山不厭千杯酒，白日惟銷一局棋。』是疏放❹如此，豈可臨郡理人？」綯曰：「詩人託此以寫高興❺耳，未必實然。」上曰：「且令往觀之。」至，果有治聲❻。

性簡儉，嗜啖鳧鴨❼。貴客經過，無他贈，厚者綠頭❽一雙而已。

後歷忠❾、建❿、江三州刺史，仕終御史中丞。初牧湓城⓫，求天寶遺物，得秦僧收楊妃⑫襪一裲⑬，珍襲⑭，呈諸好事者。會李群玉⑮校書自湖湘來，過九江，遠厚遇之，談笑永日⑯。群玉話及向賦〈黃陵廟⑰詩〉，動朝雲暮雨⑱之興，殊亦可怪。遠曰：「僕自獲凌波⑲片玉⑳，軟輕香窄，每一見，未嘗不在馬嵬下也。」遂更相戲笑，各有賦詩。後來頗為法家㉑所短。蓋多情少束，亦徒以微辭㉒相感動耳。

有詩集一卷，今傳。

【注釋】❶夸邁　超越。❷逸氣　超凡脫俗的氣度。❸令狐綯　令狐楚之子，字子直，宣宗朝任宰相十年。❹疏放　任意；無拘束。❺高興　高遠的情致。❻聲　聲譽。❼鳧鴨　野鴨。❽綠頭　喻野鴨。❾忠　忠州，治所為臨江，今四川忠縣。❿建　建州，治所為建安，今福建建甌。⓫湓城　即潯陽，江州治所，今江西九江。⓬楊妃　楊貴妃。⓭裲　雙。⓮襲　收藏。⓯李群玉　傳見本卷。⓰永日　整天。⓱黃陵廟　在今湖南湘陰北，相傳為上古時代舜帝的兩個妃子娥皇和女英的祠廟。⓲朝雲暮雨　喻男女幽合之情。⓳淩波　形容女子步履輕盈的樣子。⓴片玉　喻女性的鞋襪。㉑法家　方家，深明大道的人。㉒微辭　委婉的表達方式。

【語譯】李遠，字求古，大和五年，與狀元杜陟同榜進士及第，蜀人。李遠少年時就胸有大志，遠在流俗之上，寫的詩有一種超凡脫俗的氣概，文采煥然。早些年在一些地方小縣城做官，擅長文詞的名聲十分突出。宣宗時，宰相令狐綯上奏疏準備安排他擔任杭州刺史，宣宗說：「我聽說李遠有兩句詩說的是『青山不厭千杯酒，白日惟銷一局棋。』這麼一個放任不羈的人，豈可以讓他去州郡治理百姓呢？」令狐綯說：「寫詩的人以此來表達自己一種高遠的情致罷了，未必就真的這樣。」皇上說：「姑且就讓他前去，我們看看再說吧。」李遠到任後，在治理上果然很有聲譽。

李遠生性簡樸，很喜歡吃野鴨，貴客途經杭州，他沒有其他的禮品相贈，關係好的不過就送上一對野鴨。他後來相繼擔任了忠州、建州和江州三州的刺史，最後擔任的官職是御史中丞。早些時候在湓城做江州刺史時，李遠搜求天寶年間的遺物，得到了陝西一個僧人收藏的一雙楊貴妃的襪子，他把襪子珍藏起來，遇到對此也感興趣的朋友時便取出來請大家觀賞。正好校書郎李群玉從湖南過來，路經九江，李遠十分隆重地接待了他，兩人成天在一起談笑。李群玉談到自己過去寫的〈黃陵廟詩〉時，居然動了所謂朝雲暮雨的男女幽合興致，覺得很有點奇怪。李遠說：「我自從得到了那雙襪子後，覺得它又軟又輕，窄窄的還帶著一股香氣，只要一看見，彷彿自己就在馬嵬坡下呢。」於是，兩人互相開起玩笑，各自還為此賦了詩。後來，這事很為深明大道的人們所反感。他們不過就是情感比較豐富，對自己的約束不夠，也就是以委婉的話語彼此觸動對方的感情罷了。

李遠有詩集一卷，流傳至今。

【研　析】所謂「青山不厭千杯酒，白日惟銷一局棋」，也只是詩人在寫詩時候用的語句而已，原是認真不得的。看來，詩人亦自有現實的生活和詩境中的生活之別，詩中的話語，原來並不都是句句都可以當真的呀。

李敬方

敬方，字中虔，長慶三年鄭冠榜進士。大和中，仕為歙州❶刺史。後坐事，左遷❷台州刺史。有詩一卷，傳世。

【注釋】❶歙州 治所為歙縣，今安徽歙縣。❷左遷 貶職；降級。

【語譯】李敬方，字中虔，長慶三年，與狀元鄭冠同榜進士及第。大和年間，他擔任了歙州刺史，後來因為受到牽連被貶謫任台州刺史。李敬方有詩集一卷，流傳在世。

許渾

渾，字仲晦，潤州丹陽❶人，圉師❷之後也。大和六年李珪榜進士，為當塗❸、太平❹二縣令。少苦學勞心，有清羸❺之疾，至是以伏枕❻免。久之，起為潤州司馬。大中三年，拜監察御史，歷虞部員外郎，睦、郢二州刺史。嘗分司朱方❼，買田築室，後抱病退居丁卯澗橋❽村舍，暇日綴錄所作，因以名集。

渾樂林泉，亦慷慨悲歌之士。登高懷古，已見壯心，故為格調豪麗，猶強弩初發，牙❾淺❿弦急，俱無留意耳。至今慕者極多，家家自謂得驪龍⓫之照夜也。

早歲嘗遊天台，仰看瀑布，旁眺赤城⓬，辨方廣⓭於霏烟⓮，躡⓯石橋於懸壁，登陟兼⓰晨，窮覽幽勝。朗誦孫綽⓱古賦，傲然有思歸之想，志存不朽，再三信宿⓲，彷徨不能去。以王事⓳不果，有負初心。

後晝夢登山，有宮闕凌虛⓴，問，曰：「此崑崙也。」少頃，遠見數人方飲，招渾就坐，暮而罷。一佳人出箋求詩，未成，夢破。後吟曰：「曉人瑤臺露氣清，庭中惟見許飛瓊㉑。塵心未斷俗緣在，十里下山空月明。」他日復夢至山中，佳人曰：「子何題余姓名於人間？」遂改為「天風吹下步虛㉒聲」，曰：「善矣。」渾才思翩翩，仙子所愛，夢寐求之，一至於此。昔子建㉓賦〈洛神〉，人以徒聞虛語，以是謂迂誕㉔不信矣。未幾遂卒。有詩二卷，今傳。

【注釋】❶丹陽　今江蘇丹陽。❷圉師　許圉師，高宗朝曾任宰相。❸當塗　今安徽當塗。❹太平　今安徽太平。❺清羸　清瘦。❻伏枕　臥床。❼朱方　丹徒的別稱。丹徒，今屬江蘇。❽丁卯澗橋　即丁卯橋，位於今江蘇鎮江南。❾牙　牙機，機械啟動開關。❿淺　短；不長。⓫驪龍　傳說潛藏於九重之淵的龍，頷下有夜明珠，此喻夜明珠。⓬赤城　山名，位於天台山南，因土色為赤色，狀似雲霞得名。⓭方廣　天台山方廣寺，寺分上、中、下三部，寺外有瀑布石樑，景色壯美，為天台山主要景觀之一。⓮霏烟　祥瑞的彩色雲霞。⓯躡　踩。⓰兼　連著；加上。⓱孫綽　晉太原人，東晉時曾任永嘉太守，博學善文，撰〈天台山賦〉，名冠一時。⓲信宿　連宿兩夜。⓳王事　為君王服勞之事。⓴凌虛　升於空際。㉑許飛瓊　傳說中天上的仙女名。㉒步虛　道士誦經聲。㉓子建　三國時魏國曹植的字，曾作〈洛神賦〉，描寫和洛水女神宓妃相會的情景。㉔迂誕　荒唐不可信。

【語譯】許渾，字仲晦，潤州丹陽人，為高宗朝宰相許圉師的後裔。大和六年，與狀元李珪同榜進士及第，擔任過當塗、太平兩縣的縣令。許渾少年時刻苦學習，心思勞瘁，身體非常清瘦病弱，此時，因臥床不起而免除了官職。過了很久，起用為潤州司馬。大中三年，授官監察御史，歷任虞部員外郎，睦州和郢州刺史。許渾曾經分司朱方，便在那兒購置田業，建起了房舍，後來抱病退居在丁卯澗橋的村舍，閒暇的時候編集自己歷年來撰寫的詩，就用所居的「丁卯」二字題為詩集名。

許渾喜愛幽靜山林裡的隱居生活，也是一個能慷慨悲歌的豪放之士。在他登高懷古的作品裡，已經表現出他的這種壯心，所以格調豪放壯麗，如同強勁的弓弩剛剛拉開，牙機淺淺扣著，弓弦緊緊繃著，都已經是不可不發之勢了。至今仰慕他的人還很多，家家都說自己得到了照耀黑夜的夜明珠了。

許渾早年曾到天台山遊玩，仰望山上的瀑布，遠眺旁邊的赤城。透過祥瑞的雲霞，方廣寺若隱若現；腳踩懸崖上的石樑，天不亮就開始攀登，遍遊山上幽靜名勝，大聲朗讀孫綽的〈天台山賦〉，傲視俗世，產生了歸隱林泉的念頭。許渾志向是追求不朽的功業，在山上逗留多日，彷徨捨不得離去。因為為君王效力尚未有結果，不得不違背了自己的初衷。

後來，許渾有一回白天做夢，夢見自己在登山，山上有淩空而起的高高宮闕，他問別人，別人告訴他：「這就是崑崙山。」過了一會兒，只見遠遠有幾個人在飲酒，招呼許渾就座，直到黃昏時方才作罷。這時候，來了一個美麗的女子拿著箋紙請他題詩，許渾還沒來得及寫，卻從夢中醒來了。隨後，許渾便吟了一首詩：「曉入瑤臺露氣清，庭中惟見許飛瓊。塵心未斷俗緣在，十里下山空月明。」又有一天，許渾再度夢見自己來到了山中，那位麗人見了，對他說：「你怎麼把我的名字題寫在人間了呢？」許渾遂將那句「庭中惟見許飛瓊」改為「天風吹下步虛聲」，麗人說道：「這就好了。」許渾才思翩翩，得到了仙女的愛慕，在夢境中向他表露出來，竟然到了這般奇妙的地步。昔日曹子建撰作〈洛神賦〉，人們認為都是虛幻的內容，因此也以為許渾說的是荒唐無據不可信的。沒過多久，許渾就去世了。他有詩集二卷，流傳至今。

【研析】許渾是晚唐詩人中的佼佼者，他寫的詩常常和他經歷過的浪漫故事聯繫在一起。除了遊仙詩之外，他寫的一些懷古詩也極為出色，澹遠清麗，又慷慨而發思古之幽情，引得後來好多人都喜歡效法他的作品，幾乎成為一種風氣了。

雍陶

陶，字國鈞，成都人。工於詞賦。少貧，遭蜀中亂後，播越❶羈旅，有詩云：「貧當多病日，閑過少年時。」大和八年陳寬榜進士及第，一時名輩，咸偉其作。然恃才傲睨，薄❷於親黨。其舅雲安❸劉欽之下第，歸三峽，卻寄陶詩云：「山近衡陽雖少雁，水連巴蜀豈無魚？」得詩頗愧赧，遂通問❹不絕。大中六年，授國子《毛詩》❺博士。與賈島、殷堯藩、無可、徐凝、章孝標友善，以琴樽詩翰相娛，留長安中。

大中末，出刺簡州❻，時名益重，自比謝宣城❼、柳吳興❽，國初諸人書奴❾耳。賓至，必佯佯❿挫辱。投贄⓫者少得通。秀才馮道明，時稱機捷，因罷舉請謁，紿⑫閽者⑬曰：「與太守有故⑭。」陶倒屣⑮，及見，呵責曰：「與足下素昧平生，何故之有？」馮曰：「誦公詩文，室邇人遠⑯，何隔平生。」吟陶詩數聯，如「立當青草人先見，行近白蓮魚未知。」又「閉門客到常如病，滿院花開未是貧。」又「江聲秋入峽，雨色夜侵樓。」等句。陶多⑰其慕己，厚贈遣之。自負如此。後為雅州⑱刺史，郭外有情盡橋，乃分袂⑲祖別⑳之所。因送客，陶怪之，遂於上立候館㉑，改名折柳橋，取古樂府〈折楊柳〉㉒之義。題詩曰：「從來只有情難盡，何事呼為情盡橋。自此改名為折柳，任它離恨一條條。」甚膾炙當時。竟辭榮㉓，閑居廬嶽，養痾㉔傲世，與塵事日冥矣。有《唐志集》五卷，今傳。

【注釋】❶播越　流亡；離散。❷薄　鄙薄。❸雲安　今四川雲陽。❹通問　互通音訊。❺毛詩　漢代毛公所傳《詩經》。❻簡州　治所為陽安，今四川簡陽。❼謝宣城　即南朝齊詩人謝朓，曾任宣城太守。❽柳吳興　即南朝梁詩人柳惲，曾任吳興太守。❾書奴　喻只會死讀書的人。❿佯佯　裝腔作勢。⓫投贄　進呈詩文或禮物以求見。⑫紿　欺騙。⑬閽者　看門人。⑭故　舊誼。⑮倒屣　倒穿鞋子，形容急於出迎客人的樣子。⑯室邇人遠　見於《詩經・鄭風》，喻居住得很近卻無從見面。⑰多　看重。⑱雅州　治所為嚴道，今四川雅安。⑲分衿　離別。⑳祖別　餞行。㉑候館　接待行旅賓客宿食的館舍。㉒折楊柳　《樂府詩集》有〈折楊柳〉詩多首，內容多為傷別或懷念遠行征人。㉓辭榮　逃避富貴榮華的生活。㉔養疴　養病。

【語譯】雍陶，字國鈞，成都人。雍陶擅長撰寫詩文辭賦。少年時代家境貧寒，又遇到蜀中地區發生戰亂，只得四處飄泊流浪，他曾在一首詩中這樣寫道：「貧當多病日，閑過少年時。」大和八年，與狀元陳寬同榜進士及第，當時的許多名流，對他的詩作都有很高的評價。然而雍陶仗恃自己有才華，對人態度非常傲慢，因此在親朋中很為大家鄙夷。他的舅舅雲安劉欽之考進士落榜，經過三峽回去的時候，寄了一首詩給雍陶，詩中有這樣的兩句：「山近衡陽雖少雁，水連巴蜀豈無魚？」雍陶讀了詩後，非常慚愧，於是和大家保持經常的聯繫，沒有中斷。大中六年，他被授予國子監的《毛詩》博士。雍陶與賈島、殷堯藩、無可、徐凝、章孝標等人關係很好，住在長安的時候，大家在一起彈琴飲酒，作詩撰文，彼此都覺得十分快樂。

大中末年，雍陶到簡州任刺史，這時候，他的名聲更大了，以謝宣城、柳吳興自居，同時認為唐朝初期幾位出名的詩人不過是書奴罷了。有客人來拜訪他，必定要裝腔作勢地加以一番批評乃至羞辱，向他進呈詩文禮物，希望得到他獎掖提拔的人極少能夠實現自己初衷的。有個秀才叫馮道明，當時以機智敏捷著稱，因為科舉考試失敗而前往拜謁雍陶，他欺騙看門的人說：「我和雍陶太守是舊日的老朋友。」雍陶聽了通報，興沖沖地迎了出來，見了面才知道自己上了當，責備他說：「我與你根本就不認識，怎麼說是老朋友呢？」馮道明說：「我誦讀先生的詩文時，感覺就像《詩經》中所說的「室邇人遠」，既很相近，又因無從見面而覺得很遙遠，所以不能說是從未見過面的了。」說罷，馮道明脫口吟誦了雍陶的幾聯詩句，像「立當青草人先見，行近白蓮魚未知。」又如「閉門客到常如病，滿院花開未是貧。」還有「江聲秋入峽，雨色夜侵樓。」等句子。雍陶很高興他竟然這麼仰慕自己，臨別的時候，還送了他很多禮物。雍陶就是這麼一個自負的人。後來，雍陶擔任了雅州刺史。雅州城外有一座情盡橋，為歷來人們離別餞行的地方。有一回雍陶在此送客，覺得這個名稱不妥當，便在此建起候館，又將橋名改為「折柳」，取古樂府裡〈折楊柳〉的含義。雍陶還為之題了一首詩：「從來只有情難盡，何事呼為情盡橋。自此改名為折柳，任它離恨一條條。」當時，這作為文壇上的一件美事而被人們傳誦一時。雍陶最終辭謝了富貴榮華的生活，安閒地居住在廬山，名為養病，實則十分輕視世俗社會，漸漸地與人世間的事務越來越不相干了。他有題名《唐志》的文集五卷，流傳至今。

【研 析】人們都不否認雍陶是一位富有才華的詩人，但是，他雖然出身貧寒，一登富貴之地，便傲視親朋，未免讓人對他有點看不慣了。倒是這位落第的舉子，原先只想為自己尋覓一條躋身詩壇的門徑，本來是有求於他，一番恭維有加之後，沒想到雍陶被他說得心花怒放，反倒還饋贈了一筆厚禮給他，無怪在當時要引為大家的笑談了。

賈馳

馳，大和九年鄭確榜進士。初負❶才質，蹭蹬❷名場❸。來往公卿間，擔簦躡屩❹，莫伸❺其志。嘗入關賦詩云：「河上微風來，關頭樹初濕。今朝關城吏，又見孤客入。上國誰與期，西來徒自急。」主司得聞，有憐才之意，遂放第。不甚顯宦。詩文俱得美聲。後來文士集中，多稱「賈先輩」，其名譽為時所重云。有集傳世。

【注　釋】❶負　懷。❷蹭蹬　困頓失意。❸名場　科舉考場。❹擔簦躡屩　簦，帶柄的斗笠，類似今天的傘。屩，草鞋。此句喻奔走遠行。❺伸　展開。

【語　譯】賈馳，大和九年，與狀元鄭確同榜進士及第。早些時候，賈馳雖然懷有才華以及很好的天賦，卻在科舉考場上一直不得意。於是，他奔走於名公巨卿之間，經常辛苦地走上很遠的路，也還是未能實現自己的理想。他曾在一次入關的時候，有感而賦詩道：「河上微風來，關頭樹初濕。今朝關城吏，又見孤客入。上國誰與期，西來徒自急。」主持考試的官員聽說了此事，產生了憐惜他懷才不遇的想法，就讓他進士及第了。賈馳沒有擔任過什麼顯要的官職，在作詩撰文上有著美好的聲譽，在後來一些文士的集子裡面，常見到稱他為「賈先輩」，據說他的名聲當時很為人看重的。賈馳有文集傳世。

伍喬

喬，少隱居廬山讀書，工為詩，與杜牧之同時擢第。初，喬與張洎❶少友善，洎仕為翰林學士，眷寵優異，喬時任歙州司馬，自傷不調❷，作詩寄洎，戒去僕曰：「俟張遊宴，即投之。」洎得緘云：「不知何處好銷憂，公退攜樽即上樓。職事久參侯伯幕，夢魂長達帝王州。黃山向晚盈軒翠，黟水❸含春繞郡流。遙想玉堂❹多暇日，花時誰伴出城遊？」洎動容久之，為言於上，召還為考功員外郎，卒官。今有詩二十餘篇，傳於世。

【注　釋】❶張洎　南唐時人，後入仕宋朝，此恐作者誤引。❷不調　未得升調官職。❸黟水　河水名，源出今安徽黟縣，流經歙縣，注入浙水。❹玉堂　翰林院代稱。

【語　譯】伍喬，少年時代隱居在廬山讀書，擅長寫詩，與杜牧同時進士及第。早些年，伍喬與張洎在小時候便是好朋友，張洎任職為翰林學士，很能得到皇上的眷顧和寵愛，而伍喬當時任歙州司馬，因為自己很長時間沒能夠升調官職，非常傷感，就寫了一首詩寄給張洎，並叮囑送去的僕人說：「你要趁張洎出去遊玩的時候再呈獻給他。」張洎收到後，打開一看，只見詩中寫道：「不知何處好銷憂，公退攜樽即上樓。職事久參侯伯幕，夢魂長達帝王州。黃山向晚盈軒翠，黟水含春繞郡流。遙想玉堂多暇日，花時誰伴出城遊？」臉上頓時露出了傷感的表情，好長時間都沒有回過神來。他向皇上講述了伍喬的情況，於是，伍喬被召回朝任考功員外郎。伍喬在任官期間去世了。現在還有他留下的二十餘篇詩流傳在世。

陳上美

上美，開成元年禮部侍郎高鍇❶放榜第二人登科。以詩鳴當時，間作悉佳製。論其骨格本峭❷，但少氣耳。有集今傳。

夫矻矻❸窮經，志在死而不亡者。天道良❹難，無固必也。或稱碩儒，而名偶身喪；或乃頹然，而青編❺不削。又若以位高金多，心寬體胖，而富貴驕人，文稱功業，黯黯則未若腐草之有螢也。今群居論古終日，其人既遠，骨已朽矣。幸而炤灼❻簡牘，未必皆揚雄、班、馬❼之流耳。於茲傳中，族匪聞望，官不隆重，俱以一詠爭長歲月者亦多，豈曰小道❽而忽之。設❾有白璧，入地不滿尺，出土無膚寸❿，雖卞和⓫憧憧⓬往來其間，不失者亦鮮矣。幸不幸之謂也。

【注釋】❶高鍇　開成元年（西元八三六年）以禮部侍郎知貢舉，後出任岳鄂觀察使。❷峭　峻峭；陡直。❸矻矻　勤勞不懈的樣子。❹良　很。❺青編　喻書籍。❻炤灼　照耀。❼揚雄班馬　揚雄，西漢著名辭賦家；班固和司馬遷分別為東漢和西漢的歷史學家兼文學家，受時代影響，他們都認為文學創作屬於經學之外的小道。❽小道　正統儒家對其本身學說以外的學問、技藝帶有貶義之稱謂。❾設　假如。❿膚寸　長度單位，一指寬為寸，四寸為膚。⓫卞和　春秋時期玉工，以善識玉著稱。⓬憧憧　往來不定。

【語譯】陳上美，開成元年，禮部侍郎高鍇主持貢舉時，以第二名的成績進士及第。陳上美當時以善於作詩而頗有名氣，不時撰有一些作品，篇篇都可稱為佳作。有評論認為，他寫的詩風骨峻峭，但氣勢稍嫌不足。陳上美有文集流傳至今。

傾注全部的精力鑽研經典，願望就是為了在自己身後，能留下永恆的東西流傳在世。可是天道也不是那麼簡單，沒什麼一成不變的。或許稱得上是有大學問的鴻儒，出了名卻丟了命；或者看起來命運不濟，可是書籍中偏偏留下了他的作品。又如以身居高位，財力雄厚，心寬體胖，富貴足以驕人者，他們留下的文字雖被稱為功業，其實黯淡無光，實在連腐草叢裡的螢火都不及。今天在一起成天議論的古人，他們距離我們今天已經十分久遠，屍骨都朽爛了。所幸記載史籍的人，未必都和揚雄、班固、司馬遷持同一的看法。在這些傳記裡，並非出身名門望族，也沒有很高的官職，都是憑藉自己一篇詩作而在流逝的歲月裡留下痕跡的人也有很多，豈能因為被稱為小道而忽略了呢！假如白玉淺淺地埋在不足一尺深的地下，要不了幾寸厚就會露出土來，雖然就是卞和在上面來來往往，被發現的機會也不會很多的。這就是所謂幸運和不幸運啊。

李商隱

商隱，字義山，懷州❶人也。令狐楚奇其才，使遊門下，授以文法，遇之甚厚。開成二年，高鍇知貢舉，楚善於鍇，獎譽甚力，遂擢進士，又中拔萃。楚又奏為集賢校理。楚出，王茂元❷鎮興元❸，素愛其才，表掌書記，以子妻之。除侍御史。茂元為李德裕黨，士流嗤❹謫❺商隱，以為詭薄❻無行❼，共排擯之。來京都，久不調。更依桂林❽總管❾鄭亞府為判官，後隨亞謫循州❿，三年始回。歸窮於宰相綯，綯惡其忘家恩，放⓫利偷合⓬，從小人之辟，謝絕殊不展分⓭。重陽日，因詣廳事，留題云：「十年泉下⑭無消息，九日⑮樽前有所思。」又云：「郎君官重施行馬⑯，東閣⑰無因許再窺。」綯見之惻⑱然，乃補太學博士。柳仲郢⑲節度東川，辟為判官。商隱廉介⑳可畏，出為廣州都督，人或袖金以贈，商隱曰：「吾自性分不可易，非畏人知也。」未幾，入拜檢校吏部員外郎。罷，客滎陽㉑，卒。

商隱工詩，為文瑰邁奇古，辭難事隱。及從楚學，儷㉒偶長短，而繁縟㉓過之。每屬綴，多檢閱書冊，左右鱗次，號「獺㉔祭魚」。而旨能感人，人謂其橫絕前後。時溫庭筠㉕、段成式㉖各以穠㉗致相誇。號「三十六體㉘」。後評者謂其詩「如百寶流蘇㉙，千絲鐵網，綺密瑰妍，要㉚非適用之具」，斯言信哉。

初得大名，薄遊㉛長安，尚希識面，因投宿逆旅㉜，有眾客方酣飲，賦〈木蘭花〉詩就，呼與坐，不知為商隱也。後成一篇云：「洞庭波冷曉侵雲，日日征帆送遠人。幾度木蘭船上望，不知元是此花身。」客問姓名，大驚稱罪。

時白樂天老退，極喜商隱文章，曰：「我死後，得為爾兒足矣。」白死數年，生子，遂以「白老」名之。既長，殊鄙鈍，溫飛卿戲曰：「以爾為侍郎後身，不亦忝㉝乎？」後更生子，名袞師，聰俊。商隱詩云：「袞師我嬌兒，英秀乃無匹。」此或其後身也。

商隱文自成一格，後學者重之，謂「西崑體㉞」也。有《樊南甲集》二十卷，《乙集》二十卷，《玉谿生詩》三卷。初自號玉谿子。又賦一卷，文一卷，並傳於世。

【注釋】❶懷州　治所為河內，今河南沁陽。❷王茂元　唐武宗時曾出任忠武、河陽節度使。❸興元　唐代府名，治所為南鄭，今陝西漢中。❹嗤　譏笑。❺謫　譴責。❻詭薄　虛偽；淺薄。❼無行　品行不端。❽桂林　唐代時為桂管經略觀察使治所，位於今廣西桂林。❾總管　統領一方軍政事務的長官。❿循州　治所為歸善，今廣東惠州東。⓫放　依據。⓬偷合　迎合。⓭展分　顧念情分。⓮泉下　泉間林下，本指山野生活，此喻未在朝任職。⓯九日　重陽節。⓰行馬　官署前設置的攔阻人馬通行的木製柵欄。⓱東閣　宰相府東向小門，喻相府延接客人之所。⓲惻　憂傷；同情。⓳柳仲郢　武宗時任京兆尹，宣宗朝由河南尹轉劍南東川節度使。

⑳廉介　清廉不苟取。㉑滎陽　唐代縣名，今河南滎陽。㉒儷　文辭對仗。㉓繁縟　繁密而華茂。㉔獺　一種生活在水邊的動物，以捕食魚類為生，相傳牠在捕得魚後，將魚陳列水邊，猶如祭祀，古人稱為獺祭魚。㉕溫庭筠　字飛卿，傳見本書卷八。㉖段成式　宣宗時曾任江州刺史，以詩文著稱，著有《酉陽雜俎》。㉗穠　繁盛美豔。㉘三十六體　相傳李、溫、段三人行第皆為十六，故有此稱。㉙流蘇　用五彩羽毛或絲線織成的穗子，用於裝飾。㉚要　大體而言。㉛薄遊　漫遊。㉜逆旅　旅館。㉝忝　羞辱；有愧於。㉞西崑體　北宋初期文人楊億等人將自己模仿李商隱、溫庭筠等人風格撰寫的詩歌編為《西崑酬唱集》，辭藻華美，文風綺麗，被後人稱為西崑體。

【語　譯】李商隱，字義山，懷州人。令狐楚覺得李商隱是個奇異難得的人才，就讓他受學於自己的門下，教他撰作文章的方法，待他非常優厚。開成二年，高鍇主持貢舉，令狐楚與他的關係很好，在他面前大力誇讚李商隱的才學，李商隱被取為進士，後來，又中了制舉書判拔萃科。令狐楚還上奏疏請任命李商隱為集賢校理。後來，令狐楚離開了朝廷，王茂元擔任興元節度使，他一直很愛重李商隱的才華，就上表請允許讓李商隱到自己手下擔任掌書記，還將女兒嫁給了他。李商隱後來被任命為侍御史。王茂元在政治上屬於李德裕的派系，士大夫們譏笑並譴責李商隱，認為他虛偽淺薄，品行不端，大家都排擠打擊李商隱。李商隱來到京都，很長時間都得不到升遷的機會，又去投靠在桂林任觀察使的鄭亞的幕下，當了判官。後來，隨著鄭亞一起被貶謫到循州，過了三年才得以回京。歸來後，走投無路，又去求宰相令狐綯，令狐綯非常反感李商隱不顧當年父親令狐楚對他的恩德，為了一點小利就去迎合小人，還聽從小人對他的徵召，於是拒絕和他見面，毫不念及過去的情分。重陽節那天，李商隱因到宰相辦公的廳堂辦事情，留題了一首詩，詩中說道：「十年泉下無消息，九日樽前有所思。」又云：「郎君官重施行馬，東閣無因許再窺。」令狐綯見了詩，生了憐憫之心，便讓李商隱補官任太學博士。柳仲郢出任東川節度使，徵召李商隱到幕府為判官。李商隱廉潔自律，令人敬畏，他出任廣州都督時，有人在袖中藏了黃金要送他，他說：「我天性如此，不可改易，不是因為怕別人知道才不收的。」沒過多久，李商隱回朝任檢校吏部員外郎。罷職之後，李商隱客居滎陽，就在那裡去世了。

李商隱擅長寫詩，運用文字瑰麗高超，奇特高古，文辭晦澀難解，用典曲折隱諱。他跟隨令狐楚學習之後，在文辭的對仗上偶有不如，而在鋪陳的繁盛和華麗上則超過了令狐楚。每當他撰寫文字時，要翻檢很多書籍，將書籍左右一一攤開，號稱「獺祭魚」，文字的內容則總是能夠打動人心，人們稱他的作品為橫絕前後，無人能夠超越。當時溫庭筠、段成式各自以文辭的濃豔稱譽一時，被人稱為「三十六體」。後來有人評論他的詩，說「如百寶流蘇，千絲鐵網，綺密瑰妍，要非適用之具」，這話說得很有道理啊。

李商隱在詩壇上獲得盛名不久，到長安漫遊，當時認識他的人還很少，就住在旅館裡面。有一群客人正興致很高地在一起飲酒，同時還以〈木蘭花〉為題賦詩，他們招呼李商隱一起就坐，也不知他就是李商隱。眾人作完詩之後，李商隱也賦了一篇，詩中寫道：「洞庭波冷曉侵雲，日日征帆送遠人。幾度木蘭船上望，不知元是此花身。」客人們一問姓名，大驚失色，連連說自己失禮。

當時，白居易已經上了年紀退休了。因為非常喜歡李商隱的文章，他曾說：「我死之後，假如能夠託身為李商隱的兒子，也就心滿意足了。」白居易去世幾年後，李商隱生了個兒子，就以

「白老」作為孩子的名字。白老長大後，極為愚蠢鄙陋，溫庭筠和他開玩笑說：「以你這個樣子為白侍郎的後身，豈不是要愧對他了嗎？」後來，李商隱又生了一個兒子，取名叫衮師，衮師非常聰明。李商隱在一首詩裡說：「衮師我嬌兒，英秀乃無匹。」他也許是白居易的後身吧。李商隱的文字風格自成一體，後來學寫詩文的人都非常看重，稱之為「西崑體」。他有《樊南甲集》二十卷、《乙集》二十卷、《玉谿生詩》三卷。他早些年自號玉谿子。另外還有賦一卷，文一卷，都流傳在世。

【研　析】李商隱的詩以詞藻綺麗著稱，又喜歡在詩中用典故，人們認為就像古錦上織就的斑斕圖案，錯落有致，美麗而絢爛。也許他的某些詩意過於隱晦，不能完全為人理解，卻仍具有一種強烈的吸引力。在唐代的眾多詩人中，李商隱無疑是對後世影響最大的人，北宋初期的西崑體詩人，就是將李商隱的作品奉為自己風格上的效仿對象。

喻鳧

鳧，毗陵人，開成五年李從實榜進士，仕為烏程縣令。有詩名。晚歲變雅，鳧亦風靡❶，專工小巧，高古之氣掃地，所畏者務陳言之是去耳。後來才子，皆稱「喻先輩」，向慕❷之情足見也。同時薛瑩亦工詩。

鳧詩一卷，瑩詩《洞庭集》一卷，今並傳。

【注釋】❶風靡　隨風傾倒。❷向慕　嚮往、羨慕。向，通「嚮」。

【語譯】喻鳧，毗陵人，開成五年，與狀元李從實同榜進士及第，任官為烏程縣令。喻鳧在寫詩上有一些名聲，唐代後期詩風發生了變化，喻鳧也受到風氣的影響，專門在細緻精巧上下工夫，高雅古樸的風格一去而空，所留意的只是不要重複別人的詞句罷了。後來的才子都稱他為「喻先輩」，完全可見他們對喻鳧的嚮往和羨慕之心。與他同時的薛瑩也擅長寫詩。喻鳧的詩一卷，薛瑩的《洞庭集》一卷，今天都還在流傳。

薛逢

逢，字陶臣，蒲州人。會昌元年，崔峴榜第三人進士。調萬年尉。未幾，佐河中❶幕府。崔鉉❷入相，引直弘文館❸。歷侍御史、尚書郎。持論鯁切❹，以謀略高自顯。布衣中，與劉瑑❺交，而文辭出逢下，常易❻瑑，及當國，有薦逢知制誥者，瑑猥言❼先朝以兩省❽官給事、舍人治州縣乃得除，逢未試州，不可。乃出為巴州⑨刺史。

初及第，與楊收⑩、王鐸⑪同年，而逢文藝最優。收輔政，逢有詩云：「誰知金印⑫朝天客，同是沙堤⑬避路人。」收銜之，斥為蓬⑭、綿⑮二州刺史。及鐸相，逢又賦詩云：「昨日鴻毛萬鈞重，今朝山嶽一毫輕。」鐸怒。中外亦鄙逢褊⑯傲。遷祕書監。卒。

逢晚年岨峿⑰宦途，嘗策羸赴朝，值新進士榜下，綴行而出，呵殿⑱整然，見逢行李⑲蕭條，前導曰：「迴避新郎君！」逢囅⑳然，因遣一介語之曰：「報道莫貧相㉑，阿婆三五少年時，也曾東塗西抹來。」其人辟易㉒。

逢天資本高，學力亦贍，故不甚苦思，而自有豪逸之態。第長短皆率然㉓而成，未免失淺露俗。蓋亦當時所尚，非離群絕俗之詣㉔也。夫道家三寶，其一「不敢為天下先」，前人者孰肯後之？加㉕人者孰能受之？觀逢恃才怠傲，恥在喧卑㉖，而喋喋脣齒，亦猶惡㉗醉而強酒也。

累擯遠方，寸進尺退，至龍鍾㉘而自憤不已，蓋禍福無不自己求者焉。有《詩集》十卷，又《別紙》十三卷，《賦集》十四卷，今並行。

【注釋】❶河中 節度使名，治所為蒲州，今山西永濟西。❷崔鉉 武宗會昌末年罷相，宣宗大中年間再度入朝任相。❸弘文館 門下省下屬機構，掌校正圖籍，教授學生，並參議朝廷制度禮儀的改革，館內置學士。❹鯁切 耿直切要。❺劉瑑 宣宗朝歷任刑部侍郎、河東節度使等，大中年間入朝為相。❻易 輕視。❼猥言 沒有根據地隨便說。❽兩省 中書、門下省。❾巴州 治所化城，今四川巴中。❿楊收 懿宗朝以中書侍郎同平章事。⓫王鐸 懿宗朝以禮部尚書同中書門下平章事。⓬金印 宰相、將軍等二品以上官印。⓭沙堤 唐代凡拜相，須在宰相宅到子城東街令民載沙鋪路。⓮蓬 蓬州，治所為大寅，今四川儀隴。⓯綿 綿州，治所為巴西，今四川綿陽。⓰褊 尖刻。⓱岨峿 抵觸，喻官運不通。⓲呵殿 前呼後擁的隨行人員。⓳行李 唐代官府裡導從之人。⓴囅 笑的樣子。㉑貧相 貧而暴富後仍露出寒磣相。㉒辟易 驚退。㉓率然 隨意。㉔詣 到達的境界。㉕加 侵凌。㉖喧卑 喧鬧，喻低下的地位。㉗惡 害怕；討厭。㉘龍鍾 老年。

【語譯】薛逢，字陶臣，蒲州人。會昌元年，與狀元崔峴同榜，以第三名的成績進士及第。授官萬年縣縣尉。沒過多久，到河中節度使幕府任僚佐。崔鉉入朝為相後，引薦薛逢任弘文館學士。相繼擔任侍御史、尚書郎等職。薛逢議論時事耿直而能切中要害，也常常以謀略高明而自我標榜。薛逢未做官之前，就與劉瑑有來往，劉瑑在文辭方面不如薛逢，所以，薛逢常常對他露出鄙夷的神色。等劉瑑執掌國政後，有人推薦薛逢擔任知制誥一職，劉瑑隨意說：前朝的習慣做法，對於兩省郎官擔任給事、舍人一級的職務，須有治理州縣的經歷，方可除授。薛逢沒有治理過州縣，不可授此職。於是，就任命他為巴州刺史。

當初，薛逢是和楊收、王鐸同一年進士及第的，三人中薛逢的文才最為出色。楊收任宰相後，薛逢在一首詩裡寫道：「誰知金印朝天客，同是沙堤避路人。」楊收對此很不高興，就讓薛逢先後貶任蓬州和綿州的刺史。等王鐸做了宰相，薛逢又在一首詩裡寫道：「昨日鴻毛萬鈞重，今朝山嶽一毫輕。」王鐸非常生氣，朝內外的士大夫們為此也很鄙視薛逢這種尖刻傲慢的態度。薛逢遷祕書監後，就去世了。

薛逢晚年在仕途上一直受阻，他曾一次趕著瘦弱的坐騎上朝去，正趕上新錄取的進士們放榜下來，一個接一個地排著隊出來，前呼後擁的隨行人員森然有序。看到為薛逢引導開路的人一副零落寂寞的樣子，前面引導的人就對薛逢喊道：「給新郎君讓路。」薛逢臉上露出了笑容，讓隨行的一個人上前對他說：「報道的人別露出貧相啊，阿婆十五歲時，也曾經東塗西抹過的呀。」那人聽了，大吃一驚地退了下去。

薛逢天資本來就高，學識又豐富，所以不怎麼費神苦思，寫出來的詩裡就有一種豪邁放逸的神態。但他的各類作品都是十分隨意寫成的，免不了有失於膚淺或未能擺脫俗氣的地方。也許這就是當時流行的風氣，沒有能夠到達超凡脫俗的境界吧。道家有被稱作三寶的，其中之一就是「不敢為天下先」，你走在了別人的前面，那誰願意跟在你後頭呢？凌辱人的種種作為，誰能忍受下來呢？我們看薛逢他仗恃自己有才能，就對別人傲慢無禮，以身處低位而覺得恥辱，嘴裡還不停地數落別人，就像討厭醉酒又要勉強多飲一樣呀。幾次被貶謫到邊遠地方，進了一寸，卻又後退了一尺，到老了還為自己憤憤不平，其實，禍福還不都是自己招來的嗎！

薛逢有《詩集》十卷，又有《別紙》十三卷，《賦集》十四卷，今天都流行於世。

【研析】就才能而言，薛逢不為不高，而且，他也算不上遭遇過太大的變故，然官運卻實在不佳，個中原因，還是自己鋒芒太露，再加上胸襟太窄，總是憤世嫉俗的關係吧。到了老年，他還常常為自己的身世憤憤不平，雖說人生有走運不走運的區別，這樣看來，多少也有一些個人的因素在裡面吧。

趙嘏

嘏，字承祐，山陽❶人。會昌四年鄭言榜進士。大中中，仕為渭南尉。一時名士大夫極稱道之。卑宦頗不如意。宣宗雅知其名，因問宰相：「趙嘏詩人，曾為好官否？可取其詩進來！」讀其卷首〈題秦詩〉云：「徒知六國隨斤斧❷，莫有群儒定是非。」上不悅，事寢。嘏嘗早秋賦詩曰：「殘星數點雁橫塞，長笛一聲人倚樓。」杜牧之呼為「趙倚樓」，賞嘆之也。又初有詩，落句❸云：「早晚粗酬身事了，水邊歸去一閑人。」仕途屹兀❹，豈其讖也！

嘏豪邁爽達，多陪接卿相，出入館閣，如親屬。然能以書生令遠近知重，所謂「一日名動京師，三日傳滿天下」，有自來矣。命沾仙尉❺，追蹤梅市❻，亦不惡耳。

先嘏家浙西❼，有美姬溺愛。及計偕❽，留侍母。會中元❾遊鶴林寺，浙帥窺見悅之，奪歸。明年嘏及第，自傷賦詩曰：「寂寞堂前日又曛，陽臺❿去作不歸雲。當時聞說沙吒利⓫，今日青娥屬使君。」帥聞之，殊慘慘⓬，遣介送姬入長安。時嘏方出關，途次橫水⓭驛，於馬上相遇，姬因抱嘏痛哭；信宿而卒，遂葬於橫水之陽。嘏思慕不已，臨終目有所見，時方四十餘。

今有《渭南集》及《編年詩》二卷。悉取十三代史⓮事迹，自始生至百歲，歲賦一首、二首，總得一百一十章。今並行於世。

【注釋】❶山陽　唐縣名，今安徽淮安。❷斤斧　斧頭。❸落句　最末的句子。❹屹兀　不通。❺仙尉　漢代梅福任南昌縣尉，後棄家成仙，後世遂以仙尉為縣尉的美稱。❻梅市　梅福棄家成仙後，有人見他在會稽為吳市看門人，後人稱梅市。❼浙西　唐代方鎮名，德宗後治所為潤州，今江蘇鎮江。❽計偕　舉人赴會試。❾中元　七月十五。❿陽臺　傳說中男女合歡之所。⓫沙吒利　唐肅宗時蕃將，曾將詩人韓翃的愛姬奪為己有。⓬慘慘　憂悶的樣子。⓭橫水　位於陝西鳳翔東，今曰漬水。⓮十三代史　唐人將《史記》至《隋史》共十三種紀傳體斷代史稱為十三史。

【語譯】趙嘏，字承祐，山陽人。會昌四年，與狀元鄭言同榜進士及第。大中年間，任職為渭南縣縣尉。當時，一些著名的士大夫對趙嘏評價十分高。趙嘏因為官職很低，自己覺得很不如意。宣宗對趙嘏的名字十分熟悉，於是問宰相說：「趙嘏這個詩人，曾做過什麼好官沒有？可以把他寫的詩送上來看看。」當讀到卷首〈題秦詩〉中說「徒知六國隨斤斧，莫有群儒定是非。」時，宣宗很不高興，提拔他的事情也不再提起了。趙嘏曾在早秋時節賦詩道：「殘星數點雁橫塞，長笛一聲人倚樓。」杜牧稱他為「趙倚樓」，是因為太讚賞這句詩了。另外，趙嘏早年有一首詩，末尾兩句是「早晚粗酬身事了，水邊歸去一閑人。」他在仕途上很不順暢，莫非就是所謂的「詩讖」麼！

趙嘏性格豪邁爽朗，經常陪接公卿將相等高官，出入館閣，就像是他們的親戚似的。能夠以一個書生的身分，讓遠近都知道他，所謂「一日名動京師，三日傳滿天下」，有他的道理的。命中注定他做縣尉之類的官，精神上又嚮往和追求棄官歸隱的生活，也不算太差了吧。

早些時候，趙嘏家住在浙西節度使治所所在的潤州，他有一個美貌的妾，非常喜愛她。當趙嘏赴京趕考時，便留她在家裡侍奉母親。正值中元節，她到鶴林寺去遊玩的時候，浙西節度使看到她了，十分喜歡她，於是，就把她搶到自己的府第中。第二年，趙嘏進士及第後，想起這件事來，非常傷感地賦了一首詩，詩中寫道：「寂寞堂前日又曛，陽臺去作不歸雲。當時聞說沙吒利，今日青娥屬使君。」節度使聽說了此事，十分不安，就派人把趙嘏的愛妾送到長安去。當時，趙嘏正好有事出關，途經橫水驛，兩人在馬上相見，愛妾抱著趙嘏痛哭起來，兩天後就去世了。於是，就把她安葬在橫水南邊。趙嘏一直思念著他的愛妾，臨終前眼前還彷彿看到了她，當時，他才四十來歲。

現在留有趙嘏的《渭南集》，以及《編年詩》二卷，都是取自十三代史的史事，他從自己出生至去世前，每年賦一首、二首，一共有一百十章，今天都流行於世。

【研析】因為一句「長笛一聲人倚樓」而博得了「趙倚樓」的雅號，足見趙嘏的詩才在當時就得到很多人的激賞。這反映了人們對他才華的一種肯定，甚至可以說是對他所具有的詩人靈感的傾倒。今天看起來，較之帝王或者王公大人的一時賞識，這種雅號的意義要大得多了。趙嘏又是一個多情的文人，一段與愛姬的生死之戀，千載之下，讀之仍令人悵然。

薛能

能，字太拙，汾州❶人。會昌六年狄慎思榜登第。大中末，書判入等中選，補盩厔❷尉。辟太原❸、陝虢❹、河陽❺從事，李福❻鎮滑臺❼，表置觀察判官。歷御史、都官、刑部員外郎。福徙帥❽西蜀❾，奏以自副。咸通❿中，攝嘉州⓫刺史。造朝，遷主客、度支、刑部郎中，俄為同州⓬刺史、京兆大尹⓭。出帥感化⓮，入授工部尚書。復節度徐州，徙鎮忠武⓯。廣明⓰元年，徐軍戍㵐水⓱，經許，能以軍多懷舊，惠館⓲待於城中。許軍懼見襲，大將周岌乘眾疑怒，因為亂，逐能據城，自稱留後⓳。數日，殺能並屠其家。

能治政嚴察，絕請謁。耽癖於詩，日賦一章為課。性喜凌人，格律⓴卑㉑卑，亦無甚高論。嘗以第一流自居，罕所拔拂㉒。時劉得仁擅雅稱，持詩卷造能，能以句謝㉓云：「千首如一首，卷初如卷終。」蓋譏其無變體也。量㉔人如此，非厚德君子。

晚節尚浮屠，奉法唯謹。資性傲忽，又多佻輕㉕忤世。及為藩鎮，每㉖易武吏。嘗命其子屬櫜鞬㉗，雅㉘拜新進士，或問其故，曰：「渠消弭災咎㉙耳。」今有集十卷，及《繁城集》一卷傳焉。

【注　釋】❶汾州　治所為河西，今山西汾陽。❷盩厔　唐代縣名，今陝西周至。❸太原　即河東節度使代稱，治所在太原。❹陝虢　陝虢觀察使，治所在陝州，今河南陝縣。❺河陽　河陽節度使，治所在孟州，今河南孟縣。❻李福　歷任義成、劍南西川節度使，僖宗朝時出任山南東道節度使。❼滑臺　臺，喻宰輔重臣，此指義成軍節度使，因治所在滑州，故稱。❽帥　任節度使。❾西蜀　即唐代劍南西川節度使，治所為成都。❿咸通　唐懿宗年號（西元八六〇－八七四年）。⓫嘉州　治所為嘉州，今四川樂山。⓬同州　治所為馮翊，今陝西大荔。⓭大尹　即京兆尹正職。⓮感化　感化軍節度使，治所為徐州，今江蘇徐州。⓯忠武　忠武軍節度使，治所為許州，今河南許昌。⓰廣明　唐僖宗年號（西元八八〇－八八一年）。⓱溵水　唐縣名，位於今河南周口。⓲館止宿；駐紮。⓳留後　官職名，唐代後期節度使去世後，多由子姪或親信繼承，稱留後，亦有叛軍逐殺節度使後自立留後。⓴格律　作詩時在對仗、平仄、押韻等方面的格式要求。㉑卑　水平低下。㉒拔拂　獎掖；提拔。㉓謝　拒絕。㉔量　評價。㉕佻輕　輕率。㉖每　經常。㉗櫜韃　置放箭和弓的盛器。㉘雅　規範。㉙災咎　災禍。

【語　譯】薛能，字太拙，汾州人。會昌六年，與狀元狄慎思同榜進士及第。大中末年，在以書判選人時入選，補官盩厔縣尉。薛能曾先後應徵召在河東節度使、陝虢觀察使和河陽節度使幕府中任從事，李福任義成軍節度使時，上表請求允許讓薛能擔任他手下的觀察判官。薛能先後擔任了御史、都官、刑部員外郎等職。李福後來調任劍南西川節度使，又奏請朝廷允許以薛能為自己的副手。咸通年間，薛能曾代理嘉州刺史的職務。回到朝廷後，改官主客、度支和刑部郎中。不久，擔任了同州刺史、京兆尹。薛能曾出任感化軍節度使，回朝後授官工部尚書。再出任徐州節度使，調任忠武軍節度使。廣明元年，徐州節度使的軍隊前往溵水駐防，經過許州，薛能因為這些軍人大多為舊日部屬，很周到地安排他們在城裡住了下來，許州駐軍害怕自己遭到他們的襲擊，大將周岌利用大家疑懼和憤怒交集的心理，乘機發動叛亂，趕走了薛能，佔據了許州城，自稱為節度使留後。幾天後，他們又殺了薛能，並把他全家人都殺害了。

薛能在政事治理上嚴厲苛察，杜絕一切拜會說情的現象。他對作詩極有興趣，每天都要賦詩一篇，就像做功課一樣。薛能生性喜歡事事壓過他人，自己在作詩的格律上卻並不出色，見解也未見得有何高明的地方。他一直以第一流的詩人自居，極少提拔誇獎他人。當時劉得仁以善於寫詩著稱，他曾帶著自己的詩卷前來拜訪薛能，請他批評，薛能卻用兩句話辭絕道：「千首如一首，卷初如卷終。」大概是譏笑他寫的詩沒什麼變化吧。這樣評價別人，不是一個厚道有德的君子啊。

薛能晚年篤信佛教，十分認真地奉行佛法。他天性自大而疏忽，行事輕率，不大顧及眾人的看法。當他任藩鎮的時候，經常撤換下面的武官。他曾要他的兒子背著盛放弓箭的櫜鞬，一本正經地拜見新進士，有人問他這有什麼緣故，薛能回答說：「他是要消解災禍罷了。」薛能現在有詩集十卷，和《繁城集》一卷流傳在世。

【研 析】終其一生，薛能都是在官場上奔逐，卻又愛詩成癖，每天都要給自己安排一段功課來做，這在詩人輩出、吟詩成風的唐代，也不算十分奇特的現象吧。薛能雖然為政清明，對詩歌的評判卻似乎有點過於偏執，再看他平時的作為，似乎也有一點怪異，在眾多詩人中間，稱得上是一個另類了。

李宣古

宣古，字垂後，澧陽❶人。會昌三年盧肇榜進士。又試中宏詞。工文，極俊，有詩名。性詼浪，多所譏誚。時杜悰❷尚主，出守澧陽，宣古在館❸下，數陪宴賞，諧慢❹既深，悰不能忍，忿其戲己，辱之，使臥於泥中，衣冠顛倒。長林公主素惜其才，勸曰：「尚書獨不念諸郎學文？侍士如此，那得平陽❺之譽乎？」遣人扶起，更以新服，赴中座，使宣古賦詩。謝曰：「紅燈初上月輪高，照見堂前萬朵桃。觱栗❻調清銀字管，琵琶聲亮紫檀槽❼。能歌姹女❽顏如玉，解飲❾蕭郎❿眼似刀。爭奈夜深拋耍令，舞來挼⓫去使人勞。」杜公賞之。後悰二子裔休、孺林皆中第，人曰：「非母賢待師，不足成其子。」今諸集中往往載其作，有英氣，調頗清麗，惜不多見。

竟薄命無印綬之譽，落莫⑫自終。弟宣遠亦以詩鳴，今傳者可數也。

【注釋】❶澧陽　唐縣名，為澧州治所，位於今湖南澧縣東南。❷杜悰　德宗朝宰相杜佑之孫，娶憲宗女岐陽公主為妻，出守澧州，後兩度拜相。❸館　賓客、幕僚所居，亦可指教孩子讀書的家塾。❹諧慢　有失恭敬的玩笑。❺平陽　平陽公主，唐高祖李淵女，出嫁後，於隋朝末年募兵回應李淵反隋。❻觱栗　以竹子為管製成的一種吹奏樂器，原出自西域龜茲國。❼槽　琵琶上架絃的格子。❽姹女　少女。❾解飲　能飲。❿蕭郎　古代常代指女子所戀的男子。⓫挼　揉搓。⓬落莫　冷落寂寞。

【語譯】李宣古，字垂後，澧陽人。會昌三年，與狀元盧肇同榜進士及第。後來，他又參加制科考試，中博學宏詞科。李宣古擅長寫文章，極有才氣，作詩也有名聲。他生性喜歡開玩笑而又不拘小節，經常要譏諷嘲笑別人。當時，杜悰娶了公主後，出任澧陽刺史，李宣古是他家裡的賓客，教主人的孩子讀書，杜悰在請客的酒宴上，多次請他一起陪席。李宣古拿別人開玩笑時，既有失恭敬，又往往十分刻薄，杜悰實在忍不住了，對他把自己當作調侃的對象十分生氣，就對李宣古加以羞辱，讓他躺在泥地上，衣服帽子弄得淩亂不堪。長林公主一向愛惜他的才華，就勸杜悰說：「尚書就不想想幾個孩子在學作文章嗎？這樣對待文士，我怎麼會有平陽公主那樣的聲譽呢？」杜悰派人把李宣古扶了起來，換上了新衣服，回到席間，要他賦詩。李宣古表示了謝意，吟誦道：「紅燈初上月輪高，照見堂前萬朵桃。觱栗調清銀字管，琵琶聲亮紫檀槽。能歌姹女顏如玉，解飲蕭郎眼似刀。爭奈夜深拋耍令，舞來挼去使人勞。」杜悰十分欣賞這首詩。後來，杜悰的兩個兒子裔休、儒休都考取進士及第，人們說：「如果不是做母親的這麼禮待老師，孩子不會取得今天的成就。」今天的詩文集中常常收入了李宣古的作品，確實有一種英俊之氣，格調也十分清麗，可惜不是很多。

李宣古最終命運不是很好，他沒能得到官爵上的封賞，冷落寂寞地度過了一生。他的弟弟宣遠，也因為善於作詩而有一些名聲，流傳到今天的作品不多了。

姚鵠

鵠，字居雲，會昌三年禮部尚書王起下進士。多出入當時好士公卿席幕，然吏才文價❶，俱不甚超。一名僅爾流播，亦多幸矣。詩一卷，今傳。

【注釋】❶文價　詩文的聲價。

【語譯】姚鵠，字居雲，會昌三年，禮部尚書王起主持貢舉時進士及第。姚鵠經常出入當時喜歡接納文士的公卿貴族的幕府，可是他處理政務的才幹，以及在詩文方面的聲譽，都不怎麼出眾。一個人的名聲僅這樣就能得以流傳，也算是非常幸運的了。姚鵠有詩集一卷，流傳到了今天。

項斯

斯，字子遷，江東人也。會昌四年王起下第二人進士。始命潤州丹徒❶縣尉，卒於任所。開成之際，聲價藉❷甚，特為張水部所知賞，故其詩格頗與水部相類，清妙奇絕。鄭少師❸薰贈詩云：「項斯逢水部，誰道不關情。」斯性疏曠，溫飽非其本心。初，築草廬於朝陽峰前，交結淨者❹，盤礴❺宇宙❻，戴蘚花冠，披鶴氅❼，就松陰，枕白石，飲清泉，長哦細酌，凡如此三十餘年。晚污❽一名，殊屈清致❾。其警聯如「病嘗山藥遍，貧起草堂低。」如「客來因月宿，床勢向山移。」〈下第〉云：「獨存過江馬，強拂看花衣。」〈病僧〉云：「不言身後事，猶坐病中禪。」又「湖山萬疊翠，門樹一行春。」又「一燈愁裡夢，九陌病中春。」如「月明古詩客初到，風度閑門僧未歸。」〈宮人入道〉

云：「將敲碧落新齋磬，卻進昭陽⑩舊賜箏。」之類，不一而足，當時盛稱。楊敬之祭酒贈詩云：「幾度見君詩總好，及觀標格⑪過於詩。平生不解藏人善，到處逢人說項斯。」其名以此益彰矣。集一卷，今行。

【注釋】❶丹徒　唐代潤州治所，今江蘇鎮江。❷藉　盛；多。❸鄭少師　鄭薰，咸通年間入朝任太常少卿等，後官至尚書左丞，以太子少師致仕。❹淨者　僧人。❺盤礴　又開腿很隨意地坐著。❻宇宙　天地間。❼鶴氅　用鳥羽為裘製成的外套，亦泛指道士穿的袍子。❽污　玷污。❾清致　清高的情懷。❿昭陽　漢武帝時後宮名。⓫標格　人的風貌。

【語譯】項斯，字子遷，江東人。會昌四年，王起主持貢舉時，以第二名的資格進士及第。剛任命他為潤州丹徒縣尉不久，就在任上去世了。開成年間，項斯的聲譽很高，尤其被水部員外郎張籍所欣賞，所以，他寫的詩，在風格上與張籍十分相似，清新美妙，無以復加。太子少師鄭薰在贈給他的一首詩中說：「項斯逢水部，誰道不關情。」項斯天性豪放豁達，衣食溫飽之類的俗事根本不在他的心上。早些年，他在朝陽峰前建起了草廬，與一些僧人結為朋友，在天地自然間一派愜意放鬆，頭戴苔蘚花冠，披著鶴羽製成的大氅，來到松樹蔭下，頭枕白石，飲著清泉水，大聲吟哦詩歌，忽而又細細斟字酌句，這樣的生活前後有三十來年。晚年為求一名而被玷污，使他原本清高的情懷大受委屈了。他的一些意味深遠的詩句，如「病嘗山藥遍，貧起草堂低。」又如「客來因月宿，床勢向山移。」在題名〈下第〉的詩中寫道：「獨存過江馬，強拂看花衣」。在〈病僧〉中如「不言身後事，猶坐病中禪。」又如「湖山萬疊翠，門樹一行春。」又「一燈愁裡夢，九陌病中春。」如「月明古詩客初到，風度閑門僧未歸。」他在題名〈宮人入道〉的詩中寫道：「將敲碧落新齋磬，卻進昭陽舊賜箏。」之類，不一而足，當時很受到人們的讚美。楊敬之祭酒在贈給項斯的詩中說道：「幾度見君詩總好，及觀標格過於詩。平生不解藏人善，到處逢人說項斯。」項斯的名聲因此就更大了。項斯有詩集一卷，流傳至今。

【研析】「到處逢人說項斯」，如今，「說項」一詞，已經成了意喻說好話的典故了。以才能而言，項斯確乎其才，他的詩奇妙絕倫，長年隱居在山間，枕白石，飲清泉，自有一種清雅不凡的氣度。大概人們太熱愛他的緣故吧，以致他後來接受了區區縣尉一職，竟被後人認為是世俗的功名玷污了他的名聲。

馬戴

戴，字虞臣，華州❶人。會昌四年左僕射王起下進士。與項斯、趙嘏同榜，俱有盛名。初應辟佐大同❷軍幕府，與賈島、許棠❸唱答。苦家貧，為祿代耕。歲廩❹殊薄，然終日吟事，清虛❺自如。〈秋思〉一絕曰：「萬木秋霖後，孤山夕照餘。田園無歲計，寒近憶樵漁。」調率如此。後遷國子博士，卒。

戴詩壯麗，居晚唐諸公之上，優遊不迫，沉著❻痛快，兩不相傷，佳作也。早耽幽趣，既鄉里當名山，秦川❼一望，黃埃❽赤日，增起凌雲❾之操。結茅堂玉女洗頭盆❿下，軒窗甚僻，對懸瀑三十仞⓫，往還多隱人。誰謂白頭從宦，俸不醫貧，徒與猿鶴之誚，不能無也。有詩一卷，今傳。

【注　釋】❶華州　今陝西華陰。❷大同　即大同都團練使，治所在雲州，今山西大同。❸許棠　傳見本書卷九。❹廩　官府供給的糧食，喻俸祿。❺清虛　清淨虛無。❻沉著　深沉含蓄。❼秦川　泛指陝西、甘肅秦嶺以北的平原地帶。❽埃　土。❾凌雲　飛天成仙。❿玉女洗頭盆　華山玉女祠前的五個石臼，內有水清澄。⓫仞　古代七尺或八尺為一仞。

【語　譯】馬戴，字虞臣，華州人。會昌四年，左僕射王起主持貢舉，進士及第。馬戴與項斯、趙嘏為同榜進士，三人在當時名聲都很高。馬戴早些年應邀入大同軍幕府為幕僚，和賈島、許棠有酬唱之作。他為家境貧困所苦，不得已用做官的俸祿代替耕作來養家。一年的俸祿很有限，然而他吟詩作文，很自在地過著清淨虛無的生活。他的一首題名〈秋思〉的絕句這樣寫道：「萬木秋霖後，孤山夕照餘。田園無歲計，寒近憶樵漁。」他寫的詩格調大致都是這樣的。馬戴升任國子監博士，後來，就去世了。

馬戴寫的詩宏偉瑰麗，居於晚唐諸多詩人之上。他的詩優遊不迫，同時又深沉而令人覺得暢快，兩種看似不同的風格兼而有之，真是好詩啊。早年沉溺於隱居幽處的趣味裡，家鄉就面對著天下著名的華山，遠望秦川，黃土紅日，更激起了飛天成仙的欲望。馬戴在華山玉女洗頭盆下建起了茅舍，窗戶外一片僻靜，面對著的是那從崖間高高飛下來的流瀑，來來往往的多半是山間的隱士。有人說過，頭髮白了還在做官，所得的俸祿又不足以解除生活上的貧困，只會得到山間猿猴仙鶴們的嘲笑，免不了要這樣啊。馬戴有詩集一卷，流傳至今。

【研析】馬戴的詩作，後世有人認為可以算晚唐第一家。他的生活境況很不好，卻能夠做到不為世俗功名利祿所誘，始終保持自己在精神上的追求，過著一種清淨無為的生活。讀他的詩句，讓人很自然地聯想到了東晉時期的田園詩人陶淵明。當舉世都在利益驅動之下而惶惶不安的時候，馬戴的詩就像一帖清涼劑般，促使我們對人生的意義重新加以一番思考。

孟遲

遲，字遲之，平昌❶人。會昌五年易重榜進士。有詩名，尤工絕句，風流嫵媚，皆宮商❷金石之聲。情與顧非熊❸甚相得，且同年。有詩一卷，行於世。

【注釋】❶平昌　位於今山東商河西北。❷宮商　五音中的宮、商二音，喻音樂、韻律。❸顧非熊　傳見本卷。

【語譯】孟遲，字遲之，平昌人。會昌五年，與進士易重同榜進士。孟遲寫詩有名聲，特別擅長寫絕句，格調風流嫵媚，韻律中充滿鏗鏘悅耳的鐘磬之音。孟遲與顧非熊在感情上十分投合，兩人還是同一年進士及第的。孟遲有詩集一卷，流行於世。

任蕃

蕃，會昌間人，家江東，多遊會稽、苕、霅❶間。初亦舉進士之京，不第。榜罷進謁主司曰：「僕本寒鄉之人，不遠萬里，手遮赤日，步來長安，取一第榮父母不得。侍郎豈不聞江東一任蕃，家貧吟苦，忍令其去如來日也？敢從此辭，彈琴自娛，學道自樂耳。」主司慚，欲留不可得。

歸江湖，專尚❷聲調❸。去遊天台巾子峰，題寺壁間云：「絕頂❹新秋生夜涼，鶴翻松露滴衣裳。前峰月照一江水，僧在翠微開竹房。」既去百餘里，欲回改作「半江水」，行到題處，他人已改矣。後復有題詩者，亡其姓名，曰：「任蕃題後無人繼，寂寞空山二百年。」才名類是。凡作必使人改視易聽，如〈洛陽道〉云：「憧憧洛陽道，塵下生春草。行者豈無家，無人在家老。雞鳴前結束❺，爭去恐不早。百年路傍盡，白日車中曉。求富江海狹，取貴山嶽小。二端立在途，奔走何由了。」想蕃風度❻，此不足舉其梗概。有詩七十七首，為一卷，今傳非全文矣。

【注釋】❶霅　霅溪，在浙江吳興，流入太湖。❷尚　愛好。❸聲調　詩文的音韻節奏，喻詩文的寫作。❹絕頂　山的最高峰。❺結束　整治行裝。❻風度　氣概，風致神韻。

【語譯】任蕃，會昌年間的人，家住在江東，經常遊歷在會稽、苕、霅一帶。早些年，任蕃也曾經到長安參加進士考試，未能及第，放榜以後，他前去拜訪主持貢舉的官員說：「我本來是生活在偏僻地方的人，不遠萬里，用手擋住太陽光的炙烤，步行來到長安，想取得一個進士資格，好讓父母親感到榮耀，結果失敗了。侍郎難道沒有聽說過，江東有一個任蕃，家境貧寒，卻仍然在苦苦吟詩，您忍心讓他就像來的時候一樣，一無所得地回去呀？我冒昧地就此告辭，彈琴自娛，學習道家的學說，尋求自己的快樂去啦。」主考的官員覺得對不住他，想留下他來卻未能如願。

任蕃回到山野江湖後，專心從事詩歌的寫作。他到天台山巾子峰遊玩，在寺院的牆上題了一首詩：「絕頂新秋生夜涼，鶴翻松露滴衣裳。前峰月照一江水，僧在翠微開竹房。」題罷，已經離開百餘里地了，又返了回來，打算把「一江水」改為「半江水」，走到題詩處一看，已經被別的人改掉了。後來，又有一位在此題詩的人，姓名已經失傳了，他在詩中寫道：「任蕃題後無人繼，寂寞空山二百年。」任蕃當時的才名就有如此之高。任蕃寫詩，一定要讓讀他詩的人產生耳目一新的感覺，比如，他在一首〈洛陽道〉中這樣寫道：「憧憧洛陽道，塵下生春草。行者豈無家，無人在家老。雞鳴前結束，爭去恐不早。百年路傍盡，白日車中曉。求富江海狹，取貴山嶽小。二端立在途，奔走何由了。」我們可以想見任蕃的風致神韻，這些詩還不足以顯示他的大略風貌。任蕃有詩七十七首，編為一卷，流傳至今，這已不是他的全部作品了。

顧非熊

非熊，姑蘇人，況之子也。少俊悟，一覽輒能成誦。工吟，揚譽遠近。性滑稽好辯，頗雜笑言，凌轢❶氣焰❷子弟。既犯眾怒，擠排者紛然。在舉場角藝❸三十年，屈聲❹破人耳。會昌五年，諫議大夫陳商放榜❺。初，上洽❻聞非熊詩價，至是怪其不第，敕有司進所試文章，追榜放令及第。劉得仁賀以詩曰：「愚為童稚時，已解念君詩。及得高科早，須逢聖主知。」

授盱眙主簿，不樂拜迎，再厭鞭撻❼，因棄官歸隱。王司馬建送詩云：「江城柳色海門烟，欲到茅山始下船。知道君家當瀑布，菖蒲潭在草堂前。」一時餞別吟贈俱名流。不知所終，或傳住茅山十餘年，一旦遇異人❽，相隨入深谷，不復出矣。有詩一卷，今行於世。

【注釋】❶淩轢　欺壓；冒犯。❷氣焰　聲勢；威勢。❸角藝　比較才藝。❹屈聲　因受屈而得的聲譽。❺放榜　主持貢舉時公佈錄取人的名單和名次。❻洽　周遍。❼鞭撻　用鞭子抽打，喻仗勢欺壓百姓。❽異人　成仙得道的人。

【語譯】顧非熊，姑蘇人，他是顧況的兒子。顧非熊從小十分聰明穎悟，文章讀過一遍之後，往往就能脫口背誦出來。他擅長寫詩，名聲傳遍遠近。性格詼諧，喜歡跟別人辯論，辯論的時候，免不了夾雜著調侃玩笑，冒犯了一些權貴子弟。得罪了很多人之後，就有很多人紛紛對他趁機排擠打擊。顧非熊在科舉考場上競爭了三十年，受屈的名聲是人人皆知的了。會昌五年，諫議大夫陳商主持貢舉。早先時候，皇上就多次聽說過了顧非熊寫詩的聲價，這一次得知他仍未被取，覺得有點奇怪，下令有關的機構把他參加考試的文章送上去，又加放一榜，讓顧非熊取得及第的資格。劉得仁以詩祝賀顧非熊說：「愚為童稚時，已解念君詩。及得高科早，須逢聖主知。」

顧非熊被授官盱眙縣主簿，他不喜歡官府裡拜訪迎送之類的瑣事，更厭惡乘勢欺壓百姓的做法，於是，就辭去了官職，歸隱山泉林下。司馬王建在送他的詩中寫道：「江城柳色海門烟，欲到茅山始下船。知道君家當瀑布，菖蒲潭在草堂前。」當時，為他送行餞別、吟詩相贈的人都是一些有名的人物。顧非熊最終的情況不得而知。有一種傳說，說顧非熊住在茅山有十來年時間，後來，在一天早上，遇到一位得道成仙的人，就跟著他進了深山，沒見他再出來過。顧非熊有詩集一卷，今天還流行在世。

曹鄴

鄴，字鄴之，桂林人。累舉不第，為〈四怨三愁五情〉詩，雅道❶甚古。時為舍人韋慤❷所知，力薦於禮部侍郎裴休❸。大中四年張溫琪榜中第。看榜日，上主司詩云：「一辭桂岩猿，九泣都門月。年年孟春至，看花如看雪。」〈杏園❹宴間呈同年〉云：「岐路不在天，十年行不至。一旦公道開，青雲在平地。」又云：「匆匆出九衢❺，童僕顏色異。故衣未及換，尚有去年淚。」又云：「永持共濟心，莫起胡越❻意。」佳句類此甚多，志特勤苦。仕至洋州❼刺史。有集一卷，今傳。

【注釋】❶雅道　喻詩的風格。❷韋慤　宣宗大中年間任禮部侍郎，次年知貢舉。❸裴休　宣宗大中四年（西元八五〇年）知貢舉，後官至戶部侍郎。❹杏園　位於長安曲江南，為唐代新科進士放榜後舉行喜慶宴會的地方。❺九衢　四通八達的道路。❻胡越　胡為北方，越在南方，喻隔絕遙遠。❼洋州　治所在興道，今陝西洋縣。

【語譯】曹鄴，字鄴之，桂林人。他多次參加進士考試都沒能獲得及第，寫了一組題名為〈四怨三愁五情〉詩，詩的風格非常古樸。當時，舍人韋慤對曹鄴很了解，便在禮部侍郎裴休面前竭力推薦他，大中四年，曹鄴與狀元張溫琪同榜進士及第。看榜的那天，曹鄴在呈獻給主考官的詩中說：「一辭桂岩猿，九泣都門月。年年孟春至，看花如看雪。」又在一首題名〈杏園宴間呈同年〉的詩中說：「岐路不在天，十年行不至。一旦公道開，青雲在平地。」又有詩句云：「匆匆出九衢，童僕顏色異。故衣未及換，尚有去年淚。」還有詩句云：「永持共濟心，莫起胡越意。」類似這樣的佳句很多。曹鄴作詩時的心志非常刻苦，他後來擔任的官職為洋州刺史。曹鄴有詩集一卷，流傳至今。

鄭嵎

嵎，字賓光，大中五年李郜榜進士。有集一卷，名《津陽門詩》。津陽，即華清宮❶之外闕。詢求父老，為詩百韻，皆紀明皇❷時事者也。

【注釋】❶華清宮　位於陝西臨潼驪山，唐玄宗時所建，為玄宗與楊貴妃經常遊樂的地方。❷明皇　即唐玄宗李隆基。

【語譯】鄭嵎，字賓光，大中五年，與狀元李郜同榜進士及第。鄭嵎有詩集一卷，題名《津陽門詩》。津陽，就是華清宮外的樓闕殿門。鄭嵎向父老鄉親尋訪遺事，寫的詩有一百韻，講述的都是唐明皇時候的事情。

劉駕

駕，字司南，大中六年禮部侍郎崔嶼下進士。初與曹鄴為友，深相結，俱工古風詩。鄴既擢第，不忍先歸，待長安中，駕成名，乃同歸范蠡❶故山。時國家復河、湟❷故地，有歸馬放牛❸之象，駕獻樂府十章，〈序〉曰：「駕生唐二十八年，獲見明天子以德歸河、湟，臣得與天下夫婦復為太平人。恨愚且賤，不得拜舞❹上前，作詩十篇，雖不足貢聲宗廟❺，形容盛德，願與耕稼陶漁者，歌江湖田野間，亦足自快。」詩奏，上甚悅，累歷達官。

駕詩多比興❻含蓄，體無定規，意盡即止，為時所宗。今集一卷，行於世。

【注釋】❶范蠡　春秋時越人，助句踐滅吳後，到齊國經商致富，稱陶朱公。❷河湟　黃河和湟水匯流處，相當於今甘肅東南以及寧夏南部。❸歸馬放牛　喻太平盛世的景象。❹拜舞　跪拜與舞蹈，臣子朝拜時的禮節。❺宗廟　指皇帝供奉和祭祀祖先的地方。❻比興　詩歌寫作的兩種基本方法。

【語譯】劉駕，字司南，大中六年，禮部侍郎崔嶼主持貢舉時進士及第。早先，他和曹鄴是好朋友，兩人相交很深，都擅長寫古風體詩。曹鄴進士及第後，不忍心獨自先回家鄉，留在了長安，劉駕榜上題名之後，兩人一起回到了古人范蠡曾經生活過的地方。當時正值國家收復了長期被土蓄佔有的河湟故土，顯示出一派放馬南山、牧牛田野的太平景象。劉駕將自己寫的樂府詩十首呈獻給皇上，他在〈序〉中說：「我生活在大唐王朝二十八年，看見了聖明的天子以仁德使河、湟故土得以歸還朝廷，我與天下男女百姓重又成了生活在太平盛世的人。遺憾的是我天生愚笨且又身分低微，沒有資格在聖上面前行拜舞之禮來表達我的心情，權且作詩十篇，雖然不足以到宗廟裡頌唱，以之來描述皇上的盛大恩德，希望能和從事耕田、製陶、打魚的百姓們一起，歌唱於江湖田野間，這也是讓自己感到快樂無比的一件事情啊。」這組詩奏上之後，皇上看了十分高興。劉駕後來歷任顯要的官職。

劉駕的詩用了很多含蓄的比興手法，體制沒有一定的限定，情感抒發盡了就結束，為當時人們寫詩追求模仿的對象。現在還有他的詩集一卷流傳在世。

方干

干，字雄飛，桐廬人。幼有清才❶，散拙❷無營務❸。大中中，舉進士不第，隱居鏡湖中。湖北有茅齋，湖西有松島，每風清月明，攜稚子鄰叟，輕棹往返，甚愜素心❹。所住水木幽閟❺，一草一花，俱能留客。家貧，蓄古琴，行吟醉臥以自娛。徐凝初有詩名，一見干器❻之，遂相師友，因授格律。干有贈凝詩云：「把得新詩草裡論。」時謂反語為村裡老，疑干譏誚，非也。干貌陋兔缺❼，性喜凌侮。王大夫廉問浙東，禮邀干至，誤三拜，人號為「方三拜」。王公嘉其操，將薦於朝，託吳融草表，行❽有日，王公以疾逝去，事不果成。干早歲偕計，往來兩京，公卿好事者爭延納，名❾竟不入手。遂歸，無復榮辱之念。浙中凡有園林名勝，輒造主人，留題幾遍。

初李頻學干為詩，頻及第，詩僧清越賀云：「弟子已折桂，先生猶灌園❿。」咸通末卒。門人相與論德謀迹。謚曰「玄英先生」。樂安⓫孫郃⓬等綴其遺詩三百七十餘篇，為十卷，王贊⓭論之曰：「鏝肌滌骨，冰瑩霞絢。嘉肴自將，不吮餘雋。麗不葩芬⓮，苦⓯不癯棘⓰。當其得志，倏⓱與神會。詞若未至，意已獨往。」郃亦論曰：「其秀也，仙蕊於常花；其鳴也，靈鼉⓲於眾響。」觀其所述論，不為過矣。

古黔婁⓳先生死，曾參⓴與門人來弔，問曰：「先生終，何以謚？」

妻曰：「以『康㉑』。」參曰：「先生存時，食不充腹，衣不蓋形，死則手足不斂，傍無酒肉。生不美，死不榮，何樂而謚為康哉？」妻曰：「昔先生國君用為相，辭不受，是有餘貴也。君饋粟三十鍾㉒，辭不納，是有餘富也。先生甘天下之淡味，安天下之卑位，不戚戚㉓於貧賤，不遑遑㉔於富貴，求仁得仁，求義得義，謚之以康，不亦宜乎？」方干，韋布㉕之士，生稱高尚，死謚玄英，其梗概大節，庶幾乎黔婁者耶？

【注　釋】❶清才　卓越的才能。❷散拙　懶散。❸營務　謀求。❹素心　本心；素願。❺閟　幽深。❻器器重。❼兔缺　一種嘴唇開豁的先天生理缺陷。❽行　經歷。❾名　科舉功名。❿灌園　澆灌菜園，喻隱居家園。⓫樂安　古縣名，唐代改稱博昌，位於今山東博興南。⓬孫郃　方干友人，乾寧年間進士。⓭王贊　五代時人，仕後周世宗，後入北宋，任揚州知州。⓮芬　花的香氣。⓯苦　清苦。⓰癯棘　瘦瘠。⓱倏　倏忽；很快地。⓲鼉　一種類似鱷的動物，皮可製鼓，故常被喻為鼓聲。⓳黔婁　戰國時期的隱士，貧而不仕。⓴曾參　孔子的學生。㉑康　安樂；安寧。㉒鍾　古代量器，六石四斗為一鍾。㉓戚戚　不安的樣子。㉔遑遑　匆忙。㉕韋布　韋衣布帶，貧賤者所服。

【語　譯】方干，字雄飛，桐廬人。他從小就顯露出卓越的才能，然懶散而沒有什麼謀求。大中年間，參加進士考試未能及第，就隱居在鏡湖中。鏡湖的北面，有用茅草建起的屋舍，湖的西面是松島，每當風清月明的時候，方干帶著幼小的孩子，和鄰居的老人一起，坐著輕快的小船往來其間，此時，他覺得平生的心願得到了很大的滿足。方干居住的地方鄰近水邊，林木幽深，即便是一草一花，都足以使人駐足流連。方干的家境並不富裕，他藏有一張古琴，漫步吟詩或飲酒醉臥之後，便要彈琴自娛。徐凝作詩出名不久，一見到方干，就覺得他是個人才，兩人既是師生，又兼有朋友的情分，徐凝教方干寫詩的格律。方干在贈給徐凝的一首詩中說：「把得新詩草裡論。」當時，有人說「草裡論」三字是「村裡老」的反讀兼反拼，認為方干是在譏笑徐凝，不是這麼回事吧。方干相貌醜陋，又是天生的兔唇，生性喜好戲弄侮辱別人。王大夫到浙東察問政務，按一定的禮節邀請方干到府邸，方干在見面時，誤行了三拜之禮，人們給他取了個外號叫「方三拜」。王公很讚賞方干的志節，準備向朝廷推薦他，託吳融擬寫了奏章，過了一些日子，王公生病去世了，事情也就沒有了結果。早些年，方干因為參加科舉考試往來於長安、洛陽，喜好才士的公卿貴族們爭相邀請他，但是他的科名卻一直沒有實現。方干於是回到了家鄉，不再有那些把通過科舉入仕看作與自己榮辱相關的想法。浙江一帶凡是有園林名勝的地方，方干都要前去造訪主人，這些地方也差不多都留下了他題寫的詩。

早些時候，李頻向方干學習作詩，李頻進士及第後，詩僧清越在賀詩中說：「弟子已折桂，先生猶灌園。」咸通末年，方干去世，他的門人在一起商議老師的德行事跡，諡為「玄英先生」。樂安孫郃等人編集方干的遺詩三百七十餘篇，為十卷。王贊論道：「修飾肌理，清滌骨胳，冰般晶瑩，霞似絢爛。像獨自享用嘉餚，不致吸吮餘饍。美而不華麗耀目，苦澀亦非如枯瘦荊棘。一旦展露心志，瞬時便令人神會。文辭或許未能充分達意，內中蘊意已將人深深吸引。」孫郃也評論說：「方干的詩，如果就其秀美而言，就像常花中的仙花；如果就聲響而言，就像眾多聲音中那隆隆的鼓聲。」我們看這些評論，講得都不算過分啊。

古時候黔婁先生死了，曾參和門人來弔唁，問道：「先生去世了，用什麼做謚號呢？」黔婁先生的妻子回答說：「用『康』做謚號。」曾參說：「先生在世的時候，吃飯不能吃飽，衣服又不能蔽體，死後入斂連手足都放不進棺材，旁邊連供享的酒肉也沒有。在世的時候沒能過好的生活，死的時候也不顯得有什麼榮耀，哪裡有什麼安樂可言而謚康呢？」黔婁的妻子說：「過去先生在世時，國君要聘他為相，他推辭而不接受，這是有餘貴；國君送他三十鍾糧食，他推辭而不接受，這是有餘富。天下人認為寡薄無味的東西，先生覺得甘甜美味；天下人覺得卑下的地位，先生安然處之。他不因為生活貧困而不安，也不為了追求富貴而終日忙忙碌碌，他追求仁，就得到了仁，追求義，就得到了義，用『康』來作為他的謚號，不是很相宜的嗎？」方干這樣一個韋布之士，活著的時候稱得上高尚，去世之後謚玄英，他的主要經歷與節操，和黔婁差不多有點相似吧？

【研析】雖然有好些文人不喜歡方干，將他形容為一個粗鄙而好捉弄人的人物，甚至還有一個關於他在戲弄人的時候，忘記了自己生理上兔唇的缺陷，反而遭到眾人嘲笑的故事。然而，在晚唐詩人中，方干無疑屬於第一流的才子，而且風致很高，應試不第後，便歸隱鄉間，過起了「不識朝，不識市」的逍遙自在生活，這才是真正的灑脫和自由。明月清風之下，恣心蕩漾於越中山水間，還傳說他忽然想念一位朋友，便不顧天寒而悠然加訪，這一切，都不免讓人聯想到了六朝人物的風度。

李頻

頻，字德新，睦州壽昌❶人。少秀悟，長，廬❷西山。多記覽❸，於詩特工，與同里方干為師友。給事中姚合時稱詩穎❹，頻不憚走千里丐其品第，合見，大加獎挹❺，且愛其標格❻，即以女妻之。大中八年，顏標榜擢進士，調祕書郎，為南陵❼主簿。試判入等，遷武功令。頻性耿介，難干❽以非理。賑饑民，戢❾豪右，於是京畿多賴，事事可傳。懿宗嘉之，賜緋❿銀魚⓫，擢侍御史。守法不阿，遷都官員外郎。表乞建州刺史，至則布條教，以禮法治下。時盜所在衝突，惟建賴頻以安。未幾卒官下，櫬⓬隨家歸，父老相與扶柩⓭哀悼，葬永樂州，為立廟於梨山，歲時祭祠，有災沴⓮必禱，垂福逮今。頻詩雖出晚年，體製多與劉隨州⓯相抗，〈騷〉嚴〈風〉謹，慘慘⓰逼人。有詩一卷，今行世。

【注釋】❶壽昌 唐代縣名，位於今浙江建德。❷廬 建造草屋。❸記覽 記誦閱讀。❹詩穎 詩人中的佼佼者。❺獎挹 讚賞、推重。❻標格 風度；風範。❼南陵 唐代縣名，位於今安徽南陵。❽干 關涉；求取。❾戢 收斂。❿緋 紅色的官服。⓫銀魚 銀製的魚形佩飾。⓬櫬 棺材。⓭柩 靈柩，已盛屍體的棺材。⓮災沴 災害。⓯劉隨州 劉長卿。⓰慘慘 憂愁；憂傷。

【語譯】李頻，字德新，睦州壽昌人。李頻小時候就非常聰明穎悟，長大以後，在西山建起了茅舍，讀了很多書，尤其擅長寫詩，與和同鄉的方干既是老師，又是朋友。給事中姚合當時在詩壇上稱得上是佼佼者，李頻不辭辛勞，走了上千里路，請他對自己的詩給以評價，姚合見了他寫的詩，大為讚賞，而且對李頻的風範也十分欣賞，就把自己女兒嫁給了他。大中八年，李頻與狀元顏標同榜進士及第，授官祕書郎，任南陵縣主簿。後來，他又參加書判考試，通過之後，升遷武功縣令。李頻的性格耿直，旁人很難以不合理的要求來請他變通，賑濟饑民，不讓豪強大族為所欲為，京畿地區的安定很大程度上是依賴了他的治理，好多事情都值得記錄在史，流傳後世。懿宗嘉獎李頻的治績，破格賜給他緋衣和銀魚等衣飾，提升他為侍御史。李頻堅守法令，毫不徇私，又升任都官員外郎。後來，李頻上表請求擔任建州刺史，到任後，頒佈教令，用禮教的方法來治理百姓。當時到處有盜匪鬧事，唯有建州因為有他的治理而太平無事。沒過多久，在任職期間去世了。李頻的靈柩隨家人回家鄉安葬，父老鄉親們都來扶柩哀悼，安葬在永樂州。人們還為他立廟於梨山，一年四季按照時節來祭祀他，遇到災害了也前來祈禱保佑，至今還給百姓帶來吉祥安寧。李頻的詩雖然寫於晚唐時期，體制卻有很多和劉長卿的風格相類。詩的風格像〈離騷〉、〈國風〉一樣嚴謹，充滿了憂愁。李頻有詩集一卷，今天還流行於世。

【研　析】以詩為媒，成了一時詩壇領袖姚合的乘龍快婿，對李頻來說，是獻詩之後的又一重收穫。李頻的詩風嚴謹，詩中充滿了愛國憂民之心，可以想見，這與他為人為官的作風是分不開的，因為在唐朝的詩人中，身後居然有百姓為他立祠享祀，為數實在不多，由此可知他在老百姓中的確有比較好的口碑。

李群玉

群玉，字文山，澧州❶人也。清才曠逸，不樂仕進，專以吟詠自適。詩筆遒麗❷，文體丰妍❸。好吹笙，美翰墨，如王、謝子弟❹，別有一種風流。親友強之赴舉，一上即止。裴相公休觀察湖南，厚禮延致之郡中❺，嘗勉之曰：「處士被褐懷玉，浮雲富貴，名高而身不知，神寶寧❻久棄荒途？子其行矣。」大中八年，以草澤❼臣來京，詣闕上表，自進詩三百篇。休適入相，復論薦。上悅之，敕授弘文館校書郎。李頻使君呼為從兄。歸湘中，題詩二妃廟❽，是暮宿山舍，夢見二女子來曰：「兒❾

娥皇、女英也，承君佳句，徽珮❿將遊於汗漫⓫，願相從也。」俄而影滅。群玉自是鬱鬱⓬，歲餘而卒。段成式為詩哭曰：「曾話黃陵事，今為白日催。老無男女累，誰哭到泉臺⓭。」今有詩三卷、後集五卷行世。

夫澧浦⓮，古騷人之國。屈平⓯仕遭譖毀，不知所訴，心煩意亂，賦為〈離騷〉。騷，愁也。已矣哉，國無人知我兮，又何懷乎故都？委身魚腹，魂招兮不來。芳草萋藹⓰，蕭艾⓱參天，奚⓲獨一時而然也？群玉繼秉修能，翱翔大化⓳，人不知而不慍⓴，祿不及而不言。望涔陽㉑之亡極，挹㉒杜蘭㉓之緒㉔馨，款㉕君門以披懷㉖，霑一命而潛退。風景滿目，寧無愧於古人，故其格調清越，而多登山臨水、懷人送歸之製，如「遠客坐長夜，雨聲孤寺秋。請量東海水，看取淺深愁」等句，已曲盡羈旅坎壈㉗之情。壯心千里，於方寸㉘不擾，亦大難矣。

【注釋】❶澧州　唐代州名，治所為澧陽，今湖南澧陽。❷遒麗　剛健秀美。❸丰妍　豐滿美好。❹王謝子弟　六朝時期王姓、謝姓的大家貴族子弟，喻風流倜儻的名士。❺郡中　郡府官邸。❻寧　難道。❼草澤　荒野，喻在野未仕。❽二妃廟　即黃陵廟，為古代舜帝二妃娥皇、女英的祠廟。❾兒　青年男女的自稱。❿徽珮　精美的玉珮。⓫汗漫　漫無邊際。⓬鬱鬱　不快的樣子。⓭泉臺　傳說中的陰間。⓮浦　水邊。⓯屈平　即屈原。⓰萎蕤　萎靡不振。⓱蕭艾　野草；臭草。喻小人。⓲奚　哪裡是。⓳大化　宇宙，自然。⓴恤　憂慮。㉑涔陽　涔水之北，指洞庭湖與長江之間。㉒挹　汲取。㉓杜蘭　香草名，又叫杜衡。㉔緒　殘餘。㉕款　叩。㉖披懷　展開胸懷。㉗坎壈　困頓；不得志。㉘方寸　內心。

【語譯】李群玉，字文山，澧州人。李群玉才能卓越，情趣超脫，胸襟開朗，他對於在仕途上謀取進展不感興趣，一心在吟詠詩歌中追求和滿足自己的愛好。李群玉寫詩的筆法剛健秀美，文體豐滿美好，他還喜歡吹笙，寫得一手好書法，就像六朝時代的王、謝子弟，有一種與眾不同的風流韻味。在親友們的堅持下李群玉去參加科舉考試，只試了一次就不再考了。宰相裴休到湖南任觀察使，給李群玉送上了厚禮，請他到郡府官邸來，曾勉勵他說：「處士身披粗布衣服，懷藏寶玉，視富貴如浮雲，名聲極高卻自己不知道，神物寶貝難道要永久丟棄在荒野路途上麼？你應該有所行動了。」大中八年，李群玉以草野布衣的身分來到京都，到皇宮前呈獻奏表，獻進自己寫的三百篇詩。正好裴休入朝為相，再向皇上推薦，皇上十分高興，下令授李群玉弘文館校書郎。李頻刺史稱他為從兄。回湖南的途中，李群玉在二妃廟題詩，當天晚上住宿在山上的屋舍，夢見有兩個女子來見他，說：「我們是娥皇和女英，承蒙先生所贈美好的詩句，就像精美的玉珮一樣。將要有漫漫無邊的旅行，希望能夠相隨一起前往。」忽而影子就不見了。李群玉自此便悶悶不樂，過了一年多便去世了。段成式寫詩哭他說：「曾話黃陵事，今為白日催。老無男女累，誰哭到泉臺。」如今，李群玉還有詩三卷、後集五卷流行於世。

灃水之濱自古以來就是出詩人的地方。屈原為官遭到了誹謗詆毀，不知向誰傾訴，心煩意亂，賦成〈離騷〉，騷，愁也。「已矣哉，國無人知我兮，又何懷乎故都？」將自身葬於魚腹，靈魂也召喚不回來了。芳草萎靡，野草卻猶如參天巨樹，哪裡只是一時偶然的現象呢？李群玉繼承秉賦，發揮才能，翱翔於廣闊天地之間。人們不理解他，他不因此而憂慮；官祿輪不到他享有，他從不對人說起。舉目涔水之北而一望無際，汲取杜蘭遺留的餘香，叩開君子大人的門來展示自己的胸懷，得到了微不足道的官職後就悄悄隱退。風景滿目，寧可無愧於古人，所以李群玉寫的詩格調清澈激揚，很多都是登上高山，面臨江水，懷念友人，餞別送行的作品，就像「遠客坐長夜，雨聲孤寺秋。請量東海水，看取淺深愁」等詩句，已經道盡羈旅鄉愁、困頓失意的種種心情。壯心千里，而於方寸之心卻毫無紛擾，也是極不容易做到的啊。

【研　析】李群玉是一個真正甘心淡泊的詩人，他的詩集裡看不到一首干謁權貴的作品，這在唐代詩人中是不多見的，在他看來，吟詠詩歌是世上最快樂的事情了。正如人們所言，他的詩筆遒麗，並且具有音樂和書法等多方面的才能，他的身上別具一種六朝時人的風流。據說，李群玉晚年最愛和別人說起的話題之一就是關於和娥皇、女英相會的夢境，他與李遠談到相類的話題時極為投合，用今天心理分析的語言來說，恐怕都是具有對女性的一種潛意識中的愛戀吧。

卷八

李郢

郢，字楚望，大中十年崔鉶榜進士及第。初居餘杭❶，出有山水之興，入有琴書之娛，疏於❷馳競❸。歷為藩鎮從事，後拜侍御史。郢工詩，理❹密辭閑，個個珠玉。其清麗極能寫景狀❺懷，每使人竟日不能釋卷。與清塞、賈島最相善，時塞還俗，聞島尋卒，郢重來錢塘，俱絕音響，感而賦詩曰：「卻到城中事事傷，惠休❻還俗賈生亡。誰人收得文章篋，獨我重經苔蘚房。一命未霑為逐客❼，萬緣初盡別空王❽。蕭蕭竹塢殘陽在，葉覆閑階雪擁牆。」其它警策率類此。有集一卷，今傳。

【注　釋】❶餘杭　唐代縣名，今浙江餘杭。❷疏於　不擅長。❸馳競　為追逐名利而奔走。❹理　義理。❺狀　描述。❻惠休　南朝宋僧，有詩名，後還俗。此以喻清塞。❼逐客　遭驅逐的遊說之士。❽空王　佛家語，對佛的尊稱。

【語　譯】李郢，字楚望，大中十年，與狀元崔鉶同榜進士及第。早些年，李郢住在餘杭的時候，出了門就有遊覽山水風景的興致，回家則以撫琴讀書為樂趣，不善於為了名利而在官場上四處奔走。他數度在藩鎮任從事，後來做過侍御史。李郢擅長寫詩，義理細密，文辭嫻雅，個個都如同珠玉一般。李郢的詩，語詞清麗，在描摹風景和描述情懷方面最為出色，常使人在讀他的作品時，終日都捨不得放下手來。李郢與清塞、賈島的關係非常親密，當時，清塞還俗了，聽說賈島不久也去世了，他再次來到錢塘，舊日的朋友都音訊全無，使李郢非常傷感，他賦詩道：「卻到城中事事傷，惠休還俗賈生亡。誰人收得文章篋，獨我重經苔蘚房。一命未霑為逐客，萬緣初盡別空王。蕭蕭竹塢殘陽在，葉覆閑階雪擁牆。」其他還有許多精鍊扼要，含義深切動人的詩句，都與此相似。李郢有詩集一卷，流傳至今。

【研　析】一聯「蕭蕭竹塢殘陽在，葉覆閑階雪擁牆」詩句，有如向秀在〈思舊賦〉裡聞笛聲而追憶起昔日一起遊宴之好的思念之情，尤能感味到李郢與賈島、清塞的真摯情誼。人們在玩味之餘，不禁也會黯然傷神多時，不僅為詩人的情誼所動盪，也為他的理密辭閒的功夫而嘆息。

儲嗣宗

嗣宗，大中十三年孔緯榜及第。與顧非熊先生相結好，大得詩名。苦思夢索，所謂逐句留心，每字著意，悠然皆塵外之想。覽其所作，及見其人。警聯如「綠毛❶辭世女，白髮入壺翁❷。」又「片水明在野，萬花深見人。」又「黃鶴有歸語，白雲無忌心。」又「蟬鳴月中樹，風落客前花。」又「池亭千里月，烟水一封書。」又「鶴語松上月，花明雲裡春。」又「一酌水邊酒，數聲花下琴。」又「宿草風悲夜，荒村月弔人。」〈哭彭先生〉云：「空階鶴戀丹青影，秋雨苔封白石床。」〈題閑居〉云：「鳥啼碧樹閑臨水，花滿青山靜掩門。」等句，皆區區❸所當避舍者也。有集一卷，今傳。

【注釋】❶綠毛　古代傳說有仙女在華陰山中，身上有綠毛，自稱自秦朝起避亂山中，遇道士教食松葉，不知饑寒。❷入壺翁　相傳東漢時有老翁賣藥市中，懸壺於座，下市後即跳入壺中。❸區區　凡庸之輩，亦作我輩的謙稱。

【語譯】儲嗣宗，大中十三年，與狀元孔緯同榜進士及第。他和顧非熊先生是非常要好的朋友，擅長作詩的名聲很高。儲嗣宗作詩苦苦思索，連睡夢中都在尋覓好的詩句，所謂每一句都傾注心思，每一個字都要講究用意，興意悠遠，充滿了飄然世外的情趣。我們讀他的作品，就像看到了他本人一樣。精鍊而又深切動人的詩句有「綠毛辭世女，白髮入壺翁。」有「片水明在野，萬花深見人。」又如「黃鶴有歸語，白雲無忌心。」又如「蟬鳴月中樹，風落客前花。」又如「池亭千里月，烟水一封書。」又如「鶴語松上月，花明雲裡春。」又如「一酌水邊酒，數聲花下琴。」又如「宿草風悲夜，荒村月弔人。」在題為〈哭彭先生〉的詩中寫道：「空階鶴戀丹青影，秋雨苔封白石床。」在〈題閑居〉中則有：「鳥啼碧樹閑臨水，花滿青山靜掩門。」等句，都是我輩應當讓避三舍才是啊。儲嗣宗有詩集一卷，流傳至今。

劉滄

滄，字蘊靈，魯國❶人也。體貌魁梧，尚氣節，善飲酒，談古今令人終日喜聽。慷慨懷古，率見於篇。大中八年禮部侍郎鄭薰❷下進士。榜後進謁謝，薰曰：「初謂劉君銳志❸，一第不足取。故人別來三十載，不相知聞，誰謂今白頭紛紛矣。」調華原❹尉。與李頻同年。詩極清麗，句法絕同趙嘏、許渾，若出一絢綜❺然。詩一卷，今傳。

【注　釋】❶魯國　今山東泰山以南地區，因春秋時期曾是魯國的地域，後世常沿其舊稱。❷鄭薰　懿宗朝曾官至吏部侍郎、尚書左丞，數次主持貢舉。❸銳志　志向堅定。❹華原　唐代縣名，屬京兆府，位於今陝西耀縣。❺絇綜　絇即網，綜指絲線的縱橫交錯。

【語　譯】劉滄，字蘊靈，山東南部一帶古時候被稱作魯國地方的人。劉滄外貌魁梧，崇尚氣節，很能飲酒，談古論今，讓人聽上一天都不會覺得厭煩。他的慷慨懷古之情，都表現在他寫的詩篇裡。大中八年，禮部侍郎鄭薰主持貢舉考試，劉滄進士及第。發榜以後，劉滄去拜訪鄭薰，以表達謝意。鄭薰說：「早先聽說過劉先生志向遠大堅定，進士及第算不上什麼。老友分別以後，三十年沒通音訊，誰想到今天都已經白髮蒼蒼了。」劉滄任官華原縣尉。他與李頻同年。寫的詩十分清麗，句法和趙嘏、許渾極其相似，就像出自同一個網上的編織線條。劉滄有詩集一卷，流傳至今。

陳陶

陶，字嵩伯，鄱陽劍浦❶人。嘗舉進士輒下，為詩云：「中原不是無麟鳳❷，自是皇家結網疏。」頗負壯懷，志遠心曠，遂高居不求進達，恣游名山，自稱「三教❸布衣」。大中中，避亂入洪州西山，學神仙咽氣❹

有得，出入無間。時嚴尚書宇牧豫章❺，慕其清操，嘗備齋供，俯❻就山中，揮談❼終日。而欲試之，遣小妓蓮花往侍，陶笑不答。蓮花賦詩求去曰：「蓮花為號玉為腮，珍重尚書送妾來。處士不生巫峽❽夢，虛勞雲雨下陽臺。」陶賦詩贈之云：「近來詩思清於水，老去風情薄似雲。已向升天得門戶，錦衾❾深愧卓文君。」宇見詩益嘉貞節。陶金骨❿已堅，戒行⓫通體，夜必鶴氅，焚香巨石上，鳴金步虛，禮星月，少寐。所止茅屋，風雷洶洶不絕。忽一日不見，惟鼎灶杵臼⓬依然。開寶⓭間，有樵者入深谷，猶見無恙。後不知所終。陶工賦詩，無一點塵氣。於晚唐諸人中，最得平淡，要非時流⓮所能企及者。有《文錄》十卷，今傳於世。

【注釋】❶劍浦　唐代縣名，今福建南平。鄱陽屬江西，疑此處有誤。❷麟鳳　麒麟和鳳凰，喻傑出人物。❸三教　指儒、佛、道三家。❹咽氣　道家通過運氣而實現吐故納新的一種養生方法。❺豫章　洪州的古稱，洪州，治所在南昌，今江西南昌。❻俯　放下身分。❼揮談　揮麈清談。❽巫峽　取楚王與巫山神女和合的典故，喻男女間幽合。❾錦衾 錦緞被子。❿金骨 喻服食金丹漸得仙氣的身體。⓫戒行 出家人恪守戒律的操行。⓬鼎灶杵臼 配製熔煉金丹的用具。⓭開寶 北宋太祖年號（西元九六八—九七六年）。⓮時流 同時代的人。

【語譯】陳陶，字嵩伯，鄱陽劍浦人。陳陶曾經參加進士考試，總是未能及第，他在詩中寫道：「中原不是無麟鳳，自是皇家結網疏。」陳陶很有遠大的胸懷，志向遠大，心地遼遠，於是，他索性隱居起來，不在仕途上謀求進取，任意暢遊各地的名山大川，稱自己為「三教布衣」。大中年間，因為避亂，到洪州西山學習道家神仙方術，在運氣功夫上頗有心得，運行周身而毫無障礙。當時尚書嚴宇為洪州刺史，仰慕陳陶的清高節操，經常備下齋飯供品，放下自己的身分來到山中，與陳陶揮麈清談上一整天。嚴宇想試探一下陳陶，就派了一個叫蓮花的年輕妓女上他那兒來服侍他，陳陶笑而未答應，蓮花賦詩請求離開，詩中說：「蓮花為號玉為腮，珍重尚書送妾來。處士不生巫峽夢，虛勞雲雨下陽臺。」陳陶也賦了一首詩回贈她：「近來詩思清於水，老去風情薄似雲。已向升天得門戶，錦衾深愧卓文君。」嚴宇見了這首詩，更加敬服陳陶的高尚節操。陳陶的金骨已經煉得非同尋常，全身內外都恪守戒行，晚上必定身披鶴氅，焚香於巨石上，敲著鑼鈸，一念誦經文，禮拜月亮星辰，很少上床睡覺。他居住的茅屋，總是風聲雷聲隆隆不絕。忽然，有一天，陳陶不見了，惟有他煉丹的那些鼎灶杵臼還依然留在那裡。到了北宋開寶年間，有進入到深山裡的樵夫，還見到他安然無恙。後來就不知陳陶的下落了。陳陶擅長寫詩，詩句裡沒有半點世俗生活的氣息。在晚唐的諸多詩人中陳陶的詩最能表現出平淡的真諦，總而言之，同時代的詩人沒有誰能夠及得上他的。陳陶有《文錄》十卷，今天仍流行在世。

【研析】相傳陳陶平日給人的印象就是一個介於世俗與神仙之間的人物，他具有一種清雅的高懷，有著自己精神上的追求，不拘於世俗的功名利祿，恣意遊玩在各地的山水名勝間，的確是一個不尋常的人物。不過，後來的好事者喜歡將自己想像的故事加以附會，就像有關韓湘的故事一樣，我們似乎不必過於認真地看待這些附會的傳說的。

鄭巢

巢，錢塘人。大中間舉進士。時姚合號詩宗，為杭州刺史，巢獻所業，日遊門館❶，累陪登覽燕集❷，大得獎重，如門生禮然。體效格法，伏膺無斁❸，句意且清新。巢性疏野。兩浙湖山寺宇幽勝，多名僧，外學❹高妙，相與往還酬酢，竟亦不仕而終。有詩一卷，今傳。

【注釋】❶門館　權貴招待賓客的地方。❷燕集　文人的詩酒集會。❸斁　厭。❹外學　佛教徒對詩文寫作等佛學以外學問的稱呼。

【語譯】鄭巢，錢塘人，大中年間舉進士。當時，姚合在詩壇有宗師的聲望，他官任杭州刺史，鄭巢將自己的作品呈獻給姚合，每天到姚合的門館去，好幾次陪他遊覽名勝，或參加文人間的詩酒宴會，極得姚合的誇獎和器重，待他就像對自己的學生一樣。鄭巢的詩在體裁和風格上效法姚合，使人心悅誠服而又不感覺厭煩，詩句含義清新。鄭巢的性格疏放不受拘束，兩浙一帶湖水山間的寺廟多處幽深的風景勝地，有不少著名的僧人，對佛學之外的詩文寫作也都有極深的修養，鄭巢與他們之間互相贈酬詩文，一直到去世，鄭巢都沒有出來做官。鄭巢有詩集一卷，流傳至今。

于武陵

武陵，名鄴，以字行，杜曲❶人也。大中時，嘗舉進士，不稱意，攜書與琴，往來商❷洛、巴蜀❸間，或隱於卜❹中，存獨醒之意。避地嘿嘿❺，語不及榮貴，少與時輩❻交遊。嘗南來至瀟湘，愛汀洲❼芳草，況是古騷人舊國，風景不殊，欲卜居未果，歸老嵩陽別墅。詩多五言，興趣飄逸多感，每終篇一意，策名❽當時，集一卷，今傳。

【注釋】❶杜曲　唐代地名，位於今陝西長安東南。❷商　商州，治所為上洛，位於今陝西商縣。❸巴蜀　泛指今四川東部和西部地區。❹卜　占卜之人。❺嘿嘿　默默無語。❻時輩　當時出名的人物。❼汀洲　水中小島。❽策名　著名。

【語　譯】于武陵，名鄴，通常以字來稱呼他，杜曲人。大中年間，曾經參加進士考試，覺得不合自己的心意，就隨身帶著書和琴，往來於商州、洛陽和巴蜀一帶，有時隱名埋姓在占卜賣卦的人中間，懷著一種「眾人皆醉我獨醒」的心態。于武陵避地居住時極少說話，即使開口也絕不談及富貴榮華一類的話題，很少和當時已經出名的人物來往。他曾南下來到瀟水、湘水地區，很喜歡水中小島和上面的芳草，何況這裡是古代詩人屈原居住過的舊地，景物沒有什麼變化，于武陵打算在這裡找個地方安居下來，結果未能如願，還是回到了嵩山南面的別墅來養老。于武陵寫的詩多半為五言詩，興致瀟灑超脫，充滿自己的感情，每次寫完一篇，都非常引起人們的注意。他有詩集一卷，流傳到今。

來鵬

鵬，豫章人，家徐孺子❶亭邊。林園❷自樂，師韓、柳為文。大中、咸通間，才名籍甚。鵬工詩，蓄銳❸既久，自傷年長，家貧不達，頗亦忿忿，故多寓意譏訕。當路雖賞清麗，不免忤情，每為所忌。如〈金錢花〉云：「青帝❹若教花裡用，牡丹應是得錢人。」〈夏雲〉云：「無限旱苗枯欲盡，悠悠閑處作奇峰。」〈偶題〉云：「可惜青天好雷雹，只能驚起懶蛟龍。」坐是凡十上不得第。韋岫尚書獨賞其才，延待幕中，攜以遊蜀。又欲納為婿，不果。是年力薦，夏課❺卷中獻詩有云：「一夜綠荷風剪破，嫌它秋雨不成珠。」岫以為不祥，果失志。時遭廣明庚子❻之亂，鵬避地遊荊襄，艱難險阻，南返。中和，客死於維揚❼逆旅，主人賢，收葬之。有詩一卷，今傳於世。

【注釋】❶徐孺子　名穉，東漢著名高士，居南昌。❷林園　山林田園。❸蓄銳　蓄養銳氣。❹青帝　傳說中的司春之神。❺夏課　唐代舉子春試落榜後，將夏天新撰寫的行卷外出謁獻，稱為夏課。❻廣明庚子　廣明，唐僖宗年號（西元八八〇—八八一年），元年歲次庚子，是年黃巢攻陷長安。❼維揚　揚州。

【語譯】來鵬，豫章人，家住在徐孺子亭邊。有一片林園令他自得其樂，師法韓愈和柳宗元的風格來撰寫文章。大中、咸通年間，他的才名很高。來鵬擅長寫詩，蓄養銳氣已經有了很長的時間，既為自己年紀漸漸大了而傷感，又因家裡貧窮未得顯達而不平，感情上不免有點激忿，所以，他的詩中常常帶有譏諷和嘲笑的意味。執政者雖然很欣賞他清麗的詩風，也覺得他不免有點違背常情，常因此而對他有所忌諱。比如，來鵬曾在〈金錢花〉中寫道：「青帝若教花裡用，牡丹應是得錢人。」在〈夏雲〉則寫道：「無限旱苗枯欲盡，悠悠閑處作奇峰。」〈偶題〉中則是「可惜青天好雷電，只能驚起懶蛟龍。」因為這個原因，來鵬前後十次參加進士考試，都未能及第。惟有尚書韋岫非常賞識他的才華，請他到自己幕中，帶上他到蜀中，還打算納來鵬為自己的女婿，結果未成。這一年，韋岫向朝廷大力推薦來鵬，他在夏課卷裡獻詩中寫道：「一夜綠荷風剪破，嫌它秋雨不成珠。」韋岫覺得這兩句詩寫得不大吉利，果然這一次又未能如願。當時正趕上廣明庚子之亂，來鵬為避戰亂到荊州、襄州一帶遊歷，沿途十分艱難險阻，回到了南方。中和年間，客死在揚州的旅舍。店主十分善良，將他安葬了。來鵬有詩集一卷，今天流傳於世。

溫庭筠

庭筠，字飛卿，舊名岐，并州人，宰相彥博之孫❶也。少敏悟，天才雄贍❷，能走筆成萬言。善鼓琴吹笛，云：「有絃即彈，有孔即吹，何必爨桐❸與柯亭❹也。」側詞❺豔曲，與李商隱齊名，時號「溫李」。才情❻綺麗，尤工律賦。每試，押官韻❼，燭下未嘗起草，但籠袖憑几，每一韻一吟而已，場中曰「溫八吟」。又謂八叉手成八韻，名「溫八叉」。多為鄰鋪❽假手❾。然薄行無檢幅❿，與貴胄⓫裴誠⓬、令狐滈⓭等飲博。後夜嘗醉詬⓮狹邪⓯間，為邏卒折齒，訴不得理。舉進士，數上又不第。

出入令狐相國書館中，待遇甚優。時宣宗喜歌〈菩薩蠻〉⑯，綯假其新撰進之，戒令勿洩，而遽⑰言於人。綯又嘗問玉條脫⑱事，對以出《南華經》⑲，且曰：「非僻書，相公燮理⑳之暇，亦宜覽古。」又有言曰：「中書省內坐將軍。」譏綯無學，由是漸疏之。自傷云：「因知此恨人多積，悔讀《南華》第二篇。」

徐商㉑鎮襄陽㉒，辟巡官，不得志，遊江東。大中末，山北沈侍郎㉓主文，特召庭筠試於簾下，恐其潛㉔救。是日不樂，逼暮先請出，仍獻啟㉕千餘言。詢之，已占授㉖八人矣。執政鄙其為，留長安中待除。宣宗微行，遇於傳舍㉗，庭筠不識，傲然詰之曰：「公非司馬、長史流乎？」又曰：「得非六參㉘、簿、尉之類？」帝曰：「非也。」

後謫方城㉙尉，中書舍人裴坦㉚當制，忸怩㉛含毫㉜久之，詞曰：「孔門以德行居先，文章為末。爾既早隨計吏㉝，宿負雄名，徒誇不羈之才，罕有適時之用。放騷人於湘浦，移賈誼於長沙，尚有前席㉞之期，未爽抽毫㉟之思。」

庭筠之官，文士詩人爭賦詩祖餞，惟紀唐夫擅場，曰：「鳳凰㊱詔下雖沾命，鸚鵡㊲才高卻累身。」唐夫舉進士，有詞名。庭筠仕終國子助教。竟流落而死。今有《漢南真稿》十卷，《握蘭集》三卷，《金筌集》十卷，詩集五卷，及《學海》三十卷。又《採茶錄》一卷。及著《乾𦠆㊳子》一卷，〈序〉云：「不爵不觥，非炰非炙，能悅諸心，庶乎乾𦠆之義」等，並傳於世。

【注釋】❶孫　裔孫；後裔。❷雄贍　雄厚。❸爨桐　燒剩的桐木，相傳東漢蔡邕精通音樂，偶然聽到灶下有桐木燃燒時發出的爆裂聲非同尋常，便知道是塊上好製琴材料。❹柯亭　蔡邕在會稽柯亭抽出屋椽下的竹子製成笛子，能發出美妙的聲音。❺側詞　文辭輕佻。❻才情　才華；才學。❼官韻　唐代科舉考試時根據官定韻書規定的韻類為詩賦限韻的標準。❽鄰鋪　相鄰的考生。❾假手　代筆。❿檢幅　檢點。⓫貴冑　權貴子弟。⓬裴誠　憲宗朝宰相裴度子。⓭令狐滈　宣宗朝宰相令狐綯子。⓮醉詬　酒醉後以惡語罵人。⓯狹邪　小街曲巷，亦指妓女所居處。⓰菩薩蠻　詞牌名。⓱遽　很快。⓲玉條脫　玉製手鐲。⓳南華經　即《莊子》。⓴燮理　協調治理。㉑徐商　宣宗朝任山南東道節度使，後官至宰相。㉒襄陽　山南東道節度使治所，位於今湖北襄陽。㉓沈侍郎　沈詢，曾任禮部侍郎，大中九年主持貢舉。㉔潛　悄悄。㉕啟　文體名，有書函、陳說等數種形式。㉖占授　考試時口頭向別人提示答案。㉗傳舍　旅舍。㉘六參　武官五品以上及折衝番當官，因每月朝參六次，故有是稱。㉙方城　唐代縣名，位於今河南泌陽北。㉚裴坦　宣宗朝曾任知制誥、中書舍人，後出為觀察使，入拜宰相。㉛忸怩　害羞遲疑的樣子。㉜含毫　以口潤筆，喻思考。㉝計吏　掌管計簿的官。㉞前席　因談話投機而不知不覺將坐席前移。㉟抽毫　做文章前拔去筆帽。㊱鳳凰　鳳凰池，中書省的別稱，詔書通常經由此下達。㊲鸚鵡　〈鸚鵡賦〉，東漢禰衡撰，禰衡後因才高遭忌被殺，此喻禰衡。㊳饌　肴饌；食物。

【語譯】溫庭筠，字飛卿，原名岐，并州人，是太宗時宰相溫彥博的裔孫。溫庭筠小時候就非常聰明穎悟，天賦極好，拿起筆來出手就能寫上萬字的文章。他又擅長彈琴吹笛，曾經說過：「有絃就可以彈，有孔就可以吹，何必非要爨桐和柯笛呢。」他寫那些輕佻濃豔的辭賦，和李商隱齊名，當時有「溫李」之稱。溫庭筠才華綺麗，特別善於寫律賦，每次考試，按照規定要押官韻，他前一天晚上根本不用打草稿，到時候只要籠著袖子，靠著書桌，每一韻吟誦一遍就行了，科舉考場上人稱「溫八吟」。又有人說他叉八次手就能吟成八韻，所以稱他為「溫八叉」。他常為一起參加考試的人代答卷子。然而溫庭筠行為輕薄，不加檢點，和權貴子弟裴誠、令狐滈一起飲酒賭博。後來，一次夜間，他曾於酒醉後在小街巷裡惡聲大罵，被巡街的士兵打掉了牙齒，到衙門去申訴，也沒得到受理。溫庭筠參加進士考試，幾次都未能及第。他進出令狐宰相的書館，主人對他的待遇很優厚。當時，宣宗很喜歡唱〈菩薩蠻〉的曲子，令狐綯借了他新作的詞以自已的名義呈給宣宗，同時叮囑他不要把真相洩露出去，可是，溫庭筠很快就告訴別人了。令狐綯又曾經問他有關玉條脫的典故，溫庭筠告訴他出自《南華經》，而且還說道：「《南華經》不是什麼冷僻的書，相公治理國家大事空閒的時候，無妨讀些古書呀。」又曾經說過「中書省内坐將軍」，譏諷令狐綯沒有什麼學問，這樣一來，令狐綯漸漸就疏遠他了。溫庭筠很傷感地在一首詩中說：「因知此恨人多積，悔讀《南華》第二篇。」

徐商出任山南節度使，徵辟溫庭筠為他幕下的巡官，溫庭筠感到不合自己的志向，就到江東一帶遊歷。大中末年，山北沈侍郎主持貢舉考試，特別讓溫庭筠坐在簾下考試，恐怕他要暗中幫別人的忙。溫庭筠這一天感到很不高興，天快黑的時候，他先請求出場，但還是獻上了以啟的文體寫下的千餘字，一問下來，他又已經給八個人提示過答案了。朝廷主持政務的官員鄙視溫庭筠的行為，就讓他留在長安等待安排。宣宗有一次出宮微服私訪，在旅舍裡正好遇到溫庭筠，溫庭筠不認識宣宗，很傲慢地問道：「先生不是司馬，便是長史一流的官吧？」又說道：「莫非是六參、主簿或縣尉之類吧？」宣宗回答說：「都不是的啊。」

溫庭筠後來被貶謫為方城縣尉，中書舍人裴坦撰寫制文，猶豫考慮了好久，制文的措詞這樣寫道：「孔子的學說主張一個人要以德行為先，文章放到後面，你既然早就參加了科舉考試，早就有著響亮的名聲，徒然誇耀自己不受約束的才能，卻實在難得有適合你發揮才能的機會。詩人屈原被流放到湘江之邊，賈誼也曾被貶到長沙，還期待在帝王面前發揮你的才能，不要糟蹋了自己的文思。」

溫庭筠赴任之前，文士詩人們爭相為他賦詩餞行，其中，紀唐夫寫的詩最為出色，詩中說：「鳳凰詔下雖沾命，鸚鵡才高卻累身。」紀唐夫後來舉進士，也有詩名。溫庭筠最後擔任的職位是國子監助教，最後去世在流落的生活中。他的著作存留至今的有《漢南真稿》十卷，《握蘭集》三卷，《金筌集》十卷，詩集五卷，及《學海》三十卷。又有《採茶錄》一卷，以及所著的《乾𦠆子》一卷，在該書的〈序〉中他寫道：「不爵不觥，非炰非炙，能悅諸心，庶乎乾臘之義」這些書都流傳於世。

【研析】溫庭筠寫的詩，就聲色之美，完全可以和李商隱並稱，不過，在我們今天看起來，雖然後來的西崑體詩人們奉溫、李二人為宗師，就詩的內涵來講，溫庭筠的詩比較豔而俗，甚至有點放浪，顯然不若後者。而李商隱的詩意境深遠，別有一種含蓄雋永的美在裡面，所謂溫李並稱，不過是一個形象的比喻罷了。然而，話又說回來，在他們生活的那個時代，喜歡溫庭筠的讀者要比喜歡李商隱的讀者多，原因恐怕還是與他寫的詩通俗易懂有關，這有點像今天喜歡通俗流行歌曲的人，顯然比愛古典音樂的聽眾人數要多，都是同一個道理吧。

魚玄機

玄機，長安人，女道士也。性聰慧，好讀書，尤工韻調❶，情致繁縟。咸通中及笄❷，為李億補闕侍寵，夫人妒，不能容，億遣隸咸宜觀披戴❸。有怨李詩云：「易求無價寶，難得有心郎。」與李郢端公❹同巷，居止接近，詩筒往反。復與溫庭筠交遊，有相寄篇什。嘗登崇真觀❺

南樓，覩新進士題名，賦詩曰：「雲峰滿目放春情，歷歷銀鉤指下生。自恨羅衣掩詩句，舉頭空羨榜中名。」觀其志意❻激切，使為一男子，必有用之才，作者頗憐賞之。時京師諸宮宇女郎，皆清俊濟楚❼，簪星曳月，惟以吟詠自遣，玄機傑出，多見酬酢云。有詩集一卷，今傳。

【注釋】❶韻調　韻文，喻詩。❷及笄　女子十五歲時所行的成年禮。❸披戴　成為道士。❹端公　唐代對御史的尊稱。❺崇真觀　位於長安城內朱雀街東。❻志意　志向、意願。❼濟楚　整潔。

【語譯】魚玄機，長安人，是一位女道士。她天性聰慧，喜歡讀書，尤其擅長寫詩，感情豐富細膩。咸通年間及笄後，被補闕李億納為妾，因為夫人妒忌心很強，不能容忍她，李億就把她送到咸宜觀當女道士。魚玄機在一首埋怨李億的詩中寫道：「易求無價寶，難得有心郎。」魚玄機與端公李郢同住在一條街巷，居住的地方相近，裝有詩作的竹筒來往於兩家之間。她又與溫庭筠有交往，寫有一些彼此寄贈的作品。魚玄機曾經有一次登上崇真觀南樓，看到新進士的題名，不禁賦詩道：「雲峰滿目放春情，歷歷銀鉤指下生。自恨羅衣掩詩句，舉頭空羨榜中名。」由此可見她的志向和意願十分激切不平，假如是個男子的話，一定是個有用的人才。寫詩的人都十分欣賞和同情她。當時京都各道觀的女子，個個都是清秀俊俏，披戴著有如搖星曳月的飾件，她們只是以吟詠詩歌來排遣時光，其中以魚玄機最為突出，據說她有很多與人贈答的詩作。魚玄機有詩集一卷，流傳至今。

【研析】在唐代，出家當女道士有一個好處，因為女道士的身分，在一定程度上使女性得以擺脫禮教的束縛，並非真個與青燈黃卷相伴終身。所以，不少女性，甚至有幾位公主都出家做了女道士，唐人的文集中，也有不少詩是詩人贈送給女道士的。我們從文中可以看出，魚玄機是這樣一個聰明絕頂的女性，她在給李億的詩中流露出來的不止是埋怨，而且包含了一種非常沉痛的心情。至於後一首詩中，更可以看出魚玄機對男女之間不平等的地位，是有著十分痛楚的感傷的。

邵謁

謁，韶州翁源❶縣人。少為縣廳吏，客至倉卒，令怒其不揩❷床❸迎待，逐去。遂截髻著縣❹門上，發憤讀書。書堂距縣十餘里，隱起水心。謁平居❺如里中兒未著冠者，髮鬅鬙❻，野服，苦吟，工古調。咸通七年抵京師，隸❼國子。時溫庭筠主試，憫擢寒苦，乃榜謁詩三十餘篇，以振公道，曰：「前件進士，識略❽精微，堪裨❾教化，聲詞激切，曲備❿風謠⓫，標題命篇，時所難著，燈燭之下，雄辭卓然。誠宜榜示眾人，不敢獨專華藻，仍請申堂⓬，并榜禮部。」已而釋褐。後赴官，不知所終。

它日，縣民祠神者，持幘⓭舞鈴，忽自稱「邵先輩降」。鄉里前輩皆至，作禮問曰：「今者辱來，能強為我賦詩乎？」巫即書一絕云：「青山山下少年郎，失意當時別故鄉。惆悵不堪回首望，隔溪遙見舊書堂。」詞詠淒苦，雖椽筆⓮不逮，鄉老中曉聲病⓯者，至為感泣咨嗟。今有詩一卷，傳於世。

【注釋】❶翁源　唐代縣名，位於今廣東翁源。❷搘　撐。❸床　即坐榻，唐代的一種坐具。❹縣　懸。❺平居　平時。❻鬅鬙　頭髮蓬亂的樣子。❼隸　從屬。❽識略　見解和膽略。❾裨　補益。❿曲備　周備。⓫風謠　如《詩經》十五〈國風〉，古人認為這些反映風土民情的歌謠有道化天下的作用。⓬堂　喻朝廷。⓭幘　頭巾。⓮椽筆　如椽之筆，喻文章高手。⓯曉聲病　喻通曉詩文。

【語譯】邵謁，韶州翁源縣人。邵謁年輕的時候在縣衙裡當衙役，有一回，客人來得非常倉促，縣令對他未能及時撐起坐榻來接待客人十分惱怒，將他趕了出去。邵謁於是剪下了自己的髮髻，很醒目地懸掛在門上，就此發憤讀書。讀書的書堂離縣城十來里地，隱隱在水中央。邵謁平時就像本鄉那些未成年的孩子一樣，頭髮亂蓬蓬的，身上穿著鄉下人的粗布衣服，刻苦學習撰寫詩文，擅長寫古風詩。咸通七年，邵謁來到京都，隸屬國子監。當時，溫庭筠主持考試，他對出身低微的寒士十分同情並有意要選拔他們，於是將邵謁的三十餘篇詩張榜貼了出來，以此來振舉公道，他說：「前面所列的這位進士，見解精到細微，可以用來補益教化，聲韻措詞激切，具備了反映風土民情的歌謠功能，其標題和通篇的考慮，我們這個時代的人是不容易做到的，考場的燈光下，雄放的文辭超越眾人。真是應該張榜請大家看看，不能讓我一人專享，我還報請朝廷，並請禮部公示天下。」不久，邵謁被授官職。後來他赴任就職，不知最後的結局如何了。

有一天，縣城百姓中一個以祭祀神鬼為職業的人，手持頭巾，舞著鈴兒，忽然自稱是邵先輩降臨，鄉里的前輩們都來到了現場，他們恭恭敬敬地問道：「今天麻煩您來此，能不能勞駕為我們賦詩麼？」巫師當即便寫下了一首絕句：「青山山下少年郎，失意當時別故鄉。惆悵不堪回首望，隔溪遙見舊書堂。」文辭讀起來令人感到淒涼困苦，即便文章高手，寫的東西也未必能這樣感人，鄉老中有通曉詩律的人，極為感動，以致流下了眼淚，嗟嘆不已。至今還有邵謁的詩集一卷，流傳於世。

于濆

濆，字子漪，咸通二年裴延魯榜進士。患當時作詩者，拘束聲律而入輕浮，故作〈古風〉三十篇以矯弊俗，自號「逸詩」。今一卷，傳於世。

觀唐詩至此間，弊亦極矣，獨奈何國運將弛❶，士氣日喪，文不能不如之。嘲雲戲月，刻翠粘紅，不見補於采風❷，無少裨於化育❸，徒務巧於一聯，或伐❹善於隻字，悅心快口，何異秋蟬亂鳴也？于濆、邵謁、劉駕、曹鄴等，能反棹下流，更唱瘖❺俗，置聲祿❻於度外，患大雅之凌遲❼。使耳厭鄭、衛，而忽洗雲和❽；心醉醇醲❾，而乍爽玄酒❿。所謂清清泠泠，愈病析酲⓫。逃空虛者，聞人足音，不亦快哉。晉處士戴顒春日攜斗酒，往樹下聽黃鸝，曰「此俗耳針砭⓬，詩腸鼓吹！」者，豈徒然哉。於數子亦云。

【注釋】❶弛　放鬆；減弱。❷采風　採集民謠以觀民情。❸化育　教化；養育。❹伐　誇耀。❺瘖　緘默不言。❻聲祿　名利。❼凌遲　逐步而下。❽雲和　琴瑟的代稱，喻高雅的音樂。❾醲　味厚之酒。❿玄酒　古代祭祀時用的水。⓫酲　飲酒過度導致身體的不適。⓬針砭　針灸治療。

【語　譯】于濆，字子漪，咸通二年與狀元裴延魯同榜進士及第。于濆憂慮當時寫詩的人拘泥於追求聲律的完美而流於輕浮，所以寫了〈古風〉三十篇，用以矯正弊俗，自號為「逸詩」，今有一卷，流傳於世。

觀看唐人寫詩到這個時期，弊端也已經發展到極點了。奈何國運走下坡路，士氣也一天天失落，文風不能不如此啊。嘲弄雲彩，遊戲風月，鏤刻翠綠，描貼桃紅，看不出像古時候採集民謠以觀民情制度那樣的積極作用，對教化也沒有一點幫助，徒然使得一對聯句變得精巧，或者只能在個別字上炫耀自己的才能，內中和口頭上因此而感到愉快，卻與秋天的蟬兒亂鳴一氣有什麼區別呢？于濆、邵謁、劉駕和曹鄴等諸人，能夠掉轉船頭，逆流而上，在沉默無語的時俗中放聲高唱。他們將自己的名利置於考慮範圍之外，只擔憂詩歌的傳統漸漸衰微。他們要讓耳朵聽慣了類似鄭衛之聲的靡靡之音時，忽然得到優雅音樂的蕩滌沖洗；心兒正沉醉在醇厚的美酒中時，清水立刻使人覺得神清氣爽。所謂清清泠泠，讓病體痊癒如酒醉清醒。逃避社會居住在空谷中的人，聽到遠遠傳來的腳步聲，不是一件很快樂的事情嗎。晉朝的處士戴顒春天裡帶上一斗酒，坐在樹底下聽黃鸝鳥鳴叫，說：「這可以針砭俗人的耳朵，鼓吹詩人的內心啊！」這番話豈是隨便說說的啊！對上面提到的幾位先生，也可以這麼說的。

【研　析】說起來，文學藝術與社會發展還真有點關係。翻看唐詩，初唐詩人英氣勃勃的高亢聲音猶在耳際，到了「安史之亂」以後，雖說社會的繁榮已經走上了下坡路，有德宗這樣愛詩，又喜歡崇獎文詞，用以粉飾苟安局面的君主，文章之盛，居然還超過了貞觀、開元之世。到了唐代晚期，有如人到了衰老的階段，非但沒有半點蓬勃向上的氣勢，真是弊端處處表現了出來。看來，文運和國運的確是聯繫得非常密切的啊。

李昌符

昌符，字若夢，咸通四年禮部侍郎蕭倣下進士。工詩，在長安與鄭谷❶酬贈，仕終膳部員外郎。嘗作〈奴婢詩〉五十首，有云：「不論秋菊與春花，個個能噇❷空肚茶。」「無事莫教頻入庫，每般閑物❸要些些❹。」等句。後為御史劾奏，以為輕薄為文，多妨政務，虧嚴重之德，唱❺誹戲之風。謫去，匏繫❻終身。有詩集一卷，行於世。

【注釋】❶鄭谷　傳見本書卷九。❷噇　吃喝。❸閑物　無用的東西。❹些些　少許。❺唱　同「倡」。❻匏繫　喻求官不得而閒置。

【語譯】李昌符，字若夢，咸通四年，禮部侍郎蕭倣主持貢舉時進士及第。李昌符擅長寫詩，在長安時與鄭谷有詩互相贈答。他擔任的最後官職是膳部員外郎。李昌符曾寫過〈奴婢詩〉五十首，其中有一些像「不論秋菊與春花，個個能噇空肚茶。」「無事莫教頻入庫，每般閑物要些些。」這樣一類的句子。後來李昌符遭到御史奏章彈劾，認為他文字輕薄，對政務很有妨礙，缺少嚴肅莊重的德行，鼓勵了一種類似戲子講笑話的不嚴肅風氣。李昌符遭貶謫之後，終身未再擔任過其他官職。他有詩集一卷，流行於世。

翁綬

綬，咸通六年中書舍人李蔚下進士。工詩，多近體，變古樂府，音韻雖響，風骨憔悴，真晚唐之移習❶也。後亦間關❷，名不甚顯。固知閭巷之人，欲砥行❸立名者，非附青雲之士，惡❹能施於後世哉？有詩今傳。

【注釋】❶移習　變化了的風氣。❷間關　道路崎嶇難行。❸砥行　磨鍊節操德行。❹惡　何。

【語譯】翁綬，咸通六年，中書舍人李蔚主持貢舉時進士及第。翁綬擅長寫詩，作品多半為近體律詩，改變了古樂府的寫法，在聲韻上效果很好，可是風骨卻顯得枯萎凋零了，真是晚唐時期詩風發生變化之後的作品。後來，翁綬在仕途上也頗多坎坷，沒有什麼名聲。由此確實得知生活在閭巷的平民百姓，若要磨礪自己的節操而博得名聲的話，不去攀附那些青雲直上的大人物，哪裡能夠名傳後世呢？翁綬有詩流傳至今。

汪遵

遵，宣州涇縣❶人。幼為小吏，晝夜讀書良苦，人皆不覺。咸通七年韓袞榜進士。遵初與鄉人許棠❷友善，工為絕句詩，而深自晦❸密。以家貧難得書，必借於人，徹夜強記，棠實不知。一日辭役❹就貢，棠時先在京師，偶送客至灞、滻❺間，忽遇遵於途，行李索然，棠訊之曰：「汪都❻何事來？」遵曰：「此來就貢。」棠怒曰：「小吏不忖，而欲與棠同研席乎？」甚侮慢之。後遵成名五年，棠始及第。洛中有李相德裕平泉莊❼，佳景殊勝，李未幾坐事貶朱崖❽，遵過，題詩曰：「平泉風景好高眠，水色嵐❾光滿目前。剛欲平它不平事，至今惆悵滿南邊。」又〈過楊相宅〉詩云：「倚伏❿從來事不遙，無何⓫平地起青霄⓬。纔到青霄卻平地，門對古槐空寂寥。」俱為時人稱賞。其餘警策稱是。有集今傳。

汪遵，涇之一走⑬耳。拔身卑污，奮譽文苑。家貧借書，以夜繼日，古人閱市⑭偷光⑮，殆不過此。昔溝中之斷，今席上之珍，丈夫自修，不當如是耶？與夫朱門富家，積書萬卷，束在高閣，塵暗籤⑯軸⑰，蠹落帙⑱帷⑲，網⑳好學之名，欺盲聾之俗，非三變㉑之敗，無一展㉒之期㉓，諺曰：「金玉有餘，買鎮宅㉔書。」嗚呼哀哉！

【注釋】❶涇縣　唐代縣名，位於今安徽涇縣。❷許棠　傳見本書卷九。❸晦　藏而不顯露。❹役　衙役。❺灞滻　灞水和滻水，流經長安以及長安近郊的兩條河水，喻長安近郊。❻都　唐代對衙門吏人的俗呼。❼平泉莊　李德裕在洛陽郊外的別墅名。❽朱崖　唐代崖州的古稱，位於今海南瓊山南，為流放犯有重罪官員的地方。❾嵐　雲氣。❿倚伏　喻禍福的互相轉化。⓫無何　沒過多久。⓬青霄　極高處，喻很尊貴的地位。⓭走　僕役。⓮閱市　東漢王充家貧，每天在洛陽市上閱別人所賣書，久而通曉百家學說。⓯偷光　西漢匡衡家貧，晚上鑿壁借鄰人之光讀書，久而成飽學之士。⓰籤　古代書套外以象牙或骨製的別扣。⓱軸　書畫的卷軸。⓲帙　書函。⓳帷　書套。⓴網　網羅，喻博取。㉑三變　喻不肖子弟之三變，即一變鬻田莊而食之蝗蟲，二變鬻藏書而食之蠹魚，三變賣奴婢而食之大蟲，至家產敗盡。㉒展　振作。㉓期　期待。㉔鎮宅　用某種可以避邪的法物或施用某種法術來保佑住宅平安。

【語譯】汪遵，宣州涇縣人。汪遵很小的時候就在衙門裡當個小吏，不分白天黑夜地刻苦讀書，人們都不曾加以注意。咸通七年，與狀元韓袞同榜進士及第。汪遵早些時候與同鄉的許棠關係很好，他擅長寫絕句詩，卻深藏不露，大家都不知道。因為家境貧寒，家裡沒有什麼可以讀的書，要讀的話，非得向別人借，徹夜苦讀，努力記誦，而許棠對此一無所知。一天，汪遵辭去了衙役的差事，參加貢舉考試，此時，許棠已經先到了京都。許棠碰巧送客到長安郊外的灞水、滻水一帶，忽然在路上遇到汪遵，見他帶著行李，孤零零地樣子，許棠便問道：「汪都到此辦什麼事情來了？」汪遵答道：「我是來參加貢舉考試的。」許棠很生氣地說：「一個小小的吏人，自己也不思量一下，居然還想和我許棠同學麼？」許棠對他的態度非常傲慢無禮。後來，汪遵取得科名五年後，許棠才剛剛進士及第。洛陽有李德裕宰相的別墅平泉莊，是一處風景美好的勝地，李德裕沒過多久因受事件的牽累，被貶謫到了朱崖，汪遵經過平泉莊的時候，題了一首詩說：「平泉風景好高眠，水色嵐光滿目前。剛欲平它不平事，至今惆悵滿南邊。」他又在題為〈過楊相宅〉的一首詩中這樣寫道：「倚伏從來事不遙，無何平地起青霄。才到青霄卻平地，門對古槐空寂寥。」這兩首詩當時都很受人們讚賞。汪遵其他的精鍊且含義深切的詩句也都和這兩首詩相似。他有詩集流傳至今。

汪遵，不過涇縣衙門裡的一個役人而已，從卑下的地位中脫穎而出，在文壇上獲得聲譽。家境貧寒，就借書來讀，夜以繼日，古人所謂閱市偷光，也不過如此啊。舊日路旁溝中之斷梗，今天成了宴席上的珍品，大丈夫對自己的修身養性，難道不就應當這樣麼？相比起來，那些住在朱漆大門裡的富貴人家，收藏的書有上萬卷，束好了堆放在高高的架子上，籤軸上因佈滿了灰塵而失去了光彩，蠹蟲出現在書函封套上，博得一個好學的名聲，欺騙對此一無所知的世俗之人，不經歷所謂三變這樣的敗落，不可能有重新振作起來的希望。諺語說：「金玉有餘，買鎮宅書。」嗚呼，真讓人感到可悲啊。

【研　析】自古以來，所謂閱市、借光而讀書成功的故事，都是人生奮鬥成功的絕好例子，所以，也一直為知識分子的美談。不過，我們讀到汪遵那些富有哲理的詠事詩時，仔細玩味作者以十分淺顯的語言表露出來的耐人尋味的含義，聯想到他那不尋常的人生閱歷，包括所經受過的他人的侮慢，二者之間應該具有一定聯繫的。相比之下，那位許棠倒顯得有幾分鄙陋可笑了。

沈光

光，吳興人。咸通七年禮部侍郎趙騭下進士。工文章古詩，標致❶翹楚❷，大得美稱。嘗作〈洞庭樂賦〉，韋岫見之曰：「此乃一片宮商也。」又如〈太白酒樓記〉等文，皆儀表❸於世。有詩集及《雲夢子》五卷，並傳世。光風鑑❹澄爽，神情俊邁。後仕終侍御史云。

【注　釋】❶標致　文章的風韻。❷翹楚　傑出的人才，喻出色。❸儀表　榜樣；標準。❹風鑑　風度；氣質。

【語譯】沈光，吳興人。咸通七年，沈光在禮部侍郎趙騭主持貢舉考試時進士及第。他擅長寫文章和古體詩，文章的風韻非常出色，獲得了很高的聲譽。沈光曾經寫過一篇〈洞庭樂賦〉，韋岫見了後說道：「這就像是一段動聽的音樂啊。」又如〈太白酒樓記〉等文章，都能夠作為世人效法的標準。沈光有詩集和《雲夢子》五卷，都流傳在世。沈光風度清朗，神態和舉止英俊出眾。後來，聽說他的官做到了侍御史。

趙牧

牧，不知何處人。大中、咸通中，累舉進士不第。有俊才，負奇節❶，遂捨場屋，放浪人間。效李長吉為歌詩，頗涉狂怪，聳動當時。蹙金❷結繡，而無痕迹裝染。其餘輕巧之詞甚多。同時有劉光遠，亦慕長吉，凡作體效猶❸，能埋沒意緒。竟不知所終。俱有詩傳世。

【注釋】❶奇節　非凡的節操。❷蹙金　用金銀絲線繡出帶皺紋的織物。❸效猶　知其錯而加以模仿。

【語譯】趙牧，不清楚是什麼地方的人，大中、咸通年間，多次參加進士考試，卻都未能及第。趙牧有出色的才能，懷有非凡的節操，於是放棄了在科舉考場上的競逐，在社會上過著放蕩不羈的生活。他模仿李賀的風格寫詩，很有一些奇特狂放的地方，當時十分引人注目，就像用金銀絲線繡出的花紋，卻看不出裝飾點染的痕跡來。其餘的作品裡輕佻巧辯的語詞比較多。與他同時的有一位叫劉光遠的詩人，他也非常仰慕李賀的詩，寫的作品效仿李賀的風格，自己的思想脈絡卻能藏而不露，後來不知道結局是如何的了。他倆都有詩流傳下來。

羅鄴

鄴，餘杭人也。家貲鉅萬，父則為鹽鐵吏，子二人，俱以文學干進❶。鄴尤長律詩。時宗人隱、虬，俱以聲格❷著稱，遂齊名，號「三羅」。隱雄麗而坦率，鄴清致而聯綿，虬則區區而已。咸通中，數下第，有詩云：「故鄉依舊空歸去，帝里如同不到來。」崔安潛❸侍郎廉問江西，鄴適飄蓬湘、浦間，崔素賞其作，志在弓旌❹，竟為幕吏所沮。既而俯就督郵❺，不得志，踉蹌❻北征，赴職單于牙帳❼。鄴去家愈遠，萬里沙漠，滿目誰親，因茲舉事❽闌珊❾無成，于邑❿而卒。

鄴素有英資，筆端超絕，其氣宇亦不在諸人下。初無箕裘⑪之訓，頓改門風，崛興音韻，馳譽當時，非易事也。而跋前疐後⑫，絕域無聊，獨奈其命薄何！孔子曰「才難」，信然。有詩集一卷，今傳。

【注釋】❶干進 謀求進身為官。❷聲格 喻作詩。❸崔安潛 咸通年間曾任江西觀察使。❹弓旌 喻招聘。❺督郵 漢代州郡官的佐吏，喻地方小官。❻踉蹌 急遽行走的樣子。❼牙帳 將帥的軍帳。❽舉事 辦事。❾闌珊 衰落。❿于邑 憂悒鬱結。⓫箕裘 喻父子相傳的事業。⓬跋前疐後 進退兩難。

【語譯】羅鄴，餘杭人。羅鄴家裡錢財數以萬計之巨，父親羅則是一個從事鹽鐵專賣事務的官吏，有兩個兒子，都以文學上的成就來謀取進身為官。羅鄴在律詩方面的寫作尤其見長。當時羅鄴和他的另外兩個同宗羅隱、羅虬，都以在作詩上的成就名著一時，三人於是一起出了名，號稱「三羅」。羅隱的詩風雄放壯麗而直率，羅鄴的詩情調清高而感情纏綿，羅虬不過就是一般水平罷了。

咸通年間，羅鄴幾次參加考試都落第未中，在一首詩中這樣寫道：「故鄉依舊空歸去，帝里如同不到來。」崔安潛侍郎出任江西觀察使，羅鄴正好如飄蓬般在湘江流域遊歷，崔安潛一直很欣賞羅鄴寫的詩，有意聘請他來做自己的幕僚，最終卻因他的幕僚阻止而未成。不久，羅鄴只得屈就地方上的小官，感到很不得志，急急趕往北方，到匈奴單于的軍帳裡就職。羅鄴離家更加遠了，萬里沙漠，舉目沒有可以親近的人，所以辦起事來，衰落無成，便鬱鬱寡歡地去世了。

羅鄴本來就有著極為出色的天資，下筆成文，便超凡絕倫，他的氣質也不在當時諸多詩人之下。他起初並沒有家學淵源可以繼承，頓然改變門風，崛起在詩壇上，在當時博得了很好的聲譽，不是件容易的事情。而後來進退兩難，在偏遠的地方無所事事，怎麼他的命運就這樣不好呢！孔子說「才難」，的確如此啊。羅鄴有詩集一卷，流傳至今。

【研析】一門三人而皆以詩稱雄於當時，在晚唐也是難能可貴的了。羅鄴雖然沒有家傳之學可以繼承，憑恃自己的過人才智，又有著報國的雄心壯志，終於博得了詩壇上的名聲。令人感慨的是，羅鄴的才能最終竟然被銷蝕在絕域大漠中，真可謂壯志未酬。可見成材固然個人的因素十分重要，客觀的機遇也是必不可少的，不然，孔老夫子怎麼會慨嘆人才之難呢！

胡曾

曾，長沙人也，咸通中進士。初，再三下第，有詩云：「翰苑❶幾時休嫁女，文章早晚罷生兒。上林❷新桂年年發，不許閑人折一枝。」曾天分高爽❸，意度不凡，視人間富貴亦悠悠❹。遨歷四方，馬迹窮歲月，所在必公卿館穀❺。上交不諂，下交不瀆❻，奇士也。嘗為漢南節度❼從事。作詠史詩，皆題古君臣爭戰廢興塵迹，經覽形勝❽，關山亭障❾，江海深阻，一一可賞。人事雖非，風景猶昨，每感輒賦，俱能使人奮飛。至今庸夫孺子，亦知傳誦。後有擬效者，不逮矣。至於近體律絕等，哀怨清楚，曲盡❿幽情，擢居中品，不過也。惜其才茂而身未穎脫，痛哉。今《詠史詩》一卷，有咸通中人陳蓋注，及《安定集》十卷行世。

【注釋】❶翰苑　文學之士薈萃的地方。❷上林　上林苑，秦漢時期的宮苑，喻皇宮。❸高爽　高潔豪爽。❹悠悠　庸俗。❺館穀　提供住宿和食物。❻瀆　輕慢。❼漢南節度　即山南東道節度使。❽形勝　地勢優越便利。❾亭障　古代邊塞的堡壘。❿曲盡　詳盡。

【語譯】胡曾，長沙人，咸通年間進士及第。早些時候，胡曾考進士時曾再三落第，他在一首詩中寫道：「翰苑幾時休嫁女，文章早晚罷生兒。上林新桂年年發，不許閑人折一枝。」胡曾天分高潔豪爽，識見和氣度不同凡響，人世間的富貴榮華在他看來都是庸俗的東西。胡曾遨遊四方，一年到頭騎著馬在外飄泊，所到之處，公卿大夫必定為他提供食宿。胡曾與地位高的人交往時態度不諂媚，與地位低的人交往時也不輕慢他們，真是一個奇特的人物。他曾經做過山南東道節度使的屬官。胡曾寫詠史詩，都是題寫古代君王臣子為爭奪天下的戰事，和相關的王朝興廢，以及途經瀏覽的地勢險峻便利處，關山邊塞的堡壘，江河湖海形成的天然屏障，個個都值得觀賞玩味。

人和事雖然都已經過去了，風景卻依舊和往昔一樣，每當感慨萬端的時候，便命筆賦詩，都是一些令人感奮向上的作品。直到今天，凡夫和兒童，都還在傳誦這些詩篇。在胡曾之後，也曾有過模擬他風格的作品，那是比不上他的。至於近體律詩絕句之類，哀怨之情清晰可辨，詳盡地表現出幽怨之情，說是中流水平，不算過分吧。可惜胡曾雖然才華橫溢，卻沒有讓他脫穎而出的機會，真是可惜啊！今天有《詠史詩》一卷，有咸通年間陳蓋的注，以及《安定集》十卷，流行於世。

【研析】胡曾以擅長寫詠史詩出名，據說到了明代，他寫的詠史詩還被人們編入蒙館的讀本中，有點像今天教小孩子讀的歷史課本。晚唐的時候，詩壇上寫詠史詩成為一時的風氣，而且還一直沿承到了五代。相傳在五代的時候，後蜀王衍的一次酒宴上，有一個善於唱歌的宦官演唱了胡曾詠懷春秋時期吳越爭霸的一首詩，裡面有一句「吳王恃霸棄雄才」，竟令生性多疑的蜀王大為不悅，以致發怒而拂袖而去。從這個故事我們也可以看到詠史詩在當時的流行了。

李山甫

山甫，咸通中累舉進士不第，落魄有不羈才。鬚髯❶如戟，能為青白眼❷。生平憎俗子，尚豪俠，雖簞食❸豆羹❹，自甘不厭。為詩託諷，不得志，每狂歌痛飲，拔劍斲❺地，少攄❻鬱鬱之氣耳。後流寓河、朔間，依樂彥禎❼為魏博❽從事，不得眾情，以陵傲❾之，故無所遇。嘗有〈老將詩〉曰：「校獵❿燕山經幾春，雕弓白羽不離身。年來馬上渾無力，望見飛鴻指似人。」此傷其蹇薄⓫無成，時人憐之。後不知所終。山甫詩文激切，耿耿⓬有齊氣⓭，多感時懷古之作。今集一卷、賦二卷，並傳。

【注　釋】❶髯　兩頰上的長鬚。❷青白眼　據說晉朝阮籍不拘禮教，見凡俗之人以白眼對之，而遇見與自己意氣相投的人，則對以青眼，即正眼視之。❸簞食　用竹器盛的飯。❹豆羹　裝在一種叫豆的食具裡的羹，喻食物極少且簡單。❺斲　砍。❻攄　抒發。❼樂彥禎　僖宗中和三年（西元八八三年）為魏博節度使，喜儒術。❽魏博　唐代方鎮名，治所在魏州，今河北大名東北。❾陵傲　陵侮輕慢。❿校獵　用木欄圈圍並獵取禽獸。⓫蹇薄　命運不好。⓬耿耿　明亮的樣子。⓭齊氣　舒緩之氣。

【語　譯】李山甫，咸通年間多次應進士考試而落榜不第，雖然身處困境，才能卻不為一時失意所拘。李山甫的鬍鬚像戟一樣往上翹，對人能作青白眼，生平最討厭的就是鄙俗之人，崇尚豪俠之士。他雖然過著簞食豆羹的簡單生活，卻甘之如飴，毫不厭棄。李山甫作的詩常含有諷諭之意，因為不能得志，常常在一番狂歌痛飲之後，拔出劍來朝地上砍去，稍稍抒發自己心中的鬱悶之氣罷了。後來，李山甫在北方河朔一帶流落生活，投靠魏博節度使樂彥禎，在他的幕府裡當一名僚屬，與眾人的關係相處得不太和諧，因為生性好陵侮輕慢他人的緣故，也沒能得到誰的賞識。李山甫曾有一首題為〈老將詩〉的詩，詩中說：「校獵燕山經幾春，雕弓白羽不離身。年來馬上渾無力，望見飛鴻指似人。」這首詩是在感嘆自己的命運不濟，一事無成，當時人們讀了都很同情他。後來，不知道李山甫最終的結局如何了。李山甫的詩文激昂直率，內容明快兼有舒緩之氣，多半是有感於時事或懷古的作品。今天有他的詩集一卷，賦二卷，都流傳在世。

曹唐

唐，字堯賓，桂州❶人。初為道士，工文賦詩。大中間舉進士，咸通中，為諸府從事。唐與羅隱同時，才情不異。唐始起清流❷，志趣澹然❸，有凌雲之骨❹，追慕古仙子高情❺，往往奇遇而已，才思不減，遂作〈大遊仙詩〉五十篇，又〈小遊仙詩〉等，紀其悲歡離合之要，大播於時。唐嘗會隱，各論近作。隱曰：「聞兄〈遊仙〉之製甚佳，但中聯云：『洞❻裡有天春寂寂，人間無路月茫茫。』乃是鬼耳。」唐笑曰：「足下〈牡丹〉詩一聯，乃詠女子障❼：『若教解語應傾國❽，任❾是無情也動人。』」於是座客大笑。

唐平生志甚激昂，至是薄宦，頗自鬱悒，為〈病馬〉詩以自況，警聯如：「尾盤夜雨紅絲脆，頭捽❿秋風白練低。」又云：「風吹病骨無驕氣，土蝕驄⓫花見臥痕。」又云：「飲驚白露泉花冷，吃怕清秋豆葉寒。」皆膾炙人口。忽一日晝夢仙女，鶯服⓬花冠，衣如烟霧，倚樹吟唐詠天台劉、阮⓭詩，欲相招而去者，唐驚覺，頗怪之。明日暴病卒，亦感憶之所致也。有詩集二卷，今傳於世。

人云：有德者或無文，有文者或無德。文德兼備，古今所難。《典論》謂文人相輕，從古而然，各以所長，相輕所短。矛盾之極，則是非鋒起⓮，奮⓯始於毫末，禍大於丘山，前後類此多矣。夫以口舌常談，無益無損，每至喪清德⓰，負良友，承輕薄子之名，乏藏疾匿瑕之量。如此，功業未見其超者矣。君子所慎也。

【注　釋】❶桂州　治所在臨桂，位於今廣西桂林。❷清流　德行高潔、負有名望的士大夫。❸澹然　淡泊。❹骨　氣質；品格。❺高情　高遠的情懷。❻洞　洞府，神仙所居之地。❼障　屏風。❽傾國　美貌傾動了一國之人。❾任　即使。❿捽　抵觸。⓫驄　青白雜毛的馬。⓬氅服　鳥羽製成的衣服。⓭劉阮　東漢時人劉晨和阮肇，相傳二人入天台山採藥，遇見仙女。⓮鋒起　形容來勢很猛而難以拒之。⓯奮　震動。⓰清德　美好的品德。

【語　譯】曹唐，字堯賓，桂州人。早些時候他當過道士，擅長文章詩賦。大中年間，舉進士及第，咸通年間，曾在幾個方鎮節度使的幕府裡做過從事。曹唐和羅隱生活在同一時期，兩人的才華情調也十分相似。曹唐出身於清流階層，志趣淡泊，具有一種直上雲霄的氣質，追求和仰慕古代得道成仙者的高遠情懷，常常在經歷了一些奇特的遭遇後，才思依舊，於是便寫下了〈大遊仙詩〉五十篇，又寫有〈小遊仙詩〉等，記錄下他與仙人之間悲歡離合的主要感受，當時非常流行。曹唐曾經和羅隱會過面，各自談到自己的近作。羅隱說：「聽說老兄〈遊仙〉詩非常出色，但是，其中一聯詩句是『洞裡有天春寂寂，人間無路月茫茫。』說的是鬼呀。」曹唐笑著說道：「您的〈牡丹〉詩裡有一聯詩句，歌詠的是畫著美女的屏風呀：『若教解語應傾國，任是無情也動人。』」於是，在座的人都大笑起來。

曹唐平生的志向激切高遠，到這時候還只是一個地位卑下的官職，心中十分鬱鬱不歡，他曾寫過一首題名〈病馬〉的詩來描述自己的境況，有幾聯含義深切的詩句，如：「尾盤夜雨紅絲脆，頭捽秋風白練低。」又如：「風吹病骨無驕氣，土蝕驄花見臥痕。」又如：「飲驚白露泉花冷，吃怕清秋豆葉寒。」等等，當時都是膾炙人口的名句。有一天，曹唐白天睡覺時，忽然夢見一位仙女，穿著鳥羽做的衣服，頭戴花冠，衣裙看起來像被煙霧繚繞著似的，靠在樹上，吟誦著曹唐寫的詠懷天台劉晨、阮肇的詩，好像打算招曹唐一起去的樣子。曹唐一驚，醒了過來，心裡覺得有點奇怪，第二天，他就突然生病去世了，這是因為想起這事而有所感觸的關係吧。曹唐有詩集二卷，今天還流傳在世。

人們說：有道德的人或許文采不足，有文采的人也許德行不彰。文采和德行兼備，無論是古時候還是在今天，都是不容易做到的啊。《典論》裡說，文人彼此看不起，自古時候起就是這樣的了。各人都以自己的長處，互相輕視對方的短處。矛盾發展到極點，是非衝突就會來勢兇猛而無從阻擋，震動開始於細微毫端，釀成的禍害卻比丘山還大，古往今來這樣的例子太多了。看似口舌間的日常談話，不會有什麼增損，常常到了喪失美德、辜負好朋友的地步，承受一個輕浮薄行的名聲，缺乏容忍別人缺點的雅量，這樣一來，沒見過有誰能建立起功業的。君子對此可要謹慎啊。

皮日休

日休，字襲美，一字逸少，襄陽人也。隱居鹿門山，性嗜酒，癖詩，號「醉吟先生」，又自稱「醉士」；且傲誕，又號「間氣❶布衣」，言己天地之間氣也。以文章自負，尤善箴❷銘❸。咸通八年禮部侍郎鄭愚下及第。為著作郎，遷太常博士。時值末年❹，虎狼放縱，百姓手足無措，上下所行，皆大亂之道。遂作《鹿門隱書》六十篇，多譏切謬政。有云：「毀人者自毀之，譽人者自譽之。」又曰：「不思而立言，不思而定交，吾其憚❺也。」又曰：「古之殺人也怒，今之殺人也笑。」又曰：「古之置吏也將以逐盜，今之置吏也將以為盜」等，皆有所指云爾。

日休性沖泊❻無營❼，臨難不懼。乾符❽喪亂❾，東出關，為毗陵❿副使，陷巢賊⓫中。巢惜其才，授以翰林學士。日休惶恐跼蹴⓬，欲死未能，劫令作讖文以惑眾，曰：「欲知聖人姓，田八二十一；欲知聖人名，果頭三屈律。」賊疑其衷恨，必譏己，遂殺之。臨刑神色自若，無知不知皆痛惋也。日休在鄉里，與陸龜蒙交擬金蘭⓭，日相贈和。自集所為文十卷，名《文藪》，及詩集一卷，《滑臺集》七卷，又著《皮氏鹿門家鈔》九十卷，並傳。

夫次韻⑭唱酬，其法不古，元和以前，未之見也。暨令狐楚、薛能、元稹、白樂天集中，稍稍開端。以意相和之法漸廢間作。逮日休、龜蒙，則飆流⑮頓盛，猶空谷有聲，隨響⑯即答。韓偓、吳融以後，守之愈篤，汗漫⑰而無禁也。於是天下翕然⑱，順下風而趨，至數十反而不已，莫知非焉。夫才情斂之不盈握⑲，散之彌八紘⑳，遣意於時間，寄興於物表，或上下出入，縱橫流散，遊刃所及，孰非我有，本無拘縛懘沾㉑之忌也。今則限以韻聲，莫違次第，得佳韻則杳不相干，齟齬㉒難入；有當事則韻不能強，進退雙違。必至窘束長才，牽接非類，求無瑕片玉，千不遇焉，詩家之大弊也。更以言巧稱工，誇多鬥麗，足見其少雍容之度。然前修㉓有恨其迷途既遠，無法以救之矣。

【注釋】❶間氣　秉承天地之氣間世而出的豪傑英雄之人。❷箴　以規勸和告誡為主題的一種文體。❸銘　刻於器物上以記述生平傳揚後世或自警的一種文體。❹末年　衰末之時。❺憚　畏懼。❻沖泊　平和淡泊。❼營　謀劃。❽乾符　唐僖宗年號（西元八七四—八七九年），其間，王仙芝、黃巢領導的反唐軍隊連克多城。

❾喪亂　死喪禍亂。❿毗陵　唐代鎮海軍治所，位於今江蘇常州。⓫巢賊　即黃巢，唐末農民軍領袖，乾符二年（西元八七五年）隨王仙芝舉事，王死後，被推為領袖，一度攻入長安，中和四年（西元八八四年）敗死。⓬跼蹐　驚懼不安。⓭金蘭　友情深厚。⓮次韻　依次根據原詩的用韻來作和詩。⓯飆流　流派。⓰響　回聲。⓱汗漫　散漫無邊際。⓲翕然　統一；一致。⓳握　一手所握持的分量，喻極少。⓴八紘　八極，謂天地的極限。㉑懘惉　聲音不和諧。㉒岨峿　不相融合。㉓前修　古代有賢德的人。

【語譯】皮日休，字襲美，一字逸少，襄陽人。皮日休隱居在鹿門山，生性喜歡飲酒，愛好作詩，號「醉吟先生」，又自稱「醉士」。他還是一個狂傲放誕的人，又稱自己為「間氣布衣」，說自己是天地之間要每隔上一段時間才會出現的豪傑人物。皮日休對自己寫的文章評價很高，他尤其善於寫箴、銘一類文體的文章。咸通八年，在禮部侍郎鄭愚主持的貢舉考試中，獲得進士及第，被任命為著作郎，升任太常博士。當時正值唐代社會衰微的時候，叛軍、盜匪在社會上為所欲為，老百姓簡直走投無路，朝廷和下層民間所實行的一切，都是當社會發生大亂時才會有的現象。於是，皮日休寫了《鹿門隱書》共六十篇，主要是譏諷當時實在不像話的時局。其中，如：「毀人者自毀之，譽人者自譽之。」又如「不思而立言，不思而定交，吾其憚也。」又如「古之殺人也怒，今之殺人也笑。」又如「古之置吏也將以逐盜，今之置吏也將以為盜。」等等，都是有所指而發的。

皮日休天性淡泊無為，面臨危難而毫無懼色，乾符年間天下遭遇大亂，他東向出潼關，到了毗陵，任官副使，被擄掠到了黃巢的造反軍隊中。黃巢愛惜他的才華，授他為翰林學士。皮日休惶恐不安，想自殺也不得，威逼之下寫下了欺騙百姓的讖文，內容是：「欲知聖人姓，田八二十一；欲知聖人名，果頭三屈律。」黃巢懷疑皮日休內心非常仇恨他，必定是在譏諷自己，於是就把他殺了。臨刑時，皮日休神色自然，了解他或者不了解他的人都為之感到極其惋惜。皮日休在家鄉的時候，和陸龜蒙交情非常好，每天在一起唱和詩作。他將自己的文章編為十卷，名《文藪》，以及詩集一卷，《滑臺集》七卷，又著有《皮氏鹿門家鈔》九十卷，都流傳了下來。

依照原詩用韻的次序來和別人的詩，出現這種作詩的方法不很久遠，元和年間之前還沒有見過。到令狐楚、薛能、元稹、白樂天等人的詩集中，漸漸開始出現。根據原詩詩意來和詩的方法漸漸不被採用，只是偶爾出現一些。到皮日休、陸龜蒙，這種次韻和詩的形式，就形成為一種流派，頓時發展了起來，猶如在空寂山谷裡，一旦出現聲音，隨即就能聽到回聲作答。韓偓、吳融之後，人們更是堅定不移地因循這種做法，發展到漫無邊際而無法加以限制了。於是天下莫不依從，順風而趨，以致步韻和唱往返數十個來回不止，還不知其弊呢。人的才情，收攏起來的話不足一握，彌散開來則可遠至八紘，在時間上排遣情意，於事物的表象上寄託興懷，上下出入，縱橫流散，就像庖丁解牛的鋒利尖刀一樣遊刃有餘，自由自在，根本沒有什麼被束縛或者在聲音上不諧和之類的顧慮。如今卻被詩韻聲律所限，不能違背韻腳的先後，遇到合適的韻腳，哪怕寫出來的內容與原詩毫不沾邊，以致詩的本身抵觸而難以相容。有時候所詠的事情相當，聲韻不能夠勉強相和，進也不得，退則更難，都與詩人本意相違。如次，必然導致限制和束縛了個人擅長的才能，拉扯到不適當的東西上去，追求個別詞句的無瑕完美，這是極其不容易得到的，也是詩家的一大弊病啊。更還有以撰寫精巧的語詞稱為高手，以作品數量多相誇，以文辭華麗來炫耀自己，足見這些寫詩的人缺少雍和寬容的氣度。然而前代賢德之人覺得他們迷途很遠而感到遺憾，沒有辦法再來加以補救了。

【研析】在晚唐詩壇上，皮日休和與他同時代的陸龜蒙等詩人自創了一種江湖隱逸派的詩，這種詩體既不同於溫、李兩人的絢麗，也有別於賈、孟兩人的枯寒，風格清秀平淡，十分獨特。雖然皮日休自號為「醉吟先生」，其實他非常清醒，他與陸龜蒙之間有很多唱和詩，一些小詩寫得非常清新可愛，詩的內容則有很多是反映人民生活的疾苦。可惜這樣的詩人，最後竟然死在黃巢的動亂中，令人嗟嘆不已。

陸龜蒙

龜蒙，字魯望，姑蘇人。幼而聰悟，有高致❶，明《春秋》，善屬文，尤能談笑。詩體江、謝❷，名振全吳。家藏書萬卷，無少聲色之娛。舉進士一不中。嘗從張搏遊，歷湖、蘇二州，將辟以自佐。又嘗至饒州，三日無所詣，刺史率官屬就見，龜蒙不樂，拂衣去。居松江❸甫里❹，多所撰論。有田數百畝，屋三十楹。田苦下，雨潦則與江通，故常患饑。身自畚❺鍤❻，薅❼刺無休時，或譏其勞，曰：「堯、舜黴❽瘠，禹胼胝❾。

彼聖人也，吾一褐衣⑩，敢不勤乎？」龜蒙嗜飲茶，置小園顧渚山⑪下，歲入茶租，薄為甌蟻⑫之費。著書一編，繼《茶經》、《茶訣》之後，又判品張又新《水說》為七種。好事者雖慧山⑬、虎丘⑭、松江，不遠百里為致之。又不喜與流俗交，雖造門亦罕納⑮。不乘馬，每寒暑得中⑯，體無事時，放扁舟，掛蓬席，齎束書、茶灶、筆床、釣具，鼓棹鳴榔⑰，太湖三萬六千頃，水天一色，直入空明。或往來別浦，所詣小不會意，徑往不留。自稱「江湖散人」，又號「天隨子」、「甫里先生」。漢涪翁⑱、漁父⑲、江上丈人⑳，嘗謂即己。後以高士徵，不至。苦吟，極清麗。與皮日休為耐久交。中和初，遘㉑疾卒。吳融㉒誄文㉓曰：「霏漠漠，淡涓涓，春融冶㉔，秋鮮妍。觸即碎，潭下月；拭不滅，玉上烟。」今有《笠澤叢書》三卷，《詩編》十卷，賦六卷，並傳。

【注釋】❶高致　情懷高遠。❷江謝　南朝齊詩人江淹和謝朓的合稱。❸松江　吳淞江的別稱，太湖主要支流之一，流經吳縣、昆山、嘉定等地，經上海入海。❹甫里　今江蘇吳縣甪直。❺畚　用竹子編的盛器。❻鍤即鐵鍬，用以起土的農具。❼茠 同「薅」。在田裡除草。❽黴 黑瘦。❾胼胝 手腳上因為長期勞動磨起的繭子。❿褐衣 粗布衣服，喻百姓。⓫顧渚山 位於今浙江長興西北。⓬甌蟻 盛茶器皿裡的茶末，喻茶葉。⓭慧山 山名，位於今江蘇無錫郊外。⓮虎丘 山名，位於今江蘇蘇州郊外。⓯納 接待。⓰得中 相宜。⓱榔 漁人驅魚時用來敲擊船沿的木棒。⓲涪翁 東漢人郭玉，因常在涪水邊垂釣，人稱涪翁。⓳漁父 屈原在汨羅江邊遇到的漁翁。⓴江上丈人 春秋時期伍子胥過荊，遇一丈人載其渡江。㉑遘 遇到。㉒吳融 傳見本書卷九。㉓誄文 悼念死者的文字。㉔融洽 和煦明媚。

【語譯】陸龜蒙，字魯望，姑蘇人。陸龜蒙從小就非常聰明穎悟，情懷高遠，通《春秋》之學，擅長寫文章，尤其喜歡詼諧談笑。陸龜蒙寫的詩類似江淹、謝朓，在吳中一帶都非常有名。他的家裡藏書達上萬卷，從不涉足那些音樂歌舞以及與妓女相關的娛樂，曾經參加進士考試卻一直未能及第。陸龜蒙曾隨從張摶在湖州和蘇州為官，張摶想請他做自己的副手。他又曾到過饒州，三天時間裡也沒有去拜訪什麼人，饒州刺史帶著僚屬來拜訪他，陸龜蒙不高興，竟然拂袖而去了。他住在松江甫里，撰寫了很多東西。家裡有數百畝田，三十楹房屋，不過，他的田因為地勢低下而非常不便，下雨一多積水就和江水相通，所以常常擔心收不到糧食要挨餓。陸龜蒙親自帶上畚箕鐵鍬下田，或在地裡薅草，幾乎沒有休息的時候。有人譏笑他竟如此辛勞，陸龜蒙答道：「堯、舜因為勞累而又黑又瘦，大禹因為治水，手腳上都磨出了厚厚的繭子。他們都是聖人，尚且這樣，我一個老百姓難道還能不勤勞嗎？」陸龜蒙非常喜歡飲茶，他在顧渚山下有一個小園，每年從這個園子可以收到一些茶租，差不多可以抵上茶葉的消費開支。他著書一種，以繼《茶經》、《茶訣》之後；又根據張又新的《水說》的說法，將烹茶之水分為七種，一一加以品評。一些與他有著相同興趣愛好的人，雖然像慧山、虎丘和松江這些地方遠在百里之外，也路遠迢迢地為他帶來了當地的名水。陸龜蒙不喜歡與世俗之人來往，即使是他們來登門拜訪他，也很少接待他們。他不喜歡騎馬，每當氣候不冷不熱，自己身體情況也不錯的時候，就備好小船，掛上蓬席，帶上成捆的書，還有烹煮茶用的爐子，置筆的架子，釣魚用具等，搖著船槳，敲著榔，這時候，太湖三萬六千頃水面上，水和天空溶為一色，船兒就搖入這一派空明之中。有時候，船兒搖進了相連的其他水域，所到的地方稍覺得不如意，就徑直過往而不逗留。陸龜蒙稱自己為「江湖散人」，又自號「天隨子」、「甫里先生」。歷史上的漢涪翁、漁父、江上丈人等人物，陸龜蒙曾說就是他本人。後來，朝廷要以高士的名義請他入朝，陸龜蒙沒有應召前往。他吟唱作詩非常認真，寫的詩風格極為清麗。陸龜蒙與皮日休之間有著很長時間的交往和友誼。中和初，陸龜蒙染病後去世。吳融在誄文中說：「霏漠漠，淡涓涓，春融冶，秋鮮妍。觸即碎，潭下月；拭不滅，玉上烟。」今有《笠澤叢書》三卷，《詩編》十卷，賦六卷，都流傳在世。

【研　析】陸龜蒙在唐代可算是最平民化的詩人了。他不止是寫一些反映百姓生活疾苦的詩，而且還親自參加農田裡的耕作，這種獨一無二的風格是難能可貴的。農田收入不足，他兼營太湖的漁業捕撈，所以，他的詩集中還有一組專門講漁具性能的詩歌，大概研究漁業史的專家會有興趣。不過，詩人畢竟是詩人，在碧波萬頃的太湖中，水天一色，詩人寫下了許多美麗的詩作。

司空圖

圖，字表聖，河中人也。父輿，大中時為商州❶刺史。圖，咸通十年歸仁紹榜進士。主司王凝❷初典絳州❸，圖時方應舉，自別墅到郡上謁，去，閽吏遽申司空秀才出郭門。後復入郭訪親知❹，即不造❺郡齋。公謂其尊敬，愈重之。及知貢，圖第四人捷，同年鄙薄者謗曰：「此司空圖得一名也。」公頗聞，因宴全榜，宣言曰：「凝叨忝❻文柄❼，今年榜帖❽，專為司空先輩❾一人而已。」由是名益振。未幾，凝為宣歙觀察使，辟置幕府。召拜殿中侍御史，不忍去凝府，臺劾❿，左遷光祿寺⓫主簿。盧相攜⓬還朝，過陝虢⓭，訪圖，深愛重，留詩曰：「氏族司空貴，官班御史雄。老夫如且在，未可嘆途窮。」就屬⓮於觀察使盧渥⓯曰：「司空御史，高士也。」渥遂表為僚佐。攜執政，召拜禮部員外郎，尋遷郎中。

丁⓰黃巢亂，間關至河中。僖宗次鳳翔，知制誥、中書舍人。景福⓱中，拜諫議大夫，不赴。昭宗在華州，召為兵部侍郎，以足疾自乞，聽還。圖家本中條山⑱王官谷，有先人田廬，遂隱不出，作亭榭⑲素室⑳，悉畫唐興節士㉑文人像。嘗曰：「其宦情蕭索㉒，百事無能。量才一宜休，揣分㉓二宜休，耄㉔而聵㉕三宜休。」遂名其亭曰「三休」。作文以伸志，自號「知非子」、「耐辱居士」。

言涉詭激㉖不常，欲免當時之禍。初以風雨夜得古寶劍，慘澹精靈，嘗佩出入。性苦吟，舉筆緣興，幾千萬篇。自致於繩檢㉗之外，豫置塚棺，遇勝日，引客坐壙㉘中，賦詩酌酒，霑醉高歌。客有難者，曰：「君何不廣耶？生死一致，吾寧暫遊此中哉？」歲時祠禱，與閭里父老鼓舞相樂。時寇盜所過齏粉㉙，獨不入谷中，知圖賢，如古王蠋㉚也。士民依以避難。後聞哀帝㉛遇弒，不食扼腕，嘔血數升而卒，年七十有二。先撰自為文於濯纓亭一鳴窗，今有《一鳴集》三十卷，行於世。

【注釋】❶商州　治所在上洛，今河南商縣。❷王凝　懿宗朝官至中書舍人，禮部侍郎。❸絳州　治所在正平，今山西新絳。❹親知　親朋好友。❺造　到。❻叨忝　對自己承受某項事務的謙稱。❼文柄　喻主持貢舉考試。❽榜帖　科舉錄取時的榜單。❾先輩　唐代考試中進士者互相推敬的稱呼。❿臺劾　御史臺的奏劾。⓫光祿寺　唐代掌管邦國酒醴膳饈之事的機構，主簿為其屬官。⓬盧相攜　盧攜，僖宗乾符四年（西元八七七年）曾任宰相。⓭陝虢　陝州、虢州的合稱，唐代治所分別位於今河南陝縣、靈寶。⓮屬　同「囑」。⓯盧渥　僖宗朝曾任陝虢觀察使，後入為禮部侍郎。⓰丁　當。⓱景福　唐昭宗年號（西元八九二—八九三年）。⓲中條山　位於今山西南部永濟、夏縣一帶。⓳榭　在臺上蓋的高屋。⓴素室　僅以白粉塗刷的房屋。㉑節士　有節操的人物。㉒蕭索　淡薄。㉓揣分　揣度一個合適的界限。㉔耄　老。㉕聵　耳聾。㉖詭激　奇特而有悖常理。㉗繩檢　禮法的規範約束。㉘壙　墓穴。㉙齏粉　細的粉末，喻毀滅性的破壞。㉚王蠋　戰國時齊國著名的賢士。㉛哀帝　即昭宣帝，唐代最後的一位皇帝，唐亡後被朱溫廢殺。

【語　譯】司空圖，字表聖，河中人。司空圖的父親司空輿，大中年間曾當過商州刺史。司空圖在咸通十年與狀元歸仁紹同榜進士及第。主持考試的王凝早些時候為絳州刺史，司空圖當時正準備參加進士考試，他從別墅到州府官邸去拜訪王凝，離開後，管理大門的吏人立刻上報說：「司空秀才出了城門了。」後來司空圖到城中訪問親朋好友，就不再到州府官邸去，王凝說司空圖懂得恭敬待人，愈加看重他了。待王凝提舉貢舉考試時，司空圖取得了第四名的優異成績。一起參加考試的人中，有看不起司空圖的人捏造說：「這個司徒是虛得的一個名次啊。」王凝聽到了不少這些流言，就此宴請了入榜的考生，對大家宣佈說：「我主持本次貢舉考試，今年張貼的榜帖，可以說就是為了錄取司空先生一個人的吧。」這麼一來，司空圖的名聲越加大了。沒過多久，王凝出任宣歙觀察使，辟司空圖入自己的幕府。朝廷召司空圖擔任殿中侍御史，他不忍心離開王凝的幕府，遭到御史臺的劾奏，被降職任為光祿寺主簿。曾經做過宰相的盧攜回朝時，路過陝虢方鎮時，訪問了司空圖，非常看重他，盧攜還留下了一首詩，詩中說道：「氏族司空貴，官班御史雄。老夫如且在，未可嘆途窮。」他還叮囑觀察使盧渥說：「司空御史是一個高士啊。」於是，盧渥便上表請求讓司空圖為自己的僚屬。盧攜再度為相後，召司空圖入朝為禮部員外郎，不久，又升遷郎中。

當黃巢作亂時，司空圖歷盡艱險地到了河中。僖宗到了鳳翔，司空圖出任知制誥、中書舍人，景福年間，任命為諫議大夫，可是，司空圖沒有去就任。昭宗在華州的時候，召司空圖為兵部侍郎，因為腳病的緣故，司空圖請求允許他回家鄉。司空圖的家原先在中條山王官谷，有祖先留下的田產和房舍，他於是就隱居不出了。司空圖修築起了亭榭和素室，都畫上了唐朝開國時的節義之士和文人的畫像。司空圖曾經說：「我對做官的熱情甚為淡薄，什麼事情都做不來。以才能來衡量，是應該休官的第一個理由；揣摩自己各個方面的最合適的界限，是應該休官的第二個理由；年紀老了而且耳朵也聾了，這是自己應該休官的第三個理由。」於是，他給自己的亭子起名叫「三休」，又寫了一篇文章來表達自己的志向，自號為「知非子」、「耐辱居士」。

司空圖平時言談常有點奇特而有悖常理，想因此來免除當時可能給他帶來的禍害。早些時候，他曾經在一個風雨之夜得到一把古時候的寶劍，劍的表面看似慘澹，卻透著一股靈氣，司空圖曾經佩著這把劍進進出出。他生性喜歡苦心吟誦詩句，興致上來就欣然舉筆為文，所作幾達數千上萬篇之多。司空圖的行為舉止不受禮法的約束，他預先為自己購置好了墳墓和棺材，遇上喜慶佳節，領著客人坐在墳墓中，賦詩飲酒，喝醉了就放聲高歌。客人如有覺得為難的，司空圖便說道：「你怎麼就不會豁達一點呢？生和死其實是一回事情，你難道就不能暫時在此玩玩麼？」每年歲時節日祠神禱豐收的時候，就和鄉里的父老鄉親們一起奏樂起舞，共同歡樂。當時盜匪所經之處，往往一路燒殺擄略，人畜不留，卻唯獨沒有進入王官谷中，因為他們也知道司空圖是一位賢者，就像古時候齊國的王蠋一樣。讀書人和老百姓都因為投靠了過來才得以倖免於遭難。後來，司空圖聽到了哀帝遇難的消息，不再吃東西，痛苦地扼著自己的手腕，吐出了幾升血後就去世了，時年七十二歲。司空圖早先已編選自己撰寫的文章於濯纓亭一鳴窗，今天還有《一鳴集》三十卷流行於世。

【研析】司空圖既寫詩，又寫了很多精彩的詩論，說實話，他的詩論與他的詩相比起來，還要好得多，比如他寫的《詩品》就是一部詩歌批評的名作。可惜的是他生不逢時，不得不選擇歸隱山中的生活。人們說他喜歡飲酒而又常常乘興放歌，日常的一些行為舉止常常超越了禮教法規之外，甚至還有些怪誕的行為，歸根到底，還是由於他置身於唐末混亂無常的社會中，而且預見到了必將愈來愈混亂的發展趨勢的緣故吧。

僧虛中

虛中，袁州人。少脫俗從佛，雖然讀書工吟不綴。居玉笥山❶二十寒暑，後來遊瀟湘，與齊己❷、顧栖蟾為詩友。住湘西宗城寺。長沙馬侍中❸希振敬愛之，每其來，延納於書閣中。虛中好炙柴火，燒豆煮茶，烟熏彩翠❹塵暗，去必復飾，初❺不介意。嘗題閣中曰：「嘉魚在深處，幽鳥立多時。」益見賞重。時司空圖懸車❻告老，卻掃閉門，天下懷仰。虛中欲造見論交❼，未果，因歸華山人寄詩曰：「門徑放❽莎❾垂，往來投刺❿稀。有時開御札⓫，特地掛⓬朝衣⓭。嶽信⓮僧傳去，天香⓯鶴帶歸。他時周召⓰化，無復更衰微⓱。」圖得詩大喜，〈言懷〉云：「十年華嶽山前住，只得虛中一首詩。」其見重如此。今有《碧雲集》一卷，傳於世。顧栖蟾者，亦洞庭人，以聲律聞，今不見其作也。

【注釋】❶玉笥山　位於今湖南汨羅。❷齊己　傳見本書卷九。❸馬侍中　即馬希振，官至武順節度使加侍中。❹彩翠　樓閣內彩色描畫的簷楹。❺初　一點也不。❻懸車　年老辭官後懸車不用。❼論交　結交為友。❽放　放任。❾莎　莎草。❿刺　名刺。⓫御札　皇帝的來信。⓬掛　披，喻穿。⓭朝衣　朝服。⓮嶽信　山中隱士的來信。⓯天香　祭神的香。⓰周召　周公和召公，喻社會清平的時代。⓱衰微　衰敗。

【語譯】虛中，袁州人。虛中年輕時就出家皈依佛門，雖然是出家人，卻從來沒有中斷過讀書和下工夫學習寫詩。在玉笥山住了二十個年頭，後來，他到瀟水和湘水一帶漫遊，和齊己、顧栖蟾結為詩友。虛中住在湘西的宗城寺，長沙馬希振侍中對他十分敬重和愛戴，每逢虛中來作客，他必定將虛中請到自己的書閣裡。虛中喜歡燒灸柴火來燒豆煮茶，柴煙將樓閣裡彩繪的圖案熏得顏色黯淡，虛中離去後，必得請人重新描飾一遍，可是馬希振一點也不介意。虛中曾在書閣中題詩道：「嘉魚在深處，幽鳥立多時。」越發被主人賞識，當時，司空圖已經告老退休，關門隱居，為天下士人所仰重。虛中打算前往拜訪並結交為朋友，未能如願，於是，託請一位回華山的人帶了首詩給他，詩中寫道：「門徑放莎垂，往來投刺稀。有時開御札，特地掛朝衣。嶽信僧傳去，天香鶴帶歸。他時周召化，無復更衰微。」司空圖收到詩以後，非常高興，他後來在〈言懷〉詩中說：「十年華嶽山前往，只得虛中一首詩。」他對虛中就是這樣看重。虛中現在有《碧雲集》一卷流傳於世。那位叫顧栖蟾的也是洞庭人，他以善於寫詩而著稱，今天已經讀不到他的作品了。

周繇

繇，江南人。咸通十三年鄭昌圖❶榜進士，調福昌❷縣尉。家貧，生理索寞❸，只苦篇韻❹，俯有思，仰有詠，深造閫域❺，時號為「詩禪」。警聯如〈送人尉黔中〉云：「公庭飛白鳥，官俸請丹砂。」〈望海〉云：「島間應有國，波外恐無天。」〈甘露寺❻〉云：「殿鎖南朝像，龕❼禪外國僧。」又「山從平地有，水到遠天無。」又「白雲連晉閣，碧樹盡蕪城。」〈江州上薛能尚書〉云：「樹翳樓臺月，帆飛鼓角風。」又「郡齋多嶽客❽，鄉戶半漁翁」等句甚多，讀之使人竦❾，誠好手也。落拓❿杯酒，無榮辱之累，所交遊悉一時名公。集今傳世。同登第有張演者。工詩，間見一二篇，亦佳作也。

嘗謂禪家者流，論有大小乘⓫，有邪正法，要能具正法眼⓬，方為第一義⓭，出有無間。若聲聞⓮、辟支⓯、四果⓰，已非正也，況又墮野狐⓱外道鬼窟中乎！言詩亦然。宗派或殊，風義⓲必合。品則有神妙，體則有古今，才則有聖凡，時則有取捨。自魏晉以降，遞至盛唐，大曆、元和以下，逮晚年，考其時變，商其格製，其邪正了然在目，不能隱也。經云：過而不改，是謂過矣。悟門⓳洞開，慧燈深照，頓漸⓴之境，各天所賦。觀於時以詩禪許周繇，為不入於邪見，能致思於妙品，固知其衣冠於裸人之國㉑。昔謂學詩如學仙，此之類歟。

【注釋】❶鄭昌圖 僖宗時曾位至宰相。❷福昌 今河南洛寧。❸索寞 寂寥；無生氣。❹篇韻 喻作詩。❺闔域 城郭內的地域，喻作詩的領地。❻甘露寺 江南名寺，位於今江蘇鎮江北固山。❼龕 供奉佛像的小閣。❽嶽客 山中來客，喻隱士。❾竦 震動。❿落拓 放蕩不羈的樣子。⓫大小乘 佛教宗派名，大乘主張普渡眾生，小乘則重在自我解脫，主張通過個人修行入於涅槃。⓬正法眼 佛教名稱正法眼藏的省稱，指全體佛法，即正法。⓭第一義 佛教用語，即真諦。⓮聲聞 聲聞乘，小乘佛教之一，主張由聽經誦法而悟道自渡。⓯辟支 辟支乘，小乘佛教之一，主張獨自悟道而自渡。⓰四果 聲聞乘所成之四正果。⓱野狐 佛教指其學說之外的異端邪說。⓲風義 風格、義理。⓳悟門 覺悟的門徑。⓴頓漸 佛教禪宗有頓悟和漸悟兩種層次的修行方法。㉑裸人之國 古代傳說南方有裸國，人皆裸體。

【語譯】周繇，江南人。咸通十三年，與狀元鄭昌圖同榜進士及第，被任命為福昌縣尉。周繇家裡很貧窮，生計很不好，他卻把精力都用在學習作詩上，低下頭作深思，仰著頭則吟詠，在寫詩的領域裡造詣很深，當時人稱他為「詩禪」。他寫了很多含義深刻的聯句，比如〈送人尉黔中〉所說的：「公庭飛白鳥，官俸請丹砂。」〈望海〉所說的「島間應有國，波外恐無天。」在〈甘露寺〉裡他寫道：「殿鎖南朝像，龕禪外國僧。」又如「山從平地有，水到遠天無。」又如「白雲連晉閣，碧樹盡蕪城。」在〈江州上薛能尚書〉則說：「樹翳樓臺月，帆飛鼓角風。」又如「郡齋多嶽客，鄉戶半漁翁。」一類的詩句很多，讀了之後，在人的精神上產生一種震動的感覺，真是一個寫詩的好手。周繇喜歡飲酒，放蕩不羈，個人的榮辱他似乎根本沒有放在心上，結交的都是當時社會上的名流。周繇的詩集今天仍流傳於世。與周繇一起進士及第的張演，擅長寫詩，偶爾能看到他的一二篇作品，也都是很好的詩。

人們曾說，在佛教徒中，其學說有大乘、小乘之分，其佛法有邪正之別，主要是要具備正法眼，才能被稱為「第一義」的真諦，出入被奉為最高境界的有無之間。比如聲聞乘、辟支乘、四果之說等等，已經不是正宗了，更何況還有那些墮入了在鬼窟裡鼓吹旁門邪說得野狐禪之類呢。我們討論詩也是這樣的。宗派或許不同，風格、義理必定是一致的。品有神、妙的境界之分，體有古風、近體之別，才有聖、凡之異，不同的時代也就會有不一樣的取捨標準。從魏晉以後到盛唐時期，大曆、元和以來到晚唐，我們考察它的變化線索，計算格律變化的要求和規律，其中邪與正的區別，看起來了然清楚，沒有什麼能夠遮蔽的。經書上說過：有過錯而不去加以改正的話，那可真是錯了。覺悟之門是敞開的，智慧之燈高高照耀，頓悟還是漸悟，各人有不同的天賜秉賦吧。我們看被當時冠以「詩禪」之稱的周繇，因為他不入於邪見，能夠將心思傾注於自己的佳作中，就可以知道他像一個衣冠之士來到了裸人之國了。過去有人說「學詩如同學仙」，這或許就是一個相似的例子吧。

【研　析】我想，周繇被稱作詩禪，大概就是因為讀他寫的詩，便能產生一種感覺，那就是他已經將自己觀照的對象，和內心的情感融為一體的緣故吧。我們試讀他的詩句，意境淡泊，情懷高遠，毫無半點貧困生活的愁緒，就像人們說的那樣，即使落拓杯酒，仍不受榮辱進退之累，真是到了萬象混化，物我同一的禪宗境界了。

卷九

崔道融

道融，荊❶人也，自號「東甌❷散人」，與司空圖為詩友。出為永嘉❸宰。工絕句，語意妙甚。如〈銅雀妓〉云：「歌咽❹新翻曲，香銷舊賜衣。陵園風雨暗，不見六龍❺歸。」〈春閨〉云：「寒食❻月明雨，落花香滿泥。佳人持錦字❼，無雁寄征西❽。」〈寄人〉云：「澹澹❾長江水，悠悠遠客情。落花相與恨，到地一無聲。」〈寒食夜〉云：「滿地梨花白，風吹碎月明。大家寒食夜，獨貯遠鄉情。」等尚眾。誰謂晚唐間忽有此作，使古人復生，亦不多讓，可謂「出乎其類，拔乎其萃」者矣。

人悉推服❿其風情雅度，猶恨出處⓫未能梗概之也。有《東浮集》十卷，自序云：「乾寧乙卯夏，寓永嘉山齋，收拾草稿，得五百餘篇。」今存於世。

【注　釋】❶荊　荊州，唐代方鎮荊南節度使所在地，位於今湖北江陵。❷東甌　古越族東海王搖的都城，位於今浙江永嘉西南。❸永嘉　今浙江永嘉。❹咽　聲塞。❺六龍　喻皇帝。❻寒食　古代的一個節日，在清明節前一天或兩天。❼錦字　本指繡在織錦上的迴文體詩，後常喻妻子寄給丈夫的書信。❽征西　喻到邊塞服役的征人。❾澹澹　水波貌。❿推服　推重；服膺。⓫出處　生平事跡。

【語　譯】崔道融，荊州一帶人，自號「東甌散人」，和司空圖是詩友，曾出任永嘉縣令。崔道融擅長寫絕句，文字和意蘊都十分精妙。比如，他在〈銅雀妓〉中寫道：「歌咽新翻曲，香銷舊賜衣。陵園風雨暗，不見六龍歸。」〈春閨〉中寫道：「寒食月明雨，落花香滿泥。佳人持錦字，無雁寄征西。」〈寄人〉中寫道：「澹澹長江水，悠悠遠客情。落花相與恨，到地一無聲。」〈寒食夜〉中寫道：「滿地梨花白，風吹碎月明。大家寒食夜，獨貯遠鄉情。」等等，類似的作品不少。誰能想到，晚唐時期竟然會出現這樣的作品！即使是古人復生，他也未必遜色啊，可以說真是「出乎其類，拔乎其萃」的了。人們都服膺他的風采和高雅的氣度，還覺得遺憾的是，有關崔道融的生平事跡，未能夠了解更多的一些大致情況。崔道融有《東浮集》十卷，他在自序中說：「乾寧乙卯夏，寓居於永嘉的山齋，整理自己的草稿，一共得到五百餘篇。」今天流行於世。

聶夷中

夷中，字坦之，河南❶人也。咸通十二年禮部侍郎高湜❷下進士，與許棠、公乘億同袍❸。時兵革❹多務，不暇銓注❺，夷中滯長安久，皂❻裘已弊，黃糧如珠，始得調華陰縣尉，之官惟琴書而已。性儉，蓋奮身草澤❼，備嘗辛楚，率多傷俗❽閔❾時之舉，哀稼穡之艱難。適值險阻，進退維谷❿，才足而命屯⓫，有志卒爽⓬，含蓄諷刺，亦有謂焉。古樂府尤得體，皆警省⓭之辭，裨補政治，「樂而不淫，哀而不傷⓮」，正〈國風〉之義也。其詩一卷，今傳。

【注釋】❶河南　泛指中原地區黃河以南一帶的地方。❷高湜　咸通末年為禮部侍郎。❸同袍　指同科考取的進士。❹兵革　戰爭。❺銓注　根據資歷、出身等情況來詮選官員。❻皂　黑色。❼草澤　荒野，喻社會下層。❽俗　平民百姓。❾閔　憐恤。❿進退維谷　進退兩難。⓫屯　艱難。⓬爽　傷敗。⓭警省　警悟省察。⓮樂而不淫二句　語見《論語·八佾》，意為快樂而不放縱，悲哀而不痛苦。

【語譯】聶夷中，字坦之，河南人。咸通十二年，禮部侍郎高湜主持貢舉時進士及第，和許棠、公乘億同榜。當時正值戰事紛亂，沒有時間選調官員，聶夷中在長安滯留了很長時間，黑色的皮衣都破舊了，對他來說，糧食簡直就像珠玉一樣貴，這才被任命為華陰縣尉。赴任的時候，聶夷中隨身帶的東西只有琴和書而已。聶夷中生性節儉，大概是因為他從社會底層奮鬥出來的，備嘗艱難痛苦生活的緣故吧，他的作品大多是為百姓而傷感，為時局而憂傷的內容，感嘆農民種田收穫之艱辛。當時正是時局艱險困苦的時候，進退兩難，聶夷中才氣很高，卻命運不好，有志成功事業，卻以衰敗告終，所以，在他寫的詩中，含蓄諷刺的內容，也是有一些的。他寫的古樂府尤其出色，充滿了精闢深刻的詞句，對政治不無補益。「樂而不淫，哀而不傷」，正是《詩經．國風》的宗旨啊。聶夷中有詩集一卷，今天仍在流傳。

【研析】聶夷中雖然留下來的作品不多，卻因為他在作品中十分真切細膩地描寫了底層人民，尤其是農民的艱難生活，所以得到了廣泛的傳誦，成了我們今天大家比較熟悉的一位晚唐詩人。此外，他還經常在詩中諷刺一些貴族公子，所以，人們說他的詩有裨補教化的功用。其實，對統治者來說，文人的一枝筆，究竟又能有多大程度上的規勸和遏制作用呢？

許棠

棠，字文化，宣州涇人也。苦於詩文，性僻❶少合。既久困名場，時馬戴佐大同軍幕❷，為詞宗，棠往謁之，一見如舊交，留連累月，但從事詩酒而已，未嘗問所欲。一旦，大會賓客，命使以棠家書授之，棠驚愕不喻其來，啟緘，即知戴潛遣一介❸恤其家矣。古人溫良泛愛，振窮周❹急，謙退不伐❺，亦皆絕異之姿也。咸通十二年李筠榜進士及第，時及知命❻，嘗曰：「自得一第，稍覺筋骨輕健，愈於少年，則知一名乃孤進❼之還丹❽也。」調涇縣尉，之官，鄭谷送詩曰：「白頭新作尉，縣在故山中。高第能卑宦，前賢尚此風。」後潦倒辭榮❾。初作〈洞庭詩〉，膾炙時口，號「許洞庭」云。今集一卷，傳世。

【注釋】❶僻　孤僻。❷軍幕　軍使府屬下的幕僚。❸一介　一個人。❹周　周濟。❺伐　誇耀。❻知命　知命之年，即五十歲。❼孤進　屢試不第的孤寒子弟。❽還丹　道家所謂能使人返老還童或得道成仙的丹藥。❾榮　榮祿，即名譽地位和俸祿。

【語譯】許棠，字文化，宣州涇縣人。許棠在學習作詩上很下苦功，性格孤僻，不太合群。在科舉考場上遭挫折已有很長的時間了，當時，馬戴在大同軍使府做幕僚，馬戴是詩壇的領袖人物，許棠便前去拜訪他。兩人一見面就像有多年交情的老朋友，許棠一連在他那兒逗留了幾個月，每天只是飲酒作詩，馬戴也從不過問許棠有何打算。一天，主人大宴賓客，命使者將許棠的一封家書交給他。許棠非常驚訝，不理解信怎麼會送到這兒來。打開之後，他才知道原來馬戴曾暗中派了一個人周濟過他的家人。古人所謂溫和善良，博愛天下，幫助救濟了有困難的人後，謙虛退處，不加誇耀，這些都是極為優異的品質啊。咸通十二年，與狀元李筠同榜進士及第，當時他已經到了知天命之年的五十歲了。許棠及第後曾說：「自從得以進士及第，漸漸覺得筋骨都輕快起來，甚至比少年時候都要強，我這才知道人得一名，簡直就是孤寒之士的還丹啊。」許棠任官涇縣尉，赴任的時候，鄭谷在送他的詩中說：「白頭新作尉，縣在故山中。高第能卑宦，前賢尚此風。」後來許棠潦倒了，就辭去了官職。許棠早些時候作過一首〈洞庭詩〉，非常流行，據說當時他還因此被人們稱為「許洞庭」。他的詩集一卷，流傳至今。

【研析】許棠將科舉場上得名形象地喻為孤寒之士的還丹，足見古代舉子們在仕途上苦苦跋涉的艱辛，這樣看來，曾有人對此加以嘲笑，也許是缺少了許棠當時的體驗吧。不過，早在成名之前，許棠就曾經盛氣凌人地對汪遵流露出鄙夷之色，說他格調不高，其實也算不得什麼過分的。

公乘億

億，字壽山，咸通十二年進士。善作賦，擅名場屋間，時取進者[1]法之，命中。有賦集十二卷、詩集一卷，今傳。

【注釋】❶取進者　在科舉考場上博取功名的人。

【語譯】公乘億，字壽山，咸通十二年進士及第。公乘億善於寫賦，在科舉考場上名聲很響，當時有好些希望通過科舉考試得以進取的人都效仿他的作品，便獲得了成功。公乘億有賦集十二卷，詩集一卷，流傳至今。

章碣

碣，錢塘人，孝標之子也。累上著❶不第，咸通末以篇什稱。乾符中，高湘❷侍郎自長沙攜邵安石❸來京及第，碣恨湘不知己，賦〈東都望幸〉詩曰：「懶修珠翠❹上高臺，眉月連娟恨不開。縱使東巡也無益，君王自領美人來。」後竟流落，不知所終。

碣有異才，嘗草創❺詩律，於八句中，足❻字平側❼，各從本韻，如「東南路盡吳江畔，正是窮愁暮雨天。鷗鷺不嫌斜雨岸，波濤欺得逆風船。偶逢島寺停帆看，深羨漁翁下釣眠。今古若論英達❽算，鴟夷❾高興固無邊。」自稱變體。當時趨風者亦紛紛而起也。今有詩一卷，傳於世。

【注釋】❶著　歸屬。❷高湘　僖宗乾符年間任官禮部侍郎。❸邵安石　曾向高湘獻詩而獲得賞識，及高湘知貢舉時被擢及第。❹珠翠　喻頭上戴的首飾。❺草創　創造。❻足　盡。❼平側　詩韻的平仄。❽英達　賢達。❾鴟夷　春秋時期越國范蠡功成名就後隱名埋姓，自稱鴟夷子皮。

【語譯】章碣，錢塘人，章孝標的兒子。章碣幾次舉進士都未能及第，咸通末年，他以寫的詩篇而名著一時。乾符年間，侍郎高湘從長沙帶著邵安石來到京都，邵安石後來考取了進士及第，章碣因覺得高湘不了解自己而深感遺憾，賦了一首〈東都望幸〉詩，詩中說道：「懶修珠翠上高臺，眉月連妍恨不開。縱使東巡也無益，君王自領美人來。」後來，章碣流落到了哪兒，結局如何，都不得而知了。

章碣具有奇特的才能，曾經創制了一種詩律，在八句詩中每句末字的平仄，各自根據本韻，比如，「東南路盡吳江畔，正是窮愁薄暮天。鷗鷺不嫌斜雨岸，波濤欺得逆風船。偶逢島寺停帆看，深羨漁翁下釣眠。今古若論英達算，鴟夷高興固無邊。」他將此稱作變體。當時一些趕時髦的人紛紛模仿這種形式起來。章碣有詩集一卷流傳於世。

【研析】章碣的詩流傳到今天的並不多，卻有一首諷詠秦始皇焚書坑儒的詩最為今人注意，詩中說到：「坑灰未冷山東亂，劉項原來不讀書。」非常尖銳地諷刺了想用愚民政策來統治國家的暴君秦始皇。其實，翻開古今中外的歷史，何止一個秦始皇，直到近代還有步其後塵者。大概也正是這個原因，這首詩就一直流傳下來了。

唐彥謙

彥謙，字茂業，并州人也。咸通末舉進士及第。中和，王重榮❶表為河中從事，歷節度副使，晉❷、絳二州刺史。重榮遇害，彥謙貶漢中❸掾。興元節度使楊守亮❹留署判官，尋遷副使，為閬州刺史，卒。彥謙才高負氣❺，毫髮逆意，大怒叵❻禁。博學足藝，尤長於詩，亦其道古❼心雄，發言不苟，極能用事❽，如自己出。初師溫庭筠，調度❾逼似，傷❿多纖麗之詞，後變淳雅，尊崇工部。唐人效甫者，惟彥謙一人而已。自號「鹿門先生」。有詩集，傳於世。薛廷珪⓫序云。

【注　釋】❶王重榮　中和元年任河中節度使，後為所部殺害。❷晉　晉州，治所臨汾，即今山西臨汾。❸漢中　唐代梁州的舊稱，治所南鄭，即今陝西漢中。❹楊守亮　原隨王仙芝起義，後降唐，歷任山南西道節度使等。❺負氣　憑恃意氣而不肯居人之下。❻叵　不可。❼道古　稱道古代。❽用事　運用典故。❾調度　格調和氣度。❿傷　不足。⓫薛廷珪　唐昭宗時任尚書左丞，後仕後梁。

【語　譯】唐彥謙，字茂業，并州人。咸通末年，舉進士及第。中和年間，王重榮上表請允許他任河中節度使屬下的從事，歷任節度副使，以及晉州、絳州刺史。王重榮被害後，唐彥謙被貶為漢中州郡長官手下的屬官。興元節度使楊守亮留他擔任自己手下的判官，不久，又升遷節度副使，唐彥謙還擔任過閬州刺史，後來去世了。唐彥謙才能很高，然而負氣行事，哪怕是在非常細小的事情上沒能合他的心意，都會大發雷霆，勸也勸不住。他博學多才，尤其擅長寫詩，他稱道古代，心氣極高，寫東西時非常認真，善於在詩中運用典故，而且非常貼切自然，了無痕跡。早些時候曾師從溫庭筠，格調和氣度都非常相似，不足之處是纖細豔麗的語句太多了一些。後來，他的詩風變得醇厚典雅起來，很推崇杜甫的詩。唐代的詩人裡面，效法杜甫的就唐彥謙一個人而已。唐彥謙自號「鹿門先生」，有詩集流傳於世，據說是薛廷珪撰寫的序。

【研　析】唐彥謙和陸龜蒙等人一樣，是一位關心民生疾苦的詩人。他才高而負氣，不屈於權貴，令人肅然起敬，而作品以七言詩見長，兼有懷古、詠史等體裁，無論從詩的新意，還是反映的社會面來說，都要勝出當時的詩人，所以，被人們看作效法杜甫的唯一之人。

林嵩

嵩，字降臣，長樂❶人也。乾符二年禮部侍郎崔沆❷下進士，官至祕書省正字。工詩善賦，才譽與公乘億相高，功名之士，翕然而慕之，有詩一卷，賦一卷，傳於世。

【注釋】❶長樂　今福建長樂。❷崔沆　乾符末年拜相，後遭黃巢軍殺。

【語譯】林嵩，字降臣，長樂人。乾符二年，禮部侍郎崔沆主持貢舉時進士及第，任官至祕書省正字。林嵩擅長寫詩賦，才華和聲譽都和公乘億不相上下，追求功名的舉子們，毫無例外都十分仰慕他。林嵩有詩集一卷，賦一卷，流傳於世。

高蟾

蟾，河朔間人。乾符三年孔緘榜及第。與鄭郎中谷為友，酬贈稱「高先輩」。初，累舉不上，題省❶牆間曰：「冰柱數條搘❷白日，天門幾扇鎖明時❸。陽春發處無根蒂，憑仗東風次第❹吹。」怨而切。是年人論不公。又〈下第上馬侍郎〉云：「天上碧桃和露種，日邊紅杏倚雲栽。

芙蓉生在秋江上，莫向春風怨未開。」意亦指直❺，馬憐之。又有「顏色如花命如葉」之句，自況❻時運蹇窒，馬因力薦。明年，李昭知貢，遂擢桂。官至御史中丞。

蟾本寒士，遑遑❼於一名，十年始就。性倜儻離群，稍尚氣節。人與千金，無故，即身死亦不受。其胸次磊塊❽詩酒能為消破耳。詩體則氣勢雄偉，態度諧遠❾，如狂風猛雨之來，物物竦動，深造理窟❿，亦一奇逢掖⓫也。詩集一卷，今傳。

【注釋】❶省 尚書省。❷搘 支撐。❸明時 清明之時。❹次第 轉眼；頃刻間。❺指直 確切明白。❻況 譬。❼遑遑 匆匆不安。❽磊塊 即壘塊，胸中鬱積的不平之氣。❾諧遠 和諧高遠。❿理窟 義理。⓫逢掖 寬袖之衣，喻士人。

【語譯】高蟾，河朔一帶人。乾符三年，與狀元孔緘同榜進士及第。高蟾與都官郎中鄭谷是朋友，在兩人互相酬答的詩中，鄭谷稱他為「高先輩」。早些時候，高蟾曾幾次應進士舉都未能成功，於是，他便在尚書省的牆上題了一首詩，詩中說道：「冰柱數條搘白日，天門幾扇鎖明時。陽春發處無根蒂，憑仗東風次第吹。」雖不無怨意，但十分貼切，這一年，大家都議論說進士取士不夠公正。他又在題名〈下第上馬侍郎〉的一首詩寫道：「天上碧桃和露種，日邊紅杏倚雲栽。芙蓉生在秋江上，莫向春風怨未開。」詩意也十分確切明白，馬侍郎十分同情他。高蟾還有一句「顏色如花命如葉」的詩句，譬喻自己乖蹇不濟的命運。馬侍郎於是極力舉薦高蟾。第二年，李昭主持貢舉，高蟾終於得以進士及第。高蟾後來官至御史中丞。

高蟾本來是一個寒士，一直忙於博取功名，用了十年時間才獲得成功。他生性瀟灑超群，十分崇尚氣節。別人如果無緣無故贈他千金，即使是要他的性命，他都不肯接受。他的胸間如鬱積有不平之氣，只有詩和酒才能為之消除破解。高蟾寫詩的風格氣勢雄偉，意態與氣度和諧高遠，如同狂風暴雨來到之時，萬物皆為之搖動，又能深入義理，真是一個奇特的讀書人啊。高蟾有詩集一卷，流傳至今。

高駢

駢，字千里，幽州人也，崇文❶之孫。少閑❷鞍馬弓刀，善射，有膂力❸。更❹剉❺銳為文學，與諸儒交，硜硜❻談治道。初事朱叔明❼為府司馬，遷侍御史。一日校獵圍合，有雙雕❽并飛，駢曰：「我後大富貴，當貫之。」遂一發聯翩而墜，眾大驚，號「落雕御史」。

駢為西川節度，築成都城四十里，朝廷疑之。以宴間〈詠風箏〉云：「依稀似曲纔堪聽，又被風吹別調⑨中。」明日詔下，移鎮渚宮⑩，亦識之類也。仕至平章事，封渤海郡王。初，駢以戰討之勳，累拜節度，手握王爵，口含天憲⑪，國家倚之。時巢賊日甚，兩京亦陷，大駕蒙塵⑫，遂無勤王⑬之意，包藏禍心，欲便徼幸⑭。帝知之，以王鐸⑮代為都統⑯，加侍中。駢失兵柄，攘袂大詬。

一日離勢，威望頓盡。方且棄人間事，絕女色，屬意神仙。鄱陽商儈⑰呂用之會妖術，役鬼神，及狂人諸葛殷、張守一等相引而進，多為謬悠⑱長年飛化之說。羽衣鶴氅，詭辯風生。駢事之若神。造迎仙樓，高八十尺，日同方士登眺，計鸞笙⑲在雲表⑳而下，用之等叱咤風雷，或望空揖拜，言覩仙過，駢輒隨之。用之曰：「玉皇欲補公真官㉑，吾謫限亦滿，必當陪幢節㉒同歸上清㉓耳。」其造怪不可勝紀。至以用之、守一、殷等為將，分掌兵將，皆稱將軍，開府㉔置官屬，禮與駢均。卒至叛逆首亂㉕，磔屍㉖道途，死且不悟。裹駢以破氈，與子弟七人，一坎㉗而瘞㉘，名書於唐史〈叛臣傳〉，亦何足道矣。有詩一卷，今傳。大順㉙中，謝蟠隱為之序。

【注釋】❶崇文　高崇文，憲宗時因討平西蜀叛軍，累遷劍南西川、邠寧等節度使。❷閑　同「嫻」。❸膂力　體力；筋力。❹更　經歷。❺屻　挫折。❻硜硜　從容不迫地說理貌。❼朱叔明　宣宗朝曾任靈武節度使。❽雕　鷹雕之類的大型猛禽。❾別調　別的曲子。❿渚宮　春秋時期楚國別宮名，在湖北江陵，此指位於江陵的荊南節度使治所。⓫天憲　朝廷法令。⓬蒙塵　喻帝王遭難。⓭勤王　出兵救助天子。⓮徼幸　僥倖，喻圖謀不軌。⓯王鐸　懿宗朝曾任宰相，後出為荊南節度使等職。⓰都統　掌管軍隊，主持征伐之事。⓱商儈　商人。⓲謬悠　荒誕無稽。⓳鸞笙　笙。⓴雲表　雲外。㉑真官　仙官。㉒幢節　旌旗儀仗。㉓上清　道家幻想中的仙境。㉔開府　開建官署，自辟僚屬。㉕首亂　為首倡亂。㉖磔屍　陳屍。㉗坎　坑。㉘瘞　埋葬。㉙大順　昭宗年號（西元八九〇—八九一年）。

【語譯】高駢，字千里，幽州人，高崇文的孫子。高駢年輕的時候對騎馬運刀等武藝十分嫻熟，擅長射箭，體力強健。後來，遭到挫折之後改習文學，和一些儒生來往，侃侃而談有關天下治理的道理。早先，他在朱叔明屬下當使府的司馬，後升侍御史。有一天，大家在一起圍獵，包圍圈合攏起來的時候，有兩隻雕突然並排飛了起來，高駢說：「若我日後能有大富大貴的話，這兩隻雕就將被我一箭貫穿。」於是一箭射出，兩隻雕果然翅膀連在一起掉下來了。眾人大驚，稱他為

「落雕御史」。

高駢做西川節度使的時候，修築了長達四十里的成都城牆，引起了朝廷的疑心。他在酒宴上演唱的一曲〈詠風箏〉中寫道：「依稀似曲纔堪聽，又被風吹別調中。」第二天，詔書來了，他被調任荊南節度使，聽起來，這首詩歌有點像預示的讖言吧。高駢的官一直做到了宰相，受封渤海郡王。早些時候，高駢因為征戰討伐而建起的功勳，幾次拜官節度使，手中握著王爵，出口差不多就等於政府的法令，國家對他十分倚重。當時，黃巢的造反勢力日甚一日，東京和西京都淪陷了，皇上倉皇避難在外，高駢於是也沒有積極勤王的意思，內中暗藏禍害之心，打算乘機有所圖謀。皇上了解了他的心意，命令王鐸代替他為都統，還加封侍中。高駢見自己失去了原先秉持的軍事大權，氣得挽起袖子厲聲大罵。

一日高駢失去了權勢，原有的威望也立刻喪失殆盡。他打算丟棄人世間的事情，不再接近女色，將精力都集中到升天成仙的事情上去。鄱陽商人呂用之會一點妖術，能驅役鬼神，還有狂人諸葛殷、張守一等都互相援引而進，多為一些荒誕無稽的有關長生不老以及羽化飛天的邪說。他們披著道家的羽毛衣服，滔滔不絕地辯論著。高駢就像對神仙一樣敬待他們，還造起了迎仙樓，有八十尺高，每天和這些方士一起登樓遠望，他們算下來天上的笙歌就在天上雲端而下，張用之等大聲呵斥風雷，或對著天空作揖行拜禮，說已經看到神仙經過這裡，高駢常常就跟隨在他們後面。張用之對他說：「玉皇大帝準備補您為真官，我從天上被貶謫到人間的期限也滿了，必定陪著您的幢節一道回到天上的神仙世界。」他們搞的怪名堂簡直都記不過來。發展到後來，竟讓呂用之、張守一和諸葛殷等人當上了將領，分掌兵權，都稱為將軍，還開府建官署，自辟僚屬，享受的禮儀規格和高駢相等。最後，高駢竟然叛逆朝廷，首倡作亂，陳屍在道路上，到死的時候還不明白是怎麼回事。高駢的屍體被一條破氈子裹了起來，連同他的子弟七人，埋在一個坑裡，他的名字被寫在唐史的〈叛臣傳〉裡，也就不值得一提了。高駢有詩集一卷，流傳到今天，大順年間，謝蟠隱為他寫的序。

【研析】高駢這樣的人，名列史書中〈叛臣〉之傳，憑藉一點權力就殺戮無辜，後來又痴迷於神仙之說，曾有過幾首未見如何高明的詩歌就留下了自己的名字，未免有點讓人費解。從他的經歷來看，唐王朝到了後來，的確是軍閥跋扈，動盪不寧，讓老百姓看了都會感到惶恐不安。

牛嶠

嶠，字延峰，隴西❶人，宰相僧孺之後。博學有文，以歌詩著名。乾符五年孫偓榜第四人進士，仕歷拾遺、補闕、尚書郎。王建❷鎮西川，辟為判官。及偽蜀❸開國，拜給事中。卒。有集，本三十卷，自序云：「竊慕李長吉所為歌詩，輒效之。」今傳於世。

【注釋】❶隴西　隴西郡，唐代治所為襄武，今甘肅隴西東南。❷王建　原為利州刺史，昭宗朝攻佔西川，封蜀王。❸偽蜀　即後蜀，王建在唐朝滅亡後自立為帝，國號蜀，史稱後蜀。

【語　譯】牛嶠，字延峰，隴西人，宰相牛僧孺的後裔。牛嶠學識廣博而富有文采，以善於寫詩歌著名。乾符五年，與狀元孫偓同榜，以第四名的成績進士及第。牛嶠歷任拾遺、補闕、尚書郎等職務。王建鎮守西川的時候，徵召他在自己的官署裡任判官。到了後蜀立國的時候，牛嶠拜官給事中。後來牛嶠去世了。他有詩集，本來有三十卷，他在自序中說：「個人非常嚮往李賀所作的詩，於是就仿效他寫了。」詩集今天仍流傳在世。

錢珝

珝，吳興人，起之孫也。乾寧六年鄭藹榜及第。昭宗時，仕為中書舍人。工詩，有集傳於世。

【語　譯】錢珝，吳興人，他是錢起的孫子。乾寧六年，與狀元鄭藹同榜進士及第。昭宗的時候，錢珝任官中書舍人。他擅長寫詩，有詩集傳世。

趙光遠

光遠，丞相隱之猶子❶也，幼而聰悟。咸通、乾符中稱氣焰❷。善為詩，溫庭筠、李商隱輩梯媒❸之。恃才不拘小節，皆金鞍駿馬。嘗將子弟恣❹遊狹邪。著《北里志》，頗述青樓❺紅粉❻之事，及有詩等傳於世。

光遠等千金之子❼，厭飫❽膏粱，仰蔭❾承榮，視若談笑，驕侈不期而至矣。況年少多才，京邑繁盛，耳目所盪，素少閑邪❿之慮者哉。故辭意多裙裾⓫妖豔之態，無足怪矣。有孫啟⓬、崔珏⓭同時恣心狂狎⓮，相為唱和，頗陷輕薄，無退讓之風。惟盧弼⓯氣象稍嚴，不遷狐惑⓰，如〈邊庭四時怨〉等作，賞音大播，信不偶然。區區涼德⓱，徒曰貴介⓲，不暇錄尚多云。

【注釋】❶猶子　姪子。❷氣焰　人的氣勢。❸梯媒　引薦；介紹。❹恣　放肆。❺青樓　妓院。❻紅粉　喻女性。❼千金之子　富貴人家的子弟。❽厭飫　飲食飽足。❾蔭　古代後輩因先世的地位和功勳而享有諸如賜以官爵的推恩。❿閑邪　閒邪存誠，意為存誠心以杜止邪惡。⓫裙裾　喻女性。⓬孫啟　僖宗時屢試不第，遂在青樓妓館縱情遊樂，昭宗時被提拔為翰林學士、中書舍人等職。⑬崔珏　宣宗大中年間進士，官至侍御史。⑭狂狎　過度地嬉遊玩耍。⑮盧弼　盧汝弼，昭宗景福年間進士，累官知制誥，後入後唐。⑯狐惑　以媚態迷惑人的女色。⑰涼德　薄德。⑱貴介　尊貴之人。

【語　譯】趙光遠，是丞相趙隱的姪子，他從小就十分聰明穎悟。咸通和乾符年間，趙光遠的氣勢非常顯赫。他善於寫詩，溫庭筠、李商隱等人都為他作引薦。趙光遠依仗自己有才華，平時不拘小節，總是騎著鞍轡十分華麗的駿馬，常領著一夥達官貴人的子弟放肆地到青樓妓院等地方玩樂。他著有《北里志》，敘述了有關青樓妓女們的許多事情，他還有詩等流傳於世。

趙光遠等富貴人家的子弟，每天飽享精美的食物，仰承先人的蔭庇，得以受封種種官職爵位，在他們看來不過就是談笑般的平常事，驕橫奢侈的習性當然就不期而至了。何況年紀輕，又富有才華，京都的種種繁華盛況，視聽所接受的，時時在刺激著他們，心裡向來不會有什麼閒邪存誠的考慮了。所以，他們的語詞裡大多為描寫女性妖嬈豔麗的姿態，那就不會感到奇怪的了。還有孫啟、崔珏一起放縱欲望，盡情嬉遊玩樂，互相間唱和呼應，顯得非常輕薄，毫無謙遜恭讓的君子之風。惟有盧弼寫的詩，氣局比較嚴整，不受女色媚態的影響，如〈邊庭四時怨〉等詩作，讚賞的評價到處流傳，的確不是偶然的呀。這些個德行乏多可陳的人，徒然稱作貴族子弟，我沒有功夫記下那麼多了。

周朴

朴，字見素，長樂人，嵩山隱君也。工為詩，抒思尤艱，每有所得，必極雕琢，時詩家稱為月鍛年煉。未及成篇，已播人口，取重當時如此。貫休尤與往還，深為憐才。而朴本無奪名競利之心，特以道尊德貴，美價益超耳。乾符中，為巢賊所得，以不屈，竟及於禍，遠近聞之，莫不流涕。林嵩得其詩百餘篇為二卷，僧栖浩序首，今傳於世。

周朴山林之癯❶，槁衣❷糲食❸，以為黔婁、原憲❹不殄❺天物，庶足保身而長年。今則血染緼袍❻，魂散茅宇，盜跖不仁，竟嚼虎口。天道福善禍淫，果何如哉！古稱飾變詐偽姦軌者，自足乎一世之間；守道循理者，不免於饑寒之患，殺戮無辜，亂世之道。每讀至止，未嘗不廢書撫髀❼欷歔也。

【注釋】❶癯　瘦，喻骨姿清秀的仙人。❷槁衣　破舊的衣服。❸糲食　粗食。❹原憲　春秋時期人，雖家境窮困，卻安貧樂道。❺殄　滅絕。❻緼袍　古時候窮人穿用的以亂麻填襯的袍子。❼髀　大腿。

【語譯】周朴，字見素，長樂人，他是嵩山的隱士。周朴作詩非常下工夫，表達內心思想的時候尤其苦心思慮，常常是有了一點創獲，便極力雕琢，使之臻於完美，當時的詩人稱他寫詩是月鍛年煉。周朴常常只構思了部分詩句，篇幅尚未形成，就已經在人們的口中傳誦開了，當時人們對他的敬重已到了這種程度。貫休和他的來往尤為密切，深深愛憐他的詩才。而周朴本來就沒有爭名奪利的願望，僅僅是因為他道德尊貴，美好的名聲越來越高罷了。乾符中，周朴被黃巢捕獲，因為不肯屈服，最終遭到了殺身之禍。人們不論遠近，聽到了這個噩耗後，沒有不流眼淚的。林嵩得到周朴的詩百餘篇，分為二卷，前面有僧栖浩的序言，至今流傳在世。

周朴，像一個隱居山林間具有道骨仙風的人，穿著破舊的衣服，吃著粗劣的食物，他認為像黔婁、原憲這樣安貧樂道的人不去敗壞天地間的東西，就完全能夠生活平安而得享天年。如今卻是鮮血灑在了緼袍上，住在茅草房中還不免丟失了性命。盜跖們根本沒有仁心，他最終還是落入了虎口。據說上天的法則是賜福給做好事的人，懲罰行惡之徒，可是結果哪是這樣的啊！古人說，通過偽裝巧變施詐來做違法亂紀事情的人，常常是終身享用不盡；遵守法紀的人，難免過著饑寒交迫的生活。無辜的人遭到殺戮，這就是亂世之道。每當讀到這裡，總不免放下書本，撫摸著自己的大腿而嘆息抽泣啊。

【研　析】所謂「惡有惡報，善有善報」，在很多情況下，只能說是人們一種善良美好的願望而已。早在二千年前，太史公司馬遷就對此發出了充滿懷疑的感嘆。道義二字，遭逢亂世，更給人一種心理上的沉重感覺。

羅隱

隱，字昭諫，錢塘人也。少英敏，善屬文，詩筆尤俊拔，養[1]浩然之氣。乾符初舉進士，累不第。廣明中，遇亂[2]歸鄉里，時錢尚父[3]鎮東南，節鉞[4]崇重，隱欲依焉，進謁，投素[5]作，卷首〈過夏口〉云：「一個禰衡[6]容不得，思量黃祖謾[7]英雄。」鏐得之大喜遇，以書辟曰：「仲宣[8]遠託劉荊州[9]，蓋因亂世；夫子[10]樂為魯司寇，祇為故鄉。」隱曰：「是不可去矣。」遂為掌書記。性簡傲[11]，高談闊論，滿座風生。好詼諧，感遇輒發。鏐愛其才，前後賜予無數，陪從[12]不頃刻相背。表遷節度判官、鹽鐵發運使。未幾，奏授著作郎。

鏐初授鎮，命沈崧[13]草表謝，盛言浙西富庶。隱曰：「今浙西焚盪[14]之餘，朝臣方切賄賂，表奏，將鷹犬我矣。」鏐請隱更之，有云：「天寒而麋鹿曾遊，日暮而牛羊不下。」又為賀昭宗改名⑮表云：「左則姬昌⑯之半字，右為虞舜⑰之全文。」作者稱賞。轉司勳郎中。自號「江東生」。魏博節度羅紹威⑱慕其名，推宗人之分，拜為叔父，時亦老矣，嘗表薦之。

隱恃才忽睨⑲，眾頗憎忌。自以當得大用，而一第落落，傳食諸侯⑳，因人成事，深怨唐室。詩文凡以譏刺為主，雖荒祠木偶，莫能免者。且介㉑僻寡合，不喜軍旅。獻酬俎豆㉒間，綽綽有餘也。

隱初貧來赴舉，過鍾陵，見營妓㉓雲英有才思。後一紀㉔，下第過之。英曰：「羅秀才尚未脫白㉕。」隱贈詩云：「鍾陵醉別十餘春，重見雲英掌上身。我未成名英未嫁，可能俱是不如人。」與顧雲㉖同謁淮南高駢，駢不禮。駢後為畢將軍㉗所殺，隱有延和閣㉘之讖。又以詩投相國鄭畋㉙，畋有女殊麗，喜詩詠，讀隱作至「張華㉚謾出如丹語，不及劉侯㉛一紙書」，由是切慕之，精爽㉜飛越，莫知所從。隱忽來謁，女從簾後窺見迂寢㉝之狀，不復念矣。隱精法書，喜筆工萇鳳，謂曰：「筆，文章貨也。今助子取高價。」即以雁頭箋㉞百幅為贈，士大夫踵門㉟問價，一致千金。率多借重如此。

所著《讒書》、《讒本》、《淮海寓言》、《湘南應用集》、《甲乙集》、《外集》、《啟事》等，並行於世。

《易》戒毋以小善為無益而弗為，小惡為無傷而弗去也。羅隱以褊急性成，動必嘲訕，率成謾作㊱，頃刻相傳。以其事業非不五鼎㊲也，學術非不經史也，夫何齊東野人㊳，猥巷小子，語及譏誚，必以隱為稱首。凋喪淳才，揄揚穢德，白日能蔽於浮翳㊴，美玉曾玷於青蠅，雖亦未必盡然，是皆闕慎微之豫㊵。阮嗣宗㊶臧否㊷不掛口，欲免其身。如滑稽玩世東方朔㊸之流，又不相類也。

【注釋】❶養　涵養，喻充滿。❷亂　指黃巢勢力日熾，攻克兩京後稱帝等事。❸錢尚父　錢鏐，唐朝末年任鎮海節度使，後佔據兩浙之地，後梁時尊為尚父，受封吳越王。❹節鉞　符節和斧鉞，喻割據一方的權勢。

❺素 往昔。❻禰衡 東漢末年人，以辭賦見長，後被江夏太守黃祖所殺。❼謾 欺騙。❽仲宣 東漢末詩人王粲，字仲宣，後依附荊州刺史劉表。❾劉荊州 即劉表。❿夫子 孔子，曾出任魯國大司寇，即主管司法的官員。⓫簡傲 高傲。⓬陪從 隨從。⓭沈崧 曾為錢鏐掌書記，後任吳越國宰相。⓮焚盪 因戰爭引起的社會動盪不安。⓯改名 指唐昭宗改名為李曄。⓰姬昌 周文王名。⓱虞舜 上古帝王名，姓姚，名重華。⓲羅紹威 昭宗時襲父職任魏博節度使，唐亡後仕梁。⓳忽睨 輕視怠慢。⓴諸侯 喻各地方鎮。㉑介 個性。㉒俎豆 古代祭祀用的禮器。㉓營妓 軍營裡的妓女。㉔紀 十二年。㉕脫白 脫去白衣，謂進入仕途。㉖顧雲 咸通十五年進士及第，曾在高駢屬下任從事。㉗畢將軍 即畢師鐸。㉘延和閣 高駢所建造的迎仙樓閣。㉙鄭畋 武宗朝進士及第，僖宗時曾任宰相。㉚張華 西晉時人，以擅長寫辭賦著稱。㉛劉侯 西晉時荊州刺史劉弘。㉜精爽 魂魄。㉝寢 醜陋。㉞雁頭箋 一種箋紙的名稱。㉟踵門 親至其門。㊱謾作 謾罵嘲笑別人的作品。㊲五鼎 形容身分和地位的貴重。㊳齊東野人 喻說話誇誕無當的人。㊴浮翳 喻浮雲。㊵豫 預先的考慮。㊶阮嗣宗 即阮籍。㊷臧否 品評褒貶人物。㊸東方朔 西漢時人，性格詼諧，常以說笑話的形式對漢武帝諷諫。

【語譯】羅隱，字昭諫，錢塘人。羅隱年輕的時候就十分聰明，善於寫文章，作詩尤其出色，充滿了浩然之氣。乾符初年，他幾次參加進士考試都未能及第。廣明中，正遇上黃巢舉事的社會大動亂，便回到了家鄉。當時，錢鏐鎮守東南地區，手中權勢非常重大，羅隱打算歸附他，就將自己歷年來的作品呈獻上去，卷首的一首詩〈過夏口〉中寫道：「一個禰衡容不得，思量黃祖謾英雄。」錢鏐看了非常高興，寫了一封信徵辟他，信中說：「王粲（仲宣）老遠地去投靠劉表，是因為遭逢亂世；孔夫子樂於當魯國司寇，只因這是他的故鄉呀。」羅隱看了，說：「這麼看來，是不能離開此地了。」於是，就在錢鏐屬下擔任了掌書記的職務。羅隱生性高傲，善於高談闊論，他在場的時候，氣氛總是十分活躍。他又喜歡說笑話，一有什麼感觸，就會表露出來。錢鏐愛重他的才華，先後賜予他許多財物，陪在他身邊的侍從人員從未間斷過。經錢鏐上書朝廷請求，羅隱升遷節度判官、鹽鐵發運使，沒過多久，又奏報朝廷，授予他著作郎。

錢鏐當初被任命為節度使的時候，曾要沈崧擬寫了一份表示謝恩之意的奏章給朝廷，沈崧在奏章裡用十分誇張的語言描述了浙西的富庶，羅隱對錢鏐說：「現在浙西正值戰亂之後，而朝臣們又都急切地索要地方上的賄賂，這樣的奏章寫上去，他們將會像鷹犬一樣把我們當作獵物來大肆掠奪了。」於是，錢鏐請羅隱重新起草了一份，羅隱是這樣寫的：「天寒而麋鹿曾遊，日暮而牛羊不下。」羅隱又在為恭賀昭宗改名的奏表中寫道：「左則姬昌之半字，右為虞舜之全文。」他的文思很為當時的文人們稱道。羅隱轉官司勳郎中，他自號「江東生」。魏博節度使羅紹威仰慕他的名聲，便依照同姓宗族來推排輩分，尊他為叔父。當時羅隱也已上年紀了，羅紹威還曾上表朝廷舉薦他。

羅隱仗恃自己有才能，很看不起別人，所以，大家都對他十分憎恨，也很妒忌他。羅隱自以為憑他的才能應該得到朝廷的重用，沒想到自己參加進士考試一再落第，投靠地方上的節度使過日子，依仗別人的權勢做一點事情，所以，對唐王朝頗有怨言。在他的詩文裡面，多半都以譏笑諷刺的內容為主，哪怕是罕有人跡的祠廟，或泥塑的神像，都難免遭到他的嘲笑。而且他性格孤僻，不大合群，又不喜歡軍旅生活，他的文才，用於撰寫那些呈獻、酬答或祭祀時的文辭則是綽綽有餘的。

羅隱早年比較貧困，到京都參加舉人考試，經過鍾陵，遇見軍營裡的妓女雲英還有一些才學。

過了十二年後，羅隱舉進士未獲成功，又來看望雲英，她說：「羅秀才還沒有做上官呀。」羅隱贈詩給她道：「鍾陵醉別十餘春，重見雲英掌上身。我未成名英未嫁，可能俱是不如人。」羅隱曾和顧雲一起去拜謁淮南高駢，高駢對他並不禮重。後來，高駢被畢師鐸殺掉了，羅隱就有譏諷高駢建造延和閣的詩。羅隱還曾將自己寫的詩呈獻給宰相鄭畋，鄭畋有一個非常漂亮的女兒，喜歡吟詠詩歌，她讀羅隱的詩時，讀到「張華謾出如丹語，不及劉侯一紙書」這兩句，由此而產生的仰慕之意，簡直到了無以復加的地步，魂魄好像飛到了自己的體外，不知道跑到什麼地方去了。一次，羅隱忽然來拜訪鄭畋，這個女孩子就躲在簾子後面偷看，見到羅隱一副迂腐醜陋的相貌，再也不去思念他了。羅隱精通書法，喜歡一個名叫萇鳳的筆工，他對萇鳳說：「筆，是寫文章用的東西，我今天來幫你掙上一大筆錢。」於是，便將雁頭箋一百幅送給了他，士大夫們得到消息後，紛紛親自上門來詢問價格，萇鳳一下子就賺了大筆的錢。當時的人們就是這樣看重羅隱。羅隱所著的書有《讒書》、《讒本》、《淮海寓言》、《湘南應用集》、《甲乙集》、《外集》、《啟事》等，都流行在世。

《易經》告誡我們，不要以為小善因對人沒多大幫助就不去做，也不要以為小惡對人沒有多大傷害就不禁除它。羅隱因為養成了心胸褊急的性格，下筆總免不了對別人的嘲諷訕笑，隨意寫成一些譏謗他人的作品，很快又都傳了開來。從他的事業來說並不是沒有五鼎之重的分量，他的學問也無不涉及經史，怎麼那類說話荒誕不實之輩，還有偏陋小巷裡的粗鄙小人，說到譏諷責罵，總把羅隱推為首位。喪失了淳厚的才能，去揄揚醜惡的德行，燦爛的太陽也許會被浮雲遮蔽，精美的玉石或曾遭到蒼蠅的玷污，其實，羅隱雖然如此，也未必都是這樣的，這都是缺少一種謹小慎微的先見之明啊。阮籍從來不品評別人，就是避免給自己帶來麻煩。像性格詼諧，喜歡說一些笑話的東方朔等，那也是另一種類型的了。

【研析】羅隱生逢黃巢之亂的動盪時代，又屢試不第，所以，詩中常常反映出一種失意的無奈心理，常常以諷刺為主題，是可以理解的。他還曾大膽地嘲笑昭宗以緋袍賜弄猴人，正是這種對社會不平的深切感受，在他的詠史詩和懷古詩裡，經常讓人感覺到一種十分尖銳的真知灼見。

羅虬

虬，詞藻富贍，與族人隱、鄴齊名，咸通間稱「三羅」。氣宇❶終不逮。廣明庚子亂後，去從鄜州李孝恭❷為從事，虬狂宕❸無檢束。時雕陰❹籍❺中有妓杜紅兒，善歌舞，姿色殊絕，嘗為副戎❻屬意。會副戎聘❼鄰道，虬久慕之，至是請紅兒歌，贈以繒❽彩。孝恭以為副戎所貯❾，從事則非禮，勿令受貺❿，虬不稱意，怒，拂衣起，詰旦⓫，手刃殺之。孝恭以虬激⓬己坐⓭之。

頃會赦。虬追其冤，於是取古之美女有姿豔才德者，作絕句一百首，以比紅兒，當時盛傳。此外不見有他作。體固凡庸，無大可采。〈序〉曰：「紅兒美貌年少，機智慧悟，不與群妓等。余知紅者，擇古灼然美色，優劣於章句間。」其卒章云：「花落塵中玉墮泥，香魂應上窈娘⑭堤。欲知此恨無窮處，長倩⑮城烏夜夜啼。」情極哀切。初以白刃相加，今日「余知紅者」，虯實一狂夫也。且拘律之道大爽，姑錄為笑談耳。

【注釋】❶氣宇 氣勢。❷李孝恭 僖宗中和年間曾任保塞軍節度使。❸宕 不受拘束。❹雕陰 唐代綏州舊稱，治所為龍泉，今陝西綏德。❺籍 名籍，此指登記入冊的妓女。❻戎 軍隊統帥，指節度使。❼聘 訪問。❽繒 絲織物。❾貯 等待，喻中意、期待之意。❿貺 贈與。⓫詰旦 次日清晨。⓬激 激怒，喻挑釁。⓭坐 判罪。⓮窈娘 武后時喬知之的侍女，與知之情感甚深。⓯倩 請求。

【語譯】羅虯，作品的語言豐富華麗，與族人羅隱、羅鄴齊名，咸通年間人稱「三羅」。然而，與其餘二羅相比，羅虯的氣局終究顯得不如前者。廣明年間黃巢造反引起社會動亂之後，他離開了家鄉，到鄜州李孝恭的屬下做一個從事。羅虯性格狂放任性而不加收斂，當時雕陰有一個妓女叫杜紅兒，能歌善舞，容貌十分出眾，曾很被節度副使留意。正值這位節度副使到鄰近的一個方鎮去了，羅虯對紅兒也思慕已久，這時便趁機請紅兒唱歌，又要把彩色的絲織品作為禮物送給她。李孝恭覺得紅兒是副使中意的人，羅虯一個從事再插進去就屬於非禮了，不許紅兒接受羅虯送的禮物。羅虬未能如願，心裡很憤怒，拂袖而去，第二天一清早，他親手用刀將紅兒殺死了。李孝恭認為羅虬是在有意挑釁自己，就判了羅虬的罪。

未過多久，正逢朝廷大赦。然羅虬竟然還追訴自己的冤情，於是，他收集古代以容貌和才德著稱的美女事跡，寫了一百首絕句，用來和紅兒相比，在當時盛傳一時。此外，沒見他有過什麼作品。這些詩體裁本來就很凡庸，沒什麼可取的。在〈序〉中，羅虬寫道：「紅兒年輕而貌美，機智聰慧，與其他的妓女不同。我是了解紅兒的人，現在，選擇了古代聲名卓著的絕色佳麗，在我的詩文中間來比較她們的優劣。」最後一篇詩這樣寫道：「花落塵中玉墮泥，香魂應上窈娘堤。欲知此恨無窮處，長倩城烏夜夜啼。」詩中的感情哀痛之至。當初親手用刀來殺她，如今，又稱自己是了解紅兒的人，羅虬實在是一個瘋狂的傢伙啊。而且，這也與詩的大義是完全相背的呀，姑且寫下來就作為談笑的話題吧。

【研　析】在酒宴上稍不如意，竟至於動手殺人，令人慨嘆歌女不幸命運的同時，更對羅虬這種兇殘的本性生出厭惡之心。格調庸劣，還要顯示出所謂風雅來，自詡為「知紅者」，這絕非「狂夫」二字可以解脫得了的。

崔魯（櫓）

魯，廣明間舉進士。工為雜文❶，才麗而蕩。詩慕杜紫薇❷風範，警句絕多。如〈梅花〉云：「強半瘦因前夜雪，數枝愁向晚來天。」又「初開已入雕梁畫，未落先愁玉笛吹。」〈蓮花〉云：「何人解把無塵袖，盛取清香盡日憐。」〈山鵲〉云：「一番春雨吹巢冷，半朵山花咽嘴香。」又〈別題〉云：「雲生柱礎降龍地，露洗林巒放鶴天。」等，皆綺❸製精深，膾炙人口。頗嗜酒，無德，嘗醉辱陸肱❹郎中，日日慚甚，為詩謝曰：「醉時顛蹶醒時羞，麴糵❺催人不自由。叵耐❻一雙窮相眼，不堪花卉在前頭。」陸亦諒之。悠悠亂世，竟無所成。魯詩善於狀景詠物，讀之如嚥冰雪，心爽神怡，能遠聲病，氣象清楚，格調且高，中間別有一種風情，佳作也。詩三百餘篇，名《無機集》，今傳。

【注釋】❶雜文 各式各樣的文體。❷杜紫薇 即杜牧，唐開元年間一度改中書省為紫薇省，故中書舍人亦稱紫薇。❸綺 美妙。❹陸肱 宣宗大中年間進士及第。❺麴糵 釀酒的酒麴，喻酒。❻叵耐 可恨。

【語譯】崔魯，廣明年間進士及第。崔魯擅長各種不同的文體，才情甚美，然過於放肆。他作詩效仿杜牧的風範，精闢含蓄而令人回味的句子非常多。如他在〈梅花〉詩中寫道：「強半瘦因前夜雪，數枝愁向晚來天。」又如「初開已入雕梁畫，未落先愁玉笛吹。」在〈蓮花〉詩中寫道：「何人解把無塵袖，盛取清香盡日憐。」在〈山鵲〉詩中寫道：「一番春雨吹巢冷，半朵山花咽嘴香。」又如〈別題〉詩中寫道：「雲生柱礎降龍地，露洗林巒放鶴天。」等等，都是美妙精緻，內容含蓄，幾乎是人人傳誦的名句。崔魯十分愛喝酒，喝醉了酒常常會失態，曾經在一次喝醉酒後辱罵過郎中陸肱，第二天又覺得十分慚愧，便寫了一首表示謝罪的詩，詩中說：「醉時顛蹶醒時羞，麴蘗催人不自由。叵耐一雙窮相眼，不堪花卉在前頭。」陸肱也就原諒了他。崔魯一直處於亂世，最後也一無所成。崔魯寫詩善於描摹風景，歌詠事物，讀了之後，仿佛嚥下了一口冰雪，心情爽快，神情怡和，完全沒有那種讀了不好的詩歌之後的感覺。崔魯作詩氣象清楚，格調也很高，中間還能讓人體會到一種特別的風情，真是好詩啊！他有詩三百餘篇，詩集題名《無機集》，流傳至今。

秦韜玉

韜玉，字中明，京兆人。父為左軍❶軍將。韜玉少有詞藻，工歌吟，恬和瀏亮。慕柏耆為人，然險❷而好進，諂事大閹❸田令孜❹，巧❺宦，未期年❻，官至丞郎、判❼鹽鐵、保大軍❽節度判官。僖宗幸蜀，從駕。

中和二年，禮部侍郎歸仁紹放榜，特敕賜進士及第，令於二十四人內安排，編入春榜❾，令孜引擢工部侍郎。

韜玉歌詩，每作人必傳誦。〈貴公子行〉云：「階前莎毬綠未捲，銀龜噴香挽不斷。亂花織錦柳撚線，妝點池臺畫屏展。主人功業傳國初，六親聯絡馳朝車。鬥雞走狗家世事，抱來皆佩黃金魚。卻笑書生把書卷，學得顏回❿忍饑面。」又瀟水出道州九疑山⓫中，湘水出桂林海陽山⓬中，經靈渠⓭，至零陵與瀟水合，謂之「瀟湘」，為永州二水也。清泚⓮一色，高秋八九月，才丈餘，淺碧見底。過衡陽，抵長沙，入洞庭。韜玉賦詩云：「女媧⓯羅裙長百尺，搭在湘江作山色。」又云：「嵐光楚岫⓰和空碧，秋染湘江到底清。」由是大知名，號為絕唱。今有《投知小錄》三卷，行於世。

【注釋】❶左軍　唐代宮廷衛隊有左右軍之分。❷險　心地狠毒。❸閹　宦官。❹田令孜　僖宗朝宦官，恃寵而跋扈，唐末戰亂時，兩度挾帝外逃。❺巧　善於鑽營。❻期年　一年。❼判　管理。❽保大軍　僖宗時將原渭北節度使賜號保大軍節度使。❾春榜　春季考試所放之榜。❿顏回　孔子的學生，貧困而不改其道。⓫九疑山　傳說為虞舜所葬地，位於今湖南寧遠。⓬海陽山　湘水發源地，位於今廣西興安。⓭靈渠　秦朝所修聯通瀟湘二水的水利工程，位於今廣西興安。⓮清泚　水清澈貌。⓯女媧　傳說中的女神，曾於天崩地裂時以五色石補天。⓰岫　峰巒。

【語　譯】秦韜玉，字中明，京兆人。他的父親在左軍任軍官。秦韜玉小時候就十分善於運用文字，擅長寫詩，作品的內容恬淡平和，聲韻清亮。他很仰慕柏耆的為人處事，然而內心卻狠毒而熱衷於攀附，百般討好當時的大宦官田令孜，善於鑽營，不到一年，他的官職就到了丞郎，管理鹽鐵專營的事務，擔任了保大軍節度判官。僖宗到四川避難，得以隨從前往。中和二年，禮部侍郎歸仁紹主持進士考試放榜，僖宗特地下詔書賜予他進士及第身分，命令禮部在二十四個名額中安排，編入春榜。田令孜又推薦提拔他任工部侍郎。

秦韜玉寫詩，每有新作，必定被人在社會上傳誦開來。他在題為〈貴公子行〉的一首詩中寫道：「階前莎毯綠未捲，銀龜噴香挽不斷。亂花織錦柳撚線，妝點池臺畫屏展。主人功業傳國初，六親聯絡馳朝車。鬥雞走狗家世事，抱來皆佩黃金魚。卻笑書生把書卷，學得顏回忍饑面。」瀟水發源於道州九疑山中，湘水是從桂林海陽山中流出的，經過靈渠，到零陵以後與瀟水匯合，被稱為「瀟湘」，這就是永州的兩條主要河流。河水清澈透明，在秋高氣爽的八九月間，水才一丈來深，江水淺碧，一眼就可以看到水底。流過衡陽，到了長沙，最後流進了洞庭湖。秦韜玉賦詩描述道：「女媧羅裙長百尺，搭在湘江作山色。」還有一聯詩句是這樣描寫的：「嵐光楚岫和空碧，秋染湘江到底清。」這麼一來，他的名氣大增，他寫的詩被稱為絕無僅有的佳作。今天有他的《投知小錄》三卷，流行於世。

【研析】先是依託宦官的幫助，未經考試就當上了官；又得到僖宗的格外寵愛，被安排官職，一直做到工部侍郎，在講究科舉出身的唐代真是絕無僅有的。今人當然不會再去追究這段歷史了，卻由於後人對他在〈貧女〉中寫的「苦恨年年壓金線，為他人作嫁衣裳」太熟悉了，本來是帶有發牢騷的詩句，竟然演化成今天「為人作嫁」這樣一個成語來。

鄭谷

谷，字守愚，袁州❶宜春人。父史，開成中為永州刺史。谷幼穎悟絕倫，七歲能詩。司空侍郎圖與史同院❷，見而奇之，問曰：「予詩有病否？」曰：「大夫〈曲江晚望〉云：『村南斜日閑迴首，一對鴛鴦落渡頭。』此意深矣。」圖拊谷背曰：「當為一代風騷主也。」光啟❸三年，右丞柳玭❹下第進士，授京兆鄠縣尉，遷右拾遺、補闕。乾寧四年，為都官郎中，詩家稱「鄭都官」。又嘗賦〈鷓鴣〉警絕，復稱「鄭鷓鴣」云。未幾，告歸，退隱仰山書堂，卒於北巖別墅。

谷詩清婉明白，不俚而切，為薛能、李頻所賞，與許棠、任濤、張蠙、李棲遠、張喬、喻坦之、周繇、溫憲、李昌符唱答往還，號「芳林❺十哲」。谷多結契山僧，曰：「蜀茶似僧，未必皆美，不能捨之。」齊己攜詩卷來袁謁谷，〈早梅〉云：「前村深雪裡，昨夜數枝開。」谷曰：「『數枝』非早也，未若『一枝』佳。」己不覺投拜，曰：「我一字師也。」

嘗從僖宗登三峰❻，朝謁之暇，寓於雲臺❼道舍，編所作為《雲臺編》三卷。歸編《宜陽集》三卷。及撰《國風正訣》一卷，分六門，摭詩聯，注其比為君臣賢否、國家治亂之意。今並傳焉。

【注釋】❶袁州　一度改稱宜春郡，治所為宜春，位於今江西宜春。❷院　指類似御史臺下屬三院等中央機構。❸光啟　唐僖宗年號（西元八八五—八八八年）。❹柳玭　僖宗朝累遷御史大夫，曾以尚書右丞知貢舉。❺芳林　宮門名，由此可入內侍省。❻三峰　華山三峰。❼雲臺　即華山北峰，仰觀三峰，如在天半。

【語譯】鄭谷，字守愚，袁州宜春人。他的父親鄭史，開成年間曾做過永州刺史。鄭谷很小的時候就非常聰穎，悟性遠在常人之上，七歲便能寫詩。侍郎司空圖與鄭史同院，見了鄭谷，覺得他非比常人，便問他道：「我寫的詩有什麼不當的地方嗎？」鄭谷回答說：「大夫在〈曲江晚望〉這首詩中寫道：『村南斜日閑迴首，一對鴛鴦落渡頭。』這裡面有很深的含義啊。」司空圖撫摸著鄭谷的背說：「這孩子將來就是詩壇的一代宗主啊。」光啟三年，尚書右丞柳玭主持貢舉考試，鄭谷進士及第，授官京兆府鄠縣縣尉，後來，又升任右拾遺、補闕等職。乾寧四年，被任命為都官郎中，寫詩的人都稱他為「鄭都官」。又因為鄭谷曾經賦有一篇〈鷓鴣〉，語句精闢，含義深刻，所以，人們又稱他為「鄭鷓鴣」。沒過多久，鄭谷告老還鄉，離開官場後，隱居在仰山書堂，逝世於北巖別墅。

鄭谷寫的詩清新和婉，明白易曉，不俗卻又十分貼切，薛能、李頻都很讚賞他的作品。他與許棠、任濤、張蠙、李棲遠、張喬、喻坦之、周繇、溫憲、李昌符等人經常有詩唱答往還，號稱「芳林十哲」。鄭谷結交了很多山僧，他曾說：「蜀地的茶葉就像僧人，未必個個都美好，卻不能捨去。」齊己帶著自己的詩卷到袁州來拜謁鄭谷，他在一首題名〈早梅〉的詩中寫道：「前村深雪裡，昨夜數枝開。」鄭谷看了說：「『數枝』，就不能說早了，不如改成『一枝』更好。」齊己聽了，不知不覺地投拜在地，說：「您真是我的一字師啊！」

鄭谷曾經隨從僖宗登上華山的三峰，他用朝拜的餘暇時間，寓居在雲臺的一個道觀裡，將自己歷來所作的詩文編為《雲臺編》三卷。回到家後，又編了《宜陽集》三卷。他還撰有《國風正訣》一卷，內容共分六部分，集錄《詩經》裡的聯句，分別注明其中比喻為君臣賢否、國家治亂等等含義。這些著作，都流傳到了今天。

【研析】鄭谷孩提時便能吟詩，固然是他聰穎過人的表現，更反映了唐代詩歌創作在民間的深入人心。〈鷓鴣〉詩寫得精妙，於是便得到了一個「鄭鷓鴣」的雅號，又因與朋友的唱和往還詩作精妙而著稱一時，被人們譽為「芳林十哲」，不正是詩人們的種種風雅嗎？

齊己

齊己，長沙人。姓胡氏，早失怙恃❶。七歲穎悟，為大溈山❷寺司牧，往往抒思，取竹枝畫牛背為小詩。耆夙❸異之，遂共推挽❹入戒。風度日改，聲價益隆。游江海名山，登岳陽，望洞庭，時秋高水落，君山如黛，唯湘川一條而已。欲吟杳不可得，徘徊久之。來長安數載，遍覽終南、條、華之勝。歸過豫章，時陳陶近仙去❺，己留題有云：「夜過修竹寺，醉打老僧門。」至宜春，投詩鄭都官云：「自封修藥院，別下著僧床。」谷曰：「善則善矣，一字未安。」經數日，來曰：「別掃如何？」谷嘉賞，結為詩友。曹松❻、方干皆己良契❼。

性放逸，不滯土木形骸❽，頗任琴樽之好。嘗撰《玄機分別要覽》一卷，摭古人詩聯，以類分次，仍別諷、賦、比、興、雅、頌。又撰《詩格》一卷。又與鄭谷、黃損❾等共定用韻為葫蘆、轆轤、進退等格，并其詩《白蓮集》十卷，今傳。

【注釋】❶怙恃　喻父母。❷大溈山　位於湖南寧鄉西，山上有密印寺。❸耆夙　年高有德者。❹推挽　喻推薦扶持後進。❺仙去　登仙而去。❻曹松　傳見本書卷十。❼良契　好朋友。❽土木形骸　形體像土木一樣自然。❾黃損　五代後梁進士，仕南唐，官至尚書僕射。

【語譯】齊己，長沙人。他本姓胡，父母很早就去世了。齊己七歲的時候就非常聰明，他替大溈山寺放牧，常常在想抒發自己感受的時候，就用竹枝在牛背上畫寫小詩。一些年高德望的老人見了，覺得他是個不尋常的人，於是一起介紹他出家受戒，當了僧人。齊己的風度漸漸變了，聲望也越來越高。他四處漫遊江海名山，登上岳陽樓，眺望洞庭湖，時值秋高氣爽，水面低落，君山的顏色變得很深，最醒目的就屬那條川流不息的湘江了。齊己打算賦詩而不得，徘徊了很長的時間。齊己來長安幾年，遍遊了終南山、中條山和華山的勝跡。他回家鄉的時候，路過豫章，當時陳陶剛去世不久，齊己在留題的詩中寫道：「夜過修竹寺，醉打老僧門。」他到了宜春，在投獻給鄭谷的詩中說：「自封修藥院，別下著僧床。」鄭谷對他說：「詩是寫得不錯，但還有一個字不太妥當。」過了幾天，齊己又來了，見了面，他對鄭谷說：「詩中的『別下』改為『別掃』，怎麼樣？」鄭谷非常讚賞，兩人結成了詩友。曹松和方干也都是齊己的好朋友。

齊己生性放任灑脫，不受拘束，形體一任其自然，對彈琴飲酒也都有興趣。他曾經編撰了題為《玄機分別要覽》的書一卷，集錄古人的詩聯，按內容不同分類編次，仍舊分成諷、賦、比、興、雅、頌六大類。又撰有《詩格》一卷。齊己還與鄭谷、黃損一起，制定寫詩的用韻為葫蘆、轆轤、進退等不同格，這些著作，連同他的詩集《白蓮集》十卷，流傳至今。

【研析】與其他詩人相比，詩僧的作品別具幾分出家人的空寂和玄想，吟誦山水風景也另具一格。像「夜過修竹寺，醉打老僧門」，更帶有唐代佛家的禪味，而飄逸不羈的性格，又讓人聯想到了道家的風範，其實，我們有時是很難將傳統文化所受到的諸多影響完全區分開來的。

崔塗

塗，字禮山，光啟四年鄭貽矩榜進士及第。工詩，深造理窟，端❶能竦動人意；寫景狀懷，往往宣陶❷肺腑。亦窮年❸羈旅，壯歲上巴蜀，老大遊隴山❹。家寄江南，每多離怨之作。警策如：「流年川暗度，往事月空明。」〈巫娥〉云：「江山非舊主，雲雨❺是前身。」如：「病知新事少，老別故交難。」〈孤雁〉云：「渚雲低暗度，關月冷相隨。」〈山寺〉云：「夕陽高鳥過，疏雨一鐘殘。」又：「谷樹雲埋老，僧窗瀑照寒。」〈鸚鵡州〉云：「曹瞞❻尚不能容物，黃祖何因解愛才。」〈春夕〉云：「蝴蝶夢中家萬里，杜鵑枝上月三更。」〈隴上〉云：「三聲戍角邊城暮，萬里鄉心塞草春。」〈過峽〉云：「五千里外三年客，十二峰前一望秋。」等聯，作者於此斂衽❼。意味俱遠，大名不虛。有詩一卷，今傳。

【注釋】❶端 果真。❷宣陶 抒發；排遣。❸窮年 一年到頭。❹隴山 泛指甘肅一帶的山脈。❺雲雨 喻男女歡愛。❻曹瞞 曹操。❼斂衽 肅然起敬。

【語譯】崔塗，字禮山。光啟四年，他與狀元鄭貽矩同榜進士及第。崔塗擅長寫詩，他的詩，往往能夠深及義理，確實能給人一種精神上的震動；描寫景物，抒發情懷，經常是直抒肺腑之情。他長年在各處漫遊，壯年時到巴蜀，上了年紀還遊隴山。崔塗的家眷都寄居在江南，所以，他的作品中常有不少離別傷感的詩。其中，含蓄而意味深長的詩句如：「流年川暗度，往事月空明。」〈巫娥〉詩中：「江山非舊主，雲雨是前身。」又如：「病知新事少，老別故交難。」題名〈孤雁〉的詩中說：「渚雲低暗度，關月冷相隨。」〈山寺〉詩中言道：「夕陽高鳥過，疏雨一鐘殘。」又有：「谷樹雲埋老，僧窗瀑照寒。」在〈鸚鵡洲〉詩中說：「曹瞞尚不能容物，黃祖何因解愛才。」〈春夕〉詩中：「蝴蝶夢中家萬里，杜鵑枝上月三更。」又如〈隴上〉詩中寫道：「三聲戍角邊城暮，萬里鄉心塞草春。」〈過峽〉中說：「五千里外三年客，十二峰前一望秋。」等聯句。寫詩的人讀了，不得不肅然起敬啊。崔塗的詩，意境和趣味都十分深遠，大名果然不是虛傳的。他有詩集一卷，流傳至今。

【研析】詩人的創作離不開生活的體驗。所謂窮年羈旅的經歷，足跡遠抵巴山蜀水，邊城塞外，兼有江南的親人離別之愁，都融入了山水景物的描寫裡，因此，讀崔塗的詩，別有一種敏銳的體驗和感受，吟詠其詩，不難想見其人其事。

喻坦之

坦之，睦州人。咸通中舉進士不第，久寓長安，囊罄❶，憶漁樵❷，還居舊山。與李建州❸頻為友。頻以詩送歸云：「從容心自切，飲水勝銜杯❹。共在山中住，相隨闕下來。修身空有道，取事各無媒。不信升平❺代，終遺草澤❻才。」又：「彼此無依倚，東西又別離。」蓋困於窮蹇，情見於辭矣。同時嚴維、徐凝、章八元，枌榆❼相望，前後唱和亦多。詩集今傳。

【注釋】❶罄 盡。❷漁樵 喻隱居生活。❸李建州 李頻曾任建州刺史。❹銜杯 飲酒。❺升平 太平清明的社會。❻草澤 民間。❼枌榆 喻故鄉。

【語譯】喻坦之，睦州人。咸通年間，他參加進士考試未能成功，在長安居住了很長時間，口袋裡的錢都用完了，回想起田野山水間的隱居生活，打算回到家鄉去。喻坦之與李頻是朋友，李頻寫了一首詩送他歸還家鄉，詩中說：「從容心自切，飲水勝銜杯。共在山中住，相隨闕下來。修身空有道，取事各無媒。不信升平代，終遺草澤才。」又有一聯詩說道：「彼此無依倚，東西又別離。」他困於命運不濟，未能得志，這種心情在詩中表現得非常充分。與喻坦之同一時期的嚴維、徐凝、章八元，都是來自於同一家鄉，所以，他們之間前後唱和的詩作有很多。喻坦之的詩集流傳至今。

任濤

濤，筠州❶人也。章句❷之名早擅。乾符中，應數舉，每敗垂成。

李常侍❸騭廉察江西，素聞濤名，取其詩覽之，見云：「露摶沙鶴起，人臥釣船流。」大加賞嘆曰：「任濤奇才也，何故不成名？會當薦之。」特與放❹鄉里雜役，仍令本貫❺優禮。時盲俗互有論列，騭判❻曰：「江西境內，凡為詩得及濤者，即與放役，豈止一任濤而已哉。」未幾，濤逝去，有才無命，大可憐也。詩集今傳。

【注釋】❶筠州　唐代改米州置，治所在高安，今屬江西。❷章句　文章詩詞。❸常侍　唐代官員所帶如散騎常侍之類的官銜。❹放　免除。❺本貫　本籍。❻判　批示。

【語譯】任濤，筠州人。任濤很早就有著擅長寫文章詩詞的名聲。乾符年間，他幾次參加進士考試，每回都是看起來似乎就要成功，最終卻還是失敗了。李騭任江西觀察使，他過去就聽過任濤的詩名，便取了任濤的詩來看，見一首詩中寫道：「露摶沙鶴起，人臥釣船流。」大為讚賞，說道：「任濤是一個不可多得的優秀人才啊，為什麼緣故沒有被錄取呢？我應該向朝廷推薦他。」他特別允許免除了任濤在鄉里的雜役，還命令本地的官員要對任濤優加禮遇。當時一些淺薄無知的俗人對此有不同的議論，李騭批示說：「江西境內，凡是寫詩能夠及得上任濤這樣水平的人，就讓他免除雜役，我豈止只是對一個任濤呢。」沒過多久，任濤去世了。任濤有才但命運不好，太讓人同情了。任濤的詩集流傳至今。

【研析】在後人看來，晚唐詩人的作品，尤其以恬淡雅致著稱，任濤的詩正是一個典範。可惜他的命運不濟，令人嘆惋，不過，終究還得到了李騭賞識，留名於世，差可慰藉。

溫憲

憲，庭筠之子也。龍紀❶元年李瀚榜進士及第，去為山南節度府從事。大著詩名。詞人李巨川❷草薦表，盛述憲先人之屈，辭略曰：「蛾眉❸先妒，明妃❹為去國之人；猿臂❺自傷，李廣❻乃不侯之將。」上讀表，惻然稱美。時宰相亦有知者，曰：「父以竄死，今孽子❼宜稍振之，以厭❽公議，庶幾少雪忌才之恨。」上頷之。後遷至郎中，卒。有集文賦等傳於世。

【注釋】❶龍紀　昭宗年號（西元八八九年）。❷李巨川　僖宗時進士及第，以擅長寫敘述文詞著稱。❸蛾眉　女性的秀眉，喻美貌。❹明妃　即王昭君。西漢元帝時宮女，後嫁匈奴呼韓邪單于。❺猿臂　喻勇武有力。❻李廣　西漢武帝時著名將軍，功高然未得封侯，後因過失受罰，自殺。❼孽子　非正妻所生的兒子。❽厭　滿足。

【語譯】溫憲，是溫庭筠的兒子。龍紀元年，他與狀元李瀚同榜進士及第，離開京都，擔任了山南節度府從事。溫憲在當時詩名非常高。詞人李巨川擬寫推薦的奏章，著力敘述溫憲先人所受的委屈，文辭的內容大略說：「蛾眉先妒，明妃為去國之人；猿臂自傷，李廣乃不侯之將。」皇上讀到這封奏章的時候，流露出傷感的表情，稱讚說寫得很好。當時的宰相中也有了解此事的，便說道：「溫憲的父親因為流放而死，現在對他的孽子應該稍加優待，以平息公眾的議論，這樣也多少去掉一些因嫉妒才學之士而帶來的遺憾吧。」皇上點頭表示同意。後來，溫憲的官職升至郎中才去世。溫憲有詩集和文賦等著作流傳於世。

李洞

洞，字才江，雍州❶人，諸王之孫也。家貧，吟極苦，至廢寢食。酷慕賈長江❷，遂銅寫❸島像，戴之巾中。常持數珠念賈島佛，一日千遍。人有喜島詩者，洞必手錄島詩贈之，叮嚀再四，曰：「此無異佛經，歸焚香拜之。」其仰慕一何如此之切也。然洞詩逼真於島，新奇或過之。時人多誚❹僻澀，不貴其卓峭，唯吳融賞異。融以大才，八面受敵，新律著稱，遊刃❺頗攻〈騷〉〈雅〉❻。嘗以百篇示洞，洞曰：「大兄所示中一聯『暖漾❼魚遺子，晴遊鹿引麑❽。』絕妙也。」融不怨所鄙，而善其許。

洞詩大略，如〈終南山〉云：「殘陽高照蜀，敗葉遠浮涇，劚❾竹烟嵐凍，偷❿湫⓫雨雹腥。遠平丹鳳闕，冷射五侯廳。」〈贈司空圖〉云：「馬饑餐落葉，鶴病曬殘陽。」又曰：「卷箔清溪月，敲松紫閣書。」〈送僧〉云：「越講迎騎象，蕃齋懺射鵰。」〈歸日本〉云：「島嶼分諸國，星河共一天。」〈夜〉云：「藥杵聲中搗殘夢，茶鐺影裡煮孤燈。」皆偉拔⓬時流者。

昭宗時，凡三上，不第。裴公⓭第二榜，簾前獻詩云：「公道此時如不得，昭陵⓮慟哭一生休。」果失意，流落往來，寓蜀而卒。初，島任長江，乃東蜀，塚在其處。鄭谷哭洞詩云：「得近長江死，想君勝在生。」言死生不相遠也。

洞嘗集島警句五十聯，及唐諸人警句五十聯為《詩句圖》，自為之序。及所為詩一卷，並傳。

【注釋】❶雍州　京兆府舊稱，治所位於今陝西西安。❷賈長江　賈島。❸銅寫　用銅澆鑄。❹誚　批評；指責。❺遊刃　喻輕鬆自如。❻騷雅　〈離騷〉與大、小〈雅〉，喻古體詩的優秀傳統。❼漾　水流動貌。❽麑　幼鹿。❾劚　砍。❿偷　取。⓫湫　水池。⓬偉拔　卓然不凡。⓭裴公　裴贄，昭宗朝曾三知貢舉。⓮昭陵　唐太宗李世民陵墓。

【語譯】李洞，字才江，雍州人，唐朝皇族王公的後裔。李洞家境貧窮，作詩極下功夫，以致常常到了廢寢忘食的地步。他非常傾慕賈島，於是就用銅鑄了一尊賈島的像，戴在頭巾裡。平時，則手持佛數珠，口中念賈島佛，一天要念上千遍。遇到喜歡賈島詩的人，李洞非要親手抄錄賈島的詩贈送給他，還再三叮嚀說：「這些詩和佛經沒什麼兩樣，回去後，要點燃香火，行跪拜之禮。」他對賈島的仰慕心情竟然深到這種程度。然而，李洞的詩雖然與賈島極為相似，用意之新，遣詞之奇，也許更有超過賈島的地方。當時的人們經常批評他作詩冷僻晦澀，不太看重他卓然超群的地方，只有吳融非常賞識他那與眾不同的才華。吳融因為是大才子，受到來自各個方面的批評指責，他以近體律詩著名，又對古風詩歌的風格和傳統頗有心得。吳融曾將自己寫的百篇詩給李洞看，李洞看了後說：「大兄給我看的詩中，有一聯『暖漾魚遺子，晴遊鹿引麑』的詩句，真是絕妙的佳句。」吳融對李洞輕視他的部分詩作並不在意，而對李洞讚許他的某些詩卻感到非常高興。

李洞的詩，具有代表性的如〈終南山〉詩：「殘陽高照蜀，敗葉遠浮涇，劚竹烟嵐凍，偷湫雨雹腥。遠平丹鳳闕，冷射五侯廳。」又如〈贈司空圖〉詩：「馬饑餐落葉，鶴病曬殘陽。」又有「卷箈清溪月，敲松紫閣書。」在〈送僧〉詩中寫道：「越講迎騎象，蕃齋懺射雕。」在〈歸日本〉詩中說：「島嶼分諸國，星河共一天。」題名〈夜〉的詩中寫道：「藥杵聲中搗殘夢，茶鐺影裡煮孤燈。」這些作品，都遠遠超過了與他同時代的那些詩人。

唐昭宗時，李洞一共參加了三次進士考試，都落榜了。裴贄主持第二榜時，李洞在簾前獻的詩中寫道：「公道此時如不得，昭陵慟哭一生休。」結果還是未能如願。李洞在各地流落奔波，後來寓居在蜀地，就在當地去世了。早些時候，賈島任長江縣尉，屬於東蜀，賈島的墳墓也在那裡。鄭谷在輓李洞的詩中說：「得近長江死，想君勝在生。」意思是說賈島和李洞無論死生，相去都不算太遠。

李洞曾經集錄賈島一些優秀的詩句五十聯，以及唐朝諸多詩人優秀的詩句五十聯，編撰為《詩句圖》，自己作序。另外，還有李洞自己寫的詩一卷，都流傳到後世。

【研　析】唐代佞佛成風，頂禮拜膜者比比；唐人愛詩，有至吟誦不輟至廢寢忘食者。不過，將賈島的詩當作佛經來持珠誦讀，而且還恭錄以持贈眾人當作佛經來焚香誦之，恐怕古往今來不多見，足可當作一件奇事。賈島詩意清雅，相傳他喜歡談玄抱佛，李洞著迷賈詩如此，賈島若地下有知，也要感謝這麼一位隔世的知音了。

吳融

融，字子華，山陰人。初力學，富辭，調❶工捷。龍紀元年李瀚榜及進士第。韋昭度❷討蜀，表掌書記。坐累去官，流浪荊南，依成汭❸。久之，召為左補闕，以禮部郎中為翰林學士，拜中書舍人。天復❹元年元旦，東內反正❺，既御樓，融最先至，上命於前座跪草十數詔，簡備精當，曾❻不頃刻，皆中旨，大加賞激，進戶部侍郎。帝幸鳳翔❼，融不及從，去客閿鄉，俄召為翰林承旨，卒。

為詩靡麗有餘，而雅重不足。集四卷及制誥一卷，並行。

【注釋】❶調　詩韻，喻寫詩。❷韋昭度　僖宗朝拜官宰相，昭宗時，為西川節度使入蜀討陳敬瑄，未獲捷即請還兵，被罷。❸成汭　僖宗時割據荊州，後為荊州節度使，昭宗末年敗死。❹天復　昭宗年號（西元九〇一—九〇四年）。❺東內反正　唐朝皇帝所居的大明宮，昭宗光化三年，宦官劉季述等囚禁昭宗，擅立太子，後崔胤等殺劉季述，迎還昭宗復位，史稱反正。❻曾　乃。❼帝幸鳳翔　天復元年，長安大亂，宦官韓全晦等挾昭宗奔鳳翔。

【語譯】吳融，字子華，山陰人。吳融早年刻苦治學，文辭富麗，作詩既工整，又迅捷。龍紀元年，他與狀元李瀚同榜進士及第。韋昭度奉命入蜀討伐，奏請以吳融為掌書記。後來，吳融也因此受到牽累，被免去了官職，流落到荊南一帶，依附在成汭屬下。過了很久，吳融被召回朝擔任了左補闕一職，又以禮部郎中升為翰林學士，拜官中書舍人。天復元年新年元旦，東內反正，昭宗回宮後來到宮廷，吳融最先到場，昭宗命令他在前座跪著擬寫了十多份詔書，文字簡鍊，內容周備，十分精確的當，也不過就是一會兒的功夫，便都滿足了皇上的要求。因此，昭宗對他大為讚賞，擢升吳融為戶部侍郎。昭宗出奔鳳翔的時候，吳融未能來得及隨同一起前往，便離開京都客居在閿鄉，不久，又奉召回朝任翰林承旨，後來就去世了。

吳融寫的詩，精美華麗有餘，而典雅莊重則顯得不足。他留下文集四卷，以及制誥一卷，都流傳在世。

韓偓

偓，字致堯，京兆人。龍紀元年禮部侍郎趙崇下擢第。天復中，王溥❶薦為翰林學士，遷中書舍人。從昭宗幸鳳翔，進兵部侍郎、翰林承旨。嘗與崔胤❷定策誅劉季述。昭宗反正，論為功臣。帝疾欲去之。偓畫策稱旨，帝前膝❸曰：「此一事終始以屬❹卿。」偓因薦座主❺御史大夫趙崇，時稱能讓。

李彥弼❻倨❼甚，因譖❽偓漏禁省語，帝怒曰：「卿有官屬，日夕議事，奈何不欲我見韓學士耶！」帝勵精政事，偓處可機密，率與上意合。欲相者三四，讓不敢當。偓喜侵侮有位❾，朱全忠❿亦惡之，乃構禍貶濮州⓫司馬。帝流涕曰：「我左右無人矣！」天祐二年，復召為學士，偓不敢入朝，挈其族南依王審知⓬而卒。偓自號「玉山樵人」。工詩，有集一卷。又作《香奩集》一卷，詞多側豔⓭新巧，又作《金鑾密記》五卷，今並傳。

【注釋】❶王溥　昭宗朝曾任刑部郎中，因反正之功，擢任宰相。❷崔胤　昭宗朝任宰相，有誅殺宦官劉季述，助昭宗反正之功。❸前膝　形容聽得入神，坐在席上，不知不覺將膝蓋移動向前。❹屬　囑託。❺座主　參加科舉考試的考生對主持該次貢舉官員的稱呼。❻李彥弼　昭宗朝以誅殺劉季述有功，任神策軍部將。❼倨　傲慢；驕橫。❽譖　說人壞話。❾有位　有地位的人，即朝中大臣。❿朱全忠　早先參加黃巢軍，後歸降唐，任宣武節度使等，天復三年，入長安，盡誅宦官，次年，弒昭宗，立太子，後又廢帝自立，建梁朝，史稱後梁。

⓫濮州　治所為鄄城，今山東鄄城北。⓬王審知　唐末割據福建，任威武軍節度使，後受梁封為閩王。⓭側豔　豔麗而流於輕佻。

【語譯】韓偓，字致堯，京兆人。龍紀元年，禮部侍郎趙崇主持貢舉時進士及第。天復年間，經王溥的推薦，擔任了翰林學士，後來，又升遷中書舍人。韓偓曾隨從昭宗出奔鳳翔，再被擢升兵部侍郎、翰林承旨。他還曾與崔胤一起，制定計劃誅殺了劉季述，昭宗得以反正復位後，論他為有功之臣。昭宗擔心宦官們驕橫不法，打算除掉這些人，韓偓為此出謀劃策，昭宗非常滿意，兩人說話的時候，昭宗不覺將身體移向韓偓說：「這件事情，自始至終整個兒都交給你了。」於是，韓偓就向昭宗舉薦了座主御史大夫趙崇，當時的人們都稱讚韓偓能夠讓賢。

李彥弼是一個很傲慢專橫的人，他在昭宗面前誣陷韓偓，說他把朝廷的核心機密都傳到了外面來了。昭宗很生氣地說道：「你有你的屬下，一天到晚可以在一起商議事情，怎麼就不讓我和韓學士見面呢！」昭宗將精力都投入到了朝廷的政事中，韓偓一起處理機密大事的決策，總是與昭宗的想法相合。昭宗好幾次想任命韓偓為宰相，韓偓都推辭不肯擔任。韓偓喜歡冒犯欺侮朝中的一些大臣，朱全忠對他也十分反感，於是就羅織了一些罪名，將韓偓貶謫為濮州司馬，昭宗流著眼淚說：「我的身邊沒有人了！」天祐二年，又準備把韓偓召回朝為學士，可是，韓偓不敢再入朝，帶領他的全家和族人，南下投靠了王審知，後來就去世在那裡。韓偓自稱「玉山樵人」。他擅長寫詩，有詩集一卷。他又撰作了《香奩集》一卷，文詞多半美豔新奇。他又撰有《金鑾密記》五卷，這些著作今天都流傳在世。

【研析】韓偓可說是唐朝的最後一代詩人。他不幸的是捲入了唐末軍閥和宦官之間的政治漩渦中，所幸的是竟然脫逃到了福建並得以善終。他的一部《香奩集》，以豔情描寫為特色，被後人視作唐詩中的鴛鴦蝴蝶派。然而，由於他的複雜經歷，又有人援引古人「香草美人」的例子，疑心這些看似詠誦男女私情的作品，骨子裡是在表達自己與昭宗的君臣際遇。智者見智，仁者見仁，就讓後人各自品味去吧。

唐備

備，龍紀元年進士。工古詩，多涵諷刺，頗干❶教化，非浮豔輕斐❷之作。同時于濆者，共一機軸❸，大為時流所許。備詩有「天若無雪霜，青松不如草；地若無山川，何人重平道？」又曰：「狂風拔倒樹，樹倒根已露，上有數枝藤，青青猶未悟。」又：「一日天無風，四溟❹波自息。人心風不吹，波浪高百尺。」又〈別家〉云：「兄弟惜分離，揀日❺皆言惡。」于濆〈對花〉云：「花開蝶滿枝，花謝蝶來稀，惟有舊巢燕，主人貧亦舊。」等詩，發為澆俗❻，至今人話間，必舉以為警戒，足見之矣。餘詩多傳。

【注釋】❶干　涉及。❷輕斐　輕鬆而色彩明快。❸機軸　樞要，喻主要的精神面貌。❹四溟　四海。❺揀日　選擇日子。❻澆俗　澆薄的社會風俗。

【語譯】唐備，龍紀元年進士及第。他擅長寫古體詩，很多詩的內容裡都包含有諷刺的意味，相當一部分是涉及到社會教化，不是那種浮華濃豔或者輕鬆隨意的作品。和唐備同時的于濆，在風格和精神上與他非常相似，很為當時的詩人們讚許。唐備的詩句如「天若無雪霜，青松不如草；地若無山川，何人重平道？」又如：「狂風拔倒樹，樹倒根已露，上有數枝藤，青青猶未悟。」又如「一日天無風，四溟波自息。人心風不吹，波浪高百尺。」以及在〈別家〉詩中說的：「兄弟惜分離，揀日皆言惡。」于濆在題為〈對花〉的詩中寫道：「花開蝶滿枝，花謝蝶來稀，惟有舊巢燕，主人貧亦舊」，上述諸多詩篇，都是因澆薄的社會風俗而發的感慨，直到今天，人們在談話的時候，還總是舉類似的詩句作為警示或告誡，這就非常說明它的價值了。其餘還有很多詩流傳了下來。

王駕

駕，字大用，蒲中人，自號「守素先生」。大順元年楊贊禹榜登第，授校書郎，仕至禮部員外郎。棄官嘉遁於別業，與鄭谷、司空圖為詩友，才名藉甚。圖嘗與駕書評詩曰：「國初〈雅〉❶風特盛，沈、宋❷始興之後，傑出江寧❸，宏思至李、杜極矣。右丞❹、蘇州❺，趣味澄夐❻，若清流之貫遠。大曆十數公，抑又其次。元、白❼力勍❽而氣孱❾，乃都市估耳。劉夢得、楊巨源亦各有勝會。浪仙、無可、劉得仁輩，時得佳致，亦足滌煩。厥後所聞，徒褊淺矣。河汾❿蟠鬱⓫之氣，宜繼有人。今王生者寓居其間，沉漬⓬益久。五言所得，長於思與境偕，乃詩家之所尚者。則前所謂必推於其類，豈若神躍色揚而已哉。」駕得書，自以譽不虛己。當時價重，乃如此也。今集六卷，行於世。

【注釋】❶雅　《詩經》的大、小〈雅〉，喻詩和詩歌創作。❷沈宋　沈佺期、宋之問。❸江寧　指王昌齡，曾任江寧令。❹右丞　王維。❺蘇州　韋應物。❻澄夐　清遠。❼元白　元稹、白居易。❽勍　強勁有力。❾孱　弱。❿河汾　黃河、汾水。⓫蟠鬱　盤結鬱積。⓬沉漬　浸泡。

【語譯】王駕，字大用，蒲中人，自號為「守素先生」。大順元年，王駕與狀元楊贊禹同榜進士及第，授官校書郎，後來，他的官職一直做到禮部員外郎。王駕辭去官職後，十分得體地隱居在自己的別墅，與鄭谷、司空圖結為詩友，才名很盛。司空圖曾在一封給王駕的信中，發表了自己對詩的看法，他說：「國朝初期，詩風極盛，沈佺期、宋之問作為最初興起的代表人物之後，傑出的詩人有王昌齡。宏大淵博的詩思，到李白和杜甫則是發展到極致了。王維、韋應物的詩趣味高雅清遠，就像清澈的河流一直伸向了遠方。大曆年間的十多位先生，大概只能算稍稍遜色一點的了。元稹和白居易論力量還算強勁，但氣勢究竟弱了一點，就像都市的有錢大商人罷了。劉禹錫、楊巨源各有各的長處，賈島、無可、劉得仁等人，不時出現一些好的情致，也算足以消除煩惱。在此之後，所聽到的只是一些心胸窄淺的傢伙罷了。黃河、汾河流域盤結鬱積著厚氣，在詩壇上應該後繼有人的，如今王先生寓居在此間，沉浸在這種氣氛中很久了。他的五言詩所表現的，是善於將思想與環境充分協調起來，這正是詩人們所崇尚的啊！我前面談到的必被與他有同樣追求的人推重，豈止是興高采烈或神色飛揚而已呢。」王駕見了司空圖的來信，認為他對自己的誇獎並沒有什麼過分的地方。王駕在當時的聲名之重，居然達到了這種程度。今有他的詩集六卷，流行於世。

戴思顏

思顏，大順元年楊贊禹榜進士及第，與王駕同袍。有詩名，氣宇盤礴❶，每有過人，遂得名家，豈泛然矣。有集今傳。

【注釋】❶盤礴　磅礴。

【語譯】戴思顏，大順元年，與狀元楊贊禹同榜進士及第，和王駕是同年的進士。戴思顏在當時作詩的名氣很大，作品氣勢磅礴，常常有超過別人的地方，於是被人們稱為名家，並非有名無實的泛泛之論。戴思顏有詩集流傳至今。

杜荀鶴

荀鶴，字彥之，牧之微子❶也。牧會昌末自齊安❷移守秋浦❸時，妾有妊，出嫁長林❹鄉正❺杜筠，生荀鶴。早得詩名，嘗謁梁王朱全忠，與之坐，忽無雲而雨，王以為天泣不祥，命作詩，稱意，王喜之。荀鶴寒畯❻，連敗文場，甚苦，至是遣送名春官❼。大順二年裴贄侍郎下第八人登科。正月十日放榜，正荀鶴生朝❽也。王希羽獻詩曰：「金榜曉懸生世日，玉書❾潛記上升時。九華山❿色高千尺，未必高於第八枝。」

荀鶴居九華，號「九華山人」。張曙⑪拾遺亦工詩，又同年，嘗醉謔曰：「杜十五⑫大榮，而得與曙同年。」荀鶴曰：「是公榮。天下只知有荀鶴，若個知有張五十⑬郎耶！」各大笑而罷。宣州田頵⑭甚重之，常致箋問。梁王立，薦為翰林學士，遷主客員外郎。頗恃勢侮慢縉紳，為文多主箴刺⑮，眾怒欲殺之，未得。天祐元年卒。

荀鶴苦吟，平生所志不遂，晚始成名，況丁亂世，殊多憂惋思慮之語。於一觴一詠，變俗為雅，極事物之情，足丘壑⑯之趣，非易能及者也。與太常博士顧雲初隱一山，登第之明年，寧親⑰相會，雲撰集其詩三百餘篇，為《唐風集》三卷，且序以為：「壯語大言，則決起逸發，可以左攬工部袂，右拍翰林肩，吞賈、喻八九於胸中，曾不芥蒂⑱。或情發乎中，則極思冥搜，神遊希夷⑲，形兀⑳枯木，五聲㉑勞於呼吸，萬象貪㉒於抉剔㉓，信詩家之雄傑者矣。」

荀鶴嗜酒，善彈琴，風情雅度，千載猶可想望㉔也。

【注 釋】❶微子 非正妻所生且寄養在外的兒子。❷齊安 即黃州，治所為黃岡，位於今湖北新洲。❸秋浦 唐代池州治所，位於今安徽貴池。❹長林 今湖北荊門。❺鄉正 隋唐時處理地方訴訟事務的官吏。❻寒畯 出身寒微但有傑出才能的人。❼春官 禮部的別稱。❽生朝 生日。❾玉書 喻從皇宮下來的詔書。❿九華山 位於今安徽青陽西南，山有九峰，狀如蓮花。⓫張曙 才名頗著，然屢次參加考試皆未獲，遲至大順二年及第。⓬十五 唐人行第之稱謂，杜荀鶴在家族同輩中排行第十五，故稱。⓭五十 張曙在家族同輩中排行第五十，故稱。⓮田頵 昭宗時為甯國軍節度使，鎮守宣州，與朱全忠關係甚好。⓯箴刺 規諫諷刺。⓰丘壑 山林溪谷，喻隱逸生活。⓱寧親 省親。⓲芥蒂 小梗塞物。⓳希夷 虛無飄渺。⓴兀 靜立。㉑五聲 漢語字音的五種聲調，喻詩韻。㉒貪 探求。㉓抉剔 選取。㉔想望 仰慕。

【語 譯】杜荀鶴，字彥之，他是杜牧的微子。杜牧在會昌末年由黃州調任池州刺史的時候，他的妾已經有了身孕，後來，她出嫁給長林的一個鄉正杜筠，生下了杜荀鶴。杜荀鶴很早就以善於作詩而出名，他曾在一次拜謁梁王朱全忠的時候，與朱全忠坐在一起，忽然，天上並沒有什麼雲彩，卻下起雨來了。朱全忠覺得這是天在哭泣，不是吉祥的現象，命令杜荀鶴就此作一首詩，杜荀鶴的詩寫得非常合朱全忠的心意，朱全忠為此很高興。杜荀鶴是個出身低微的才學之士，在科舉考場上連連失敗，非常困苦，這時候，朱全忠派人將他的名字送到禮部。大順二年，在裴贄侍郎主持的那場貢舉考試中，杜荀鶴終於以第八人的名次進士及第。正月十日發榜的那天，正是杜荀鶴的生日，王希羽在獻給杜荀鶴的一首詩中說：「金榜曉懸生世日，玉書潛記上升時。九華山色高千尺，未必高於第八枝。」杜荀鶴居住在九華山，號稱「九華山人」。張曙拾遺也擅長寫詩，他和杜荀鶴又是同一年登科，張曙曾經在一次喝醉了酒以後開玩笑地說：「杜十五太榮幸了，能夠與我張曙同年登科。」杜荀鶴說道：「是你先生榮耀得很呀，天下只知道有個杜荀鶴，哪裡有人知道有個張五十郎呢！」兩人各自都大笑起來。鎮守宣州的節度使田頵很看重杜荀鶴，經常寫信問候他。朱全忠很快推薦他為翰林學士，又升遷主客員外郎。杜荀鶴依仗權勢，經常要欺侮怠慢同朝的臣僚，寫的一些文字多半是規諫或諷刺的內容，大家非常氣憤，打算找機會殺了他，但未能得手。天祐元年，杜荀鶴去世了。

杜荀鶴作詩非常刻苦，平生追求的志向未得成功，晚年才開始成名，何況又正逢亂世，所以，他的作品裡面，有很多憂傷惋惜和感慨思慮的詞語。在飲酒作詩之時，變通俗為高雅，極力抒發因事物在人們心中激起的種種情緒，又充分表達出隱逸生活的情趣，不是尋常人能夠及得上的。杜荀鶴與太常博士顧雲早些年隱居在同一座山裡，進士及第的第二年，在省親時又再度會面。顧雲編撰了杜荀鶴的詩共三百餘篇，題名《唐風集》三卷。他還為這部書撰寫了序，在序中說：「杜荀鶴的詩中，氣勢豪壯的語言，如同衝決般噴發出來，神情超逸而容光煥發，可以左手攬著杜甫的衣袖，右手拍擊李白的肩膀，像賈島、喻鳧這樣的詩才，包容八九個在胸中，根本毫不介意。有些則是感情發自內心的詩句，則是殫精竭慮，搜訪到了幽遠之處，魂魄都好像飄遊到了虛無飄渺的世界，形體靜止不動，如同枯朽的老樹，在微微呼吸中間辨取詩韻，通過選擇搜尋來探求世間的萬象，確實屬於詩人中間的雄傑啊。」

杜荀鶴喜歡飲酒，又擅長彈琴，他的風采，和那高雅的氣度，即使千載之後，還是令人仰慕的啊。

【研析】杜荀鶴是著名風流才子詩人杜牧的庶出子，出身固然低微，卻秉承了父親藝術遺傳，才華橫溢。因為出身低微的緣故，他久久不得出頭，最後，還是靠那位給唐王朝送終的梁王朱全忠的發現和推薦，這位晚唐的詩人才得以在詩壇上展露自己的風采。一直到宋代，人們都十分推崇杜荀鶴的詩作，認為他詩風高古淳樸，不可追及。

卷十

王渙

渙，大順二年禮部侍郎裴贄下進士及第。俄自左史拜考功員外郎。同年皆得美除❶，渙首唱感恩長句❷，上謝座主裴公，當時甚榮之。後以禮部侍郎致仕，年九十，見《睢陽五老圖》。

渙工詩，情極婉麗。嘗為《惆悵詩》十三首，悉古佳人才子深懷感怨❸者，以崔氏鶯鶯❹、漢武李夫人❺、陳樂昌主❻、綠珠❼、張麗華❽、王明君❾，及蘇武、劉、阮輩事成篇，哀傷媚嫵，如：「謝家❿池館花籠月，蕭寺⓫房廊竹颭風。夜半酒醒憑檻立，所思多在別離中。」又：

「夢裡分明入漢宮，覺來燈背錦屏空。紫臺⑫月落關山曉，腸斷君王信畫工⑬。」等，皆絕唱，喧炙士林。在晚唐諸人中，霄壤不侔矣。

有集今傳。

【注釋】❶除 授職。❷長句 長詩。❸感怨 感懷怨恨。❹鶯鶯 元稹所作〈鶯鶯傳〉的女主角。❺李夫人 漢武帝所寵愛的夫人，早卒。❻陳樂昌主 南朝陳後主妹樂昌公主，嫁徐德言，後於亂中散失，入隋楊素家。❼綠珠 西晉石崇寵愛的歌妓，石崇被殺後，跳樓自盡。❽張麗華 南朝陳後主寵妃，陳滅後被殺。❾王明君 即王昭君。❿謝家 喻高門士族之家。⓫蕭寺 喻佛寺。⓬紫臺 帝王所居處。⓭畫工 西漢王昭君因貌美，不願賄賂畫工，結果遠嫁匈奴，元帝得知後極為後悔。

【語譯】王渙，大順二年，在禮部侍郎裴贄主持的貢舉考試時進士及第。不久，王渙從左史升任考功員外郎。他們這一榜考生在職務上都得到了很好的安排，王渙率先撰寫了表示感謝的長詩，呈獻給座主裴贄，當時大家都覺得他十分榮耀。王渙後來以禮部侍郎退休，時年九十歲，此事見於《睢陽五老圖》。

王渙擅長寫詩，感情極為委婉華麗。王渙曾經撰有〈惆悵詩〉十三首，都與一些內心深懷感慨哀怨的古代佳人才子有關，以崔氏鶯鶯、西漢武帝李夫人、陳朝樂昌公主、綠珠、張麗華、王昭君，以及蘇武、劉、阮等人的事跡寫成詩篇，哀傷而又媚嫵，如「謝家池館花籠月，蕭寺房廊竹颭風。夜半酒醒憑檻立，所思多在別離中。」又如「夢裡分明入漢宮，覺來燈背錦屏空。紫臺月落關山曉，腸斷君王信畫工」等，都是不可多得的佳作，在士大夫中間影響很大。晚唐諸多詩人中，王渙和其餘的詩人比起來，真是有天壤之別啊。

王渙有詩集流傳至今。

【研析】在晚唐的詩人中，王渙以他寫的詩婉轉華美而卓犖不群。從他的作品來看，恐怕與他對歷史上眾多才子佳人不幸命運的嗟嘆有關。這些細緻入微的刻劃，雖無唐朝前期詩人樂府一類的製作，卻不乏佳句，成為晚唐詩人作品的一種典型風格。

徐寅

寅，莆田人也。大順三年蔣詠下進士及第。工詩，嘗賦〈路傍草〉云：「楚甸❶秦川萬里平，誰教根向路傍生。輕蹄繡轂❷長相蹋，合是榮時不得榮。」時人知其蹭蹬。後果鬚鬢交白，始得祕書省正字，竟蓬轉❸客途，不知所終云。

有《探龍集》五卷，謂登科射策❹，如探睡龍之珠也。

【注釋】❶甸　都城郭外的平地。❷繡轂　裝飾華美的車。❸蓬轉　喻四處飄零。❹射策　以抽答主考者所設考題的一種考試形式。

【語譯】徐寅，莆田人。大順三年，在蔣詠主持貢舉考試時進士及第。徐寅射策寫詩，他曾賦有〈路傍草〉一首，詩中說道：「楚甸秦川萬里平，誰教根向路傍生。輕蹄繡轂長相蹋，合是榮時不得榮。」當時的人們知道他仕途上不會很順利。後來，果然一直到他的頭髮和鬍鬚都花白了，方才得到一個祕書省正字的職務。最終，徐寅四處飄零，沒有固定的居處，也不知他最後的結局是如何的。

徐寅有《探龍集》五卷，從題意來看，是說登科射策，就像探取睡龍口中含著的寶珠啊。

張喬

喬，隱居九華山，池州人也。有高致，十年不窺園❶以苦學。詩句清雅，迥❷少其倫。當時東南多才子，如許棠、喻坦之、劇燕、吳罕、任濤、周繇、張蠙、鄭谷、李栖遠與喬，亦稱「十哲」，俱以韻律❸馳聲。大順中，京兆府解試❹，李參軍頻時主文，試〈月中桂〉詩，喬云：「根非生下土，葉不墜秋風。」遂擅場。其年頻以許棠久困場屋，以為首薦。

喬與喻坦之復受許下❺薛尚書❻知，欲表於朝，以他不果。竟岨峿❼名途，徒得一進耳。有詩集二卷，傳世。

【注釋】❶不窺園　不向園子看一眼，形容專心致志，心無旁騖。❷迥　形容差別很大。❸韻律　喻詩。❹解試　唐代科舉考試制度規定，在向尚書省推薦考生前，由州府舉行的初試。❺許下　許州所處之地。❻薛尚書　薛能，時任忠武節度使，駐紮在許州。❼岨峿　挫折，喻困頓。

【語譯】張喬，隱居在九華山，原為池州人。張喬有著非常高遠的情趣，因為刻苦學習的緣故，十年不窺園。張喬寫的詩，詩句清麗高雅，很少有人能和他相比。當時，東南一帶有好多才子，如許棠、喻坦之、劇燕、吳罕、任濤、周繇、張蠙、鄭谷、李栖遠等，他們與張喬一起，也被人們稱為「十哲」，都以各自寫的詩馳名一時。大順年間，京兆府解試，參軍李頻當時是主持考試的官員，他以〈月中桂〉為題要考生賦詩。張喬在詩中寫道：「根非生下土，葉不墜秋風。」於是，他成為那場考試中最為出色的一個。這一年，李頻因為許棠在科舉考試中一直未能順利通過，就將許棠作為第一個被推薦的考生。張喬和喻坦之又受到駐紮在許州的薛尚書的賞識，薛尚書準備向朝廷上書推薦他倆，因其他原因後來未能成功。張喬最終在追求功名的路途上屢遭挫折，徒然得到一次推薦的機會罷了。張喬有詩集二卷，流傳在世。

【研析】張喬苦志學詩，又有隱居不仕的清遠高致，所以博得了一時代名聲。然而，一旦他涉足科場，卻又久沮於成名之途，最終竟然不了了之，讓人覺得莫非真有所謂的「造化小兒」在安排人們的命運麼！

鄭良士

良士，字君夢。咸通中累舉進士不第。昭宗時，自表獻詩五百餘篇，敕授補闕而終。以布衣一日俯拾❶青紫❷，易若反掌，浮俗莫不駭羨，難其比也。今有《白巖集》十卷傳世。

舊言詩，或窮人，或達人。達者，良士是矣。亦命之所為，詩何能與？過詩則不揣其本也。

【注　釋】❶俯拾　輕易地獲得。❷青紫　貴官之服色。

【語　譯】鄭良士，字君夢。咸通年間，數度參加進士考試，都落榜了。昭宗時，他向朝廷寫奏章推薦自己，獻上詩五百餘篇，昭宗下令授他一個補闕的官職，直至他去世。鄭良士以一個布衣的身分，一個早上的功夫，就輕易地取得了尊貴的官職，真是易若反掌的事情，在世俗的人們看來，無不驚訝和羨慕兼而有之，誰都別指望能有他那樣的好運氣呀。鄭良士有《白巖集》十卷，流傳至今。

過去人們說，詩，或者讓人窮困不得意，或許也會讓人顯達。因詩而顯達的人，當然是賢士了。不過，這也是命中決定的事情吧，詩本身又有什麼作用呢？超越了詩的範圍，則連原本固有的也把握不住了。

張鼎

鼎，字台業，景福二年崔膠榜進士。工詩，集一卷，今行。同時趙摶，有爽邁之度，工歌詩。韋靄，亦進而無遇❶，退而有守者。詩各一卷。及謝蟠隱，云是靈運之遠孫，有清才，知天下之將亂，作《雜感詩》一卷。張為，閩中人，離群拔類，工詩，存一卷，及著《唐詩主客圖》等，並傳於世。

【注釋】❶無遇　未得機緣。

【語譯】張鼎，字台業，景福二年，與狀元崔膠同榜進士及第。張鼎擅長寫詩，有詩集一卷，流傳到了現在。與張鼎同時的趙摶，具有高爽豪邁的氣度，擅長作詩。韋靄，也是一個追求進取然未得機遇，退身隱居能保持高尚節操的人，他們各有詩集一卷。還有謝蟠隱，據說是謝靈運的後裔，才能優秀，他認為唐末社會將會出現大亂，撰有《雜感詩》一卷。張為，閩中人，是一個超凡脫俗的人，善於作詩，留存有詩集一卷，以及《唐詩主客圖》等，都流傳於世。

韋莊

莊，字端己，京兆杜陵人也。少孤貧，力學，才敏過人。莊應舉時，正黃巢犯闕，兵火交作，遂著《秦婦吟》，有云：「內庫❶燒為錦繡灰，天街❷踏盡卻重回。」亂定，公卿多訝之，號為「《秦婦吟》秀才」。乾寧元年蘇檢榜進士。釋褐校書郎。李詢❸宣諭❹西川，舉莊為判官。後王建辟為掌書記。尋徵起居郎，建表留之。及建開偽蜀，莊托在腹心，首預謀畫，其郊廟之禮，冊書赦令，皆出莊手。以功臣授吏部侍郎同平章事。

莊早嘗寇亂，間關❺頓躓❻。攜家來越中，弟妹散居諸郡，江西、湖南，所在曾遊。舉目有山河之異，故於流離漂泛，寓目緣情❼，子期❽

懷舊之辭，王粲❾傷時之製，或離群軫慮❿，或反袂興悲，〈四愁〉⓫〈九怨〉⓬之文，一詠一觴之作，俱能感動人也。莊自來成都，尋得杜少陵⓭所居浣花溪故址，雖蕪沒已久，而柱砥猶存，遂誅茅重作草堂而居焉。性儉，秤薪而爨⓮，數米而炊，達人⓯鄙之。弟藹，撰莊詩為《浣花集》六卷，及莊嘗選杜甫、王維等五十二人詩為《又玄集》，以續姚合之《極玄》，今並傳世。

【注釋】❶內庫　皇宮內的倉庫。❷天街　京城裡的主要街道。❸李詢　昭宗時官至福建觀察使，乾寧四年（西元八九七年），受命宣諭西川，詔王建罷兵。❹宣諭　代表皇帝前往傳佈意旨。❺間關　道路曲折難行。❻頓躓　行路顛蹶。❼緣情　抒發感情。❽子期　向秀，字子期，西晉人，曾撰〈思舊賦〉悼念亡友。❾王粲　字仲宣，東漢人，曾撰〈七哀詩〉、〈登樓賦〉等哀時抒情的作品。❿軫慮　憂慮。⓫四愁　東漢張衡所作的〈四愁詩〉。⓬九怨　疑為〈九愁〉之誤，〈九愁〉係三國時期曹植所作的〈九愁賦〉。⓭杜少陵　即杜甫。⓮爨　炊。⓯達人　顯貴之人。

【語譯】韋莊，字端已，京兆府杜陵人。韋莊少年時失去了父親，家境貧窮，刻苦學習，才思敏捷過人。韋莊參加進士考試的時候，正值黃巢軍進犯長安，兵火交加，於是他便寫下了一首題名〈秦婦吟〉的詩，詩中寫道：「內庫燒為錦繡灰，天街踏盡卻重回。」戰亂平定後，朝中的公卿士大夫見了這首詩都感到很驚訝，大家把韋莊稱作「〈秦婦吟〉秀才」。乾寧元年，韋莊與狀元蘇檢同榜進士及第，被授官任校書郎。李詢奉命擔任西川宣諭使，他推薦韋莊任宣諭使判官。後來，王建徵辟韋莊擔任他屬下的掌書記。不久，朝廷召韋莊回朝任起居郎，王建奏表朝廷將他留在了西川。到了王建建立前蜀政權的時候，韋莊被王建當作心腹，是主要參預謀劃的人。後蜀政權制定的祭祀天地、祖宗的禮儀，以及冊封詔書、赦免命令等等，無不出自韋莊之手。韋莊因為是建立前蜀的主要功臣，被授以吏部侍郎同中書門下平章事。

韋莊早年飽嚐寇匪禍亂的滋味，歷盡在崎嶇道路上四處奔走和流離失所的艱辛。他攜帶家人來到越中，弟妹分散居住在各地，江西、湖南一帶，都留下了他的足跡。舉目所見，各地山光水色有所不同，因此，韋莊在飄泊流離途中，映入眼簾的圖景，常引發他心中的情感，有如向秀懷舊的辭賦，王粲哀時傷感的文章。有的作品寄託著離散後的憂慮，有些則是舉袖掩泣的哀痛，就像古人〈四愁〉、〈九怨〉這類文字，飲酒賦詩的作品，都是能夠打動人心的啊。韋莊來到成都以後，找到了杜甫當年居住的浣花溪草堂的故址，雖然已坍塌荒蕪很多日子了，但原來的屋柱砥石還留存了下來，韋莊於是砍去了茅草，重新建起草堂，自己就居住在裡面。韋莊生性節儉，燒灶的柴火都是用秤稱的，煮飯的米也是數過之後再下鍋的，顯貴之家的人很瞧不起他。他的弟弟韋藹，將韋莊的詩編撰為《浣花集》六卷，韋莊曾經編選杜甫、王維等五十二人的詩為《又玄集》，用以接續姚合的《極玄》，這些書，今天都還流傳於世。

【研　析】韋莊有著飽嚐流離之苦的經歷，所以，他的傷時興悲的作品，尤具一種深切動人的效果。

至於說他生性慳吝，竟至於「數米而炊」的說法，實為小說家言而已，不必去費神加以考據的。

韋莊以〈秦婦吟〉著名，說起這篇描述唐末黃巢起兵後在長安作亂情景的作品，經歷也頗有傳奇色彩，原詩失傳久遠，五代以後人們即僅在筆記中有所轉述，沒想到卻在一百年前敦煌石窟發現的卷子中重見天日，真是奇巧而值得慶幸的事情。〈秦婦吟〉重見人世的意義，只須看今天研究晚唐文史的人，無不將之視為不可不讀的名篇，便可知道了。

王貞白

貞白，字有道，信州❶永豐❷人也。乾寧二年登第。時榜下物議❸紛紛，詔翰林學士陸扆於內殿復試，中選。授校書郎，時登科後七年矣。鄭谷以詩贈曰：「殿前新進士，闕下校書郎。」

初，蘭溪僧貫休雅得名，與貞白居去不遠而未會。嘗寄〈御溝❹詩〉，有云：「此波涵帝澤，無處濯塵纓。」後會，語及此，休曰：「剩一字。」貞白拂袂而去。休曰：「此公思敏，當即來。」休書字於掌心，逡巡，貞白還曰：「『此中涵帝澤』如何？」休以掌示之，無異所改，遂訂深契❺。後值天王❻狩❼於岐❽，乃退居著書，不復干祿❾，當時大獲芳譽❿。性恬和，明《易》象⓫。手編所為詩三百篇及賦、文等，為《靈溪集》七卷，傳於世。卒葬家山⓬。

貞白學力精贍，篤志於詩，清潤⓭典雅，呼吸間兩獲科甲，自致於青雲之上，文價可知矣。深惟⓮存亡取捨之義，進而就祿，退而保身，君子也。梁陶弘景⓯棄官隱居三茅⓰，國事必諮請，稱「山中宰相」，號貞白。今王公慕其為人而云爾。

【注　釋】❶信州　治所為上饒，今江西上饒。❷永豐　位於今江西廣豐。❸物議　眾人的議論。❹御溝　京城中皇城外的護城河。❺深契　深厚的友情。❻天王　皇上。❼狩　帝王離開皇都去狩獵，此為出奔避難的委婉說法。❽岐　鳳翔。❾干祿　涉足官場。❿芳譽　美好的名聲。⓫易象　根據卦象和爻數來解釋開闡的《易》經哲理。⓬家山　家鄉。⓭清潤　清新。⓮深惟　深加思索。⓯陶弘景　南朝梁人，讀書萬卷，精養生之道，齊高帝引為諸王侍讀，後隱居茅山。⓰三茅　茅山，位於今江蘇鎮江。

【語　譯】王貞白，字有道，信州永豐人。乾寧二年進士及第。當時，發榜之後，眾人議論紛紛，昭宗下令要翰林學士陸扆在內殿對新進的進士進行覆試，王貞白還是入選了。王貞白被授官校書郎，這是登科之後過了七年的事了。鄭谷在一首送他的詩中寫道：「殿前新進士，闕下校書郎。」

早些時候，蘭溪僧人貫休名聲很高，他與王貞白的居所相去不遠，兩人卻沒有會過面。王貞白曾寄了一首〈御溝詩〉給貫休，詩中有兩句是這麼寫的：「此波涵帝澤，無處濯塵纓。」後來兩人見面時，談話中提到了這首詩，貫休對王貞白說：「詩中還有一個字不太妥當。」王貞白拂袖離去了。貫休說道：「這位先生思維敏捷得很，肯定一會兒就要回來的。」貫休寫了一個字在自己的掌心裡。不多會兒，王貞白回來說：「『此波涵帝澤』改作『此中涵帝澤』，你看怎麼樣？」貫休攤開自己手掌給他看，和他改的字完全相同，兩人就此結下了深厚的友情。後來，正逢皇上避難於鳳翔，王貞白於是退居家中撰書著作，不再涉足官場，當時獲得了很高的名聲。他生性恬淡平和，精通《易》象之學。王貞白親手將自己所寫的詩三百篇，以及賦和文章等，編撰為《靈溪集》七卷，流傳於世。王貞白去世以後，就埋葬在家鄉。

王貞白的學術精深豐贍，在作詩上專心致志，寫出來的詩清新典雅，輕而易舉地兩度獲得科舉考試上的成功，得以致身於青雲之上，詩文的身價可以想見了。他深思於存亡取捨之義，若要進取，就能探取官職，如果退身，便明哲保身，真是君子啊。梁朝的陶弘景辭去官位後隱居在茅山，可是朝中遇有大事，就一定要前往聽取他的意見，被人們稱為「山中宰相」，陶弘景號貞白先生，如今王貞白先生或許是仰慕他的為人，而取了這樣的一個名字吧。

【研　析】王貞白才思敏捷，學問亦不可謂不深，然而，畢竟年少而有點恃才負氣。不過，與詩僧貫休的交往，緣起於一字之改動，便欣然服膺，可見當時的風氣的確有可取法處。故而常為後人津津樂道，成了文學史上的一段佳話。

張蠙

蠙，字象文，清河❶人也。乾寧二年，趙觀文榜進士及第。釋褐為校書郎，調櫟陽尉，遷犀浦❷令。偽蜀王建開國，拜膳部員外郎，後為金堂❸令。王衍❹與徐后遊大慈寺，見壁間題：「牆頭細雨垂纖草，水面回風聚落花。」愛賞久之，問誰作，左右以蠙對。因給箋，令以詩進。蠙上二百篇，衍尤待重，將召掌制誥。朱光嗣❺以其輕傲駙馬宜疏之，止賜白金❻千兩而已。

蠙生而秀穎，幼能為詩，〈登單于臺〉有「白日地中出，黃河天上來」句，由是知名。初以家貧累下第，留滯長安，賦詩云：「月裡路從何處上，江邊身合幾時歸？十年九陌寒風夜，夢掃蘆花絮客衣。」主司知為非濫成名。餘詩皆佳，各有意度❼，過人遠矣。詩集二卷，今傳。

【注　釋】❶清河　今河北清河。❷犀浦　今四川郫縣東。❸金堂　今四川金堂。❹王衍　王建子，王建死後繼任前蜀主。❺朱光嗣　疑為宋光嗣之誤，宋光嗣曾任王衍樞密使。❻白金　白銀。❼意度　見識和氣度。

【語　譯】張蠙，字象文，清河人。乾寧二年，他與狀元趙觀文同榜進士及第。張蠙被授官校書郎，後調任櫟陽尉，又升遷犀浦令。前蜀王建立國的時候，任命張蠙為膳部員外郎，後來，改任金堂令。王衍與徐后在大慈寺遊玩的時候，看見牆壁上題有兩句詩：「牆頭細雨垂纖草，水面回風聚落花。」王衍讀了非常喜歡，吟賞玩味了半天，問是誰寫的，左右隨從回答說作者是張蠙。王衍於是派人送去了紙箋，命令張蠙將他寫的詩進獻上來。張蠙呈上自己的詩作二百篇，王衍特別看重，打算讓他來負責起草朝廷的制書誥命等重要文書。宋光嗣因為覺得張蠙對駙馬態度傲慢，國主應疏遠他為宜，結果，也就是賞賜給了張蠙白銀千兩而已。

張蠙生來就十分聰穎，小時候便能為詩，他在一首〈登單于臺〉的詩中有「白日地中出，黃河天上來」的句子，從此他的名字就為人們所知。早些年，因為家境貧寒，幾次參加考試都未獲成功，滯留在長安，曾經賦詩說：「月裡路從何處上，江邊身合幾時歸？十年九陌寒風夜，夢掃蘆花絮客衣。」主考的官員見了，知道他以詩而出名，不是沒有緣由的。張蠙其他的作品也都很不錯，都能顯示出作者的見識和氣度，遠遠超過了那些尋常的詩人。張蠙有詩集二卷，流傳至今。

【研　析】張蠙的文字，如見於文中的壁間題詩，字面美而意境新穎，確實有吸引人之處，所以，說他因為一個偶然的機會得到人主的賞識，其實也並不完全是偶然的。然而，後來又因為有人進言而未得重任，而前蜀立國未久即遭滅亡，這麼看來，張蠙之未受重任，其實正是他的福氣啊。

翁承贊

承贊，字文堯，乾寧三年禮部侍郎獨孤損❶下第四人進士，又中宏詞敕頭❷。承贊工詩，體貌甚偉，且詼諧，名動公侯。唐人應試，每在八月，諺曰：「槐花黃，舉士忙。」承贊〈詠槐花〉云：「雨中妝點望中黃，勾引蟬聲送夕陽。憶得當年隨計吏，馬蹄終日為君忙。」甚為當時傳誦。嘗奉使來福州，見友僧亞齊，贈詩云：「蕭蕭風雨建陽溪，溪畔維舟見亞齊。一軸新詩劍潭❸北，十年舊識華山西。吟魂昔向江村老，空性元知世路迷。應笑乘軺❹青瑣❺客，此時無暇聽猿啼。」他詩高妙稱是。仕王審知，終諫議大夫。有詩，以兵火散失，尚存百二十餘篇，為一卷，祕書郎孫郃❻為序云。

【注釋】❶獨孤損 昭宗天復年間官至宰相。❷敕頭 榜首。❸劍潭 又稱劍池，位於今江西豐城西南，相傳為晉雷煥得龍泉、太阿二劍處。❹軺 輕便小馬車。❺青瑣 喻宮廷。❻孫郃 乾寧四年進士，歷任祕書郎、左拾遺。

【語譯】翁承贊，字文堯，乾寧三年，禮部侍郎獨孤損主持貢舉考試時，以第四名的成績進士及第，又參加制舉博學宏詞科考試，名居榜首。翁承贊擅長寫詩，體格魁偉，儀表甚佳，而且性格詼諧，在公卿王侯中名聲很好。唐朝的舉人應試，通常是在八月間，所以，民間有諺語說：「槐花黃，舉士忙。」翁承贊在一首題名為〈詠槐花〉的詩中寫道：「雨中妝點望中黃，勾引蟬聲送夕陽。憶得當年隨計吏，馬蹄終日為君忙。」當時流傳得很廣。翁承贊曾經奉使來福州，見到老友僧亞齊，他送了一首詩給他，詩中說：「蕭蕭風雨建陽溪，溪畔維舟見亞齊。一軸新詩劍潭北，十年舊識華山西。吟魂昔向江村老，空性元知世路迷。應笑乘軺青瑣客，此時無暇聽猿啼。」其他撰寫的詩也都是這樣高妙。後來，他在閩王王審知屬下做官，最後擔任的官職是諫議大夫。翁承贊有好些詩，因為戰亂而散失了，還留存有一百二十餘篇，編為一卷，據說是由祕書郎孫郃為他撰寫的序。

王轂

轂，字虛中，宜春人，自號臨沂子。以歌詩擅名，長於樂府。未第時嘗為〈玉樹曲〉❶云：「璧月夜，瓊樹春，鶯舌泠泠詞調新。當時狎客盡豐祿，直諫犯顏無一人。歌未闋❷，晉王❸劍上粘腥血。君臣猶在醉鄉中，一面已無陳日月。」大播人口，適有同人為無賴輩毆，轂前救之，曰：「莫無禮！我便是道『君臣猶在醉鄉中』者。」無賴聞之，慚謝而退。轂亦大節士，輕財重義，以鄉里所譽。頗不平久困，適生離難❹間，辭多寄寓比興之作，無不知名。乾寧五年羊紹素榜進士，歷國子博士，後以郎官致仕。有詩三卷。於時宦達，俱素餐❺尸位❻，賣降恐後之徒，轂因撰《前代忠臣臨老不變圖》一卷，及《觀光集》一卷，並傳。

【注　釋】❶玉樹曲　即〈玉樹後庭花〉，曲牌名，南朝陳後主創，歌詞綺豔。❷闋　樂終。❸晉王　隋文帝楊堅。❹離難　社會動盪不安。❺素餐　不勞而食。❻尸位　佔據位置。

【語　譯】王轂，字虛中，宜春人，他給自己取號為臨沂子。王轂以善於作詩而享有很高的名聲，最為擅長的是樂府詩。他在還未中進士第的時候，曾經作過一首〈玉樹曲〉，詩中寫道：「璧月夜，瓊樹春，鶯舌泠泠詞調新。當時狎客盡豐祿，直諫犯顏無一人。歌未闋，晉王劍上粘腥血。君臣猶在醉鄉中，一面已無陳日月。」這首曲子在社會上流傳很廣。王轂正逢有朋友被一些市井無賴毆打，他上前去營救，口中說道：「不得無禮！我就是那個寫了『君臣猶在醉鄉中』的人。」無賴們聽他這麼一說，慚愧地認錯後就退下去了。王轂又是一個非常講節操的人，把財貨看得很輕，看重的是道義，因此在家鄉很為人們稱道。因久困未達，心中常有不平，又正趕上了動盪不安的時代，他的作品中有許多屬於寄寓或比興之作，廣為大家熟知。乾寧五年，王轂與狀元羊紹素同榜進士及第，歷任國子博士，後來，以郎官的身分退休。王轂有詩集三卷。當時在仕途上顯達的人物，都是一些只會佔據位置，白白地享有俸祿，賣國求降唯恐落後的傢伙，王轂於是編撰了《前代忠臣臨老不變圖》一卷，以及《觀光集》一卷，這些書都流傳到了後世。

【研析】王轂以一首〈玉樹曲〉而名聞天下，以致市井無賴之輩都聞其大名而慚退，使人想起了綠林豪客聞其詩名而以牛酒厚饋的詩人李涉。如果真的像傳說的那樣，則唐人嗜詩的程度，真是滲透到了社會的各個階層，當然也包括那些三教九流之輩了。

殷文圭

文圭，字表儒，池州青陽人也。乾寧五年禮部侍郎裴贄下進士。初未第時，道中嘗逢一老叟，目文圭久之。謂人曰：「向者布衣，綠眉方口，神仙中人也。如學道，可以沖虛❶；不爾，垂大名於天下。」未幾，兵馬振動，大駕幸三峰，文圭攜梁王表薦及第。時楊令公行密❷鎮淮陽，奄③有宣、浙、揚、汴之間。榛梗④既久，文圭辭親，間道至行在。無何，隨榜為吏部侍郎裴樞宣慰判官、記室參軍。至大梁⑤，以身事叩梁王，王又上表薦之。文圭後飾非，遍投啟事公卿間，曰：「於菟⑥獵食，非求尺璧⑦之珍；爰居⑧避風，不望洪鐘⑨之樂。」俄為多言者所發，更由宋⑩、汴馳過，梁王大怒，亟遣追捕，已不及矣。

為詩有《登龍集》、《冥搜集》、《筆耕詞》、《冰鏤錄》、《從軍稿》等集，傳世。

唐季，文體澆漓⑪，才調荒穢。稍稍作者，強名曰詩，南郭⑫之竽，苟存於從響，非復盛時之萬一也。如王周、劉兼、司馬札、蘇拯、許琳、李咸用等數人，雖有集相傳，皆氣卑格下，負魚目唐突⑬之慚，竊碔砆⑭韞襲⑮之濫，所謂家有敝帚，享之千金，不自見之患也。文圭稍入風度，間見奇崛，其殆庶幾乎。

【注釋】❶沖虛　沖淡清虛，無所拘繫，此喻成仙。❷楊令公行密　楊行密，唐末據有廬州，後攻佔揚州，割據江淮一帶，天復年間受封吳王，其子後來稱帝。❸奄　覆蓋；包括。❹榛梗　交通阻隔。❺大梁　汴州，今河南開封。❻於菟　虎的別稱。❼尺璧　直徑達一尺的玉璧。❽爰居　海鳥名。❾洪鐘　發出宏大聲響的大鐘。❿宋　宋州，治所為睢陽，今河南商丘南。⓫澆漓　風俗浮薄。⓬南郭　指濫竽充數的南郭先生。⓭唐突　褻瀆。⓮碔砆　一種與玉相似的石頭。⓯韞襲　珍藏。

【語譯】殷文圭，字表儒，池州青陽人。乾寧五年，他在禮部侍郎裴贄主持貢舉時進士及第。早些年殷文圭還沒有登第時，曾在路途中遇到一位老者，他用眼睛看著殷文圭有好半天。老者對別人說：「剛才這位布衣先生，眉毛呈綠色，口形方方的，像是個神仙中的人物啊。他如果學道的話，可以到達沖虛的境界；如果不學道，則能得大名聲於天下了。」沒過多久，出現了戰亂，皇上到華山三峰避亂，殷文圭帶著梁王朱全忠的推薦奏章，取得了進士及第的身分。當時楊行密鎮守在淮陽，他的勢力覆蓋了宣、浙、揚、汴諸道州之間的地區，交通阻隔已有很長時間了。殷文圭告別了親人，走小路來到了皇上所在的地方。不久，根據授官的文件，殷文圭擔任了吏部侍郎裴樞屬下的宣慰判官、記室參軍。到大梁的時候，殷文圭去拜見梁王朱全忠，表示願意事奉梁王，於是朱全忠又給朝廷上奏章推薦他。殷文圭後來想掩飾自己這種不恰當的做法，就在朝廷公卿士大夫中到處寫信表白自己，說：「於菟獵食，非求尺璧之珍；爰居避風，不望洪鐘之樂。」很快就被喜歡傳話的人告發了，他一改常規，經宋州和汴州的時候疾馳而過，梁王非常憤怒，趕緊派人追捕，但已經來不及了。

殷文圭作的詩，有題名《登龍集》、《冥搜集》、《筆耕詞》、《冰鏤錄》、《從軍稿》等詩集傳世。

唐朝到了末年，文體變得浮薄，才氣也都荒廢了。稍能寫幾首詩的人，勉強稱作是詩，就像南郭先生在濫竽充數，馬馬虎虎混在人群裡跟著發點聲音罷了，連鼎盛時期的萬分之一都比不上啊。比如王周、劉兼、司馬札、蘇拯、許琳、李咸用等幾個人，雖說也有詩集相傳，都是氣度卑劣，格調低下，負有魚目混珠而褻瀆了珍珠美名的慚愧，不恰當地讓碔砆得以珍藏之名不副實的做法啊。所謂「家有弊帚，享之千金」，這就是一種缺乏正確認識自己的弊病。殷文圭的詩還比較有他自己的風格和氣度，偶爾也有突出過人的地方，他的作品也還差不多算可以的吧。

【研析】殷文圭生活在唐末社會動盪之際，為求功名而汲汲奔走於王公巨卿之間，卻又因為幾句牢騷話語，而險些釀成大禍。可嘆唐季文風低落，已無可言者，而殷文圭的作品，也不過是聊勝於無罷了。

李建勳

建勳，字致堯，廣陵人，仕南唐❶為宰相，後罷，出鎮臨川❷。未幾，以司徒❸致仕，賜號「鍾山公」，年已八十。志尚散逸❹，多從仙侶❺參究玄門❻。時宋齊丘❼有道氣❽，在洪州西山，建勳造謁致敬，欲授真果❾，題詩贈云：「春來漲水涼如活，曉出西山勢似行。玉洞❿有人經劫在，攜竿步步就長生。」歸高安⓫別墅，一夕，無病而逝。能文賦詩，琢鍊頗工，調既平妥，終少驚人之句也。有《鍾山集》二十卷行於世。

【注釋】❶南唐　五代十國之一，李昪於西元九三七年建都於金陵，即今江蘇南京，西元九七五年被北宋滅。❷臨川　今江西撫州。❸司徒　唐代三公之一，為朝臣中品級最高的榮譽職務。❹散逸　閒散隱逸。❺仙侶　喻信奉道教的人。❻玄門　喻道家玄妙高深的道理。❼宋齊丘　曾任南唐宰相，後歸隱九華山，賜號九華先生，復召為中書令，出鎮洪州。❽道氣　道家攝氣運息的養身功夫。❾真果　道家學說的真義。❿玉洞　仙人所居之洞。⓫高安　今江西高安。

【語譯】李建勳，字致堯，廣陵人，他曾擔任過南唐的宰相，後來罷相，出朝到江西鎮守臨川。沒過多久，他以司徒的名義退休，被賜以「鍾山公」的稱號，這時候，他已經八十歲了。李建勳內心十分崇尚閒散隱逸的生活，經常和一些道士在一起參驗探究道家玄妙高深的教義。當時宋齊丘已經修得道家攝氣運息的養身功夫，他住在洪州西山，李建勳前往拜謁並表示自己的敬意。宋齊丘準備傳授真果給他，還為他題了一首詩，詩中說：「春來漲水涼如活，曉出西山勢似行。玉洞有人經劫在，攜竿步步就長生。」李建勳回到自己在高安的別墅，有一天晚上，他未出現什麼病痛就去世了。

李建勳對文章和詩歌都十分擅長，他在語句的雕琢方面很下工夫，詩韻也都平穩妥貼，然畢竟缺少那種令人精神上感到震動的驚人之句。他留下了《鍾山集》二十卷，流行於世。

【研析】李建勳一心追慕神仙生活，欲求真果。在後人看來，他罷去宰相職位之後，便過上了讓人羨煞的瀟灑生活。可是，又有幾人想過，五代社會動盪不寧，在李建勳追求世俗之外生活的背後，是不是還有其他的原因呢？

褚載

載，字厚之，家貧，客梁、宋間，困甚。以詩投襄陽節度使邢君牙云：「西風昨夜墜紅蘭，一宿郵亭❶事萬般。無地可耕歸不得，有思堪報死何難。流年怕老看將老，百計求安未得安。一卷新詩滿懷淚，頻來門館訴饑寒。」君牙憐之，贈絹十匹，薦於鄭滑❷節度使，不行。乾寧五年，禮部侍郎裴贄知貢舉，君牙又薦之，遂擢第。文德❸中，劉子長❹出鎮浙西，行次江西，時陸威侍郎猶為郎吏❺，亦寓於此。載緘二軸❻投謁，誤以子長之卷面贄❼於威，威覽之，連見數字觸家諱❽，威矍然，載錯愕❾，自以大誤。尋謝以長箋，略曰：「曹興❿之圖畫雖精，終慚誤筆⓫；殷浩⓬之兢持⓭太過，翻⓮達空函⓯。」威激賞而終不能引拔，竟流落而卒。集三卷，今傳。

【注釋】❶郵亭　驛館。❷鄭滑　鄭州、滑州。❸文德　僖宗年號（西元八八八年）。❹劉子長　即劉崇龜，僖宗時為兵部侍郎，拜給事中，後出朝鎮守地方。❺郎吏　指侍郎下屬的郎中、員外郎等官職。❻軸　裝裱成卷軸的文章。❼贄　呈送。❽家諱　指應避免直接稱呼的與父祖等先人名字相關的字。❾錯愕　驚慌失措。❿曹興　即曹不興，三國時期吳國著名畫家。⓫誤筆　曹不興為孫權畫屏風，誤污一小點在畫面上，遂就勢畫為小蠅。孫權見了，以為是真蠅，以手揮之。⓬殷浩　東晉人，以識度清遠而得美名。⓭兢持　謹慎戒懼。⓮翻　反而。⓯空函　殷浩答書桓溫，緘封時慮有不當，幾度取出審視改動，最後寄出的竟是一個空信封。

【語譯】褚載，字厚之，他家境貧寒，客居在汴梁、宋州一帶，十分窮困。褚載曾用詩投獻給襄陽節度使邢君牙，詩是這樣寫的：「西風昨夜墜紅蘭，一宿郵亭事萬般。無地可耕歸不得，有思堪報死何難。流年怕老看將老，百計求安未得安。一卷新詩滿懷淚，頻來門館訴饑寒。」邢君牙很同情他，送了他十匹絹，還把他推薦給鄭滑節度使，未有結果。乾寧五年，禮部侍郎裴贄主持貢舉考試，邢君牙又向裴贄推薦了褚載，於是獲得進士及第。文德年間，劉子長出朝鎮守浙西，路經江西，當時陸威侍郎還只是個郎吏，也暫居在這裡。褚載便封緘了自己的兩軸文字前去拜謁投獻，可是，他誤將呈獻給劉子長的那一軸詩文當面呈獻給了陸威，陸威打開一看，接連看到好幾個字都觸犯了自己的家諱，陸威的神情大驚，褚載也不知所措起來，對陸威說自己犯了大錯誤。不久，褚載給陸威寫了一封表示道歉的長信，大意是這樣的：「曹興之圖畫雖精，終慚誤筆；殷浩之兢持太過，翻達空函。」陸威對此非常欣賞，可是最終還是沒有在朝中引薦提拔他。褚載後來最終還是四處流落，一直到他去世為止。他有詩集三卷，流傳至今。

呂巖

巖，字洞賓❶，京兆人，禮部侍郎呂渭❷之孫也。咸通初中第，兩調縣令。更值巢賊，浩然❸發棲隱之志，攜家歸終南，自放迹江湖。先是有鍾離權❹，字雲房，不知何代何許人，以喪亂避地太白❺，間入紫閣，石壁上得金誥玉籙❻，深造希夷之旨。常髽髻❼，衣檞葉，隱見於世。巖既篤志大道，遊覽名山，至太華❽，遇雲房，知為異人，拜以詩曰：「先生去後應須老，乞與貧儒換骨丹。」雲房許以法器❾，因為著《靈寶畢法十二科》，悉究性命之旨。坐廬山中數十年，金丹始就。逢苦竹真人，乃能驅役神鬼。時移世換，不復返也。與陳圖南⑩音響相接，或訪其室中。嘗白襴⑪角帶⑫，賣墨於市，得者皆成黃金。往往遨遊洞庭、瀟湘、湓⑬浦間，自稱「回道士」，時傳已蟬蛻⑭矣。有術佩劍，自笑曰：「吾仙人，安用劍為？所以斷嗔愛⑮煩惱耳。」嘗題寺壁曰：「三千里外無家客，七百年前雲水身。」後書云：「唐室進士，今時神仙。足躡紫霧，卻歸洞天⑯。」又宿湖州沈東老家，白酒滿甕，恣意拍浮，臨去，以石榴皮畫壁間云：「西鄰已富憂不足，東老雖貧樂有餘。白酒釀來因好客，黃金散盡為收書。」又嘗負局奩⑰於市，為賈尚書淬⑱古鏡，歸忽不見，留詩云：「袖裡青蛇凌白日，洞中仙果豔長春。須知物外餐霞客，不是塵中磨鏡人。」又醉飲岳陽樓，俯鑒洞庭，時八月，葉下水清，君山如黛螺⑲，秋風浩蕩，遂按玉龍⑳作一弄㉑，清音遼亮，金石可裂。久之，度古柳別去，留詩云：「朝遊南浦㉒暮蒼梧㉓，袖裡青蛇膽氣粗。三入岳陽人不識，朗吟飛過洞庭湖。」後往來人間，乘虛㉔

上下，竟莫能測。至今四百餘年，所在留題，不可勝紀。凡遇之者，每去後始覺，悔無及矣。蓋其變化無窮，吟詠不已，姑此紀其大概云。

【注　釋】❶洞賓　呂洞賓係民間傳說的八仙之一，道教全真教奉為純陽祖師。❷呂渭　唐德宗時歷任中書舍人、禮部侍郎等職，後為湖南觀察使。❸浩然　無所留戀。❹鍾離權　民間傳說八仙之一，字雲房。❺太白　太白山，即終南山。❻金誥玉籙　道教的祕文典籍。❼髽髻　梳在頭頂兩旁的髮髻。❽太華　即華山。❾法器　道士齋醮所用的器物，如鐘鈸等，以及瓶缽杖塵之類。❿陳圖南　即陳摶，傳見本卷。⓫襴　古時候上下相連的一種衣裳。⓬角帶　角冠，一種道士戴的帽子。⓭湓　湓江，源自江西瑞昌清湓山，流經九江，北上注入長江。⓮蟬蛻　道家以蟬之蛻殼喻得道之人死後尸解登仙。⓯嗔愛　生氣和歡喜。⓰洞天　道家稱神仙所居的洞府。⓱局奩　匣子，此指磨鏡人隨身背的匣子。⓲淬　喻磨銅鏡。⓳黛螺　青黑色的顏料。⓴玉龍　玉笛。㉑一弄　一曲。㉒南浦　地名，位於今江西南昌。㉓蒼梧　即九疑山，位於今湖南寧遠。㉔乘虛　憑藉空氣在空中浮遊。

【語　譯】呂巖，字洞賓，京兆人，他是禮部侍郎呂渭的後裔。咸通初年進士及第，曾兩度擔任縣令，又正逢黃巢軍作亂，呂巖不再有任何眷戀，萌生了隱居的念頭，於是，他帶領全家回到了終南山，自己就到江湖上任意漫遊。在此之前，有一位叫鍾離權的人，字雲房，也不知道他是什麼朝代怎麼樣的一個人，因為社會動亂躲避到了終南山，獨自來到紫閣峰，在石壁上得到了道家的密藏寶籍金誥玉籙，對虛寂玄妙的道教旨意有了深刻的領悟。鍾離權常常將髮髻梳在頭頂兩端，披著槲葉編成的衣服，極少顯露於人前。呂巖已經決意探究道家的深奧義理，遍遊各地的名山大川，來到太華山，遇見了鍾離權，知道他是一位非同尋常的人，就用詩來拜見他，詩中說：「先生去後應須老，乞與貧儒換骨丹。」鍾離權將一些法器送給了他，於是，呂巖便撰著了《靈寶畢法十二科》，詳盡地探究性命大義。呂巖在廬山裡逗留了數十年，金丹方才煉成。他又遇到了苦竹真人，掌握了驅役神鬼的方法。多少年過去了，社會發生了很大的變化，呂巖也不再回返自己的家了。他與陳圖南之間極為投合，偶爾也到他的居處訪問。呂巖曾經穿著白色的袍子，戴著道士的角冠，在街市上賣墨，買得的人拿到手一看，都變成黃金了。呂巖常常遨遊在洞庭、瀟湘和溢水流域間，自稱是「回道士」，當時人們都傳說他已經蟬蛻成仙了。呂巖有法術，他身佩寶劍，自己笑著說：「我是一個仙人，劍有什麼用處？用它來切斷喜怒哀樂這類煩惱罷。」他曾在寺廟的牆上題詩道：「三千里外無家客，七百年前雲水身。」後面又寫道：「唐室進士，今時神仙。足躡紫霧，卻歸洞天。」呂巖有一次曾借宿在湖州沈東老家，只見白酒滿甕，他任意舀取痛飲，臨走的時候，用石榴皮在牆上畫寫道：「西鄰已富憂不足，東老雖貧樂有餘。白酒釀來因好客，黃金散盡為收書。」呂巖又曾經背著局奩在街市上，為一個賈尚書磨古鏡，把鏡子歸還後人忽然不見了，只看到留下的詩中說道：「袖裡青蛇凌白日，洞中仙果豔長春。須知物外餐霞客，不是塵中磨鏡人。」呂巖又曾在岳陽樓飲酒至大醉，俯瞰洞庭湖，時正八月，樹葉開始飄落，湖水清亮，君山的顏色如同黛螺一樣，秋風遠遠吹過來，呂巖於是手按玉笛，奏上一曲，清脆的聲音格外嘹亮，金石似乎都要裂開來了。又過了很久，呂巖攀上一株老柳樹離別而去，留下的一首詩中說：「朝遊南浦暮蒼梧，袖裡青蛇膽氣粗。三入岳陽人不識，朗吟飛過洞庭湖。」後來，呂巖往來於天上和人間，憑藉雲氣上上下下，沒有人能夠知道是怎麼回事。到現在已有四百餘年了，他所到之處留下的題詩，數也數不清。但凡是遇到過呂巖的人，總是在他離去後方才明白過來，後悔也來不及了。呂巖的變化無窮，題寫詩句也沒有止境，這裡就姑且記錄有關他的一些大概情況吧。

【研析】在民間傳說中，呂巖被稱作呂洞賓，是一個神仙人物，他與張果老、鐵拐李等同為著名的八仙之一，很大程度上這與道教的傳說有關。事實上，這些傳說包括與陳摶的交往，乘雲來往人間等等，都是出自宋人之手，所以，對於這類民間傳說的真偽，大可不必較真。令人興味盎然的是，那些仙人的故事，恰恰折射出了道家文化的種種思想，我們由此也可以間接感受到唐宋間文人追慕神仙之說的精神寄託所在。

論曰：晉嵇康論神仙非積學所能致，斯言信哉。原其本自天靈❶，有異凡品，仙風道骨，迥凌雲表。歷觀傳記所載，霧隱乎巖巔，霞寓於塵外，崆峒❷、羨門❸以下，清流❹相望，由來尚矣。雖解化❺一事，似或玄微❻，正非假房中❼黃白❽之小端，從而服食頤養❾，能盡其道者也。不損上藥❿，愈益下田⓫，熊經鳥伸，納新吐故⓬，無七情以奪魂魄，無百慮以煎肺肝，庶幾指識玄戶⓭，引身⓮長年，然後一躍，頓喬、松⓯之逸馭也。今夫指青山首駕，臥白雲振衣，紛長往於斯世，遺高風於無窮，及見其人，吾亦願從之遊耳。韓湘控鶴⑯於前，呂巖驂⑰鸞⑱於後，凡其題詠篇什，鏗鏘振作，皆天成雲漢，不假安排，自非咀嚼冰玉，呼吸烟霏，孰能至此？寧好事者為之？多見其不知量也。吳筠、張志和、施肩吾、劉商、陳陶、顧況等，高躅⑲可數，皆頡頏⑳於玄化中者歟。

【注釋】❶天靈　天生的靈氣。❷崆峒　指居住在崆峒山的廣成子，一個傳說中的仙人。❸羨門　傳說中的仙人。❹清流　本意為負有名望的清高士大夫，此喻得道成仙的人。❺解化　修道者死後魂魄離開屍體成仙，留下形骸，稱為解化，又叫尸解。❻玄微　玄妙而不可捉摸。❼房中　房中術，指各種形式的男女交合之術，道家認為這是長生不老的方法之一。❽黃白　黃白之術，道家冶煉黃金和白銀的方法，喻煉丹術。❾頤養　保養；修養。❿上藥　養命之藥。⓫下田　指位於臍下三寸部位的下丹田。⓬熊經鳥伸二句　古人總結的各種導引養生的方法。⓭玄戶　探究道家學說的門徑。⓮引身　抽身，喻脫去凡胎。⓯喬松　分別指傳說中的仙人王子喬、赤松子。⓰控鶴　駕馭仙鶴。⓱驂　駕馭使。⓲鸞　神話傳說中鳳凰一類的神鳥。⓳躅　足跡。⓴頡頏　上下飛翔。

【語譯】論曰：晉代嵇康曾評論說，神仙並不是依靠學問的積累就能實現的，這話確實有道理啊。追原神仙的根本，是來自他們天生的靈氣，和凡人迥然不同，他們那種神仙的風采和氣度，給人一種遠遠凌駕於雲彩之上的感覺。逐個考察有關傳記上的記載，如同山巔岩石上籠罩的輕霧，就像塵世之外才會出現的彩霞，自從崆峒、羨門以來，這些仙人們前後相繼，由來是非常久遠的了。雖說解化成仙這類事情似乎有點玄妙不可捉摸，正如不是依靠房中術、煉金術煉金丹之類的小技，進而服食丹藥、修身養性就能完全掌握得道之術而成仙的。不必消耗養生之藥，更多地補益丹田之氣，就像熊經鳥伸、納新吐故之類的導引養生之術，不能有喜怒哀樂這些七情六欲令人魂魄不安，也不能有諸種思慮來折磨人的心肺肝臟，這樣的話，差不多能夠識得道家學說精義的門徑了，脫去凡身肉胎，得以延年益壽，然後再躍上一級，頓時就成了像王子喬、赤松子這樣超群出眾的高手了。如今那些手指青山即可凌駕其巔峰，臥於白雲而衣衫飄拂的仙人們，紛紛奔向天上的世界，在天空中駕馭著清風，能見到這樣的人，我也願意跟從他們一起出遊啊。韓湘子騎著仙鶴在前，呂巖駕馭著鸞鳳在後面，他們留下的所有題詠詩篇，聲韻音節都是那麼鏗鏘響亮，像天空中的銀河那般自然，沒有一絲刻意造作的痕跡，如果不是咀嚼冰玉，吞吐煙霞的仙人，有誰能做到這樣呢？難道都是迷戀這類故事傳說的人自己編的嗎？說這種話的人，完全是不知自量啊。吳筠、張志和、施肩吾、劉商、陳陶、顧況等人，他們高遠的事跡斑斑在目，都在那得道成仙的人群中振動翅膀上下飛翔哪！

盧延讓

延讓，字子善，范陽人也。有卓絕之才。光化❶三年裴格榜進士。朗陵❷雷滿❸薦辟之。滿敗，歸偽蜀，授水部員外郎，累遷給事中，卒官刑部侍郎。

延讓師許下薛尚書為詩，詞意入僻❹，不競纖巧，且多健語❺，下士❻大笑之。初，吳融為侍御史，出官峽中，時延讓布衣，薄遊荊渚❼，貧無卷軸，未遑贄謁。會融弟得延讓詩百餘篇，融覽其警聯，如〈宿東林〉云：「兩三條電欲為雨，七八個星猶在天。」〈旅舍言懷〉云：「名紙❽毛生五門❾下，家僮骨立六街❿中。」〈贈元上人〉云：「高僧解語牙無水，老鶴能飛骨有風。」〈蜀道〉云：「雲間鬧鐸⓫驟駄去，雪裡殘骸虎拽來。」又云：「樹上諏諮⓬批頰鳥⓭，窗間逼駁⓮扣頭蟲」等，大驚曰：「此去人遠絕，自無蹈襲，非尋常耳。此子後必垂名。余昔在翰林召對，上曾舉其『臂鷹健卒橫氈帽，騎馬佳人卷畫衫』一聯，雖淺近，然自成一體名家，今則信然矣。」遂厚禮遇，贈給甚多。融雪中寄詩云：

「永日⓯應無食，終宵必有詩。」後奪科第。多融之力也。今詩一卷，傳世。

【注釋】❶光化　昭宗年號（西元八九八—九〇一年）。❷朗陵　朗州武陵。❸雷滿　昭宗時任武貞軍節度使。❹僻　冷僻。❺健語　口頭語。❻下士　喻見識淺陋的人。❼渚　水邊。❽名紙　名刺，即名片。❾五門　宮城之門。❿六街　長安城裡的六條主要大街。⓫鐸　鈴。⓬諏諮　模擬鳥鳴的象聲詞。⓭批頰鳥　鳥名，不明其形狀，又稱作夏雞。⓮逼駁　模擬叩頭的象聲詞。⓯永日　形容白天時間很長。

【語譯】盧延讓，字子善，范陽人也。盧延讓有著卓越超群的才能。光化三年，他與狀元裴格同榜進士及第。朗州武陵雷滿向朝廷推薦並徵辟他到自己屬下任職。後來，雷滿因事敗亡，盧延讓依附前蜀政權，被授與水部員外郎，經過幾次升遷後任給事中，最終為刑部侍郎。

盧延讓拜許州薛能尚書為師學習作詩，他寫的詩詞意比較冷僻，也不愛在纖細工巧的地方顯露自己的才能，而且用了不少口語，一些見識淺陋的人對此總要加以嘲笑。早些時候，吳融擔任侍御史，後出朝到三峽一帶，當時盧延讓還未取得進士身分，在荊水流域漫遊，因為沒錢，未能將自己的詩作裱成卷軸，也就沒來得及帶上自己的詩文前去拜謁。正好吳融的弟弟得到了盧延讓的百餘篇詩，吳融看到了他詩中的一些凝煉含蓄的詩句，如題為〈宿東林〉的詩中說：「兩三條電欲為雨，七八個星猶在天。」〈旅舍言懷〉中說：「名紙毛生五門下，家僮骨立六街中。」在〈贈元上人〉中有「高僧解語牙無水，老鶴能飛骨有風。」〈蜀道〉詩中如「雲間鬧鐸騾馱去，雪裡殘骸虎拽來。」又如「樹上諏諮批頰鳥，窗間逼駁扣頭蟲。」等等，吳融大吃一驚，說：「這些詩句遠遠超過了一般人的水平，一點也沒有蹈襲前人的痕跡，不是尋常之輩啊。這人將來必定會垂名後世。我過去曾在翰林院被皇上召見應對，皇上舉出他的一聯『臂鷹健卒橫氈帽，騎馬佳人卷畫衫』詩，雖然看起來十分淺白易曉，然而，卻能以自成一體而名家，今天讀了這些詩更加信服了。」於是給盧延讓很優厚的禮遇，還送了不少禮物給他。吳融在下雪天給他寄的一首詩中說：「永日應無食，終宵必有詩。」後來，盧延讓在科舉考試上獲得成功，也得益於吳融的大力相助。現有盧延讓的詩集一卷，流傳在世。

【研析】詩歌的寫作，也與其他藝術創作有著相似的一面，即別出心裁有時反而能收到出奇的好效果。從這些真樸自然的詩句中，我們還不難感覺到以豐神情韻見長的唐詩，正體現出一種朝著以筋骨思理見勝的宋詩過渡的風格來。

曹松

松，字夢徵，舒州人也。學賈島為詩，深入幽境，然無枯淡❶之癖。尤長啟事❷，不減山公❸。早未達，嘗避亂來棲洪都西山。初在建州依李頻，頻卒後，往來一無所遇。光化四年，禮部侍郎杜德祥❹下，與王希羽、劉象、柯崇、鄭希顏同登第，年皆七十餘矣，號為「五老榜」。時值新平內難❺，朝廷以放進士為喜，特授校書郎而卒。松野性方直，罕嘗俗事，故拙於進宦，構身林澤❻，寓情虛無，苦極於詩，然別有一種風味，不淪乎怪也。集三卷，今傳。

【注釋】❶枯淡　喻文風質樸平淡。❷啟事　陳述事情的奏章文字。❸山公　山濤，魏晉時期人，以善撰各式奏章著稱，時有「山公啟事」之稱。❹杜德祥　杜牧子，昭宗光化年間，以禮部侍郎知貢舉。❺內難　指昭宗在光化三年被宦官劉季述所廢之事。❻林澤　山林草澤，喻隱居未仕。

【語譯】曹松，字夢徵，舒州人。曹松在作詩的方法上向賈島學習，深入到幽深的意境，卻並沒有一味追求質樸平淡的癖好。他特別善於寫啟事一類的文字，聲望似乎不亞於歷史上的山濤。早些年他還沒有出名的時候，曾經因躲避戰亂來到洪都西山隱居。開始時他到建州依附李頻，李頻去世後，往來飄泊，沒能遇上賞識他的人。光化四年，當禮部侍郎杜德祥知貢舉的時候，與王希羽、劉象、柯崇、鄭希顏等五個人同時登第，他們都已是七十餘歲的年紀了，所以，當時被稱為「五老榜」。當時正值朝廷剛剛平息內亂不久，就把放新榜進士作為喜慶，曹松被特別授以校書郎，後來便去世了。曹松性格粗放直率，幾乎不與世俗社會事務接觸，故而不懂得如何在官場上周旋進退。他身處山林草澤，寓情於虛無飄渺的道家學說，在作詩上極其刻苦用心，然而他的詩別具一種風味，並沒有流於怪誕。曹松有詩集三卷，流傳至今。

裴說

說，工詩，得盛名。天祐三年，禮部侍郎薛廷珪下狀元及第。初年窘迫亂離，奔走道路，有詩曰「避亂一身多」，見者悲之。後仕為補闕，終禮部員外郎。為詩足奇思，非意表❶琢煉不舉筆，有島、洞之風也。弟諧，亦以詩名世。仕終桂嶺❷假官宰。今俱有集，相傳。

【注釋】❶意表　言外之意。❷桂嶺　今廣西賀縣北。

【語譯】裴說，擅長寫詩，當時享有很高的名聲。天祐三年，禮部侍郎薛廷珪主持貢舉考試時以狀元的優異成績進士及第。早些年，裴說因戰亂流離，生活十分窘迫，常常不得不四處奔波，他有一句詩寫道「避亂一身多」，讀過的人都為之感到悲哀。後來，他任職為補闕，最後擔任的官職是禮部員外郎。裴說寫詩有很多奇特的思緒，不把詩句含有的言外之意都琢磨錘鍊透了，他是不輕易動筆的，真是有賈島、李洞之遺風啊。裴說的弟弟裴諧，也以善於寫詩而得名，他擔任的最後官職為代理桂嶺縣宰。他倆今天都有詩集流傳在世。

貫休

休，字德隱，婺州蘭溪人，俗姓姜氏。〈風〉〈騷〉之外，尤精筆札❶。荊州成中令❷問以書法，休勃然曰：「此事須登壇❸可授，安得草草而言。」中令銜❹之，乃遞❺入黔中❻，因為〈病鶴〉詩以見志云：「見說氣清邪不入，不知爾病自何來。」

初，昭宗以武肅❼錢鏐平董昌❽功，拜鎮東軍節度使，自稱吳越王。休時居靈隱❾，往投詩賀，中聯云：「滿堂花醉三千客，一劍霜寒十四州。」武肅大喜，然僭侈之心始張，遣諭令改為「四十州」，乃可相見。休性躁急，答曰：「州亦難添，詩亦難改。余孤雲野鶴，何天不可飛！」即日裹衣鉢，拂袖而去。至蜀，以詩投孟知祥❿云：「一瓶一鉢垂垂老，萬水千山特特來。」知祥久慕，至是非常尊禮之。及王建僭位，一日遊龍華寺，召休坐，令口誦近詩，時諸王貴戚皆侍，休意在箴戒，因讀〈公子行〉曰：「錦衣鮮華手擎鶻⑪，閑行氣貌多陵忽⑫。稼穡艱難總不知，五帝三皇是何物。」建小忿，然敬事不少怠也，賜號「禪月大師」。後順寂⑬，敕塔⑭葬丈人山青城峰下。有集三十卷，今傳。

休一條直氣，海內無雙。意度高疏，學問叢脞⑮，天賦敏速之才，筆吐猛銳之氣，樂府古律，當時所宗。雖尚崛奇，每得神助，餘人走下風者多矣。昔謂龍象⑯蹴蹋⑰，非驢所堪，果僧中之一豪也。後少其比者，前以方支道林⑱不過矣。

【注釋】❶筆札　書法。❷成中令　即中書令成汭。❸登壇　古時重大事情如祭祀等通常都登上高臺舉行，以示鄭重其事。❹銜　懷恨。❺遞　押送。❻黔中　即黔州，治所在今四川彭水。❼武肅　錢鏐諡號。❽董昌　僖宗中和年間佔據越州，乾寧二年稱帝，次年為錢鏐出兵所滅。❾靈隱　即靈隱寺，位於浙江杭州西靈隱山。❿孟知祥　五代後唐時為西川節度使，後據有兩川稱帝，史稱後蜀。⓫鶻　獵鷹。⓬陵忽　欺凌輕慢。⓭寂　佛教徒稱僧人去世為寂。⓮塔　佛教徒安葬和供奉僧人骨灰之用。⓯叢脞　細密；紮實。⓰龍象　龍和象，因其力大且勇猛，喻羅漢中修行最高者，後常用以譬高僧。⓱蹴蹋　踩；踏。⓲支道林　即支遁，東晉高僧，隱居餘杭山。

【語譯】貫休，字德隱，婺州蘭溪人，貫休出家之前姓姜。他除了作詩之外，還對書法非常精通。荊州成中令向他請教書法，貫休臉色一變，說：「這樣的事情必須登壇後方可傳授，哪能這麼草率行事的呢。」成中令因此懷恨在心，就把貫休押解到了黔中。貫休因此寫了一首題名〈病鶴〉的詩來表明自己的志向，詩中說：「見說氣清邪不入，不知爾病自何來。」

早先，昭宗因為武肅錢鏐有平定董昌犯上作亂之功，授錢鏐為鎮東軍節度使，錢鏐自稱為吳越王。貫休當時居住在靈隱寺，他前往獻詩表示祝賀之意，詩中有一聯為「滿堂花醉三千客，一劍霜寒十四州。」錢鏐見了非常歡喜，然他內心僭越擴張之心也開始顯露出來，他派人傳達命令，要貫休將詩中的「十四州」改為「四十州」，這樣才可能與他本人相見。貫休本來性格就急躁，他回答說：「州數也難添，詩句也難改。我是孤雲野鶴，哪片天空不可飛呢！」當天他就收拾起衣缽，拂袖而去。貫休來到蜀中後，將自己寫的詩獻給孟知祥，詩中說：「一瓶一鉢垂垂老，萬水千山特特來。」孟知祥對貫休仰慕已久，此時便以非比尋常的禮遇來接待他。等王建僭位稱帝之後，有一天到龍華寺遊玩，召貫休坐在一起，命他將近來新作的詩念給自己聽。當時前蜀的諸多王公貴戚都在場，貫休的用意是要對大家進行規勸和諫誡，於是就念了首〈公子行〉，詩中說：「錦衣鮮華手擎鶻，閑行氣貌多陵忽。稼穡艱難總不知，五帝三皇是何物。」王建忍住了心中的不快，但是，對貫休的恭敬態度絲毫沒有減少，賜與他「禪月大師」的稱號。後來，貫休平安地去世了，王建下令為貫休修築塔，並安葬在丈人山青城峰下。貫休有詩集三十卷，流傳至今。

貫休坦直豪爽，世上沒有人能夠和他相比。他的意境和氣度高遠而不受拘束，學識紮實淵博，天生敏捷迅疾的才能，落筆便吐出猛銳之氣，無論是樂府，還是古風、律詩，都為當時人們所宗仰。他的作品雖然追求奇險，往往就像暗中得到了神人相助，其他的詩人大多只能出於其下了。過去有句老話說，「龍象蹴踏，絕非驢子所受得了的」，貫休果然是僧人中的一位豪傑啊。後來的僧人中極少有人可以與他相比，在他之前的出家人中，以他和支道林相比也不算過分啊。

【研析】貫休是唐末著名的詩僧，兼以書法見長，以敏捷的才華，清高的氣度，冠蓋一時。諸多割據政權對他爭相迎迓，貫休依然我行我素，而筆下生風，如得神助。由此倒讓我們聯想到，唐末五代的割據政權人物，也並非個個都只是行伍出身的赳赳武夫啊。

張瀛

瀛，碧❶之子也。仕廣南劉氏❷，官至曹郎❸。嘗為詩〈贈琴棋僧〉云：「我嘗聽師法一說，波上蓮花水中月。不垢不淨是色空，無法無空亦無滅。我嘗對師禪一觀，浪溢鰲頭蟾魄❹滿。河沙❺世界盡空空，一寸寒灰冷燈畔。我又聞師琴一撫，長松喚住秋山雨。絃中雅弄若鏗金，指下寒泉流太古。我又看師棋一著，山頂坐沉紅日腳。阿誰稱是國手人，羅浮❻道士賭卻鶴。輸卻藥葫蘆，斟下紅霞丹，束手不敢爭頭角。」同列見之曰：「非其父不生是子。」瀛為詩尚氣而不怒號，語新意卓，人所不思者，輒能道之。綽綽然見乃父風也。

有詩集，今傳於世。

【注釋】❶碧　張碧，傳見本書卷五。❷廣南劉氏　乾亨元年（西元九一七年）劉龑建都於廣州的南漢政權，據有今兩廣之地。❸曹郎　諸司中郎中一類的官員。❹蟾魄　月亮的別稱。❺河沙　喻不可勝數。❻羅浮　山名，位於廣東增城、博羅等地，相傳葛洪在此山得仙術，為道家第七洞天。

【語譯】張瀛，是張碧的兒子。張瀛在南漢劉氏政權裡任官，做到郎官一類的官職。他曾經寫過一首題名〈贈琴棋僧〉的詩，詩中說：「我嘗聽師法一說，波上蓮花水中月。不垢不淨是色空，無法無空亦無滅。我嘗對師禪一觀，浪溢鼇頭蟾魄滿。河沙世界盡空空，一寸寒灰冷燈畔。我又聞師琴一撫，長松喚住秋山雨。絃中雅弄若鏗金，指下寒泉流太古。我又看師棋一著，山頂坐沉紅日腳。阿誰稱是國手人，羅浮道士賭却鶴。輸卻藥葫蘆，斟下紅霞丹，束手不敢爭頭角。」張瀛的同僚們看了說：「不是他的父親，生不出這樣的兒子啊。」張瀛作詩崇尚氣勢但不是憤怒大聲地呼號，語詞新穎，意象卓越，人們沒有想到的地方，他常常在詩中娓娓道來，隱隱表現出他父親的風格來。

張瀛有詩集，至今還流傳於世。

【研析】父輩的詩情才氣，傳給兒子的不少，張碧則還將自己羨慕神仙，對方外生活的追求熱情也都一併傳授給了兒子。一曲贈詩，妙語連珠，令人頓生無窮之遐想。

沈彬

彬，字子文，筠州高安人。自幼苦學，屬末歲❶離亂，隨計❷不捷，南遊湖湘❸，隱雲陽山數年，歸鄉里。時南唐李昪❹鎮金陵，旁羅俊逸，名儒宿老❺，必命郡縣起之。彬赴辟，知昪欲取楊氏❻，因獻〈畫山水詩〉云：「須知筆力安排定，不怕山河整頓難。」昪覽之大喜，授祕書郎。保大❼中，以尚書郎致仕歸，徙居宜春。初經版蕩❽，與韋莊、杜光庭、貫休俱避難在蜀，多見酬酢。彬臨終，指葬處示家人❾，果掘得一空塚，有漆燈青熒，壙頭立一銅版，篆文曰：「佳城今已開，雖開不葬埋。漆燈終未滅，留待沈彬來。」遂窀穸⑩於此。有詩集一卷。傳世。

彬第二子廷瑞，性坦率，豪於觴詠。舉動異俗，盛夏附火，嚴冬單衣。或遇崇山野水，古洞幽壇⑪，竟日不返，時人異之，呼為「沈道者」，士大夫多邀至門館。一日，邑宰戲問：「何日道成？」廷瑞即留詩曰：「何須問我道成時，紫府⑫清都⑬自有期。手握藥苗人不識，體涵仙骨俗爭知⑭。」宰驚謝。後浪遊四方，或傳仙去也。

【注釋】❶末歲　唐末。❷隨計　參加科舉考試。❸湖湘　洞庭湖和湘江流域。❹李昪　五代時吳國宰相徐溫養子，後廢吳自立，建南唐，定都金陵。❺宿老　德高望重的長者。❻楊氏　唐末及五代時期，割據江淮及江東一帶的吳國國主楊行密及其繼任者，後被李昪滅亡。❼保大　南唐元宗李璟年號(西元九四三—九五七年)。❽版蕩　社會動盪不安。❾窆　下葬時穿土下棺。❿窀穸　墓穴。⓫幽壇　隱祕的誦經修道地方。⓬紫府　道家稱仙人所居之地。⓭清都　道家謂天帝所居的宮闕。⓮爭知　怎知。

【語譯】沈彬，字子文，筠州高安人。沈彬自幼年起便刻苦學習，生逢唐末社會動亂，參加科舉考試未能成功，往南方到湖湘一帶遊歷，在雲陽山隱居了幾年，又回到了家鄉。當時，南唐李昪鎮守在金陵，到處網羅有才能的人才，有名望的儒生和德高望重的長者，必定要求郡縣將他們推薦上來。沈彬前往接受徵召，得知李昪準備取楊氏而代之，於是就獻上了〈畫山水詩〉，詩中說：「須知筆力安排定，不怕山河整頓難。」李昪看了非常高興，授沈彬以祕書郎的官職。保大年間，沈彬在尚書郎的職位上退休回家，後移居到宜春。當初經歷社會動盪不安的時候，沈彬與韋莊、杜光庭、貫休等人都在蜀中避難，他們之間有不少彼此間互相酬答的詩作。沈彬臨終前，將自己的葬處指示給家人，挖掘下去果然是一個墳塚，裡面還有燃著幽藍火光的漆燈，墓穴的一端樹著一塊銅版，上面用篆文寫著：「佳城今已開，雖開不葬埋。漆燈終未滅，留待沈彬來。」於是就在這裡下棺埋葬。沈彬有詩集一卷，流傳於世。

沈彬的第二個兒子廷瑞，性格坦蕩直率，飲酒吟詩都十分豪放。他的舉動與常人不同，盛夏的時候待在火邊，到了嚴冬季節卻只穿單衣。偶爾遇到野外的高山和流水，或者古洞和那隱祕的頌經修道場所，終日流連不歸，當時的人們都覺得他有點怪，稱他作「沈道者」，士大夫則常常邀請他到自己的寓所。有一天，縣宰開玩笑地問他：「你什麼時候能修道成功呀？」沈廷瑞便用一首詩回答說：「何須問我道成時，紫府清都自有期。手握藥苗人不識，體涵仙骨俗爭知。」縣宰大吃一驚，趕緊表示了歉意。沈廷瑞後來在各地漫遊，還有人說他成仙了。

【研析】唐末社會動亂，逼得詩人各自顯現出自己的進身本領，沈彬便是以畫山水而作重整山河之喻，博得人主之歡心，用心良苦。至於預指自己葬身之處，甚而還掘土而現墓穴碑文，鬼氣森森，令人毛髮悚然。這只能說反映了唐末仕人苦於亂世，對方外生活的一種嚮往之情吧。

唐求

求，隱君也，成都人。值三靈❶改卜❷，絕念鼎鐘❸，放曠疏逸，出處悠然，人多不識。方外物表❹，是所遊心也。酷耽吟調❺，氣韻清新，每動奇趣，工而不僻，皆達者之詞。所行覽不出二百里間，無秋毫世慮❻之想。有所得，即將稿撚為丸，投大瓢中。或成聯片語，不拘短長，數日後足成之。後臥病，投瓢於錦江❼，望而祝曰：「茲瓢儻不淪沒，得之者始知吾苦心耳。」瓢泛至新渠，有識者見曰：「此唐山人詩瓢也。」扁舟接之，得詩數十篇。求初未嘗示人，至是方競傳，今行於世。後不知所終，江南處士楊夔❽，亦工詩文，名稱傑出如求，今章句多傳。

【注釋】❶三靈　天、地、人，喻整個社會。❷改卜　另行選擇，意為改朝換代。❸鼎鐘　古代常用以銘功記德的彝器，喻功名事業。❹物表　世俗之外。❺調　詩韻，喻詩。❻世慮　俗念。❼錦江　位於四川成都南面的河流名。❽楊夔　昭宗時曾為宣州田頵客，後不仕，以處士終身。

【語譯】唐求，是一位隱居不仕的君子，成都人。正當社會發生改朝換代的大變革時期，於是他便放棄了追求功名的念頭，過著放任自由的生活，對於進退出處看得非常隨意，大多數的人都不知道他。對唐求來說，只有世俗之外的東西，才能引起他的興趣。唐求非常喜愛吟寫詩句，他寫的詩氣韻清新，常令讀者感到一種獨特的趣味，用字很下工夫，卻並不覺得冷僻，都是通達之人的話語。唐求平時的行蹤不出方圓二百里的範圍，也沒有絲毫的俗念。當他心裡產生了一些好的詩句時，就隨手寫在紙上，撚成丸，投進一個大瓢裡；有些為聯句或片語，不論短長，過幾天後再補足成一首完整的詩。後來，唐求病倒了，他把裝詩稿的瓢投入錦江，望著它祈禱說：「這個瓢倘若不沉沒的話，得到它的人便能知道我的苦心了。」裝著詩稿的瓢漂流到新渠，一位有見識的人見了說：「這是唐山人的詩瓢呀。」小船把它接了上來，共得到數十篇詩。先前，唐求從未把自己的詩稿給別人看過，到了這時大家才競相傳誦，今天也才得以流行於世。後來，不知唐求最終結局是如何。江南的一位處士楊夔，也擅長文章詩詞，他的名聲也像唐求一樣出眾，有不少詩作今天仍得以流傳。

孫魴

魴，唐末處士也，樂安❶人。與沈彬、李建勳同時，唱和亦多。魴有〈夜坐〉詩，為世稱玩❷。建勳尤器待之，日與談宴，嘗匿魴於齋幕❸

中，待沈彬來，乃問曰：「魴〈夜坐〉詩如何？」彬曰：「田舍翁火爐頭之語，何足道哉！」魴從幕中出，誚❹彬曰：「何議謗之甚？」彬曰：「『畫多灰漸冷，坐久席成痕。』此非田舍翁爐上，誰有此況？」一座大笑。及〈金山寺〉詩云：「天多剩得月，地少不生塵。」當時謂〈騷〉情〈風〉韻，不減張祜云。有詩五卷，今傳。

【注釋】❶樂安　位於今浙江仙居。❷稱玩　讚賞。❸齋幕　房間裡的簾幕。❹誚　責備。

【語譯】孫魴，是唐朝末年的一位處士，樂安人。孫魴與沈彬、李建勳是同時代的人，彼此間唱和應酬的詩作也很多。孫魴有一首題名〈夜坐〉的詩，很為當時人們所讚賞。李建勳對孫魴尤其器重，天天在一起飲酒談天。李建勳曾有一次讓孫魴躲藏在屋裡的簾幕後面，等沈彬來了之後，就問他說：「孫魴的那首〈夜坐〉詩怎麼樣？」沈彬回答道：「鄉巴佬在火爐邊說的話，不值得一提！」孫魴從簾幕後走了出來，責備沈彬說：「這樣損我太過分了吧？」沈彬說：「你詩中有一聯句子是『畫多灰漸冷，坐久席成痕』，這還不是在鄉巴佬火爐邊上麼？誰能有這樣的情景？」在座的人無不大笑起來。孫魴還有一首〈金山寺〉詩，詩中說：「天多剩得月，地少不生塵。」當時人們都說詩的情調風韻，不比張祜差。孫魴有詩集五卷，流傳至今。

李中

中，字有中，九江人也。唐末，嘗第進士，為新塗、淦陽❶、吉水❷三縣令，仕終水部郎中。孟賓于❸賞其工吟，絕似方干、賈島，時❹復過之。如「暖風醫病草，甘雨洗荒村」，又「貧來賣書劍，病起憶江湖」，又「閑花半落處，幽鳥未來時」，又「千里夢隨殘月斷，一聲蟬送早秋來」，又「殘陽影裡水東注，芳草烟中人獨行」，又「閑尋野寺聽秋水，寄睡僧窗到夕陽」，又「香入肌膚花洞酒，冷浸魂夢石床雲」，又「西園雨過好花盡，南陌人稀芳草深」等句，驚人泣鬼之語也。有《碧雲集》，今傳。

【注釋】❶淦陽　今江西新干。❷吉水　今江西吉水。❸孟賓于　傳見本卷。❹時　有時候。

【語譯】李中，字有中，九江人。唐朝末年，他曾考取進士及第，擔任過新塗、淦陽、吉水三縣的縣令，他最後擔任的官職是水部郎中。孟賓于欣賞他擅長寫詩，認為他的詩與方干、賈島的作品極為相似，有時甚至還超過了他們。如「暖風醫病草，甘雨洗荒村」，又如「貧來賣書劍，病起憶江湖」，又如「閑花半落處，幽鳥未來時」，又如「千里夢隨殘月斷，一聲蟬送早秋來」，又如「殘陽影裡水東注，芳草烟中人獨行」，又如「閑尋野寺聽秋水，寄睡僧窗到夕陽」，又如「香入肌膚花洞酒，冷浸魂夢石床雲」，又如「西園雨過好花盡，南陌人稀芳草深」等句，都是能夠讓人鬼皆為之驚訝感動的語句啊。李中有《碧雲集》，流傳至今。

【研析】文學史上，晚唐詩人以恬淡的詩風，高雅的情趣，以及作詩時注重煉字著稱。看似尋常的詞句，凝結成足以反覆誦嘆的佳篇，給人留下難以磨滅的印象。李中的詩，就是一個典型的例子。

廖圖

圖，字贊禹，虔州❶虔化❷人。文學❸博贍，為時輩所服。湖南馬氏❹辟置幕下，奏授天策府❺學士。與同時劉昭禹、李宏皋、徐仲雅、蔡昆、韋鼎、釋虛中，俱以文藻知名，賡唱❻迭和。齊己時寓渚宮❼，相去圖千里，而每詩筒往來不絕，警策極多，必見高致。

集二卷，今行於世。時有荊南從事鄭準❽，亦工詩，與僧尚顏多所酬贈，詩亦傳。

【注釋】❶虔州　治所為贛縣，位於今江西贛縣。❷虔化　虔州屬縣，位於今江西寧都。❸文學　才學。❹馬氏　五代十國時期割據湖南的楚國統治者馬殷及其後人。❺天策府　五代梁開平年間，允許馬殷開天策府並自辟官屬。❻賡唱　步韻唱和的詩作。❼渚宮　江陵的別稱。❽鄭準　昭宗乾寧年間進士及第，後任職於荊南節度使成汭幕下。

【語譯】廖圖，字贊禹，虔州虔化人。廖圖才學廣博富贍，和他一起的人都十分服膺他。湖南馬氏召辟廖圖到他的幕下，上表奏請許可授他為天策府學士。與廖圖同時的劉昭禹、李宏皋、徐仲雅、蔡昆、韋鼎、釋虛中等人，都以文采知名一時，彼此間步韻唱和的詩作不少。齊己當時住在江陵，雖然和廖圖相距千里之外，卻經常有詩筒往來不斷，其中精彩的詩句極多，且必定表現出高遠的情懷。

廖圖有詩集二卷，至今還流行於世。當時還有一位在荊南節度使屬下任從事的鄭準，他也擅長寫詩，和一位叫尚顏的僧人有很多互相酬答唱和的詩作，他的詩也流傳了下來。

卷十　孟賓于　635

孟賓于

賓于，字國儀，連州人。聰敏特異，有鄉曲之譽。垂髫時，書所作百篇，名《金鰲集》，獻之李若虛❶侍郎，若虛采獵佳句，記之尺書，使賓于馳詣洛陽，致諸朝達❷，聲譽藹❸然，留寓久之。晉天福❹九年，禮部侍郎符蒙❺知貢，賓于簾下❻投詩云：「那堪雨後更聞蟬，溪隔重湖路七千。憶得故園楊柳岸，全家送上渡頭船。」蒙得詩，以為相見之晚，遂擢第，時已敗六舉矣。

與詩人李昉❼同年情厚。後，賓于來仕江南李主❽，調淦陽令，因犯法抵罪當死，會昉拜翰林學士，聞在縲絏❾，以詩寄之曰：「初攜書劍別湘潭❿，金榜名標第十三。昔日聲塵喧洛下，邇來詩價滿江南。長為邑令情終屈，縱處曹郎志未甘。莫學馮唐⓫便休去，明君晚事未為慚。」後主偶見詩，遂釋之。遷水部郎中，又知豐城⓬縣。興國⓭中致仕，居玉笥山⓮，年七十餘卒。自號「群玉峰叟」。有集今傳。

【注　釋】❶李若虛　唐哀帝天祐末年為工部侍郎。❷朝達　朝中賢達。❸藹　濃盛貌。❹天福　後晉高祖年號(西元九三六—九四二年)。❺符蒙　五代時期任後晉禮部侍郎。❻簾下　指科舉考試之前拜見主考官的形式。❼李昉　五代十國時期任南唐翰林學士。❽江南李主　五代十國時期南唐後主李煜。❾縲紲　拘繫犯人的繩索，喻囚禁。❿湘潭　位於今湖南湘潭。⓫馮唐　西漢人，武帝時被舉賢良，年已九十，遂舉子為郎。⓬豐城　位於今江西豐城。⓭興國　北宋太宗年號(西元九七六—九八三年)。⓮玉笥山　位於今江西永新，為道教第十七洞天。

【語　譯】孟賓于，字國儀，連州人。孟賓于天生聰敏異常，在家鄉聲譽很高。童年的時候，他將自己所作的百篇詩抄寫好，題名為《金鰲集》，把它獻給了李若虛侍郎。李若虛摘錄了其中的佳句，抄寫在信裡，讓孟賓于帶到洛陽，送給朝中諸多賢達，孟賓于頓時聲譽鵲起，留在洛陽住了好長時間。後晉天福九年，禮部侍郎符蒙提舉貢舉，孟賓于在考試前呈獻給主考官的詩中寫道：「那堪雨後更聞蟬，溪隔重湖路七千。憶得故園楊柳岸，全家送上渡頭船。」符蒙看到了孟賓于的詩，只覺得自己有相見太晚的遺憾，於是提拔他進士及第，這時候，孟賓于在科舉考場上已經失敗過六次了。

孟賓于與詩人李昉同年，感情深厚。後來，孟賓于到江南李後主下任職，調官淦陽令，因自己觸犯刑法，根據罪行應當判死刑。正好李昉升任翰林學士，聽到孟賓于被囚禁起來的消息，就寫了一首詩寄給他。李昉在詩中說：「初攜書劍別湘潭，金榜名標第十三。昔日聲塵喧洛下，邇來詩價滿江南。長為邑令情終屈，縱處曹郎志未甘。莫學馮唐便休去，明君晚事未為慚。」李後主偶然看見了這首詩，於是便赦免了孟賓于的罪名。孟賓于升任為水部郎中，後來又知豐城縣。

到了北宋太平興國年間，孟賓于告老退休致仕，住在玉笥山，到七十餘歲的時候才去世。孟賓于自號「群玉峰叟」，有詩集流傳至今。

【研析】按照孟賓于的主要經歷來看，他應該屬於晚唐到五代時期的詩人。通常以為五代既為歷史上的亂世，尤其於藝文而言，似乎未可多言。其實不然，各個割據政權的統治區域裡，不乏愛好詩文的國主，如南唐主李煜更以擅長詩詞寫作而垂名青史。孟賓于幸而遇之，不但得以釋罪，又重新入仕，老年而居道家名勝玉笥山，這種幸運也是不多見的。

孟貫

貫，閩中人。為性疏野，不以榮宦為意，喜篇章。周世宗❶幸廣陵❷，貫時大有詩價，世宗亦聞之，因繕錄一卷獻上。首篇〈書貽譚先生〉云：「不伐有巢樹，多移無主花。」世宗不悅曰：「朕伐叛弔❸民，何得『有巢』、『無主』之說！獻朕則可，他人則卿必不免❹。」不復終卷，賜釋褐進士，虛名而已。不知其終。有詩集，今傳。

孟子曰：「予之不遇魯侯❺，天也。」至唐開元，孟浩然流落❻帝心，和璧❼墮地。孟郊之出處梗概苦難，生平薄宦而死。今孟貫坐此詩窮，轉喉❽觸諱，非意相干，竟爾埋沒，與前賢俱亦相似，命也。孟氏之不遇，一何多耶！

【注釋】❶周世宗　五代十國時期後周皇帝柴榮。❷廣陵　今江蘇揚州，顯德三年（西元九五六年），周世宗伐南唐，次年攻取廣陵。❸弔　慰問。❹不免　不免遭難的委婉表示。❺魯侯　魯平公。❻流落　失意。❼和璧　春秋時期楚人卞和發現的一塊玉璞，先後獻給厲王、武王，皆被以為欺詐而不予理睬。❽轉喉　唱歌，喻作詩。

【語譯】孟貫，閩中人。孟貫生性疏放而不受拘束，他不在意官位是不是榮耀，對詩文卻極有興趣。周世宗來到廣陵的時候，孟貫當時詩名很高，周世宗也聽說了，於是，孟貫將自己寫的詩抄錄了一卷呈獻給周世宗。詩集的第一篇題名〈書貽譚先生〉，詩中寫道：「不伐有巢樹，多移無主花。」世宗看了，很不高興地說：「朕討伐叛亂，慰問百姓，哪有什麼『有巢』、『無主』的說法！獻給我也就罷了，如是獻給他人，你一定難免遭難啊。」他沒興趣把詩卷看完，賜給孟貫一個進士及第的名義，只是虛名而已。不知道孟貫後來的下落是如何了。孟貫有詩集，流傳至今。

孟子說：「我未能遇到魯平公，這是命中注定的啊。」到唐朝開元年間，孟浩然未能得到皇帝的欣賞，就像和氏璧掉到了地上。孟郊一生的仕宦經歷是那麼痛苦多難，只得到了一個微賤的官位就去世了。如今孟貫也因為這首詩的緣故不能遂願，開口就觸犯了忌諱，並非與詩的本意相干，最終卻因此而遭埋沒，與上述的幾位賢人都十分相似，真是命中注定的了。姓孟的人命運不濟的，怎麼就這麼多啊！

【研析】孟貫以詩而有名一時，又以詩而得罪周主，正應了一句「成也蕭何，敗也蕭何」的老話。幸而只是引起周世宗的不悅，僅給他一個虛名而已。既然孟貫不以榮宦為自己的追求，人們對他發出的所謂命運窮蹇的感嘆，大可付之一笑了。

江為

為，考城❶人，宋江淹之裔，少帝❷時，出為建陽吳興❸令，因家為郡人焉。為唐末嘗舉進士，輒不第。工於詩，有「天形圍澤國，秋色露人家」，「月寒花露重，江晚水烟微」等句，膾炙人口。少遊白鹿寺，有句：「吟登蕭寺旃檀❹閣，醉倚王家❺玳瑁筵❻。」後主南遷❼，見之曰：「此人大是富貴家。」時劉洞❽、夏寶松❾就傳詩法，為益傲肆，自謂俯拾青紫。乃詣金陵❿求舉，屢黜於有司。怏怏不能已，欲束書亡越⓫，會同謀者上變，按得其狀，伏罪。今建陽縣西靖安寺，即處士故居，後留題者甚眾。有集一卷，今傳。

【注釋】❶考城　位於今河南蘭考東南。❷少帝　南朝宋少帝劉義符。❸建陽吳興　皆為建安郡屬縣，吳興位於今福建浦城。❹旃檀　檀香木。❺王家　六朝時期的王族，此喻王公貴族。❻玳瑁筵　用玳瑁裝飾坐具的筵席，喻排場奢華。❼南遷　北宋顯德二年，南唐主李璟留太子監國於金陵，自己遷往南都洪州，不久即去世，太子李煜復於金陵即位。❽劉洞　南唐人，隱居廬山，有詩名，尤以五言詩見長。❾夏寶松　南唐人，曾學詩於江為，亦隱居於廬山。❿金陵　位於今江蘇南京，時為南唐國都。⓫越　即五代時期吳越國。

【語譯】江為，考城人，南朝時期宋江淹的後人，少帝時，出朝任建陽、吳興縣令，就在當地安了家，成為當地人了。江為在唐末曾經參加進士考試，一直未能成功。他擅長寫詩，他的「天形圍澤國，秋色露人家」、「月寒花露重，江晚水烟微」等詩句，膾炙人口。年輕的時候，他到白鹿寺遊玩，所題詩中有一聯為「吟登蕭寺旃檀閣，醉倚王家玳瑁筵」，李後主南遷後，看了這兩句詩後說：「這個作者大概是個富貴之家出身。」當時劉洞、夏寶松都向江為學習作詩的方法，江為更加驕傲而不加檢束，自稱高官厚祿只需俯身便可撿到手。於是，他就到金陵去參加科舉考試，卻一直未被主考官錄取。江為非常沮喪，打算捆起書來悄悄逃往吳越國去，此時，一起同謀的人改變了主意，向上面告發了他。在查明了江為叛國的情狀後，依法對他治罪。今天在建陽縣西的靖安寺，就是處士的故居，後來到此留詩題名的人很多。江為有詩集一卷，流傳至今。

【研析】以江為的詩才來看，他大有富貴氣勢，而最後的結局卻實在令人同情，不由得讓人感慨人生命運之無常。後人多在他的故居前題詩，正是這種同情心理的表現。據說，江為臨刑前倒是毫無懼色，還索筆寫下了一首絕命詩，詩云：「衙鼓侵人急，西傾日欲斜。黃泉無旅店，今夜宿誰家？」聞之者無不落淚。

熊皎

皎，九華山人。唐清泰❶二年進士。劉景巖❷節度延安❸，辟為從事。晉天福中，說景巖歸朝，以功擢右諫議，竟坐累黜為上津❹令。工古律詩，語意俱妙。嘗賦《早梅》云：「一夜開欲盡，百花猶未知。」甚傳賞士林，且知其心遇。今有《屠龍集》、《南金集》合五卷傳世，學士陶穀❺序之。

【注釋】❶清泰　五代時期後唐末帝年號（西元九三四—九三六年）。❷劉景巖　延州人，五代後晉時任延州節度使。❸延安　延州治所，位於今陝西延安。❹上津　位於今湖北鄖西西北。❺陶穀　曾仕後晉、後周，入宋後為翰林學士承旨。

【語譯】熊皎，九華山人。後唐清泰二年進士。劉景巖任延州節度使的時候，徵辟他為自己幕府下的從事。後晉天福年間，熊皎通過遊說，使劉景巖歸附了朝廷，因為有功，擢升為右諫議，可是，最後還是受事情的牽累，遭到貶黜，任上津令。熊皎擅長古體詩和律詩，語言和意境都十分高妙。他曾賦有一首〈早梅〉詩，詩中說：「一夜開欲盡，百花猶未知。」在士大夫中流傳很廣，受到大家欣賞，而且都認為他必定會有機會遇合。今天有熊皎的《屠龍集》、《南金集》共五卷流傳於世，由學士陶谷撰寫序言。

陳摶

摶，字圖南，譙郡❶人。少有奇才經綸❷，《易》象玄機❸，尤所精究。高論駭俗，少食寡思。舉進士不第，時戈革❹滿地，遂隱名，辟穀❺煉氣❻，撰《指玄篇》，同道風偃❼。僖宗召之，封「清虛處士」，居華山雲臺觀。每閉門獨臥，或兼旬不起。周世宗召入禁中，試之，扃戶❽月餘始啟，摶方熟寐齁鮐❾。覺即辭去，賦詩云：「十年蹤迹走紅塵，回首青山入夢頻。紫陌❿縱榮爭⓫及睡，朱門雖貴不如貧。愁聞劍戟扶危主，悶聽笙歌聒⓬醉人。攜取舊書歸舊隱，野花啼鳥一般春。」

還山後，因乘驢游華陰市，見鄭傳⑬甚急，問知宋祖⑭登基，摶抵掌長笑曰：「天下自此定矣。」至太宗⑮徵赴，戴華陽巾⑯，草屨垂絛⑰，與萬乘⑱分庭抗禮，賜號「希夷先生」。時居雲臺四十年，僅及百歲。帝贈詩云：「曾向前朝出白雲，後來消息杳無聞。如今已肯隨徵召，總把三峰乞與君。」真宗⑲復詔，不起，為謝表，略曰：「明時閑客，唐室書生。堯道昌而優容許由⑳，漢世盛而善從商皓㉑。況性同猿鶴，心若土灰。敗荷製服，脫籜㉒裁冠，體有青毛，足無草屨，苟臨軒陛，貽笑聖朝。數行丹詔，徒教彩鳳銜來；一片野心，已被白雲留住。詠嘲風月之清，笑傲㉓烟霞之表，遂性所樂，得意何言。」後鑿石室於蓮華峰㉔下，一日坐其中，羽化而去。有詩集，今傳。如洛陽潘閬㉕逍遙、河南種放㉖明逸、錢塘林逋㉗君復、鉅鹿魏野㉘仲先、青州李之才㉙挺之、天水穆修㉚伯長，皆從學先生，一流高士，俱有詩名。大節詳見之《宋史》云。

【注　釋】❶譙郡　亳州的舊稱，治所為譙縣，位於今安徽亳縣。❷經綸　喻治理天下的才能。❸玄機　深奧的義理。❹戈革　兵器和鎧甲，喻戰事。❺辟穀　不食五穀然能長生不老的一種養生方法，係道家方士附會的一種神仙入道之術。❻煉氣　調節呼吸運氣來鍛鍊心氣，以求長生不老。❼風偃　服膺；佩服。❽扃戶　插上門。❾齁鮯　睡覺發出的鼾聲。❿紫陌　京城郊野的道路。⓫爭　怎。⓬聒　喧擾；嘈雜。⓭郵傳　驛傳，傳送公文的人。⓮宋祖　即宋太祖趙匡胤，北宋開國皇帝，西元九六〇—九七六年在位。⓯太宗　北宋皇帝趙匡義，宋太祖弟，西元九七六—九九七年在位。⓰華陽巾　道士戴的一種帽子。⓱絛　絲編的帶子。⓲萬乘　喻皇帝。⓳真宗　北宋皇帝趙恆，西元九九八—一〇二二年在位。⓴許由　相傳上古時期隱居在箕山的一位隱士。㉑商皓　西漢初隱居在商山的四位隱士，因鬚眉皆白，故稱四皓。㉒籜　竹殼。㉓笑傲　開心調笑。㉔蓮華峰　華山中峰。㉕潘閬　字逍遙，北宋太宗朝授四門國子博士。㉖種放　字明逸，北宋初隱士，往來於嵩山、華山間。㉗林逋　字君復，北宋初隱士，隱居於杭州西湖畔，終身未仕。㉘魏野　字仲先，北宋初隱士。㉙李之才　字挺之，北宋仁宗朝進士，從穆修學《易》。㉚穆修　字伯長，北宋真宗朝進士，以古文著稱。

【語　譯】陳摶，字圖南，譙郡人。陳摶小時候就顯露出他奇特的才華和治理天下的才能，對《易》象辭裡闡述的深奧義理，尤其下工夫進行精心的探究。陳摶高妙的議論，往往能震驚世俗之人，平時吃得很少，也很少見他沉思入神。他曾參加進士考試，未獲成功，當時正是到處都在發生戰亂，於是便隱名埋姓，辟穀煉氣，還撰寫了《指玄篇》，與他有同樣興趣的人對他都十分服膺。唐僖宗召見了陳摶，封他為「清虛處士」，居住在華山雲臺觀。陳摶常常閉門一個人睡在那裡，有時候數十天也不起來。周世宗召陳摶到宮廷裡，看看他到底能睡多久，插上門之後，一個多月才重新打開，只見陳摶正鼾聲大作地熟睡著。陳摶睡醒之後便辭別而去，他賦了一首詩，詩中說：「十年蹤迹走紅塵，回首青山入夢頻。紫陌縱榮爭及睡，朱門雖貴不如貧。愁聞劍戟扶危主，悶聽笙歌聒醉人。攜取舊書歸舊隱，野花啼鳥一般春。」

回到華山後，有一天，陳摶正騎著毛驢在華陰的街市上走，看見傳遞公文的差人往來十分緊急，一問，方知是宋太祖登基稱帝了，他拍著手掌大笑道：「天下從此可以安定啦。」當陳摶應宋太宗之徵入朝的時候，只見他頭戴華陽巾，草鞋上垂著絲編的帶子，與皇上以平等的禮節相見，真宗賜他以「希夷先生」的稱號。當時陳摶居住在雲臺觀已有四十年時間，年紀將近百歲了。皇帝送給他一首詩，詩中說：「曾向前朝出白雲，後來消息杳無聞。如今已肯隨徵召，總把三峰乞與君。」宋真宗再度詔他進京，陳摶沒有應允，而呈獻上自己的謝表，謝表中說：「我是聖明時代的一個閒散人，唐王朝的一介書生。堯治理天下的時候社會昇平，對許由這樣的隱士優容寬厚；漢家王朝繁榮昌盛，而善待商山四皓。況且我生性就像山間的野猿仙鶴，追求世上功名利祿的願望早已如同死灰。枯敗的荷葉做衣服，脫落的筍殼製成帽子，身體上長著黑色的體毛，腳上連草鞋也不穿，如果來到皇宮的臺階下，只會讓別人笑話我們聖明的朝廷呀。皇上頒下的詔書，有負彩鳳特意銜來；我山野之人的心思，早已被山間的白雲留了下來。吟詠天上的清風明月，賞心悅目於山嶺上的煙霞，滿足我天性後的快樂，得到的意趣是無法用語言形容的。」後來，陳摶在蓮華峰下鑿了一個石窟，一天早上，他安坐在裡面，羽化成仙而去了。陳摶留有詩集，流傳至今。像洛陽的潘閬逍遙、河南的種放明逸、錢塘的林逋君復、鉅鹿的魏野仲先、青州的李之才挺之、天水的穆修伯長，都曾跟隨先生學習過，為當時一流的高士，也都有詩名。關於他們的大略事跡詳見於《宋史》的有關記載。

【研析】根據史書的記載，陳摶實際上是生活在五代和宋初的人。在種種相關的傳說中，他不求仕宦，隱逸山中大概是確切的。而各類傳說的記載將他描繪成一個半神半仙的人物，活動時間的延續上，竟達數百年之久。其實，我們既無從考證這些資料，也沒有必要下這個功夫，從文化傳播的背景上來加以理解，這些記載相當程度上反映了在當時士大夫中間流行的道家思想，這是毫無疑義的。

鬼

雜傳記中多錄鬼神靈怪之詞，哀調深情，不異疇昔，然影響❶所託，
理亦荒唐，故不能一一盡之。

【注釋】❶影響　不實；無根據。

【語譯】在各種傳記裡也收錄了不少鬼神靈怪寫的詩篇，情調哀切，感情纏綿深厚，與過去的這類作品沒什麼不同。不過，說的都是些沒有根據的東西，從道理上來講也是荒唐的，所以，就不一一列舉了。

古籍今注新譯叢書

書種最齊全
注譯最精當

【哲學類】

新譯四書讀本　謝冰瑩等編譯
新譯學庸讀本　王澤應注譯
新譯孝經讀本　賴炎元、黃俊郎注譯
新譯易經讀本　郭建勳注譯　黃俊郎校閱
新譯禮記讀本　姜義華注譯　黃俊郎校閱
新譯儀禮讀本　顧寶田等注譯　黃俊郎校閱
新譯孔子家語　羊春秋注譯　周鳳五校閱
新譯老子讀本　余培林注譯
新譯老子解義　吳　怡著
新譯莊子讀本　黃錦鋐注譯
新譯莊子讀本　張松輝注譯
新譯莊子內篇解義　吳　怡著
新譯列子讀本　莊萬壽注譯
新譯管子讀本　湯孝純注譯　李振興校閱
新譯墨子讀本　李生龍注譯　李振興校閱
新譯公孫龍子　丁成泉注譯　黃志民校閱
新譯晏子春秋　陶梅生注譯　葉國良校閱
新譯鄧析子　徐忠良注譯　劉福增校閱
新譯荀子讀本　王忠林注譯
新譯尹文子　徐忠良注譯　黃俊郎校閱
新譯尸子讀本　水渭松注譯　陳滿銘校閱
新譯韓非子　賴炎元、傅武光注譯

新譯呂氏春秋　朱永嘉等注譯　黃志民校閱
新譯淮南子　熊禮匯注譯　侯迺慧校閱
新譯春秋繁露　朱永嘉、王知常注譯
新譯新書讀本　饒東原注譯　黃沛榮校閱
新譯新語讀本　王　毅注譯　黃俊郎校閱
新譯潛夫論　彭丙成注譯　陳滿銘校閱
新譯論衡讀本　蔡鎮楚注譯　周鳳五校閱
新譯申鑒讀本　林家驪等注譯　周鳳五校閱
新譯人物志　吳家駒注譯　黃志民校閱
新譯近思錄　張京華注譯
新譯傳習錄　李生龍注譯
新譯明夷待訪錄　李廣柏注譯　李振興校閱

【文學類】

新譯詩經讀本　滕志賢注譯　葉國良校閱
新譯楚辭讀本　傅錫壬注譯
新譯文心雕龍　羅立乾注譯　李振興校閱
新譯世說新語　劉正浩等注譯
新譯昭明文選　周啟成等注譯　劉正浩等校閱

新譯古文觀止　謝冰瑩等注譯
新譯古文辭類纂　黃　鈞等注譯
新譯古詩源　馮保善注譯
新譯千家詩　邱燮友、劉正浩注譯
新譯詩品讀本　成　林等注譯　黃志民等校閱
新譯花間集　朱恒夫注譯　耿湘沅校閱
新譯搜神記　黃　鈞注譯　陳滿銘校閱
新譯唐詩三百首　邱燮友注譯
新譯宋詞三百首　汪　中注譯
新譯元曲三百首　賴橋本、林玫儀注譯
新譯唐人絕句選　卞孝萱等注譯　齊益壽校閱
新譯唐才子傳　戴揚本注譯
新譯唐傳奇選　束　忱等注譯　侯迺慧校閱
新譯明傳奇小說選　陳美林、皋于厚注譯
新譯明散文選　周明初注譯　黃志民校閱
新譯人間詞話　馬自毅注譯　高桂惠校閱
新譯幽夢影　馮保善注譯　黃志民校閱
新譯菜根譚　吳家駒注譯　黃志民校閱
新譯郁離子　吳家駒注譯

新譯賈長沙集　林家驪注譯　陳滿銘校閱
新譯揚子雲集　葉幼明注譯　周鳳五校閱
新譯曹子建集　曹海東注譯　蕭麗華校閱
新譯阮籍詩文集　林家驪注譯　簡宗梧等校閱
新譯嵇中散集　崔富章注譯　莊耀郎校閱
新譯陶淵明集　溫洪隆注譯　齊益壽校閱
新譯駱賓王文集　黃清泉注譯　陳全得校閱
新譯昌黎先生文集　周啟成等注譯　陳滿銘等校閱
新譯柳宗元文選　卞孝萱等注譯
新譯杜牧詩文集　張松輝注譯　陳全得校閱
新譯范文正公選集　王興華等注譯　葉國良校閱
新譯蘇洵文選　羅立剛注譯
新譯王安石文集　沈松勤注譯　王基倫校閱
新譯薑齋文集　平慧善注譯　周鳳五校閱
新譯顧亭林文集　劉九洲注譯　黃俊郎校閱
新譯閱微草堂筆記　嚴文儒注譯

【歷史類】

新譯尚書讀本　吳　璵注譯
新譯尚書讀本　郭建勳注譯
新譯左傳讀本　郁賢皓等注譯　傅武光校閱
新譯史記讀本　韓兆琦注譯
新譯公羊傳　雪　克注譯　周鳳五校閱
新譯穀梁傳　顧寶田注譯　葉國良校閱
新譯春秋穀梁傳　周　何注譯
新譯戰國策　溫洪隆注譯　陳滿銘校閱
新譯國語讀本　易中天注譯　侯迺慧校閱
新譯說苑讀本　左松超注譯
新譯說苑讀本　羅少卿注譯　周鳳五校閱
新譯新序讀本　葉幼明注譯　黃沛榮校閱
新譯吳越春秋　黃仁生注譯　李振興校閱
新譯西京雜記　曹海東注譯　李振興校閱
新譯列女傳　黃清泉注譯　陳滿銘校閱
新譯越絕書　劉建國注譯　黃俊郎校閱
新譯燕丹子　曹海東注譯　李振興校閱
新譯東萊博議　李振興、簡宗梧注譯
新譯唐六典　朱永嘉、蕭木注譯
新譯唐摭言　姜漢椿注譯

宗教類

新譯金剛經　徐興無注譯　侯迺慧校閱
新譯高僧傳　朱恒夫等注譯　潘栢世校閱
新譯碧巖集　吳　平注譯
新譯百喻經　顧寶田注譯
新譯楞嚴經　賴永海等注譯
新譯梵網經　王建光注譯
新譯六祖壇經　李中華注譯　丁　敏校閱
新譯禪林寶訓　李中華注譯　潘栢世校閱
新譯維摩詰經　陳引馳、林曉光注譯
新譯經律異相　顏洽茂注譯
新譯妙法蓮華經　張松輝注譯　丁　敏校閱
新譯法句譬喻經　劉建國注譯
新譯景德傳燈錄　顧宏義注譯
新譯大乘起信論　韓廷傑注譯　潘栢世校閱
新譯永嘉證道歌　蔣九愚注譯
新譯釋禪波羅蜜　蘇樹華注譯
新譯八識規矩頌　倪梁康注譯
新譯華嚴經入法界品　楊維中注譯
新譯地藏菩薩本願經　李承貴注譯
新譯悟真篇　劉國樑、連遙注譯
新譯无能子　張松輝注譯
新譯坐忘論　張松輝注譯
新譯列仙傳　張金嶺注譯　陳滿銘校閱
新譯抱朴子　李中華注譯　黃志民校閱
新譯神仙傳　周啟成注譯
新譯性命圭旨　傅鳳英注譯
新譯老子想爾注　顧寶田等注譯　傅武光校閱
新譯周易參同契　劉國樑注譯　黃沛榮校閱
新譯道門觀心經　王　卡注譯　黃志民校閱
新譯養性延命錄　曾召南注譯　劉正浩校閱
新譯冲虛至德真經　張松輝注譯　周鳳五校閱

軍事類

新譯司馬法　王雲路注譯
新譯尉繚子　張金泉注譯
新譯三略讀本　傅　傑注譯

新譯六韜讀本　鄔錫非注譯
新譯吳子讀本　王雲路注譯
新譯孫子讀本　吳仁傑注譯
新譯李衛公問對　鄔錫非注譯

【教育類】

新譯顏氏家訓　李振興等注譯
新譯曾文正公家書　湯孝純注譯　李振興校閱
新譯三字經　黃沛榮注譯
新譯百家姓　馬自毅、顧宏義注譯
新譯幼學瓊林　馬自毅注譯　陳滿銘校閱
新譯增廣賢文・千字文　馬自毅注譯　李清筠校閱
新譯格言聯璧　馬自毅注譯

【政事類】

新譯商君書　貝遠辰注譯　陳滿銘校閱
新譯鹽鐵論　盧烈紅注譯　黃志民校閱
新譯貞觀政要　許道勳注譯　陳滿銘校閱

【地志類】

新譯山海經　楊錫彭注譯
新譯佛國記　楊維中注譯
新譯大唐西域記　陳　飛等注譯　黃俊郎校閱
新譯洛陽伽藍記　劉九洲注譯　侯迺慧校閱
新譯徐霞客遊記　黃　珅注譯　黃志民校閱
新譯東京夢華錄　嚴文儒注譯　侯迺慧校閱

開卷解惑——汲取大師智慧，優游國學瀚海

國學常識

邱燮友 張文彬 張學波 馬森 田博元 李建崑 編著

研讀國學的入門階，為您紮下深厚的國學基礎，從基本常識入手，配合時代，以新觀念、新方法加以介紹。書末提供「國學基本書目」，是自修時的最佳指引，一生的讀書方針。並有「國學常識題庫」，幫助您反覆學習，評量學習效果。

國學常識精要

邱燮友 張學波 田博元 李建崑 編著

由《國學常識》刪略而成，擷取其中精華，更易於記誦，更便於攜帶。

國學導讀（一）～（五）

邱燮友 田博元 周何 編著

將國學分為五大門類，分別請著名學者執筆，結合當前國內外國學界精英，集其數十年教學研究心得，是愛好中國學術、文學者治學的鑰典，自修的津梁。